D1732546

Deutsches, Europäisches und
Vergleichendes Wirtschaftsrecht

herausgegeben von
Prof. Dr. iur. Dr. rer. pol. h.c. Werner F. Ebke, LL.M.

Band 73

Friedrich Schütter

Gemeinschaftsrechtliche Staatshaftung wegen judikativen Unrechts in Deutschland und im Vereinigten Königreich

Nomos

Gedruckt mit freundlicher Unterstützung des Vereins zur Förderung des Deutschen, Europäischen und Vergleichenden Wirtschaftsrechts e.V.

Die Deutsche Nationalbibliothek verzeichnet diese Publikation in der Deutschen Nationalbibliografie; detaillierte bibliografische Daten sind im Internet über http://dnb.d-nb.de abrufbar.

Zugl.: Heidelberg, Univ., Diss., 2011

ISBN 978-3-8329-7032-1

1. Auflage 2012

Ich will lieber eine Ungerechtigkeit begehen, als Unordnung ertragen.

Johann Wolfgang von Goethe (deutscher Jurist und Dichter) in: Belagerung von Mainz, 1793

Geleitwort des Herausgebers

Die vorliegende Arbeit will klären, „ob sich aufgrund der europarechtlichen Vorgaben auf nationaler Ebene ein Paradigmenwechsel vollziehen wird bzw. vollziehen muss, an dessen Ende der Abschied von der haftungsrechtlichen Privilegierung der dritten Gewalt steht". Hintergrund der Arbeit bilden die wegleitende Entscheidung des EuGH in der Rechtssache *Köbler* und die Folgeentscheidung in der Rechtssache *Traghetti*. Zusätzliche Aktualität gewinnt das Thema aufgrund von zwei weiteren Entscheidungen des EuGH, in denen es um die Zulässigkeit eines Vertragsverletzungsverfahrens für Vertragsverletzungen durch ein nationales Gericht (*Kommission v. Italien*) und die Möglichkeit der Überprüfung einer gemeinschaftsrechtswidrigen Verwaltungsentscheidung geht, die infolge eines letztinstanzlichen Urteils bestandskräftig geworden ist (*Kühne & Heitz*). Der Verfasser geht das Thema rechtsvergleichend an und führt für die Notwendigkeit einer Rechtsvergleichung sowie für die Wahl gerade des englischen Rechts überzeugende Gründe an.

Im ersten Teil der Arbeit stellt der Verfasser dem Leser Entwicklung, Grundlagen und Voraussetzungen der gemeinschaftsrechtlichen Staatshaftung anhand der wegleitenden Entscheidungen des EuGH zu der gemeinschaftsrechtlichen Staatshaftung bis zu *Köhler* vor. Er setzt sich danach mit der Kompetenz der EU und des EuGH „auf dem Gebiet der Staatshaftung" auseinander, arbeitet die dogmatischen Grundlagen des Haftungsinstituts und der gemeinschaftsrechtlichen Haftungsvoraussetzungen heraus und geht anschließend der Frage nach, ob das Merkmal des „hinreichend qualifizierten Verstoßes" dogmatisch überzeugend und praxistauglich ist. Im zweiten Teil der Arbeit geht es um die Konsequenzen des Verstoßes eines nationalen Gerichts gegen das Gemeinschaftsrecht auf der Ebene des nationalen Verfassungsrechts, des Gemeinschaftsrechts und der EMRK. Gegenstand des dritten Teils sind die gemeinschaftsrechtlichen Grundsätze der Staatshaftung wegen judikativen Unrechts. Der vierte Teil des Arbeit dreht sich um die Haftung wegen judikativen Unrechts in Deutschland und Großbritannien. Der fünfte Teil ist der Umsetzung des Grundsatzes der gemeinschaftsrechtlichen Staatshaftung wegen richterlichen Unrechts in Deutschland und Großbritannien gewidmet. Im sechsten und letzten Teil der Arbeit wird die Staatshaftung wegen judikativen Unrechts bei Verstoß gegen nationales Recht beleuchtet.

Die vorliegende Abhandlung greift ein komplexes, facettenreiches Thema auf, das innerhalb und außerhalb der EU in der Wissenschaft zunehmend Beachtung erfährt. Die Arbeit hebt sich von den wenigen zu diesem Thema in Deutschland bisher veröffentlichten Studien dadurch ab, dass sie das Thema umfassend aus der Perspektive des Gemeinschaftsrechts angeht und sich dann in einem zweiten Schritt mit der Umsetzung der europarechtlichen Grundsätze im Recht der Mitgliedstaaten beschäftigt. Ein weiterer Glanzpunkt der Arbeit ist, dass die Auswirkungen der Rechtsprechung des EuGH in zwei mitgliedstaatlichen Rechtsordnungen erforscht werden, die rechtskulturell, rechtsdogmatisch und methodisch zwar erheblich von einander abweichen, sich in ihrem Wunsch nach weitgehender Privilegierung bzw. Immunisierung der Gerichte im Rahmen ihrer rechtsprechenden Tätigkeit sowie nach Verteidigung der hergebrachten Rechtsgrundsätze der begrenzten Staatshaftung für judikatives Unrecht aber weitgehend einig sind.

Der Verfasser arbeitet kompetent und sorgfältig heraus, dass die Rechtsprechung des EuGH zur Staatshaftung für richterliches Unrecht eine konsequente Fortsetzung seiner Rechtsprechung zur unmittelbaren Anwendung von Gemeinschaftsrecht ist, dass der EuGH mit seiner Rechtsprechung andererseits die Verwirklichung des Binnenmarktes nicht um den Preis der Aushöhlung des tragenden Prinzips der Rechtssicherheit durchsetzen will. Wie der EuGH versucht, ein Ausufern des von ihm kreierten Haftungsinstituts zu begrenzen, ohne den notwendigen Rechtsschutz der Bürger unzulässig einzuschränken, arbeitet der Verfasser ebenso klar wie überzeugend heraus. Es wird auch deutlich, welche Reibungspunkte sich in den Mitgliedstaaten aufgrund der Rechtsprechung des EuGH aufgetan haben und wie das Spannungs- und Kollisionsverhältnis in verschiedenen Fällen aufgelöst werden kann.

Die Arbeit besticht durch ihren Ideenreichtum, das methodisch saubere Vorgehen, die klare Argumentation und Sprache sowie den Respekt vor der Eigenständigkeit und dem Vorrang der Gemeinschaftsrechtsordnung, aber auch die hohe Achtung vor den rechtshistorisch gewachsenen Rechtsgrundsätzen der Mitgliedstaaten, für die es neben juristischen zahlreiche wirtschaftliche, soziologische und sogar psychologische Gründe gibt (*path dependence*). Besonders hervorhebenswert ist außerdem die auslandsrechtliche und rechtsvergleichende Breite und Tiefe der Abhandlung, die vorhandene juristische Einsichten bestärkt, mit verbreiteten Fehlvorstellungen aufräumt und neue Erkenntnisse zu Tage fördert und damit einen wesentlichen wissenschaftlichen Beitrag zu dem Thema der Arbeit leisten, für den es in der deutschen Literatur bislang nicht wirklich Vergleichbares gibt. Dass der Verfasser auch mit dem dogmatischen Gebäude des einschlägigen deutschen Rechts bestens vertraut ist und seine Erkenntnisse in dieses Gebäude geschickt einzubinden vermag, ist eine weitere Stärke der vorliegenden Arbeit. Insgesamt handelt es sich um ein wichtiges, weiterführendes Werk von hohem wissenschaftlichen Niveau und Wert, das die wissenschaftliche Diskussion der Frage nach der Staatshaftung für judikatives Unrecht auf Gemeinschaftsebene ebenso wie auf der Ebene der Mitgliedstaaten nachhaltig bereichern wird.

Heidelberg, im Dezember 2011

Werner F. Ebke

Vorwort

Die vorliegende Arbeit wurde im Sommersemester 2011 von der Juristischen Fakultät der Universität Heidelberg als Dissertation angenommen. Sie ist in meiner Zeit als Doktorand am Institut für deutsches und europäisches Gesellschafts- und Wirtschaftsrecht der Universität Heidelberg entstanden. Das Rigorosum fand am 22. Juli 2011 statt. Rechtsprechung und Literatur konnten bis November 2011 Berücksichtigung finden.

Zu Dank verpflichtet bin ich zunächst meinem Doktorvater Prof. Dr. Dr. h.c. Werner F. Ebke, LL.M. Er hat die Anfertigung der Dissertation in sämtlichen Belangen in vorbildlicher Weise betreut und gefördert, wertvolle Anregungen gegeben und die Arbeit schließlich in die Schriftenreihe „Deutsches, Europäisches und Vergleichendes Wirtschaftsrecht" aufgenommen. Ferner möchte ich mich bei Herrn Prof. Dr. Dr. h.c. mult. Peter-Christian Müller-Graff für die Erstellung des Zweitgutachtens bedanken.

Ganz besonders möchte ich mich bei meinen Eltern bedanken, die mir während meines gesamten Lebensweges ein unschätzbarer Rückhalt sind und die das Zustandekommen dieser Arbeit in jeglicher Hinsicht gefördert haben. Ohne die geduldige und uneingeschränkte Unterstützung meiner geliebten Frau Kristin, die während jeder Phase der Promotion - wie in allen anderen Lebenslagen - bedingungslos an meiner Seite stand und steht, wäre das Gelingen dieser Arbeit undenkbar gewesen. Meinen Eltern und Kristin ist diese Arbeit gewidmet.

Heidelberg, im Dezember 2011

Friedrich Schütter

Inhaltsverzeichnis

Abkürzungsverzeichnis

a.A.	andere Ansicht
a.E.	am Ende
a.F.	alte Fassung
aaO	am angegebenen Orte
ABl.EG	Amtsblatt der Europäischen Gemeinschaften
Abs.	Absatz
AC	Appeal Cases
AHG	Amtshaftungsgesetz
AJCL	American Journal of Comparative Law
All ER	All England Reports
AöR	Archiv des öffentlichen Rechts
Art.	Artikel
Aufl.	Auflage
Az.	Aktenzeichen
BayVBl.	Bayerische Verwaltungsblätter
BB	Betriebs Berater
BBG	Bundesbeamtengesetz
Bd.	Band
Bearb.	Bearbeitung
Begr.	Begründer
bezgl.	bezüglich
BFH	Bundesfinanzhof
BGB	Bürgerliches Gesetzbuch
BGBl.	Bundesgesetzblatt
BGH	Bundesgerichtshof
BGHSt	Entscheidungen des Bundesgerichtshofes in Strafsachen
BGHZ	Entscheidungen des Bundesgerichtshofes in Zivilsachen
BRAK.-Mitt.	Mitteilungen der Bundesrechtsanwaltskammer
BRRG	Beamtenrechtsrahmengesetz
Bsp.	Beispiel
BT	Bundestag
BT-Dr.	Bundestags-Drucksache
BVerfG	Bundesverfassungsgericht
BVerfGE	Entscheidungen des Bundesverfassungsgerichts

BVerfGG	Gesetz über das Bundesverfassungsgericht
BVerwG	Bundesverwaltungsgericht
BVerwGE	Entscheidungen des Bundesverwaltungsgerichts
bzw.	beziehungsweise
CA	Court of Appeal
CJ	Chief Justice
CJQ	Civil Justice Quarterly
CLJ	Cambridge Law Journal
CLP	Current Legal Problems
CMLR	Common Market Law Reports
CMLRev	Common Market Law Review
CPA	Crown Proceedings Act
CPR	Civil Procedure Rules
d.h.	das heißt
DB	Der Betrieb
ders.	derselbe
dies.	dieselbe/dieselben
Diss.	Dissertation
DJT	Deutscher Juristentag
DÖV	Die öffentliche Verwaltung
DRiG	Deutsches Richtergesetz
DRiZ	Deutsche Richterzeitung
DStR	Deutsches Steuerrecht
DVBl.	Deutsches Verwaltungsblatt
DZWir	Deutsche Zeitschrift für Wirtschaftsrecht
EAGV	Vertrag zur Gründung der Europäischen Atomgemeinschaft
EBLR	European Business Law Review
EC Act	European Communities Act
EC	European Community
ECJ	European Court of Justice
ECLR	European Constitutional Law Review
EG	Europäische Gemeinschaft
EGBGB	Einführungsgesetz zum Bürgerlichen Gesetzbuch
EGKS	Europäische Gemeinschaft für Kohle und Stahl
EGKSV	Vertrag zur Gründung der Europäischen Gemeinschaft für Kohle und Stahl
EGMR	Europäischer Gerichtshof für Menschenrechte
EGV	Vertrag zur Gründung der Europäischen Gemeinschaft

EHRLR	European Human Rights Law Review
EJIL	European Journal of International Law
ELJ	European Law Journal
ELRev	European Law Review
EMRK	Europäische Menschenrechtskonvention
EPL	European Public Law
ER	English Reports
ERPL	European Review of Private Law
EU	Europäische Union
EuG	Europäisches Gericht erster Instanz
EuGH	Gerichtshof der Europäischen Gemeinschaften
EuGRZ	Europäische Grundrechte-Zeitschrift
EuGVO	Verordnung über die gerichtliche Zuständigkeit und die Anerkennung und Vollstreckung von Entscheidungen in Zivil- und Handelssachen
EuGVÜ	Europäisches Übereinkommen über die gerichtliche Zuständigkeit und die Vollstreckung gerichtlicher Entscheidungen in Zivil- und Handelssachen
EuR	Europarecht
EUV	Vertrag über die Europäische Union
EuZW	Europäische Zeitschrift für Wirtschaftsrecht
EWCA Civ	Court of Appeal (Civil Division)
EWG	Europäische Wirtschaftsgemeinschaft
EWHC	England & Wales High Court
EWiR	Entscheidungen zum Wirtschaftsrecht
EWS	Europäisches Wirtschafts- und Steuerrecht
f.	folgende
FAZ	Frankfurter Allgemeine Zeitung
FeV	Fahrerlaubnisverordnung
ff.	fortfolgende
FLR	Family Law Reports
Fn.	Fußnote
FS	Festschrift
G	Gesetz
GA Res.	General Assembly Resolution
GewArch	Gewerbearchiv
GG	Grundgesetz
GPR	Zeitschrift für Gemeinschaftsprivatrecht
GR	Grundrechte

GRUR	Gewerblicher Rechtsschutz und Urheberrecht
GVG	Gerichtsverfassungsgesetz
h.M.	herrschende Meinung
Habil.-Schr.	Habilitationsschrift
HL	House of Lords
HRA	Human Rights Act
Hrsg.	Herausgeber
Hs.	Halbsatz
i.V.m.	in Verbindung mit
ICJ	International Court of Justice
ICLQ	International and Comparative Law Quarterly
IGH	Internationaler Gerichtshof
IJCL	International Journal of Constitutional Law
IJEL	Irish Journal of European Law
ILC	International Law Commission
ILTR	Irish Law Times Report
insb.	insbesondere
IPR	Internationales Privatrecht
IPRax	Praxis des Internationalen Privat- und Verfahrensrecht
IR	Irish Reports
J	Judge
JBl.	Juristische Blätter
JEL	Journal of Environmental Law
JR	Juristische Rundschau
JudRev	Judicial Review
Jura	Juristische Ausbildung
JuS	Juristische Schulung
JZ	Juristenzeitung
Kap.	Kapitel
KB	King´s Bench
LG	Landgericht
LJ	Lord Justice
LQR	The Law quarterly review
LR Exch.	Law Reports, Exchequer Division
LS	Legal Studies
Ltd.	Private Limited Company
m.w.N.	mit weiteren Nachweisen
MJ	Maastricht Journal of European and Comparative Law

MLR	Modern Law Review
MMR	Multimedia und Recht
MR	Master of the Rolls
MünchKomm	Münchener Kommentar
n.f.	neue Fassung
NJOZ	Neue Juristische Online Zeitschrift
NJW	Neue Juristische Wochenschrift
NJW-RR	Neue Juristische Wochenschrift - Rechtsprechungsreport
Nr.	Nummer
NVwZ	Neue Zeitschrift für Verwaltungsrecht
NWVBl.	Nordrhein-Westfälische Verwaltungsblätter
OGH	Oberster Gerichtshof (Österreich)
OLG	Oberlandesgericht
öst GG	österreichisches Gehaltsgesetz
ÖstVerwGH	Österreichischer Verwaltungsgerichtshof
OVG	Oberverwaltungsgericht
PD	Practice Directions
PL	Public Law
QB	Queen´s Bench
QBD	Queen´s Bench Division
RabelsZ	Rabels Zeitschrift für ausländisches und internationales Privatrecht
RBHG	Reichsbeamtenhaftungsgesetz
Res.	Resolution
RG	Reichsgericht
RGB.	Reichsgesetzblatt
RGZ	Entscheidungen des Reichsgerichts
RIAA	Reports of International Arbitral Awards
RIW	Recht der Internationalen Wirtschaft
RJF	Revue de Jurisprudence Fiscale
RL	Richtlinie
Rn.	Randnummer
Rs.	Rechtssache
RSA	Requeil de Sentences Arbitrales
Rsp.	Rechtsprechung
S.	Seite
S.A.	Société anonyme
SCA	Supreme Court Act

SpA	Società per azioni
sec.	Section(s)
Slg.	Sammlung
StGB	Strafgesetzbuch
StIGH	Ständiger Internationaler Gerichtshof
StPO	Strafprozessordnung
u.a.	unter anderem
UAbs.	Unterabsatz
UK	United Kingdom
UKHL	United Kingdom House of Lords
UN Doc.	United Nations Document
USA	United States of America
Verb. Rs.	Verbundene Rechtssachen
Verf.	Verfasser
VerfGH	Verfassungsgerichtshof
VerfO	Verfahrensordnung
VersR	Versicherungsrecht
VerwArch	Verwaltungsarchiv
VfGH	Verfassungsgerichtshof
VGH	Verwaltungsgerichtshof
vgl.	vergleiche
VIZ	Vermögens- und Immobilienrecht
VO	Verordnung
Vol.	Volume
VVDStRL	Veröffentlichungen der Vereinigung Deutscher Staatsrechtslehrer
VwGO	Verwaltungsgerichtsordnung
VwVfG	Verwaltungsverfahrensgesetz
WiRO	Wirtschaft und Recht in Osteuropa
WLR	Weekly Law Reports
WM	Zeitschrift für Wirtschafts- und Bankrecht, Wertpapiermitteilungen
WRP	Wirtschaft in Recht und Praxis
WRV	Weimarer Reichsverfassung
YEL	Yearbook of European Law
z.B.	zum Beispiel
ZaöRV	Zeitschrift für ausländische öffentliches Recht und Völkerrecht
ZEuP	Zeitschrift für Europäisches Privatrecht

ZfRV	Zeitschrift für Rechtsvergleichung
ZGB	Zivilgesetzbuch
ZHR	Zeitschrift für das gesamte Handels- und Wirtschaftsrecht
ZIP	Zeitschrift für Wirtschaftsrecht
ZPO	Zivilprozessordnung
ZVglRW	Zeitschrift für Vergleichende Rechtswissenschaft
ZZP	Zeitschrift für Zivilprozess
ZZPInt	Zeitschrift für Zivilprozess International

Einleitung

Zwölf Jahre nach der wegweisenden *Francovich*-Entscheidung[1] hat der EuGH mit dem Urteil in der Rechtssache *Gerhard Köbler/Österreich*[2] vom 30. September 2003 den vorläufigen Schlusspunkt unter seine Rechtsprechung zur Haftung der EG-Mitgliedstaaten[3] gesetzt. Nachdem der Gerichtshof den Haftungsgrundsatz bisher auf Verstöße der Gesetzgebung und Verwaltung gegen das Gemeinschaftsrecht[4] beschränkt hatte, erkennt er nun eine Ersatzpflicht wegen fehlerhafter Urteile letztinstanzlicher nationaler Gerichte an. Der Schwerpunkt dieser Arbeit liegt auf der Untersuchung der Folgen der EuGH-Rechtsprechung für die Staatshaftung wegen richterlichen Unrechts in Deutschland und dem Vereinigten Königreich.[5]

Die Herausbildung der gemeinschaftsrechtlichen Staatshaftung zählt zu den bedeutendsten Entwicklungen der EuGH-Rechtsprechung in dem Bereich des Individualrechtsschutzes. Sie setzt die Entscheidungen des Gerichtshofes zur

---

1   EuGH verb. Rs. C-6/90 und 9/90 (*Andrea Francovich u.a./Italien*), Slg. 1991, I-5357

2   EuGH Rs. C-224/01 (*Köbler*), Slg. 2003, I-10239 (Versagung einer Dienstalterszulage nach § 50 a Abs. 1 des österreichischen Gehaltsgesetzes an einen deutschen Universitätsprofessor durch den Österreichischen Verwaltungsgerichtshof)

3   Die Europäischen Gemeinschaften umfassen die Europäische Wirtschaftsgemeinschaft nach dem Vertrag zur Gründung der Europäischen Wirtschaftsgemeinschaft vom 25. März 1957 und die Europäische Atomgemeinschaft nach dem Vertrag über die Gründung der Europäischen Atomgemeinschaft vom 25. März 1957. Der EWG-Vertrag wurde durch den Vertrag von Maastricht vom 7. Februar 1992 in „Vertrag über die Gründung der Europäischen Gemeinschaft (EG)" umbenannt. Der Vertrag zur Gründung der Europäischen Gemeinschaft für Kohle und Stahl vom 18.April 1951 ist am 30. Juli 2002 ausgelaufen (vgl. *Müller-Graff* in: Dauses, Handbuch, Band I A.I Rn. 4-7; *Streinz*, Europarecht, Rn. 17f.). Gegenstand der nachfolgenden Untersuchung ist die Haftung der Mitgliedstaaten der Europäischen Gemeinschaft. Am 1 Dezember 2009 sind Vertrag über die Europäische Union in der Fassung des Vertrages von Lissabon (EUV) sowie der Vertrag über die Arbeitsweise der Europäischen Union (AEUV) in Kraft getreten.

4   Man differenziert zwischen dem primären und dem sekundären Gemeinschaftsrecht. Das primäre Gemeinschaftsrecht umfasst die Vertragstexte des EGV bzw. AEUV und des EAGV einschließlich der Anlagen, Anhänge und Protokolle sowie die allgemeinen Rechtsgrundsätze, während das sekundäre Gemeinschaftsrecht die von den Organen der Europäischen Gemeinschaften erlassenen Rechtsakte bezeichnet (vgl. zur Terminologie *Haratsch/Koenig/Pechstein*, Europarecht, Rn. 367 und 376).

5   Das Vereinigte Königreich von Großbritannien und Nordirland besteht aus England, Wales, Scottland und Nordirland. Es ist Vertragspartei des AEUV. Der Geltungsbereich des englischen Rechts beschränkt sich auf England und Wales. Nordirland und Schottland unterliegen nicht dem englischen Recht (vgl. *von Bernstorff*, Einführung, S. 1). Im Folgenden wird bezüglich der Frage der Richterhaftung auf die englische Rechtslage abgestellt.

unmittelbaren Anwendbarkeit[6] und zum Vorrang des Gemeinschaftsrechts[7] auf der Ebene des sekundären Rechtsschutzes[8] fort und schließt damit eine Lücke in dem gemeinschaftsrechtlichen Rechtsschutzsystem.[9] Der EuGH hat in der Entscheidung *Brasserie du Pêcheur* eine Ersatzpflicht der Mitgliedstaaten bei legislativem Unrecht angenommen und damit die umfangreichen Haftungsbeschränkungen der nationalen Rechtsordnungen in diesem Bereich in Frage gestellt.[10] Mit der Anerkennung einer mitgliedstaatlichen Haftung für Schäden, die dem Einzelnen durch gemeinschaftsrechtswidrige Urteile entstehen, treibt der Gerichtshof nun die Europäisierung des Staatshaftungsrechts weiter voran.[11] In der Folgeentscheidung in der Rechtssache *Traghetti del Mediterraneo* vom 13. Juni 2006 hat der EuGH den Haftungsgrundsatz bestätigt und die Voraussetzungen einer Ersatzpflicht präzisiert.[12] Dennoch bleiben weiterhin viele Fragen offen, und es treten einige Problemfelder auf, die der EuGH und weite Teile des Schrifttums nicht erörtert haben.

Zum Teil widerlegt der EuGH die Einwände, die gegen die Anerkennung einer Staatshaftung wegen richterlicher Fehlentscheidungen angeführt werden, nur unzureichend. Es ist daher notwendig, den Haftungsgrundsatz auf ein tragfähiges dogmatisches Fundament zu stellen. Wenig Klarheit herrscht außerdem hinsichtlich der Anforderungen an das zentrale Tatbestandsmerkmal des "hinreichend qualifizierten Verstoßes". Der EuGH nennt lediglich Gesichtspunkte, die im Einzelfall bei der Anspruchsprüfung berücksichtigt werden können. Schwierigkeiten, die deswegen auf Seiten der nationalen Gerichte bei der Rechtsanwendung auftreten dürften, können erst durch die Formulierung präziser Haftungskriterien vermieden werden. Ein weiteres Kernproblem betrifft die Frage der Umsetzung des Haftungsgrundsatzes in den mitgliedstaatlichen Rechtsordnungen. Die Vorgaben des EuGH zur Anwendbarkeit nationaler Vorschriften, die eine Beschränkung der Judikativhaftung vorsehen, sind insoweit praktisch nicht handbhabbar. Die *Köbler*-Entscheidung drängt außerdem zu einer Klärung der seit langem umstrittenen Frage, ob die EU ihrerseits aufgrund eines Fehlurteils des EuGH gemäß Art. 340 Abs. 2 AEUV (Art. 288 Abs. 2 EGV a.F.) ersatz-

---

6   EuGH Rs. 26/62 (*van Gend & Loos*), Slg. 1963, 3, 25f.

7   EuGH Rs. 6/64 (*Costa/E.N.E.L.*), Slg. 1964, 1251, 1269

8   Der primäre Rechtsschutz eröffnet dem Bürger die Möglichkeit, die Rechtmäßigkeit hoheitlichen Handelns gerichtlich überprüfen zu lassen. Der sekundäre Rechtsschutz räumt ihm die Möglichkeit ein, Ersatz für die erfolgte Beeinträchtigung seiner Rechtsgüter zu fordern (zur Terminologie vgl. *Baldus/Grzeszick/Wienhues*, Staatshaftungsrecht, Rn. 2).

9   Vgl. *Kadelbach*, Verwaltungsrecht, S. 162; *Stettner* in: Dauses, Handbuch, Band I, A.IV Rn. 46

10   EuGH verb. Rs. C-46/93 und 48/93 (*Brasserie du Pêcheur* und *Factortame*), Slg. 1996, I-1029; vgl. auch schon: EuGH verb. Rs. C-6/90 und 9/90 (*Andrea Francovich u.a. / Italien*), Slg. 1991, I-5357

11   *Kremer*, NJW 2004, 480, 482; vgl. allgemein zu den Vorgaben und Impulsen des EG-Rechts für die Entwicklung eines wirkungsvollen Sekundärrechtsschutzes: *Schoch*, DV 34 (2001) 261, 275f.

12   EuGH Rs. C-173/03 (*Traghetti del Mediterraneo SpA/Italien*), Slg. 2006, I-5177

pflichtig ist. Darüber hinaus sind die Auswirkungen der Entscheidung auf das in Art. 267 AEUV (Art. 234 EGV a.F.) angelegte Kooperationsverhältnis zwischen den nationalen Gerichten und dem EuGH zu beleuchten. Sollte der EuGH im Einzelfall über den Verstoß eines nationalen Gerichtes judizieren, besteht die Gefahr, dass er entgegen der Konzeption des EGV und jetzt des AEUV die Rolle eines *Supreme Court* in dem gemeinschaftsrechtlichen Rechtsschutzsystem einnimmt. Schließlich muss diskutiert werden, ob nicht bereits im nationalen Recht, im Gemeinschaftsrecht oder aufgrund der EMRK ausreichend Möglichkeiten zur Erlangung von Rechtsschutz gegen gemeinschaftsrechtswidrige Entscheidungen existieren.

Spätestens seit der *Köbler*-Entscheidung handelt es sich bei der Frage der Haftung wegen richterlicher Verstöße nicht mehr um ein rein theoretisches Problem.[13] Im Rahmen dieser Arbeit werden verschieden Fallkonstellationen dargestellt, in denen der Gemeinschaftsbürger einen Ausgleich seiner finanziellen Einbußen ausschließlich im Wege einer Schadensersatzklage verlangen kann, die auf ein fehlerhaftes Urteil gestützt wird.[14] Darüber hinaus lassen sich in der jüngeren Rechtsprechung deutscher Obergerichte einige Beispiele für Fehlentscheidungen finden, die auf einer Verkennung der Einflüsse des Gemeinschaftsrechts beruhen. Besonders spektakulär sind - nicht zuletzt wegen der damit verbundenen erheblichen finanziellen Verluste der Betroffenen - die Entscheidungen in Bezug auf das staatliche Sportwettenmonopol[15] und die „Schrottimmobilien".[16]

Zusätzliche Aktualität gewinnt die Problematik der mitgliedstaatlichen Haftung wegen richterlichen Unrechts durch zwei Entscheidungen des EuGH, die in diesen Kontext fallen und die kurz nach der *Köbler*-Entscheidung ergingen. Die Entscheidung *Kommission/Italien*[17] betrifft in der Sache die Frage, ob Vertragsverletzungen durch nationale Gerichte Gegenstand eines Verfahrens nach Art. 258 AEUV (Art. 226 EGV a.F.) sein können. In der Entscheidung *Kühne & Heitz*[18] erläutert der Gerichtshof, unter welchen Voraussetzungen eine Behörde zur Überprüfung einer gemeinschaftsrechtswidrigen Verwaltungsentscheidung verpflichtet ist, die infolge eines Urteils eines letztinstanzlichen Gerichts bestandskräftig geworden ist. Alle drei Entscheidungen berühren im Kern die Frage, ob im Interesse der Rechtssicherheit der Rechtskraft bzw. der Bestandskraft einer Entscheidung der Vorrang vor der Verwirklichung eines

---

13 A.A. noch *Wolf*, Staatshaftung, S. 22; unverständlich angesichts der neueren EuGH-Rechtsprechung *Ossenbühl* (FS Rengeling, S. 369, 382), der meint, die Haftung für judikatives Unrecht bliebe Theorie.

14 So begehrte der Kläger in der Rechtssache *Köbler* die Zahlung einer monatlichen Dienstalterszulage in Höhe von 567, 40 Euro nach §§ 50a Abs.1, 50 Abs. 4 des österreichischen Gehaltsgesetzes. Andere Rechtsschutzmöglichkeiten standen ihm nicht mehr zur Verfügung.

15 Vgl. Dritter Teil § 4 A. IV. 3. c)

16 Vgl. Dritter Teil § 4 A. IV. 2. b)

17 EuGH, Entscheidung vom 9. Dezember 2003, Rs. C-129/00 (*Kommission/Italien*), Slg. 2003, I-14637

18 EuGH, Entscheidung vom 13. Januar 2004, Rs. C-453/00 (*Kühne & Heitz*), Slg. 2004, I- 837

effektiven Individualrechtsschutzes einzuräumen ist. Gegenwärtig sieht der EuGH keinen Grund, die richterliche Tätigkeit prinzipiell von der Staatshaftung auszunehmen. Es wird zu klären sein, ob sich aufgrund der europarechtlichen Vorgaben auf nationaler Ebene ein Paradigmenwechsel vollziehen wird bzw. vollziehen muss, an dessen Ende der Abschied von der haftungsrechtlichen Privilegierung der dritten Gewalt steht. Die Diskussion über die Judikativhaftung hat dadurch an Brisanz gewonnen, dass der BGH in zwei neueren Urteilen die Privilegierung richterlicher Tätigkeit ausgeweitet hat.[19] Die gegensätzlichen Entwicklungen auf der Ebene des nationalen Rechts und des Gemeinschaftsrechts und die dahinter stehenden unterschiedlichen rechtspolitischen Erwägungen werfen zusätzliche Probleme bei der Umsetzung der gemeinschaftsrechtlichen Vorgaben in das nationale Recht auf.

Eine Auseinandersetzung mit den Entscheidungen *Köbler* und *Traghetti* im Wege der Rechtsvergleichung verspricht einen zusätzlichen Erkenntnisgewinn.[20] Die Tragweite der Rechtsentwicklung auf der Ebene des Gemeinschaftsrechts wird erst deutlich, wenn man sie vor dem Hintergrund der Regelungen verschiedener Rechtsordnungen untersucht. Die gilt gerade für den Bereich des Staatshaftungsrechts, in dem die Bestimmungen des nationalen Rechts meist historisch überkommen und dogmatisch kaum noch verständlich sind. Zwischen Gemeinschaftsrecht und nationalem Recht findet eine Wechselwirkung in der Weise statt, dass nationale Regelungen die Entwicklung gemeinschaftsrechtlicher Prinzipien beeinflussen, während zugleich das Gemeinschaftsrecht Impulse für die Entwicklung der nationalen Haftungssysteme gibt. Dieses Zusammenspiel wird erst bei einer rechtsvergleichenden Betrachtung vollends sichtbar, da die Rückwirkungen des Gemeinschaftsrechts im nationalen Recht von den dort vorhandenen Normen abhängen. Gleichzeitig bietet ein rechtsvergleichender Ansatz die Möglichkeit, zu untersuchen, wie die Gerichte und Parlamente verschiedener Mitgliedstaaten die Vorgaben des Gemeinschaftsrechts umsetzen und damit die Zusammenarbeit mit dem EuGH realisieren.[21] Aus einer Analyse der Lösungsansätze verschiedener Rechtsordnungen kann abgeleitet werden, wie dem Gemeinschaftsrecht bestmöglich zu einer wirksamen Durchsetzung verholfen werden kann.

Die deutsche und die englische Rechtsordnung bieten sich aus mehreren Gründen für einen Rechtsvergleich an. Zum einen weisen sie in Bezug auf den vorliegenden Untersuchungsgegenstand einige signifikante Unterschiede auf. In Deutschland existiert ein eigenes System des Staatshaftungsrechts, das sich aus Gesetzesrecht, Gewohnheitsrecht und Richterrecht zusammensetzt. Demgegenüber bestimmt sich in England die Ersatzpflicht wegen solcher Schäden, die durch eine hoheitliche Tätigkeit verursacht werden, nach dem *common law of*

---

19   Vgl. BGHZ 155, 306 (Urteil vom 3. Juli 2003); BGHZ 161, 298 (Urteil vom 9. Dezember 2004)

20   Vgl. die rechtsvergleichende Untersuchung mit Blick auf die Rechtslage in den Vereinigten Staaten bei *Pfander*, AJCL 237 (2003) 237 und *ders.*, EBLR 17 (2006) 275

21   Für eine rechtsvergleichende Untersuchung daher insbesondere *Tomuschat* in: FS Everling, Band II, S. 1585, 1608f.

torts.[22] Dabei richtet sich der Ersatzanspruch anders als in Deutschland primär gegen den handelnden Richter und nicht gegen den Staat. Derart unterschiedliche Haftungskonzepte haben wiederum Auswirkungen auf *ratio* und Reichweite einer Haftungsfreistellung bei richterlicher Tätigkeit. Eine weitere Besonderheit des englischen Rechts ist die umfassende Bindung der unteren Gerichte an die Präjudizien der oberen Gerichte. Daraus dürften sich Schwierigkeiten für das Gericht ergeben, das die Gemeinschaftsrechtswidrigkeit der Gerichtsentscheidung in dem Ausgangsverfahren beurteilen soll. Außerdem unterscheidet sich die Rechtslage in den beiden Mitgliedstaaten unter anderem dadurch, dass das deutsche Verfassungsrecht einen Rechtsbehelf bereithält, um indirekt gemeinschaftsrechtswidrige Gerichtsentscheidungen zu korrigieren. Mit Hilfe einer auf Art. 101 Abs. 1 S. 2 GG gestützten Verfassungsbeschwerde kann der Einzelne die Missachtung der Vorlagepflicht (Art. 267 Abs. 3 AEUV) durch ein nationales Gericht vor dem BVerfG rügen. Es ist zu untersuchen, ob das Instrument der Staatshaftung in einem Mitgliedstaat an Bedeutung verliert, der einen solchen außerordentlichen Rechtsbehelf zur Verfügung stellt.[23]

Zum anderen ist die Judikativhaftung in beiden Rechtsordnungen restriktiv ausgestaltet.[24] Die Regierungen beider Länder sahen sich wohl vor diesem Hintergrund dazu veranlasst, in ihren Erklärungen zu dem *Köbler*-Verfahren ausführlich ihre Skepsis gegenüber einer mitgliedstaatlichen Ersatzpflicht zu begründen.[25] Es ist nun zu prüfen, wie Rechtsprechung und/oder Gesetzgebung vor dem Hintergrund der bisherigen Rechtslage ihrer Pflicht zur Durchsetzung des EG-Rechts nachkommen können. Angesichts des gegenwärtigen Entwicklungsstandes der Haftungsregelungen bei richterlichem Unrecht stellt die innerstaatliche Umsetzung des Gemeinschaftsrechts für beide Rechtsordnungen eine Herausforderung dar. Hier drängt sich eine Parallele zu den Fällen *Brasserie du Pêcheur* und *Factortame* auf, in deren Mittelpunkt die Haftungsbeschränkungen des deutschen und englischen Rechts bei gesetzgeberischen Fehlentscheidungen

---

22 Vgl. *Winfield/Jolowicz*, Tort, S.163; die bekannteste Definition des Begriffes *tort law* geht zurück auf *Winfield*, The Province of the Law of Tort, S. 32: „Tortious liability arises from the breach of a duty primarily fixed by the law; the duty is towards persons generally and its breach is redressible by an action for unliquidated damages." Nach *von Bernstorff* (Einführung, S. 91f.) ist der Begriff des *tort* weiter als der Begriff der unerlaubten Handlungen (Deliktsrecht) im deutschen Recht, da die Klage wegen eines *tort* nicht nur auf Schadensersatzansprüche, sondern auch auf Herausgabe- oder Unterlassungsansprüche eines Eigentümers gerichtet sein kann. Demgegenüber differenziert *von Bar* (Deliktsrecht, Band I, Rn. 3 und 6 am Ende) nicht zwischen dem Deliktsrecht und dem *common law of tort*. Eine genauere Untersuchung kann im Rahmen dieser Arbeit nicht geleistet werden. Eine Besonderheit des englischen Rechts im Vergleich zu dem deutschen Staatshaftungsrecht liegt in der persönlichen Haftung des Amtsträgers. Die Körperschaft (*public body*), für die der Amtsträger handelt, bzw. die Krone (*Crown*) haftet nach Grundsätzen, die denen der Haftung für das Verschulden eines Erfüllungsgehilfen (*vicarious liability*), vergleichbar sind, vgl. *Fairgrieve*, State Liability, S.23 und den Überblick über das englische Haftungssystem: Vierter Teil § 2
23 Vgl. *Gundel*, EWS 2004, 8, 15
24 Zu den Einzelheiten vgl. 4. Teil §§ 1 und 2
25 Vgl. EuGH Rs. C-224/01 (*Köbler*), Slg. 2003, I-10239, Rn. 15-28

standen.[26] Im Übrigen haben relativ viele *leading cases* zur mitgliedstaatlichen Haftung ihren Ursprung in England[27] oder Deutschland[28], so dass der EuGH in der Vergangenheit häufig die Gelegenheit hatte, sich mit einzelnen Haftungstatbeständen der beiden Rechtsordnungen auseinander zu setzen. Die dabei gewonnenen Erkenntnisse sollen in die vorliegende Arbeit einfließen.

---

26 EuGH Rs. C-46/93 (*Brasserie du Pêcheur* und *Factortame*), Slg. 1996, I-1029
27 EuGH Rs. C-48/93 (*Factortame*), Slg. 1996, I-1029; EuGH Rs. C-392/93 (*British Telecommunications*), Slg. 1996, I-1631; EuGH Rs. C-5/94 (*Hedley Lomas*) Slg. 1996, I-2553
28 EuGH Rs. C-46/93 (*Brasserie du Pêcheur*), Slg. 1996, I-1029; EuGH Rs. C-178/94 (*Dillenkofer u.a.*), Slg. 1996, I-4845; EuGH Rs. C-183/94, 291 und 292/94 (*Denkavit*), Slg. 1996, I-5063

Ziel und Gang der Untersuchung

Die folgende Untersuchung wird sich vorrangig mit den Entscheidungen des EuGH in *Köbler* und *Traghetti del Mediterraneo* und deren Auswirkungen auf das Recht der Staatshaftung wegen richterlichen Unrechts in Deutschland und dem Vereinigten Königreich beschäftigen. Dabei soll insbesondere untersucht werden, auf welche Anspruchsgrundlage(n) Ersatzansprüche gegen den Staat wegen gemeinschaftsrechtswidriger Gerichtsentscheidungen gestützt werden können. Im Mittelpunkt der Diskussion steht die Frage, ob und in welchem Umfang die Haftungsprivilegierungen in dem Bereich der Judikativhaftung einer gemeinschaftsrechtskonformen Modifikation bedürfen. Ziel der Arbeit ist es, festzustellen, ob das deutsche und das englische Recht in Bezug die Haftung des Staates wegen der Verstöße letztinstanzlicher Gerichte gegen EG-Recht oder gegen nationales Recht aufgrund der Vorgaben des EuGH der Überarbeitung bedürfen.

Der Gang der Darstellung gestaltet sich folgendermaßen: In dem ersten Teil wird ein Überblick über die *leading cases* zur gemeinschaftsrechtlichen Staatshaftung bis zur *Köbler*-Entscheidung gegeben. Es folgt eine Auseinandersetzung mit Fragen zur Kompetenz der EG bzw. des EuGH auf dem Gebiet der Staatshaftung, mit den dogmatischen Grundlagen des Haftungsinstitutes und den gemeinschaftsrechtlichen Haftungsvoraussetzungen. In diesem Zusammenhang wird erörtert, welche Funktion das nationale Haftungsrecht bei der Ausgestaltung des Haftungstatbestandes einnimmt. In dem zweiten Teil wird der Blick darauf gerichtet, ob im nationalen Recht und/oder im Europarecht[29] Rechtsbehelfe oder verfahrensrechtliche Instrumente existieren, die anstelle einer Staatshaftungsklage effektiven Rechtsschutz gegen gemeinschaftsrechtswidrige Urteile bieten. Gegenstand des dritten Teils sind die Entscheidungen des EuGH in *Köbler* und *Traghetti del Mediterraneo*. Es ist zu klären, ob der Gerichtshof den gemeinschaftsrechtlichen Haftungsgrundsatz zu Recht auf Akte der dritten Gewalt ausgedehnt hat. Anschließend wird überprüft, ob die von dem EuGH für den Fall judikativen Unrechts aufgestellten Anforderungen an einen „hinreichend qualifizierten Verstoß" dogmatisch überzeugend und praxistauglich sind. Zudem wird auf einzelne Haftungskonstellationen näher eingegangen. In dem vierten Teil werden die Grundsätze der Staatshaftung wegen richterlicher Fehlentscheidungen in Deutschland und England dargestellt. Ziel des fünften Teils ist

---

29   Hier wird Bezug genommen auf den Begriff des Europarechts im „weiteren Sinne". Dazu zählt neben dem Recht der Europäischen Gemeinschaften und dem Recht der Europäischen Union nach dem Vertrag über die Europäische Union vom 7. Februar 1992 (Europarecht im „engeren Sinne") unter anderem auch die Konvention zum Schutz der Menschenrechte und Grundfreiheiten vom 4. November 1950; vgl. zur Terminologie *Herdegen*, Europarecht, § 1 Rn. 2ff.)

es, eine gemeinschaftsrechtskonforme Auslegung der Haftungstatbestände des nationalen Rechts vorzunehmen. Abschließend erfolgt in dem sechsten Teil unter Berücksichtigung des nationalen Verfassungsrechts eine Beurteilung der Auswirkungen der EuGH-Rechtsprechung auf die Prinzipien der Judikativhaftung, soweit ausschließlich eine Verletzung nationalen Rechts vorliegt.

Erster Teil: Entwicklung, Grundlagen und Voraussetzungen der gemeinschaftsrechtlichen Staatshaftung

Der erste Teil gibt einen Überblick über die Entwicklung, die Grundlagen sowie die Voraussetzungen der gemeinschaftsrechtlichen Staatshaftung.

§ 1: *Leading cases* des Europäischen Gerichtshofes zur Haftung der EG-Mitgliedstaaten

Zunächst wird die Entwicklung der Rechtsprechung des EuGH zur mitgliedstaatlichen Haftung bis zur *Köbler*-Entscheidung dargestellt.

A.   *Rechtsprechung des EuGH vor der Entscheidung Francovich u.a.*

In den Gründungsjahren der EGKS wurde zunächst nur die Eigenhaftung der Gemeinschaft nach Art. 40 des Vertrages in der Literatur diskutiert[30]; Art. 34 EGKSV enthielt eine spezielle Regelung für fehlerhaft ergangene Verwaltungsentscheidungen der Hohen Behörde, bei der das Schwergewicht hoheitlicher Betätigung in der Gemeinschaft lag.[31] Im Schrifttum wurde später für den Fall der Verursachung eines Schadens durch ein Organ der Gemeinschaft und eines Mitgliedstaates eine gesamtschuldnerische Haftung angenommen.[32] In diesen Ausführungen blieb offen, ob und unter welchen Voraussetzungen auf Seiten des Mitgliedstaates überhaupt ein eigenständiger haftungsauslösender Verstoß gegen das Gemeinschaftsrecht vorliegt.[33]

---

30   Vgl. schon *Much,* Amtshaftung, S. 44
31   *Much,* Amtshaftung, S. 53
32   *André,* NJW 1968, 331, 333; *H.P. Ipsen,* Europäisches Gemeinschaftsrecht, S. 540
33   So verweist *André* (NJW 1968, 331, 333) nur darauf, dass die „Bundesrepublik Deutschland gleichfalls eine Schutznorm verletzt hat."

I. Rechtsprechung des EuGH zur Erstattung gemeinschaftsrechtswidrig erhobener Abgaben

Die ersten Urteile des EuGH auf dem Gebiet der Staatshaftung betreffen die Erstattung gemeinschaftsrechtswidrig erhobener Abgaben.[34] In der Rechtssache *Humblet* entschied der EuGH, dass eine Verpflichtung der Mitgliedstaaten besteht, „einen Akt rückgängig zu machen" und die „durch ihn verursachten Folgen zu beheben", wenn der Gerichtshof feststellt, dass der Akt des Mitgliedstaates „dem Gemeinschaftsrecht zuwiderläuft".[35] Der EuGH stützte diese Verpflichtung auf Art. 86 EGKSV, dessen Wortlaut Art. 10 EGV a.F. (jetzt Art. 4 Abs. 3 AEUV) entspricht.[36] Einen gemeinschaftsrechtlichen Erstattungsanspruch hat der EuGH in dieser Entscheidung nicht angenommen.[37] In der Entscheidung *Rewe-Zentralfinanz* führte der EuGH das Prinzip nationaler Verfahrensautonomie in dem Kontext der Staatshaftung ein.[38] Damit wurde diese Entscheidung über den Bereich des Erstattungsrechts hinaus zu einem *leading case*.[39] Der Gerichtshof legte dar, die Bestimmung des zuständigen Gerichtes und die Ausgestaltung des Verfahrens sei Sache der innerstaatlichen Rechtsordnung. Gleichzeitig begrenzte er den Spielraum der Mitgliedstaaten. Zum einen dürften die Voraussetzungen nicht ungünstiger sein als bei gleichartigen Klagen, die das nationale Recht betreffen (Gleichwertigkeitsgebot), und zum anderen dürften die innerstaatlichen Bedingungen die Verfolgung von Rechten nicht praktisch unmöglich machen (Effektivitätsgebot).[40] Später wies der EuGH darauf hin, dass auch hinsichtlich der materiellen Vorschriften auf das nationale Recht zurückgegriffen werden könne.[41] In der Rechtssache *San Giorgio* arbeitete der EuGH erstmals heraus, dass ein Recht auf Erstattung von Abgaben nicht primär auf die Mitwirkungspflicht in Art. 5 EWGV (jetzt Art. 4 Abs. 3 AEUV) zurückzuführen ist, sondern dass sie Folge und Ergänzung der Rechte ist, die dem Einzelnen durch das Gemeinschaftsrecht eingeräumt werden.[42] Im Schrifttum wird die Entscheidung so verstanden, dass die Mitgliedstaaten verpflichtet seien, die zu Unrecht erhobenen Abgaben zu erstatten. Die Durchsetzung erfolge mit den Mitteln des nationalen Rechts; ein originär gemeinschaftsrechtlicher Anspruch bestehe jedoch nicht.[43]

---

34 Öffentlich-rechtliche Erstattungsansprüche knüpfen nicht an einen hoheitlichen Eingriff oder eine Schädigung der öffentlichen Hand an, sondern setzen nur eine rechtsgrundlose Vermögensverschiebung voraus. Sie werden ebenfalls dem Staatshaftungsrecht zugerechnet (vgl. *Ossenbühl*, Staatshaftungsrecht, S. 415)

35 EuGH Rs. 6/60 (*Humblet*), Slg. 1960, 1165, 1185

36 EuGH Rs. 6/60 (*Humblet*), Slg. 1960, 1165, 1185

37 Vgl. *Cornils,* Staatshaftungsanspruch, S. 58

38 *Haltern*, Europarecht, S. 316

39 Vgl. *Albers*, Haftung, S. 80

40 EuGH Rs. 33/76 (*Rewe-Zentralfinanz*), Slg. 1976, 1989, Rn. 5

41 EuGH Rs. C-61/79 (*Denkavit*), Slg. 1980, 1205, Rn. 28

42 EuGH Rs. C-199/82 (*San Giorgio*), Slg. 1983, 3595, Rn. 12

43 *Albers*, Haftung, S. 86; *Cornils,* Staatshaftungsanspruch, S. 62f.; ebenso: EuGH verb. Rs. C-397/98 und 410/98 (*Metallgesellschaft Ltd u.a.*), Slg. 2001, I-1727, Rn. 84f.

II. Rechtsprechung des EuGH zur Schadensersatzpflicht der Mitgliedstaaten

Erste Hinweise auf eine Schadensersatzpflicht bei Verstößen gegen das Gemeinschaftsrecht sind in der *Salgoil*-Entscheidung zu finden. Der EuGH erläutert, dass die Mitgliedstaaten verpflichtet seien, die Interessen der durch die Verletzung einer unmittelbar anwendbaren Gemeinschaftsvorschrift betroffenen Einzelnen zu wahren, indem sie diesen einen „unmittelbaren und sofortigen Schutz gewähren".[44] Damit beschränkt der Gerichtshof sich darauf, eine generelle Pflicht der Mitgliedstaaten zur Gewährung effektiven Rechtschutzes zu statuieren; die Bestimmung der materiellen und prozessualen Voraussetzungen überlässt er den nationalen Rechtsordnungen.[45] Im „Schlachtprämienurteil" spricht der EuGH dann schon von einer Haftung der Mitgliedstaaten im Anwendungsbereich des EWG-Vertrages. Das Gericht führt aus, dass „ein sachliches Interesse an einem Urteil des Gerichtshofes nach den Artikeln 169 und 171 des Vertrages deshalb bestehen kann, weil dieses die Grundlage für eine Haftung abgeben kann, die möglicherweise einen Mitgliedstaat infolge seiner Pflichtverletzung...gegenüber einzelnen trifft."[46] Allerdings wird die Frage der Staatshaftung nur bei der Prüfung des Rechtsschutzbedürfnisses aufgeworfen, so dass der EuGH sich nicht veranlasst sieht, weitere Aussagen zur Dogmatik dieses Institutes bzw. zu den Bedingungen einer Haftung zu machen. Einen Schritt weiter geht der EuGH in dem Urteil in der Rechtssache *Russo*.[47] Die Kernaussage der Entscheidung lautet: „Ist ein solcher Schaden infolge der Verletzung des Gemeinschaftsrechts entstanden, so ist der betreffende Staats verpflichtet, gegenüber dem Geschädigten im Rahmen der Bestimmungen des nationalen Rechts über die Staatshaftung die Folgen zu tragen."[48] Aus dem Kontext der Entscheidung geht hervor, dass die angesprochene Pflicht nur eine solche des Gemeinschaftsrechts sein kann. Damit formuliert der EuGH erstmals ausdrücklich eine Schadensersatzverpflichtung der Mitgliedstaaten, die ihre Grundlage im Gemeinschaftsrecht hat.[49] In *Rewe-Handelsgesellschaft Nord* stellt der EuGH klar, dass die Geltendmachung eines Ersatzanspruches auf Grundlage der im nationalen Recht bereits vorhandenen Klagemöglichkeiten unter Beachtung des Gebotes der Gleichwertigkeit und der Effektivität erfolgt.[50]

---

44 EuGH Rs. C-13/68 (*Salgoil*), Slg. 1968, 680, 693

45 Vgl. *Cornils,* Staatshaftungsanspruch, S. 43; *Schockweiler*, EuR 1993, 107, 111

46 EuGH Rs. 39/72 (*Kommission/Italien*), Slg. 1973, 101, Rn. 11; dazu *Zenner*, Haftung, S. 3f. m.w.N.

47 EuGH Rs. 60/75 (*Russo*), Slg. 1976, 45

48 EuGH Rs. 60/75 (*Russo*), Slg. 1976, 45, Rn. 7/9; in diese Richtung auch EuGH Rs. C-68/79 (*Just*), Slg. 1980, 501, Rn. 29

49 *Albers*, Haftung, S. 84; *Zenner*, Haftung, S. 6; a.A. *Bahlmann*, DZWir 1992, 61, 62f.; *Cornils,* Staatshaftungsanspruch, S. 48

50 EuGH Rs. 158/80 (*Rewe-Handelsgesellschaft Nord*), Slg. 1981, 1805, Rn. 41

Kurz vor der *Francovich*-Entscheidung stellt der EuGH in *Foster* fest, dass eine unmittelbar wirkende Richtlinienbestimmung zur Erlangung von Schadensersatz herangezogen werden kann.[51]

B. Das Urteil Francovich u.a.

Der EuGH hat bereits frühzeitig das Prinzip der Staatshaftung aus den Verträgen abgeleitet.[52] Zunächst hat er allerdings zur Durchsetzung eines Ersatzanspruches ausschließlich auf die bestehenden Klagemöglichkeiten des nationalen Rechts verwiesen und deren Anwendung dem Gebot der Gleichwertigkeit und der Effektivität unterstellt.[53] In der *Francovich*-Entscheidung benennt der Gerichtshof erstmals Voraussetzungen, bei deren Vorliegen unabhängig von den Bestimmungen des nationalen Rechts eine Ersatzpflicht des Mitgliedstaates eintritt. Dabei hat er die mitgliedstaatliche Haftung erstmals in den Rang eines „Grundsatzes des Gemeinschaftsrechts" gehoben.[54] Nach Ansicht des beteiligten Richters *Iglesias* bildet das Urteil „einen Markenstein der richterlichen Rechtsfortbildung".[55]

I. Sachverhalt

Die Rechtssache *Francovich u.a.* betraf die Nichtumsetzung der Richtlinie 80/987/EWG vom 20.10.1980 zur Angleichung der Rechtsvorschriften zum Schutz der Arbeitnehmer bei Zahlungsunfähigkeit des Arbeitgebers („Konkursausfallrichtlinie"). Die Richtlinie verpflichtete die Mitgliedstaaten, einen Garantiefonds zur Befriedigung nicht erfüllter Lohnansprüche der Arbeitnehmer bei Zahlungsunfähigkeit der Arbeitnehmer einzurichten. Italien hatte die Richtlinie nicht fristgerecht zum 23.10.1983 umgesetzt. Nachdem der italienische Arbeitnehmer *Andrea Francovich* Lohnansprüche gegen seinen Arbeitgeber mangels Vermögensmasse nicht durchsetzen konnte, berief er sich auf die unmittelbare Wirkung der Richtlinie[56] und verlangte vom italienischen Staat Zahlung des

---

51   EuGH Rs. C-188/89 (*Foster*), Slg. 1990, 3313, Rn. 22; es ist umstritten, ob der EuGH bereits in dieser Entscheidung einen gemeinschaftsrechtlichen Schadensersatzanspruch geschaffen hat, vgl. dazu ausführlich und im Ergebnis verneinend: *Cornils*, Staatshaftungsanspruch, S. 49f.

52   Vgl. *Schockweiler*, EuR 1993, 107, 110

53   Vgl. *Haltern*, Europarecht, S. 328

54   EuGH verb. Rs. C-6/90 und 9/90 (*Andrea Francovich u.a. / Italien*), Slg. 1991, I-5357, Rn. 37; vgl. zu dieser Wende in der Rechtsprechung des EuGH *Haltern*, Europarecht, S. 330

55   *Rodríguez Iglesias*, EuR 1992, 225, 239

56   Eine Richtlinie entfaltet unmittelbare vertikale Wirkung zugunsten des Einzelnen,

44

Arbeitsentgelts, hilfsweise Schadensersatz wegen unterbliebener Richtlinienumsetzung.

II. Entscheidung des EuGH

Der EuGH lehnt zunächst die unmittelbare Wirkung der Richtlinie ab.[57] Hinsichtlich eines Ersatzanspruches legt der EuGH zunächst dar, dass die volle Wirksamkeit der durch das Gemeinschaftsrecht begründeten Rechte gemindert würde, wenn der Einzelne bei Verletzung seiner Rechte aufgrund eines Verstoßes gegen das Gemeinschaftsrecht keine Entschädigung erlangen könnte.[58] Danach stellte er folgende Voraussetzungen für einen Ersatzanspruch wegen Nichtumsetzung einer Richtlinie auf: Erstens müsse die Richtlinie die Verleihung von Rechten an Einzelne beinhalten. Zweitens müsse der Inhalt dieser Rechte auf der Grundlage der Richtlinie bestimmt werden können. Außerdem sei ein Kausalzusammenhang zwischen dem Verstoß gegen die Umsetzungspflicht und dem dem Einzelnen entstandenen Schaden erforderlich.[59] Die Behebung der Haftungsfolgen erfolge im Rahmen des nationalen Haftungsrechts.[60] *Francovich* selbst erhielt keine Entschädigung, da sein Arbeitgeber nach italienischem Recht von der Richtlinie ausgenommen werden durfte.[61]

---

wenn sie nicht fristgemäß umgesetzt wurde und wenn sie inhaltlich unbedingt und hinreichend genau gefasst ist (EuGH Rs. 8/81 (*Becker/Finanzamt Münster*), Slg.1982, 53, Rn.25); vgl. zu Begriff, Herleitung und den Voraussetzungen der unmittelbaren Wirkung von Richtlinien *Hermann*, Richtlinienumsetzung, S. 40-86

57 EuGH Rs. C-6/90 und 9/90 (*Andrea Francovich u.a. / Italien*) Slg. 1991, I-5357, Rn. 26

58 EuGH Rs. C-6/90 und 9/90 (*Andrea Francovich u.a. / Italien*) Slg. 1991, I-5357, Rn. 33

59 EuGH Rs. C-6/90 und 9/90 (*Andrea Francovich u.a. / Italien*) Slg. 1991, I-5357, Rn. 40

60 EuGH Rs. C-6/90 und 9/90 (*Andrea Francovich u.a. / Italien*) Slg. 1991, I-5357, Rn. 42

61 EuGH Rs. C-479/93 (*Francovich II*), Slg. 1995, I-3843, Rn. 18-21

C. Das Urteil Brasserie du Pêcheur und Factortame

In der *Brasserie*-Entscheidung verdeutlichte der EuGH, dass die Mitgliedstaaten über den Fall der unterbliebenen Richtlinienumsetzung hinaus generell für Verstöße gegen das Gemeinschaftsrecht haften.

I. Sachverhalte

1. Brasserie du Pêcheur

Die Brauerei *Brasserie du Pêcheur* mit Sitz in Frankreich musste Ende 1981 die Ausfuhr von Bier nach Deutschland einstellen, da die deutschen Behörden beanstandeten, dass das Bier nicht dem Reinheitsgebot nach §§ 9 und 10 des BiersteuerG entsprach. Daraufhin leitete die Kommission ein Vertragsverletzungsverfahren gegen die Bundesrepublik Deutschland ein, da nach ihrer Auffassung sowohl das Verbot, in anderen Mitgliedstaaten rechtmäßig hergestelltes Bier unter der Bezeichnung „Bier" in den Verkehr zu bringen, als auch das Verbot der Einfuhr von Bier mit Zusatzstoffen gegen Art. 30 EWGV (jetzt Art. 34 AEUV) verstieß. Der EuGH entschied, dass die Vorschriften des BiersteuerG mit Art. 30 EWGV unvereinbar sind.[62] In dem anschließenden Amtshaftungsprozess verklagte *Brasserie du Pêcheur* die Bundesrepublik Deutschland auf Ersatz des durch die Einfuhrbeschränkung angeblich entgangenen Gewinns in Höhe von 1 800 000 DM. Da sich die behördlichen Maßnahmen in Form von Bußgeldbescheiden ausschließlich an die Mitarbeiter deutscher Vertriebsfirmen richteten, die daraufhin ihre Tätigkeit für *Brasserie* einstellten, knüpfte *Brasserie* ihren Ersatzanspruch an die Nichtanpassung des BiersteuerG an die Vorgaben des Art. 30 EWGV durch den nationalen Gesetzgeber. Die Entscheidung des EuGH erging aufgrund einer Vorlage des BGH in dem Haftungsprozess.

2. Factortame

Ausgangspunkt der *Factortame*-Saga war eine Regelung des *Merchant Shipping Acts 1988*, die es ausländischen Fischern ermöglichte, sich durch Niederlassung oder Registrierung in England an der englischen Fischfangquote zu beteiligen. Zur Verhinderung dieses „quota-hoppings" wurde der *Merchant Shipping Act* zum 1.12.1988 geändert, so dass eine Registrierung nur möglich war, wenn be-

---

62   EuGH Rs. C-178/84 („*Reinheitsgebot für Bier*"), Slg. 1987, 1227

stimmte Voraussetzungen bezüglich Staatsangehörigkeit, Aufenthaltsort und Domizil der Eigentümer vorlagen. Daraufhin erhoben *Factortame* und andere britische Gesellschaften, deren Anteilseigner größtenteils spanische Staatsangehörige waren, Klage bei der *Queen's Bench Division* des *High Court*. Sie verlangten die Aussetzung der Vorschriften des *Merchant Shipping Acts*, da sie nach ihrer Auffassung gegen Art. 52 EWGV (jetzt Art. 49 AEUV) verstießen. In dem anschließenden Vorlageverfahren entschied der EuGH, dass Regelungen bezüglich Staatsangehörigkeit, Aufenthaltsort und Domizil der Eigentümer, wie sie auch in diesem Gesetz zu finden sind, mit dem Gemeinschaftsrecht unvereinbar sind (*Factortame No. 2*).[63] Außerdem leitete die Kommission ein Vertragsverletzungsverfahren gegen das Vereinigte Königreich ein, in dem ein Verstoß derartiger Registrierungsvoraussetzungen gegen Art. 52 EWGV bestätigt wurde (*Factortame No. 1*);[64] parallel dazu gab der EuGH einem Antrag der Kommission auf Aussetzung der oben genannten Erfordernisse hinsichtlich der Registrierung im Wege einer einstweiligen Anordnung statt.[65] Anschließend legten die Fischer bei dem *High Court* Klage auf Ersatz der Schadensposten ein, die ihnen aufgrund der gemeinschaftsrechtswidrigen Registrierungsvoraussetzungen entstanden waren. Dies führte zu dem Vorlageverfahren, das die Grundlage des hier erörterten Urteils (*Factortame No. 3*) bildet.

II. Entscheidung des EuGH

Der EuGH führt zur ersten Vorlagefrage aus, dass sich der Grundsatz der mitgliedstaatlichen Haftung auf Handlungen oder Unterlassungen des Gesetzgebers erstreckt.[66] Dann skizziert der Gerichtshof die Anforderungen, die bei der Herausbildung des europäischen Haftungsrechts zu beachten seien. Einerseits sollen die Voraussetzungen einer Ersatzpflicht dem Prinzip der praktischen Wirksamkeit des Gemeinschaftsrechts (*effet utile*) gerecht werden. Andererseits solle in den Fällen, in denen der Gesetzgeber über einen weiten Ermessensspielraum verfügt, nicht jeder Verstoß eine Schadensersatzpflicht begründen.[67] Vor diesem Hintergrund bejaht er einen Entschädigungsanspruch unter den folgenden Voraussetzungen. Erstens müsse ein Verstoß gegen eine Rechtsnorm vorliegen, die bezweckt dem Einzelnen Rechte zu verleihen. Dieser Verstoß müsse zweitens auch hinreichend qualifiziert sein. Insoweit müsse der Mitgliedstaat die Grenzen seines Ermessens offenkundig und erheblich überschritten haben. Der EuGH

---

63   EuGH Rs. C-221/89 (*Factortame No.2*), Slg. 1991, 3905

64   EuGH Rs. C-246/89 (*Factortame No. 1*), Slg. 1991, 4585

65   EuGH Rs. C-246/89, Slg. 1989, 3125

66   EuGH verb. Rs. C-46/93 und 48/93 (*Brasserie du Pêcheur* und *Factortame*), Slg. 1996, I-1029, Rn. 36

67   EuGH verb. Rs. C-46/93 und 48/93 (*Brasserie du Pêcheur* und *Factortame*), Slg. 1996, I-1029, Rn. 47-50

berücksichtigt hier vor allem das Maß an Klarheit und Genauigkeit der verletzten Norm. Drittens müsse ein unmittelbarer Kausalzusammenhang zwischen dem Verstoß und dem entstandenen Schaden bestehen.[68] Nach Auffassung des EuGH stellen Maßnahmen wie die Aufrechterhaltung des Bezeichnungsverbot des BiersteuerG und Regelungen wie die Registrierungsvoraussetzungen des *Merchant Shipping Acts* hinreichend qualifizierte Verstöße gegen Art. 30 EWGV bzw. Art. 52 EWGV dar.[69] Des Weiteren könne eine Haftung nicht wie im deutschen Recht von dem Vorliegen einer drittbezogenen Amtspflicht oder wie im englischen Recht von dem Vorliegen eines Amtsmissbrauches (*misfeasance in public office*) abhängig gemacht werden; dies würde die Erlangung einer Entschädigung praktisch unmöglich machen.[70]

Ein Verschulden nach nationalem Recht sei keine Haftungsvoraussetzung. Jedoch könnten Gesichtspunkte des Verschuldens im Rahmen des hinreichend qualifizierten Verstoßes geprüft würden.[71] Ferner müsse die Entschädigung mit Blick auf den erlittenen Schaden angemessen sein.[72] Danach fiele auch der entgangene Gewinn unter den ersatzfähigen Schaden.[73] Soweit das nationale Recht in vergleichbaren Fällen die Gewährung von *exemplary damages* (erhöhter Schadensersatz mit Strafcharakter) vorsehe, müsse dies auch bei einem Verstoß gegen Gemeinschaftsrecht gelten, da die Ausgestaltung der Haftungsfolgen nicht ungünstiger sein dürfe als bei innerstaatlichen Ansprüchen.[74] Vor dem BGH blieb die Revision der *Brasserie du Pêcheur* ohne Erfolg. Das Verbot der Verwendung von Zusatzstoffen, so der BGH, stelle nicht einen hinreichend qualifizierten Verstoß dar und hinsichtlich des Bezeichnungsverbotes könne nicht ein unmittelbarer Kausalzusammenhang zwischen Verstoß und Schaden festgestellt werden.[75] Demgegenüber wurde den Klägern in dem Fall *Factortame* durch das *House of Lords* Schadensersatz zugesprochen.[76]

---

68   EuGH verb. Rs. C-46/93 und 48/93 (*Brasserie du Pêcheur* und *Factortame*), Slg. 1996, I-1029, Rn. 51

69   EuGH verb. Rs. C-46/93 und 48/93 (*Brasserie du Pêcheur* und *Factortame*), Slg. 1996, I-1029, Rn. 59 und 61

70   EuGH verb. Rs. C-46/93 und 48/93 (*Brasserie du Pêcheur* und *Factortame*), Slg. 1996, I-1029, Rn. 71 und 73

71   EuGH verb. Rs. C-46/93 und 48/93 (*Brasserie du Pêcheur* und *Factortame*), Slg. 1996, I-1029, Rn. 78-80

72   EuGH verb. Rs. C-46/93 und 48/93 (*Brasserie du Pêcheur* und *Factortame*), Slg. 1996, I-1029, Rn. 82

73   EuGH verb. Rs. C-46/93 und 48/93 (*Brasserie du Pêcheur* und *Factortame*), Slg. 1996, I-1029, Rn. 87

74   EuGH verb. Rs. C-46/93 und 48/93 (*Brasserie du Pêcheur* und *Factortame*), Slg. 1996, I-1029, Rn. 89

75   BGHZ 134, 30, 38f.

76   *R. v. Secretary of State for Transport*, ex parte Factortame (*Factortame No. 5*), (2000) 1 AC HL 524

D. Das Urteil British Telecommunications

Im Anschluss an das Urteil in der Rechtssache *Brasserie* prüfte der EuGH die Anwendbarkeit der dort aufgestellten Haftungsvoraussetzungen in dem Fall einer fehlerhaften Richtlinienumsetzung.

I. Sachverhalt

In dem Ausgangsverfahren rügte *British Telecommunications* die fehlerhafte Umsetzung des Art. 8 der Richtlinie 90/531/EWG betreffend die Auftragsvergabe durch Auftraggeber in dem Bereich der Wasser-, Energie- und Verkehrsversorgung sowie im Telekommunikationssektor. Gemäß Art. 8 Abs. 1 gilt diese Richtlinie „nicht für Aufträge, die die Auftraggeber...für Einkäufe ausschließlich in Verbindung mit einem oder mehreren Telekommunikationsdiensten vergeben, soweit andere Unternehmen die Möglichkeit haben, diese Dienste...anzubieten". Art. 8 Abs. 2 der Richtlinie sieht vor, dass die Auftraggeber der Kommission auf deren Antrag alle Dienstleistungen mitteilen, die ihres Erachtens unter die Ausnahmeregelung in Absatz I der Richtlinie fallen. In dem Vereinigten Königreich wurde die Richtlinie durch Regulation 7(1) der *Utilities Supply and Works Contracts Regulations 1992* (*Regulations 1992*) umgesetzt. Regulation 7(1) bestimmt, dass die Regulation keine Anwendung findet, wenn ein in Anhang 2 der *Regulations 1992* aufgeführten Versorgungsunternehmen Angebote für einen Vertrag einholt. Die Klägerin macht geltend, dass die Richtlinie fehlerhaft umgesetzt wurde, da es die Befugnis der Auftraggeber und nicht, wie Regulation 7(1) voraussetzt, der Mitgliedstaaten sei, Dienstleistungen von der Richtlinie auszunehmen. Sie begehrt Ersatz für die infolge der fehlerhaften Umsetzung entstandenen Schäden.

II. Entscheidung des EuGH

Der EuGH erkennt dem Grunde nach einen Ersatzanspruch wegen der fehlerhaften Umsetzung einer Richtlinie unter den Voraussetzungen der *Brasserie*-Entscheidung an. Damit greift der EuGH erstmals auch in den Richtlinienfällen ausdrücklich auf das Kriterium des hinreichend qualifizierten Verstoßes zurück und modifiziert damit seine Rechtsprechung in *Francovich*. Durch die Einführung dieses restriktiven Tatbestandsmerkmals trägt der EuGH der Tatsache Rechnung, dass der Gesetzgeber bei seiner Rechtssetzungstätigkeit über ein weites Ermessen verfügt, das nicht durch die Möglichkeit von Schadensersatzklagen behindert werden darf.[77] In der Sache lehnt der EuGH einen hinreichend qualifizierten Verstoß ab. Angesichts der unklaren Formulierung der Richtlinie sei auch die Auslegung vertretbar gewesen, die das Parlament in gutem Glauben vorgenommen hatte (*bona fide*-Einwand).[78]

E.   Das Urteil Hedley Lomas

In dem Fall *Hedley Lomas* wendet der EuGH die Kriterien der *Brasserie*-Entscheidung auf einen Fall administrativen Unrechts an.

I.   Sachverhalt

Die Klägerin *Hedley Lomas* beantragte am 7.10.1992 bei dem *Ministry of Agriculture, Fisheries and Food* eine Genehmigung für die Ausfuhr lebender Schafe nach Spanien. Von April 1990 bis zum 1.1.1993 hatte das Ministerium Genehmigungen verweigert, da die Behandlung der Tiere in den dortigen Schlachtbetrieben nicht den Vorgaben der Richtlinie 74/577/EWG über die Betäubung von Tieren vor dem Schlachten entsprach. Aufgrund der Zusicherungen der spanischen Behörden hinsichtlich der Einhaltung der Richtlinienvorgaben leitete die Kommission 1992 gegen Spanien kein Vertragsverletzungsverfahren nach Art. 169 EWGV (jetzt Art. 258 AEUV) ein. Gegenüber den britischen Behörden erklärte sie, dass das Ausfuhrverbot einen Verstoß gegen Art. 34 EWGV (jetzt Art. 35 AEUV) darstelle. Nach Ablehnung der Genehmigung klagte *Hedley Lomas* vor dem *High Court* auf Feststellung, dass die Ablehnung gegen Art. 34 EWGV verstößt sowie auf Schadensersatz. Der *High Court* ersuchte den EuGH um Vorabentscheidung.

II.   Entscheidung des EuGH

Zunächst stellt der EuGH fest, dass eine Ausfuhrbeschränkung nicht nach Art. 36 EWGV (jetzt Art. 36 AEUV) gerechtfertigt werden könne, da der dort erwähnte Schutz von Gesundheit und Leben von Tieren allein durch die Richtlinie erreicht werden solle und ein Rückgriff auf Art. 36 EWGV ausscheide.[79] Der EuGH

---

77   EuGH Rs. C-392/93 (*British Telecommunications*), Slg. 1996, I-1631, Rn. 38-40; ebenso EuGH Rs. C-278/05 (*Robins*), Slg. 2007, I-1053, Rn. 82

78   EuGH Rs. C-392/93 (*British Telecommunications*), Slg. 1996, I-1631, Rn. 43

79   EuGH C-5/94 (*Hedley Lomas*), Slg. 1996, I-2553, Rn. 18

weist darauf hin, dass gemeinschaftsrechtswidrige Maßnahmen der Verwaltung bei Vorliegen der Kriterien der *Brasserie*-Entscheidung einen Ersatzanspruch auslösen können. Zur Bejahung eines hinreichend qualifizierten Verstoßes reiche die bloße Verletzung des Gemeinschaftsrechts aus, wenn der Mitgliedstaat über einen erheblich verringerten oder keinen Gestaltungsspielraum verfügt.[80] Eine Entscheidung in der Sache überlässt der EuGH dem nationalen Gericht.

F.　Das Urteil Dillenkofer u.a.

In dieser Entscheidung präzisiert der EuGH das Merkmal des „hinreichend qualifizierten Verstoßes" bei nicht fristgerechter Richtlinienumsetzung.

I.　Sachverhalt

Nach Art. 7 der Richtlinie 90/314/EWG („Pauschalreise-Richtlinie") waren die Mitgliedstaaten verpflichtet, bei Zahlungsunfähigkeit oder Konkurs der Reiseveranstalter die Erstattung gezahlter Beträge und die Rückreise sicherzustellen. Eine Umsetzung musste bis zum 31.12.1992 erfolgen. In Deutschland wurde erst am 24.06.1994 § 651 k zur Umsetzung in das BGB eingefügt. Die Kläger des Ausgangsverfahrens hatten 1993 Pauschalreisen gebucht und konnten wegen des Konkurses des Veranstalters die Reise nicht antreten oder mussten auf eigene Kosten von dem Urlaubsort zurückkehren. Die Kläger beriefen sich auf die nicht fristgerechte Umsetzung der Richtlinie und verlangten auf der Grundlage der Entscheidung in *Francovich* Ersatz der gezahlten Beträge oder Erstattung der Kosten für die Rückreise.

II.　Entscheidung des EuGH

Der EuGH bezieht sich wiederum auf die Haftungsvoraussetzungen aus der *Brasserie*-Entscheidung.[81] Nach Meinung des EuGH setzt ein hinreichend qualifizierter Verstoß voraus, dass ein Mitgliedstaat die Grenzen seines Ermessens offenkundig überschreitet. Ausnahmsweise könne aber auch die bloße Verletzung von Gemeinschaftsrecht ausreichen, sofern der Ermessensspielraum des Gesetzgebers erheblich verringert oder auf Null reduziert sei. Der EuGH bejaht

---

80　EuGH C-5/94 (*Hedley Lomas*), Slg. 1996, I-2553, Rn. 26

81　EuGH verb. Rs. C-178/94, C-179/94, C-188/94, C-189/94 und C-190/94 (*Dillenkofer u.a.*), Slg. 1996, I-4845 Rn. 20

das Vorliegen eines hinreichend qualifizierten Verstoßes in dem Fall, dass ein Mitgliedstaat unter Verstoß gegen Art. 189 Abs. 3 EGV (jetzt Art. 288 Abs. 3 AEUV) seiner Umsetzungspflicht nicht fristgerecht nachkommt.[82] Weitere Punkte wie etwa die Vorsätzlichkeit des Verstoßes seien dann nicht zu prüfen.[83] Außerdem unterstreicht der EuGH, dass Umstände der internen Rechtsordnung eine verspätete Umsetzung nicht rechtfertigen könnten.[84]

§ 2: Grundlagen der gemeinschaftsrechtlichen Staatshaftung in Deutschland und England

Ausgangspunkt einer Beschäftigung mit der gemeinschaftsrechtlichen Staatshaftung ist die Frage, ob der EuGH überhaupt zur Entwicklung eines solchen Grundsatzes befugt war. Klärungsbedürftig sind außerdem dessen dogmatische Grundlage und die Einordnung in das nationale Rechtsschutzsystem.[85] Im Anschluss folgt eine Darstellung der durch den EuGH aufgestellten Haftungsvoraussetzungen.

A.   Kompetenz des EuGH zur Entwicklung des gemeinschaftsrechtlichen Haftungsgrundsatzes

Der EGV (jetzt AEUV) enthält keine Vorschrift, die die Verbandskompetenz zur Regelung der außervertraglichen Haftung der Mitgliedstaaten auf die EG bzw. die Organkompetenz auf den EuGH überträgt. Seit der *Francovich*-Entscheidung ist daher insbesondere in der deutschen Literatur umstritten, ob der EuGH zur Entwicklung des Haftungsgrundsatzes befugt war. Da der EuGH seitdem den Tatbestand kontinuierlich weiter ausgestaltet hat, bleibt die Frage der Kompetenz ein Dauerthema.[86] Deren Klärung ist überdies von erheblicher praktischer Bedeu-

---

82   EuGH verb. Rs. C-178/94, C-179/94, C-188/94, C-189/94 und C-190/94 (*Dillenkofer u.a.*), Slg. 1996, I-4845, Rn.26f.

83   EuGH verb. Rs. C-178/94, C-179/94, C-188/94, C-189/94 und C-190/94 (*Dillenkofer u.a.*), Slg. 1996, I-4845, Rn. 26f.

84   EuGH verb. Rs. C-178/94, C-179/94, C-188/94, C-189/94 und C-190/94 (*Dillenkofer u.a.*), Slg. 1996, I-4845 Rn. 53

85   Für eine ausführliche Darstellung der rechtlichen Einordnung, der Rechtsgrundlagen und der Befugnis des EuGH zur Rechtsfortbildung vergleiche etwa folgende Arbeiten in der Reihenfolge ihres Erscheinens: *Cornils*, Staatshaftungsanspruch, S. 89-122; *Pfab*, Staatshaftung, S. 116-138; *Hidien*, Staatshaftung, S. 16-27; *Wolf*, Staatshaftung, S. 47-52; *Schwarzenegger*, Staatshaftung, S. 177-209

86   So hat der EuGH sich in den nachfolgenden Entscheidungen beispielsweise zur Höhe des ersatzfähigen Schaden, dem Vorrang des Primärrechtsschutzes und der Ersatzpflicht bei legislativem bzw. judikativen Unrecht geäußert, vgl. zu den Einzelheiten:

tung. Zum einen sind die nationalen Gerichte bisweilen geneigt, dem EuGH die Gefolgschaft zu versagen, wenn ihrer Ansicht nach ein Fall unzulässiger Rechtsfindung vorliegt.[87] Zum anderen besteht ein Zusammenhang zwischen der Kompetenz des EuGH und der Ermittlung der tauglichen Anspruchsgrundlage bei mitgliedstaatlichen Verstößen. Sollte sich ergeben, dass der EuGH seine Kompetenzen überschritten hat, spricht dies dafür, die Anspruchsgrundlage nicht im Gemeinschaftsrecht zu suchen, sondern auf die Haftungsnormen des nationalen Rechts zurückzugreifen.[88]

Außerdem gilt, die Konsequenzen einer kompetenzüberschreitenden Entscheidung des EuGH aus gemeinschaftsrechtlicher und nationalverfassungsrechtlicher Perspektive zu beachten. Eine Ansicht im Schrifttum nimmt an, dass die Übertragung der Rechtsprechungsaufgabe auf den EuGH auch die Kompetenz zu fehlerhaften Entscheidungen impliziere und dass das Gericht mit einer solchen Entscheidung lediglich die Grenzen des „rechtlichen Dürfens", nicht aber des „rechtlichen Könnens" überschreite.[89] Dieser Auffassung wird zu Recht entgegengehalten, dass ein Urteil des Gerichtshofes wie jeder andere Rechtsakt eines Gemeinschaftsorgans, der die Kompetenzen der Mitgliedstaaten verletzt, nichtig ist; die Vermutung der Rechtmäßigkeit von Akten der Gemeinschaftsorgane bis zur Entscheidung durch den EuGH gilt dabei nicht, da das Gericht sonst - anders als andere Organe - die Reichweite seiner Kompetenz bestimmen könnte.[90] Infolgedessen sind derartige Urteile für die Organe der Mitgliedstaaten nicht verbindlich.[91] Aus der Sicht des nationalen Verfassungsrechts entfaltet ein Urteil des EuGH, das auf eine Vertragsänderung hinausläuft, in Deutschland keine Bindungswirkung. Ein solcher Rechtsakt des Gemeinschaftsrechts ist nicht von dem durch das Zustimmungsgesetz zum EGV (jetzt AEUV) vorgegebenen Integrationsprogramm gedeckt; das BVerfG spricht daher von einem „ausbrechenden Rechtsakt".[92]

Im englischen Schrifttum werden, soweit ersichtlich, keine Bedenken gegen die Befugnis des EuGH zur Entwicklung des Haftungsinstitutes vorgetragen.[93] Das *House of Lords* hat die Rechtsfortbildung durch den EuGH bereits in einer Entscheidung aus dem Jahr 1981 akzeptiert. Dabei verweist es zunächst auf sec. 3 (1) *EC Act*, wonach ein nationales Gericht eine Aussage zu dem Gehalt

---

Detterbeck/Windthorst/Sproll, Staatshaftungsrecht, § 6 Rn. 53; *Kischel*, EuR 2005, 441, 452f. m.w.N.

87 *von Danwitz*, JZ 1994, 335, 340 m.w.N.

88 Auf diesen Zusammenhang weist insbesondere *Pfab* (Staatshaftung, S. 117, Fn. 89) hin.

89 *Huber*, AöR 116 (1991) 210, 219; vgl. *Zenner*, Haftung, S. 22 m.w.N.

90 *Dänzer-Vanotti*, RIW 1992, 733, 740; *Scholz*, DÖV 1998, 261, 265f.

91 *Dänzer-Vanotti*, RIW 1992, 733, 741 ; *Scholz*, DÖV 1998, 261, 266

92 Vgl. BVerfGE 89, 155, 210 (*Maastricht*); *Mayer,* Kompetenzüberschreitung, S. 112; *Mayer* in: Grabitz/Hilf/Nettesheim, Recht der EU, Art. 19 EUV Rn. 83; so mit Blick auf die *Francovich*-Entscheidung unter anderem auch *von Danwitz*, JZ 1994, 335, 340 und *Dänzer-Vanotti*, RIW 1992, 733, 743

93 Zustimmend u.a. *Brealey/Hoskins*, Remedies in EC Law, S. 128; *Craig/de Búrca*, EU Law, S. 328ff; *Snyder*, MLR 19 (1993) 45, 47; *Weatherill*, EU Law, S. 162

des Gemeinschaftsrechts nicht ohne Berücksichtigung der Rechtsprechung des EuGH treffen kann.[94] Das *House of Lords* beanstandet nicht, dass der Gerichtshof in seiner Rechtsprechung zur Schließung von Lücken im EGV eine teleologische und am Geiste des Vertrages ausgerichtete Interpretation vornimmt, die sich gelegentlich über dessen Wortlaut hinwegsetzt.[95]

I. Methodische Grundlage

Umstritten ist nicht nur die Frage der Befugnis des EuGH zur Entwicklung des Haftungsgrundsatzes, sondern damit zusammenhängend auch die methodische Grundlage seiner Rechtsprechung. Überwiegend wird die *Francovich*-Rechtsprechung als Beispiel einer richterlichen Rechtsfortbildung eingestuft,[96] während nur vereinzelt von einer Rechtsschöpfung gesprochen wird.[97] Eine Heranziehung der deutschen Methodenlehre ist unzulässig, da es sich bei der Gemeinschaftsrechtsordnung um ein eigenständiges System handelt und die Methodik des EuGH überdies stark von der französischen Rechtstradition geprägt ist.[98] Schwierigkeiten bereitet auf Gemeinschaftsebene die Abgrenzung zwischen einer Auslegung des Vertrages, einer Rechtsfortbildung und einer Rechtsschöpfung. Dies ist darauf zurückzuführen, dass im Gemeinschaftsrecht der an dem Prinzip der praktischen Wirksamkeit (*effet utile*)[99] orientierten teleologischen und

---

94 Sec. 3 (1) *EC Act 1972*: „For the purposes of all legal proceedings any question as to the meaning or effect of any of the Treaties, or as to the validity, meaning or effect of any Community instrument, shall be treated as a question of law and, if not referred to the European Court, be for determination as such in accordance with the principles laid down by and any relevant decision of the European Court or any court attached thereto."; vgl. dazu *Ukrow*, Rechtsfortbildung, S. 100; *Vogenauer*, ZEuP 2005, 234, 255

95 Zum Ganzen *Henn and Darby Appellants* v. *Director of Public Prosecutions Respondent* (1981) AC 850, 905 per Lord *Diplock*; zustimmend *Steiner/Woods/Twigg-Flesner,* EU Law, S. 36

96 Vgl. nur *Dänzer-Vanotti*, RIW 1992, 733, 740; *Pfab*, Staatshaftung, S. 128f.; *Schlemmer-Schulte/Ukrow*, EuR 1992, 82, 90

97 *Borchardt* in: Schulze/Zuleeg, Europarecht § 15 Rn. 22; wohl auch *Ossenbühl*, DVBl. 1992, 993, 995

98 Vgl. *Nacimiento*, Staatshaftung, S. 245; zur nationalen Methodenlehre vgl. *Larenz*, Methodenlehre, S. 366: Er unterscheidet zwischen Gesetzesauslegung, gesetzesimmanenter und gesetzesübersteigender Rechtsfortbildung (Rechtsschöpfung). Danach ist die Grenze der Auslegung der Wortlaut des Gesetzes. Gesetzesimmanente Rechtsfortbildung ist die Lückenfüllung im Rahmen der Teleologie des Gesetzes, während gesetzesübersteigende Rechtsfortbildung über diese Grenze hinausgeht und sich im Rahmen der leitenden Prinzipien der Gesamtrechtsordnung hält. Die Entwicklung eines neuen Rechtsinstitutes wie des gemeinschaftsrechtlichen Staatshaftungsanspruches fällt aus der Perspektive des nationalen Rechts in die letzte Kategorie.

99 Zu dem *effet utile* vgl. *Mayer* in: Grabitz/Hilf/Nettesheim, Recht der EU, Art. 19 EUV Rn. 57

der systematischen Auslegung eine besondere Bedeutung zukommt.[100] Der EuGH interpretiert die Normen im Hinblick auf die Vertragsziele des EGV (jetzt AEUV), um die Funktionsfähigkeit der Gemeinschaft zu sichern.[101] Infolgedessen sind die Grenzen zwischen Auslegung, Ergänzung und Neuschöpfung des Rechts fließend.[102]

Die Abgrenzungsschwierigkeiten führen dazu, dass der EuGH in Anlehnung an die französische Methodenlehre in vielen Fällen ohne Differenzierung von einer Auslegung ausgeht.[103] Dementsprechend nimmt der EuGH an, dass die Frage des Bestehens einer mitgliedstaatlichen Haftung in seine Auslegungskompetenz nach Art. 220 EGV (jetzt Art. 19 EUV) fällt.[104] Es widerspräche freilich dem Prinzip der begrenzten Einzelermächtigung, Art. 19 AEUV als Kompetenznorm anzusehen.[105] Es ist erforderlich, zu ermitteln, welcher methodische Ansatz der Herausarbeitung des gemeinschaftsrechtlichen Staatshaftungsanspruches zugrunde lag, um eine Aussage über die Rechtmäßigkeit der Vorgehensweise des EuGH treffen zu können.

II. Herausarbeitung des Haftungsgrundsatzes im Wege richterlicher Rechtsfortbildung

Eine Rechtsfortbildung durch den EuGH setzt nach europäischer Methodenlehre das Vorliegen einer planwidrigen Regelungslücke im EGV (jetzt AEUV) voraus.[106] Gegen das Vorliegen einer solchen Lücke wird angeführt, dass der EGV in Art. 288 Abs. 2 EGV (jetzt Art. 340 Abs. 2 AEUV) die Eigenhaftung der Gemeinschaft regelt, während die Haftung der Mitgliedstaaten nicht normiert ist. Daher sei von einem bewussten Regelungsverzicht auszugehen.[107] Außerdem habe der Gemeinschaftsgesetzgeber für den Fall eines mitgliedstaatlichen Rechtsverstoßes im Rahmen des Vertragsverletzungsverfahrens eine Sanktion durch Verhängung eines Zwangsgeldes geschaffen (Art. 260 Abs. 3 UAbs. 2

---

100 *Everling*, JZ 2000, 217, 218; vgl. zu den Auslegungsgrundsätzen im Gemeinschaftsrecht *Wegener* in: Calliess/Ruffert, EUV/AEUV, Art. 19 EUV Rn. 12-16

101 Vgl. *Pechstein/Drechsler* in: Riesenhuber, Methodenlehre, § 8 Rn. 28; zur Rolle des EuGH bei der Entwicklung des Gemeinschaftsrechts vgl. *Ebke* in: Public International Law and the Future World Order, 6-1, 6-17

102 *Calliess*, NJW 2005, 929, 931; *Pechstein/Drechsler* in: Riesenhuber, Methodenlehre, § 8 Rn. 55; aufgrund dieser Abgrenzungsschwierigkeiten zählt nach *Froweins* Auffassung (in: FS der Juristischen Fakultät der Universität Heidelberg, S. 555, 557) die Frage nach den Grenzen des Richterrechts zu den „Ewigkeitsfragen der Jurisprudenz".

103 Vgl. *Schroeder*, JuS 2004, 180, 184

104 EuGH verb. Rs. C-46/93 und 48/93 (*Brasserie du Pêcheur* und *Factortame*), Slg. 1996, I-1029, Rn. 25; zustimmend: *Hidien*, Staatshaftung, S. 12

105 *Everling*, JZ 2000, 217, 221

106 *Pechstein/Drechsler* in: Riesenhuber, Methodenlehre, § 8 Rn. 55; *Ukrow*, Rechtsfortbildung, S. 123

107 *Dänzer-Vanotti*, RIW 1992, 733, 740; *Schlemmer-Schulte/Ukrow*, EuR 1992, 82, 90

AEUV). Eine weitergehende Sanktionierung in Form der Staatshaftung sei nicht beabsichtigt.[108] Andere Stimmen halten eine Anwendung des Instituts der Rechtsfortbildung bereits im Ansatz für methodisch falsch. Es sei zweifelhaft, ob der EGV überhaupt auf Vollständigkeit angelegt ist. Verneint man dies, so stelle ein Sanktionsdefizit keine planwidrige Lücke, sondern ein Regelungsgsdefizit dar, das nur durch die Mitgliedstaaten als „Herren der Verträge" im Wege der Vertragsänderung beseitigt werden könne.[109] Dieser Ansicht ist zuzugeben, dass es sich bei dem Gemeinschaftsrecht um eine unvollständige und auf dem Konzept fortschreitender Integration basierende Rechtsordnung handelt. Es ist daher anders als im innerstaatlichen Bereich nicht möglich, das Vorliegen einer planmäßigen oder planwidrigen Lücke festzustellen.[110]

Der EuGH hat in der *Francovich*-Rechtsprechung nicht eine Lücke im EGV (jetzt AEUV) geschlossen, sondern im Wege der Auslegung den Grundsatz der Haftung der Mitgliedstaaten im EGV „gefunden".[111] Er hat einen Rechtssatz anerkannt, der in jeder rechtsstaatlichen Ordnung enthalten ist.[112] Ausgangspunkt dieser dynamischen Auslegung des EGV war die Entscheidung *van Gend & Loos*, in der der EuGH den Grundsatz der unmittelbaren Anwendbarkeit des Gemeinschaftsrechts entwickelte.[113] Der EuGH nimmt an, dass primär- und sekundärrechtliche Bestimmungen nicht nur als Verpflichtungen der Mitgliedstaaten verstanden werden können, sondern im Lichte der Prinzipien der praktischen Wirksamkeit und der Sicherstellung des Individualrechtsschutzes dahingehend auszulegen sind, dass sie dem Gemeinschaftsbürger unter bestimmten Voraussetzungen Rechte gewähren. Eröffnet das Gemeinschaftsrecht die Möglichkeit zur Erlangung primären Rechtsschutzes, dann ist ihm zugleich eine Ersatzpflicht in dem Fall der Rechtsverletzung inhärent.[114]

Es ist terminologisch beinahe unmöglich, eine solche Rechtsfindung eindeutig als Auslegung[115] oder als Rechtsschöpfung einzustufen.[116] Der Begriff „Rechtsschöpfung" suggeriert, dass dem Gemeinschaftsrecht eine neue Bestimmung hinzugefügt wurde.[117] Dafür spricht, dass das Gemeinschaftsrecht als unvollständige Rechtsordnung keine explizite Regelung zur mitgliedstaatlichen

---

108   *Karl*, RIW 1992, 440, 445; *Pfab*, Staatshaftung, S. 129

109   *Ossenbühl*, DVBl. 1992, 992, 995; *Pfab*, Staatshaftung, S. 129

110   *von Danwitz* JZ 1994, 335, 340; *Martin-Ehlers*, EuR 1996, 376, 393; *Stein* in: FS der Juristischen Fakultät der Universität Heidelberg, S. 619, 621

111   Vgl. *Zenner*, Haftung, S. 25; ebenso *Schwarzenegger*, Staatshaftung, S. 212

112   Vgl. *Borchardt* in: Schulze/Zuleeg, Europarecht § 15 Rn. 4; auf eine derartige Verankerung rechtsstaatlicher Prinzipien im EGV spielt der EuGH an, wenn er hervorhebt, dass der Grundsatz der Staatshaftung aus dem Wesen der mit dem Vertrag geschaffenen Rechtsordnung folgt, vgl. EuGH verb. Rs. C-6/90 und 9/90 (*Andrea Francovich u.a. / Italien*), Slg. 1991, I-5357, Rn. 35

113   Vgl. EuGH Rs. 26/62 (*van Gend & Loos*), Slg. 1963, 3, 25f.

114   Vgl. *Zenner*, Haftung, S. 25

115   So *Borchardt* in: Schulze/Zuleeg, Europarecht § 15 Rn. 4

116   So *Zenner*, Haftung, S. 23

117   Vgl. *Köbler*, Juristisches Wörterbuch, Stichwort „Rechtsschöpfung": Danach ist Rechtsschöpfung die Schaffung eines bisher nicht vorhandenen Rechtssatzes.

Haftung enthält. Andererseits kann auch die Auslegungsfunktion des EuGH so verstanden werden, dass er im Einzelfall schöpferisch-konkretisierend tätig wird.[118]

III. Grenzen der Rechtsfindung durch den EuGH

Entscheidend ist, dass sowohl in dem Fall der dynamischen Auslegung als auch der Rechtsschöpfung die Kompetenzen der Mitgliedstaaten zu beachten sind.[119] Die Grenze des Rechtsprechungsauftrages des EuGH liegt in der Verbandskompetenz der EG. Insbesondere *Maurer* und *Schoch* lehnen eine Verbandskompetenz der EG auf dem Gebiet des Staatshaftungsrechts ab.[120] Nach dem Prinzip der begrenzten Einzelermächtigung (jetzt Art. 5 Abs. 2 AEUV) müsse der Gemeinschaft im EGV die Befugnis zu Regelung des Staatshaftungsrechts zugewiesen werden. Eine solche Kompetenznorm weise der Vertrag aber nicht auf, so dass es bei der Kompetenz der Mitgliedstaaten bleibe. Außerdem erfolge der Verwaltungsvollzug mangels Kompetenz der EG in der Regel auf der Grundlage des nationalen Verwaltungsverfahrensrechts. Konsequenterweise müsse sich auch die Haftung des Staates für das Fehlverhalten der Amtswalter nach nationalem Recht richten.[121] *Maurer* verweist zusätzlich auf das in Art. 5 Abs. 2 EGV (jetzt Art. 5 Abs. 3 AEUV) verankerte Subsidiaritätsprinzip, um die ausschließliche Anwendbarkeit innerstaatlicher Anspruchsgrundlagen zu begründen.[122]

Eine derart starre Kompetenzverteilung ist dem EGV (jetzt AEUV) jedoch fremd. Die Mitgliedstaaten haben selbst mit Art. 308 EGV (jetzt Art. 352 AEUV) eine Norm geschaffen, die zur Gewährleistung einer fortschreitenden Integration in gewissen Fällen eine Ausdehnung der Kompetenzen der Gemeinschaftsorgane vorsieht.[123] Mit Blick auf die Befugnisse des EuGH hat das BVerfG schon im Jahr 1987 anerkannt, dass „die Mitgliedstaaten die Gemeinschaft mit einem Gericht ausstatten wollten, dem Rechtsfindungswege offen stehen (...)"; zu diesen Rechtsfindungswegen zählen die Methoden richterlicher Rechtsfortbildung und Rechtsschöpfung.[124] Gerade in diesem Beschluss hat das

---

118 Vgl. *Mayer* in: Grabitz/Hilf/Nettesheim, Recht der EU, Art. 19 EUV Rn. 32
119 Vgl. *Calliess*, NJW 2005, 929, 933; *Everling*, JZ 2000, 217, 225
120 *Maurer* in: FS Boujong, S. 591, 598; *Schoch* in: FS Maurer, S. 759, 771f; in diese Richtung auch *Papier* in: MünchKommBGB § 839 Rn. 102; *Cornils*, Staatshaftungsanspruch, S. 317
121 *Maurer* in: FS Boujong, S. 591, 598; *Schoch* in: FS Maurer, 759, 771f.
122 *Maurer* in: FS Maurer, 759, 771f.; dieser Hinweis erfolgt nur hilfsweise, da das Subsidiaritätsprinzip eine Kompetenzausübungsschranke darstellt und nur bei Vorliegen einer Kompetenz der EG geprüft wird, vgl. Heiger in ders.: Geiger/Khan/Kotzur, EUV/AEUV, Art. 5 EUV Rn. 9; näher zu dem Subsidiaritätsprinzip *Müller-Graff*, ZHR 159 (1995) 34, 46-66
123 Vgl. *Rossi* in: Calliess/Ruffert, EUV/AEUV Art. 352 AEUV Rn. 1
124 BVerfGE 75, 223, 243 (*Kloppenburg*); zu den Grenzen der Auslegung von Befugnisnormen vgl. BVerfGE 89, 155, 210 (*Maastricht*)

BVerfG dargelegt, dass sich die Rechtsprechung des EuGH zu dem Prinzip der unmittelbaren Anwendbarkeit im Rahmen des durch das Zustimmungsgesetz zu dem EWGV vorgegebenen Integrationsprogramm des Art. 24 Abs. 1 GG (Art. 23 Abs. 1 GG n.F.) hält.[125] Da der gemeinschaftsrechtliche Staatshaftungsanspruch der Absicherung dieses Prinzips auf der Ebene des sekundären Rechtsschutzes dient, hat der EuGH aus national-verfassungsrechtlicher Sicht die Grenzen seiner Auslegungskompetenz nicht überschritten.[126]

Bedenken gegen die EuGH-Rechtsprechung bestehen auch nicht aufgrund des Subsidiaritätsprinzips (Art. 5 Abs. 3 AEUV). Dieses Prinzip beschränkt die Kompetenzausübung der Gemeinschaft auf den Fall, dass die Ziele der betreffenden Maßnahme auf mitgliedstaatlicher Ebene nicht ausreichend erreicht werden können und eine Regelung auf Gemeinschaftsebene Vorteile bringen würde.[127] Es ist nicht erkennbar, dass Strukturprinzipien des Gemeinschaftsrechts wie die unmittelbare Anwendbarkeit oder damit zusammenhängend die Staatshaftung ausreichend auf mitgliedstaatlicher Ebene geregelt werden könnten. Es ist vielmehr geboten, die Mindestvoraussetzungen mitgliedstaatlicher Haftung auf Gemeinschaftsebene festzusetzen, um eine einheitliche Anwendung des Haftungsgrundsatzes zu gewährleisten.

Aus Sicht der Rechtspraxis vermögen Zweifel an der Kompetenz des EuGH nicht zu überzeugen. In der widerspruchslosen Umsetzung der Haftungsvorgaben durch die nationalen Gerichte liegt eine „prozeßhafte Ratifikation" der EuGH-Rechtsprechung.[128]

B.   *Rechtsgrundlagen der gemeinschaftsrechtlichen Staatshaftung*

Da der EGV (jetzt AEUV) keine ausdrückliche Regelung hinsichtlich eines gemeinschaftsrechtlichen Haftungsgrundsatzes enthält, drängt sich die - ebenfalls kontrovers diskutierte - Frage nach der dogmatischen Grundlage dieses Haftungsinstitutes im Gemeinschaftsrecht auf. In der *Francovich*-Entscheidung sah der EuGH die Grundlage des Staatshaftungsanspruches in dem Prinzip der praktischen Wirksamkeit des Gemeinschaftsrechts und des effektiven Rechtsschutzes des Gemeinschaftsbürgers.[129] Eine klare Abgrenzung dieser beiden Aspekte voneinander erfolgt weder in der Rechtsprechung des EuGH[130] noch in einigen An-

---

125   BVerfGE 75, 223, 240 (*Kloppenburg*)

126   Vgl. *Martin-Ehlers*, EuR 1996, 376, 396

127   Vgl. *Calliess* in: ders./Ruffert, EUV/AEUV Art. 5 EUV Rn. 47

128   *Herdegen/Rensmann*, ZHR 161 (1997) 522, 533; ähnlich *Deckert*, EuR 1997, 203, 204; *Ehricke* in: Streinz, EUV/EGV Art. 288 EGV Rn. 36

129   EuGH Rs. C 6/90 und C-9/90 (*Andrea Francovich u.a. / Italien*), Slg. 1991, I-5357, Rn. 32f.

130   Vgl. nur die Formulierung in EuGH verb. Rs. C-46/93 und 48/93 (*Brasserie du Pêcheur* und *Factortame*), Slg. 1996, I-1029, Rn. 20 am Ende

merkungen in der Literatur.[131] Außerdem leitete der EuGH den Grundsatz der Staatshaftung aus dem „Wesen der durch den Vertrag geschaffenen Rechtsordnung" ab.[132] Der Gerichtshof wiederholt diese Formel in ständiger Rechtsprechung,[133] ohne jedoch dem Begriff des „Wesens der Rechtsordnung" klare Konturen zu verleihen. Es ist nicht ersichtlich, wie auf der Grundlage eines solch vagen Begriffes die Ausgestaltung des gemeinschaftsrechtlichen Haftungstatbestandes vorgenommen werden können soll. Daher müssen zur Legitimierung des gemeinschaftsrechtlichen Haftungsgrundsatzes „härtere" Kriterien herangezogen werden.

I. Ableitung aus dem Prinzip des effet utile

Nach Ansicht des EuGH kann die volle Wirksamkeit des Gemeinschaftsrechts nur gewährleistet werden, wenn der Verstoß eines Mitgliedstaates eine Haftung desselben nach sich zieht.[134] *Ossenbühl* spitzt diese Aussage des EuGH zu und behauptet, dass die Rechtsschöpfung des EuGH auf rein pragmatischen Erwägungen mit dem Ziel der effektiven Durchsetzung des Gemeinschaftsrechts beruht und dass gerade keine sorgfältige Ableitung aus übergeordneten Rechtsprinzipien vorgenommen worden sei.[135] Zu Recht wird darauf hingewiesen, dass das Prinzip des *effet utile* lediglich eine Auslegungsregel darstellt und nicht isoliert zur Begründung der Staatshaftung herangezogen werden kann.[136]

---

131   Vgl. nur *Martin-Ehlers*, EuR 1996, 376, 379; *Tomuschat* in: FS Everling, S. 1585, 1593

132   EuGH verb. Rs. C-46/93 und 48/93 (*Brasserie du Pêcheur* und *Factortame*), Slg. 1996, I-1029, Rn. 31

133   Vgl. EuGH Rs. C-5/94 (*Hedley Lomas*), Slg. 1996, I-2553, Rn. 24; EuGH verb. Rs. C-178/94, C-179/94, C-188/94, C-189/94 und C-190/94 (*Dillenkofer u.a.*), Slg. 1996, I-4845; EuGH Rs. C-224/01 (*Köbler*), Slg. 2003, I-10239, Rn. 30

134   EuGH Rs. C 6/90 und C-9/90 (*Andrea Francovich u.a. / Italien*), Slg. 1991, I-5357, Rn. 33; zustimmend *Ruffert* in: Calliess/Ruffert, EUV/AEUV Art. 340 AEUV Rn. 39

135   *Ossenbühl*, Staatshaftungsrecht, S. 499

136   *Cornils* (Staatshaftungsanspruch, S. 176 im Anschluss an *Verdross/Simma*, Universelles Völkerrecht, S. 494) betont mit Blick auf die *Francovich*-Entscheidung, dass aus der in Art. 189 Abs. 3 EWGV (Art. 288 Abs. 3 AEUV) enthaltenen Verpflichtung zur Umsetzung von Richtlinien ein Schadensersatzanspruch nicht herausgelesen werden kann; vgl auch *Meier* (EuZW 91, 576): Er steht einem pauschalen Rückgriff auf den *effet utile* kritisch gegenüber und sieht weiteren Argumentationsbedarf.

II. Staatshaftung als Instrument zur Sanktionierung mitgliedstaatlichen Fehlverhaltens

Eine Literaturansicht begründet die Schaffung des Haftungsinstitutes mit der Notwendigkeit, mitgliedstaatliches Fehlverhalten zu sanktionieren; die gelte insbesondere für den Fall der nicht oder nur fehlerhaft erfolgten Umsetzung einer Richtlinie, die keine unmittelbare Wirkung entfaltet.[137] Dieser Ansicht ist zuzugeben, dass allein die drohende Verhängung eines Zwangsgeldes nach Art. 260 Abs. 3 UAbs. 1 AEUV auf Antrag der Kommission bei dem Gerichtshof im Anschluss an ein Vertragsverletzungsverfahren keinen ausreichenden Anreiz zur ordnungsgemäßen Richtlinienumsetzung bietet.[138] Zum einen steht in diesem Verfahren sowohl der Kommission als auch dem Gerichtshof ein Ermessen zu; zum anderen besteht keine Möglichkeit der Vollstreckung gegenüber den insoweit souveränen Mitgliedstaaten.[139] Dennoch kann die mitgliedstaatliche Ersatzpflicht nicht vorrangig mit dem Sanktionsgedanken gerechtfertigt werden. Die Sanktion der Mitgliedstaaten ist eine Folge, nicht aber der Ausgangspunkt für die Entwicklung der gemeinschaftsrechtlichen Staatshaftung. Es ist unklar, warum die oben genannten Sanktionsdefizite gerade durch die Einführung eines Ersatzanspruches und nicht beispielsweise durch eine restriktive Auslegung des Art. 260 AEUV behoben werden sollen.[140]

Der EuGH bringt zum Ausdruck, dass er mit seinen Entscheidungen zur Staatshaftung seine an dem Individualrechtsschutz orientierte Rechtsprechung auf sekundärrechtlicher Ebene fortsetzen und nicht eine Sanktionslücke schließen will. Dies wird in einem Punkt besonders plastisch: Bei der Berechnung der Schadenshöhe orientiert er sich an dem Ziel einer angemessenen Kompensation des Einzelnen für die erlittenen Nachteile.[141] Eine Bestrafung des Mitgliedstaates für das rechtswidrige Handeln seiner Organe durch Zuerkennung von *exemplary damages* wird demgegenüber durch das Gemeinschaftsrecht nicht zwingend verlangt.[142]

---

137 So etwa Schlussanträge Generalanwalt *Léger* EuGH Rs. C-5/94 (*Hedley Lomas*), Slg. 1996, 2553, 2574; *Ossenbühl*, DVBl. 1992, 993, 997; *Pieper*, NJW 1992, 2454f.; *Ward*, ELJ 1 (1995) 205, 215; *Zenner,* Haftung, S. 19-21

138 *Zenner*, Haftung, S. 19

139 Zum Ganzen *Ehricke* in: Streinz, EUV/EGV Art. 228 Rn. 11-14

140 Denkbar ist etwa eine Rechtsprechung dahingehend, dass in bestimmten Fällen das Ermessen der Kommission und des Gerichtshofes im Rahmen des Art. 260 AEUV reduziert wird.

141 EuGH verb. Rs. C-46/93 und 48/93 (*Brasserie du Pêcheur* und *Factortame*), Slg. 1996, I-1029, Rn. 82

142 Vgl. Erster Teil § 2 E. II. 1. c)

III. Ableitung aus Art. 4 Abs. 3 EUV (Art. 10 EGV a.F.)

Fraglich ist, ob das Prinzip der Gemeinschaftstreue in Art. 4 Abs. 3 EUV als Grundlage der Staatshaftung herangezogen werden kann.[143] Der EuGH hat bereits in der *Francovich*-Entscheidung betont, dass Art. 5 EWGV (jetzt Art. 4 Abs. 3 EUV) lediglich als „Stütze" des gewonnenen Ergebnisses zur dogmatischen Begründung des Haftungsanspruches dient.[144] In den vergleichsweise umfangreichen Ausführungen des EuGH zur Haftungsbegründung in der *Brasserie*-Entscheidung nimmt der EuGH gar keinen Bezug mehr auf diese Vertragsbestimmung. Die Zurückhaltung des EuGH ist begründet, da Art. 4 Abs. 3 EUV nach seinem eindeutigen Wortlaut an vertraglich bestehende Verpflichtungen anknüpft[145] und somit nicht geeignet ist, neue Verpflichtungen, wie eine Haftung der Mitgliedstaaten, zu begründen.[146] Außerdem ist Art. 4 Abs. 3 EUV zu unbestimmt, um daraus die Konturen einer gemeinschaftsrechtlichen Staatshaftung ablesen zu können.[147]

IV. Art. 340 Abs. 2 AEUV (Art. 288 Abs. 2 EGV a.F.)

In der *Brasserie*-Entscheidung hat der EuGH erstmals Art. 215 Abs. 2 EGV (jetzt Art. 340 Abs. 2 AEUV) als Rechtsgrundlage herangezogen. Das Gericht führt aus, dass die Vorschrift über die außervertragliche Haftung der Gemeinschaft nach Art. 215 Abs. 2 EGV nur eine Ausprägung des in den Mitgliedstaaten geltenden Grundsatzes über die Ersatzpflicht bei der rechtswidrigen Verursachung eines Schadens sei.[148] Diese Formulierung wird dahingehend interpretiert, dass der EuGH den Grundsatz und die Voraussetzungen der Haftung im Wege einer „wertenden Rechtsvergleichung" entwickelt hat; freilich erschöpft sich die Rechtsvergleichung in einer Bezugnahme auf die Eigenhaftung der Gemeinschaft.[149] Es ist jedoch argumentativ nicht überzeugend, zur Begründung der

---

143   Dafür *Ruffert* in: Calliess/Ruffert   EUV/AEUV Art. 340 AEUV Rn. 39; *Steiner/Woods/Twigg-Flesner,* EU Law, S. 157

144   EuGH verb. Rs. C-6/90 und 9/90 (*Andrea Francovich u.a. / Italien*), Slg. 1991, I-5357, Rn. 36; daher weist *Geiger* (DVBl. 1993, 465, 469) zu Recht auf die „ergänzende Funktion" dieser Vertragsbestimmung in der Begründung des EuGH hin

145   Man spricht daher von Vertragsakzessorietät, vgl. *Kahl* in: Calliess/Ruffert, EUV/EGV Art. 4 EUV Rn. 46

146   So auch *Eilmansberger*, Rechtsfolgen, S. 45; *ders.*, CMLRev 41 (2004) 1199, 1232f.

147   *von Bogdandy* in: Grabitz/Hilf, Recht der EU, Art. 10 EGV Rn. 26; *Karl*, RiW 1992, 440, 441

148   EuGH verb. Rs. C-46/93 und 48/93 (*Brasserie du Pêcheur* und *Factortame*), Slg. 1996, I-1029, Rn. 28f.; zur Einwirkung des nationalen Rechts auf das Gemeinschaftsrecht bei der Konkretisierung des Haftungstatbestandes des Art. 340 Abs. 2 AEUV (Art. 288 Abs. 2 EGV a.F.) vgl. *Müller-Graff* in: FS Konzen, S. 583, 589f.

149   Vgl. *Martin-Ehlers*, EuR 1996, 376, 386

Haftung der Mitgliedstaaten auf die Eigenhaftung der Gemeinschaft zu verweisen, die wiederum Ausdruck der gemeinsamen Rechtsgrundsätze der mitgliedstaatlichen Rechtsordnungen sein soll.[150] Im Übrigen kann die gemeinschaftsrechtliche Staatshaftung nicht im Wege einer Analogie zu Art. 340 Abs. 2 AEUV entwickelt werden, da eine bewusste Regelungslücke vorliegt, so dass vielmehr im Umkehrschluss eine mitgliedstaatliche Haftung abzulehnen wäre.[151]

V. Effektiver Rechtsschutz und Rechtsstaatsprinzip

Die mitgliedstaatliche Haftung ist aus dem Gebot der Gewährleistung effektiven Rechtsschutzes und dem Rechtsstaatsprinzip abzuleiten.[152] Der Anspruch auf effektiven Rechtsschutz durch unabhängige Gerichte stellt ein Kernelement jeder rechtsstaatlichen Ordnung dar.[153] Man versteht darunter den Anspruch des Einzelnen auf eine lückenlose tatsächlich wirksame Kontrolle staatlichen Handelns zum Schutz seiner Interessen;[154] in Deutschland steht dahinter die in Art. 19 Abs. 4 GG getroffene Systementscheidung für den Individualrechtsschutz.[155] Wenn die Möglichkeiten des Primärrechtsschutzes nicht ausreichen, um die Verletzung einer subjektiven Rechtsposition und den Eintritt eines Schadens zu verhindern, greift als „*ultima ratio* des Rechtsstaates"[156] die Staatshaftung ein.[157] Bei der Europäischen Gemeinschaft handelt es sich um eine „Rechtsgemeinschaft", innerhalb derer die Grundsätze gelten, die auch auf mitgliedstaatlicher Ebene einen Rechtsstaat auszeichnen.[158] Zu den Wesenmerkmalen dieser Rechtsgemeinschaft gehört die Pflicht zur Gewährung eines effektiven gerichtlichen Rechtsschutzes.[159]

Bereits in der *Francovich*-Entscheidung hat der Gerichtshof dargelegt, dass die Entwicklung der gemeinschaftsrechtlichen Staatshaftung die konsequente Fortführung seiner Rechtsprechung zu dem primären Rechtsschutz in *van*

---

150   *Hidien* (Staatshaftung, S. 13) spricht daher sogar von einem „klassischen Zirkelschluss"

151   A.A. *Wolf*, Staatshaftung, S. 107

152   Vgl. *Hermes*, DV 31 (1998) 371, 383

153   Vgl. *Schulze-Fielitz* in: Dreier, GG, Art. 20 (Rechtsstaat) Rn.211f.

154   *Schulze-Fielitz* in: Dreier, GG, Art. 19 Abs. 4 Rn. 80 m.w.N.

155   *Krebs* in: von Münch/Kunig, GG, Art. 19 Rn. 58

156   *Jellinek*, Verwaltungsrecht, S. 321

157   Vgl. nur *Papier* in: Maunz/Dürig, GG, Art. 34 Rn. 82; *Wieland* in: Dreier, GG, Art. 34 Rn. 33; nach *Schoch* (VerwArch 79 (1988) 1, 64f.) entspräche ein Anspruch auf Wiedergutmachung - soweit die Verhinderung staatlichen Unrechts nicht möglich ist - dem „Ideal des Rechtsstaates".

158   Vgl. EuGH Rs. 294/83 (*Les Verts I*), Slg. 1986, 1339, Rn. 23. Geprägt wurde der Begriff der „Rechtsgemeinschaft" durch den ersten Präsidenten des Gerichtshofes *Hallstein* (Die Europäische Gemeinschaft, S. 51).

159   Vgl. *Zuleeg*, NJW 1994, 545, 547f.

Gend & Loos[160] und *Simmenthal*[161] darstellt und der Stärkung des Individualrechtsschutzes dient. Der EuGH führt aus, dass ein Bedürfnis zur Erlangung
einer Entschädigung insbesondere besteht, wenn der Einzelne seine Rechte nicht
im Wege des primären Rechtsschutzes geltend machen konnte. In *Francovich*
war dies der Fall, weil die betreffende Richtlinienbestimmung keine unmittelbare
Wirkung entfaltete.[162] In *Brasserie* legt der EuGH dar, dass die unmittelbare
Anwendbarkeit einer Gemeinschaftsnorm nur eine Mindestgarantie darstellt und
nicht ausreicht, um die uneingeschränkte Anwendung des EGV zu gewährleisten. Verletzt eine staatliche Maßnahme den Bürger in einer ihm durch das Gemeinschaftsrecht verliehenen Rechtsposition und kann er eine Korrektur dieser
Maßnahme vor den nationalen Gerichten nicht herbeiführen, ist es erforderlich,
einen Entschädigungsanspruch bereit zu stellen.[163] Die gemeinschaftsrechtliche
Staatshaftung stellt somit eine „notwendige Ergänzung" zu dem primären
Rechtsschutz dar.[164] Aus Gründen materieller Gerechtigkeit besteht eine Verpflichtung der Mitgliedstaaten, die Folgen eines Verstoßes gegen eine individualschützende Norm zu beseitigen.[165]

Auf Tatbestandsebene verdeutlicht der EuGH, dass die mitgliedstaatliche
Haftung auf die Gewährleistung individuellen Rechtsschutzes abzielt und nicht
eine allgemeine Kontrolle der Gemeinschaftsrechtskonformität mitgliedstaatlichen Handelns beabsichtigt, indem er als erste Haftungsvoraussetzung den Verstoß gegen eine individualrechtsverleihende Rechtsnorm nennt.[166] Hier drängt
sich eine Parallele zur Rechtsprechung in dem Bereich der Erstattung gemeinschaftsrechtswidrig erhobener Abgaben auf. Der Gerichtshof stellte dort fest,
dass das Erstattungsrecht „Folge und...Ergänzung" der durch das Gemeinschaftsrecht eingeräumten individuellen Rechtspositionen ist.[167] Die Ableitung
der gemeinschaftsrechtlichen Staatshaftung aus dem Gedanken des Individualrechtsschutzes entspricht außerdem der besonderen Bedeutung, die diesem Prin-

---

160   EuGH Rs. 26/62 (*van Gend & Loos*) Slg. 1963, 3, 25f.

161   EuGH Rs. 106/77 (*Simmenthal II*), Slg. 1978, 629, Rn. 21; zur Rolle des Gemein-
       schaftsbürgers bei der Durchsetzung des Gemeinschaftsrechts vgl. *Ebke* in: Public In-
       ternational Law and the Future World Order, 6-1, 6-13f.

162   EuGH verb. Rs. C-6/90 und 9/90 (*Andrea Francovich u.a. / Italien*), Slg. 1991, I-5357,
       Rn. 31f.; ausführlich *Zenner*, Haftung, S. 16f.

163   EuGH verb. Rs. C-46/93 und 48/93 (*Brasserie du Pêcheur* und *Factortame*), Slg.
       1996, I-1029, Rn. 20-22; auf diesen Zusammenhang weist insbesondere *Martin-Ehlers*,
       EuR 1996, 376, 383 hin, der daher die „Wirksamkeit des individuellen Rechtsschut-
       zes" als Rechtsgrundlage ansieht; vgl. auch *Herdegen/Rensmann*, ZHR 161 (1997)
       522, 529f.; *Beljin*, Staatshaftung, S. 128; ebenso im englischen Schrifttum *Ross*, MLR
       56 (1993) 61, 66; *Steiner*, EPL 4 (1998) 69, 90f.; *Wyatt/Dashwood*, EU Law, 225

164   EuGH verb. Rs. C-46/93 und 48/93 (*Brasserie du Pêcheur* und *Factortame*), Slg.
       1996, I-1029, Rn. 22

165   *Hidien*, Staatshaftung, S. 15; *Herdegen/Rensmann*, ZHR 161 (1997) 522, 530; *van
       Gerven*, ICLQ 45 (1996) 507, 513

166   *von Bogdandy* in: Grabitz/Hilf, Recht der EU, Art. 288 EGV Rn. 130; *Herde-
       gen/Rensmann*, ZHR 161 (1997) 522, 539; *Wegener*, Rechte des Einzelnen, S. 167

167   EuGH Rs. C-199/82 (*San Giorgio*), Slg. 1983, 3595, Rn. 12

zip an anderer Stelle in der Rechtsprechung des Gerichtshofes zukommt.[168] So hat der EuGH beispielsweise die Aussetzung der Vollziehung eines auf einer Gemeinschaftsverordnung beruhenden Verwaltungsaktes im Wege des einstweiligen Rechtsschutzes ebenfalls mit der Gewährleistung eines umfassenden Rechtsschutzes zugunsten des Gemeinschaftsbürgers begründet.[169]

Gleichzeitigung muss dass Ziel eines umfassenden Rechtsschutzes mit dem Erfordernis einer funktionsfähigen Verwaltung und Rechtspflege sowie einer gestaltungsfähigen Gesetzgebung zum Ausgleich gebracht werden; das bedeutet, dass die Ausgestaltung des Haftungsrecht angesichts der möglicherweise erheblichen budgetären Auswirkungen nicht einseitig an dem Gesichtspunkt des Individualrechtsschutzes ausgerichtet werden kann.[170] Die damit verbundene Abwägungsentscheidung kann auf Tatbestandsebene durch die Formulierung entsprechend restriktiver Haftungsvoraussetzungen getroffen werden.

C. Die gemeinschaftsrechtliche Staatshaftung als allgemeiner Grundsatz des Gemeinschaftsrechts

Die korrekte Einordnung des Haftungsgrundsatzes in die Rechtsquellen des Gemeinschaftsrechts ist notwendig, um die Funktionsweise des Institutes zu verstehen und um terminologische Unsicherheiten zu vermeiden.[171] Der EuGH stuft die Haftung der Mitgliedstaaten als einen „Grundsatz des Gemeinschaftsrechts" ein.[172] Derartige Grundsätze beziehen sich auf Phänomene, die dem Gemeinschaftsrecht spezifisch sind.[173] Andere Grundsätze, die der EuGH entwickelt hat, sind beispielsweise der Vorrang des Gemeinschaftsrechts, das Gebot der gemeinschaftsrechtskonformen Auslegung des nationalen Rechts und die unmittelbare Wirkung von Richtlinien. Im Schrifttum wird gelegentlich auch von „Prin-

---

168   *Caranta*, CMLRev 32 (1995) 703, 711 m.w.N.

169   EuGH verb. Rs. C-143/88 und C-92/89 (*Zuckerfabrik Süderdithmarschen* und *Zuckerfabrik Soest*), Slg. 1991, I-415, Rn. 16 und zu den restriktiven Voraussetzungen für eine solche Aussetzung Rn. 33

170   Dies gibt vor allem *Cornils* (Staatshaftungsanspruch, S. 183) zu bedenken. Kritisch auch *Harlow* (ELJ 2 (1996) 189, 211f.): Sie befürchtet, dass eine Fokussierung auf die ökonomischen Interessen des Einzelnen zu Lasten anderer schützenswerter Rechtsgüter Dritter oder der Allgemeinheit geht und lehnt daher Ableitung unter dem Gesichtspunkt des Individualrechtsschutzes ab

171   Teilweise werden die Begriffe „allgemeiner Grundsatz" und „allgemeiner Rechtsgrundsatz" synonym verwandt (vgl. Schlussanträge Generalanwalt *Léger* Rs. C-224/01 (*Köbler*), Slg. 2003, I-10239, Rn. 85; *Hermes*, DV 31 (1998) 371, 389f.).

172   Vgl. nur EuGH verb. Rs. C-6/90 und 9/90 (*Andrea Francovich u.a. / Italien*), Slg. 1991, I-5357, Rn. 37; EuGH verb. Rs. C-46/93 und 48/93 (*Brasserie du Pêcheur* und *Factortame*), Slg. 1996, I-1029, Rn. 17

173   *Gaitanides* in: von der Groeben/Schwarze, EUV/EGV, Art. 220 Rn. 20; *Schwarze* in: ders., EU-Kommentar, Art 220 Rn. 15

zipien zur Sicherung des Gemeinschaftsrechts" gesprochen.[174] Diese Grundsätze oder Prinzipien sind dem Primärrecht zuzuordnen.[175] Sie zeichnen sich dadurch aus, dass sie auf einen „effektiven und ansatzweise einheitlichen Rechtsschutz in sämtlichen Mitgliedstaaten abzielen".[176]

Vereinzelt wird die mitgliedstaatliche Haftung als allgemeiner Rechtsgrundsatz eingeordnet.[177] Die allgemeinen Rechtsgrundsätze sind von den allgemeinen Grundsätzen des Gemeinschaftsrechts zu trennen. Unter ersteren versteht man solche Grundsätze, die auch Bestandteil der Rechts- und Verfassungsordnungen der Mitgliedstaaten sind. Sie betreffen Problemen, die in gleicher Weise im Gemeinschaftsrecht und im nationalen Recht auftreten.[178] Sie werden vor allem im Wege wertender Rechtsvergleichung gewonnen, während die allgemeinen Grundsätze vorrangig aus „Geist und System" des EGV (jetzt AEUV) entwickelt werden.[179] Es ist vorzugswürdig, die mitgliedstaatliche Haftung als allgemeinen Grundsatz einzuordnen. Durch das Haftungsinstitut wird die Überlagerung der nationalen Rechtsschutzformen auf der Ebene des sekundären Rechtsschutzes konsequent fortgeführt, so dass die Haftung wie etwa der Vorrang des Gemeinschaftsrechts speziell zum Funktionieren des Gemeinschaftsrechts beiträgt.[180]

---

174   *Streinz*, Europarecht, Rn. 417; *Wegener* in: Calliess/Ruffert, EUV/AEUV, Art. 19 EUV Rn. 34
175   *Streinz*, Europarecht, Rn. 417
176   so *von Bogdandy* in: Grabitz/Hilf, Recht der EU, Art. 288 EGV Rn. 124
177   *Säuberlich*, EuR 2004, 954, 957f.; *Säuberlich* wählt diesen Ansatz, um die Rechtszugehörigkeit der Anspruchsgrundlage bei der gemeinschaftsrechtlichen Staatshaftung zu klären. Er leitet aus dem Geltungsverhältnis zwischen Gemeinschaftsrecht und nationalem Recht ab, dass die Haftungsvoraussetzungen des Gemeinschaftsrechts nur unmittelbar anwendbar sind, wenn die nationale Anspruchsgrundlage nicht gemeinschaftsrechtskonform ausgelegt werden kann (EuR 2004, 954, 970f.). Zu diesem Ergebnis gelangen aber auch die Vertreter des Vorgabe-Modells (vgl. Dritter Teil § 2 D IV), die die gemeinschaftsrechtliche Staatshaftung als allgemeinen Grundsatz des Gemeinschaftsrechts einstufen.
178   *Gaitanides* in: von der Groeben/Schwarze, EUV/EGV, Art. 220 Rn. 21; zu den allgemeinen Rechtsgrundsätzen zählen insbesondere die Gemeinschaftsgrundrechte und rechtsstaatliche Prinzipien wie der Grundsatz der Verhältnismäßigkeit.
179   *Gaitanides* in: von der Groeben/Schwarze, EUV/EGV, Art. 220 Rn. 20 und 22
180   Vgl. *von Bogdandy* in: Grabitz/Hilf, Recht der EU, Art. 288 EGV Rn. 124; ähnlich *Steiner/Woods/Twigg-Flesner,* EU Law, S. 156

D. Einordnung des gemeinschaftsrechtlichen Haftungsinstitutes in das nationale Rechtsschutzsystem

Die Frage nach der Einordnung der gemeinschaftsrechtlichen Staatshaftung in das nationale Rechtsschutzsystem ist seit der *Francovich*-Entscheidung vor allem im deutschen Schrifttum umstritten.[181]

I. Problemstellung

Im Grundsatz stehen sich zwei Auffassungen gegenüber: Nach der so genannten dualistischen Konzeption steht neben den Staatshaftungsansprüchen des nationalen Rechts ein originärer gemeinschaftsrechtlicher Anspruch, dessen haftungsbegründende Voraussetzungen sich allein der Rechtsprechung des EuGH in den Entscheidungen *Francovich* bzw. *Brasserie du Pêcheur* entnehmen lassen.[182] Das nationale Recht soll nur in dem Bereich der Rechtsfolgen und der verfahrensrechtlichen Durchsetzung ergänzend Anwendung finden. Diesem Ansatz folgt auch der BGH in ständiger Rechtsprechung.[183] Innerhalb dieser Auffassung finden sich wiederum Abstufungen. Einige Stimmen schlagen aus Praktikabilitätsgründen eine richterrechtliche Umsetzung im Sinne der Exklusivität vor, das heißt, dass das Gericht bei Verstößen gegen Gemeinschaftsrecht allein die gemeinschaftsrechtlichen Voraussetzungen prüfen soll.[184]

Zum Teil erfolgt ein Rückgriff auf das nationale Recht in der Weise, dass der gemeinschaftsrechtliche Staatshaftungsanspruch in den Strukturen des Amtshaftungstatbestandes geprüft wird (gemeinschaftsrechtlicher Amtshaftungsan-

---

181   Von der Frage der Durchführung der gemeinschaftsrechtlichen Staatshaftung ist die Rechtsnatur dieses Institutes zu trennen. Der EuGH betont, dass der dass der Entschädigungsanspruch seine Grundlage „unmittelbar im Gemeinschaftsrecht findet". (vgl. EuGH verb. Rs. C-46/93 und 48/93 (*Brasserie du Pêcheur* und *Factortame*), Slg. 1996, I-1029, Rn. 67). Die aufgestellten Haftungsvorgaben beruhen auf einer Auslegung des Gemeinschaftsrechts durch den EuGH. Dies ist zwingend, da der EuGH nach Art. 19 EUV nur zur Auslegung von Gemeinschaftsrecht befugt ist. Das so erzielte Auslegungsergebnis muss dann ebenso dem Gemeinschaftsrecht zugeordnet werden (vgl. *Beljin*, Staatshaftung, S. 163f).

182   Vgl. *Cornils*, Staatshaftungsanspruch , S. 122; *Hidien*, Staatshaftung, S.17; *Müller-Graff* in: Moreira de Sousa/Heusel, Enforcing Community Law, S.153, 161; *Nacimiento*, Staatshaftung, S. 205 *Ossenbühl*, Staatshaftungsrecht, S. 526; *Ruffert* in: Calliess/Ruffert, EUV/AEUV, Art. 340 AEUV Rn. 70; *Schweitzer/Hummer/Obwexer*, Europarecht, Rn. 941; *Wurm* in: Staudinger, BGB § 839 BGB Rn. 529; *Wolf*, Staatshaftung, S. 69f.

183   BGHZ 134, 30, 36; BGHZ 146, 153, 158f.; BGH EuZW 2005, 30, 31; BGHZ 162, 49, 51

184   *Kischel*, EuR 2005, 441, 461

spruch).[185] Im Gegensatz zu den Befürwortern der dualistischen Konzeption nehmen die Vertreter des so genannten Vorgabe-Modells an, dass durch den gemeinschaftsrechtlichen Haftungstatbestand lediglich Mindestvoraussetzungen aufgestellt werden. Eine Umsetzung der gemeinschaftsrechtlichen Vorgaben im nationalen Recht erfolgt durch Anwendung der dort vorhandenen Institute des Staatshaftungsrechts. Dabei sind die nationalen Anspruchsgrundlagen im Wege der gemeinschaftsrechtskonformen Auslegung an diese Mindestvorgaben anzupassen. Soweit eine gemeinschaftsrechtskonforme Auslegung nicht möglich ist oder keine entsprechenden Haftungstatbestände im nationalen Recht existieren, ist im Sinne des Anwendungsvorrangs unmittelbar auf die Haftungsvoraussetzungen des Gemeinschaftsrechts zurückzugreifen.[186]

II. Bedeutung der Einordnungsfrage

Teilweise wird behauptet, dieser Streit sei nur „akademischer Natur"[187] oder habe „weniger Gewicht"[188] als gemeinhin angenommen, so dass sich eine Erörterung weitgehend erübrige. Dieser Ansicht ist entgegenzuhalten, dass eine Streitentscheidung nicht nur zur Schaffung dogmatischer Klarheit vonnöten ist: Aufgrund des supranationalen Charakters der Europäischen Gemeinschaft ist der Einzelne bei Sachverhalten mit grenzüberschreitendem Bezug stets mit zwei Rechtsordnungen konfrontiert.[189] Deswegen ist es aber ein Gebot der Rechtsklarheit

---

185 *Detterbeck/Windthorst/Sproll*, Staatshaftungsrecht, § 6 Rn. 55; diese Auffassung stützt sich darauf, dass hinsichtlich der Haftungsfolgen auf das nationale Recht abgestellt wird, so dass es nahe liegt, sich insgesamt an dem Prüfungsduktus des § 839 Abs.1 BGB i.V.m. Art. 34 GG zu orientieren. Freilich bleibt in dem Bereich der haftungsbegründenden Voraussetzungen wenig von der nationalen Anspruchsgrundlage übrig (vgl. *Detterbeck/Windthorst/Sproll*, Staatshaftungsrecht, § 6 Rn. 58-64).

186 Vgl. *Barav*, YEL 16 (1996) 87, 90 mit Verweis auf die Schlussanträge des Generalanwaltes *Tesauro* EuGH verb. Rs. C-46/93 und 48/93 (*Brasserie du Pêcheur* und *Factortame*), Slg. I-1066, Rn. 33; *Berg* in: Schwarze, EU-Kommentar, Art. 288 EGV Rn. 75; *von Bogdandy* in: Grabitz/Hilf, Recht der EU, Art. 288 EGV Rn. 169; *Deckert*, EuR 1997, 203, 215; *Ehlers*, JZ 1996, 776, 777f.; *van Gerven*, ICLQ 45 (1996) 507, 515f.; *Hermes*, DV 31 (1998) 371, 398; *Nettesheim*, DÖV 1992, 999, 1000; *Maurer*, Verwaltungsrecht, § 31 Rn. 9; *Oppermann/Classen/Nettesheim*, Europarecht, § 15 Rn. 15; *Papier* in: Rengeling, Handbuch Umweltrecht, Band I, § 43 Rn. 10; *ders.* in: Münch-KommBGB § 839 Rn. 102; *Pfab*, Staatshaftung, S. 125; *Säuberlich*, EuR 2004, 954, 970; *Schoch* in: Festschrift Maurer, S. 759, 772; *Schwarzenegger*, Staatshaftung, S. 241; *Steinhauer*, Auslegung, S. 212f.; *Streinz*, Jura 1995, 6, 10; *Zenner*, Haftung, S. 45

187 So *C. Dörr*, DVB. 2006, 598, 605; *Herdegen/Rensmann*, ZHR 161 (1997) 522, 551

188 So *Jarass*, NJW 1994, 881

189 Der Begriff der Supranationalität fasst die Besonderheiten der EG im Vergleich zu anderen internationalen Organisationen zusammen: Durch den EGV wurde eine „eigene Rechtsordnung" geschaffen (EuGH Rs. 26/62 (*van Gend & Loos*), Slg. 1963, 3, 25). Die Vorschriften des Gemeinschaftsrechts gelten unmittelbar, das heißt, sie sind „unmittelbar Quelle von Rechten und Pflichten...einerlei ob es sich um die Mitgliedstaa-

festzustellen, ob im Einzelfall das nationale Recht oder das Gemeinschaftsrecht anzuwenden ist. Erst wenn die Einordnungsfrage beantwortet ist, steht fest, auf welche Anspruchsgrundlage der Einzelne seine Haftungsklage stützen kann und welche Haftungsvoraussetzungen er vortragen muss.[190] Außerdem besteht ein Zusammenhang zwischen der Einordnung des Haftungsinstitutes in das innerstaatliche Recht und der Frage, inwieweit der EG bzw. dem EuGH eine Kompetenz auf dem Gebiet des Staatshaftungsrechts zusteht. Es macht insofern einen Unterschied, ob der EuGH durch seine Rechtsprechung die Haftungsvoraussetzungen abschließend geregelt hat oder ob er die Regelung der materiellen Voraussetzungen den Mitgliedstaaten überlässt und sich auf die Vorgabe von Mindestanforderungen beschränkt.[191] Im erstgenannten Fall sind etwa unter dem Gesichtspunkt der Subsidiarität eher Zweifel an der Befugnis der EG bzw. des EuGH angebracht.

III. Anwendung des nationalen Rechts in dem Bereich der Rechtsfolgen und der verfahrensrechtlichen Durchsetzung

Der EuGH hat klargestellt, dass die Behebung der Haftungsfolgen auf der Grundlage des nationalen Rechts erfolgt. Dies bedeutet, dass hinsichtlich des Umfangs der Ersatzleistung, des Eingreifens von Verjährungsvorschriften oder von Haftungsbeschränkungen sowie hinsichtlich der verfahrensrechtlichen Durchsetzung des Anspruchs das nationale Haftungsrecht anzuwenden ist. Dabei dürfen die Voraussetzungen nicht ungünstiger sein als bei entsprechenden Ansprüchen, die nur das innerstaatliche Recht betreffen (Gleichwertigkeitsgebot) und sie dürfen nicht so ausgestaltet sein, dass sie die Erlangung der Entschädigung praktisch unmöglich machen oder übermäßig erschweren (Effektivitätsgebot).[192]

---

ten oder um...Einzelpersonen handelt, die dem Gemeinschaftsrecht unterliegen"(EuGH Rs. 106/77 (*Simmenthal II*), Slg. 1978, 629, Rn.14/16). Das Gemeinschaftsrecht hat Vorrang gegenüber nationalem Recht (EuGH Rs. 6/64 (*Costa/E.N.E.L*), Slg. 1964, 1251, Rn. 12); vgl. zu dem Begriff der Supranationalität *Streinz* in: ders., EUV/EGV, Art. 1 EGV Rn. 13

190 Ein solches Zusammentreffen von Gemeinschaftsrecht und nationalem Recht findet sich zum Beispiel auch in dem Bereich des Vollzugs von Gemeinschaftsrecht. Hier hat der EuGH für Rechtsklarheit gesorgt und entschieden, dass sich die Verwaltungsorganisation und das Verwaltungsverfahren nach nationalem Recht bestimmt, soweit das Gemeinschaftsrecht hierfür keine Vorschriften enthält (EuGH verb. Rs. 205 bis 215/82 (*Deutsche Milchkontor I*), Slg. 1983, 2633 Rn. 17)

191 Vgl. *Cornils*, Staatshaftungsanspruch, S.89; *Schwarzenegger*, Staatshaftung, S. 178

192 EuGH verb. Rs. C-6/90 und 9/90 (*Andrea Francovich u.a. / Italien*), Slg. 1991, I-5357, Rn. 43; EuGH verb. Rs. C-46/93 und 48/93 (*Brasserie du Pêcheur* und *Factortame*), Slg. 1996, I-1029, Rn. 67f; zur Funktionsweise des Gleichwertigkeits- und Effektivitätsgebots: Der EuGH hat in der Entscheidung *Deutsche Milchkontor I* (EuGH verb. Rs. C-205-215/82, Slg. 1983, 2633) die Grundsätze für die Anwendung nationaler

IV. Lösung der Einordnungsfrage

Zur Lösung der Einordnungsfrage finden sich im Schrifttum die folgenden Auffassungen.

1. Pragmatische Erwägungen

Die Vertreter der dualistischen Konzeption stützen sich insbesondere auf die Erwägung, dass die Annahme eines eigenständigen gemeinschaftsrechtlichen Anspruches der technisch einfachere Weg zu einer Umsetzung sei, da eine gemeinschaftsrechtskonforme Auslegung der ohnehin komplexen Regelungen des deutschen Staatshaftungsrechts vermieden werden könne.[193] Die Auffassung kann nicht überzeugen, da eine systematische Untersuchung nicht zugunsten einer (vermeintlich) einfachen Vorgehensweise geopfert werden darf. Im Übrigen ist die Anwendung der gemeinschaftsrechtlichen Kriterien nur vordergründig unkomplizierter, da der nationale Richter insbesondere bei dem ihm bisher unbekannten und nicht präzise formulierten Tatbestandsmerkmal des „hinreichend qualifizierten Verstoßes" auf Auslegungsschwierigkeiten stoßen dürfte.

Rechtsvorschriften durch Verwaltung oder Gerichte bei der Durchführung von Gemeinschaftsrecht erläutert. Insbesondere hat der EuGH aus Art. 10 EGV (jetzt Art. 4 Abs. 3 EUV) das Gleichwertigkeitsgebot und das Effektivitätsgebot abgeleitet. Das Gleichwertigkeitsgebot verlangt, dass bei der Anwendung nationalen Rechts keine Unterschiede im Vergleich zu Verfahren gemacht werden, in denen über gleichartige, rein nationale Rechtsstreitigkeiten entschieden wird (EuGH verb. Rs. C-205-215/82, Slg. 1983, 2633, Rn. 23). Dadurch soll zum einen verhindert werden, dass Gemeinschaftsinteressen weniger sorgfältig verfolgt werden als nationale Interessen. Zum anderen soll der Rechtsschutz des Bürgers in Gemeinschaftsrechtsachen vor einer Abschwächung gegenüber rein nationalen Fällen bewahrt werden (vgl. *Streinz* in: Isensee/Kirchhof, Handbuch, Band VII § 182 Rn. 25). Das Effektivitätsgebot fordert, dass bei der Anwendung des nationalen Rechts die Tragweite und Wirksamkeit des Gemeinschaftsrechts nicht beeinträchtigt werden darf (EuGH verb. Rs. C-205-215/82, Slg. 1983, 2633, Rn. 22). Die gemeinschaftsrechtlichen Vorgaben greifen erst, wenn die Verwirklichung der Gemeinschaftsregelung praktisch unmöglich wird. Bloße Unterschiedlichkeiten zwischen den Rechtsordnungen und leichte Effizienzeinbußen sind angesichts der Grundentscheidung zugunsten der Anwendung des nationalen Rechts und aufgrund des Subsidiaritätsgrundsatzes hinzunehmen (vgl. *von Bogdandy/Schill* in: Grabitz/Hilf/Nettesheim; Das Recht der EU, Art. 4 EUV Rn. 81).

193   Vgl. *Hatje*, EuR 1997, 297, 303; *Ossenbühl* (Staatshaftungsrecht, S. 526) spricht von einer „gewaltsamen Verformung der nationalen Haftungsinstitute" und von "Tatbestands-Schizophrenie"; *Hidien* (Staatshaftung, S. 17) will „wenig fruchtbare Einpassungsversuche" vermeiden.

2. Wortlaut

In der Literatur wird zur Begründung beider Auffassungen auf das Wortlautargument zurückgegriffen.[194] Dies legt bereits die Vermutung nahe, dass der Wortlaut der Entscheidungen keinesfalls eindeutige Schlussfolgerungen zulässt. In der *Francovich*-Entscheidung verweist der EuGH auf das Urteil in der Rechtssache *Humblet* sowie darauf, dass die Mitgliedstaaten zu dem Ersatz der entstandenen Schäden verpflichtet sind.[195] An späterer Stelle bezieht der EuGH sich auf die materiellen Voraussetzungen des Schadensrechts der Mitgliedstaaten und stellt sie unter den Vorbehalt des Effektivitäts- und des Gleichwertigkeitsgebotes.[196] Eine Zusammenschau dieser beiden Formulierungen lässt die Deutung zu, dass die Mitgliedstaaten ihrer Verpflichtung zur Leistung von Schadensersatz auf der Grundlage vorhandener oder zu schaffender innerstaatlicher Anspruchsgrundlagen nachkommen können.[197] Allerdings weist der EuGH zwischendurch daraufhin, dass die von ihm aufgestellten Voraussetzungen ausreichen, „um dem einzelnen einen *Anspruch auf Entschädigung*[198] zu geben, der unmittelbar im Gemeinschaftsrecht begründet ist".[199] Diese Wendung entkräftet die obige Interpretation und spricht für die Entwicklung eines eigenständigen gemeinschaftsrechtlichen Ersatzanspruches durch den Gerichtshof.[200]

Die terminologischen Unsicherheiten setzen sich in den nachfolgenden Urteilen des EuGH fort. In der *Brasserie*-Entscheidung führt das Gericht aus, dass dem Geschädigten ein Entschädigungsanspruch zusteht, wenn die drei genannten Haftungsvoraussetzungen erfüllt sind. Wenig später spricht der EuGH aber wieder von der „Verpflichtung zu dem Ersatz der dem einzelnen entstandenen Schäden"[201]. Diese Formulierung deutet darauf hin, dass die Mitgliedstaaten zur Umsetzung der gemeinschaftsrechtlichen Vorgaben durch die Anwendung oder Anpassung nationaler Anspruchsgrundlagen verpflichtet sind. Der EuGH müsste seine solche Verpflichtung nicht vorsehen, wenn nach seiner Ansicht ein Ersatzanspruch schon aufgrund des Gemeinschaftsrechts besteht. Andernfalls müsste er klarstellen, dass mit dieser Verpflichtung zugleich ein Anspruch des

---

194 Für die dualistische Konzeption etwa *Cornils* (Staatshaftungsanspruch, S. 96): er hält den Wortlaut für „sprachlich eindeutig" hält; für das Vorgabemodell *Nettesheim*, DÖV 1992, 999, 1000

195 EuGH verb. Rs. C-6/90 und 9/90 (*Andrea Francovich u.a. / Italien*), Slg. 1991, I-5357, Rn. 36f.

196 EuGH verb. Rs. C-6/90 und 9/90 (*Andrea Francovich u.a. / Italien*), Slg. 1991, I-5357, Rn. 43

197 Vgl. *Pfab*, Staatshaftung, S. 125

198 Hervorhebung des Verf.

199 EuGH verb. Rs. C-6/90 und 9/90 (*Andrea Francovich u.a. / Italien*), Slg. 1991, I-5357, Rn. 41

200 So unter anderem *Cornils*, Staatshaftungsanspruch, S. 96; *Detterbeck* AöR 123 (2000) 202, 229

201 EuGH verb. Rs. C-46/93 und 48/93 (*Brasserie du Pêcheur* und *Factortame*), Slg. 1996, I-1029, Rn. 79 und so auch in Rn. 16

Einzelnen aus dem Gemeinschaftsrecht korrespondiert. Außerdem spricht der EuGH in Bezug auf die Anwendung eines Verschuldenselementes durch den BGH von dem „von ihm angewandten nationalen Recht".[202] Diese Formulierung kann isoliert betrachtet so gedeutet werden, dass der EuGH das Vorgabemodell befürwortet. Der Sprachgebrauch in der englischen Fassung dieser Entscheidung ist in gleichem Maße missverständlich.[203] Dem Wortlaut des *Köbler*-Urteils kann man ebenfalls nicht eindeutig eine Festlegung auf das Vorgabemodell oder die dualistische Konzeption entnehmen.[204] Dies überrascht insbesondere im Lichte der Tatsache, dass die Einordnungsfrage spätestens seit der Entscheidung des BGH in dem Fall *Brasserie*[205] und der anschließenden Diskussion im Schrifttum einer Klarstellung bedurft hätte. Somit führt eine Untersuchung des Wortlauts der EuGH-Entscheidungen zu keinem Ergebnis bei der Frage nach der Einordnung des Haftungsinstitutes in das nationale Rechtsschutzsystem.[206]

3. Auslegung der Entscheidungen

Aufschlussreicher ist dagegen eine Untersuchung der EuGH-Rechtsprechung „zwischen den Zeilen".[207] Aufgrund einer entsprechenden Vorlagefrage des BGH setzt der EuGH sich in der *Brasserie*-Entscheidung eingehend mit der Möglichkeit auseinander, die Entschädigung von dem Vorliegen eines Verschuldens abhängig zu machen.[208] Der EuGH kommt zu dem Schluss, dass es zur Geltendmachung eines Ersatzanspruches nicht erforderlich ist, ein Verschulden zu bejahen. Zum einen seien Elemente des Verschuldens bereits in der Voraussetzung des hinreichend qualifizierten Verstoßes enthalten und zum anderen würde diese

---

202　EuGH verb. Rs. C-46/93 und 48/93 (*Brasserie du Pêcheur* und *Factortame*), Slg. 1996, I-1029, Rn. 80

203　Die Formulierung „...three conditions are necessary and sufficient to found a right in individuals to obtain damages" (EuGH verb. Rs. C-46/93 und 48/93 (*Brasserie du Pêcheur* und *Factortame*), Slg. 1996, I-1029, Rn. 66) stützt die Annahme eines originär gemeinschaftsrechtlichen Anspruches. Wie in der deutschen Fassung spricht der EuGH dann aber in Rn. 79 von einer Verpflichtung der Mitgliedstaaten: „The obligation to make reparation for loss or damage caused to individuals...cannot depend on a condition of fault"; letzteres spricht für eine Umsetzung im Wege des Vorgabemodells

204　In Rn. 58 (EuGH Rs. C-224/01 (*Köbler*), Slg. 2003, I-10239) verweist der EuGH auf die im „nationalen Schadensrecht festgelegten Voraussetzungen" und unterstellt deren Anwendung dem Gleichwertigkeits- und Effektivitätsgebot. Andererseits betont er in Rn. 57, dass die genannten Voraussetzungen „ausreichend sind, um einen Entschädigungsanspruch des Einzelnen zu begründen".

205　BGHZ 134, 30

206　So auch *Zenner*, Haftung, S. 37f.; ebenso *Maurer* in: FS Boujong, S. 591, 597, der anmerkt, dass eine „subtile Wortexegese" nicht weiterführt

207　Vgl. *Schwarzenegger*, Staatshaftung, S. 192

208　EuGH verb. Rs. C-46/93 und 48/93 (*Brasserie du Pêcheur* und *Factortame*), Slg. 1996, I-1029, Rn. 75-80

zusätzliche Voraussetzung den Entschädigungsanspruch in Frage stellen.[209] Eine eingehende Auseinandersetzung mit den Tatbestandsvoraussetzungen einer Anspruchsgrundlage des nationalen Rechts ist aber nur geboten, wenn man den Ersatzanspruch auf diese Rechtsgrundlage stützt. Bei der Zugrundelegung eines originär gemeinschaftsrechtlichen Anspruches hätte ein Verweis auf den abschließenden Charakter der eigens aufgestellten Haftungsvoraussetzungen ausgereicht.[210]

Ein weiteres Indiz dafür, dass nach Auffassung des EuGH auf die nationalen Anspruchsgrundlagen zurückgegriffen werden kann, findet sich in der *Konle*-Entscheidung.[211] Der EuGH weist darauf hin, dass ein bundesstaatlich aufgebauter Mitgliedstaat seine gemeinschaftsrechtliche Verpflichtung zur Gewährung von Schadensersatz auch erfüllen kann, wenn nicht der Gesamtstaat haftet.[212] Dies bedeutet, dass die Auswahl des Anspruchgegners im Ermessen des Mitgliedstaates steht. Da die Benennung des Anspruchsgegners aber denknotwendig Bestandteil jeder Anspruchsgrundlage ist,[213] kann diese Aussage als Beleg dafür angesehen werden, dass die Anspruchsgrundlage insgesamt dem nationalen Recht zu entnehmen ist.[214]

4. Kollisionsrechtliche Lösung

Sowohl das Gemeinschaftsrecht als auch das nationale Recht enthalten Voraussetzungen für einen Ersatzanspruch wegen eines mitgliedstaatlichen Verstoßes gegen Gemeinschaftsrecht. Vorzugswürdig ist daher die Lösung der Einordnungsfrage anhand der kollisionsrechtlichen Prinzipien, die das Verhältnis zwischen den beiden Rechtsordnungen bestimmen; auf die gleiche Weise werden Konflikte in Bezug auf das anwendbare Recht in dem Fall der Durchführung des Gemeinschaftsrechts durch die nationale Verwaltung gelöst.[215] Maßgeblich sind der Grundsatz der unmittelbaren Anwendbarkeit und des Vorrangs des Gemein-

---

209   EuGH verb. Rs. C-46/93 und 48/93 (*Brasserie du Pêcheur* und *Factortame*), Slg. 1996, I-1029, Rn. 79

210   *Papier* in: MünchKommBGB § 839 Rn. 102; *Schwarzenegger*, Staatshaftung, S. 192; anders *Hidien* (Staatshaftung, S. 39), der annimmt, dass der EuGH durch die eindeutige Ablehnung des Verschuldenserfordernisses einer „Verwässerung" der gemeinschaftsrechtlichen Voraussetzungen entgegenwirken will. Gegen diese Auffassung spricht aber schon, dass der EuGH (verb. Rs. C-46/93 und 48/93 (*Brasserie du Pêcheur* und *Factortame*), Slg. 1996, I-1029, Rn. 75) unmissverständlich von dem „angewandten nationalen Recht" spricht

211   EuGH Rs. C-302/97 (*Konle*), Slg. 1999, I-3099

212   EuGH Rs. C-302/97 (*Konle*), Slg. 1999, I-3099, Rn. 64

213   Vgl. zur logischen Struktur eines Rechtssatzes *Larenz/Canaris*, Methodenlehre, S. 72f.

214   Vgl. *Gundel*, DVBl. 2001, 95, 100; *Weber*, NVwZ 2001, 287, 289; *Gellermann* in: Streinz, EUV/EGV, Art. 288 EGV Rn. 39

215   Vgl. *von Bogdandy* in: Grabitz/Hilf, Recht der EU, Art. 10 EGV Rn. 44

schaftsrechts sowie damit zusammenhängend das Subsidiaritätsprinzip.[216] Der Anwendungsvorrang des Gemeinschaftsrechts greift nur ein, wenn der betreffende gemeinschaftsrechtliche Rechtssatz unmittelbar anwendbar ist und wenn eine Kollision zwischen nationalem Recht und Gemeinschaftsrecht besteht. Erst danach kann seine Wirkungsweise bestimmt werden.[217]

a) Unmittelbare Anwendbarkeit der gemeinschaftsrechtlichen Staatshaftung

Bei den Ausführungen zur Rechtsqualität der gemeinschaftsrechtlichen Staatshaftung wurde ausgeführt, dass es sich nach dem Verständnis des EuGH um einen allgemeinen Grundsatz des Gemeinschaftsrechts handelt, der dem Primärrecht zuzuordnen ist. Zu klären ist, ob die Haftungsvoraussetzungen unmittelbar anwendbar sind, so dass der Gemeinschaftsbürger sich hierauf berufen kann. Die unmittelbare Anwendbarkeit einer gemeinschaftsrechtlichen Bestimmung wird bejaht, wenn sie dem Einzelnen Rechte verleiht oder Pflichten auferlegt;[218] dies setzt voraus, dass die Norm inhaltlich unbedingt und hinreichend genau formuliert ist.[219] Kriterium für die inhaltliche Unbedingtheit einer Norm ist, dass sie weder an eine Bedingung geknüpft ist noch zu ihrer Wirksamkeit einer Maßnahme der Gemeinschaftsorgane oder eines Mitgliedstaates bedarf.[220] Diese Anforderungen erfüllt der Haftungsgrundsatz, da das Gemeinschaftsrecht annähernd vollständig Tatbestand und Rechtsfolgen des Haftungsinstitutes formuliert und den Mitgliedstaaten lediglich die Klärung von Detailfragen in dem Bereich der Haftungsfolgen und der verfahrensrechtlichen Durchsetzung überlässt.[221] Von der inhaltlichen Bestimmtheit ist auszugehen, wenn sich der sachliche Regelungsgegenstand und der erfasste Personenkreis bestimmen lassen. Die Verwendung unbestimmter Rechtsbegriffe schadet nicht, wenn ihr Inhalt durch Auslegung ermittelt werden kann.[222] Das Haftungsinstitut ist insoweit unvollkommen, als dass es eine Anwendung nationaler Haftungsregelungen unter dem Vorbehalt der Beachtung des Gleichwertigkeits- und des Effektivitätsgebotes ermöglicht. Da diese Kriterien auch außerhalb der Staatshaftung bei der Durchführung des Gemeinschaftsrechts herangezogen werden, dürften in der Rechtspraxis keine Unsicherheiten entstehen.[223]

---

216   Vgl. *Beljin*, Staatshaftung, S. 208f.; *Papier* in: MünchKommBGB § 839 Rn. 102; *Säuberlich*, EuR 2004, 954

217   Vgl. *Jarass/Beljin*, NVwZ 2004, 1, 3; *Niedobitek*, VerwArch 92 (2001) 58, 67

218   EuGH Rs. 26/62 (*van Gend & Loos*) Slg. 1963, 3, 25f.

219   Vgl. *Niedobitek*, VerwArch 92 (2001) 58, 68

220   EuGH Rs. C-236/93 (*Comitato di Coordinamento Perla Difesa della Cava u.a.*), Slg. 1994, I-483 Rn. 9

221   Ausführlich *Beljin*, Staatshaftung, S. 174f.

222   Zum Ganzen *Fischer*, Europarecht § 6 Rn. 32

223   Vgl. *Beljin*, Staatshaftung, S. 177; im Ergebnis ebenso *Säuberlich*, EuR 2004, 954, 963

b) Kollision zwischen Gemeinschaftsrecht und nationalem Recht

Der Anwendungsvorrang greift erst ein, wenn eine Kollision zwischen unmittelbar anwendbarem Gemeinschaftsrecht und nationalem Recht auftritt.[224] In der Literatur wird zwischen einer direkten und einer indirekten Kollision differenziert. Eine direkte Kollision liegt vor, wenn die beiden Rechtsordnungen für denselben Sachverhalt miteinander unvereinbare Rechtsfolgen anordnen.[225] Der Begriff „indirekte Kollision" bezeichnet den Fall, dass zwischen den beiden Normebenen keine Kollision im Sinne eines unmittelbaren Widerspruchs vorliegt. Vielmehr führt das Aufeinandertreffen verschiedener Normen zu Ergebnissen, die sich im Lichte einer teleologischen Betrachtung widersprechen. Das Vorliegen einer Kollisionslage ist anhand des Gleichwertigkeits- und des Effektivitätsgebotes zu ermitteln.[226] Die praktische Bedeutung dieser Differenzierung ist gering, da nach überwiegender Literaturauffassung auch bei Vorliegen einer indirekten Kollision uneingeschränkt der Anwendungsvorrang des Gemeinschaftsrechts ausgelöst wird.[227] In dem Bereich der mitgliedstaatlichen Haftung können Kollisionslagen beispielsweise daraus resultieren, dass das nationale Recht den Amtshaftungsanspruch an ein Verschuldenserfordernis knüpft, dass eine Ersatzpflicht wegen richterlichen Unrechts nur in Ausnahmefällen eintritt oder dass das Erfordernis einer drittgerichteten Amtspflicht bei § 839 Abs. 1 S. 1 BGB in dem Fall legislativen Unrechts sehr restriktiv angewandt wird.

c) Wirkungsweise des Anwendungsvorrangs

Der Vorrang des Gemeinschaftsrechts ist als Anwendungsvorrang und nicht als Geltungsvorrang ausgestaltet. Dies bedeutet, dass in einem Kollisionsfall die Bestimmung des nationalen Rechts lediglich unanwendbar und nicht nichtig ist.[228] Adressaten des Anwendungsvorrangs sind im Außenverhältnis gegenüber der Gemeinschaft die Mitgliedstaaten und ferner alle Zweige der Staatsgewalt.[229] Haben die staatlichen Stellen eine Kollision festgestellt, so sind sie verpflichtet, das nationale Recht unangewendet zu lassen und, soweit eine passende Vor-

---

224 Vgl. *Jarass/Beljin*, NVwZ 2004, 1, 3

225 Vgl. *Kadelbach*, Verwaltungsrecht, S. 25; *Niedobitek*, VerwArch 92 (2001) 58, 73f.

226 *Jarass/Beljin*, NVwZ 2004, 1, 4; *Schroeder* in: Streinz, EUV/EGV, Art. 239 EGV Rn. 43

227 Vgl. *Beljin*, Staatshaftung, S. 217; *Ehlers* in: Schulze/Zuleeg, Europarecht § 11 Rn. 33; gegen ein Eingreifen des Anwendungsvorrangs bei indirekten Kollisionen wendet sich *Streinz* (in: Isensee/Kirchhof, Handbuch, Band VII, § 182 Rn. 27). Dagegen spricht jedoch, dass dann in vielen Fällen das nationale Recht zur Anwendung käme mit der Folge, dass das Gemeinschaftsrecht seiner praktischen Wirksamkeit beraubt würde (vgl. *Jarass/Beljin*, NVwZ 2004, 1, 5 m.w.N.)

228 Klarstellend EuGH Rs. C-184/89 (*Nimz*), Slg. 1991, I-297, Rn. 19

229 *Jarass/Beljin*, NVwZ 2004, 1, 4; *Kadelbach*, Verwaltungsrecht, S. 57

schrift vorhanden ist, das Gemeinschaftsrecht zur Anwendung zu bringen.[230] Ist eine Norm teilweise unanwendbar, so greift der Anwendungsvorrang auch nur insoweit ein.[231] Dies bedeutet, dass im Kollisionsfall die gemeinschaftsrechtlichen Haftungsvorgaben an die Stelle unanwendbarer Tatbestandsmerkmale der nationalen Haftungsinstitute treten, wenn sie einen vergleichbaren Inhalt aufweisen. Die gemeinschaftsrechtliche Bestimmung erlangt dann volle innerstaatliche Wirksamkeit und man spricht von einer „unmittelbaren Geltung" des Gemeinschaftsrechts.[232]

d) Vorrang der gemeinschaftsrechtskonformen Auslegung

Die überwiegende Literaturansicht geht davon aus, dass eine Kollision durch eine gemeinschaftsrechtskonforme Auslegung der nationalen Regelung vermieden werden kann. Erst wenn dieser Konfliktregelungsmechanismus versagt, soll sich der Anwendungsvorrang in Form der Unanwendbarkeit der gemeinschaftsrechtswidrigen nationalen Bestimmung oder der unmittelbaren Anwendung des Gemeinschaftsrechts realisieren.[233] Unter der gemeinschaftsrechtskonformen

---

230 Vgl. *Jarass/Beljin*, NVwZ 2004, 1, 5
  Zur Funktion des Anwendungsvorrangs im englischen Recht: Durch sec. 2 (1) des *European Communities Act 1972* (*EC Act*) werden die unmittelbar anwendbaren Bestimmungen des primären und des sekundären Gemeinschaftsrechts in die Rechtsordnung des Vereinigten Königreichs inkorporiert. Section 2(1) *EC Act* besagt: „All such rights, powers, liabilities, obligations and restrictions from time to time created or arising by or under the Treaties, and all such remedies and procedures from time to time provided for by or under the Treaties, as in accordance with the Treaties are without further enactment to be given legal effect or used in the United Kingdom are to be recognised and available in law, and be enforced, allowed and followed accordingly." (ausführlich zur Funktionsweise der sec. 2 (1) *EC Act 1972 Usher* in: Daintith, Implementing, 91, 93-102). Zur Begründung des Vorrangs des Gemeinschaftsrechts gegenüber dem nationalen Recht (*supremacy of community law*) werden verschiedene Ansätze vorgetragen (vgl. dazu ausführlich: *Craig/de Búrca*, EU Law, S. 365-367; *Schmidt-Steinhauser*, Geltung, S. 125-164). *Lord Bridge* hat dazu in einem Urteilsspruch zutreffend ausgeführt, dass auf der Grundlage des *EC Acts* eine Verpflichtung der Gerichte des Vereinigten Königreichs besteht, in dem Fall der Kollision zwischen nationalem Recht und unmittelbar anwendbaren Gemeinschaftsrecht, das nationale Recht unangewendet zu lassen (*Factortame Ltd.* v. *Secretary of State for Transport* (No. 2) (1991) 1 AC 603, 658). Die Rechtsordnung des Vereinigten Königreichs enthält keine dem Art. 23 GG entsprechende Beschränkung bei der Übertragung von Hoheitsrechte, so dass der Vorrang des Gemeinschaftsrechts Geltung beansprucht, solange eine Regelung des Gemeinschaftsrechts nicht in deutlichem Widerspruch zu fundamentalen Rechtspositionen steht.
231 Vgl. *Beljin*, Staatshaftung, S. 212
232 Vgl. *Schweitzer* in: Rengeling, Handbuch Umweltrecht, Band I, § 21 Rn. 71
233 Vgl. nur *Craig/de Búrca*, EU Law, S. 367; *Ehlers* in: Schulze/Zuleeg, Europarecht § 11 Rn. 47; *Hatje* in: Rengeling, Handbuch Umweltrecht, Band I, § 33 Rn. 28; *Kadelbach*, Verwaltungsrecht, S. 95; *Kenntner* in: Bergmann/Kenntner, Verwaltungsrecht, S.

Auslegung versteht man die an Sinn, Zweck und Ziel des EG-Rechts ausgerichtete Auslegung des nationalen Rechts.[234] Die Pflicht zur gemeinschaftsrechtskonformen Auslegung nationalen Rechts folgt aus dem Anwendungsvorrang.[235] Eine gemeinschaftsrechtskonforme Auslegung der nationalen Norm ist einer unmittelbaren Anwendung der gemeinschaftsrechtlichen Bestimmung vorzuziehen, um Rechtsanwendungskonflikte für den Richter weitgehend zu vermeiden und den nationalen Gesetzgeber zu schonen.[236] Bei einer gemeinschaftsrechtskonformen Auslegung ist der Spielraum, den das nationale Recht einräumt, voll auszuschöpfen.[237] Die Grenze der Konformauslegung besteht in Wortlaut und Sinn der auszulegenden nationalen Vorschrift. Inzwischen weist der EuGH ausdrücklich darauf hin, dass der Grundsatz konformer Auslegung nicht zu einer Auslegung *contra legem* des nationalen Rechts führen darf.[238]

Für die Integration der gemeinschaftsrechtlichen Haftungsvorgaben in das nationale Recht bedeutet dies, dass im Kollisionsfall zunächst der Versuch einer gemeinschaftsrechtskonformen Auslegung der nationalen Haftungsinstitute zu unternehmen ist. Erst wenn eine Auslegung scheitert, gelangen die gemeinschaftsrechtlichen Haftungsvorgaben unmittelbar zur Anwendung und verdrängen die Anspruchsgrundlagen des nationalen Rechts.[239]

e) *Die Bedeutungs des Subsidiaritätsprinzips für die Einordnungsfrage*

Dieses Ergebnis wird durch das Subsidiaritätsprinzip bestätigt. Oben wurde dargelegt, dass die Festsetzung der Mindestvoraussetzungen einer Haftung durch den EuGH mit dem Subsidiaritätsprinzip vereinbar ist.[240] Dies führt jedoch nicht zwangsläufig zur Annahme eines originär gemeinschaftsrechtlichen Staatshaftungsanspruchs. Soweit eine gemeinschaftsrechtskonforme Anpassung der nationalen Anspruchsgrundlagen an diese Mindestvoraussetzungen möglich ist, ohne dass gegen den Grundsatz der Effektivität oder der Gleichwertigkeit verstoßen wird, spricht der Gedanke der Subsidiarität für eine Anwendung des nationalen

---

73; einschränkend sei angemerkt, dass genau genommen die gemeinschaftsrechtskonforme Auslegung einen eine tatsächlich bestehende Kollision zwischen zwei Normen nicht vermeiden, sondern lediglich den daraus resultierenden Widerspruch auflösen kann, vgl. *Säuberlich*, EuR 2004, 954, 967f.

234 Vgl. EuGH Rs. C-157/86 (*Murphy*), Slg. 1988, I-673, Rn.11; *Ehricke*, RabelsZ 59 (1995) 598, 603; *Wyatt/Dashwood*, EU Law, S. 146f.

235 *Müller-Graff* in: Dauses, Handbuch, Band I A.I Rn. 92

236 Vgl. *Ehricke*, RabelsZ 59 (1995) 598, 631f.; ähnlich *Säuberlich*, EuR 2004, 954, 968; so wohl auch EuGH Rs. C-157/86 (*Murphy*), Slg. 1988, I-673, Rn.11

237 Vgl. EuGH Rs. C-157/86 (*Murphy*), Slg. 1988, I-673, Rn.11

238 EuGH Rs. C-153/05 (*Pupino*), Slg, 2005, I-5285, Rn. 47 (Heranziehung des Inhaltes eines Rahmenbeschlusses bei der Auslegung nationalen Rechts); EuGH Rs.C-212/04 (*Konstantinos Adeneler*), Slg. 2006, I-6057, Rn. 110 (richtlinienkonfome Auslegung)

239 Vgl. *Papier* in: MünchKommBGB § 839 Rn. 102; *Säuberlich*, EuR 2004, 954, 970

240 Vgl. Erster Teil Teil § 2 A. III.

Staatshaftungsrechts. Die Schaffung eines gemeinschaftsrechtlichen Anspruchs wäre von der Kompetenz des EuGH nicht gedeckt.[241]

E. Ausgestaltung des Haftungstatbestandes in der Rechtsprechung des EuGH

Die Ausgestaltung des gemeinschaftsrechtlichen Haftungstatbestandes vollzog sich in mehreren Schritten. In der *Francovich*-Entscheidung entwickelt der EuGH die Haftungsvoraussetzungen für den speziellen Fall der Nichtumsetzung einer Richtlinie.[242] In der Literatur ist bereits frühzeitig angenommen worden, dass sich die Entschädigungspflicht der Mitgliedstaaten auf andere Fälle gemeinschaftsrechtswidrigen Verhaltens erstrecken könnte.[243] In *Brasserie du Pêcheur* hat der EuGH dann unter Bezugnahme auf seine Rechtsprechung zur außervertraglichen Haftung der Gemeinschaft nach Art. 340 Abs. 2 AEUV allgemeine Kriterien für eine Haftung der Mitgliedstaaten herausgearbeitet. Inzwischen wendet der EuGH die gleichen Voraussetzungen bei einer Haftung wegen der fehlerhaften Umsetzung von Richtlinien und wegen administrativen Fehlverhaltens an, so dass eine Differenzierung nach der Art des Verstoßes - sieht man einmal von dem Fall judikativen Unrechts ab - hinfällig ist.[244]

I. Haftungsvoraussetzungen

Der Gerichtshof unterteilt den Haftungstatbestand in drei Voraussetzungen, die nun näher untersucht werden.[245]

---

241   *Dörr/Lenz*, Europäischer Verwaltungsrechtsschutz, Rn. 466; *Papier* in: Münch-KommBGB § 839 Rn. 102; *Säuberlich*, EuR 2004, 954, 971f.

242   EuGH verb. Rs. C-6/90 und 9/90 (*Andrea Francovich u.a./Italien*), Slg. 1991, I-5357, Rn. 38

243   *Fischer*, EuZW 1992, 41, 43; *Nettesheim*, DÖV 1992, 999, 1002; *Ossenbühl*, DVBl. 1992, 993, 998; *Triantafyllou*, DÖV 1992, 564, 571

244   Vgl. insoweit die Klarstellung des Gerichts EuGH Rs. C-424/97 (*Haim*), Slg. I-5123, Rn. 37

245   Bisweilen wird der Tatbestand in fünf Voraussetzungen unterteilt, vgl. *Beljin*, Staatshaftung, S. 22f.

1. Verstoß gegen eine Rechtsnorm, die bezweckt, dem Einzelnen Rechte zu verleihen

Erste Voraussetzung ist ein Verstoß gegen eine Rechtsnorm, die bezweckt, dem Einzelnen Rechte zu verleihen.[246] In Betracht kommt ein Verstoß - in Form eines Tuns oder Unterlassens - gegen eine Norm, die zu dem primären oder sekundären Gemeinschaftsrecht zählt oder gegen die Bestimmung eines für die Gemeinschaft verbindlichen völkerrechtlichen Vertrages.[247] Das Gericht betont, dass der Tatbestand auf Verstöße sämtlicher mitgliedstaatlicher Organe anwendbar ist.[248]

Haftungsauslösend ist nicht jedes objektiv rechtswidrige Handeln eines mitgliedstaatlichen Organs. Erforderlich ist ein Verstoß gegen eine Norm, die bezweckt, dem Einzelnen Rechte zu verleihen. Der Begriff des subjektiven Rechts im Gemeinschaftsrecht ist weiter als der des subjektiv-öffentlichen Rechts nach der Schutznormtheorie des deutschen Verwaltungsrechts. Der Grund hierfür liegt in dem Prinzip der funktionalen Subjektivierung des Gemeinschaftsrechts.[249] Eine Verleihung subjektiver Rechte liegt nicht nur vor, wenn die Norm aus sich heraus Rechte gewährt, sondern auch, wenn sie darauf abzielt einem hinreichend bestimmten Personenkreis ein Recht einzuräumen, dessen

---

246   Vgl. EuGH verb. Rs. C-46/93 und 48/93 (*Brasserie du Pêcheur* und *Factortame*), Slg. 1996, I-1029, Rn. 51

247   *von Bogdandy* in: Grabitz/Hilf, Recht der EU, Art. 288 EGV Rn. 131; *Gasparon*, EJIL 10 (1999) 605

248   EuGH verb. Rs. C-46/93 und 48/93 (*Brasserie du Pêcheur* und *Factortame*), Slg. 1996, I-1029, Rn. 32

249   Im Gemeinschaftsrecht fehlen ausdrückliche Kriterien für die Annahme eines subjektiven Rechts. Angeknüpft wird unter anderem an die inhaltliche Unbedingtheit und hinreichende Genauigkeit der von der Gemeinschaft gewährten Rechte. Die Einklagbarkeit eines Rechts wird regelmäßig angenommen, wenn ein Rechtsschutzinteresse vorhanden ist. Allgemeine Regelungsziele wie der Schutz der menschlichen Gesundheit oder das Funktionieren des Gemeinsamens Marktes sind nach dem Verständnis des Gemeinschaftsrechts geeignet, einklagbare Rechtspositionen zu begründen (vgl. *von Danwitz*, DÖV 1996, 481, 482 und 485 jeweils m.w.N.) Dieser weite Begriff des subjektiven Rechts ist vor dem Hintergrund der Funktionsweise des Gemeinschaftsverwaltungsrechts verständlich. Der Vollzug des Gemeinschaftsrechts erfolgt dezentral in den Mitgliedstaaten. Der an der Wahrung seiner Rechte interessierte Gemeinschaftsbürger soll diesen Vollzug im Rahmen des nationalen Rechtsschutzsystems kontrollieren können. Damit unterstützt er zugleich die Kommission bei der Überwachung der Einhaltung des EG-Rechts. Die Einbeziehung des Bürgers in die dezentrale Vollzugskontrolle soll daher zu einer Ausweitung der Individualberechtigung führen (vg. *Schoch*, NVwZ 1999, 457, 461f.). Nach der Schutznormtheorie des deutschen Rechts liegt ein subjektiv-öffentliches Recht vor, wenn der in Frage stehende Rechtssatz ausschließlich oder neben dem mit ihm verfolgten allgemeinen Interesse zumindest auch dem Schutz von Individualinteressen zu diesen bestimmt ist. Wesentliches Kriterium für den drittschützenden Charakter einer Norm ist, inwieweit in der Norm das geschützte Interesse, die Art der Verletzung und der Kreis der geschützten Person hinreichend klargestellt ist (vgl. *Kopp/Schenke*, VwGO, § 42 Rn. 83f). Nach dem Verständnis des deutschen Rechts wäre beispielsweise das Funktionieren des Gemeinsamens Marktes ein reiner Allgemeinwohlbelang.

Inhalt sich anhand der verletzten Norm ermitteln lässt.[250] Derartige Rechtspositionen können auch durch nicht unmittelbar anwendbare Vorschriften des Primärrechts verliehen werden.[251] Selbst wenn eine Norm nach ihrem eindeutigen Wortlaut nur eine Verpflichtung der Mitgliedstaaten enthält und die Gewährleistung des Allgemeininteresses bezweckt, kann sie dennoch reflexartig einem Individualinteresse dienen.[252] In dem Falle der unmittelbaren Anwendbarkeit einer Rechtsnorm wiederum stellt die Möglichkeit der Erlangung von Primärrechtsschutz nur eine Mindestgarantie dar, so dass ergänzend ein Entschädigungsanspruch geltend gemacht werden kann.[253] Hinzu kommt, dass die verletzte Norm lediglich *bezwecken* muss, Rechte zu verleihen, so dass auch eine künftige Rechtsverleihung ausreichend ist.[254]

Zu den individualschützenden Normen des Gemeinschaftsrechts zählen die Grundfreiheiten, ungeschriebene Gemeinschaftsgrundrechte, Vorschriften des EG-Beihilferechts, Verordnungen und unmittelbar wirkende Richtlinienbestimmungen.[255] Schwierigkeiten bestehen bei der Ermittlung der verletzten Norm in dem Fall der Nichtumsetzung oder der fehlerhaften Umsetzung einer Richtlinie, der keine unmittelbare Wirkung zukommt.[256] Für die Bejahung einer Ersatzpflicht ist es ausreichend, dass die einschlägige Richtlinienbestimmung auf die Verleihung individueller Rechte ausgerichtet ist. Das erforderliche subjektive Recht wird aus der Pflicht zur ordnungsgemäßen Umsetzung der Richtlinie nach Art. 288 Abs. 3 AEUV abgeleitet.[257] Entsprechendes gilt für den fehlerhaften Umgang der Verwaltung oder eines Gerichtes mit einer nicht unmittelbar wirkenden Richtlinienbestimmung. Kommen sie ihrer Pflicht zur richtlinienkonformen Auslegung einer nationalen Norm nicht nach, liegt darin ebenfalls ein Verstoß gegen Art. 288 Abs. 3 AEUV.[258]

---

250 *Gellermann* in: Streinz EUV/EGV, Art 288 Rn 43

251 *Deckert*, EuR 1997, 205, 216

252 Vgl. *von Bogdandy* in: Grabitz/Hilf, Recht der EU, Art. 288 EGV Rn. 131; *Detterbeck*, AöR 125 (2000) 202, 213 (m.w.N. zu Normen des primären Gemeinschaftsrechts, die geeignet sind, Rechte zu verleihen)

253 EuGH verb. Rs. C-46/93 und 48/93 (*Brasserie du Pêcheur* und *Factortame*), Slg. 1996, I-1029, Rn.20-22

254 EuGH verb. Rs. C-46/93 und 48/93 (*Brasserie du Pêcheur* und *Factortame*), Slg. 1996, I-1029, Rn. 51; *Mankowski* in: Rengeling/Middeke/Gellermann, Handbuch Rechtsschutz, § 37 Rn. 108

255 Vgl. *Dörr/Lenz*, Europäischer Verwaltungsrechtsschutz, Rn. 469 m.w.N.; zur mitgliedstaatlichen Haftung bei Verstößen gegen die Wettbewerbsvorschriften des EGV vgl. ausführlich *Soltéz*, EuZW 2001, 202, 206 und *Zenner*, Haftung, S. 243-258

256 Vgl. zu verschiedenen Haftungskonstellationen *von Bogdandy* in: Grabitz/Hilf, Recht der EU, Art. 288 EGV Rn. 133-136; *van Gerven*, ICLQ 45 (1996) 507, 521

257 *von Bogdandy* in: Grabitz/Hilf, Recht der EU, Art. 288 EGV Rn. 132; *Convery*, CMLRev 34 (1997) 603, 629f.; *Maurer* in: FS Boujong, S. 591, 595; differenzierend *Hidien*, Staatshaftung, S. 48

258 *Schroeder* in: Streinz, EUV/EGV Art. 249 Rn. 125

2. Hinreichend qualifizierter Verstoß

Der EuGH macht die Gewährung von Schadensersatz außerdem von dem Vorliegen besonderer qualifizierender Umstände abhängig. Dadurch soll die Funktionstüchtigkeit und Entscheidungsfreude hoheitlicher Stellen gewahrt und eine einseitige Ausrichtung am effektiven Rechtsschutz vermieden werden.[259] Der EuGH nimmt damit Abstand von dem Konzept einer reinen Unrechtshaftung, die unter Umständen eine erhebliche finanzielle Belastung für die Mitgliedstaaten zur Folge gehabt hätte. In der Rechtsprechungspraxis liegt der Schwerpunkt der Prüfung auf diesem Tatbestandsmerkmal.[260]

a) Angleichung an die Grundsätze der außervertraglichen Haftung nach Art. 340 Abs. 2 AEUV

Mit der Einführung des Kriteriums strebt der Gerichtshof eine Angleichung der Grundsätze mitgliedstaatlicher Haftung an die Maßstäbe der außervertraglichen Haftung nach Art. 340 Abs. 2 AEUV an; nach Auffassung des Gerichtes kann sich der Schutz des Einzelnen nicht danach unterscheiden, ob ein Organ der Gemeinschaft oder eines Mitgliedstaates den Schaden verursacht habe.[261] Dieses Kohärenzargument wurde lange Zeit als unzutreffend kritisiert, da der Gerichtshof bei der Prüfung eines hinreichend qualifizierten Verstoßes eines Gemeinschaftsorgans insbesondere auf die Betroffenheit einer begrenzten und klar umrissenen Gruppe von Geschädigten und den Eintritt eines über die wirtschaftlichen Risiken hinausgehenden Schadens abstellte.[262] Der Rückgriff auf einen derartigen Sonderopfer-Gedanken ist jedoch mit dem Ziel einer umfassenden Ersatzpflicht der Mitgliedstaaten bei gemeinschaftsrechtswidrigem Handeln nicht vereinbar.[263] Außerdem bedurfte es einer qualifizierten Rechtsverletzung nur bei Rechtssetzungsakten, die wirtschaftspolitische Entscheidungen einschlossen.[264] Da der EuGH den Begriff des normativen Handelns weit fasste und auch Einzelfallentscheidungen subsumierte,[265] bestanden Unsicherheiten über das

---

259 Vgl. *von Bogdandy* in: Grabitz/Hilf, Recht der EU, Art. 288 EGV Rn. 17 und 139; *Schwarzenegger*, Staatshaftung, S. 99

260 Vgl. nur BGHZ 134, 30, 38; *R. v. Secretary of State for Transport*, ex parte *Factortame (No. 5)* (2000) 1 AC 524, 542

261 EuGH verb. Rs. C-46/93 und 48/93 (*Brasserie du Pêcheur* und *Factortame*), Slg. 1996, I-1029, Rn. 42; zustimmend *Streinz*, EuZW 1996, 201, 203; kritisch zu dem Kohärenzpostulat des EuGH *Schoch*, VBlBW 99, 241, 246

262 EuGH verb. Rs. C-104/89 und C-37/90 (*Mulder*), Slg.1992, I-3061, R. 13 und 16

263 *von Danwitz*, DVBl. 97, 1, 9; *Wolf*, Staatshaftung, S. 141 jeweils m.w.N. zur Rechtsprechung

264 EuGH Rs. 5/71 (*Schöppenstedt*), Slg. 1971, 975, Rn. 11

265 Vgl. *Ossenbühl* in: Rengeling, Handbuch Umweltrecht, Band I, § 42 Rn. 34f.

Eingreifen dieses haftungsbeschränkenden Merkmals. Deswegen half eine Orientierung an den Voraussetzungen der Gemeinschaftshaftung nicht weiter.[266] Nach neuerer Rechtsprechung differenziert der EuGH bei Art. 340 Abs. 2 AEUV nicht mehr zwischen legislativer und administrativer Tätigkeit und prüft, soweit ersichtlich, nicht mehr das Vorliegen einer Sonderopfer-Situation. Vielmehr sieht das Gericht einen Verstoß schon dann als hinreichend qualifiziert an, wenn das Gemeinschaftsorgan die Grenzen seines Ermessens offenkundig und erheblich überschritten hat. Wenn das Organ nicht über einen Gestaltungsspielraum verfügt, kann die bloße Verletzung des Gemeinschaftsrechts ausreichen, um einen hinreichend qualifizierten Verstoß anzunehmen.[267] Folglich besteht in diesem Punkt eine Parallelität der Grundsätze mitgliedstaatlicher und gemeinschaftlicher Haftung.[268]

b) *Kriterien zur Feststellung eines hinreichend qualifizierten Verstoßes*

Zunächst hat der EuGH das Kriterium des hinreichend qualifizierten Verstoßes für legislative Ermessensentscheidungen formuliert.[269] Zur Begründung einer Haftung sei nur ein solcher Verstoß ausreichend, mit dem der Mitgliedstaat die Grenzen seines Ermessens offenkundig und erheblich überschritten habe.[270] Der Gerichtshof unterlässt es, zu präzisieren, wann ein derartiger Verstoß vorliegt, und beschränkt sich darauf, dem zuständigen Gericht einige Gesichtspunkte zur Beurteilung an die Hand zu geben.[271] Zu diesen Gesichtspunkten zählen insbesondere das Maß an Klarheit und Genauigkeit der verletzten Vorschrift, der Umfang des Ermessensspielraums, den die verletzte Vorschrift den nationalen Behörden belässt, die Frage, ob der Verstoß vorsätzlich oder nicht vorsätzlich begangen oder der Schaden vorsätzlich oder nicht vorsätzlich zugefügt wurde, die Entschuldbarkeit oder Unentschuldbarkeit eines etwaigen Rechtsirrtums und der Umstand, dass die Verhaltensweisen eines Gemeinschaftsorgans möglicherweise dazu beigetragen haben, dass die nationalen Maßnahmen oder Praktiken in gemeinschaftsrechtswidriger Weise unterlassen, eingeführt oder aufrechterhalten

---

266 *Beljin*, Staatshaftung, S. 33f.

267 Vgl. zum Ganzen EuGH Rs. C-312/00 P (*Camar* und *Tico*), Slg. 2002, I-11355, Rn. 53-54; EuGH Rs. C-472/00 P (*Fresh Marine*), Slg. 2003, I-7541, Rn. 25-27

268 *Craig/de Búrca*, EU Law, S. 334; *Scholl*, Haftung, S. 185; *Wurmnest*, EWS 2003, 373f.

269 Es handelt sich dabei nicht um ein Ermessen im technischen Sinn entsprechend der Terminologie des deutschen Verwaltungsrechts. Der gemeinschaftsrechtliche Ermessensbegriff erfasst zum Beispiel auch Auslegungsspielräume, die sich aus der Unsicherheit über die Rechtlage ergeben, vgl. *Ossenbühl*, Staatshaftungsrecht, S. 507

270 EuGH verb. Rs. C-46/93 und 48/93 (*Brasserie du Pêcheur* und *Factortame*), Slg. 1996, I-1029, Rn. 55

271 *von Bogdandy* (in: Grabitz/Hilf, Recht der EU, Art. 288 EGV Rn.142) spricht zu Recht von „konturlosen Abwägungsgesichtspunkten"; so auch *Hidien*, Staatshaftung, S. 52

wurden.[272]

Da eine praktisch handhabbare Definition für einen hinreichend qualifizierten Verstoß bislang fehlt, muss sich der Rechtsanwender an der Kasuistik des Gerichtshofes orientieren zu müssen.[273] Gleichzeitig ermöglicht aber die offene Formulierung dieses Kriteriums, im Einzelfall einen Ausgleich zwischen den von den Mitgliedstaaten verfolgten Belangen des Allgemeinwohls und den Rechtsschutzinteressen des Einzelnen zu erzielen.[274] Inzwischen hat der Gerichtshof das Merkmal des hinreichend qualifizierten Verstoßes auf rechtswidrige Akte der Gesetzgebung bei der Richtlinienumsetzung,[275] auf Fälle exekutiver Rechtssetzung[276] und administrative Einzelfallentscheidungen[277] ausgedehnt. Wenn dem Mitgliedstaat nur ein erheblich verringerter oder auf Null reduzierter Ermessensspielraum bei legislativen oder administrativen Entscheidungen zur Verfügung steht, kann bereits eine bloße Verletzung des Gemeinschaftsrechts als qualifizierter Verstoß eingeordnet werden.[278] Besonderheiten ergeben sich in dem Fall judikativen Unrechts.[279]

c) Staatshaftung als Verschuldenshaftung

Mit Blick auf ein Verschuldenserfordernis nach nationalem Recht hat der EuGH in dem *Brasserie*-Urteil entschieden, dass eine Ersatzpflicht des Staates aufgrund des Effektivitätsgebotes nicht von einer an den Verschuldensbegriff geknüpften Voraussetzung abhängig gemacht werden kann, die über den hinreichend qualifizierten Verstoß gegen das Gemeinschaftsrecht hinausgeht.[280] Allerdings wies der EuGH darauf hin, dass „bestimmte objektive und subjektive Gesichtspunkte, die im Rahmen einer nationalen Rechtsordnung mit dem Begriff des Verschuldens in Verbindung gebracht werden können, für die Beurteilung von Bedeutung

---

272   EuGH verb. Rs. C-46/93 und 48/93 (*Brasserie du Pêcheur* und *Factortame*), Slg. 1996, I-1029, Rn. 56

273   Vgl. zu einzelnen Fallkonstellationen, in denen der Gerichtshof über Vorliegen eines solchen Verstoßes entscheiden musste *Berg* in: *Schwarze,* EU-Kommentar, Art. 288 EGV Rn. 85-86

274   Vgl. *Herdegen/Rensmann,* ZHR 161 (1997) 522, 545

275   EuGH verb. Rs. C-178/94, C-179/94, C-188/94, C-189/94 und C-190/94 (*Dillenkofer u.a.*), Slg. 1996, I-4845, Rn. 23

276   EuGH Rs. C-392/93 (*British Telecommunications*), Slg. 1996, I-1631, Rn. 40

277   EuGH Rs. C-5/94 (*Hedley Lomas*) Slg. 1996, I-2553, Rn. 26

278   EuGH verb. Rs. C-178/94, C-179/94, C-188/94, C-189/94 und C-190/94 (*Dillenkofer u.a.*), Slg. 1996, I-4845, Rn. 23; EuGH Rs. 319/96 (*Brinkmann*), Slg. 1998, I-5255, Rn.28 (legislatives Unrecht); EuGH Rs. C-5/94 (*Hedley Lomas*) Slg. 1996, I-2553, Rn. 28, EuGH Rs. C-424/97 (*Haim*), Slg. I-5123, Rn. 42 (administratives Unrecht)

279   Vgl. Dritter Teil § 4 B

280   EuGH verb. Rs. C-46/93 und 48/93 (*Brasserie du Pêcheur* und *Factortame*), Slg. 1996, I-1029, Rn. 79

sind, ob ein Verstoß hinreichend qualifiziert ist".[281] Somit bilden die oben genannten Einzelfallgesichtspunkte ein Einfallstor für die Berücksichtigung von Verschuldenselementen im gemeinschaftsrechtlichen Haftungstatbestand.[282] In der *Dillenkofer*-Entscheidung hat der EuGH wiederum klargestellt, dass ein individuelles Verschulden des Amtsträgers keine Haftungsvoraussetzung ist.[283] Folglich kommt das Erfordernis des hinreichend qualifizierten Verstoßes funktional einem objektivierten Verschuldensbegriff gleich; die Haftung knüpft daran an, dass der Verstoß dem mitgliedstaatlichen Organ objektiv vorwerfbar ist.[284]

3. Unmittelbarer Kausalzusammenhang und Schaden

Schließlich hängt der Eintritt der Haftung von dem Bestehen eines unmittelbaren Kausalzusammenhanges zwischen dem Verstoß gegen die dem Mitgliedstaat obliegende Verpflichtung und dem dem Einzelnen entstandenen Schaden ab.[285] Einen Schaden bildet danach jeder Nachteil, den der Betroffene durch ein bestimmtes Ereignis an seinem Vermögen oder an seinen sonstigen rechtlich geschützten Gütern erleidet.[286] Es ist stets zu untersuchen, welche Schadensposten von dem Schutzbereich der verletzten Norm erfasst werden.[287] Nachdem der EuGH in der *Francovich*-Entscheidung nur allgemein Bezug auf einen Kausalzusammenhang nahm,[288] hat er in dem Urteil *Brasserie du Pêcheur* in Anlehnung an seine Rechtsprechung zu Art. 340 Abs. 2 AEUV das Kriterium der Unmittelbarkeit hinzugefügt. Bislang hat der EuGH dieser Haftungsvoraussetzung mit Blick auf die mitgliedstaatliche Haftung keine weiteren Konturen verliehen, so dass überwiegend auf die zu Art. 340 Abs. 2 AEUV entwickelten Grundsätze zurückgegriffen wird.[289] Der EuGH untersucht zunächst im Sinne der Äquivalenztheorie die kausale Verknüpfung zwischen dem entstandenen Schaden und

---

281 EuGH verb. Rs. C-46/93 und 48/93 (*Brasserie du Pêcheur* und *Factortame*), Slg. 1996, I-1029, Rn. 78

282 Vgl. *Deckert*, EuR 1997, 203, 220; *Ehlers*, JZ 1996, 776, 778; *Pfab*, Staatshaftung, S.143

283 Vgl. EuGH verb. Rs. C-178/94, C-179/94, C-188/94, C-189/94 und C-190/94 (*Dillenkofer u.a.*), Slg. 1996, I-4845, Rn. 28

284 Vgl. *Herdegen/Rensmann*, ZHR 161 (1997) 522, 542; *Ossenbühl*, FS Rengeling, S. 369, 379; *Schwarzenegger*, Staatshaftung, S. 112f.; *Wehlau*, DZWir 1997, 100, 103

285 EuGH verb. Rs. C-46/93 und 48/93 (*Brasserie du Pêcheur* und *Factortame*), Slg. 1996, I-1029, Rn. 65

286 Vgl. *von Bogdandy* in: Grabitz/Hilf, Recht der EU, Art. 288 EGV Rn. 100 mit Verweis auf EuGH Rs. 40/75 (*Produits Bertrand*), Slg. 1976, 1, Rn. 4ff.

287 Vgl. die Beispiele bei *von Bogdandy* in: Grabitz/Hilf, Recht der EU, Art. 288 EGV Rn. 154

288 EuGH Rs. C 6/90 und C-9/90 (*Andrea Francovich u.a. / Italien*), Slg. 1991, I-5357, Rn. 40

289 *Gellermann* in: Streinz, EUV/EGV, Art. 288 EGV Rn. 49; *Scholl*, Haftung, S. 231

dem Rechtsverstoß.[290] Dann erfolgt eine Einschränkung der Haftung durch die Hinzuziehung von Zurechnungsgesichtspunkten. Eine Ersatzpflicht besteht nur bezüglich der „normalen und vorhersehbaren Folgen" des Gemeinschaftsrechtsverstoßes.[291] Auch wenn der Begriff der Kausalität autonom auf der Grundlage des Gemeinschaftsrechts zu definieren ist,[292] greift der EuGH damit nach weit verbreiteter Auffassung auf Kriterien zurück, die der Adäquanzlehre des deutschen Rechts[293] bzw. dem *remoteness*-Test des englischen Rechts entsprechen.[294]

In der *Rechberger*-Entscheidung hat der EuGH klargestellt, dass Schutzzweckerwägungen in die Kausalitätsprüfung einzubeziehen sind. Demnach wird der Kausalzusammenhang nicht durch das fahrlässige Verhalten Dritter oder durch außergewöhnliche und unvorhersehbare Umstände unterbrochen, wenn der eingetretene Schaden gerade durch die Bestimmung des Gemeinschaftsrechts, gegen die verstoßen wurde, verhindert werden sollte.[295]

Uneinigkeit über die Begründung eines Kausalzusammenhanges herrscht insbesondere in dem Fall des Vollzugs gemeinschaftsrechtswidriger Gesetze durch nationale Verwaltungsbehörden. Fraglich ist, ob als Anknüpfungspunkt auf das Handeln der Legislative oder der Verwaltung abzustellen ist und ob aufgrund der behördlichen Maßnahme der Zurechnungszusammenhang hinsichtlich des Verstoßes der Legislative unterbrochen wird. Da bei der Haftung wegen judikativen Unrechts bei vorherigen legislativen oder administrativen Maßnahmen vergleichbare Probleme auftreten, wird die Diskussion hier in ihren Grundzügen wiedergegeben.

Der Bundesgerichtshof hat in der *Brasserie*-Entscheidung angenommen, dass die Nichtanpassung der Vorschriften des BiersteuerG, wonach das Inverkehrbringen von aus anderen Mitgliedstaaten eingeführten und nach deren Vorschriften rechtmäßig hergestellten Bieren unter der Bezeichnung „Bier" verboten (so genanntes Bezeichnungsverbot) ist, einen hinreichend qualifizierten Verstoß

---

290   EuGH Rs. C-358/90 (*Compagniana italiana alcool sas di Mario Mariano & CO/Kommission*), Slg. 1992, I-2457, Rn. 47

291   EuGH Rs. C-131/81 (*Berti/Kommission*), Slg. 1982, I-3493, Rn. 22; ähnlich EuGH verb. Rs. 74,113/76; 167, 239/78; 27, 28, 45/79 (*Dumortier frères*), Slg. 1979, 3091 Rn. 21

292   *Tridimas*, CMLRev 38 (2001) 301, 310; vgl. zur Kausalität im englischen und deutschen Recht mit Blick auf die gemeinschaftsrechtliche Staatshaftung *Kremer*, YEL 22 (2003) 203, 219

293   *von Bogdandy* in: Grabitz/Hilf, Recht der EU, Art. 288 EGV Rn.106; *Beljin*, Staatshaftung, S. 63; *Detterbeck* AöR 123 (2000) 202, 239; *Gilsdorf/Niejahr* in: von der Groeben/Schwarze, EUV/EGV, Art. 288 EGV Rn. 81; *Hidien*, Staatshaftung, S. 54; ebenso BGHZ 134, 30, 40; nach der Adäquanztheorie sind dem Ersatzpflichtigen nur solche Schadensfolgen zuzurechnen, deren Eintritt von dem Standpunkt eines erfahrenen Beobachters als nicht völlig unwahrscheinlich erscheinen konnte (vgl. *Larenz*, Schuldrecht, Band I/1, S. 435f.)

294   Vgl. *Smith/Woods*, ICLQ 56 (1997) 925, 935; vgl. zu dem *remoteness*-Test Vierter Teil § 2 A. II. 4.

295   EuGH Rs. C-140/97 (*Rechberger u.a.*), Slg. 1999, I-3499, Rn. 74-76 (fehlerhafte Umsetzung der Richtlinie 90/314/EWG über Pauschalreisen zum Schutz vor den Folgen der Zahlungsunfähigkeit des Reiseveranstalters)

gegen Art. 30 EWGV (Art. 34 AEUV) darstellt.[296] Jedoch liegt nach Ansicht des BGH kein adäquater Kausalzusammenhang zwischen dem Verstoß und dem Schaden infolge der Einstellung des Exportes nach Deutschland vor, da der Vertrieb aufgrund behördlicher Maßnahmen eingestellt wurde, die sich auf das Verbot der Verwendung von Zusatzstoffen bezogen (Zusatzstoffverbot).[297] Der BGH gelangt zu diesem Ergebnis im Wege einer „wertenden Zurechnung der Haftungsfolgen".[298] Dabei verkennt der BGH allerdings, dass er (schulmäßig) die Ursächlichkeit des legislativen Fehlverhaltens hätte untersuchen müssen, hinsichtlich dessen er auch einen hinreichend qualifizierten Verstoß annahm, also bezüglich der Nichtanpassung des Bezeichnungsverbots[299] Da *Brasserie* ihr Produkt als „Bier" nur hätte vertreiben können, wenn der deutsche Gesetzgeber das Bezeichnungsverbot aufgehoben hätte, war die Nichtanpassung kausal im Sinne der *condicio sine qua non*-Formel[300] für den entstandenen Schaden. Außerdem war es vorhersehbar, dass *Brasserie* infolge der deutschen Regelung ihren Export nach Deutschland einstellen und dadurch einen Schaden erleiden würde, so dass der mitgliedstaatliche Verstoß auch adäquat kausal war.[301] Der so begründete Kausalzusammenhang wird auch nicht durch die behördlichen Maßnahmen gegen Dritte auf der Grundlage des Zusatzstoffverbotes unterbrochen, da die Sanktionen lediglich zusätzlich zu einem Exporthindernis führen.[302]

Denkbar ist auch eine Konstellation, in der ein gemeinschaftsrechtswidriges Gesetz gegenüber dem Geschädigten durch die Verwaltung zur Anwendung gebracht wird, so dass sowohl ein Verstoß der Legislative als auch der Administrative vorliegt, der zur Begründung der Haftung geeignet ist.[303] Durch den Vollzug des Gesetzes kommt es nicht zu einer Unterbrechung des Kausalzusammenhanges, da der Gesetzgeber durch sein Fehlverhalten das Risiko gesetzt hat, dass es später zu einem Verstoß der Verwaltung gegen Gemeinschaftsrecht kommt. Somit ist dem Gesetzgeber der Schaden zuzurechnen.[304]

---

296   BGHZ 134, 30, 38
297   BGHZ 134, 30, 39; hinsichtlich der Nichtanpassung des Zusatzstoffverbots an die Vorgaben des Gemeinschaftsrechts lehnt der BGH (Z 134, 30, 39) das Vorliegen eines hinreichend qualifizierten Verstoßes ab. Ob die Sanktionen gegen die Vertriebsfirmen auch einen Ersatzanspruch der *Brasserie* wegen administrativen Unrechts begründen, untersucht der BGH nicht.
298   BGHZ 134, 30, 40
299   Vgl. *Baumeister*, BayVBl. 2000, 225, 227; *Hatje*, EuR 1997, 297, 309
300   Vgl. dazu *Larenz*, Schuldrecht, Band I/1, S. 433
301   Vgl. *Baumeister*, BayVBl. 2000, 225, 227; *Hatje*, EuR 1997, 303, 308f.
302   *Ehlers*, JZ 1996, 776, 780; *Schoch* in: FS Maurer, S. 759, 769
303   Diese Konstellation lag in dem Fall *Brasserie* nicht vor, da hinsichtlich des Zusatzstoffverbotes ein hinreichend qualifizierter Verstoß abgelehnt wurde und da auf der Grundlage des Bezeichnungsverbotes keine behördlichen Maßnahmen ergingen.
304   *Baumeister*, BayVBl. 2000, 225, 228; *von Bogdandy* in: Grabitz/Hilf, Recht der EU, Art. 288 EGV Rn. 156; abzulehnen ist daher die Ansicht von *Beljin* (Staatshaftung, S. 64), der aufgrund des behördlichen Handelns eine Unterbrechung des Kausalzusammenhanges annimmt. *Streinz* (EuZW 1993, 599, 602) nimmt im Anschluss an *Nettesheim* (DÖV 1992, 999, 1002) an, dass ein Verstoß der Legislative aufgrund des Anwendungsvorrangs des Gemeinschaftsrechts keine Haftung auslösen kann und ver-

Aus diesen Ausführungen folgt, dass der Kausalzusammenhang bei jeder Art mitgliedstaatlicher Verstöße nicht pauschal auf der Grundlage einer „wertenden Zurechnung" ermittelt werden kann, sondern dass die möglichen Anknüpfungspunkte für eine Haftung sorgfältig herauszuarbeiten sind und dass auch bei Zugrundelegung der Adäquanztheorie zunächst die äquivalente Kausalität als „Mindestkausalitätserfordernis"[305] zu prüfen ist. Durch den hinzutretenden Verstoß eines anderen mitgliedstaatlichen Organs wird der Kausalzusammenhang nicht automatisch unterbrochen.

II. Haftungsfolgen

Unter den Begriff der Haftungsfolgen fallen erstens alle Fragen betreffend Art und Umfang der Haftung und zweitens alle Fragen, die im Zusammenhang mit dem Verfahren zur Durchsetzung des Ersatzanspruches stehen.[306] Einschlägig ist insoweit das nationale Recht unter Beachtung des Gebotes der Gleichwertigkeit und der Effektivität.[307]

1. Art und Umfang der Haftung

Der EuGH verwendet im Kontext der mitgliedstaatlichen Haftung den Begriff der „Entschädigung".[308] Im deutschen Staatshaftungsrecht wird zwischen Entschädigung und Schadensersatz differenziert.[309] Der Schadensersatz soll die Vermögenslage wiederherstellen, die bestünde, wenn das zum Schadensersatz verpflichtende Ereignis nicht eingetreten wäre.[310] Die Entschädigung soll dem Betroffenen einen Ausgleich für das Sonderopfer bieten, das ihm durch Eingriff in seine private Rechtssphäre auferlegt wird.[311] Im Unterschied zum Schadenser-

---

kennt dabei ebenfalls, dass erst das gesetzgeberische Fehlverhalten den Schaden ermöglicht hat.

305 Vgl. *Grüneberg* in: Bamberger/Roth, BGB, vor § 249 BGB, Rn. 22

306 Dies entspricht der Unterteilung der Haftungsfolgen durch den EuGH in der *Francovich*-Entscheidung (EuGH Rs. C 6/90 und C-9/90 (*Andrea Francovich u.a. / Italien*), Slg. 1991, I-5357, Rn. 42-43); so auch *Ruffert* in: Calliess/Ruffert, EUV/AEUV, Art. 340 AEUV Rn. 71-75

307 EuGH Rs. C 6/90 und C-9/90 (*Andrea Francovich u.a. / Italien*), Slg. 1991, I-5357, Rn. 42-43; EuGH verb. Rs. C-46/93 und 48/93 (*Brasserie du Pêcheur* und *Factortame*), Slg. 1996, I-1029, Rn. 67

308 Vgl. nur EuGH verb. Rs. C-46/93 und 48/93 (*Brasserie du Pêcheur* und *Factortame*), Slg. 1996, I-1029, Rn. 22; EuGH Rs. C-224/01 (*Köbler*), Slg. 2003, I-10239, Rn. 57

309 Im englischen Haftungsrecht wird eine Ersatzleistung in Form der Entschädigung nur in dem Fall der Enteignung relevant, vgl. *Gromitsaris*, Rechtsgrund, S. 258f.

310 *Ossenbühl*, Staatshaftungsrecht, S. 265

311 BGHZ 6, 270, 295

satz wird sie durch den Verkehrswert der entzogenen Substanz begrenzt und orientiert sich nicht an der hypothetischen Vermögensentwicklung.[312] Die Terminologie des EuGH legt nahe, dass aus gemeinschaftsrechtlicher Sicht kein voller Schadensersatz verlangt wird und dass eine Entschädigung das Minimum der zu erbringenden Ersatzleistung darstellt.[313]

Der EuGH stellt Mindestvorgaben für das nationale Recht auf.[314] Zur Gewährleistung des effektiven Rechtsschutzes muss der Schadensersatz dem erlittenen Schaden angemessen sein.[315] Insbesondere bei Rechtsstreitigkeiten wirtschaftlicher oder kommerzieller Natur ist es unter dem Aspekt des Effektivitätsgebotes unzulässig, den entgangenen Gewinn vollständig von dem Ersatzanspruch auszuschließen.[316] Andernfalls erhielte der Kläger in vielen Fällen überhaupt keine Ersatzleistung.[317] Die Verzinsung des Schadensersatzes ist mangels einer Gemeinschaftsregelung Sache der innerstaatlichen Rechtsordnung. Dabei obliegt es dem nationalen Richter, das Effektivitätsgebot zu beachten. Die Zuerkennung von Zinsen ist unerlässlich, wenn sie den wesentlichen Bestandteil der geforderten Entschädigung darstellen.[318]

a) Schadensersatz in Geld und Naturalrestitution

In Deutschland ist der Amtshaftungsanspruch ausschließlich auf Geldersatz gerichtet, während eine Naturalrestitution ausgeschlossen ist. Diese Besonderheit ist darauf zurückzuführen, dass die Amtshaftung nach § 839 Abs. 1 S. 1 BGB als persönliche Haftung des Beamten ausgestaltet ist und dass der Beamte als Privatperson nicht eine Naturalrestitution in Form hoheitlicher Akte erbringen kann. Durch Art. 34 S.1 GG wird lediglich die Ersatzpflicht des Beamten auf den Staat übergeleitet.[319] Allerdings richtet sich der Schadensersatzanspruch bei einem Gemeinschaftsrechtsverstoß unmittelbar gegen die öffentliche Hand, so dass anders als bei rein nationalen Fällen eine Naturalrestitution theoretisch nicht ausgeschlossen ist.[320] Der EuGH lehnt diese Form der Ersatzleistung in seiner Rechtsprechung zur mitgliedstaatlichen Haftung bzw. zur Haftung der Gemein-

---

312   Vgl. BGH NJW 1972, 1974, 1975
313   *von Bogdandy* in: Grabitz/Hilf, Recht der EU, Art. 288 EGV Rn. 166; *Detterbeck/Windthorst/Sproll*, Staatshaftungsrecht, § 6 Rn. 71
314   EuGH verb. Rs. C-46/93 und 48/93 (*Brasserie du Pêcheur* und *Factortame*), Slg. 1996, I-1029, Rn. 83
315   EuGH verb. Rs. C-46/93 und 48/93 (*Brasserie du Pêcheur* und *Factortame*), Slg. 1996, I-1029, Rn. 82; EuGH Rs. C-373/95 (*Maso*), Slg. 1997, I-4051, Rn. 41
316   EuGH verb. Rs. C-46/93 und 48/93 (*Brasserie du Pêcheur* und *Factortame*), Slg. 1996, I-1029, Rn. 87
317   *von Bogdandy* in: Grabitz/Hilf, Recht der EU, Art. 288 EGV Rn. 166
318   EuGH verb. Rs. C-397/98 und 410/98 (*Metallgesellschaft Ltd u.a.*), Slg. 2001, I-1727, Rn. 77 und 93-96
319   Ausführlich *Ossenbühl*, Staatshaftungsrecht, 110 m.w.N. zur Rechtsprechung
320   Vgl. *Hidien*, Staatshaftung, S. 65; *Pfab*, Staatshaftung, S. 146

schaft zumindest nicht explizit ab.[321] In dem Bereich der Gemeinschaftshaftung kann durchaus ein Bedürfnis bestehen, Schadensersatz mit dem Ziel der Natural-restitution geltend zu machen. Sowohl bei der Nichtigkeits- als auch bei der Untätigkeitsklage gelten restriktive Zulässigkeitsvoraussetzungen, so dass im Einzelfall Rechtsschutzlücken auftreten können.[322] Dieses Argument kann frei-lich nicht für das nationale Recht fruchtbar gemacht werden, da dort ein umfas-sender Primärrechtsschutz existiert. Es ist dann nicht zwingend erforderlich, im Rahmen der mitgliedstaatlichen Haftung eine Form der Ersatzleistung vorzuse-hen, die im Ergebnis dem Rechtsziel in dem Verfahren des Primärrechtsschutzes entspricht. Mangels eindeutiger Aussagen des EuGH ist für die Frage der Natu-ralrestitution auf das nationale Recht abzustellen.[323] In dem Fall richterlichen Unrechts ist beispielsweise eine Naturalrestitution durch Aufhebung oder Ände-rung des schadensbegründenden Urteils ausgeschlossen, wenn nationale Vor-schriften zum Schutz der Rechtskraft entgegenstehen; dies ist aus Sicht des Ge-meinschaftsrechts unbedenklich.[324]

Im Übrigen richtet sich die Schadensersatzverpflichtung nach den allge-meinen Vorschriften und umfasst damit in Deutschland den entgangenen Gewinn (§ 252 BGB) sowie Schmerzensgeld (§ 253 Abs. 1 BGB).[325] Im englischen Recht soll der Geschädigte durch Zahlung eines Geldbetrages so gestellt werden, wie er ohne das schädigende Ereignis stünde (*restitutio in integrum*).[326] Der ersatzfähige Schaden schließt den entgangenen Gewinn (*loss of profits*)[327] und mit einigen Einschränkungen auch immaterielle Schäden (*non-pecuniary loss*) ein.[328] Die Naturalrestitution spielt im englischen Recht praktisch keine Rolle. Der Geschä-digte kann sie lediglich durch das Erwirken einer einstweiligen Verfügung (*mandatory injunction*) erreichen.[329]

---

321   Nachweise bei *Wurmnest*, Grundzüge, S. 235; *Zenner*, Haftung, S. 82

322   Vgl. *Gilsdorf/Niejahr* in: von der Groeben/Schwarze, EUV/EGV, Art. 288 EGV Rn. 67 mit einem Beispiel zur nachträglichen Gewährung von Einfuhrlizenzen. Bedenken vor dem Hintergrund des Prinzip des institutionellen Gleichgewichts (so *Gellermann* in: Streinz EUV/EGV, Art. 288 EGV Rn. 29) greifen nicht durch, da auch Art. 233 EGV (jetzt Art. 266 AEUV) die Verpflichtung eines anderen Organs durch ein Urteil des EuGH zulässt.

323   Gegen eine Naturalrestitution mit Blick auf das deutsche Recht daher u.a. *Beljin*, Staatshaftung, S. 69f; *Jarass*, Grundfragen, S. 122; *Müller-Graff* in: Moreira de Sousa/Heusel, Enforcing Community Law, S.153, 163

324   EuGH Rs. C-224/01 (*Köbler*), Slg. 2003, I-10239, Rn. 39; EuGH Rs. C-234/04 *(Kapferer/Schlank & Schick)*, Slg. 2006, I-2585, Rn. 20f.

325   *Detterbeck/Windthorst/Sproll*, Staatshaftungsrecht § 11 Rn. 11-13

326   *Livingstone* v. *Rawards Coal* Co (1880) 5 App. Cas. 25, 39 per Lord *Blackburn*

327   *Mac Gregor*, Damages, S. 49f. m.w.N.

328   *Fairgrieve*, State Liability, S. 214f.; *Wurmnest*, Grundzüge, S. 282f.

329   *von Bar*, Deliktsrecht, Band II, Rn. 127; *Mayo*, Haftung, S. 126; *Mac Gregor*, Dama-ges, S. 1f.; *Wurmnest*, Grundzüge, S. 229; eine *mandatory injunction* kann nicht direkt gegen die Krone, wohl aber gegen den betreffenden Amtsträger gerichtet werden, vgl. *M* v. *Home Office* (1994) 1 AC 377; *Clerk/Lindsell*, Torts, S. 1928f. m.w.N.

b) Ersatz für pure economic loss

Die englischen Gerichte zeigen sich in *pure economic loss*-Fällen, also in Fällen, in denen auf Seiten des Geschädigten weder eine Verletzung seines Körpers noch eine Beschädigung seines Eigentums vorliegt,[330] sondern ein reiner Vermögensschaden eingetreten ist, sehr zurückhaltend mit der Gewährung von Schadensersatz.[331] Gerade in dem Bereich der Amtshaftung liegen regelmäßig reine Vermögensschäden vor, die in Deutschland durch die Vorschrift des § 839 Abs. 1 S. 1 BGB zum Ausgleich gebracht werden.[332] Hinsichtlich des *tort of negligence* lehnt die Rechtsprechung grundsätzlich eine Ersatzfähigkeit reiner Vermögensschäden mit dem Argument ab, dass man einer Ausweitung der Haftung entgegenwirken müsse.[333] Eine Ausnahme gilt nur in den Fällen, in denen ein besonderes Näheverhältnis (*special relationship*) zwischen Schädiger und Geschädigtem besteht, so dass es fair, gerecht und billig (*fair, just* and *reasonable*) ist, eine Haftung für reine Vermögensschäden anzunehmen.[334] Auf der Grundlage des *tort of breach of statutory duty* kann der Kläger Ersatz reiner Vermögensschäden nur verlangen, wenn die verletzte Norm insoweit dem Schädiger eine Ersatzpflicht auferlegen wollte.[335] Stützt der Kläger seinen Anspruch dagegen auf *misfeasance in public office* werden auch reine Vermögensschäden ausgeglichen.[336] In dem Bereich der gemeinschaftsrechtlichen Staatshaftung ist ungeachtet der Frage nach der einschlägigen Anspruchsgrundlage eine Ersatzfähigkeit reiner Vermögensschäden zu bejahen, da andernfalls die Erlangung einer angemessenen Entschädigung für den erlittenen Nachteil praktisch unmöglich würde.[337] Diese Auffassung wird von den englischen Gerichten geteilt.[338]

---

330 Vgl. *Markesinis/Deakin*, Tort Law, S. 112-114
331 *Murphy* v. *Brentwood District Council* (1991) 1 AC 398; *Fairgrieve*, State Liability, S. 193 m.w.N.
332 Vgl. *von Bar,* Deliktsrecht, Band II, Rn. 44; *Vieweg* in: Ebke/Finkin, Introduction, S. 197, 216
333 *Wentworth* v. *Wiltshire County Council* (1993) QB 654, 661
334 *Henderson* v. *Merrett Syndicates* (1995) AC 145, 181 per Lord *Goff*; *Williams* v. *Natural Life Health Foods Ltd.* (1998) 2 All ER 577, 581 per Lord *Steyn*; grundlegend zur *special relationship*: *Hedley Byrne and Co. Ltd* v. *Heller and Partners Ltd.* (1964) AC 465
335 *KA and SBM Feakins Ltd.* v. *Dover Harbour Board*, QBD, The Times, 9. September 1998
336 Vgl. *Fairgrieve*, State Liability, S. 94 und 195
337 Ähnlich *Zenner*, Haftung, S. 69
338 *R.* v. *Secretary of State for Transport*, ex parte *Factortame (No. 5)* (2000) 1 AC 524, 548 per Lord *Hoffmann*: "Justice requires that the wrong should be made good"; *R.* v. *Secretary of State for Transport*, ex parte *Factortame (No. 7)* (2001) 1 WLR 942, 972

c)   Zuerkennung von exemplary damages

Im englischen Recht werden dem Kläger in einigen Fällen *exemplary damages* zugesprochen. Deren Zweck liegt nicht in der Kompensation des Geschädigten, sondern in der Abschreckung und der Bestrafung des Schädigers.[339] Ursprünglich machte die englische Rechtsprechung die Zuerkennung von *exemplary damages* davon abhängig, dass der Kläger seinen Anspruch auf ein *tort* stützte, für das schon vor der Entscheidung in *Rookes* v. *Barnard* ein Strafschadensersatz zugesprochen wurde. Da ein solcher Schadensersatz bei *breach of statutory duty* ursprünglich nicht gewährt wurde,[340] entschied der *High Court* in dem *Factortame (No. 5)*-Verfahren, dass englische Gerichte aufgrund des Gleichwertigkeitsgebotes nicht verpflichtet seien, bei Verstößen gegen das Gemeinschaftsrecht einen Strafschadensersatz zu gewähren.[341] Inzwischen nimmt das *House of Lord* an, dass eine derart restriktive Regel der Entwicklung des Rechts hinderlich sei und dass beispielsweise auch im Rahmen des *tort of misfeasance in public office* ein Strafschadensersatz zugesprochen werden könne.[342] Im Lichte dieser Entscheidung bejaht der *High Court* nun die Zuerkennung von *exemplary damages* wegen eines *breach of statutory duty*.[343] Der EuGH leitet aus dem Gleichwertigkeitsgebot ab, dass soweit das nationale Recht derartige besondere Schadensersatzformen vorsieht, deren Gewährung bei einer auf einen Gemeinschaftsrechtsverstoß gestützten Klage nicht ausgeschlossen werden kann;[344] das Gemeinschaftsrecht selbst verlangt lediglich die Kompensation des Geschädigten und nicht die Verhängung eines Strafschadensersatzes.[345]

Einige Stimmen im Schrifttum erblicken in der Zuerkennung von *exemplary damages* bei Gemeinschaftsrechtsverstößen eine Überdehnung des Gedankens der Nichtdiskriminierung. Zum einen habe der EuGH durch das Er-

---

339   Vgl. zu den drei Fallgruppen, in denen *exemplary damages* zugesprochen werden *Rookes* v. *Barnard* (1964) AC 1129, 1226 per Lord *Devlin*: a) es existiert eine ausdrückliche gesetzliche Grundlage, b) es liegt ein „unterdrückendes, willkürliches oder verfassungswidriges Verhalten („oppressive, arbitrary or unconstitutional behaviour by the servants of the government") der Angestellten der Regierung/Krone" vor oder c) der Beklagte hat ausgerechnet, dass sein Gewinn den zu zahlenden kompensatorischen Schadensersatz überschreitet.

340   *AB* v. *South West Water Services Ltd.* (1993) QB 507

341   *R.* v. *Secretary of State for Transport*, ex parte *Factortame (No. 5)* (1997) ELRev 475, 123 (Der *High Court* ging von der Anwendbarkeit des *tort of breach of statutory duty* aus.)

342   *Kuddus* v. *Chief Constable of Leicestershire Constabulary* (2001) UKHL 29, Rn. 21-22 per Lord *Slynn of Hadley*

343   *Design Progression Ltd.* v. *Thurloe Properties Ltd.* (2004) EWHC 324 Rn. 140

344   EuGH verb. Rs. C-46/93 und 48/93 (*Brasserie du Pêcheur* und *Factortame*), Slg. 1996, I-1029, Rn. 89; zustimmend *Berg* in: Schwarze, EU-Kommentar, Art. 288 EGV Rn. 99; *Ruffert* in: Calliess/Ruffert, EUV/AEUV, Art. 340 AEUV Rn. 72; *Zenner*, Haftung, S. 69

345   EuGH verb. Rs. C-46/93 und 48/93 (*Brasserie du Pêcheur* und *Factortame*), Slg. 1996, I-1029, Rn. 82

fordernis eines „angemessenen Schadens" die für die Verwirklichung eines effektiven Rechtsschutzes gebotene Schadenshöhe festgelegt. Zum anderen stehe die ausschließliche Anwendung dieser Schadensersatzform in England und Irland einer Entwicklung einheitlicher Haftungsgrundsätze entgegen.[346] Diese Auffassung verkennt, dass ein höheres Rechtsschutzniveau in einzelnen Mitgliedstaaten dem Gemeinschaftsrecht keineswegs widerspricht. Es ist eine Folge der mitgliedstaatlichen Autonomie bei der Bestimmung des Haftungsumfangs und wird von dem EuGH in dem Bereich der Haftungsbegründung ausdrücklich akzeptiert.[347] Weder der *EC Act 1972* noch das Gemeinschaftsrecht stehen der Leistung von *exemplary damages* entgegen.

Umgekehrt wird erwogen, sämtliche Mitgliedstaaten ungeachtet ihres nationalen Schadensrechts in bestimmten Konstellationen zur Leistung eines Strafschadensersatzes zu verpflichten. Das Ziel einer effektiven Durchsetzung des Gemeinschaftsrechts könne unter anderem dadurch verwirklicht werden, dass die Mitgliedstaaten durch die Aussicht auf eine zusätzliche Sanktionierung ihres Fehlverhaltens von Verstößen gegen das Gemeinschaftsrecht abgehalten würden.[348] Dem ist entgegenzuhalten, dass sich eine derartige Abschreckungswirkung bereits durch eine Herabsetzung der Haftungsvoraussetzungen realisieren ließe. Der EuGH strebt aber gerade eine Beschränkung der Ersatzpflicht an, indem er sie von besonderen qualifizierenden Umständen abhängig macht.

d) Vorrang des Primärrechtsschutzes

Gemäß § 839 Abs. 3 BGB tritt die Ersatzpflicht nicht ein, wenn der Verletzte es vorsätzlich oder fahrlässig unterlassen hat, durch Gebrauch eines Rechtsmittels den Schaden abzuwenden. In dieser Vorschrift kommt der Vorrang des Primärrechtsschutzes vor dem Schadensausgleich zum Ausdruck.[349] Gegen die Anwendung dieses Haftungsausschlusses bei der gemeinschaftsrechtlichen Haftung wird angeführt, dass Art. 340 Abs. 2 AEUV keine Subsidiaritätsklausel enthält und dass dies einen Ausstrahlungseffekt auf den gegen einen Mitgliedstaat gerichteten Ersatzanspruch haben müsse.[350] Ein Vergleich mit der Gemeinschafts-

---

346   *Brocke*, Europäisierung, S. 147; *Herdegen/Rensmann*, ZHR 161 (1997) 522, 549f.
347   Vgl. EuGH verb. Rs. C-46/93 und 48/93 (*Brasserie du Pêcheur* und *Factortame*), Slg. 1996, I-1029, Rn. 66
348   *Steiner*, Enforcing EC Law, S. 114f.
349   Vgl. zur Entstehung von § 839 Abs. 3 BGB *Wurm* in: Staudinger, BGB, § 839 BGB Rn. 344; die überwiegende Auffassung in der Literatur sowie die Rechtsprechung gehen davon aus, dass der Begriff des Rechtsmittels für alle formlosen und förmlichen Rechtsbehelfe, die sich gegen die schädigende Amtshandlung richten und ihre Beseitigung bezwecken, gilt (vgl. *Wurm* in: Staudinger, BGB, § 839 BGB Rn. 337; BGHZ 123, 1, 7). Für eine Begrenzung auf die formalen Rechtsbehelfe der Prozessordnungen *Papier* in: MünchKommBGB § 839 Rn. 331
350   *Triantafyllou* DÖV 1992, 564, 570

haftung ist jedoch insoweit nicht überzeugend, da das System des Primärrecht-schutzes auf Gemeinschaftsebene Lücken aufweist und damit nur die sofortige Erhebung einer Schadensersatzklage als Rechtsschutzform verbleibt. Inzwischen anerkennt der EuGH eine Obliegenheit zur Erschöpfung des Primärrechtsweges. Das nationale Gericht könne prüfen, ob der Geschädigte von allen ihm zur Ver-fügung stehenden Rechtsschutzmöglichkeiten Gebrauch gemacht haben. Es bestehe nämlich in den Rechtsordnungen der Mitgliedstaaten ein allgemeiner Grundsatz, dass der Geschädigte sich in angemessener Form um eine Begren-zung des Schadensumfangs bemühen müsse, wenn er nicht Gefahr laufen wolle, den Schaden selber zu tragen müssen.[351] Gegen die Anwendung des § 839 Abs. 3 BGB in dem Bereich der gemeinschaftsrechtlichen Staatshaftung bestehen damit keine Bedenken.[352] Da der EuGH Bemühungen des Einzelnen in „angemessener Form" um die Begrenzung des Schadensumfanges verlangt, kann diese Oblie-genheit nur in Ausnahmefällen wegen der Unzumutbarkeit der Erlangung pri-mären Rechtsschutzes entfallen.[353]

Einige Autoren lehnen einen Haftungsausschluss als zu restriktiv ab und befürworten eine Minderung des Anspruchsumfanges entsprechend § 254 Abs. 1 BGB.[354] Der EuGH geht aber offenbar von einem völligen Anspruchsverlust aus, wenn er von der Gefahr der Einzelnen spricht, „den Schaden (und nicht bloß einen Teil desselben)[355] selbst tragen zu müssen".[356] Dafür spricht, dass etwa die Grundfreiheiten primär Freiheitsverbürgungen enthalten und nicht auf die Leis-tung einer Entschädigung für den Fall ihrer Verletzung abzielen, so dass ein Wahlrecht des Bürgers von vornherein mittels eines völligen Wegfalls der Er-

---

351 EuGH verb. Rs. C-46/93 und 48/93 (*Brasserie du Pêcheur* und *Factortame*), Slg. 1996, I-1029, Rn. 84f.

352 BGHZ 156, 294, 298; so u.a. auch *Detterbeck* AöR 123 (2000) 202, 246; *Kremer*, YEL 22 (2003) 203, 240; *Müller-Graff* in: Moreira de Sousa/Heusel, Enforcing Community Law, S.153, 162; *Ossenbühl*, Staatshaftungsrecht, S. 516; *Papier* in: Rengeling, Hand-buch Umweltrecht, Band I, § 43 Rn. 44; *Pfab*, Staatshaftung, S. 147f. Allerdings setzt eine Haftungsklage nicht die vorherige Feststellung eines Verstoßes in einem Verfah-ren nach Art. 226 oder 227 EGV (jetzt Art. 258 und 259 AEUV) voraus, vgl. EuGH verb. Rs. C-178/94, C-179/94, C-188/94, C-189/94 und C-190/94 (*Dillenkofer u.a.*), Slg. 1996, I-4845, Rn. 28. Der umstrittenen Frage, ob auch gegenüber eine Handeln oder Unterlassen des Gesetzgebers zunächst primärer Rechtsschutz zu erlangen ist, ist hier nicht weiter nachzugehen, vgl. *von Bogdandy* in: Grabitz/Hilf, Recht der EU, Art. 288 EGV Rn. 162 m.w.N.

353 *Ehlers*, JZ 1996, 776, 779; *Oliver* in: Beatson/Tridimas, New Directions, S. 49, 57; so inzwischen auch der EuGH Rs. C-445/06 (*Danske Slagterier/Deutschland*), EWS 2009, 176, Rn. 64. Die Wahrscheinlichkeit, dass das nationale Gericht ein Vorabent-scheidungsersuchen stellt, oder ein bei dem EuGH anhängiges Vertragsverletzungsver-fahren lassen für sich genommen nicht den Schluss zu, dass der Gebrauch eines Rechtsmittels unzumutbar ist (EuGH Rs. C-445/06 (*Danske Slagterier/Deutschland*), EWS 2009, 176, Rn. 65-68.

354 *Beljin*, Staatshaftung, S.67; *Hatje*, EuR 1997, 297, 305; *Schoch*, FS Maurer, S. 759, 770

355 Anmerkung in Klammern stammt von dem Verf.

356 EuGH verb. Rs. C-46/93 und 48/93 (*Brasserie du Pêcheur* und *Factortame*), Slg. 1996, I-1029, Rn. 85

satzpflicht ausgeschlossen werden soll.[357] Im Übrigen ist eine Reduzierung des Anspruchsumfangs praktisch nicht handhabbar, weil keine „harten" Kriterien zur Ermittlung des Mitverschuldensgrades vorliegen.

Im englischen Recht existiert keine Regelung betreffend den Vorrang des Primärrechtsschutzes.[358] Der Bürger kann die Rechtmäßigkeit eines Aktes der öffentlichen Gewalt im Wege einer *application for judicial review* überprüfen lassen[359] oder Ersatz des ihm durch das hoheitliche Handeln entstandenen Schadens im Rahmen einer privatrechtlichen Klage verlangen. Diese beiden Rechtsbehelfe stehen im englischen Recht selbstständig nebeneinander.[360] Allerdings kann eine Klage aufgrund eines Verfahrensmissbrauches (*abuse of process*) abgewiesen werden. Ursprünglich vertrat die Rechtsprechung eine sehr restriktive Haltung. Soweit im Rahmen eines Schadensersatzanspruches gegen eine Körperschaft des öffentlichen Rechts die Frage nach der Vereinbarkeit staatlichen Handelns mit Vorschriften des öffentlichen Rechts aufgeworfen wurde, war es erforderlich, diesen Ersatzanspruch im Wege des *judicial review* geltend zu machen. Soweit der Kläger ausschließlich eine privatrechtliche Klage erhob, wurde diese Klage mit dem Einwand des *abuse of process* abgewiesen.[361] Durch diesen Grundsatz sollte zum Schutz öffentlicher Körperschaften vermieden wer-

---

357 Vgl. *Ehlers*, JZ 1996, 776, 779; *Streinz*, VVDStRL 61 (2002) 300, 351f.

358 Vgl. *Gromitsaris* in: FS Krawietz, S. 17, 20

359 In England können Verwaltungs- und Regierungsakte einer richterlichen Überprüfung (*judicial review*) in einem Verfahren nach sec. 31 *Supreme Court Act 1981* unterzogen werden. Der Antragsteller muss ein ausreichendes Interesse (*sufficient interest*) an der Sachentscheidung vortragen, eine Zulassung (*permission/leave*) des Gerichtes erhalten und das Verfahren innerhalb von drei Monaten seit Erlass der Verwaltungsmaßnahmen einleiten, vgl. sec. 31(3 und 6) *Supreme Court Act 1981*. Die Gründe, auf die ein solcher Antrag gestützt werden kann, wurden in dem bekannten *GCHQ*-Fall von Lord *Diplock* zusammengefasst: 1. ein Rechtsverstoß der handelnden Behörde (*illegality*), 2. ein außergewöhnlich unvernünftiges Verhalten der Behörde (*irrationality*) und 3. ein Verstoß gegen die Grundsätze eines fairen Verwaltungsverfahrens (*procedural impropriety*), vgl. *Council of Civil Service Unions* v. *Minister for the Civil Service* (1985) AC 374, 410. Wenn das Gericht einen Rechtsverstoß festgestellt hat, kann es entweder eine einstweilige Verfügung erlassen (*injunction*), eine Erklärung über die Rechtswidrigkeit des behördlichen Handelns abgeben (*declaration*) oder eine der drei folgenden Maßnahmen gegenüber der Behörde (*prerogative orders*) treffen: 1. eine gerichtliche Verfügung zur Vornahme/Unterlassung einer Handlung (*mandamus*), 2. eine Aufhebung des rechtswidrigen Aktes (*certiorari*) oder ein Verbot der Ausführung einer behördlichen Maßnahme (*prohibition*), vgl. sec. 31 (1 und 2) *Supreme Court Act 1981*. Im Rahmen einer *application for judicial review* kann der Antragsteller Schadensersatz (*damages*) nur erlangen, wenn auch die Voraussetzungen einer privatrechtlichen Schadensersatzklage vorliegen, vgl. sec. 54.3(2) *Civil Procedure Rules*; zum Ganzen vgl. *Bradley/Ewing*, Constitutional and Administrative Law S. 725-753; *Craig*, Administrative Law, S. 700f.

360 *Bradley/Ewing*, Constitutional and Administrative Law, S. 644f.; in diesem Zusammenhang weist *Zenner* (Haftung, S. 166 m.w.N.) weist zu Recht darauf hin, dass ein Vorrang des Primärrechtsschutzes auch sinnwidrig gewesen wäre, da lange Zeit kein primärer Rechtschutz gegen Akte der öffentlichen Gewalt zur Verfügung stand.

361 Dieser Grundsatz wurde in der Entscheidung *O'Reilly* v. *Mackmann* (1983) 2 AC 237, 285 per Lord *Diplock* entwickelt.

den, dass die kurze dreimonatige Verjährungsfrist für einen Antrag auf *judicial review* durch die Erhebung einer privatrechtlichen Schadensersatzklage, die einer Verjährungsfrist von sechs Jahren unterliegt, umgangen wird.[362]

In einer Entscheidung des *Court of Appeal* hat die Rechtsprechung inzwischen ihre strenge Haltung aufgrund einiger Änderungen in den *Civil Procedure Rules 1998* aufgegeben. Danach hat ein Gericht bei der Erhebung einer privatrechtlichen Klage nach Ablauf der dreimonatigen Verjährungsfrist für eine *action of judicial review* zu prüfen, ob insbesondere aufgrund des verzögerten Verfahrensbeginns ein Verfahrensmissbrauch vorliegt. Die Erhebung einer solchen Klage innerhalb dieser Verjährungsfrist stellt für sich genommen noch keinen Verfahrensmissbrauch dar.[363] Angesichts dieses Urteils wird in der englischen Literatur zu Recht angenommen, dass der Einwand des *abuse of process* nur noch in einigen Ausnahmefällen Bedeutung erlangen wird.[364]

Dennoch ist mit Blick auf die Ausnahmefälle zu klären, ob es gemeinschaftsrechtlich zulässig ist, eine *private law action* wegen eines mitgliedstaatlichen Verstoßes gegen Gemeinschaftsrecht aufgrund eines *abuse of process* abzuweisen, wenn der Bürger nach Ablauf von drei Monaten eine privatrechtliche Schadensersatzklage erhebt.[365] Hiergegen bestehen mit Blick auf das gemeinschaftsrechtliche Effektivitätsgebot Bedenken, da dem Einzelnen die Erlangung von effektivem Rechtsschutz praktisch unmöglich wird, wenn er seine Klage bereits drei Monate nach Eintritt des schadensbegründenden Ereignisses erheben muss.[366] Freilich ist es eine Frage des Einzelfalls, ob der Kläger seine Rechte innerhalb dieses kurzen Zeitraumes wirksam geltend machen kann. Bedenkt man jedoch, dass das Gemeinschaftsrecht bei Klagen nach Art. 340 Abs. 2 AEUV eine fünfjährige Verjährungsfrist vorsieht[367] und dass das englische Recht bei einer Klage im *tort law* eine Verjährungsfrist von sechs Jahren ab Entstehung des Klagegrundes festlegt,[368] muss man annehmen, dass das Gemeinschaftsrecht und das nationale Recht von einer deutlich längeren Frist zur Gewährleistung effektiven Rechtsschutzes ausgehen und dass zumindest eine dreimonatige Frist unzureichend ist. Folglich kann eine Klage gegen den Mitgliedstaat wegen Verstoßes gegen Gemeinschaftsrechts nicht aufgrund eines *abuse of process* abgewiesen werden.

---

362   Vgl. *Markesinis/Deakin*, Tort Law, S. 400f.

363   *Clark* v. *University of Lincolnshire and Humberside* (2000) All ER 752, Rn. 35 per Lord *Woolf* M.R.

364   *Craig*, Administrative Law, S. 803f.; *Markesinis/Deakin*, Tort Law, S. 403;

365   In dem Bereich der gemeinschaftsrechtlichen Staatshaftung kann der Kläger seinen Ersatzanspruch im Wege einer *private law action* oder einer *application for judicial review* geltend zu machen. In den Fällen *Factortame*, *Hedley Lomas* und *British Telecom* gingen die Kläger im Wege einer *application for judicial review* vor.

366   *Brealey/Hoskins*, Remedies in EC Law, S.143; *Brocke*, Europäisierung, S. 152; im Ergebnis auch *Steiner*, Enforcing EC Law, S. 67f.

367   Vgl. Art. 43 EuGH-Satzung

368   Vgl. sec. 2 *Limitation Act 1980*

e) Verweisungsprivileg des § 839 Abs. 1 S. 2 BGB

Aufgrund des Verweisungsprivileges in § 839 Abs. 1 S. 2 BGB haftet der Beamte bei fahrlässigem Verhalten nur, wenn der Geschädigte nicht auf andere Weise Ersatz zu erlangen vermag. Das Verweisungsprivileg ist nur anwendbar, wenn der Ersatzanspruch nicht nur besteht, sondern auch tatsächlich und in zumutbarer Weise durchgesetzt werden kann.[369] Seit der Haftungsübernahme durch den Staat gemäß Art. 34 S. 1 GG ist der eigentliche Zweck der Norm, der in der Privilegierung des persönlich haftenden Beamten lag, entfallen.[370] Daher ist die Rechtsprechung dazu übergegangen, den Anwendungsbereich des § 839 Abs. 1 S. 2 BGB erheblich zu begrenzen.[371] In den verbleibenden Fällen stellt sich jedoch die Frage nach der Anwendbarkeit der Vorschrift bei der gemeinschaftsrechtlichen Haftung. Insbesondere die Vertreter der dualistischen Konzeption nehmen an, dass der (ursprüngliche) Normzweck bei einem selbstständigen und unmittelbar gegen den Mitgliedstaat gerichteten Anspruch nicht eingreift; sie lehnen folglich die Anwendbarkeit ab.[372] Sie lassen dabei allerdings unberücksichtigt, dass auch nach der dualistischen Konzeption die Behebung der Haftungsfolgen auf der Grundlage des nationalen Rechts erfolgt.[373] Gegen die Anwendbarkeit des § 839 Abs. 1 S. 2 BGB bestehen unter dem Blickwinkel des Effektivitätsgebotes keine Bedenken, wenn die Subsidiarität der staatlichen Ersatzpflicht unter den Vorbehalt des Bestehens und der zumutbaren Durchsetzbarkeit des anderweitigen Ersatzanspruches gestellt wird.[374] Ungeachtet dessen ist zweifelhaft, ob der Fortbestand des § 839 Abs. 1 S. 2 BGB und die damit einhergehende Privilegierung des Staates auf Kosten des Mitschädigers rechtspolitisch sinnvoll ist.[375] Angesichts des Untersuchungsgegenstandes kann dieses Problem dahinstehen. Erleidet der Einzelne einen Schaden infolge einer gemeinschaftsrechtswidrigen Gerichtsentscheidung, ist praktisch kein Fall denkbar, in dem dem Geschädigten eine anderweitige Ersatzmöglichkeit zur Verfügung steht.

---

369 BGHZ 120, 124, 126

370 *Maurer*, Verwaltungsrecht, § 26 Rn. 30

371 Vgl. *Papier* in: MünchKomm BGB § 839 Rn. 301-303 m.w.N. zur Rechtsprechung. Das Verweisungsprivileg gilt insbesondere nicht für Ansprüche gegen andere Hoheitsträger (BGHZ 13, 88, 104f.).

372 *Cornils*, Staatshaftungsanspruch, S. 129; *Detterbeck*, VerwArch 85 (1994) 159, 189f.; *Ossenbühl*, Staatshaftungsrecht, S. 518

373 Darauf weist *Pfab* (Staatshaftung, S. 148) zu Recht hin

374 So auch *Herdegen/Rensmann*, ZHR 161 (1997) 522, 553; *Maurer* in: FS Boujong, S. 591, 605f.; *Müller-Graff* in: Moreira de Sousa/Heusel, Enforcing Community Law, S.153, 163; *Pfab*, Staatshaftung, S. 148

375 Kritisch *C. Dörr*, DVBl. 2006, 598, 603

2. Verfahrensfragen

Entscheidend für die tatsächliche Durchsetzung eines Staatshaftungsanspruches ist die Klärung der Verfahrensfragen.

a) Zuständiges Gericht

Die Zuständigkeit für die Entscheidung über den Ersatzanspruch liegt bei den nationalen Gerichten.[376] Diese Zuständigkeit ist auch zwingend, da die Art. 258-281 AEUV kein entsprechendes Verfahren vor dem EuGH vorsehen und da im Rahmen eines Vorabentscheidungsverfahrens nur über abstrakte Vorlagefragen entschieden wird.[377] In Deutschland ist gemäß Art. 34 S. 3 GG der Rechtsweg zu den Zivilgerichten gegeben, so dass nach § 71 Abs. 2 Nr. 2 GVG in erster Instanz das Landgericht entscheidet. Soweit der Geschädigte in England seinen Anspruch in einem privatrechtlichen Verfahren geltend macht, sind erstinstanzlich ebenfalls die Zivilgerichte, also je nach Höhe des Streitwertes die *County Courts* oder der *High Court*, zuständig.[378]

b) Anwendung der Verordnung (EG) Nr. 44/2001 (EuGVVO)

Die EuGVVO dient der Bestimmung der gerichtlichen Zuständigkeit, wenn der Sachverhalt einen Auslandsbezug aufweist.[379] Die Anwendbarkeit der EuGVVO setzt voraus, dass die Rechtsstreitigkeit als Zivil- oder Handelssache qualifiziert werden kann (Art. 1 Abs. 1 S. 1 EuGVVO). Um eine einheitliche Anwendung der EuGVVO zu erreichen, bedarf es einer autonomen Auslegung ihrer Bestimmungen.[380] Daher ist es irrelevant, ob Staatshaftungsverfahren nach nationalem

---

376   Vgl. EuGH verb. Rs. C-46/93 und 48/93 (*Brasserie du Pêcheur* und *Factortame*), Slg. 1996, I-1029, Rn. 58

377   Vgl. *Beljin*, Staatshaftung, S. 76f.

378   Bei einem Streitwert von bis zu 15,000 Pfund ist ein County Court zuständig, vgl. Sec. 4a) *High Court and County Court Jurisdiction Order 1991*; ein *judicial review*-Verfahren erfolgt vor dem *High Court*, der dann als *Administrative Court* bezeichnet wird.

379   Vgl. *Tsikrikas*, ZZPInt 9 (2004) 123, 137: Denkbar ist beispielsweise, dass der durch eine Maßnahme der deutschen öffentlichen Gewalt geschädigte Bürger seinen Wohnsitz in den Niederlanden hat.

380   Vgl. EuGH Rs. C-266/01 (*Préservatrice foncière/Niedelande*), Slg. 2003, I-4867, Rn. 20 m.w.N.; *Heß*. IPRax 1994, 10, 11; *Schack*, Internationales Zivilverfahrensrecht, § 3 Rn. 93

Recht den Zivil- oder den Verwaltungsgerichten zugewiesen werden. Nach Ansicht des EuGH ist eine Schadensersatzklage von dem Anwendungsbereich der VO ausgeschlossen, wenn sie sich gegen das hoheitliche Handeln eines staatlichen Organs richtet.[381] Da Auslöser eines gemeinschaftsrechtlichen Staatshaftungsanspruchs stets ein Tun oder Unterlassen eines Trägers öffentlicher Gewalt ist, greift die EuGVVO nicht ein.[382]

c) Passivlegitimation

Lange Zeit herrschte Uneinigkeit bei der Frage, gegen welche Körperschaft die Klage zu richten ist.

(1) Meinungsstand vor der Konle-Entscheidung

Der Rechtsprechung des Gerichtshofes waren keine eindeutigen Vorgaben zu entnehmen. Der EuGH sprach einerseits von der Ersatzpflicht der Mitgliedstaaten[383] und darauf, dass die Behebung der Haftungsfolgen im Rahmen des nationalen Rechts erfolgt.[384] Im deutschen Schrifttum ging eine verbreitete Ansicht davon aus, dass aus Sicht des Gemeinschaftsrechts allein der Mitgliedstaat, also der Bund, tauglicher Anspruchsgegner ist; dabei sollte nicht berücksichtigt werden, welcher Körperschaft der Gemeinschaftsrechtsverstoß aufgrund der innerstaatlichen Kompetenzverteilung zuzurechnen sei.[385] Die entgegengesetzte Auffassung überließ die Bestimmung des Anspruchsgegners dem nationalen Recht.[386] Aufgrund des gemeinschaftsrechtlichen Effektivitätsgebotes sollte dabei stets eine subsidiäre Haftung des Bundes bestehen.[387] Vereinzelt wurde ange-

381 EuGH Rs. C-172/91 (*Sonntag/Waidmann u.a.*), Slg. 1993, I-1963, Rn. 19f.; ebenso BGHZ 155, 279, 281; *Geimer* in: Geimer/Schütze, Europäisches Zivilverfahrensrecht, Art. 1 EuGVVO Rn. 15; *Mankowski* in: Rauscher, Europäisches Zivilprozessrecht, Art. 1 Brüssel I-VO Rn. 4a; *Schack*, Internationales Zivilverfahrensrecht, § 3 Rn. 97

382 So im Ergebnis auch *Tsikrikas*, ZZPInt 9 (2004) 123, 138

383 EuGH verb. Rs. C-46/93 und 48/93 (*Brasserie du Pêcheur* und *Factortame*), Slg. 1996, I-1029, Rn. 16

384 EuGH verb. Rs. C-46/93 und 48/93 (*Brasserie du Pêcheur* und *Factortame*), Slg. 1996, I-1029, Rn. 67

385 *Berg* in: Schwarze, EU-Kommentar, Art. 288 EGV Rn. 99; *Hidien*, Staatshaftung, S. 73; *Nettesheim*, DÖV 1992, 999, 1001; *Ossenbühl*, Staatshaftungsrecht, S. 520f.

386 *Detterbeck*, AöR 125 (2000) 202, 247f.; *Herdegen/Rensmann*, ZHR 161 (1997) 522, 553; *Pfab*, Staatshaftung, S. 149f.; *Zenner,* Haftung, S. 74

387 *Herdegen/Rensmann* ZHR 161 (1997) 522, 553; ablehnend *Detterbeck*, AöR 125 (2000) 202, 248

nommen, dass das Gemeinschaftsrecht eine primäre Haftungsverantwortlichkeit der Behörde oder Körperschaft verlangt, der die Vertragsverletzung zuzurechnen ist.[388]

(2)   Die Konle-Entscheidung

In der *Konle*-Entscheidung hat der EuGH einen vermittelnden Weg eingeschlagen. Er hat klargestellt, dass ein Mitgliedstaat seine gemeinschaftsrechtlichen Verpflichtung zur Leistung von Schadensersatz auch erfüllen kann, wenn nicht der Gesamtstaat, sondern eine seiner Untergliederungen - in dem konkreten Fall das Bundesland Tirol - haftet.[389] Die Regelung der Passivlegitimation erfolgt daher auf der Grundlage der nationalen Rechtsordnung unter dem Vorbehalt des Effektivitäts- und Gleichwertigkeitsgebotes.[390] Der EuGH betont, dass ein Mitgliedstaat sich nicht unter Verweis auf seine innerstaatliche Zuständigkeitsverteilung einer Haftung entziehen kann.[391] Folglich greift subsidiär eine Haftung des Mitgliedstaates ein, wenn dem Kläger kein anderer Anspruchsgegner zur Verfügung steht.[392]

(3)   Konsequenzen für die gemeinschaftsrechtliche Staatshaftung in Deutschland

Der BGH bestimmt das Haftungssubjekt nach den Grundsätzen, die für die Übernahme der Haftung nach Art. 34 GG gelten.[393] Danach haftet die Körperschaft, die „dem Amtsträger das Amt, bei dessen Ausübung er fehlerhaft gehandelt hat, anvertraut hat."[394] Dies ist in der Regel die Anstellungskörperschaft.[395] Es ist nicht erkennbar, dass dem Bürger die Erlangung einer Entschädigung übermäßig erschwert wird, wenn er vor Erhebung einer Klage prüfen muss, welche Körperschaft als tauglicher Klagegegner in Frage kommt. Folglich stehen der Anwendung nationaler Verfahrensregeln mit Blick auf das Effektivitätsgebot keine Bedenken entgegen. Gegen eine ausschließliche Haftung des Bundes an-

---

388   *Schockweiler*, EuR 1993, 107, 117
389   EuGH Rs. C-302/97 (*Konle*), Slg. 1999, I-3099, Rn. 64; dies gilt auch für Schäden, die durch Maßnahmen der Organe anderer öffentlich-rechtlicher Körperschaften entstanden sind: EuGH Rs. C-424/97 (*Haim II*), Slg. 2000, I-5123, Rn. 31
390   EuGH Rs. C-302/97 (*Konle*), Slg. 1999, I-3099, Rn. 63; EuGH Rs. C-424/97 (*Haim II*), Slg. 2000, I-5123, Rn. 30
391   EuGH Rs. C-302/97 (*Konle*), Slg. 1999, I-3099, Rn. 62
392   *Anagnostaras,* ELRev 26 (2001) 139, 157; *Gundel*, DVBl. 2001, 95, 99
393   BGHZ 161, 224, 236
394   BGHZ 53, 217, 218f.
395   *Maurer*, Verwaltungsrecht, § 26 Rn. 42

nehmen, spricht schon der allgemeine Rechtsgrundsatz des „ultra posse nemo obligatur". Ist der Bund aufgrund der Kompetenzverteilung nach Art. 30, 70-74, 83-91 GG gar nicht in der Lage, eine bestimmte gesetzgeberische Maßnahme oder Verwaltungsentscheidung zu treffen, liefe die Auferlegung einer Haftungsverantwortlichkeit mittelbar auf die Verpflichtung zur Vornahme einer unmöglichen Handlung hinaus.[396] Soweit also beispielsweise ein Bundesland als leistungsfähiger Schuldner in Anspruch genommen werden kann, bedarf es unter Effektivitätsgesichtspunkten nicht einer subsidiären Haftung des Bundes.[397]

(4)   Konsequenzen für die gemeinschaftsrechtliche Staatshaftung in England

In England regelt sec. 17 *CPA 1947* die Passivlegitimation bei privatrechtlichen Verfahren gegen die Krone.[398] Primär ist die Klage danach gegen die zuständige Regierungsstelle zu richten. Soweit diese sich nicht ermitteln lässt oder Zweifel an deren Zuständigkeit bestehen, ist der Justizminister (*Attorney General*) zu verklagen.[399] Da das nationale Recht keine Schadensersatzansprüche wegen legislativen oder judikativen Unrechts gegen den Staat vorsieht, ist bei der gemeinschaftsrechtlichen Staatshaftung der *Attorney General* der richtige Klagegegner.[400]

d)   Verjährung des Ersatzanspruchs

Einige Autoren sprechen sich für einen Rückgriff auf die fünfjährige Verjährungsfrist nach Art. 43 EuGH-Satzung aus, die für die Eigenhaftung der Gemeinschaft gilt. Sie verweisen auf das Bedürfnis nach einer gemeinschaftsweit einheitlichen Regelung und auf die Ableitung der mitgliedstaatlichen Haftung aus Art. 288 Abs. 2 EGV (jetzt Art. 340 Abs. 2 AEUV).[401] Die Verjährungsdauer

---

396   Vgl. *Detterbeck* AöR 123 (2000) 202, 248; dann ist eine Haftung des Bundes in dem Fall einer Länderkompetenz nur in der (wohl eher theoretischen) Konstellation denkbar, dass der Bund es trotz eines Verstoßes des Landes gegen das Prinzip der Bundestreue unterlassen hat, einen Bund-Länder-Streit nach Art. 93 Abs. 1 Nr. 3 GG einzuleiten oder von dem Mittel des Bundeszwangs nach Art. 37 GG Gebrauch zu machen, vgl. zum Ganzen *Pfab*, Staatshaftung, S. 149f.
397   *Gundel*, DVBl. 2001, 95, 99
398   Der Begriff „Krone" bezeichnet die Königin in ihrer Eigenschaft als Staatsoberhaupt und wird darüber hinaus weitgehend mit dem in anderen Ländern verwandten Begriff des „Staates" gleichgesetzt, vgl. *Walker*, The Oxford Companion to Law, S. 320
399   Sec. 17(3) *CPA 1947*
400   *Brealey/Hoskins*, Remedies in EC Law, S.143; *Brocke*, Europäisierung, S. 167f.
401   *Detterbeck*, AöR 123 (2000) 202, 249; *Prieß*, NVwZ 93, 118, 124; in diese Richtung *Ossenbühl*, Staatshaftungsrecht, S. 520; offen *Müller-Graff* in: Moreira de

zählt jedoch zu den Verfahrensfragen, deren Regelung der EuGH dem nationalen Recht überlassen hat.[402] Eine einheitliche Regelung der Verjährungsdauer könnte nur der Gemeinschaftsgesetzgeber vornehmen.

Nach deutschem Recht verjährt der Ersatzanspruch in der Dreijahresfrist des § 195 BGB. Hinsichtlich des Fristbeginns ist gemäß § 199 Abs. 1 BGB der Zeitpunkt maßgeblich ist, in dem der Anspruch entsteht und der Gläubiger von den anspruchsbegründenden Umständen und der Person des Schuldners Kenntnis erlangt.[403] Diese Frist wird auch den Anforderungen des Effektivitätsgebotes gerecht, wenn man bedenkt, dass EuGH bereits eine einjährige Ausschlussfrist als ausreichend angesehen hat.[404] In seiner neuesten Rechtsprechung weist der EuGH darauf hin, dass unter Berücksichtigung aller Gesichtspunkte der Sach- und Rechtslage im Zeitpunkt des Ereignisses des Ausgangsverfahrens im Hinblick auf den Grundsatz der Effektivität von dem nationalen Gericht zu prüfen sei, ob die Anwendung einer Norm wie § 852 Abs. 1 BGB a.F. für den Einzelnen hinreichend vorhersehbar war.[405] Im englischen Recht muss ein Ersatzanspruch gemäß sec. 2 *Limitation Act 1980*, der auf einen *tort* gestützt wird, innerhalb von sechs Jahren seit Entstehung des Klagegrundes (*cause of action*) geltend gemacht werden. Der Lauf der Verjährungsfrist beginnt regelmäßig kenntnisunabhängig mit dem Eintritt des Schadens.[406] Diese Verjährungsregelung gilt auch für das gemeinschaftsrechtliche Haftungsinstitut. Angesichts der vergleichsweise langen Verjährungsfrist[407] ist es unter dem Gesichtspunkt des Effektivitätsgebotes unschädlich, dass der Fristbeginn nicht die Kenntnis des Geschädigten voraussetzt. Es sind praktisch kaum Fälle denkbar, in denen der Geschädigte erst nach Ablauf von sechs Jahren Kenntnis von den anspruchsbegründenden Tatsachen erlangt.

Sousa/Heusel, Enforcing Community Law, S.153, 163

402 Vgl. EuGH Rs. 95/261 (*Palmisani*), Slg. 1997, I-4025, Rn. 27f.; es ist im Einzelnen umstritten, ob die Verjährung dem materiellen Recht oder dem Prozessrecht zuzurechnen ist, vgl. *Beljin*, Staatshaftung, S. 75; *Hidien*, Staatshaftung, S. 71

403 *Beljin*, Staatshaftung, S. 73; *von Bogdandy* in: Grabitz/Hilf, Recht der EU, Art. 288 EGV Rn. 164; *Gellermann* in: Streinz EUV/EGV, Art. 288 EGV Rn. 56; *Herdegen/Rensmann* ZHR 161 (1997) 522, 554; *Ruffert* in: Calliess/Ruffert, EUV/EGV, Art. 288 EGV Rn. 71; *Zenner*, Haftung, S. 66

404 EuGH Rs. 95/261 (*Palmisani*), Slg. 1997, I-4025, Rn. 28 (Staatshaftung wegen der verspäteten Umsetzung der Richtlinie 80/987/EWG zum Schutz der Arbeitnehmer bei Zahlungsunfähigkeit des Arbeitgebers); vgl. *Brealey/Hoskins*, Remedies in EC Law, S.115 m.w.N. zur Rechtsprechung

405 EuGH Rs. C-445/06 (*Danske Slagterier/Deutschland*), EWS 2009, 176, Rn. 34; die Verjährungsvorschriften in §§ 195, 199 Abs. 1 BGB orientieren sich an der Regelung in § 852 Abs. 1 BGB a.F., vgl. BGH NVwZ 2007, 362, 364f.

406 *Winfield/Jolowicz*, Tort, S. 883 m.w.N. zur Rechtsprechung

407 Vgl. zu den Verjährungsfristen in anderen Mitgliedstaaten *Zenner*, Haftung, S. 65, Fn. 264

Zu untersuchen ist, ob der Geschädigte wegen des Eingreifens kollisionsrechtlicher Bestimmungen seinen Ersatzanspruch gegen einen Mitgliedstaat auf das (möglicherweise klägerfreundlichere) Staatshaftungsrecht eines anderen Staates stützen kann. In Deutschland unterliegen Ansprüche aus unerlaubter Handlung dem Recht des Staates, in dem die Handlung vorgenommen wurde (Handlungsort), oder dem Recht des Staates, in dem der Erfolg eingetreten ist (Erfolgsort).[408] Der Handlungsort liegt bei Tätigwerden einer der drei Staatsgewalten in Deutschland. Somit bleibt nur die Möglichkeit, dass der Erfolgsort in einem anderen Staat liegt, so dass dem Einzelnen ein Bestimmungsrecht gemäß Art. 40 Abs. 1 S. 2 EGBGB zustehen könnte.[409] In England ist das Recht des Tatortes anzuwenden.[410] Die am 11. Januar 2009 in Kraft getretene Verordnung EG Nr. 864/2007 über das auf außervertragliche Schuldverhältnisse anzuwendende Recht (Rom II) ist nicht anwendbar. Gemäß Art. 1 Abs. 1 S. 2 der Verordnung gilt sie nicht für die Haftung des Staates für Handlungen oder Unterlassungen im Rahmen der Ausübung hoheitlicher Rechte. Damit wird ein Gleichlauf zur Rechtslage unter Art. 1 Abs. 1 S. 1 EuGVVO hergestellt.[411]

Es herrscht Einigkeit darüber, dass die Haftung des Staates für hoheitliches Handeln seiner Amtsträger ausschließlich seinem eigenen Recht untersteht.[412] Diese kollisionsrechtliche Sonderbehandlung folgt aus dem völkergewohnheitsrechtlichen Grundsatz der Staatensouveränität, wonach kein Staat das hoheitliche Handeln eines anderen Staates seiner Gesetzgebung, Gerichtsbarkeit oder Vollstreckung unterwerfen darf.[413] Hinsichtlich der gemeinschaftsrechtlichen Staatshaftung könnte dem Mitgliedstaat die Berufung auf diesen Grundsatz verwehrt sein, wenn man annimmt, dass die Regeln des Gemeinschaftsrechts Vorrang gegenüber denjenigen des Völkerrechts haben.[414] Dies impliziert allerdings einen erheblichen Souveränitätsverlust der Mitgliedstaaten.[415] Aus Sicht des Effektivitätsgebotes ist eine Abweichung von der kollisionsrechtlichen Sonderregel nicht geboten. Da die Anwendung des nationalen Haftungsrechts unter

---

408   Vgl. Art. 40 Abs. 1 S. 1, 2 EGBGB

409   Vgl. *Zenner,* Haftung, S. 75; es ist umstritten, wo bei reinen Vermögensschäden der Erfolgsort liegt: vgl. nur *Hoffmann* in: Staudinger, BGB, Art 40 EGBGB Rn. 282f.; *Kropholler,* Internationales Privatrecht, S. 511

410   Sec. 11 (1) *Private International Law Act 1995*; zu den Einzelheiten vgl. *Thiede/Ludwichowska,* ZVglRWiss 106 (2007) 92, 95f. m.w.N.

411   Vgl. *Wagner,* IPRax 2008, 1, 2

412   *Hoffmann* in: Staudinger, BGB, Art 40 EGBGB Rn. 109; *Junker* in: MünchKomm BGB Art. 40 EGBGB Rn. 196; *Kegel/Schurig,* Internationales Privatrecht, S. 739f.; *Kropholler,* Internationales Privatrecht, S. 523

413   OLG Köln NJW 1999, 1555; *Hoffmann* in: Staudinger, BGB, Art 40 EGBGB Rn. 109; *Junker* in: MünchKomm BGB Art. 40 EGBGB Rn. 196; ebenso aus der Perspektive des englischen Rechts: *Morris,* The Conflict of Laws, S. 133f.

414   So wohl *Tsikrikas,* ZZPInt 9 (2004) 123, 138

415   Vgl. *Zenner,* Haftung, S. 77

Beachtung der Mindestvorgaben des EuGH erfolgen muss, ist es nicht erforderlich, auf das Haftungsrecht eines anderen Mitgliedstaates zurückzugreifen. Es ist in einer nach dem Subsidiaritätsgedanken strukturierten Rechtsordnung hinnehmbar, dass zwischen den einzelnen Mitgliedstaaten hinsichtlich des Rechtsschutzniveaus Unterschiede bestehen.

f)   § 7 Abs. 1 S. 1 RBHG

Die Bundesregierung kann Ansprüche ausländischer Staatsangehöriger gegen den Bund ausschließen, wenn deutschen Staatsangehörigen bei vergleichbaren Schädigungen nach ausländischem Recht von dem ausländischen Staat kein gleichwertiger Schadensausgleich geleistet wird (§ 7 Abs. 1 S. 1 RBHG). Nach früher geltender Rechtslage konnte dies zu einem Ausschluss der Staatshaftung gegenüber Angehörigen der EG-Mitgliedstaaten führen, der mit dem allgemeinen Diskriminierungsverbot (Art. 12 Abs. 1 EGV) unvereinbar war.[416] Inzwischen sieht § 7 Abs. 2 RBHG vor, dass Absatz 1 in den Fällen nicht für EG-Ausländer gilt, in denen kraft des EG-Rechts eine Gleichbehandlung mit den Deutschen erfolgen muss. Fraglich ist somit nur noch, ob Drittstaatsangehörige in den Anwendungsbereich des 12 Abs. 1 EGV einbezogen werden, so dass auch ihnen gegenüber § 7 Abs. 1 S. 1 RBHG unanwendbar ist. Diskriminierende Regelungen sind gegenüber den Angehörigen aus Drittstaaten verboten, wenn sie sich in einer "gemeinschaftsrechtlich geregelten Situation" befinden. Dies wird insbesondere angenommen, wenn Drittstaatsangehörige durch sekundäres Gemeinschaftsrecht begünstigt werden[417] oder wenn sie eine sachbezogenen Bestimmung wie die Waren- oder Kapitalverkehrsfreiheit wahrnehmen, die nicht an die Staatsangehörigkeit anknüpft.[418] Dann müssen die Drittstaatsangehörigen wie die EG-Ausländer für die Zwecke der Staatshaftung den Deutschen gleichgestellt werden.[419]

---

416   Kritisch *Hauschka*, NVwZ 1990, 1155, 1156; *Prieß*, NVwZ 1993, 118, 124f.; *Kaiser*, NVwZ 1997, 667, 668f.

417   Dazu zählt beispielsweise Art. 24 Abs. 1 S. 2 RL 2004/38/EG, der Familienangehörigen von Unionsbürgern, die ein Aufenthaltsrecht genießen, ein Recht auf Gleichbehandlung einräumt (vgl. *von Bogdandy* in: Grabitz/Hilf/Nettesheim, Recht der EU, Art. 18 AEUV Rn. 32)

418   Vgl. *von Bogdandy* in: Grabitz/Hilf/Nettesheim, Recht der EU, Art. 18 AEUV Rn. 32f. m.w.N.

419   *Kaiser*, NVwZ 1997, 667, 669

Zweiter Teil: Konsequenzen eines Verstoßes nationaler Gerichte gegen das Gemeinschaftsrecht auf der Ebene des nationalen Verfassungsrechts, des Gemeinschaftsrechts und der EMRK

Im Folgenden wird untersucht, welche Rechtsschutzmöglichkeiten gegen eine gemeinschaftsrechtswidrige Gerichtsentscheidung nach Erschöpfung des Primärrechtsweges im nationalen Recht, im Gemeinschaftsrecht und aufgrund der EMRK abgesehen von einer Staatshaftungsklage existieren. Damit verbunden ist die Frage, ob überhaupt noch die Notwendigkeit besteht, auf die mitgliedstaatliche Haftung zurückzugreifen.

§ 1: Bundesverfassungsgerichtlicher Rechtsschutz

In Deutschland bestehen theoretisch zwei Möglichkeiten zur Erlangung von Rechtsschutz vor dem BVerfG. In Betracht kommt eine Verfassungsbeschwerde wegen einer Verletzung des Art. 101 Abs. 1 S. 2 GG aufgrund einer Missachtung der Vorlagepflicht nach Art. 267 Abs. 3 AEUV. Denkbar ist daneben eine Verfassungsbeschwerde mit der Rüge eines Verstoßes gegen eine materiellrechtliche Gewährleistung des Gemeinschaftsrechts. Die Verfassungsbeschwerde zielt nicht auf eine Haftung des Staates wegen judikativen Unrechts ab, sondern sie ist auf eine Aufhebung des betreffenden Urteils gerichtet. Da auf diesem Weg der der Haftung zugrunde liegende Gemeinschaftsrechtsverstoß beseitigt wird, könnte die Verfassungsbeschwerde in Deutschland eine Alternative zur Staatshaftung darstellen.[420] Eine Literaturansicht geht sogar davon aus, dass die gemeinschaftsrechtliche Staatshaftung wegen richterlichen Unrechts in Deutschland praktisch keine Bedeutung erlangen wird, da die Verfassungsbeschwerde einen effektiven Rechtsschutz gegen gemeinschaftsrechtswidrige Urteile bietet.[421] Davon zu trennen ist die Frage, ob die Verfassungsbeschwerde einen vorrangig einzulegenden Primärrechtsbehelf im Sinne des § 839 Abs. 3 BGB darstellt.[422]

Ein vergleichbares Verfassungsbeschwerdeverfahren existiert im englischen Recht nicht.[423]

---

420   Vgl. *Schöndorf-Haubold*, JuS 2006, 112, 115
421   Vgl. *Gundel*, EWS 2004, 8, 15; in diese Richtung *Bertelmann*, Europäisierung, S. 168
422   Vgl. Fünfter Teil § 1 B. IV.
423   Vgl. *Weber* in: Starck/Weber, Verfassungsgerichtsbarkeit in Westeuropa, Teilband I, S. 348f.; *Zuck*, Verfassungsbeschwerde, Rn. 173; es besteht lediglich die Möglichkeit, bei Einlegung eines Rechtsbehelfes zu rügen, dass die angegriffene Gerichtsentscheidung gegen eine Bestimmung der EMRK verstößt, vgl. sec. 7 (6) (b) *HRA 1998*

A. Verfassungsbeschwerde wegen eines Verstoßes gegen die Vorlagepflicht nach Art. 267 Abs. 3 AEUV

Eine Missachtung der Vorlagepflicht des Art. 267 Abs. 3 AEUV kann als Verletzung des Rechts auf den gesetzlichen Richter (Art. 101 Abs. 1 S. 2 GG) gerügt werden.

I. Das Vorabentscheidungsverfahren in dem System des gemeinschaftsrechtlichen Rechtsschutzes

Das Vorabentscheidungsverfahrens spielt eine besondere Rolle in dem System des gemeinschaftsrechtlichen Rechtschutzes.[424] Zweck des Vorabentscheidungsverfahrens ist es insbesondere, Rechtsprechungsdivergenzen in den Mitgliedstaaten dadurch zu vermeiden, dass man dem EuGH die Aufgabe der einheitlichen Auslegung des Gemeinschaftsrechts zuweist.[425] Dieses Verfahren ist Ausdruck eines Kooperationsverhältnisses zwischen dem EuGH und den nationalen Gerichten, die weiterhin für die Entscheidung des konkreten Falles zuständig sind.[426] Des Weiteren wird durch dieses Verfahren mittelbar der Individualrechtsschutz ausgeweitet: Der Einzelne kann darauf hinwirken, dass das nationale Gericht seine Vorlagefrage derart formuliert, dass trotz der abstrakten Auslegung durch den EuGH in der Sache die Gemeinschaftsrechtskonformität eines nationalen Rechtsaktes überprüft wird.[427] Außerdem besteht die Möglichkeit, inzident die Rechtmäßigkeit von Rechtsakten der Gemeinschaftsorgane untersuchen zu lassen.[428]

---

424 Dies wird statistisch dadurch belegt, dass zum Beispiel im Jahr 2008 48 % der Entscheidungen des EuGH aufgrund eines Vorabentscheidungsersuchens ergingen, vgl. EuGH, Rechtsprechungsstatistik 2008, S. 8, abrufbar unter: http://curia.eu.int/de/

425 EuGH Rs. 166/73 (*Rheinmühlen/Einfuhr- und Vorratsstelle Getreide*), Slg. 1974, 33, Rn. 2

426 *Ehricke* in: Streinz, EUV/EGV, Art. 234 Rn. 4-5

427 *Wegener* in: Calliess/Ruffert, EUV/AEUV, Art. 267 AEUV Rn. 1

428 Diese Vorgehensweise ist vor allem notwendig, wenn eine Nichtigkeitsklage nach Art. 230 Abs. 4 EGV unzulässig ist, vgl. EuGH verb. Rs. 73 und 74/63 (*Internationale Crediet- en Handelsvereniging Rotterdam u.a/ Minister für Landwirtschaft und Fischerei*), Slg. 1964, 1, Rn. 28f.

II. Vorlagepflicht gemäß Art. 267 Abs. 3 AEUV (Art. 234 Abs. 3 EGV a.F.)

Gemäß Art. 267 Abs. 3 AEUV sind die Gerichte zur Vorlage verpflichtet, deren „Entscheidungen nicht mehr mit Rechtsmitteln des innerstaatlichen Rechts angefochten werden können". Letztinstanzliches Gericht ist nach überwiegender Auffassung nicht das hierarchisch oberste Gericht in dem Mitgliedstaat, sondern entsprechend der Formulierung in Art. 267 Abs. 3 AEUV das funktionell letztinstanzliche Gericht;[429] das Bundesverfassungsgericht ist demnach ebenfalls vorlagepflichtiges Gericht.[430] Durch die Vorlagepflicht soll verhindert werden, dass sich in einem Mitgliedstaat eine Rechtsprechung herausbildet, die mit dem Gemeinschaftsrecht nicht im Einklang steht.[431] Weder auf der Grundlage des nationalen Rechts noch des Gemeinschaftsrechts kann die Durchführung eines Verfahrens nach Art. 267 AEUV erzwungen werden.[432] In Deutschland besteht zumindest die Möglichkeit, die Rechtmäßigkeit einer Nichtvorlage eines letztinstanzlichen Gerichtes vor dem BVerfG nachträglich kontrollieren zu lassen. Aufhänger ist eine Verfassungsbeschwerde wegen einer Verletzung des Rechts auf den gesetzlichen Richter nach Art. 101 Abs. 1 S. 2 GG. Daneben hat der EuGH, zwei verfahrensrechtliche Instrumente geschaffen, mit denen der Einzelne mittelbar eine Verletzung der Vorlagepflicht rügen kann. Dies ist zum einen die mitgliedstaatliche Haftung wegen richterlichen Unrechts. In der *Köbler*-Entscheidung nimmt der EuGH an, dass ein Verstoß gegen das Gemeinschaftsrecht unter anderem dann hinreichend qualifiziert ist, wenn die Vorlagepflicht missachtet wurde.[433] Zum anderen kann der Einzelne eine bestandskräftige, aber gemeinschaftsrechtswidrige Verwaltungsentscheidung überprüfen lassen. Die Verpflichtung der Behörde zum Wiederaufgreifen des Verwaltungsverfahrens hängt unter anderem davon ab, dass die Verwaltungsentscheidung aufgrund einer letztinstanzlichen Gerichtsentscheidung Bestandskraft erlangt hat, die auf einer unrichtigen Auslegung des Gemeinschaftsrechts beruht und die ohne Einholung einer Vorabentscheidung erging.[434] Sowohl für den Erfolg einer Verfassungsbeschwerde als auch für den einer Haftungsklage und eines Wiederaufnahmeantrages kommt es daher auf die Reichweite der Vorlagepflicht eines Gerichtes an.

---

429 So inzwischen ausdrücklich EuGH Rs. C-99/00 (*Lyckeskog*), Slg. 2002, I-4839, Rn. 14f.; vgl. *Ehricke* in: Streinz, EUV/EGV, Art. 234 Rn. 39 m.w.N. zu dem Streitstand

430 So auch *Müller-Graff* in: ders. (Hrsg.), Gemeinsames Privatrecht, S. 9, 56, Fn. 284

431 EuGH Rs. C-107/76 (*Hoffmann-La Roche*), Slg. 1977, I-957, Rn. 5

432 Vgl. *Middeke* in: Rengeling/Middeke/Gellermann, Handbuch Rechtsschutz, § 10 Rn. 67-68

433 EuGH Rs. C-224/01 (*Köbler*), Slg. 2003, I-10239, Rn. 55

434 EuGH Rs. C-453/00 (*Kühne & Heitz*), Slg. 2004, I- 837, Rn. 25

In der *C.I.L.F.I.T.*-Entscheidung hat der EuGH Kriterien für eine Ausnahme von der Vorlagepflicht nach Art. 267 Abs. 3 AEUV aufgestellt. Danach entfällt eine Vorlagepflicht mangels Auslegungsbedürftigkeit, wenn eine gesicherte Rechtsprechung des Gerichtshofes vorliegt, durch die die betreffende Rechtsfrage gelöst wird.[435] In Anlehnung an die *acte claire*-Doktrin des *Conseil d'Etat* hält der EuGH eine Vorlage außerdem für entbehrlich, wenn die richtige Anwendung des Gemeinschaftsrechts derart offenkundig ist, dass keinerlei Raum für einen vernünftigen Zweifel an der Entscheidung der gestellten Frage bleibt. In diesem Fall muss das nationale Gericht überzeugt sein, dass auch für die Gerichte der anderen Mitgliedstaaten und den EuGH keine derartigen Zweifel bestehen.[436] Anders als der *Conseil d'Etat* ist der EuGH bemüht, die Kriterien für eine zulässige Ausnahme zu verobjektivieren, um dem Missbrauch durch nationale Gerichte entgegenzuwirken.[437] In der Entscheidung *Gaston Schul* hat der EuGH klargestellt, dass die *C.I.L.F.I.T.*-Rechtsprechung nicht auf Fragen nach der Gültigkeit von Gemeinschaftshandlungen ausgedehnt werden kann; die einheitliche Anwendung des Gemeinschaftsrechts wäre gefährdet, wenn man den nationalen Gerichten insoweit eine Verwerfungskompetenz zubilligte.[438]

In der Literatur wird die *acte claire*-Doktrin als unpraktikabel kritisiert. Das nationale Gericht könne weder alle sprachlichen Fassungen des EGV untersuchen noch die Auffassungen der übrigen mitgliedstaatlichen Gerichte erforschen.[439] Im Übrigen weiche auch der EuGH bisweilen von seiner Rechtsprechung ab, so dass ein nationales Gericht nur darüber spekulieren könne, welche Auslegung der EuGH als offenkundig richtig ansieht.[440]

Ungeachtet dieser Kritik hat der EuGH jüngst in *Intermodal Transports* eine Lockerung der Vorlagepflicht zu Recht abgelehnt.[441] Der EGV (jetzt AEUV) weist die Zuständigkeit für die verbindliche Auslegung des Gemeinschaftsrechts dem EuGH zu. Eine Verlagerung der Verantwortung auf die nationalen Gerichte über die *C.I.L.F.I.T.*-Formel hinaus ist abzulehnen, da gerade im Hinblick auf die

---

435   EuGH Rs. 284/81 (*C.I.L.F.I.T.*), Slg. 1982, 3415, Rn. 14

436   Vgl. zum ganzen EuGH Rs. 284/81 (*C.I.L.F.I.T.*), Slg. 1982, 3415, Rn. 13-16

437   *Middeke* in: Rengeling/Middeke/Gellermann, Handbuch Rechtsschutz, § 10 Rn. 61f.

438   EuGH Rs. C-461/03 (*Gaston Schul Douane-Expediteur BV/Minister van Landbouw, Natuur en Voedselkwaliteit*), Slg. 10513, Rn. 19-21

439   Beispielsweise kritisiert der Richter am BFH *Rüsken* (in: FS Korn, S. 639, 655), dass die dem nationalen Gericht von dem EuGH abverlangte Prognose kaum fundiert sein kann; kritisch auch *Gaitanides* in: von der Groeben/Schwarze, EUV/EGV, Art. 234 Rn. 67 m.w.N.; *Heß*, RabelsZ 66 (2002) 470, 493

440   Vgl. die Beispiele bei *Wattel*, CMLRev 41 (2004) 177, 179

441   EuGH Rs. C-495/03 (*Intermodal Transports*), Slg. 2005, I-8151, Rn.33 und 39; in dem konkreten Fall bedurfte es auch keiner Entscheidung des Gerichtshofes, da es primär um die Frage ging, ob sich das nationale Gericht auch über die Rechtsauffassungen „nichtgerichtlicher" Organe wie Verwaltungsbehörden vergewissern muss. Dies lehnte der EuGH (ebenda) ab.

Erweiterung der EU Gefahren für die einheitliche Anwendung des Gemeinschaftsrechts vermieden werden müssen.[442] Zugleich sinkt bei einer restriktiven Handhabung der Vorlagepflicht das Risiko gemeinschaftsrechtswidriger Gerichtsentscheidungen. Im Interesse des Rechtsschutz suchenden Bürgers und im Sinne der Verfahrensökonomie muss möglichst bereits in dem Verfahren des Primärrechtsschutzes ein gemeinschaftsrechtskonformes Urteil ergehen. Ein liberaler Umgang mit der Vorlagepflicht liefe letztlich lediglich auf einen symbolischen Kompetenzzuwachs der Gerichte hinaus, der aber ohne Wert ist, wenn anschließend in dem Haftungsprozess die Gemeinschaftsrechtswidrigkeit der Entscheidung eines dieser Gerichte festgestellt wird. Im Übrigen muss vermieden werden, dass die ohnehin geringe Vorlagebereitschaft einiger Gerichte weiteren Auftrieb erhält und sich die Gerichte ihrer Vorlagepflicht in Anlehnung an die *acte claire*-Doktrin mit dem formelhaften Hinweis entziehen, dass die richtige Anwendung des Gemeinschaftsrechts „offenkundig" sei.[443]

IV. Gewährleistung des gesetzlichen Richters (Art. 101 Abs. 1 S. 2 GG)

Der Einzelne kann im Wege der Verfassungsbeschwerde eine Verstoß gegen die Vorlagepflicht aus Art. 267 Abs. 3 AEUV durch ein letztinstanzliches nationales Gerichts als Verletzung des Rechts auf den gesetzlichen Richter nach Art. 101 Abs. 1 S. 2 GG rügen.[444] Der EuGH ist gesetzlicher Richter im Sinne dieser Vorschrift.[445] Das BVerfG bejaht eine Verletzung des Art. 101 Abs. 1 S. 2 GG wegen Nichteinleitung des Vorlageverfahrens, wenn die Zuständigkeitsregel des Art. 267 Abs. 3 AEUV „offensichtlich unhaltbar" gehandhabt wurde.[446] Zur Konkretisierung dieses Maßstabes hat das BVerfG drei Fallgruppen gebildet: Das Gericht bejaht eine Verletzung des Rechts auf den gesetzlichen Richter, wenn das letztinstanzliche Gericht seine Vorlagepflicht grundsätzlich verkennt, indem es trotz der Entscheidungserheblichkeit der Frage eine Vorlage nicht in

---

442   Vgl. Schlussanträge Generalanwalt *Tizzano* Rs. C-99/00 (*Lyckeskog*), Slg. 2002, I-4839, Rn. 72; *Hermann*, EuZW 2006, 231, 234

443   *Haltern* (Europarecht, S. 215) spricht in diesem Zusammenhang von einer „Exit-Option" nationaler Gerichte. Der Richter am BGH *C. Dörr* (DVBl. 2006, 598, 602) gesteht ein, dass eine Versuchung besteht, mit Verweis auf das Vorliegen eines *acte claire* von der Vorlage abzusehen. Ausführlich zur Vorlagepraxis der nationalen Gerichte und der Handhabung der *acte claire*-Doktrin *Hummert*, Neubestimmung, S. 40-46

444   Vgl. BVerfGE 82, 159, 195; im Vereinigten Königreich gibt es keinen niedergelegten Verfassungsgrundsatz des gesetzlichen Richters, vgl. *Puttler*, EuR 2008 (Beiheft 3) 133, 148

445   BVerfGE 73, 339, 366ff. (*Solange II*)

446   Ursprünglich bejahte das BVerfG eine Verletzung von Art. 101 Abs. 1 S. 2 GG, wenn eine „willkürliche" Nichtvorlage seitens des Gerichts vorliegt, vgl. BVerfGE 73, 339, 366 (*Solange II*). An diesem Willkür-Kriterium hat das BVerfG festgehalten, wenngleich es nun eine andere Formulierung wählt.

Erwägung zieht, obwohl es Zweifel hinsichtlich deren richtiger Beantwortung hat. Außerdem ist eine Verletzung gegeben, wenn das nationale Gericht bewusst von der Rechtsprechung des EuGH abweicht, ohne eine Vorabentscheidung einzuholen. Schließlich liegt eine Verletzung der Vorlagepflicht vor, wenn die Rechtsprechung des EuGH zur aufgeworfenen Frage unvollständig ist.[447]

Die dritte Fallgruppe bezieht sich auf die Fälle, in denen keine einschlägige Rechtsprechung des EuGH zu der entscheidungserheblichen Frage vorliegt oder die vorliegende Rechtsprechung die Frage nicht erschöpfend beantwortet oder die Fortentwicklung der Rechtsprechung nicht nur als entfernte Möglichkeit erscheint. Dabei muss das nationale Gericht seinen Beurteilungsrahmen in unvertretbarer Weise überschritten haben; eine solche unvertretbare Überschreitung soll insbesondere vorliegen, „wenn mögliche Gegenauffassungen zu der entscheidungserheblichen Frage des Gemeinschaftsrechts gegenüber der von dem Gericht vertretenen Meinung eindeutig vorzuziehen sind".[448] Das nationale Gericht muss die gemeinschaftsrechtliche Rechtsfrage in „zumindest vertretbarer Weise" beantwortet haben.[449] In diesem Zusammenhang hat das BVerfG die Anforderungen an eine Nichtvorlage konkretisiert. Danach muss sich das nationale Gericht hinsichtlich des europäischen Rechts kundig machen und die Gründe für die Nichtvorlage in der Weise darlegen, dass dem BVerfG eine Kontrolle an dem Maßstab des Art. 101 Abs. 1 S. 2 GG möglich ist; ansonsten verletzt das Gericht durch seine Nichtvorlage Art. 101 Abs. 1 S. 2 GG.[450] Letztlich nimmt das BVerfG in diesem Fall eine Prüfung der Qualität der fachgerichtlichen Auslegung des Gemeinschaftsrechts und nicht der Handhabung der Zuständigkeitsnorm des Art. 267 AEUV vor.[451]

V. Kritik an dem Willkürmaßstab des BVerfG

Einige Autoren beanstanden, dass angesichts der Beschränkung auf eine Willkürkontrolle die Wirksamkeit der gemeinschaftsrechtlichen Vorlagepflicht abgeschwächt wird, und fordern daher eine umfassende Kontrolle der Vorlagepflicht.[452] Eine Abkehr von dem Willkürmaßstabes ist des Weiteren zu erwägen, wenn man annimmt, dass das BVerfG mit Hilfe der auf Art. 101 Abs. 1 S. 2 GG gestützten Verfassungsbeschwerde den Anwendungsvorrang des Gemeinschaftsrechts durch die binnenstaatliche Gerichtsbarkeit sichert.[453] Wenn man Art. 101

---

447   BVerfGE 82, 159, 195
448   BVerfGE 82, 159 195f.
449   BVerfG GRUR 2005, 52
450   BVerfG NJW 2001, 1267, 1268; BVerfG JZ 2007, 87, 88
451   *Kokott/Henze/Sobotta*, JZ 2006, 633, 636
452   *Meier*, EuZW 1991, 11, 13; *Nicolaysen*, EuR 1985, 368, 373f.; für eine Herabsetzung der Hürden für die Begründung einer Verletzung des Art. 101 Abs. 1 S. 2 GG *Kremer*, EuR 2007, 470, 492f.
453   *Bethge* in: Maunz/Schmidt-Bleibtreu/Klein/Bethge, BVerfGG, § 90 Rn. 257

Abs. 1 S. 2 GG als „Hebel" zur mittelbaren Gewährleistung materieller Rechtspositionen des Gemeinschaftsrechts ansieht, ist es folgerichtig, unter dem Aspekt der praktischen Wirksamkeit des Gemeinschaftsrechts von dem Willkürkriterium Abstand nehmen.

Indes ist eine Abkehr von dem Willkürmaßstab weder verfassungsrechtlich möglich noch gemeinschaftsrechtlich geboten. Aus der Sicht des nationalen Verfassungsrechts gilt: Die Auslegung und Anwendung von Verfahrensvorschriften ist Aufgabe der Fachgerichte; das BVerfG ist diesbezüglich lediglich zu einer Willkürkontrolle befugt ist.[454] Zweck der auf Art. 101 Abs. 1 S. 2 GG gestützten Verfassungsbeschwerde ist es nicht, jeden Verfahrensverstoß des nationalen Gerichts einer Kontrolle zu unterziehen und damit das BVerfG in die Rolle einer Superrevisionsinstanz zu versetzen.[455] Die Beurteilung der Vorlagepflicht gemäß Art. 267 Abs. 3 AEUV liegt dementsprechend bei den nationalen Gerichten. Das BVerfG will und soll nicht die Rolle eines nationalen obersten „Vorlagen-Kontroll-Gerichts" einnehmen.[456] Es geht mutmaßlich davon aus, dass nationale letztinstanzliche Gerichte eine Vorlagepflicht erkennen und ihr in der Regel nachkommen werden.[457] Art. 101 Abs. 1 S. 2 GG schützt den Bürger somit nur vor einer willkürlichen Anwendung des Art. 267 AEUV.

Der eingeschränkte Prüfungsmaßstab kollidiert zudem weder mit dem Gleichwertigkeits- noch mit dem Effektivitätsgebot.[458] Ein Verstoß gegen eine nationale Zuständigkeitsnorm begründet eine Verletzung des Art. 101 Abs. 1 S. 2 GG nur, wenn das Kriterium der „Willkür" erfüllt ist. Somit werden Verstöße gegen nationales Recht und Gemeinschaftsrecht gleich behandelt. Ein Verstoß gegen das Effektivitätsgebot scheidet aus, da das Gemeinschaftsrecht selbst keinen direkten Rechtsschutz in dem Fall der Verletzung der Vorlagepflicht eröffnet und insoweit auch keine Vorgaben für die Handhabung nationalen Rechts enthält. Die einzige Sanktionsmöglichkeit besteht in der Feststellung eines Vertragsverstoßes in einem Verfahren nach Art. 258/259 AEUV mit der anschließenden Pflicht zur Folgenbeseitigung nach Art. 260 AEUV. Dieses Instrument ist allerdings bedingt effektiv, da die Einleitung des Verfahrens im Ermessen der Kommission oder eines anderen Mitgliedstaates steht und da bei Nichtbefolgung des Feststellungsurteils lediglich ein Zwangsgeld verhängt werden kann (Art. 269 Abs. 3 UAbs. 2 AEUV).[459] Da das Gemeinschaftsrecht einen innerstaatlichen Rechtsbehelf zur Durchsetzung der Vorlagepflicht nicht verlangt, kann man ihm erst recht keine Vorgaben für die Intensität der Kontrolle für den Fall entnehmen, dass eine nationale Rechtsordnung einen Rechtsbehelf bereithält.[460] In den meisten anderen Mitgliedstaaten existiert nicht einmal eine verfassungsrechtliche Absicherung der Vorlagepflicht, so dass eine Kritik an

---

454 Vgl. *Kenntner* in: Clemens/Umbach/Dollinger , BVerfGG, Teil III, Rn. 32
455 *Pieroth/Schlink*, Staatsrecht II, Rn. 1068
456 Vgl. BVerfG NJW 1987, 1456, 1457
457 Vgl. *Radermacher*, NVwZ 2004, 1415, 1419
458 Vgl. *Dörr*, Rechtsschutzauftrag, S. 164
459 *Wegener* in: Calliess/Ruffert, EUV/AEUV, Art. 267 AEUV Rn. 30
460 *Kokott/Henze/Sobotta*, JZ 2006, 633, 637; *Wegener*, EuR 2002, 785, 785 Fn. 5

dem Willkürmaßstab auch insoweit unangemessen ist.[461] Eine Differenzierung gegenüber rein nationalen Fällen ist gemeinschaftsrechtlich nicht veranlasst.[462]

VI. Willkürmaßstab des BVerfG und acte claire-Doktrin des EuGH

Rechtsschutzlücken entstehen, wenn die Vorlagepflicht weiter reicht als das grundgesetzliche Willkürverbot. Problematisch ist insbesondere der Fall, in dem hinsichtlich einer in der EuGH-Rechtsprechung noch nicht geklärten Auslegungsfrage mangels eines *acte claire* eine Vorlagepflicht besteht. Dann lehnt das BVerfG eine Verletzung des Rechts aus Art. 101 Abs. 1 S. 2 GG seitens des letztinstanzlichen Gerichtes ab, wenn nicht dem Auslegungsergebnis des Gerichtes eine andere Meinung „eindeutig" vorzuziehen ist.[463] Überdies ist fraglich, ob das BVerfG eine willkürliche Nichtvorlage annehmen wird, wenn ein nationales Gericht seine Vorlageverweigerung auf die *acte claire*-Doktrin stützt. Vermutlich kann der Beschwerdeführer kaum nachweisen, dass das Gericht seine Vorlagepflicht offensichtlich unhaltbar gehandhabt hat, indem es eine eindeutig vorzuziehende Gegenauffassung verkannt hat und sich pauschal auf die Kriterien der *acte claire*-Doktrin berufen hat.[464] Eine Ansicht im Schrifttum fordert daher eine Anpassung des Prüfungsstandards bei Art. 101 Abs. 1 S. 2 GG an den *acte claire*-Maßstab des EuGH. Sie verweist auf die herausgehobene Bedeutung des Vorabentscheidungsverfahrens bei der Gewährleistung einer einheitlichen Anwendung des Gemeinschaftsrechts. Das Ziel einheitlicher Rechtsanwendung könne nur erreicht werden, wenn die nationalen Gerichte ihrer Vorlagepflicht nachkommen und das BVerfG als „Kooperationspartner auf höchster Ebene" die Kriterien der *acte claire*-Doktrin übernimmt.[465]

461　Vgl. *Breuer*, ELRev 29 (2004) 243, 253; *Dauses* in: FS Everling, S. 223, 235; eine vergleichbare Rechtsschutzmöglichkeit existiert lediglich im österreichischen Recht. Mit der Individualbeschwerde (Art. 144 B-VG) kann der Einzelne die Nichtvorlage als Verletzung des Rechts auf den gesetzlichen Richter (Art. 83 Abs. 2 B-VG) vor dem österreichischen VfGH rügen. Im Gegensatz zum deutschen Recht kann nur das Verhalten von Verwaltungsbehörden, die zugleich richterliche Funktionen erfüllen und damit als Gericht im Sinne des Art. 234 EGV (jetzt Art. 267 AEUV) gelten, gerügt werden. Daher stand diese Rechtsschutzmöglichkeit in dem Fall *Köbler* nicht zur Verfügung (vgl. *Breuer*, ELRev 29 (2004) 243, 251). Im Übrigen ist der Rechtsschutz weiter als im deutschen Recht, da die Nichtvorlage nicht willkürlich sein muss (vgl. *Schima*, Das Vorabentscheidungsverfahren, S. 69f.).

462　*Gellermann* in: Rengeling/Middeke/Gellermann, Handbuch Rechtsschutz, § 35 Rn. 56; *Vedder*, NJW 1987, 526, 531 (Sie sprechen sich für eine extensive Auslegung des Willkürmaßstabes aus. Willkür scheidet demnach aus, wenn die Nichtvorlage sachlich gerechtfertigt ist.)

463　BVerfG NJW 1988, 1456, 1457; vgl. dazu *Dauses* in: ders., Handbuch, Band II, P.II Rn. 208; *Heß*, ZZP 1995, 59, 84

464　Vgl. *Hummert*, Neubestimmung, S. 58f.; *Zenner*, Haftung, S. 225

465　*Giegerich* in: Grabenwarter/Hammer/Pelzl, Allgemeinheit der Grundrechte, S. 101, 122; *Meilicke*, BB 2000, 17, 22; *Rabe* in: FS Redeker, S. 201, 211f.

Eine völlige Konvergenz der Anforderungen des EuGH an eine Vorlagepflicht und der Kriterien des BVerfG für eine willkürliche Nichtvorlage ist jedoch nicht erforderlich. Es ist wiederum fraglich, warum eine Rechtsschutzlücke unzulässig sein soll, wenn das Gemeinschaftsrecht ebenso wenig wie das Recht der meisten anderen Mitgliedstaaten ein Instrument zur Durchsetzung der Vorlagepflicht vorsieht und wenn außerdem in rein nationalen Fällen die Einhaltung von Zuständigkeitsnormen ebenfalls nur anhand des Willkürmaßstabes kontrolliert wird. Ein Verstoß gegen das Effektivitätsgebot aufgrund der reduzierten Kontrolldichte kann nicht angenommen werden, da diese Rechtsschutzlücke nur in einer speziellen Konstellation auftritt. Es kann also nicht davon gesprochen werden, dass die Durchsetzung des Art. 234 EGV „übermäßig" erschwert wird.[466]

B. Verfassungsbeschwerde wegen gemeinschaftsrechtswidriger Gerichtsurteile

Fraglich ist, ob der Beschwerdeführer zulässigerweise eine Verfassungsbeschwerde mit der Behauptung erheben kann, dass die Entscheidung des nationalen Gerichts gegen eine individualschützende Norm des Gemeinschaftsrechts (Gemeinschaftsgrundrechte oder Grundfreiheiten) verstößt. Dieses Problem wird, soweit ersichtlich, in der Literatur kaum behandelt.

I. Prüfungsmaßstab des BVerfG

Nach dem eindeutigen Wortlaut des § 90 Abs. 1 BVerfGG beschränkt sich die Zuständigkeit des BVerfG auf die Prüfung von Akten der deutschen öffentlichen Gewalt, also der Legislative, Exekutive oder Judikative, an dem Maßstab der Grundrechte oder grundrechtsgleichen Rechte.[467] Eine Verfassungsbeschwerde, mit der der Beschwerdeführer die Prüfung der Vereinbarkeit einer Gerichtsentscheidung mit den Regelungen des Gemeinschaftsrechts begehrte, wies das BVerfG als unzulässig ab.[468]

---

466 Vgl. *Dörr*, Rechtsschutzauftrag, S. 166f.
467 Vgl. *Hillgruber/Goos*, Verfassungsprozessrecht, Rn. 915 und 922; strikt davon zu trennen ist die (umgekehrte) Frage, ob Akte des Gemeinschaftsrechts an dem Maßstab der Grundrechte überprüft werden können, vgl. BVerfG NJW 2000, 3124 (*Solange III*)
468 BVerfGE 88, 103, 112 (in diesem Fall rügte die Beschwerdeführerin eine Verletzung von Art. 117 und 92 EWG a.F.)

111

Das BVerfG hielt eine Verfassungsbeschwerde für unbegründet, in der der Beschwerdeführer rügt, aufgrund der Gemeinschaftsrechtswidrigkeit einer nationalen Rechtsvorschrift in seinem Grundrecht aus Art. 2 Abs. 1 GG verletzt worden zu sein.[469]

II. Art. 19 Abs. 4 GG als „Scharnier"?

Eine Literaturansicht nimmt an, dass Art. 19 Abs. 4 GG ein „Scharnier" zwischen den Gemeinschaftsgrundrechten und der nationalen Gerichtsbarkeit bildet, so dass bei der Außerachtlassung von Gemeinschaftsgrundrechten durch das nationale Gericht ein Verstoß gegen Art. 19 Abs. 4 GG vorliegt.[470] Es ist anerkannt, dass neben den Gemeinschaftsgrundrechten und den Grundfreiheiten weitere Normen des primären und sekundären Gemeinschaftsrechts Individualrechte verleihen und damit von der Rechtsschutzgarantie des Art. 19 Abs. 4 GG erfasst werden.[471] Fraglich ist indes, ob Akte der richterlichen Gewalt unter den Begriff der „öffentlichen Gewalt" fallen. Die Rechtsprechung[472] und die überwiegende Ansicht im Schrifttum[473] haben dies bisher abgelehnt. Art. 19 Abs. 4 GG gewähre nur Recht durch den Richter, nicht gegen den Richter.[474] Neuerdings nimmt das BVerfG an, dass der allgemeine Justizgewährleistungsanspruch bei der Verletzung von Verfahrensgrundrechten einen Rechtsschutz gegen den Richter ermöglicht.[475] Gleichzeitig hält es ausdrücklich an seiner bisherigen Auslegung des Art. 19 Abs. 4 GG fest und nimmt die spruchrichterliche Tätigkeit aus dem Anwendungsbereich der Norm aus.[476]
Eine Ansicht im Schrifttum sieht die von der herrschenden Meinung im innerstaatlichen Kontext vorgenommene Beschränkung des Begriffs der „öffentlichen Gewalt" auf die Exekutive als mit dem in Art. 4 Abs. 3 EUV verankerten Gebot der umfassenden Durchsetzung des Gemeinschaftsrechts unvereinbar an. Sie will die Rechtsschutzgarantie bei einer Verletzung von Gemeinschaftsrecht

---

469   BVerfGE 82, 159, 191; inzwischen geht das BVerfG bereits von der Unzulässigkeit einer auf die Verletzung europäischen Rechts gestützten Verfassungsbeschwerde aus, vgl. BVerfG NVwZ 2001, 187; zustimmend *Benda/Klein,* Verfassungsprozessrecht, Rn. 734; *Ruppert* in: Clemens/Umbach/Dollinger, BVerfGG, § 90 Rn. 64; a.A *Bethge* (in: Maunz/Schmidt-Bleibtreu/Klein/Bethge , BVerfGG, § 90 Rn. 121), der meint, dass die Gerichte in diesem Fall den Anwendungsvorrang des Gemeinschaftsrechts außer Acht lassen. Darum verführen sie nicht innerhalb der verfassungsgemäßen Ordnung und verstießen gegen Art. 2 Abs. 1 GG

470   *Nettesheim,* NJW 1995, 2083, 2085

471   Vgl. *Dörr,* Rechtsschutzauftrag, S. 186f. m.w.N.

472   BVerfGE 4, 74, 94

473   *Papier* in: Isensee/Kirchhof, Handbuch, Band VI, § 154 Rn. 37

474   So *Dürig* in: Maunz/Dürig, GG, Art. 19 IV Rn. 17 (Erstbearbeitung)

475   BVerfGE 107, 395, 407

476   BVerfGE 107, 395, 405f.; ebenso *Schmidt-Aßmann,* Maunz/Dürig, GG, Art. 19 IV Rn. 98f.

auf den Richter erstrecken.[477] Eine andere Literaturauffassung geht einen Schritt weiter und will § 90 Abs. 1 BVerfGG verfassungskonform dahingehend auslegen, dass der Begriff der „Grundrechte" auch die Gemeinschaftsgrundrechte und Grundfreiheiten erfasst. Zu diesem Ergebnis gelangt sie durch die Herstellung einer praktischen Konkordanz zwischen Art. 93 Abs. 1 Nr. 4a GG und Art. 19 Abs. 4 GG, der auch subjektive Rechte des Gemeinschaftsrechts erfasst.[478] Allerdings ist § 90 Abs. 1 BVerfGG aufgrund seines eindeutigen Wortlautes einer derartigen Auslegung nicht zugänglich.

III. Verstoß gegen das „Auffanggrundrecht" der allgemeinen Handlungsfreiheit in Art. 2 Abs. 1 GG

Im Schrifttum wird die Auffassung vertreten, dass aufgrund des gemeinschaftsrechtlichen Gleichwertigkeitsgebotes Verstöße gegen individualschützende Normen des Gemeinschaftsrechts rügefähig sein müssten, wenn das betroffene Gemeinschaftsrecht im Rang einer grundrechtlichen Gewährleistung steht. Ein Verstoß gegen derartige Rechte sei „als Verletzung des thematisch einschlägigen Grundrechts in Verbindung mit Art. 23 Abs. 1 GG einzustufen".[479] Welches Grundrecht aber beispielsweise bei einer Missachtung der Warenverkehrsfreiheit oder Dienstleistungsfreiheit „thematisch einschlägig" sein soll, bleibt unklar. In Frage kommt ein Verstoß gegen Art. 2 Abs. 1 GG. Jedes objektiv unrichtige und belastende Urteil stellt zumindest eine Verletzung des Auffanggrundrechts der allgemeinen Handlungsfreiheit aus Art. 2 Abs. 1 GG dar. Dies gilt wegen des Anwendungsvorrangs auch für gemeinschaftsrechtswidrige Urteile. Da das BVerfG aber aufgrund der Aufgabenteilung in dem Verhältnis zu anderen Gerichten, deren Entscheidungen nicht vollumfänglich auf ihre Rechtmäßigkeit nachprüfen und nicht die Rolle eines „Superrevisionsgerichtes" einnehmen will, beschränkt es sich auf eine Untersuchung der Verletzung „spezifischen Verfassungsrechts".[480] Die Auslegung und Anwendung des einfachen nationalen Rechts

---

477 Vgl. *Dörr*, Rechtsschutzauftrag, S. 177; *P.M. Huber* in: von Mangoldt/Klein/Starck, GG, Band I, Art. 19 Abs. 4 GG Rn. 442

478 *Frenz*, DÖV 1995, 414, 416f.; *Frenz* untersucht die Möglichkeit einer Verfassungsbeschwerde gegen ein gemeinschaftsrechtswidriges Parlamentsgesetz. Die zugrunde liegenden Erwägungen können aber auf den Fall einer Verfassungsbeschwerde gegen Akte der Judikative übertragen werden.

479 *Giegerich* in: Grabenwarter/Hammer/Pelzl, Allgemeinheit der Grundrechte, S. 101, 119; ähnlich *Geiger* in: ders./Khan/Kotzur, EUV/AEUV, Art. 267 AEUV Rn. 42: Er nimmt an, dass eine Gerichtsentscheidung, die vorrangig anwendbares Gemeinschaftsrecht außer Acht lässt, Gegenstand einer auf ein nationales Grundrecht gestützten Verfassungsbeschwerde sein kann. Er lässt ebenfalls offen, welche Norm konkret als Prüfungsmaßstab heranzuziehen ist.

480 Vgl. BVerfGE 7, 198, 207; *Fleury*, Verfassungsprozessrecht, Rn. 307f.; *Schlaich/Korioth*, Das Bundesverfassungsgericht, Rn. 283-285

und des Gemeinschaftsrechts fällt damit in den Aufgabenbereich der Fachgerichte. Folglich kann im Rahmen einer Urteilsverfassungsbeschwerde wie bei rein nationalen Fällen nicht inzident überprüft werden, ob die Entscheidung eines nationalen Gerichts gegen Gemeinschaftsrecht verstößt.[481]

Eine Ausnahme von dem oben beschriebenen restriktiven Prüfungsmaßstab ist auch nicht zur effektiven Durchsetzung des Gemeinschaftsrechts geboten. Das Effektivitätsgebot verlangt nicht einen größtmöglichen Rechtschutz, sondern greift erst ein, wenn die Verwirklichung einer Gemeinschaftsregelung praktisch unmöglich wird.[482] Da der Bürger seine Rechte vor den zuständigen Gerichten und Behörden geltend machen kann, besteht diese Gefahr im deutschen Verfahrensrecht nicht. Die Verfassungsbeschwerde stellt einen zusätzlichen außerordentlichen Rechtsbehelf dar, der in vergleichbarer Form in der EG nur in Österreich und Spanien existiert.[483] Es kann daher nicht angenommen werden, dass sie Teil des durch das Gemeinschaftsrecht geforderten unerlässlichen Rechtsschutzstandards ist und zur Geltendmachung von Gemeinschaftsrechten geeignet sein muss. Im Übrigen würde die Verfassungsbeschwerde nur formal auf einen Verstoß gegen Art. 2 Abs. 1 GG gestützt, während das angegriffene Urteil materiell an dem Maßstab der Gemeinschaftsgrundrechte und Grundfreiheiten geprüft würde; dies widerspricht dem klaren Wortlaut des § 90 Abs. 1 BVerfGG. Eine Ausweitung der Zuständigkeit des BVerfG wäre außerdem mit der Aufgabenverteilung zwischen dem BVerfG und dem EuGH, die sich aus einer Zusammenschau des Grundgesetzes und des EGV (jetzt AEUV) ergibt, nicht zu vereinbaren. Der EuGH hat als Prüfungsmaßstab die Gemeinschaftsverträge, das BVerfG hat als Prüfungsmaßstab nur das Grundgesetz.[484] Es ist gemeinschaftsrechtlich also nicht geboten, den Prüfungsmaßstab bei einer Urteilsverfassungsbeschwerde in der oben beschriebenen Weise zu modifizieren. Aus den gleichen Gründen kann die Gemeinschaftsrechtskonformität einer gerichtlichen Entscheidung durch eine auf Art. 19 Abs. 4 GG gestützte Verfassungsbeschwerde nicht überprüft werden.

IV. Verstoß gegen das Willkürverbot (Art. 3 Abs. 1 GG)

Im Wege einer Verfassungsbeschwerde kann die willkürliche Anwendung des Gemeinschaftsrechts durch ein Fachgericht gerügt werden.[485] Ein Verstoß gegen das Willkürverbot, das in Art. 3 Abs. 1 GG verortet wird, liegt vor, wenn die

---

481 *Hillgruber/Goos*, Verfassungsprozessrecht, Rn. 922; so wohl auch *Dörr*, Rechtsschutzauftrag, S. 216; *Gellermann* in: Rengeling/Middeke/Gellermann, Handbuch Rechtsschutz, § 35 Rn. 59

482 Vgl. *von Bogdandy/Schill* in: Grabitz/Hilf/Nettesheim, Recht der EU, Art. 4 EUV Rn. 91f.

483 Vgl. *Zuck*, Verfassungsbeschwerde, Rn. 174-180 und 206-214

484 Art. 220 EGV bzw. Art. 93 Abs. 1 Nr. 4a GG

485 *Hillgruber/Goos*, Verfassungsprozessrecht, Rn. 922

Entscheidung „schlechthin unhaltbar, offensichtlich sachwidrig, eindeutig unangemessen" ist.[486] Der restriktive Prüfungsmaßstab wird angewandt, um eine Superrevision durch das BVerfG, das in diesem Fall eigentlich nur die Anwendung einfachen Rechts durch das Gericht überprüft, zu verhindern. Das BVerfG beansprucht eine derartige „grundrechtsbewahrende Notkompetenz", um eine mit den Prinzipien des Grundgesetztes schlechthin unvereinbare Entscheidung aufzuheben.[487] Da die Anwendung des Gemeinschaftsrechts in gleicher Weise Aufgabe der Fachgerichte ist wie die Anwendung des nationalen Rechts, stellt die willkürliche Handhabung des Gemeinschaftsrechts ebenfalls einen Verfassungsverstoß dar. Es widerspräche dem Grundsatz der Gleichwertigkeit, wenn ein im nationalen Recht vorgesehener Rechtsbehelf bei Sachverhalten mit Gemeinschaftsbezug nicht herangezogen werden könnte.[488]

C. Verfassungsbeschwerde als Alternative zur Staatshaftung

Möglicherweise ist die Verfassungsbeschwerde wegen einer Verletzung des Art. 101 Abs. 1 S. 2 GG der geeignete Rechtsbehelf zur Korrektur gerichtlicher Entscheidungen und stellt sogar eine Alternative zur Staatshaftung dar.[489] Verfassungsbeschwerden können erst zu einem Zeitpunkt erhoben werden, in dem das fachgerichtliche Verfahren abgeschlossen ist. Sie hindern damit den Eintritt der Rechtskraft der angegriffenen Entscheidung nicht.[490] In dem Fall der Begründetheit, stellt das BVerfG den Verfassungsverstoß fest (§ 95 Abs. 1 S. 1 BVerfGG), hebt die angegriffene Gerichtsentscheidung auf und verweist die Sache an die unterste Instanz, die die Verletzung vorgenommen hat;[491] mit der Entscheidung des BVerfG wird also die Rechtskraft des angegriffenen Urteils beseitigt.[492] Aufgrund der Gesetzesbindung der Judikative (Art. 20 Abs. 3 GG) ist anzunehmen, dass das Gericht des Ausgangsverfahrens nun entweder seiner Vorlagepflicht nachkommt oder aber direkt eine gemeinschaftsrechtskonforme Entscheidung trifft. Dies bedeutet mit Blick auf das Verhältnis zur gemeinschaftsrechtlichen Staatshaftung: Wenn eine gemeinschaftsrechtswidrige Gerichtsentscheidung mit einer Verletzung des Art. 101 Abs. 1 S. 2 GG einhergeht, kann der Gemein-

---

486 *Bethge* in: Maunz/Schmidt-Bleibtreu/Klein/Bethge, BVerfGG, § 90 Rn. 277; *Schlaich/Korioth*, Das Bundesverfassungsgericht, Rn. 299f. jeweils m.w.N.
487 Vgl. *Ossenbühl* in: Stödter/Thieme, FS H.P. Ipsen, S. 129, 141
488 Vgl. *von Bogdandy/Schill* in: Grabitz/Hilf/Nettesheim, Recht der EU, Art. 4 EUV Rn. 93
489 *Rüsken* in: FS Korn, S. 639, 653
490 Vgl. *Storr*, DÖV 2004, 545, 550
491 *Stark* in: Clemens/Umbach/Dollinger, BVerfGG, § 95 Rn. 41 und 54; denkbar ist eine Beschränkung auf die Feststellung einer Grundrechtsverletzung, wenn wesentliche Interessen Dritter oder der Öffentlichkeit zu beachten sind (vgl. *Stark* in: Clemens/Umbach/Dollinger, BVerfGG, § 95 Rn. 71)
492 *Stark* in: Clemens/Umbach/Dollinger, BVerfGG, § 95 Rn. 72

schaftsrechtsverstoß indirekt mit Hilfe der Verfassungsbeschwerde wirksam beseitigt werden. Dies macht jedoch die Staatshaftung nicht entbehrlich. Schadensposten, die auf den Erlass des letztinstanzlichen Urteils zurückzuführen sind, entfallen nicht aufgrund der Aufhebungsentscheidung des BVerfG und müssen klageweise geltend gemacht werden können. Außerdem dürfte die Verfassungsbeschwerde angesichts der restriktiven Anforderungen des Willkür-Merkmals keine echte Alternative zur Staatshaftung darstellen; bisher hat das BVerfG einer Verfassungsbeschwerde wegen eines Entzugs des gesetzlichen Richters nur in zwei Fällen stattgegeben.[493] Hinsichtlich des Merkmals der Vorlagepflichtverletzung sind die tatbestandlichen Anforderungen einer mitgliedstaatlichen Haftung deutlich geringer. Bereits eine „einfache" Verletzung des Art. 267 Abs. 3 AEUV kann zur Begründung einer Ersatzpflicht genügen.[494] Aus den gleichen Gründen stellt die auf Art. 3 Abs. 1 GG gestützte Verfassungsbeschwerde keine Alternative zur Staatshaftung dar.

§ 2: Gemeinschaftsrechtliche Rechtsfolgen einer Vertragsverletzung durch nationale Gerichte

Beinahe zeitgleich mit dem *Köbler*-Urteil ergingen Entscheidungen des EuGH, die vergleichbare Problemkreise betrafen: Gegenstand der Entscheidung *Kommission/Italien*[495] war die Frage, ob die Mitgliedstaaten in dem Verfahren nach Art. 258 AEUV für die Handlungen der nationalen Gerichte einstehen müssen. In der Entscheidung *Kühne & Heitz*[496] formulierte der EuGH Voraussetzungen für die Aufhebung eines infolge einer letztinstanzlichen Gerichtsentscheidung bestandskräftig gewordenen Verwaltungsaktes. Im Folgenden wird untersucht, inwieweit diese verfahrensrechtlichen Instrumente geeignet sind, eine Vertragsverletzung durch nationale Gerichte zu rügen und ob sie eine Alternative zur Staatshaftung darstellen.

A. Durchführung eines Vertragsverletzungsverfahrens (Art. 258 AEUV)

Ob ein Vertragsverletzungsverfahren auch wegen des Verstoßes eines nationalen Gerichtes gegen Gemeinschaftsrecht durchgeführt werden kann, ist Gegenstand einer Kontroverse.

---

493   BVerfGE 75, 223, 233; BVerfG NJW 2001, 1267, 1268
494   EuGH Rs. C-224/01 (*Köbler*), Slg. 2003, I-10239, Rn. 55
495   EuGH Rs. C-129/00 (*Kommission/Italien*), Slg. 2003, I-14637
496   EuGH Rs. C-453/00 (*Kühne & Heitz*), Slg. 2004, I- 837

I. Meinungsstand

Die Rechtsprechung nimmt seit jeher an, dass im Rahmen eines Vertragsverletzungsverfahrens nach Art. 258 AEUV die Verantwortlichkeit eines Mitgliedstaates unabhängig davon besteht, welches staatliche Organ einen Verstoß gegen das Gemeinschaftsrecht begangen hat.[497] In seinen Schlussanträgen in den Rechtssachen *Meyer-Burckhardt*[498] und *Bouchereau*[499] hatte der Generalanwalt *Warner* ausdrücklich erklärt, dass auch Handlungen der Judikative in einem Vertragsverletzungsverfahren angegriffen werden können. Die Kommission war allerdings bisher zurückhaltend bei der Einleitung derartiger Verfahren, da sie eine Konfrontation zwischen dem EuGH und den nationalen Gerichten vermeiden wollte.[500] Lediglich in der Rechtssache *Pingo-Hähnchen* hat sie wegen einer Vorlagepflichtverletzung des BGH von diesem Instrument Gebrauch gemacht; später wurde dieses Verfahren allerdings eingestellt.[501] In der Regel äußert die Kommission lediglich Bedenken gegenüber der betroffenen Regierung und/oder greift die zugrunde liegende Verwaltungspraxis an.[502] Selbst in spektakulären Fällen wie dem *Solange I*-Beschluss des BVerfG wurde[503] von der Einleitung eines Vertragsverletzungsverfahrens wegen einer Missachtung des Art. 267 Abs. 3 AEUV abgesehen.[504]

Eine Vertragsverletzung sollte nach Ansicht der Kommission ursprünglich nur bejaht werden, wenn der Verstoß auf einer „bewussten Haltung" des Gerichtes beruht.[505] Später machte sie die Verfahrenseinleitung von einer „systematischen und bewussten Nichtberücksichtigung" des Gemeinschaftsrechts abhängig.[506] Ein Bedürfnis für eine derartige Differenzierung zwischen den mit-

---

497 EuGH Rs. 77/69 (*Kommission/Belgien*), Slg. 1970, I-237, Rn. 15/16; zustimmend *Arnull*, The European Union, S. 28 (Fn. 42); *Craig/de Búrca*, EU Law, S. 443; *Pechstein*, EU-/EG-Prozessrecht, Rn. 288; *Nicolaysen*, EuR 1985, 368, 369f.; *Oppermann/Classen/Nettesheim*, Europarecht § 14 Rn. 28; *Steinhauer*, Auslegung, S. 171
498 Schlussanträge Generalanwalt *Warner* vom 18.9. 1975, Rs. C-9/75, Slg. 1975, 1171
499 Schlussanträge Generalanwalt *Warner* vom 28.9. 1977, Rs. C-30/77, Slg. 1977, 1999
500 Vgl. die Antwort der Kommission auf die schriftliche Anfrage des Abgeordneten Krieg, ABl.EG 1979 Nr. C28/8; vgl. darüber hinaus zu den Gründen der generellen Zurückhaltung der Kommission hinsichtlich der Einleitung von Vertragsverletzungsverfahren *Ebke* in: Public International Law and the Future World Order, 6-1, 6-7f.
501 Ausführlich dazu *Meier*, EuZW 1991, 11
502 Vgl. *Cremer* in: Calliess/Ruffert, EUV/AEUV, Art. 258 AEUV Rn. 28 m.w.N.
503 BVerfGE 37, 271
504 *P. Karpenstein/U. Karpenstein* in: Grabitz/Hilf, Recht der EU, Art. 226 Rn. 24 m.w.N.
505 Vgl. die Antwort der Kommission auf die schriftliche Anfrage des Abgeordneten *Krieg*, ABl.EG 1979 C 28, S. 9 (Die Antwort bezog sich auf die Anforderungen in dem Fall einer Verletzung der Vorlagepflicht.); zustimmend *Cremer* in: Calliess/Ruffert, EUV/AEUV, Art. 258 Rn. 28; *P. Karpenstein/U. Karpenstein* in: Grabitz/Hilf, Recht der EU, Art. 226 Rn. 24; *Ehlermann* in: FS Kutscher, S. 135, 153; *Rawlings*, ELJ 6 (2000) 4, 10; *Wyatt/Dashwood*, EU Law, S. 221
506 Vgl. die Antwort der Kommission auf die schriftliche Anfrage des Abgeordneten *Tyrell*, ABl.EG 1983 C 268, S. 25; so auch Schlussanträge Generalanwalt *Warner* Rs. C-30/77 (*Bouchereau*), Slg. 1977, 1999, 2020; *Lenski/Mayer*, EuZW 2005, 225

gliedstaatlichen Organen auf der Ebene des Tatbestandes von Art. 258 AEUV besteht jedoch nicht. Die Einleitung eines Vertragsverletzungsverfahrens wegen eines Verstoßes der Exekutive oder der Legislative kann in vergleichbarem Maße Spannungen zwischen der EG und den Mitgliedstaaten bzw. deren Organen hervorrufen, da sie während des Verfahrens „an den Pranger gestellt werden."[507] Im Übrigen liegt der Zweck des Vertragsverletzungsverfahrens darin, gegen objektive Verletzungen des Gemeinschaftsrechts vorzugehen und damit die Beachtung und Durchsetzung des Gemeinschaftsrechts zu erzwingen.[508] Daher bedarf es eines (ohnehin kaum nachweisbaren) vorsätzlichen Verstoßes nicht.[509]

Viele Autoren raten weiterhin wegen der Unabhängigkeit der innerstaatlichen Gerichte zur Zurückhaltung bei der Verfahrenseinleitung.[510] Die Unabhängigkeit des Gerichtes wird jedoch lediglich insoweit tangiert, als dass aufgrund des Urteils in einem Vertragsverletzungsverfahren eine Pflicht besteht, den gerügten Zustand abzustellen (vgl. Art. 260 Abs. 1 AEUV). Praktisch bleibt dies allerdings ohne Folge da weder der EuGH noch die Regierung bzw. ein Gericht des Mitgliedstaates ein rechtskräftiges Urteil aufheben können; vielmehr kann das Feststellungsurteil nur die künftige Rechtsprechung beeinflussen.[511] Eine wirkliche Sanktion in Form der Verhängung eines Zwangsgeldes durch den EuGH kommt erst im Anschluss an die Feststellung der Nichtbefolgung des ersten Urteils in Betracht (vgl. Art. 260 Abs. 3 UAbs. 2 AEUV). Andere Autoren sehen gerade in dieser mangelnden Effizienz des Vertragsverletzungsverfahrens ein Argument gegen die Anwendung bei judikativen Verstößen.[512] In der Tat ist es in praktischer Hinsicht vorzugswürdig, im Zweifel an einen Verstoß der Legislative anzuknüpfen, da dann eine Befolgung des Feststellungsurteils durch eine Aufhebung oder Änderung des betreffenden Gesetzes möglich ist.[513] Ein zwingendes Argument gegen die Anwendung des Verfahrens auf gerichtliche Verstöße ist dies indes nicht. Des Weiteren wird die Zurückhaltung der Kommission mit der zentralen Rolle, die der EGV (jetzt AEUV) den Gerichten bei der Anwendung und Durchsetzung des Gemeinschaftsrechts zuweist, begründet.[514] Da dieses Argument in gleicher Weise auf nationale Verwaltungsbehörden zutrifft, kann es kein „Freibrief" für vertragswidrige Gerichtsentscheidungen

---

507 Vgl. zur Anprangerungswirkung des Vertragsverletzungsverfahrens *Cremer* in: Calliess/Ruffert, EUV/AEUV, Art. 258 AEUV Rn. 3 m.w.N.
508 Vgl. *Borchardt* in: Dauses, Handbuch, Band II P.I Rn. 10; *Steinhauer*, Auslegung, S. 180
509 So im Ergebnis auch *Breuer* (EuZW 2004, 199, 201), der eine Paralle zu den Grundsätzen der Staatenverantwortlichkeit zieht.
510 *Ehlermann* in: FS Kutscher, S. 135, 153; *Gaitanides* in: von der Groeben/Schwarze, EUV/EGV, Art. 226 Rn. 68; *Ortlepp*, Das Vertragsverletzungsverfahren, S. 99f.
511 *Burgi* in: Rengeling/Middeke/Gellermann, Handbuch Rechtsschutz, § 6 Rn. 4; *Gaitanides* in: von der Groeben/Schwarze, EUV/EGV, Art. 226 Rn. 78
512 *Burgi* in: Rengeling/Middeke/Gellermann, Handbuch Rechtsschutz, § 6 Rn. 40; *Ehricke* in: Streinz, EUV/EGV, Art. 226 Rn. 9; *Kort*, DB 1996, 1323, 1324
513 Vgl. *Breuer*, EuZW 2004, 199, 200
514 *Däubler*, NJW 1968, 325, 327

sein.[515] Insgesamt bestehen also keine durchgreifenden rechtlichen Bedenken gegen die Ahndung eines Vertragsverstoßes seitens eines nationalen Gerichtes in dem Verfahren nach Art. 258 AEUV. Die Anwendung des Vertragsverletzungsverfahrens kann nicht auf Verstöße letztinstanzlicher Gerichte beschränkt werden, da alle mitgliedstaatlichen Organe zur Einhaltung des Gemeinschaftsrechts verpflichtet sind.[516]

II. Die Entscheidung Kommission/Italien

In der Rechtssache *Kommission/Italien* bot sich dem EuGH erstmals die Möglichkeit zu entscheiden, ob Urteile nationaler Gerichte Gegenstand eines Verfahrens nach Art. 258 AEUV sein können.

1. Sachverhalt

Dem Verfahren lag folgender Sachverhalt zugrunde: Der EuGH hatte in zwei Urteilen die Gemeinschaftsrechtswidrigkeit einer italienischen Norm festgestellt, die die Beweislast aufgrund einer gesetzlichen Vermutung zum Nachteil der Gemeinschaftsbürger umkehrte.[517] Daraufhin änderte der italienische Gesetzgeber die Norm dahingehend, dass die gesetzliche Vermutung entfiel. Dennoch wandten die italienischen Gerichte einschließlich des *Corte suprema di cassazione* die Norm so an, dass die Beweislastumkehr faktisch fortbestand.[518]

---

515   *P. Karpenstein/U. Karpenstein* in: Grabitz/Hilf, Recht der EU, Art. 226 Rn. 23

516   Schlussanträge Generalanwalt *Geelhoed* EuGH Rs. C-129/00 (*Kommission/Italien*), Slg. 2003, I-14637, Rn. 59; *Breuer*, EuZW 2004, 199, 201; a.A. *Däubler*, NJW 1968, 325, 327

517   EuGH Rs. C-199/82 (*San Giorgio*), Slg. 1983, I-3595; EuGH Rs.C-104/86 (*Kommission/Italien*), Slg. 1988, I-1799

518   Nach Art. 29 Abs. 2 des Gesetzes 428/1990 werden die Einfuhrzölle, Produktionssteuern, Verbrauchssteuern, der Zuschlag auf Zucker und staatliche Gebühren erstattet, die nach mit dem Gemeinschaftsrecht unvereinbaren nationalen Rechtsvorschriften erhoben wurden, sofern nicht die Belastung auf andere Personen abgewälzt wurde. Die Gerichte vermuteten in dem Fall von Handelsunternehmen eine Überwälzung der Abgaben auf Dritte und hielten damit die Beweisverteilung aufrecht, die der EuGH für gemeinschaftsrechtswidrig erklärt hatte.

2. Schlussanträge des Generalanwaltes und Entscheidung des EuGH

Generalanwalt *Geelhoed* legt ausführlich dar, dass im Grundsatz eine gemeinschaftsrechtswidrige Rechtsprechung wie die Akte anderer mitgliedstaatlicher Organe Gegenstand eines Vertragsverletzungsverfahrens sein kann: Dafür spreche zum einen, dass der Staat unter dem Blickwinkel des Gemeinschaftsrechts wie im Völkerrecht als Einheit zu betrachten sei.[519] Zum anderen sei es aufgrund der zentralen Funktion der Gerichte bei der Anwendung des Gemeinschaftsrechts wichtig, dass sie ihre Verpflichtungen aus dem EGV einhielten.[520] Er benennt auch verschiedene Faktoren, von denen eine Vertragsverletzung der nationalen Rechtsprechung abhängig sein soll.[521] Kurioserweise prüft der Generalanwalt dann aber nicht konsequent das Vorliegen einer derartigen Vertragsverletzung in dem konkreten Fall, sondern nähert sich im Laufe seiner Ausführungen schrittweise der Bejahung eines gesetzgeberischen Unterlassens an.[522]

Der EuGH weist nur allgemein darauf hin, dass eine Vertragsverletzung unabhängig davon festgestellt werden kann, welches mitgliedstaatliche Organ durch sein Handeln den Verstoß verursacht hat.[523] Hinsichtlich der Voraussetzungen einer Vertragsverletzung differenziert der EuGH nicht zwischen den drei Staatsgewalten. In der Sache knüpfte der EuGH seine Feststellungen ausschließlich an die Untätigkeit des italienischen Parlamentes: Italien habe dadurch gegen seine Verpflichtungen aus dem EGV verstoßen, dass es die beanstandete Vorschrift nicht geändert habe, obwohl die Vorschrift von den Gerichten so angewandt worden sei, dass faktisch eine gesetzliche Vermutung zu Lasten des Gemeinschaftsbürgers bestehe.[524] Der EuGH vermeidet eine ausdrückliche Stellungnahme zu einem möglichen Vertragsverstoß durch die italienische Rechtsprechung. Indirekt kritisiert er die Auslegung der Rechtsvorschrift durch „zahlreiche italienische Gerichte"[525] und weist darauf hin, dass die Bedeutung einer Rechtsvorschrift unter Berücksichtigung einer gefestigten richterlichen Auslegung zu beurteilen ist.[526] Aufschlussreich ist der Hinweis des EuGH, dass die Bestimmung aus der Sicht des Gemeinschaftsrechts nicht zu beanstanden ist.[527] Damit bringt der EuGH deutlich zum Ausdruck, dass der Vorwurf des gemeinschaftsrechtswidrigen Verhaltens primär den nationalen Gerichten zu machen ist.

---

519 Schlussanträge Generalanwalt *Geelhoed* EuGH Rs. C-129/00 (*Kommission/Italien*), Slg. 2003, I-14637, Rn. 53
520 Schlussanträge Generalanwalt *Geelhoed* EuGH Rs. C-129/00 (*Kommission/Italien*), Slg. 2003, I-14637, Rn. 59
521 Schlussanträge Generalanwalt *Geelhoed* EuGH Rs. C-129/00 (*Kommission/Italien*), Slg. 2003, I-14637, Rn. 67
522 Schlussanträge Generalanwalt *Geelhoed* EuGH Rs. C-129/00 (*Kommission/Italien*), Slg. 2003, I-14637, Rn. 117
523 EuGH Rs. C-129/00 (*Kommission/Italien*), Slg. 2003, I-14637, Rn. 29
524 EuGH Rs. C-129/00 (*Kommission/Italien*), Slg. 2003, I-14637, Rn. 41
525 EuGH Rs. C-129/00 (*Kommission/Italien*), Slg. 2003, I-14637, Rn. 28 und 35
526 EuGH Rs. C-129/00 (*Kommission/Italien*), Slg. 2003, I-14637, Rn. 30 und 32
527 EuGH Rs. C-129/00 (*Kommission/Italien*), Slg. 2003, I-14637, Rn. 31

Die Argumentation lässt die generelle Bereitschaft des EuGH erkennen, nationale Gerichtsentscheidungen zum Gegenstand eines Vertragsverletzungsverfahrens zu machen. Im konkreten Fall knüpft er dennoch an den nachgelagerten Verstoß der Legislative an, der darin bestand, eine (angeblich) unklare Rechtslage nicht korrigiert zu haben.

3. Bestimmung des Verfahrensgegenstandes

Die Bestimmung des Verfahrensgegenstandes wirft Fragen auf. Bereits die Ausführungen der Kommission, die in dem verwaltungsprozessualen Vorverfahren eine Eingrenzung des Streitgegenstandes durch das Mahnschreiben vornehmen soll,[528] lassen offen, ob der Verstoß in der Beibehaltung der italienischen Norm[529] oder in der Schaffung einer Beweislastumkehr durch die Gerichte liegt.[530] Grund für den Verzicht auf eine klare Festlegung zugunsten eines Vertragsverstoßes durch die Gerichte dürfte die generelle Zurückhaltung der Kommission bei der Einleitung von Vertragsverletzungsverfahren wegen gerichtlichen Verstößen sein. Aus verfahrensrechtlicher Perspektive war der EuGH insoweit in der Bestimmung des Vertragsverstoßes frei.

Entgegen der Auffassung des EuGH liegt bei wertender Betrachtung ein Verstoß der nationalen Gerichte und nicht des Gesetzgebers vor.[531] Die betreffende italienische Norm war nach ihrer Änderung neutral formuliert und damit gemeinschaftsrechtskonform. Eine faktische Beweislastumkehr zu Lasten der Gemeinschaftsbürger folgte erst aus der Auslegung durch die italienischen Gerichte, die somit *conditio sine qua non* für die Vertragsverletzung des Mitgliedstaates war. Erst infolgedessen kann sich eine Verpflichtung der Legislative ergeben, durch eine Neuformulierung der Norm Unklarheiten bei der Auslegung auszuschließen. Ein Parlament ist kaum in der Lage, ein Gesetz zu erlassen, dass den Gerichten von vornherein jeden Auslegungsspielraum nimmt.[532] Es ist daher unzutreffend, die Bedeutung einer Norm primär unter Berücksichtigung der Auslegung durch die nationalen Gerichte zu beurteilen und von einem Verstoß der Legislative auszugehen, wenn von mehreren Gerichte nur einige zu einer gemeinschaftsrechtswidrigen Auslegung gelangen.[533] Der EuGH hätte zumindest einen Verstoß der Legislative und der Judikative feststellen müssen. Folgt man indes der Logik des EuGH ist eine Vertragsverletzung durch eine Gerichtsentscheidung nur in den (seltenen) Fällen denkbar, in denen ein Gericht bewusst

---

528 *Gaitanides* in: von der Groeben/Schwarze, EUV/EGV, Art. 226 Rn. 44

529 Vgl. dafür EuGH Rs. C-129/00 (*Kommission/Italien*), Slg. 2003, I-14637, Rn. 1

530 Vgl. dafür EuGH Rs. C-129/00 (*Kommission/Italien*), Slg. 2003, I-14637, Rn. 11

531 Vgl. Schlussanträge Generalanwalt *Léger* Rs.C-173/03 (*Traghetti del Mediterraneo*), Rn. 59 und 61; ebenso *Anagnostaras*, ELRev 31 (2006) 735, 736; *Kenntner*, EuZW 2005, 235, 237; *Meier*, EuZW 2004, 335

532 *Haltern*, VerwArch 96 (2005) 311, 330f.

533 So aber der EuGH Rs. C-129/00 (*Kommission/Italien*), Slg. 2003, I-14637, Rn. 31-33

von einer eindeutig formulierten und gemeinschaftsrechtskonformen Norm abweicht und nicht bereits dann, wenn ein mitgliedstaatliches Gericht eine Norm gemeinschaftsrechtswidrig auslegt. Der EuGH hat die Chance verpasst, klarzustellen, dass gemeinschaftsrechtswidrige Gerichtsentscheidungen im Rahmen des Vertragsverletzungsverfahrens verfolgt werden können. Der Verdacht liegt nahe, dass der EuGH davon absah, da er unmittelbar nach der *Köbler*-Entscheidung eine Konfrontation mit den mitgliedstaatlichen Gerichten vermeiden wollte

4. Konfrontation statt Kooperation ?

Die Zurückhaltung des EuGH unterstreicht, dass er sich in einem Dilemma befindet, wenn er die nationalen Gerichte zur Beachtung des Gemeinschaftsrechts anhalten will, ohne das im EGV (jetzt AEUV) angelegte Kooperationsverhältnis durch die Ausübung eines übermäßigen Drucks zu gefährden.[534] Zu weit geht indes die Behauptung, dass es dem EuGH in der Rechtssache *Kommission/Italien* durch die prinzipielle Anerkennung der Anwendbarkeit des Art. 258 AEUV auf gerichtliche Verstöße gelungen ist, ein „hierarchisch geordnetes Rechtssystem" zu schaffen.[535] Kennzeichen einer Hierarchierechtsordnung, wie sie in den klassischen nationalstaatlichen Gerichtssystemen vorliegt, ist eine Aufgabenverteilung zwischen Eingangs-, Berufungs- und Revisionsinstanz.[536] Zutreffend ist, dass die Funktion des Vertragsverletzungsverfahrens darin liegt, gegen eine mitgliedstaatliche Verletzung des Gemeinschaftsrechts einzuschreiten, und dass damit auch ein Mandat zur Kontrolle der nationalen Rechtsprechung verbunden ist.[537] Eine strikte Gleichordnung zwischen nationaler und Gemeinschaftsgerichtsbarkeit, wie sie das Vorabentscheidungsverfahren voraussetzt, liegt in diesem Fall nicht vor. Eine Hierarchie im oben genannten Sinne bestünde jedoch erst, wenn der EuGH in der Lage wäre, das gemeinschaftsrechtswidrige Gerichtsurteil aufzuheben und anstelle des nationalen Gerichtes eine Einzelfallentscheidung zu treffen. Eine solche Vorgehensweise ermöglicht Art. 258 AEUV gerade nicht. Man darf erwarten, dass ein nationales Gericht ein Feststellungsurteil zum Anlass nehmen wird, seine Rechtsprechung künftig gemeinschaftsrechtskonform auszurichten. Damit beugt es sich letztlich nicht dem Druck des EuGH, sondern verwirklicht den Vorrang des Gemeinschaftsrechts.

---

534   Vgl. *Komárek*, CMLRev 42 (2005) 9, 25
535   So *Haltern*, VerwArch 96 (2005) 311, 344
536   Ausführlich dazu *Lutz*, Kompetenzkonflikte, S. 26f.
537   *Borchardt* in: Dauses, Handbuch, Band II P.I Rn. 10; *Dörr*, DVBl. 2006, 1088, 1090

III. Vertragsverletzungsverfahren als Alternative zur Staatshaftung wegen judikativen Unrechts

Da das Vertragsverletzungsverfahren die Möglichkeit eröffnet, gerichtliche Fehlentscheidungen festzustellen, ist zu klären, ob es einer gemeinschaftsrechtlichen Staatshaftung wegen richterlichen Unrechts noch bedarf. Eine gewichtige Ansicht im Schrifttum hält es für ausreichend, dass der Verstoß eines nationalen Gerichtes in dem Verfahren nach Art. 258 AEUV rügefähig ist.[538]

Dieser Auffassung kann nicht gefolgt werden. Dem Einzelnen steht kein einklagbares Recht auf Einleitung eines Vertragsverletzungsverfahrens zu.[539] Dieses Begehren kann auch nicht im Wege der Nichtigkeitsklage gemäß Art. 263 Abs. 4 AEUV gegen eine die Eröffnung des Vertragsverletzungsverfahrens ablehnende Entscheidung der Kommission oder im Wege einer Untätigkeitsklage gemäß Art. 265 Abs. 3 AEUV gegen die Kommission durchgesetzt werden.[540] Der Einzelne kann eine Vertragsverletzung nur im Wege der Beschwerde zur Kenntnis der Kommission bringen.[541] Das Vertragsverletzungsverfahren ist des Weiteren nur darauf ausgerichtet, den mitgliedstaatlichen Verstoß festzustellen und im Rahmen des Art. 260 AEUV zu sanktionieren.[542] Selbst wenn ein Verfahren eingeleitet wird, kann kein wirksamer Primärrechtsschutz geleistet werden, da das nationale Gericht aufgrund der Gewaltenteilung nicht zu einer Aufhebung des Urteils gezwungen werden kann.[543] Selbst künftige Verstöße der nationalen Gerichte können nicht verhindert werden.[544] Das Verfahren gewährleistet auch keinen Sekundärrechtsschutz zugunsten des Bürgers, da die Feststellung eines Verstoßes keine Verpflichtung zur Leistung einer Entschädigung nach sich zieht (vgl. zu den Rechtsfolgen Art. 260 AEUV).[545] Ein Vorteil einer Amtshaftungsklage gegenüber einem Feststellungsurteil liegt außerdem darin, dass das Urteil eines nationalen Gerichtes anders als ein Feststellungsurteil des EuGH im Wege der Zwangsvollstreckung durchgesetzt werden kann.[546]

---

538   *Ossenbühl*, Staatshaftungsrecht, S. 514; so wohl auch *Lenz*, NJW 1994, 2063, 2065
539   Vgl. EuGH Rs. C-247/87 (*Star Fruit/Kommission*), Slg. 1989 I-289, Rn. 11
540   *Borchardt* in: Dauses, Handbuch, Band II, P.I Rn. 25
541   Dazu *Kokott/Henze/Sobotta*, JZ 2006, 633, 640
542   *Gromitsaris*, SächsVBl. 2001, 157, 160
543   *Zenner*, Haftung, S. 227
544   Vgl. *Storr*, DÖV 2004, 545, 548
545   *Kluth*, DVBl. 2004, 393, 400; *Storr*, DÖV 2004, 545, 548
546   Vgl. *Pechstein*, EU-/EG-Prozessrecht, Rn. 301 und 305; *Steinhauer*, Auslegung, S. 218f.

B.   *Durchbrechung der Bestandskraft von Verwaltungsentscheidungen*

Möglicherweise kann der Gemeinschaftsbürger Rechtsschutz erlangen, indem er nicht direkt gegen eine gemeinschaftsrechtswidrige Gerichtsentscheidung vorgeht, sondern die Überprüfung bzw. Aufhebung einer Verwaltungsentscheidung verlangt, die infolge dieser Gerichtsentscheidung bestandskräftig wurde.

I.   *Die Entscheidung Kühne & Heitz*

In der Rechtssache *Kühne & Heitz* entschied der EuGH, dass eine nationale Behörde aufgrund der Bestimmung in Art. 10 EGV (jetzt Art. 4 Abs. 3 EUV) verpflichtet sein kann, eine bestandskräftige, gemeinschaftsrechtswidrige Verwaltungsentscheidung zu überprüfen. Der Fall betraf einen bestandskräftigen Verwaltungsakt, mit dem eine Beihilfe zurückgefordert wurde, die sich im Nachhinein als europarechtskonform herausstellte. Der Kläger verlangte Erstattung der aufgrund des rechtswidrigen Rückforderungsbescheides zu Unrecht zurückgezahlten Beihilfen. Der EuGH betont zunächst, dass die Bestandskraft von Verwaltungsentscheidungen zur Rechtssicherheit beiträgt und lehnt daher eine grundsätzliche Pflicht zu deren Rücknahme ab.[547] Ausnahmsweise soll ein Mitgliedstaat sich nicht auf die Bestandskraft berufen können, wenn der betroffene Bürger alle innerstaatlichen Rechtsschutzmöglichkeiten ausgeschöpft hat und wenn die fehlerhafte Auslegung des Gemeinschaftsrechts seitens der Verwaltung durch ein letztinstanzliches Gericht bestätigt wurde. Entscheidend ist dabei, dass das angerufene letztinstanzliche Gericht unter Verletzung seiner Vorlagepflicht entschieden hat.[548] Der EuGH stützt sein Ergebnis auf eine Abwägung zwischen dem Prinzip der Rechtssicherheit einerseits und dem Vorrang des Gemeinschaftsrechts andererseits und räumt unter restriktiven Voraussetzungen der Durchsetzung des Gemeinschaftsrechts den Vorrang ein. Damit kompensiert der EuGH das Fehlen einer Rechtsschutzmöglichkeit des Gemeinschaftsbürgers in dem Fall der Nichtvorlage.[549] Im Einzelnen hängt eine Überprüfung von folgenden Kriterien ab:

Erstens muss die Behörde nach nationalem Recht befugt sein, eine bestandskräftige Verwaltungsentscheidung zurückzunehmen.[550] Zweitens muss die

---

547   EuGH Rs. C-453/00 (*Kühne & Heitz*), Slg. 2004, I-837, Rn. 24

548   *Epiney*, NVwZ 2006, 407, 411; *Kokott/Henze/Sobotta*, JZ 2006, 633, 639; *Potacs*, EuR 2004, 595, 599f.; *Ruffert*, JZ 2004, 620, 621; *Skouris* in: FS Götz, S. 223, 236

549   Zustimmend *Accetto/Zleptnig*, EPL 11 (2005) 375, 392; *Epiney*, NVwZ 2006, 407, 411; *Kokott/Henze/Sobotta*, JZ 2006, 633, 639; *Potacs*, EuR 2004, 595, 601; ablehnend *Biondi/Harmer*, EPL 11 (2005) 345, 348: Sie kritisieren, dass der EuGH sich bei der Bildung der Fallgruppe zu stark an der konkreten Rechtssache orientiert und dass seine künftige Rechtsprechung daher kaum berechenbar ist.

550   In Deutschland ist dies u.a. in folgenden Normen vorgesehen: §§ 48, 49 VwVfG, 130,

Entscheidung infolge eines Urteils in letzter Instanz bestandskräftig geworden sein. Drittens muss das Urteil, wie eine nach seinem Erlass ergangene Entscheidung des Gerichtshofes zeigt, auf einer unrichtigen Auslegung des Gemeinschaftsrechts beruhen, die erfolgt ist, ohne dass der Gerichtshof trotz Bestehen einer Vorlagepflicht nach Art. 267 Abs. 3 AEUV um eine Vorabentscheidung ersucht wurde. Diese Voraussetzung ist bereits erfüllt, wenn der gemeinschaftsrechtliche Gesichtspunkt von dem letztinstanzlichen nationalen Gericht entweder geprüft wurde oder hätte aufgegriffen werden können; es ist nicht erforderlich, dass die Parteien die gemeinschaftsrechtliche Frage vor den nationalen Gerichten aufgeworfen haben.[551] Und viertens muss der Betroffene sich unmittelbar, nachdem er Kenntnis von der Entscheidung des EuGH erlangt hat, an die Verwaltungsbehörde gewandt haben.[552] Der EuGH fügt hinzu, dass durch die Rücknahme die Belange Dritter nicht verletzt werden dürfen.[553]

Der Entscheidung ist nicht eindeutig zu entnehmen, ob die Behörde bei Vorliegen der Voraussetzungen lediglich zur Überprüfung oder auch zur Rücknahme der Verwaltungsentscheidung verpflichtet ist.[554] In der *Ciola*-Entscheidung ging der EuGH direkt von der Unanwendbarkeit der gemeinschaftsrechtswidrigen Verwaltungsentscheidung aus.[555] Unklar ist, ob dies bedeutet, dass künftig derartige Verwaltungsentscheidungen nie Bestandskraft erlangen können.[556] Indes ist die Aussage in *Ciola* wohl nicht verallgemeinerungsfähig[557] und kann daher nicht auf die *Kühne*-Entscheidung übertragen werden. Für eine Aufhebungspflicht spricht, dass sie eine effektive Umsetzung der Vorgaben des Gemeinschaftsrechts durch eine Beseitigung gemeinschaftsrechtswidriger Verwaltungsakte gewährleistet. Vertrauensschutzgesichtspunkte können nicht berücksichtigt werden.[558] Der EuGH gibt demgegenüber zu erkennen, dass er nur von einer Überprüfungspflicht ausgeht. Er erklärt, dass die Behörde anhand des Ergebnisses der Überprüfung entscheiden muss, inwieweit sie zur Rücknahme verpflichtet ist.[559] Dies bedeutet, dass die Überprüfung nicht zwangsläufig zur Rücknahme führt, sondern dass die Behörde darüber eine Entscheidung unter

---

172ff. AO und 44-49 SGB X

551 EuGH Rs. C-2/06 (*Willy Kempter KG/Hauptzollamt Hamburg-Jonas*), Slg. 2004, I-411, Rn. 44

552 EuGH Rs. C-453/00 (*Kühne & Heitz*), Slg. 2004, I-837, Rn. 25

553 EuGH Rs. C-453/00 (*Kühne & Heitz*), Slg. 2004, I-837, Rn. 27

554 Unklar sind insoweit die Formulierungen in den Rn. 25 und 27 des Urteils

555 EuGH Rs. C224/97 (*Ciola*), Slg. 1999, I-2517, Rn. 34

556 Kritisch *Schilling*, EuZW 1999, 407, 408

557 Nach verbreiteter Auffassung betraf diese Entscheidung einen Ausnahmefall, da der Bescheid bereits im Jahre 1990 und damit vor dem EG-Beitritt des betroffenen Mitgliedstaates (Österreich) erlassen wurde. Daher konnte die Gemeinschaftsrechtswidrigkeit des Bescheides nicht im Wege des innerstaatlichen Rechtsschutzes geltend gemacht werden. Somit blieb zur „Bekämpfung" der Gemeinschaftsrechtswidrigkeit nur die Vorrangwirkung, vgl. *Potacs*, EuR 2004, 595, 600 m.w.N

558 So *Frenz*, DVBl. 2004, 375, 376; *Lenze*, VerwArch 97 (2006) 49, 56

559 EuGH Rs. C-453/00 (*Kühne & Heitz*), Slg. 2004, I-837, Rn. 27

Abwägung aller Einzelfallgesichtpunkte trifft.[560] Damit können unbillige Ergebnis, wie etwa in dem Fall, in dem Belange Dritter tangiert sind, vermieden werden.[561] Durch die Annahme einer generellen Rücknahmepflicht würde die von dem EuGH im Grundsatz anerkannte Bestandskraft von Verwaltungsentscheidungen weitgehend ausgehöhlt.[562] Für das deutsche Verwaltungsrecht folgt daraus: § 48 Abs. 1 S. 1 VwVfG ist dahingehend gemeinschaftsrechtskonform auszulegen, dass das Ermessen hinsichtlich der Frage, ob das Verfahren noch einmal aufgerollt wird (sog. Wiederaufgreifen im weiteren Sinne) „auf Null reduziert" ist und dass ein Ermessen nur hinsichtlich der Sachentscheidung besteht.[563] Die Voraussetzungen eines Wiederaufgreifens im engeren Sinne nach § 51 Abs. 1 Nr. 1 VwVfG liegen nicht vor.[564] Nach überzeugender Auffassung in Rechtsprechung und Literatur stellt eine Änderung der Rechtsprechung keine „Änderung der Rechtslage" im Sinne dieser Vorschrift dar, da das betreffende Gericht lediglich seine rechtliche Würdigung des unveränderten materiellen Rechts korrigiert.[565] Somit ist es nicht zulässig und wegen der Ermessensreduzierung bei § 48 Abs. 1 S. 1 VwVfG auch nicht erforderlich, Entscheidungen des EuGH zur Auslegung des Gemeinschaftsrechts unter § 51 Abs. 1 Nr. 1 VwVfG zu subsumieren.

II. Die Entscheidung i-21 Germany & Arcor

Diese Entscheidung betrifft die Frage, ob eine Durchbrechung der Bestandskraft auch in Betracht kommt, wenn der betreffende gemeinschaftsrechtswidrige Verwaltungsakt bestandskräftig wurde, ohne dass eine Anfechtung desselben vor Gericht erfolgte. Nach Ansicht des EuGH unterscheidet sich dieses Verfahren daher „völlig" von der Rechtssache *Kühne & Heitz*.[566] Der Generalanwalt sprach sich für eine umfassende Abwägung der Bestandskraft mit den Zielen des Gemeinschaftsrechts und der Billigkeit aus.[567] Der EuGH verzichtet auf eine solche allgemeine Abwägung. Er nimmt auf der Grundlage des Gleichwertigkeitsgebotes an, dass eine nationale Behörde zur Rücknahme einer mit dem Gemeinschaftsrecht „offensichtlich unvereinbaren", bestandskräftigen Verwaltungsent-

---

560 So im Ergebnis auch *Skouris* in: FS Götz, S. 223, 236
561 So wohl auch der EuGH Rs. C-453/00 (*Kühne & Heitz*), Slg. 2004, I-837, Rn. 25 und 27
562 *Britz/Richter*, JuS 2005, 198, 201; *Kahl* in: Calliess/Ruffert, EUV/AEUV, Art. 4 EUV Rn. 43; *Ruffert*, JZ 2004, 620, 621
563 *Gärditz*, NWVBl. 2006, 441, 447; *Kahl* in: Calliess/Ruffert, EUV/AEUV, Art. 4 EUV Rn. 43
564 A.A. *Lenze*, VerwArch 97 (2006) 49, 59
565 Vgl. BVerwG NJW 94, 388; *Sachs* in: Stelkens/Bonk/Sachs, VwVfG, § 51 Rn. 105-108 jeweils m.w.N.
566 EuGH Rs. C-392/04 und 422/04 (*i- 21 Germany & Arcor/Deutschland*), Slg. 2006, I-8559, Rn. 53
567 Schlussanträge Generalanwalt *Colomer* Rs. C-392/04 und 422/04 (*i 21 Germany & Arcor/Deutschland*), Rn. 95

scheidung verpflichtet ist, wenn eine entsprechende Pflicht hinsichtlich einer mit innerstaatlichem Recht unvereinbaren Verwaltungsentscheidung besteht.[568] Bei der Beurteilung, ob eine „offensichtliche Unvereinbarkeit" vorliegt, seien die Ziele des Gemeinschaftsrechts, in dem vorliegenden Fall der Schutz vor Wettbewerbsbeeinträchtigungen, zu berücksichtigen.[569] Damit bleibt es nicht bei einer schlichten Anwendung des Gleichwertigkeitsgebotes, da die Abwägungsentscheidung nach nationalem Recht gemeinschaftsrechtlich modifiziert wird.[570]

Im Unterschied zur Entscheidung in *Kühne & Heitz* zögert der EuGH, eine weitere Fallgruppe einer Durchbrechung der Bestandskraft zu entwickeln, und stellt lediglich Vorgaben für die Anwendung des Gleichwertigkeitsgebotes auf. Im Sinne einer Systembildung in diesem Bereich und zur Schaffung von Rechtssicherheit wäre es wünschenswert gewesen, wenn der EuGH in Abgrenzung zu *Kühne & Heitz* Kriterien für die Rücknahme einer bestandskräftigen, aber nicht angefochtenen Verwaltungsentscheidung aufgestellt hätte.[571] Beiden Entscheidungen ist indes gemeinsam, dass der EuGH eine Pflicht zur Überprüfung der Verwaltungsentscheidung nur verlangt, wenn ein qualifizierter Verstoß gegen das Gemeinschaftsrecht vorliegt. In *Kühne & Heitz* liegt dieser in der Verletzung der Vorlagepflicht, während in *i-21 Germany & Arcor* erst die „offensichtliche Unvereinbarkeit" der Entscheidung mit dem Gemeinschaftsrecht eine Pflicht zur Überprüfung rechtfertigt.[572]

III. Durchbrechung der Bestandskraft als Alternative zur Staatshaftung wegen judikativen Unrechts

In Fallkonstellationen wie der in *Kühne & Heitz* liegt zugleich ein Fall richterlichen Unrechts vor. Dort wurde die gemeinschaftsrechtswidrige Verwaltungsentscheidung durch ein letztinstanzliches Gericht unter Missachtung seiner Vorlagepflicht aufrechterhalten. Möglicherweise bietet dann das Instrument der Durchbrechung der Bestandskraft eine Alternative zur Staatshaftung wegen richterlichen Unrechts. Dafür spricht auf den ersten Blick, dass der EuGH der nationalen Behörde bezüglich einer Pflicht zur Überprüfung der Verwaltungsentscheidung praktischen keinen Beurteilungs- oder Ermessensspielraum belässt, während er dem nationalem Gericht in einem Haftungsprozess bei der Feststellung eines offenkundigen Verstoßes der Judikative eine Entscheidung unter Be-

---

568   EuGH Rs. C-392/04 und 422/04 (*i- 21 Germany & Arcor/Deutschland*), Slg. 2006, I-8559, Rn. 69

569   EuGH Rs. C-392/04 und 422/04 (*i- 21 Germany & Arcor/Deutschland*), Slg. 2006, I-8559, Rn. 70

570   *Gärditz*, NWVBl. 2006, 441, 446

571   Kritisch *Gärditz*, NWVBl. 2006, 441, 446; *Nolte*, MMR 2007, 30, 31; so auch schon im Anschluss an die Schlussanträge *Kokott/Henze/Sobotta*, JZ 2006, 633, 640

572   Vgl. *Gärditz*, NWVBl. 2006, 441, 446

rücksichtigung aller Gesichtspunkte des Einzelfalls ermöglicht.[573] Weniger Vorteile bietet das Institut der Bestandskraftdurchbrechung auf der Rechtsfolgenseite. Eine Wiederaufnahme erfolgt nur, wenn eine entsprechende Befugnisnorm im nationalen Recht vorliegt. Ein genereller gemeinschaftsrechtlicher Anspruch auf Wiederaufnahme nach Feststellung eines Verstoßes gegen das Gemeinschaftsrecht ist nicht vorgesehen.[574] Demgegenüber schränkt die gemeinschaftsrechtliche Staatshaftung die Verfahrensautonomie der Mitgliedstaaten so weit ein, dass bei Vorliegen der Mindestvoraussetzungen unabhängig von etwaigen nationalen Regelungen eine Haftung zwingend bejaht werden muss. Hinzu kommt, dass das Ermessen der Behörde lediglich hinsichtlich der Überprüfung auf Null reduziert ist, während eine Pflicht zur Aufhebung nicht besteht. Dies bedeutet zugleich, dass beispielsweise in dem Fall *Kühne & Heitz* die Erstattung der zu Unrecht zurückgezahlten Beihilfen nicht automatisch erfolgt. Ein weiterer Nachteil gegenüber der Staatshaftung liegt darin, dass der EuGH bei der Verzinsung im Rahmen eines Erstattungsanspruches deutlich zurückhaltender ist als bei einer Schadensersatzklage.[575] Im Übrigen scheidet eine Wiederaufnahme aus, wenn dadurch die Rechte Dritter beeinträchtigt würden; ein Ausgleich des erlittenen Vermögensnachteils kann dann nur im Weg der Staatshaftung erfolgen.[576] Insgesamt wird deutlich, dass es für den Geschädigten regelmäßig günstiger sein dürfte, eine Ersatzleistung direkt im Wege der Staatshaftung geltend zu machen. Dies schließt freilich nicht aus, dass er zusätzlich den Weg einer Wiederaufnahme des Verwaltungsverfahrens beschreiten kann.[577]

§ 3: Rechtsschutz vor dem EGMR

Eine weitere Rechtsschutzmöglichkeit bietet das Individualbeschwerdeverfahren der EMRK.

A. Individualbeschwerde wegen eines Konventionsverstoßes durch ein nationales Gericht

In diesem Verfahren kann jede natürliche Person oder Personengruppe, die behauptet durch eine Vertragspartei in einem Konventionsrecht verletzt zu sein, nach Erschöpfung aller innerstaatlichen Rechtsbehelfe den EGMR mit einer

---

573   EuGH Rs. C-224/01 (*Köbler*), Slg. 2003, I-10239, Rn. 54
574   Vgl. *Gundel* in: FS Götz, S. 191, 205
575   Ausführlich dazu *Gundel* in: FS Götz, S. 191, 209f. m.w.N.
576   Schlussanträge Generalanwalt *Colomer* Rs. C-392/04 und 422/04 (*i-21 Germany & Arcor/Deutschland*), Rn. 82
577   So mit Blick auf den Fall *Köbler Komárek*, CMLRev 42 (2005) 9, 20f.

Beschwerde befassen (vgl. Art. 34, 35 EMRK); in Deutschland ist zur Erschöpfung des Rechtsweges gemäß Art. 35 Abs. 1 EMRK die Erhebung der Verfassungsbeschwerde erforderlich.[578] Der Konventionsstaat ist für Akte des Parlaments, der Verwaltung oder eben der Rechtsprechung verantwortlich;[579] Art. 50 EMRK a.f. ordnete ausdrücklich die Haftung für die konventionswidrige Entscheidung einer „gerichtlichen Behörde" an.[580] Einen Konventionsverstoß durch die nationale Rechtsprechung bejahte der EGMR jüngst in *Caroline von Hannover*[581] und in *Görgülü*.[582] Stellt der EGMR eine Konventionsverletzung fest, ist der beklagte Staat verpflichtet, sie abzustellen und ihre Folgen, wenn möglich, im Wege der Naturalrestitution zu beseitigen.[583] Nach Art. 41 EMRK spricht der Gerichtshof nach der Feststellung einer Verletzung der Konvention oder eines der Protokolle der verletzten Partei eine Entschädigung zu, wenn das innerstaatlich Recht nur eine unvollkommene Wiedergutmachung gestattet und wenn dies notwendig ist.[584] Voraussetzung einer konventionsrechtlichen Haftung ist dem-

---

578   Der EGMR sieht in der Erhebung einer Verfassungsbeschwerde eine Zulässigkeitsvoraussetzung. Dies ergibt sich aus einer Zusammenschau einiger seiner Urteile. In den Entscheidungen *Glasenapp* (NJW 1986, 3005, Rn. 44), *Hennings* (Urteil vom 16. Dezember 1992, A 251-A, Rn. 18, abrufbar unter: http://www.coe.int) und *Herz* (NJW 2004, 2009, Rn. 66f.) geht der EGMR in der Zulässigkeitsprüfung auf die vorangegangene Erhebung einer Verfassungsbeschwerde ein. Dies wäre überflüssig, wenn der EGMR darin keine Zulässigkeitsvoraussetzung erblickte. Umgekehrt bejaht der EGMR ausnahmsweise die Zulässigkeit einer Individualbeschwerde ohne Erhebung einer Verfassungsbeschwerde bei der Rüge einer verfassungswidrigen Verfahrensverzögerung (EGMR (*Sürmeli*) NJW 2006, 2389 Rn. 103-108) mit dem Argument, dass allein mit der Verfassungsbeschwerde einer überlangen Verfahrensdauer noch nicht abgeholfen werden kann. Des Weiteren hatte bereits die Europäische Kommission zum Schutze der Menschenrechte und Grundfreiheiten ausdrücklich erklärt, dass die Rechtswegerschöpfung erst nach Durchführung einer Verfassungsbeschwerde erzielt ist (in: NJW 1956, 1376). Von dieser Entscheidung ist der EGMR abgesehen von der soeben beschriebenen Ausnahme seither nicht abgewichen.

579   Vgl. *Rogge* in: Wolfram, Internationaler Kommentar, Art. 34 Rn. 233; *Frowein/Peukert*, EMRK, Art. 34 Rn. 57

580   Vgl. *Dannemann*, Schadensersatz, S. 88f.

581   EGMR NJW 2004, 2647

582   EGMR NJW 2004, 3397

583   Vgl. EGMR (*Früherer König von Griechenland u.a/Griechenland*) NJW 2003, 1721, Rn. 72f.

584   *Streinz* (VVDStRL 61 (2002) 300, 312) bezeichnet diese Entschädigungsregelung als die „dritte Säule" des europäischen Staatshaftungsrechts neben der Eigenhaftung der Gemeinschaft und der Haftung der Mitgliedstaaten. Anders als Art. 5 Abs. 5 EMRK begründet Art. 41 EMRK keinen Individualanspruch, sondern enthält lediglich eine Kompetenznorm, der allerdings ein ungeschriebener völkerrechtlicher Entschädigungsanspruch vorgelagert ist, vgl. *Ossenbühl*, Staatshaftungsrecht, S. 530. Bei den Beschwerdeverfahren vor dem EGMR steht die Feststellung einer Konventionsverletzung im Vordergrund, während die Zuerkennung einer Entschädigung nur eine unselbstständige Nebenentscheidung darstellt. Hier liegt der Unterschied zu den sekundären Rechtsbehelfen des Gemeinschaftsrechts, die auch der Schließung von Lücken in dem System des primären Rechtsschutz dienen, vgl. *Ossenbühl*, Staatshaftungsrecht, S. 535

nach die Verursachung eines Schadens durch die Verletzung einer individual-schützenden Konventionsnorm.[585] Die Entschädigung umfasst den Ersatz für materielle und immaterielle Schäden sowie für Verfahrenskosten.[586]

Mit Hilfe der Individualbeschwerde kann der Einzelne gegen ein gemein-schaftsrechtswidriges Gerichtsurteil vorgehen, dass gegen eine der Gewährleis-tungen der EMRK verstößt. Praktisch relevant dürfte dies vor allem in dem Fall einer willkürlichen Nichtvorlage eines letztinstanzlichen Gerichtes (Art. 267 Abs. 3 AEUV) sein, die als Verstoß gegen den *fair-trial* Grundsatz aus Art. 6 Abs. 1 EMRK gerügt werden kann.[587] Damit besteht auch in den Ländern, deren Rechtsordnungen keinen der Verfassungsbeschwerde vergleichbaren Rechtsbe-helf vorsehen, die Möglichkeit, Verstöße gegen die Vorlagepflicht indirekt zu beanstanden. Zweifel bestehen jedoch an der Effektivität dieser Beschwerde-möglichkeit. Der EGMR kann lediglich die Konventionswidrigkeit des Urteils feststellen; zur Aufhebung ist er nicht befugt.[588] Die Erlangung einer Entschädi-gung ist praktisch unmöglich, da der Nachweis eines Ursachenzusammenhanges zwischen der Konventionsverletzung und dem entstandenen Schaden kaum ge-lingen dürfte.[589]

B. Wiederaufnahme des Verfahrens nach nationalem Recht aufgrund eines konventionswidrigen Urteils

Der beklagte Staat ist frei ist, die Mittel zu wählen, mit denen er seiner Ver-pflichtung aus Art. 46 Abs. 1 EMRK zur Befolgung der Urteile des EGMR nachkommen will; eine Wiederaufnahme des Verfahrens verlangt der EGMR nicht.[590] Die deutsche[591] und englische[592] Rechtsprechung sowie die überwiegende Ansicht im Schrifttum lehnen eine solche Pflicht mit Rücksicht auf das Institut der Rechtskraft und wegen der Möglichkeit der Erlangung einer Entschädigung ab.[593] Seit dem 31. Dezember 2006 ist dennoch nach deutschem Recht eine Wie-deraufnahme des Verfahrens im Zivil- und Verwaltungsprozess möglich, wenn

---

585 Vgl. *Ossenbühl*, Staatshaftungsrecht, S. 536
586 Vgl. dazu ausführlich *Grabenwarter*, Europäische Menschenrechtskonvention, § 15 Rn 5-9
587 EGMR, Urteil vom 13. Juni 2002, *Bakker/Österreich*, Az. 43454/98
588 Vgl. EGMR (*Marckx*) NJW 1979, 2449, Rn. 58; EGMR (*Lyons/Vereinigtes König-reich*) EuGRZ 2004, 777, 778
589 Vgl. zu den Schwierigkeiten des Nachweises der Kausalität zwischen der Verletzung der Vorlagepflicht und dem entstandenen Schaden Dritter Teil § 4 A. IV. 1. a)
590 EGMR (*Lyons/Vereinigtes Königreich*) EuGRZ 2004, 777, 778
591 BVerfG NJW 1986, 1425, 1426f.; BVerfG Az. 1 BvR 1493/04, abrufbar unter www.bverfg.de
592 *R* v. *Lyons* (2002) HRLR 18, 500, 514
593 *Frowein*, ZaöRV 46 (1986) 286, 288; *Meyer-Ladewig*, EMRK, Art. 46 Rn. 28; a.A. *Walter* in: Grote/Marauhn , EMRK/GG, Kap. 31 Rn. 53

der EGMR eine Konventionsverletzung festgestellt hat und das angegriffene Urteil auf dieser Verletzung beruht (vgl. § 580 Nr. 8 ZPO bzw. 153 Abs. 1 VwGO).[594] Der Gesetzgeber nimmt an, dass durchaus Fälle denkbar sind, in denen eine Konventionsverletzung nur durch eine Wiederaufnahme abgestellt werden kann. Dem schutzwürdigen Vertrauen des Gegners des Ausgangsverfahrens in die Rechtskraft der nationalen Entscheidung könne dadurch Rechnung getragen werden, dass die Bundesregierung ihn von der anhängigen Individualbeschwerde unterrichtet und auf die Möglichkeit der Wiederaufnahme hinweist.[595] Damit hält das deutsche Recht nach der Verfassungsbeschwerde einen weiteren Rechtsbehelf bereit, um die Korrektur einer Gerichtsentscheidung zu erreichen, die unter Missachtung der Vorlagepflicht erlassen wurde. Der Einzelne wird diese prozessuale Möglichkeit in Anspruch nehmen, wenn der EGMR anders als zuvor das BVerfG eine willkürliche Nichtvorlage und damit einen Verstoß gegen Art. 6 Abs. 1 EMRK angenommen hat. Zwischenzeitlich eingetretene Schäden können auf diesem Weg freilich nicht ersetzt werden.

§ 4: Aufhebung gemeinschaftsrechtswidriger Urteile im Wege der Restitutionsklage

Als Alternative zur Staatshaftung kommt weiterhin die Aufhebung eines gemeinschaftsrechtswidrigen Urteils im Wege der Restitutionsklage in Betracht. Gegenstand der Untersuchung ist zunächst die Frage, inwieweit der EuGH dem Gemeinschaftsrecht eine Pflicht zur Aufhebung solcher Urteile entnimmt bzw. in welchen Fällen, er von der Unanwendbarkeit nationaler Rechtskraftregeln ausgeht.

A.   Rechtsprechung des EuGH zur Aufhebung rechtskräftiger Urteile

Der EuGH wies erstmals in der *Eco Swiss*-Entscheidung darauf hin, dass nationale Gerichte nicht verpflichtet sind, von der Anwendung innerstaatlicher Verfahrensvorschriften zum Schutz der Rechtskraft abzusehen, selbst wenn dadurch ein Verstoß gegen das Gemeinschaftsrecht abgestellt werden könnte.[596] An dieser

---

594   Ein solcher Wiederaufnahmegrund existierte bereits in § 359 Nr. 6 StPO. In Rechtsprechung und Literatur war bislang umstritten, ob § 580 Nr. 7 b ZPO analog angewandt werden kann (vgl. OLG Dresden VIZ 2004, 459, 460; *Braun* in: MünchKomm ZPO vor § 578 Rn. 37 m.w.N.)
595   Vgl. BT-Dr. 16/3038, S. 39f.; zustimmend *von Preuschen*, NJW 2007, 321, 323
596   EuGH Rs. C-126/97 (*Eco Swiss*), Slg. 1999, I-3055, Rn. 46f.; die Entscheidung betraf eine Norm des niederländischen Verfahrensrechts, wonach ein Zwischenschiedsspruch, der den Charakter eines endgültigen Schiedsspruchs hat und gegen den nicht

Auffassung hält der EuGH in der *Köbler*-Entscheidung fest und betont, dass zur Gewährleistung des Rechtsfriedens und der Beständigkeit rechtlicher Beziehungen sowie einer geordneten Rechtspflege nach Ausschöpfung des Rechtswegs oder nach Ablauf der entsprechenden Rechtsmittelfristen unanfechtbar gewordene Gerichtsentscheidungen nicht mehr in Frage gestellt werden können sollen.[597] In der Entscheidung *Kapferer/Schlank & Schick* stellt der EuGH klar, dass unabhängig von der Beurteilung in *Kühne & Heitz* aus Art. 10 EGV (jetzt Art. 4 Abs. 3 AEUV) keine Verpflichtung eines nationalen Gerichtes folgt, eine rechtskräftige gemeinschaftsrechtswidrige Gerichtsentscheidung zu überprüfen und aufzuheben.[598]

B.   Das Urteil Lucchini

In der *Lucchini*-Entscheidung schränkt der EuGH die Anwendung einer nationalen Rechtskraftregel ein, um die Effektivität des gemeinschaftsrechtlichen Beihilfenrechts zu gewährleisten.

I.   Sachverhalt

Dem Fall lag ein Beihilfeersuchen der *Lucchini SpA* bei den italienischen Behörden zugrunde. Die Kommission hielt diese Beihilfen für mit dem Gemeinsamen Markt unvereinbar. Trotz einer bestandskräftigen Kommissionsentscheidung wurden die zuständigen Behörden durch ein zivilgerichtliches Urteil verpflichtet, die Beihilfen auszuzahlen, was auch geschah. Daraufhin verlangte die Kommission von den italienischen Behörden, die Beihilfen zurückzufordern. Gegen den Bescheid, mit dem die Behörden die Bewilligungsentscheidung widerriefen und die Rückzahlung verlangten, klagte *Lucchini* vor dem Verwaltungsgericht. Dabei berief *Lucchini* sich auf die Rechtskraft des Zivilurteils. In dem verwaltungsgerichtlichen Rechtsstreit legte der *Consiglio di Stato* dem EuGH die Frage zur Vorabentscheidung vor, ob das Gemeinschaftsrecht der Anwendung einer nationalen Rechtskraftregel entgegensteht.[599]

---

fristgemäß Aufhebungsklage erhoben wurde, Rechtskraft erlangt und durch einen späteren Schiedsspruch auch dann nicht mehr in Frage gestellt werden kann.

597   EuGH Rs. C-224/01 (*Köbler*), Slg. 2003, I-10239, Rn. 38

598   EuGH Rs. C-234/04 (*Kapferer/Schlank & Schick*), Slg. 2006, I-2585, Rn. 23f.

599   Der einschlägige Art. 2909 des Codice civile lautet: „Die in einem rechtskräftig gewordenen Urteil enthaltene Feststellung ist für die Parteien, ihre Erben oder Rechtsnachfolger in jeder Hinsicht bindend."

II. Entscheidung des EuGH

Der EuGH entschied, dass das Gemeinschaftsrecht der Anwendung einer solchen nationalen Norm zum Schutz der Rechtskraft entgegensteht, wenn ihre Anwendung die Rückforderung eine unter Verstoß gegen das Gemeinschaftsrecht gewährte Beihilfe behindert, deren Unvereinbarkeit mit dem Gemeinsamen Markt durch eine bestandskräftige Entscheidung der Kommission festgestellt worden ist.[600] Zur Begründung stützt der EuGH sich auf folgende Erwägung: Das nationale Gericht habe für die volle Wirksamkeit des Gemeinschaftsrecht Sorge zu tragen, indem es dem Gemeinschaftsrecht entgegenstehende Bestimmungen des nationalen Rechts unangewendet lasse.[601] Des Weiteren sei ausschließlich die Kommission und nicht ein nationales Gericht für die Beurteilung von Beihilfemaßnahmen zuständig.[602] Dies rechtfertige es, eine nationale Rechtskraftregel unangewendet zu lassen, die die Rückforderung einer gemeinschaftsrechtswidrig gewährten Beihilfe unmöglich machen würde.[603]

III. Vorschläge im Schrifttum

Einige Autoren bejahen ein Bedürfnis für die Aufhebung rechtskräftiger Urteile in dem Fall, dass sie unter Verstoß gegen die Vorlagepflicht ergangen sind und der EuGH in einem Vertragsverletzungsverfahren[604] oder in einem anderen Vorlageverfahren eine andere Rechtsauffassung als das nationale Gericht des Ausgangsverfahrens vertritt.[605] Da der Bürger nicht in der Lage sei, den EuGH für eine Vorabentscheidung anzurufen, müsse effektiver Rechtsschutz auf mitgliedstaatlicher Ebene gewährleistet werden.[606] Dem stehe das Prinzip der Rechtskraft nicht entgegen, da der EuGH selbst in den Entscheidungen *Köbler, Kühne & Heitz* und *Lucchini* die Rechtskraft nationaler Urteile in Frage gestellt habe.[607] Teilweise wird vorgeschlagen bei einem „offenkundigen Gemeinschaftsrechtsverstoß" im Sinne der Staatshaftungsrechtsprechung, eine Durchbrechung der Rechtskraft zuzulassen; eine auf diesen Ausnahmefall begrenzte Durchbrechung der Rechtskraft sei mit dem Grundsatz der Rechtssicherheit vereinbar.[608]

---

600   EuGH Rs. C-119/05 (*Lucchini*), Slg. 2007, I-6199, Rn. 64
601   EuGH Rs. C-119/05 (*Lucchini*), Slg. 2007, I-6199, Rn. 61; welche Bestimmung des Gemeinschaftsrechts damit gemeint ist, erläutert der EuGH nicht.
602   EuGH Rs. C-119/05 (*Lucchini*), Slg. 2007, I-6199, Rn. 62
603   EuGH Rs. C-119/05 (*Lucchini*), Slg. 2007, I-6199, Rn. 59
604   *Pache/Bielitz*, DVBl. 2006, 325, 331; *Poelzig*, JZ 2007, 858, 868
605   *Poelzig*, JZ 2007, 858, 868
606   *Poelzig*, JZ 2007, 858, 864; ebenso: *Pache/Bielitz*, DVBl. 2006, 325, 331
607   *Poelzig*, JZ 2007, 858, 860
608   *Germelmann*, EWS 2007, 392, 397f.; *Haratsch/Hensel*, JZ 2008, 144, 145

Der in den Entscheidungen *Eco Swiss* und *Kapferer* aufgestellten Grundsatz des EuGH, wonach die Rechtkraft nationaler Urteile unangetastet bleibt und keine gemeinschaftsrechtliche Pflicht zur Wiederaufnahme besteht, wird nicht durch andere Entscheidungen des EuGH relativiert, wenn man einmal von der Ausnahmekonstellation in *Lucchini* absieht.

In *Köbler* stellt der EuGH das Institut der Rechtskraft nicht grundsätzlich in Frage.[609] Zwar berührt ein Urteil im Staatshaftungsprozess die durch die Rechtskraft bezweckte Befriedungsfunktion.[610] Insoweit besteht aber ein gewichtiger Unterschied zur Rechtskraftdurchbrechung mittels Aufhebung, da nur in dem letztgenannten Fall eine Abänderung der Gerichtsentscheidung erfolgt. Die Sicherung des inhaltlichen Bestandes einer formell endgültigen Entscheidung ist aber gerade einer der wesentlichen Zwecke der Rechtskraft;[611] er wird in dem Fall der Staatshaftung nicht tangiert.

Die Rechtssache *Kühne & Heitz* betraf ausschließlich die Rücknahme von Verwaltungsentscheidungen und damit deren Bestandskraft. Demgegenüber ist der Grundsatz der Rechtskraft von einer anderen „Natur und Tragweite".[612] Der EuGH verdeutlicht in *Kapferer*, dass das Institut der Rechtskraft nicht zugunsten einer effektiven Durchsetzung des Gemeinschaftsrechts „geopfert" werden soll.[613] Der Entscheidung eines unabhängigen Gerichtes kommt mit Blick auf den Rechtsfrieden und die Ordnung der Rechtspflege eine besondere Funktion zukommt.[614] Dementsprechend stellt auch das deutsche Recht deutlich höhere Anforderungen an eine Restitutionsklage nach § 580 ZPO als an die Rücknahme eines Verwaltungsaktes nach § 48 VwVfG.

In der *Lucchini*-Entscheidung ändert der EuGH seine Position zur Rechtskraft ebenfalls nicht grundsätzlich.[615] Dies zeigt bereits die Tatsache, dass er in dem Urteil nicht einmal andeutet, von seinen Auffassungen in *Eco Swiss* und *Kapferer* abweichen zu wollen. Grundlage seiner Argumentation ist die in den Entscheidungen *Simmenthal II*[616] und *Factortame I*[617] entwickelte Rechtsprechung zum Anwendungsvorrang; zugleich verweist der EuGH auf die Entscheidung *Salumificio di Cornuda*[618], in der er die Verpflichtung nationaler Behörden

---

609   Vgl. oben Zweiter Teil § 4 A.
610   Vgl. unten Drittel Teil § 3 C. II. 3. c)
611   Vgl. *Gottwald* in: MünchKomm ZPO, § 322 Rn. 2
612   So zutreffend Schlussanträge *Tizzano* EuGH Rs. C-234/04 *(Kapferer/Schlank & Schick)*, Rn. 25
613   Vgl. *Schmidt-Westphal/Sander*, EuZW 2006, 242, 243
614   Vgl. *Ruffert*, JZ 2006, 905; *ders.*, CMLRev 44 (2007) 479, 486
615   So im Ergebnis auch *Germelmann*, EWS 2007, 392, 397; *Hatje*, EuR 2007, 654, 656f.; *Kremer*, EuZW 2007, 726, 728
616   EuGH Rs. 106/77 *(Simmenthal II)*, Slg. 1978, 629, Rn. 17/18
617   EuGH Rs. C-213/89 *(Factortame I)*, Slg. 1990, I-2433, Rn. 21
618   EuGH Rs. C-130/78 *(Salumificio di Cornuda)*, Slg. 1979, 867, Rn. 23-27

zur Befolgung von Kommissionsentscheidungen herausstellt.[619] Im Kern geht es dem EuGH darum, eine effektive Durchsetzung gemeinschaftsrechtlicher Beihilferegeln zu ermöglichen und die Kompetenz der Kommission auf diesem Gebiet zu schützen.[620] Wie dem Tenor der *Lucchini*-Entscheidung zu entnehmen ist, bleibt die Rechtskraftdurchbrechung somit auf den Sonderfall der Rückforderung gemeinschaftsrechtswidriger Beihilfen beschränkt. Damit setzt der EuGH seine restriktive Rechtsprechung im Beihilfenrecht fort.[621]

Eine Notwendigkeit zur Korrektur von Urteilen, die unter Verstoß gegen die Vorlagepflicht ergangen sind, besteht nicht. Eine dahingehende gemeinschaftsrechtliche Verpflichtung zur Gewährleistung eines effektiven Rechtsschutzes kann dem EGV(jetzt AEUV) nicht entnommen werden. Der EGV sieht selbst keine Möglichkeiten zur Durchsetzung der Vorlagepflicht im Wege des Individualrechtsschutzes vor.[622] Im Übrigen ist eine Rechtskraftdurchbrechung nicht angezeigt, da dem Individualrechtsschutz mit dem Instrument der Staatshaftung ausreichend Rechnung getragen werden kann.[623] Damit wird außerdem in einer privatrechtlichen Streitigkeit das Vertrauen der (anderen) Partei, der aus dem Gemeinschaftsrechtsverstoß keine nachteiligen Folgen entstehen, in die Rechtskraft des Urteils geschützt. Aus den gleichen Erwägungen ist auch eine Aufhebung eines Urteils, dem ein „offenkundiger Gemeinschaftsrechtsverstoß" zugrunde liegt, nicht angezeigt.

Gleichwohl besteht die Möglichkeit der Aufhebung eines gemeinschaftsrechtswidrigen Urteils, wenn das nationale Recht eine Vorschrift zur Wiederaufnahme des Verfahrens enthält. Der EuGH lässt in *Kapferer* offen, ob bei Existenz einer solchen Norm aus dem Gemeinschaftsrecht eine Pflicht zur Korrektur rechtskräftiger Entscheidungen besteht.[624]

Meier schlägt vor, in analoger Anwendung des § 580 Nr. 6 ZPO eine Restitutionsklage zuzulassen, wenn der EuGH festgestellt hat, dass ein Gericht gegen das Gemeinschaftsrecht verstoßen hat.[625] Zu Recht lehnt *Poelzig* eine analoge Anwendung des § 580 Nr. 6 ZPO mit Verweis auf dessen Ausnahmecharakter ab. Es ist im Einzelfall dem Gesetzgeber überlassen, festzulegen, wann dem Interesse an der Herstellung materieller Gerechtigkeit gegenüber der Rechtssicherheit der Vorrang einzuräumen ist.[626] Durch die Einführung des § 580 Nr. 8 ZPO hat der Gesetzgeber indirekt zum Ausdruck gebracht, dass er gegenwärtig keine Notwendigkeit sieht, eine Durchbrechung der Rechtskraft gemeinschaftsrechtswidriger Urteile zu erlauben; anders soll dies bei Urteilen sein, die auf

619 EuGH Rs. C-119/05 (*Lucchini*), Slg. 2007, I-6199, Rn. 61
620 Vgl. *Büscher*, GPR 2008, 210, 219; *Kremer*, EuZW 2007, 726, 728
621 Vgl. dazu nur EuGH Rs. C-5/89 (*Kommission/Deutschland*), Slg. 1990, I-3437, Rn. 17-19
622 Vgl. unten Dritter Teil § 4 IV. 1. a)
623 Ebenso *Kremer*, EuZW 2007, 726, 729
624 EuGH Rs. C-234/04 (*Kapferer/Schlank & Schick*), Slg. 2006, I-2585, Rn. 23
625 EuZW 1991, 11, 15: Er bezieht sich insbesondere auf den Fall der Verletzung der Vorlagepflicht durch ein letztinstanzliches Gericht
626 *Poelzig* JZ 2007, 858, 867; im Ergebnis ebenso *Kremer*, EuR 2007, 470, 479

einer Verletzung der EMRK beruhen. Selbst wenn man die Analogiefähigkeit des § 580 Nr. 6 ZPO bejaht, bietet diese Vorgehensweise angesichts der in Betracht kommenden Wiederaufnahmegründe keinen effektiven Individualrechtsschutz. Soweit die Wiederaufnahme an ein Feststellungsurteil nach § 260 AEUV geknüpft werden soll, ist zu bedenken, dass der Einleitung eines Vertragsverletzungsverfahrens durch den Einzelnen die beschriebenen verfahrensrechtlichen Hürden entgegenstehen. Soweit ein Vorabentscheidungsurteil in einem anderen Rechtsstreit als Grund für eine Wiederaufnahme dienen soll, hilft dies dem Einzelnen zur Erlangung eines effektiven und damit auch zeitigen Rechtsschutzes kaum. Erstens muss er abwarten, bis überhaupt einmal ein passendes Urteil des EuGH, das die betreffende Rechtsfrage klärt, erlassen wird. Selbst dann ist unsicher, ob die betreffende Vorabentscheidung auf das wieder aufzunehmende Verfahren anwendbar ist. Dies läuft auch dem Zweck des § 580 ZPO zuwider. Danach soll eine Wiederaufnahme nur erfolgen, wenn der Urteilsmangel so evident ist, dass es nicht einer erneuten Sachprüfung bedarf.[627] Und zweitens hat der Einzelne, der eine Wiederaufnahme begehrt, keine Möglichkeit, auf eine Vorabentscheidung in einem anderen Verfahren hinzuwirken. Umgekehrt liegt der Vorteil der Staatshaftung gerade darin, dass der Bürger seine Rechte vor nationalen Gerichten nach Maßgabe der nationalen Verfahrensordnung einklagen kann, ohne dass er eine Entscheidung des EuGH abwarten muss.

---

627 Vgl. *Braun* in: MünchKomm ZPO vor § 578 Rn. 9

Dritter Teil: Gemeinschaftsrechtliche Staatshaftung wegen judikativen Unrechts

Gegenstand des folgenden Teils ist die Darstellung und Analyse der Rechtsprechung des EuGH zur Staatshaftung wegen judikativen Unrechts.

§ 1: Einführung in den Untersuchungsgegenstand und Gang der Untersuchung

Im Folgenden wird dargestellt, ob und unter welchen Voraussetzungen die Mitgliedstaaten der EG zur Ersatzleistung in dem Fall eines Verstoßes ihrer letztinstanzlichen Gerichte gegen Gemeinschaftsrecht verpflichtet sind. Im Mittelpunkt steht dabei eine kritische Würdigung der Entscheidungen des EuGH in *Köbler* und *Traghetti del Mediterraneo*.

Bereits in der Entscheidung *Brasserie du Pêcheur* erklärte der EuGH, dass der Grundsatz der gemeinschaftsrechtlichen Staatshaftung für das Handeln „unabhängig davon gilt, welches mitgliedstaatliche Organ durch sein Handeln oder Unterlassen den Verstoß begangen hat."[628] In dieser Entscheidung deutete der EuGH die Entwicklung seiner künftigen Rechtsprechung an – mehr aber auch nicht. Da sich der EuGH entsprechend der Vorlagefrage ausdrücklich nur mit einer Ausdehnung des Haftungsgrundsatzes auf legislatives Unrecht auseinandersetzte und die Frage judikativen Unrechts weder in den Stellungnahmen der mitgliedstaatlichen Regierungen noch in den Schlussanträgen des Generalanwaltes eine Rolle spielte, kann diese Entscheidung nicht als Präjudiz einer Haftung für richterliches Fehlverhalten angesehen werden.[629] In seinen Schlussanträgen in der Rechtssache *Hedley Lomas* hat Generalanwalt *Léger* erstmals hervorgehoben, dass „sogar" ein gemeinschaftsrechtswidriges Gerichtsurteil die Haftung eines Mitgliedstaates auslösen kann. Zur Begründung führte der Generalanwalt an, dass wie im Rahmen eines Vertragsverletzungsverfahrens die Verantwortlichkeit eines Staates nicht von der innerstaatlichen Zuständigkeitsverteilung abhängen dürfe.[630] In dem anschließenden Urteil ging der EuGH darauf nicht näher ein, weil sich die Vorlagefrage nur auf eine Haftung wegen administrativen Unrechts bezog. In der deutschen und englischen Literatur wurde seit der

---

628 EuGH Rs. C-46/93 (*Brasserie du Pêcheur*), Slg. 1996, I-1029, Rn. 32

629 In der Entscheidung EuGH Rs. C-302/97 (*Konle*), Slg. 1999, I-3099, Rn. 62 betonte der EuGH lediglich, dass es für die Anwendung des Haftungsgrundsatzes irrelevant sei, welche staatliche Stelle gehandelt habe

630 Schlussanträge Generalanwalt *Léger*, EuGH Rs. C-5/94 (*Hedley Lomas*) Slg. 1996, I-2553, Rn. 114

Francovich-Entscheidung kontrovers über Begründung und die Voraussetzungen einer mitgliedstaatlichen Haftung wegen richterlichen Fehlverhaltens diskutiert.[631]

In der *Köbler*-Entscheidung erörtert der EuGH nun erstmals ausführlich, ob insbesondere die Grundsätze der Rechtskraft oder der richterlichen Unabhängigkeit einer Ersatzpflicht der Mitgliedstaaten wegen fehlerhafter Urteile entgegenstehen. Der EuGH sieht sich aufgrund der Besonderheit der richterlichen Funktion gezwungen, die bisher allgemeingültigen Voraussetzungen der gemeinschaftsrechtlichen Haftung zu modifizieren.

Zunächst werden der Sachverhalt der *Köbler*-Entscheidung und die dort gestellten Vorlagefragen referiert. Es folgt eine Diskussion der Gründe, die in dem Urteil selbst, in den Schlussanträgen des Generalanwaltes, in den Stellungnahmen der Regierungen und in der Literatur für und gegen eine Ausweitung des gemeinschaftsrechtlichen Haftungsgrundsatzes auf Fälle judikativen Unrechts angeführt werden. Daran schließt sich eine Untersuchung der materiellen Voraussetzungen einer Ersatzpflicht wegen judikativen Unrechts an. Schließlich wird knapp die Entscheidung des EuGH in der Sache selbst dargestellt.

§ 2: Sachverhalt der *Köbler*-Entscheidung und Vorlagefragen

Ausgangspunkt des Vorabentscheidungsverfahrens war eine Schadensersatzklage des deutschen Universitätsprofessors *Gerhard Köbler* gegen die Republik Österreich vor dem *Landesgericht für Zivilrechtssachen Wien*.

A.   Sachverhalt

Köbler machte geltend durch eine gemeinschaftsrechtswidrige Entscheidung des *ÖstVerwGH* einen Schaden erlitten zu haben. *Köbler* war die Auszahlung einer Dienstalterszulage nach § 50 a Abs. 1 östGG verweigert worden, da er nicht die erforderliche fünfzehnjährige Dienstzeit an österreichischen Universitäten nachweisen konnte; Dienstzeiten *Köblers* an ausländischen Universitäten wurden nicht berücksichtigt. Nach Auffassung *Köblers* stellte die fehlende Anrechenbarkeit der Dienstzeiten an ausländischen Universitäten eine nicht zu rechtfertigende mittelbare Diskriminierung dar. In dem anschließenden Rechtsstreit zog der

---

631   Vgl. nur *Anagnostaras*, EPL 7 (2001) 281; *Beljin*, Staatshaftung, S. 84f.; *Beul*, EuZW 1996, 748, 749; *Herdegen/Rensmann*, ZHR 161 (1997) 522, 555; *Müller-Graff*, DRiZ 1996, 305, 314f. *Ross*, MLR 56 (1993) 55; *Szyszczak*, MLR 55 (1992) 690, 696; *Toner*, YEL 17 (1997) 165; *Wegener*, EuR 2002, 785

ÖstVerwGH seine Vorlagefrage zur Auslegung des Art. 39 EGV zurück, nachdem der EuGH in dem Fall *Schöning-Kougebetopoulou*[632] eine ähnliche Frage zugunsten des Klägers entschieden hatte. Dennoch wies der *ÖstVerwGH* die Klage mit der Begründung ab, dass die Dienstalterszulage eine Treueprämie darstelle, so dass eine Ungleichbehandlung gerechtfertigt sei. Daraufhin klagte *Köbler* auf Ersatz des ihm durch die Nichtauszahlung der Dienstalterszulage entstandenen Schadens. Im Rahmen dieses Haftungsprozesses legte das *Landesgericht* dem EuGH mehrere Fragen zur Vorabentscheidung vor.

B.   *Vorlagefragen des Landesgerichts für Zivilrechtssachen Wien*

Folgende (verkürzt dargestellte) Fragen legte das *Landesgericht* dem EuGH unter anderem vor:

1. Frage: Ist die Rechtsprechung des Europäischen Gerichtshofes zur Haftung der Mitgliedstaaten auch auf den Fall anzuwenden, dass es sich bei dem angeblich gemeinschaftsrechtswidrigen Organverhalten um eine Erkenntnis eines Höchstgerichts eines Mitgliedstaats handelt?

2. Frage: Ist es Sache der Rechtsordnung jedes Mitgliedstaats, zu bestimmen, welches Gericht für die Entscheidung von Rechtsstreitigkeiten über diesen Schadensersatz zuständig ist?

5. Frage: Verfügt der Europäische Gerichtshof über alle Informationen, um selbst beurteilen zu können, ob der Verwaltungsgerichtshof den ihm zur Verfügung stehenden Ermessensspielraum offenkundig und erheblich überschritten hat?

Mit der dritten und vierten Frage möchte das vorlegende Gericht wissen, ob in dem konkreten Fall die materiellen Voraussetzungen für die Haftung des Staates erfüllt sind. Da dabei die Auslegung des Art. 39 EGV im Vordergrund steht, muss angesichts des Untersuchungsgegenstandes nicht auf diese Fragen eingegangen werden.

C.   *Stellungnahmen einzelner nationaler Regierungen und der Kommission*

Hinsichtlich der bei dem EuGH eingereichten Erklärungen lassen sich zwei Grundpositionen unterscheiden: Die deutsche und die niederländische Regierung

---

632   EuGH Rs.C-15/96, Slg. 1998, I-0047

sowie die Kommission bejahen im Grundsatz die Haftung eines Mitgliedstaates wegen judikativen Unrechts und sprechen sich für die Aufstellung restriktiver Haftungsvoraussetzungen aus. Demgegenüber lehnen die Regierung Österreichs, Frankreichs und des Vereinigten Königreichs eine Haftung kategorisch ab.[633]

§ 3: Ausdehnung des Grundsatzes der gemeinschaftsrechtlichen Staatshaftung auf Fälle judikativen Unrechts

Der Gerichtshof setzt sich ausführlich mit den Argumenten auseinander, die für und gegen die Haftung eines Mitgliedstaates wegen judikativen Unrechts sprechen.

A.   Völkerrechtliche Argumentation

Der EuGH begründet die Ausweitung der Haftung auf Verstöße letztinstanzlicher Gerichte zunächst mit dem völkerrechtlichen Prinzip der Einheit des Staates.[634]

I.   Prinzip der Einheit des Staates

Im Rahmen der Grundsätze der Staatenverantwortlichkeit im Völkerrecht ist anerkannt, dass der Staat für das Verhalten seiner Organe verantwortlich ist, gleichgültig ob sie exekutive, richterliche oder gesetzgeberische Funktionen ausüben.[635] Aus diesem Prinzip folgt, dass eine Zurechnung rechtswidrigen Ver-

---

633   Vgl. zum Ganzen EuGH Rs. C-224/01 (*Köbler*), Slg. 2003, I-10239, Rn. 16-29
634   EuGH Rs. C-224/01 (*Köbler*), Slg. 2003, I-10239, Rn. 32
635   Vgl. nur *Dahm/Delbrück/Wolfrum*, Völkerrecht, Band I/3, S. 894 m.w.N. Dieses Prinzip basiert bislang auf Völkergewohnheitsrecht. Danach ist jeder Staat bei einem Verstoß gegen eine völkerrechtliche Verpflichtung gegenüber dem verletzten Staat zur Wiedergutmachung verpflichtet. Seine Rechtfertigung findet dieser Grundsatz in der Erwägung, dass jede Rechtsordnung Regeln für den Fall ihrer Verletzung bereithalten muss (vgl. *K.Ipsen*, Völkerrecht, 9. Kapitel, Rn. 1). Der StIGH hat den Grundsatz der Staatenverantwortlichkeit bereits frühzeitig als Bestandteil des Völkergewohnheitsrechts angesehen (vgl. StIGH *Chorzów Facto*ry (Merits), PCIJ Series A, No. 17, S. 29 und. die Darstellung der Haftungsvoraussetzungen bei *K. Ipsen*, Völkerrecht, § 40 Rn. 2-63). Grundsätzlich ist der haftenden Staat gegenüber dem verletzten Staat zur Wiederherstellung des *status quo ante* verpflichtet (vgl. StIGH *Chorzów Factory* (Merits),

haltens stets an den Staat und nicht an das jeweilige Staatsorgan erfolgt und dass es gleichgültig ist, auf welche staatliche Stelle das Handeln oder Unterlassen zurückgeht.[636] Eine Verantwortlichkeit bei Verstößen der Judikative wird im Völkerrecht ausdrücklich anerkannt.[637] In der *Brasserie*-Entscheidung begründet der EuGH eine mitgliedstaatliche Haftung wegen legislativen Unrechts damit, dass Grundsatz der Haftungseinheit erst recht in der Gemeinschaftsrechtordnung gelten müsse, da alle staatlichen Stellen bei der Erfüllung ihrer Aufgaben die unmittelbar anwendbaren Bestimmungen des Gemeinschaftsrechts zu beachten haben; der Staat dürfe sich nicht durch die Zuweisung einer Aufgabe an den Gesetzgeber der Haftung entziehen.[638] In der Rechtssache *Köbler* erstreckt der EuGH diese Argumentation auf Verstöße letztinstanzlicher Gerichte.[639] Unter methodischen Gesichtspunkten ist allerdings zweifelhaft, ob zur Begründung der Staatshaftung wegen richterlicher Fehlentscheidungen auf völkerrechtliche Prinzipien zurückgegriffen werden kann.

PCIJ Series A, No. 17, S.49). Soweit eine solche Restitution nicht möglich oder zumutbar ist, besteht eine Verpflichtung, an den geschädigten Staat Schadensersatz zu leisten (vgl. IGH *Gabčíkovo-Nagymaros* (*Hungary* v. *Slovakia*), ICJ Reports 1997, S. 7, 81). Der Entwurf der *ILC* zur Staatenverantwortlichkeit vom 9.August 2001, der am 12. Dezember 2001 von der UN-Generalversammlung in einer Resolution (UN Dok. A/Res/56/83) begrüßt wurde, spiegelt das Völkergewohnheitsrecht wider. Nach dem Grundsatz der Staatenverantwortlichkeit besteht nur eine Wiedergutmachungspflicht gegenüber dem geschädigten Staat. Der Einzelne ist im Völkerrecht durch den Staat mediatisiert, so dass bei einer Verletzung des Einzelnen in seinen Rechten nur den Staat den Anspruch im Wege des diplomatischen Schutzes geltend machen kann (vgl. *K.Ipsen*, Völkerrecht, § 24 Rn. 41 m.w.N). Demgegenüber besteht bei der gemeinschaftsrechtlichen Staatshaftung unmittelbar ein Anspruch des geschädigten gegen einen Mitgliedstaat. Auf diesen Unterschied weist auch Generalanwalt *Léger* in seinen Schlussanträgen (Rs. C-224/01 (*Köbler*), Slg. 2003, I-10239, Rn. 44) hin.

636   Vgl. Schlussanträge Generalanwalt *Léger* Rs. C-224/01, Slg. 2003, I-10239, Rn. 44-48; in diesem Zusammenhang verweist er auf ein Urteil eines italienisch-venezolanisches Gerichtes, in dem eine Haftung der Republik Venezuela für eine völkerrechtswidrige Gerichtsentscheidung des venezolanischen Bundes- und Kassationsgerichtshofes bejaht wurde (vgl. Urteil vom 20. Mai 1930 (*Martini*), RSA, Vol. II, S. 978)

637   Vgl. zu dieser umfassenden Zurechnung schon das Urteil in dem Fall *Salvador Commercial Company*, Entscheidung vom 8. Mai 1902, RIAA Vol. XV, S. 467, 477 und Art. 4 I des *ILC* - Entwurfes

638   EuGH verb. Rs. C-46/93 und 48/93 (*Brasserie du Pêcheur* und *Factortame*), Slg. 1996, I-1029, Rn. 34f. Der Generalanwalt *Tesauro* hatte in seinen Schlussanträgen (Verb. Rs. C-46/93 und 48/93 *Brasserie du Pêcheur* und *Factortame*), Slg. 1996, I-1029, Rn. 43) zur Begründung der Zurechnung von Verstößen der gesetzgebenden Gewalt an den Staat auf die Rechtsprechung des StIGH zur Staatenverantwortlichkeit in dem Fall *Chorzów Factory* zurückgegriffen. Einige Autoren haben aufgrund dieses Hinweises bereits frühzeitig eine Ausweitung der Haftung auf richterliches Fehlverhalten erwogen, vgl. *Beljin*, Staatshaftung, S. 83; *Craig*, LQR 113 (1997) 67, 71f.; *Ruffert* in: Calliess/Ruffert, EUV/EGV (2.Aufl.), Art. 288 EGV Rn. 35; *Toner*, YEL 17 (1997) 165, 178f.

639   EuGH, Rs. C-224/01 (*Köbler*), Slg. 2003, I-10239, Rn. 32; zustimmend *Kluth*, DVBl. 2004, 393, 397; *Krieger*, JuS 2004, 855, 858

II. Heranziehung völkerrechtlicher Grundsätze im Gemeinschaftsrecht

Eine wichtige Argumentationshilfe bei der Frage, ob Lücken im Gemeinschaftsrecht unter Rückgriff auf völkerrechtliche Grundsätze gelöst werden können, kann sich aus der rechtlichen Einordnung des Gemeinschaftsrechts ergeben.[640] Da eine umfassende Darstellung des insoweit geführten Meinungsstreits hier nicht geleistet werden kann, werden kurz die Hauptrichtungen referiert.

Der EuGH führt aus, dass „zum Unterschied von gewöhnlichen internationalen Verträgen (...) der EWG-Vertrag eine eigene Rechtsordnung geschaffen" hat.[641] Allerdings sieht sich der EuGH nicht daran gehindert, das Gemeinschaftsrecht im Einzelfall unter Berufung auf eine völkerrechtliche Argumentation fortzuentwickeln.[642] Nach Auffassung der „Traditionalisten"[643] ist das Gemeinschaftsrecht durch völkerrechtliche Verträge der Mitgliedstaaten entstanden und stellt somit Völkerrecht dar. Die Anwendung völkerrechtlicher Prinzipien bzw. die völkerrechtliche Interpretation der EG-Verträge ist daher zulässig.[644] Demgegenüber nehmen die „Autonomisten" an, dass die Mitgliedstaaten durch die Verträge eine eigenständige Rechtsordnung *sui generis* geschaffen haben, die weder den nationalen Rechtsordnungen noch dem Völkerrecht zuzurechnen ist. Sie gehen von einer Doppelnatur des Gemeinschaftsrechts aus, das sowohl einen völkervertragsrechtlichen als auch einen verfassungsrechtlichen Charakter habe.[645] Der Verfassungscharakter sei im Sinne der Gründung einer supranationalen Rechtsordnung zu verstehen, deren Strukturmerkmale die unmittelbare Anwendbarkeit und der Vorrang des Gemeinschaftsrechts sind.[646] Zu Recht weisen die Vertreter dieser Auffassung darauf hin, dass die strukturellen Besonderheiten die Rechtsnatur des Gemeinschaftsrechts determinieren und dass nicht aus der völkerrechtlichen Entstehungsweise automatisch seine Zuordnung zum Völkerrecht folgt.[647] Das Gemeinschaftsrecht stellt aufgrund seiner Struktur und seiner normativen Dichte wie eine nationale Rechtsordnung ein autonomes Verfassungsgefüge dar, das den Rückgriff auf allgemeine Regeln des Völkerrechts weder notwendig noch geeignet erscheinen lässt.[648] Auslegung und Fortbildung des Ge-

640   *Scholl*, Haftung, S. 120; *Streinz*, Europarecht, Rn. 125
641   Vgl. EuGH Rs. 6/64 (*Costa/E.N.E.L*), Slg. 1964, 1251, 1269
642   Vgl. *Scholl*, Haftung, S. 117f. m.w.N. zur Rechtsprechung
643   Zur Terminologie ausführlich *Schweitzer/Hummer/Obwexer*, Europarecht, Rn. 234f.; *Haratsch/Koenig/Pechstein*, Europarecht, Rn. 364
644   Vgl. *Bleckmann*, Europarecht, Rn. 158; *Seidl-Hohenveldern/Loibl*, Das Recht der Internationalen Organisationen, Rn. 1503
645   Vgl. *H.P. Ipsen*, Europäisches Gemeinschaftsrecht, S. 7 und 64; *K. Ipsen*, Völkerrecht, § 33 Rn. 43; *Zuleeg* in: von der Groeben/Schwarze, EUV/EGV, Art. 1 EGV Rn. 22
646   *Haratsch/Koenig/Pechstein*, Europarecht. Rn. 372ff.; zu dem EWG als Verfassungsurkunde einer Rechtsgemeinschaft vgl. auch EuGH Gutachten 1/91, Slg. 1991, I-6079, Rn. 21
647   *Schweitzer/Hummer/Obwexer*, Europarecht, Rn. 235f.
648   *Schwarze*, EuR 83, 1, 33; *Everling* in: FS Mosler, S. 179f.; zu den Ausnahmen vgl. *Müller-Graff* in: Dauses, Handbuch, Band I A.I Rn. 70

meinschaftsrechts sind dann entsprechend der Rechtsnatur nach gemeinschaftsrechtlichen Regeln vorzunehmen.[649]

III. Anwendbarkeit des völkerrechtlichen Grundsatzes der Haftungseinheit in dem Bereich der mitgliedstaatlichen Haftung

Legt man zugrunde, dass das Verhältnis zwischen der EG und den Mitgliedstaaten nicht nach völkerrechtlichen Kriterien zu bestimmen ist, ist das völkerrechtliche Prinzip der Einheit des Staates nicht geeignet, eine mitgliedstaatliche Haftung zu legitimieren.[650] Wollte man den generalisierenden Ansatz des Völkerrechts zur Begründung einer mitgliedstaatlichen Haftung heranziehen, liefe das außerdem der Struktur des Haftungsinstitutes zuwider, das hinsichtlich der Haftungsbegründung und -folgen primär auf das nationale Rechts abstellt. Gerade in dem Bereich der Judikativhaftung weisen die mitgliedstaatlichen Rechtsordnungen teilweise ein sehr komplexes Regelungsgeflecht auf und es existieren umfangreiche Haftungsbeschränkungen.[651] Wenn schon das Gemeinschaftsrecht, dessen Besonderheit darin liegt, das einige seiner Bestimmungen einen Anwendungsvorrang gegenüber dem nationalen Recht beanspruchen, in dem Bereich der Staatshaftung nur subsidiär zur Anwendung gelangt, kann erst recht das allgemeine Völkerrecht, das nicht in vergleichbar gravierender Weise auf die nationalen Rechtsordnungen einwirkt,[652] den Haftungstatbestand nicht determinieren. Hinzukommt, dass eine Anwendung des Völkerrechts überhaupt nur eine Rolle spielen kann, wenn sich entsprechende Regelungen nicht bereits durch eine Auslegung des Gemeinschaftsrechts entwickeln lassen.[653] Mit der Entscheidung zur Staatshaftung wegen der Nichtumsetzung von Richtlinien hat der EuGH seine Rechtsprechung zur unmittelbaren Wirkung von Richtlinien konsequent fortentwickelt.[654] Beide Entscheidungen verdeutlichen, dass die Gemeinschaftsrechtsordnung eigene Regelungen für den Fall ihrer Verletzung enthält bzw. autonom zu entwickeln imstande ist. Damit handelt es sich bei dem Gemeinschaftsrecht insoweit um ein *self-contained regime*.[655] Eines Rückgriffs auf die Grundsätze der Staatenverantwortlichkeit bedarf es daher nicht.

---

649   Vgl. *Müller-Graff* in: Dauses, Handbuch, Band I A.I Rn. 91
650   So auch *Tsikrikas*, ZZPInt 9 (2004) 123, 124; *Wegener*, EuR 2004, 84, 86
651   Vgl. den Überblick bei *Wegener*, EuR 2002, 785, 790
652   Zu Geltungsgrund und Geltungsrang des Völkerrechts im innerstaatlichen Recht vgl. *Herdegen*, Völkerrecht, § 22 Rn. 6
653   *Bleckmann/Pieper* in: Dauses, Handbuch, Band I B.I Rn. 166
654   Vgl. EuGH verb. Rs. C-6/90 und 9/90 (*Andrea Francovich u.a. / Italien*), Slg. 1991, I-5357, Rn. 31f.
655   Vgl. *Weiler*, YLJ 100 (1991) 2403, 2422; unter einem self-contained regime versteht man Normkomplexe, die substantielle Verpflichtungen enthalten und gleichzeitige Regelungen für den Fall ihrer Verletzung vorsehen (vgl. *Dahm/Delbrück/Wolfrum*, Völkerrecht, Band I/3, S. 869).

Im Übrigen liegt in dem Bereich des judikativen Unrechts ein Unterschied zwischen der völkerrechtlichen Verantwortlichkeit und der mitgliedstaatlichen Haftung darin, dass bei ersterer ein Verstoß durch ein außerhalb der nationalen Rechtsordnung stehendes Gericht festgestellt wird. Somit tritt im Völkerrecht nicht das Problem auf, dass das Gericht des Ausgangsverfahren und des Haftungsprozesses möglicherweise identisch sind.[656] Letztlich weicht der EuGH bei der Begründung seines Haftungsmaßstabes selbst von dem völkergewohnheitsrechtlichen Prinzip der uneingeschränkten Zurechenbarkeit jeglichen Organverhaltens an den Staat ab. Das Gericht betont, dass aufgrund der Besonderheit richterlicher Tätigkeit eine Haftung des Mitgliedstaates einen „Ausnahmefall" darstellt und nur in Frage kommt, wenn ein „offenkundiger Verstoß" des Gerichtes gegen Gemeinschaftsrecht vorliegt.[657] Indem der EuGH den Haftungsmaßstab derart modifiziert, bringt er zum Ausdruck, dass eine Differenzierung zwischen den einzelnen Staatsorganen vorgenommen werden muss. Damit distanziert er sich von der einheitlichen Betrachtungsweise des Völkerrechts. Deren Anwendung sollte auf zwischenstaatliche Beziehungen beschränkt bleiben.

B. Einfluss der EMRK und der Rechtsprechung des EGMR auf die Köbler-Entscheidung des EuGH

Anlass zu einer genaueren Untersuchung des Einflusses der Rechtsprechung des EGMR auf die Köbler-Entscheidung geben sowohl der EuGH als auch der EGMR.

I. Wechselwirkung zwischen den beiden europäischen Gerichtszweigen

Der EuGH hat zur Begründung eines Grundsatzes der Staathaftung für Gerichtsentscheidungen auf die Entscheidung des EGMR in Dulaurans/Frankreich[658] verwiesen.[659] Des Weiteren hat der EGMR knapp eineinhalb Jahre vor dem Urteil in der Rechtssache Köbler in Dangeville/Frankreich die Versagung von Sekundärrechtsschutz gegen eine gemeinschaftsrechtswidrige Gerichtsentscheidung durch ein letztinstanzliches nationales Gericht als konventionswidrig eingestuft und die Republik Frankreich zur Leistung einer Entschädigung verurteilt.[660] Die Anerkennung einer Haftung auf der Ebene der Menschenrechtskonvention könn-

---

656 *Classen*, CMLRev 41 (2004) 813, 818
657 EuGH Rs. C-224/01 (*Köbler*), Slg. 2003, I-10239, Rn. 53
658 EGMR, Urteil vom 21. März 2000 (*Dulaurans/Frankreich*), Az. 34553/97
659 EuGH Rs. C-224/01 (*Köbler*), Slg. 2003, I-10239, Rn. 49
660 EGMR, Urteil vom 16. April 2002 (*S.A.Jacques Dangeville/Frankreich*), Az. 36677/97

te die Akzeptanz der *Köbler*-Rechtsprechung erhöhen. Möglicherweise zwingt sie den EuGH sogar rechtlich oder faktisch zur Fortentwicklung seiner Staatshaftungsrechtsprechung. Generalanwalt *Léger* hat in seinen Schlussanträgen betont, dass die EMRK ein „interessantes Licht" auf die Frage der Haftung eines Staates für judikatives Unrecht wirft, da die Konvention sowohl bei Verstößen gegen den Grundsatz des fairen Verfahrens als auch bei Verstößen gegen materielle Vorschriften die Möglichkeit einer Entschädigung eröffne.[661] Allerdings hat der Generalanwalt auf keines der oben genannten Urteile des EGMR ausdrücklich Bezug genommen. Schließlich muss man überlegen, ob es dadurch zu „Verschiebungen im europäischen Rechtsschutzsystems" kommt,[662] dass der EGMR eine Individualbeschwerde gegen gemeinschaftsrechtswidrige Gerichtsurteile für zulässig erachtet und sich dadurch möglicherweise zum „Wächter des Gemeinschaftsrechts"[663] aufschwingt.

Um beurteilen zu können, welche Bedeutung die *Dangeville*- und die *Dulaurans*-Entscheidung für die Rechtsprechung des EuGH haben und ob die Entscheidungen des EGMR sogar eine Bindungswirkung für den EuGH entfalten, ist kurz auf die Wechselwirkungen zwischen dem Recht der Europäischen Gemeinschaft und der EMRK einzugehen. In einem Gutachten hat der EuGH festgestellt, dass ein Beitritt der Gemeinschaft zur EMRK mangels Rechtsgrundlage im Primärrecht nicht möglich ist.[664] Solange die Union aber nicht Vertragspartei der EMRK ist, ist sie nach Auffassung des EuG und des EuGH auch nicht an die darin enthaltenen materiellrechtlichen Gewährleistungen gebunden.[665] Dementsprechend sind die Gemeinschaftsorgane auch nicht zur Befolgung der Entscheidungen des EGMR verpflichtet. Der EuGH zieht die EMRK lediglich als eine Rechtserkenntnisquelle zur Ermittlung der Gemeinschaftsgrundrechte heran (vgl. Art. 6 Abs. 3 EUV).[666]

---

661   Schlussanträge Generalanwalt Léger Rs. C-224/01 (*Köbler*), Slg. 2003, I-10239, Rn. 49

662   Vgl. *Haltern*, VerwArch 96 (2005) 311

663   Vgl. *Breuer*, JZ 2003, 433

664   EuGH, Gutachten 2/94, Slg. 1996, I-1759; neuerdings schafft Art. 6 Abs. 2 S. 1 Vertrages über die Europäische Union in der Fassung des Vertrages von Lissabon die Voraussetzungen für einen Beitritt der Europäischen Union zur EMRK

665   Vgl. *Schorkopf* in: Grabitz/Hilf/Nettesheim, Recht der EU, Art. 6 EUV Rn. 47 m.w.N zur Rechtsprechung

666   *Beutler* in: von der Groeben/Schwarze, EUV/EGV, Art. 6 EUV Rn. 57; *Kingreen* in: Calliess/Ruffert, EUV/AEUV, Art. 6 EUV Rn. 20; a.A. *Hilf/Schorkopf* in: Grabitz/Hilf, Recht der EU, Art. 6 EUV Rn. 48: Sie gehen aufgrund der Rechtsprechung des EuGH zu den Gemeinschaftsgrundrechten mittlerweile von einer „materiellen Bindung an die EMRK" aus; so auch *Pechstein* in: Streinz, EUV/EGV, Art. 6 EUV Rn. 11

II. Die Entscheidung Dulaurans/Frankreich

Trotz der fehlenden Bindungswirkung ist zu klären, inwieweit die Rechtsprechung des EGMR die Rechtsprechung des EuGH zur gemeinschaftsrechtlichen Staatshaftung beeinflusste und ob der Verweis der EuGH auf die *Dulaurans*-Entscheidung geeignet ist, die Ausweitung des Haftungsgrundsatzes zu begründen.

1. Sachverhalt und Entscheidung

In diesem Fall behauptete die Klägerin, dass der *Court de Cassation* in dem zugrunde liegenden Zivilrechtsstreit gegen den Grundsatz des fairen Verfahrens aus Art. 6 Abs. 1 EMRK verstoßen habe. Der EGMR gab der Klägerin Recht und verurteilte Frankreich gemäß Art. 41 EMRK zur Zahlung einer Entschädigung in Höhe von 100.000 Francs und Erstattung der Kosten in Höhe von 50.000 Francs.

2. Konsequenzen für den Grundsatz der gemeinschaftsrechtlichen Staatshaftung wegen judikativen Unrechts

In der *Köbler*-Entscheidung begründet der EuGH den Grundsatz der Staatshaftung für gemeinschaftsrechtswidrige Gerichtsurteile unter anderem mit einer rechtsvergleichenden Analyse, in die er die Rechtslage nach der EMRK einbezieht. Danach könne der EGMR eine Entschädigung auch in dem Fall der Konventionsverletzung durch ein nationales letztinstanzliches Gericht zusprechen. Der EuGH verweist insoweit auf die *Dulaurans*-Entscheidung.[667] Allerdings kann dieser Begründungsansatz des EuGH aus mehreren Gründen nicht überzeugen.

Zunächst einmal betraf die *Dulaurans*-Entscheidung nicht die Haftung eines Konventionsstaates wegen eines gemeinschaftsrechtswidrigen Gerichtsurteils. Gegenstand der Entscheidung war vielmehr ein Verfahrensfehler, der einen Verstoß gegen Art. 6 EGMR begründete. Es ist aber nicht zuletzt aufgrund des Art. 50 EMRK a.F. weitgehend unumstritten, dass eine Entschädigung bei konventionswidrigen Gerichtsentscheidungen zugesprochen werden kann. Unzutreffend ist außerdem das Argument des EuGH, dass dieses Urteil des EGMR herangezogen werden kann, um zu begründen, dass aus rechtsvergleichender Sicht

---

667   EuGH Rs. C-224/01 (*Köbler*), Slg. 2003, I-10239, Rn. 49

Erwägungen im Zusammenhang mit der Rechtskraft eine Staatshaftung für Gerichtsentscheidungen nicht prinzipiell ausschließen.[668] In der Entscheidung des EGMR stellte sich gerade nicht das Problem, dass im Rahmen eines Staatshaftungsprozesses ein durch rechtskräftiges Urteil abgeschlossenes Verfahren erneut aufgerollt wurde.[669] Wie oben dargelegt, prüfte der EGMR nicht, ob die Entscheidung des *Court de Cassation* aufgrund eines Verstoßes gegen materiellrechtliche Gewährleistungen der EMRK aufzuheben ist; vielmehr rügte er ausschließlich einen Fehler in dem gerichtlichen Verfahren. Es ist nicht verständlich, warum weder der Generalanwalt noch der Gerichtshof zur Absicherung ihrer Argumentation auf die ein Jahr zuvor ergangene *Dangeville*-Entscheidung zurückgegriffen haben, in der genau die Fragen der Entschädigung für gemeinschaftsrechtswidrige Urteile und der Korrektur einer Entscheidung im Wege des Sekundärrechtsschutzes eine Rolle spielten. Jedenfalls gelingt es dem EuGH nicht, durch seinen (wenig plausiblen) Verweis auf die *Dulaurans*-Entscheidung zur Akzeptanzvermittlung seiner Rechtsprechung beizutragen.[670]

Darüber hinaus ist der Ansatz des EuGH, die gemeinschaftsrechtliche Staatshaftung für judikatives Unrecht in Anlehnung an die Entschädigungsregelung in Art. 41 EMRK zu entwickeln, aus mehreren Gründen problematisch. Erstens beruhen die beiden Haftungsinstitute auf unterschiedlichen dogmatischen Konstruktionen. Grundlage der Entschädigungspflicht nach Art. 41 EMRK ist eine völkervertragsrechtliche Vereinbarung, die auch Konventionsverstöße nationaler Gerichte erfasst. Demgegenüber begründet der EuGH im Wege der Auslegung eine Verpflichtung der EG-Mitgliedstaaten, im innerstaatlichen Recht Schadensersatzklagen gegen richterliche Entscheidungen zuzulassen. Daher liefert die EMRK keinen Beleg für eine allgemeine Anerkennung einer Haftung für richterliche Fehlurteile[671] Zweitens entspricht es auch dem völkerrechtlichen Ursprung des Art. 41 EMRK, dass entsprechend den Grundsätzen über die Staatenverantwortlichkeit eine Differenzierung zwischen einzelnen staatlichen Organen nicht erfolgt und damit die Besonderheit richterlicher Tätigkeit unberücksichtigt bleibt. Oben wurde ausgeführt, dass dieser Begründungsansatz auf die mitgliedstaatliche Haftung nicht übertragen werden kann. Drittens muss bedacht werden, dass Verfahren vor dem EGMR einen speziellen menschenrechtlichen Bezug aufweisen, so dass anders als bei „bloßen" Verstößen gegen Gemeinschaftsrecht ein umfassender Rechtsschutz geboten ist; dieser schließt Beschwerden gegen richterliche Fehlentscheidungen ein.[672] Darüber hinaus unterscheiden sich beide Institute hinsichtlich der Ausgestaltung des Verfahrens. Der EuGH hat die Mitgliedstaaten verpflichtet, im innerstaatlichen Recht Rechtsschutzmöglichkeiten gegen gerichtliche Entscheidungen zur Verfügung zu stel-

---

668   Vgl. EuGH Rs. C-224/01 (*Köbler*), Slg. 2003, I-10239, Rn. 48
669   Vgl. *Gundel*, EWS 2004, 8, 11; er ordnet die Individualbeschwerde „eher als außerordentlichen Rechtsbehelf denn als Sekundärrechtsschutz" ein
670   Vgl. *von Danwitz*, JZ 2004, 301, 302
671   Vgl. zum Ganzen *Radermacher*, NVwZ 2004, 1415, 1418; *Wegener*, EuR 2004, 84, 86f.
672   *Wattel*, CMLRev 41 (2004) 177, 187

len und hat damit einen erheblichen Einfluss auf die nationalen Haftungssysteme genommen. Tragende Prinzipien des nationalen Staatshaftungsrechts wie der weitgehende Ausschluss der Judikativhaftung werden praktisch bedeutungslos. Die EMRK sieht demgegenüber ein Individualbeschwerdeverfahren vor dem EGMR vor und greift nicht in das nationale Rechtsschutzsystem ein, sondern steht zu diesem im Verhältnis der Subsidiarität.[673] Insgesamt wird deutlich, dass zwischen beiden Instituten kaum Parallelen bestehen, so dass der rechtsvergleichende Hinweis des EuGH nicht weiterführend ist.

III. Die Entscheidung S.A. Dangeville/Frankreich

Anlass für die Entscheidung des EGMR in *S.A. Dangeville/Frankreich* war ein gemeinschaftsrechtswidriges Urteil des *Conseil d'Etat*.

1. Sachverhalt

Gegenstand des Rechtsstreites vor den nationalen Gerichten war die Nichtumsetzung der 6. Umsatzsteuerrichtlinie[674] durch die Republik Frankreich. Die Richtlinie sah Steuerbefreiungen für Versicherungsumsätze einschließlich der dazugehörigen Dienstleistungen vor. Die Klägerin *Dangeville* verlangte zunächst unter Berufung auf das Prinzip der unmittelbaren Wirkung einer Richtlinie Erstattung der zu Unrecht gezahlten Steuern. Der *Conseil d'Etat* wies die Klage mit Urteil vom 19. März 1986 als unbegründet ab, da er zu diesem Zeitpunkt die Direktwirkung von Richtlinien nicht anerkannte (erste *Dangeville*-Entscheidung).[675] Eine Vorlage an den EuGH nach Art. 267 AEUV lehnte das Gericht auf der Grundlage der *acte claire*-Doktrin ab.[676] Die anschließende Haftungsklage auf Rückerstattung der Steuern wegen unterbliebener Richtlinienumsetzung hatte ebenfalls keinen Erfolg.

---

673   *Grabenwarter*, Europäische Menschenrechtskonvention, § 13 Rn. 19
674   RL 77/388/EWG
675   *Conseil d'Etat* (*S.A. Dangeville*), RJF 5/1986, No. 553
676   Der *Conseil d'Etat* hatte diese Doktrin in der *Cohn-Bendit*-Entscheidung entwickelt. Danach kann ein letztinstanzliches Gericht die Vorlage verweigern, wenn die Rechtslage nach seiner Auffassung so klar ist, dass die Auslegung einer Richtlinie durch den EuGH nicht mehr erforderlich ist, vgl. *Conseil d'Etat* EuR 1978, 292, 294.

Der Zulässigkeit der Klage stand nach Auffassung des *Conseil d'Etat* die Rechtskraft des ersten Urteils (*l'autorité de la chose jugée*) und ein dem Vorrang des Primärrechtsschutz vergleichbarer Grundsatz (*distinction des contenieux*) entgegen (zweite *Dangeville*-Entscheidung); eine Vorlage an den EuGH unterblieb erneut.[677]

2. Entscheidung des EGMR

Der EGMR konnte hinsichtlich eines Konventionsverstoßes nicht auf die erste *Dangeville*-Entscheidung abstellen, da diese Entscheidung nicht fristgemäß mit der Individualbeschwerde angegriffen wurde.[678] Daher prüft der EGMR die zweite *Dangeville*-Entscheidung am Maßstab des Eigentumsrechts in Art. 1 des Ersten Zusatzprotokolls (1.ZP) zur EMRK[679]. Das Eigentumsrecht umfasst neben existierenden Rechtspositionen auch „berechtigte Erwartungen".[680] Der im Gemeinschaftsrecht begründete Anspruch auf Erstattung der zu Unrecht gezahlten Steuern stellt nach Ansicht des EuGH eine solche „berechtigte Erwartung dar".[681] Der EGMR stellt fest, dass der *Conseil d'Etat* nicht durch Anwendung des Grundsatzes des *distinction des contenieux* die Durchsetzung der durch die Richtlinie vermittelten Rechtposition ausschließen und damit den Erstattungsanspruch zum Erlöschen bringen konnte. Der *Conseil d'Etat* habe die Erlangung von Primärrechtsschutz gerade verhindert, indem er eine unmittelbare Wirkung der Richtlinie ablehnte.[682] Die Ablehnung des Steuerstattungsanspruches in der zweiten *Dangeville*-Entscheidung stelle einen Eingriff in die Eigentumsgarantie dar.[683] Im Rahmen einer Abwägung zwischen dem Allgemeininteresse und dem Prinzip des effektiven Rechtsschutzes gelangt der EGMR zu dem Schluss, dass der Eingriff unverhältnismäßig war. Durch die Ablehnung eines Anspruches in der zweiten Entscheidung des *Conseil d'Etat* sei die letzte Möglichkeit der Klägerin zur Erlangung effektiven Rechtsschutzes ausgeschlossen worden.[684] Der EGMR sprach der *S.A. Dangeville* eine Entschädigung in Höhe der zu Unrecht gezahlten Steuern und der Verfahrenskosten nach Art. 41 EMRK zu.

---

677   *Conseil d'Etat (S.A. Dangeville)*, RJF 12/1996, No. 1469
678   Vgl. *Gundel*, EWS 2004, 8, 10
679   vom 20. März 1952
680   Vgl. *Cremer* in: Grote/Marauhn, EMRK/GG, Kap.2 Rn. 43 m.w.N.
681   EGMR, Urteil vom 16. April 2002, (*S.A. Dangeville/Frankreich*), Az. 36677/97, Rn. 48
682   EGMR, Urteil vom 16. April 2002, (*S.A. Dangeville/Frankreich*), Az. 36677/97, Rn. 48f.; *Breuer*, JZ 2003, 433, 438
683   EGMR Urteil vom 16. April 2002, (*S.A. Dangeville/Frankreich*), Az. 36677/97, Rn. 50
684   EGMR Urteil vom 16. April 2002, (*S.A. Dangeville/Frankreich*), Az. 36677/97, Rn. 56 und 61

3. Implizite Anerkennung einer gemeinschaftsrechtlichen Staatshaftung wegen judikativen Unrechts durch den EGMR

Fraglich ist, ob der EGMR die Ablehnung einer Staatshaftung für richterliche Fehlentscheidungen durch den *Conseil d'Etat* in der zweiten *Dangeville*-Entscheidung als rechtswidrigen Eingriff in das Eigentumsrecht eingestuft hat und damit die Grundlage für die Anerkennung eines Ersatzanspruches wegen gemeinschaftsrechtswidriger Urteile schuf.[685] Bei einer Untersuchung der Entscheidung des EGMR ergibt sich kein klares Bild. Einerseits steht die implizite Anerkennung einer Haftung für judikatives Unrecht durch den EGMR nicht einmal im „Rang" eines *obiter dictums*. Bedauerlicherweise differenziert das Gericht gar nicht erst zwischen dem Anspruch der Klägerin aufgrund der unmittelbaren Wirkung der Richtlinie in der ersten *Dangeville*-Entscheidung und dem Haftungsanspruch in der zweiten *Dangeville*-Entscheidung. Außerdem diskutiert der EGMR nicht, ob eine Korrektur der ursprünglichen Entscheidung des *Conseil d'Etat* in dem Verfahren des sekundären Rechtsschutzes nicht zu einer Durchbrechung der Rechtskraft führt und ob eine Staatshaftung mit dem Grundsatz der richterlichen Unabhängigkeit in Übereinstimmung zu bringen ist.[686] Gerade diese beiden Prinzipien werden gegen eine Anerkennung der Judikativhaftung angeführt.

Andererseits lag tatsächlich neben einem Verstoß der Legislative ein Fall judikativen Unrechts vor, da der *Conseil d'Etat* in der ersten *Dangeville*-Entscheidung die unmittelbare Wirkung der Richtlinie nicht anerkannte.[687] Der EGMR selbst erblickt in der zweiten Entscheidung des *Conseil d'Etat* einen Konventionsverstoß.[688] Des Weiteren stellt der EGMR klar, dass der *Conseil d'Etat* nicht unter Berufung auf den Grundsatz des *distinction des contenieux* einen Ersatzanspruch ablehnen durfte. Die französische Regierung hatte in ihrer Stellungnahme ausgeführt, dass dieses Prinzip der Sicherstellung der Rechtskraft dient.[689] Da der Schutz der Rechtskraft wiederum als Hauptargument gegen eine Haftung wegen judikativen Unrechts angeführt wird, liegt der Schluss nahe, dass der EGMR einen Schadensersatzanspruch bei gemeinschaftsrechtswidrigen Entscheidungen nationaler Gerichte zumindest nicht ablehnen würde.[690] Es ist anzunehmen, dass der EGMR einen Staatshaftungsanspruch wegen judikativen Unrechts nicht ausdrücklich in den Schutzbereich der Eigentumsfreiheit einbezogen hat, da zu dem Zeitpunkt der Entscheidung keine gefestigte Rechtsprechung des

---

685   Vgl. *Dörr/Lenz*, Europäischer Verwaltungsrechtsschutz, Rn. 468

686   Kritisch *Gundel*, EWS 2004, 8, 11

687   Vgl. *Breuer*, JZ 2003, 433, 437; *Haltern*, VerwArch 96 (2005) 311, 341; *Wattel* (CMLRev 41 (2004) 177, 190) nimmt an, es handele sich um einen Fall administrativen Unrechts.

688   EGMR, Urteil vom 16. April 2002, (*S.A. Dangeville/Frankreich*), AZ. 36677/97, Rn. 50

689   EGMR Urteil vom 16. April 2002, (*S.A. Dangeville/Frankreich*), Az. 36677/97, Rn. 54

690   Vgl. *Breuer*, JZ 2003, 433, 437; *Gundel*, EWS 2004, 8, 10

EuGH zur Judikativhaftung vorlag.[691] Letztlich konnte die Entscheidung des EGMR insoweit also erst durch die Anerkennung eines Staatshaftungsanspruches in der *Köbler*-Entscheidung dogmatisch abgesichert werden.[692] In der Sache geht der EGMR jedoch offenbar bereits davon aus, dass die Ablehnung einer mitgliedstaatlichen Judikativhaftung die effektive Durchsetzung individueller Rechtspositionen aus dem Gemeinschaftsrecht behindert. Bedeutsam ist, dass der EGMR die Notwendigkeit eines Ausgleichs zwischen den Interessen der Allgemeinheit und der Verwirklichung individueller Rechtspositionen, die ihre Grundlage im Gemeinschaftsrecht haben, hervorhebt.[693] Damit deutet das Gericht an, dass sich die Ausgestaltung der Judikativhaftung künftig stärker an der Durchsetzung individueller Rechtspositionen orientieren muss. Gleichzeitig wendet der EGMR sich indirekt gegen die Praxis zahlreicher Mitgliedstaaten, eine Ersatzpflicht wegen richterlichen Unrechts von vornherein weitgehend auszuschließen.

Der EGMR skizziert diesen Paradigmenwechsel unter dem Blickwinkel der materiellen Gewährleistungen der EMRK. Gemeinschaftsrechtliche Bedeutung gewinnt die *Dangeville*-Entscheidung über Art. 6 Abs. 3 EUV.[694] Gemäß Art. 6 Abs. 3 EUV beachtet die Union die Grundrechte, wie sie in der EMRK und damit auch in der Rechtsprechung des EGMR ihren Niederschlag finden. Die implizite Anerkennung einer Staatshaftung wegen judikativen Unrechts in dem Fall *Dangeville* erlangt mittelbar über Art. 1 des Ersten Zusatzprotokolls zur EMRK Grundrechtsrelevanz. Daher ist die generelle Versagung sekundären Rechtsschutzes bei judikativem Unrecht mit den Gemeinschaftsgrundrechten nicht zu vereinbaren.

Inwieweit die *Dangeville*-Entscheidung die Rechtsprechung des EuGH in dem Fall *Köbler* unmittelbar beeinflusste, ist unklar. Denkbar ist, dass der EuGH in dem Bereich der Staatshaftung nicht hinter die Position des EGMR zurückfallen und dem Einzelnen einen ebenso weit reichenden Rechtsschutz zur Verfügung stellen wollte.[695] Dennoch besteht keine „zwingende Flugbahn von *Dangeville* zu *Köbler*", da der EuGH eigene Gründe hatte, eine Haftung für judikatives Unrechts anzunehmen.[696] Insbesondere musste der EuGH sich im Sinne einer konsequenten Fortsetzung seiner eigenen Rechtsprechung gezwungen sehen, die gemeinschaftsrechtliche Staatshaftung auf Fälle judikativen Unrechts auszuweiten. Der EuGH hatte immer betont, dass der Grundsatz der Staatshaftung unabhängig davon gilt, welches staatliche Organ den Verstoß begangen hat.[697] Nach

---

691   Vgl. *Breuer*, JZ 2003, 433, 437

692   Vgl. *Gundel*, EWS 2004, 8, 9; *Haltern* (VerwArch 96 (2005) 311, 341) bezeichnet den EGMR als „mutigen Vorreiter" bei der Frage der gemeinschaftsrechtlichen Staatshaftung letztinstanzlicher Gerichte. Zu den Grenzen der Jurisdiktionsgewalt des EGMR in diesem Zusammenhang vgl. *Breuer*, JZ 2003, 433, 438

693   EGMR, Urteil vom 16. April 2002, (*S.A. Dangeville/Frankreich*), AZ. 36677/97, Rn. 61

694   Vgl. *Breuer*, BayVBl. 2003, 586, 588

695   Vgl. *Gundel*, EWS 2004, 8, 10

696   *Haltern*, VerwArch 96 (2005) 311, 342

697   EuGH verb. Rs. C-46/93 und 48/93 (*Brasserie du Pêcheur* und *Factortame*), Slg. 1996, I-1029, Rn. 32; in diese Richtung auch schon EuGH verb. Rs. C-6/90 und C-

der Anerkennung einer Haftung für legislatives und administratives Unrecht war es dann nur eine Frage der Zeit, dass auch das judikative Unrecht von diesem Grundsatz erfasst wird.[698] Die *Dangeville*-Entscheidung ist geeignet, das Ergebnis der EuGH im Wege wertender Rechtsvergleichung zu untermauern.[699] Die Entscheidungen der beiden europäischen Gerichte spiegeln einen Trend wider, die Ausgestaltung der Judikativhaftung stärker an dem Prinzip des Individualrechtsschutzes zu orientieren.

4. Rolle des EGMR in dem Gefüge des gemeinschaftsrechtlichen Rechtsschutzes nach der Dangeville-Entscheidung

Fraglich ist, welche Rolle der EGMR aufgrund der *Dangeville*-Entscheidung künftig in dem Gefüge des gemeinschaftsrechtlichen Rechtsschutzes einnehmen wird.[700] Der Fall *Dangeville* betraf insoweit eine Ausnahmesituation, als dass die Entscheidungen des *Court de Cassation* in dem Verfahren des primären und des sekundären Rechtsschutzes evident gegen grundlegende und inzwischen anerkannte Prinzipien des Gemeinschaftsrechts verstießen. In einer solchen Konstellation nimmt der EGMR eine „Reservefunktion" ein.[701] Sobald aber ein Verstoß gegen Gemeinschaftsrecht weniger offensichtlich ist und der EGMR komplexe Fragen zur Auslegung des Gemeinschaftsrechts untersuchen muss, handelt er außerhalb seiner Zuständigkeit (vgl. Art. 19 EMRK). Der EGMR betont, dass die Gemeinschaftsorgane besser in der Lage sind, Gemeinschaftsrecht auszulegen und anzuwenden.[702] Die in der EMRK enthaltenen Rechte und Freiheiten bieten daher kein Einfallstor zur effektiven Durchsetzung individueller Rechtspositionen des Gemeinschaftsrechts. Seit der Anerkennung einer mitgliedstaatlichen Ersatzpflicht wegen gemeinschaftsrechtswidriger Urteile wird der geschädigte Gemeinschaftsbürger wohl nur im Ausnahmefall den Weg der Individualbeschwerde beschreiten.

In Deutschland hat diese Rechtsschutzmöglichkeit praktisch keine Bedeutung.[703] Der gemäß Art. 35 Abs. 1 EMRK zu erschöpfende Rechtsweg schließt die Verfassungsbeschwerde bei dem BVerfG ein.[704] Soweit wie in dem Fall *Dangeville* eine Fallkonstellation vorliegt, in der ein letztinstanzliches Gericht

---

9/90 (*Andrea Francovich u.a.* / *Italien*), Slg. 1991, I-5357, Rn. 37

698 So ausdrücklich Schlussanträge Generalanwalt *Léger* Rs. C-224/01 (*Köbler*), Slg. 2003, I-10239, Rn. 52

699 Vgl. *Breuer*, BayVBl. 2003, 586, 588

700 Vgl. *Haltern*, VerwArch 96 (2005) 311, 342

701 Vgl. *Breuer*, JZ 2003, 433, 442

702 EGMR NJW 2006, 197 (*Bosphorus/Irland*), Rn. 143 (Individualbeschwerde gegen einen aufgrund einer EG-Verordnung ergangenen nationalen Umsetzungsakt)

703 Vgl. dazu ausführlich *Breuer*, JZ 2003, 433, 439-442

704 *Grabenwarter*, Europäische Menschenrechtskonvention, § 13 Rn. 27; vgl. auch *Breuer*, JZ 2003, 433, 440 m.w.N. zur Rechtsprechung des EGMR

gegen die Vorlagepflicht aus Art. 267 Abs. 3 AEUV verstoßen hat, muss der Einzelne zunächst eine Verletzung des Rechts aus Art. 101 Abs. 1 S. 2 GG vor dem BVerfG rügen.

C. Grundsatz der Rechtskraft und der Rechtssicherheit

Gegen eine mitgliedstaatliche Haftung wegen judikativen Unrechts wurde seit der *Francovich*-Entscheidung in der Literatur insbesondere der Grundsatz der Rechtskraft angeführt.[705]

I. Begriff und Zweck der Rechtskraft

Im nationalen Recht und im Gemeinschaftsrecht wird zwischen der formellen und der materiellen Rechtskraft unterschieden.[706] Formelle Rechtskraft bedeutet, dass eine Entscheidung unanfechtbar ist, d.h., dass sie nicht mehr durch Erhebung eines Einspruchs oder Einlegung eines Rechtsmittels aufgehoben oder abgeändert werden kann. Die formelle Rechtskraft ist Voraussetzung für den Eintritt der materiellen Rechtskraft. Durch die materielle Rechtskraft wird eine erneute Verhandlung oder Entscheidung über eine durch das Gericht rechtskräftig festgestellte Rechtsfolge ausgeschlossen.[707] Zweck der materiellen Rechtskraft ist es, eine inhaltlich widersprechende Entscheidung zu verhindern. Der Rechtsfriede zwischen den Parteien kann nur hergestellt werden, wenn jeder Rechtsstreit einmal zu einem Ende findet.[708] Dabei wird im Interesse der Schaffung von Rechtssicherheit (zugunsten der obsiegenden Partei) auch die Gefahr einer fehlerhaften Entscheidung als „kleineres Übel" hingenommen.[709] Das Institut der Rechtskraft ist Ausfluss des Rechtsstaatsprinzips.[710] Der EuGH hat den Grundsatz der Rechtskraft als „grundlegendes Prinzip des nationalen Rechts"

---

705 *Berg* in: Schwarze, EU-Kommentar (1. Aufl.), Art. 288 EGV Rn. 86; *Gromitsaris*, SächsVBl. 2001, 157, 160; *Herdegen/Rensmann*, ZHR 161 (1997) 522, 555; *Nettesheim*, DÖV 1992, 999, 1003; zurückhaltend *Streinz*, VVDStRL 61 (2002) 300, 324; so auch die Regierungen Österreichs, Frankreichs und des Vereinigten Königreichs in ihren Erklärungen zur Rechtssache *Köbler* (vgl. EuGH, Rs. C-224/01 (*Köbler*), Slg. 2003, I-10239, Rn. 20, 23 und 25).
706 *Hackspiel* in: Rengeling/Middeke/Gellermann, Handbuch Rechtsschutz, § 27 Rn. 21
707 *Rosenberg/Schwab/Gottwald*, Zivilprozessrecht, § 149 Rn. 1 und 2
708 BVerfGE 2, 380, 403
709 *Rosenberg/Schwab/Gottwald*, § 151 Rn. 2; in seinen Schlussanträgen in der Rechtssache *Kommission/Assi Domän Kraft Products u.a.* (EuGH Rs. C-310/97 P. Slg. 1999, I-5363, Rn. 1) bemühte der Generalanwalt *Colomer* einen Ausspruch Goethes: „Ich will lieber eine Ungerechtigkeit begehen, als Unordnung ertragen."
710 *Herzog* in: Maunz/Dürig, GG, Art. 20 VII Rn. 60

anerkannt[711] und in der Entscheidung *Kapferer/Schlank & Schick* erneut auf dessen Bedeutung hingewiesen: Zweck der Rechtskraft sei die Gewährleistung des Rechtsfriedens und die Beständigkeit rechtlicher Beziehungen sowie einer geordneten Rechtspflege. Daher sollten unanfechtbar gewordene Entscheidungen nicht mehr in Frage gestellt werden können. Es bestehe aus Art. 10 EGV (jetzt Art. 4 Abs. 3 EUV) keine Verpflichtung der nationalen Gerichte, eine rechtskräftige Gerichtsentscheidung zu überprüfen und aufzuheben, wenn sie gegen Gemeinschaftsrecht verstößt.[712]

II. Vereinbarkeit des Grundsatzes der Rechtskraft gerichtlicher Entscheidungen mit einer Haftungsklage wegen judikativen Unrechts

Wesentlich für die Anerkennung der Judikativhaftung ist die Vereinbarkeit mit dem Grundsatz der Rechtskraft gerichtlicher Entscheidungen.

1. Beachtung des Gleichwertigkeitsgrundsatzes bei der Anwendung nationaler Verfahrensvorschriften

In seinen Schlussanträgen in der Rechtssache *Köbler* verortet Generalanwalt *Léger* den Grundsatz der Rechtskraft mangels gemeinschaftsrechtlicher Regelung in dem Bereich des nationalen Verfahrensrechts. Die Anwendung dieser Verfahrensmodalität stehe unter dem Vorbehalt des Gleichwertigkeitsgrundsatzes.[713] Soweit also ein Mitgliedstaat in dem Bereich des nationalen Rechts eine Haftungsklage gegen letztinstanzliche Entscheidungen zulasse, seien Fälle mit Bezug zum Gemeinschaftsrecht ebenso zu behandeln.[714] Allerdings führt diese Argumentation nicht weiter: Zum einen wäre die einheitliche Anwendung des Gemeinschaftsrechts nicht gewährleistet, wenn das gemeinschaftsrechtliche Haftungsinstitut in den Mitgliedstaaten nicht zur Verfügung steht, in denen eine Haftung der letztinstanzlichen Gerichte bei Fällen ohne Gemeinschaftsbezug ausgeschlossen ist. Zum anderen widerlegt die Tatsache, dass in anderen Mitgliedstaaten Haftungsklagen eingeräumt werden, nicht konkret den Einwand

---

711 EuGH Rs. C-126/97 (*Eco Swiss*), Slg. 1999, I-3055, Rn. 46; vgl. bereits zu dem Zweck der Rechtskraft EuGH Rs. 102/63 (*Reynier und Erba/Kommission*), Slg. 1964, 561, 576

712 EuGH Rs. C-234/04 *(Kapferer/Schlank & Schick)*, Slg. 2006, I-2585, Rn. 20

713 Schlussanträge Generalanwalt *Léger* Rs. C-224/01 (*Köbler*), Slg. 2003, I-10239, Rn. 97f.

714 Schlussanträge Generalanwalt *Léger* Rs. C-224/01 (*Köbler*), Slg. 2003, I-10239, Rn. 99

entgegenstehender Rechtskraft, sondern spricht nur für eine generelle Zulassung einer solchen Klage aus rechtsvergleichender Perspektive. Der Generalanwalt umgeht damit das Problem der Rechtskraft.

2. Schutz der Rechtskraft auf der Ebene der Haftungsvoraussetzungen

Einige Autoren nehmen an, dass mit der Durchführung eines Haftungsprozesses, die Rechtskraft der angegriffenen Entscheidung durchbrochen wird.[715] Sie halten dies für zulässig, wenn der Verstoß einen bestimmten „Schweregrad" erreicht hat. *Nettesheim* bejaht eine Staatshaftung bei einem vorsätzlichen Verstoß gegen das Gemeinschaftsrecht.[716] *Berg*[717] und *Deckert*[718] verlangen, dass das Gericht seiner Vorlagepflicht aus Art. 267 Abs. 3 AEUV vorsätzlich nicht nachgekommen ist. Nach Ansicht *Rufferts* sollen die Haftungsgrundsätze sogar nur in dem „Extremfall willkürlicher Nichtvorlage" greifen.[719]

Eine Lösung des Rechtskraftproblems allein auf der Ebene subjektiver Haftungsvoraussetzungen kann nicht überzeugen: Die Vertreter dieser Auffassung stellen (freilich unausgesprochen) darauf ab, dass ein Ausschluss der Haftung in bestimmten Fällen unbillig ist, da auf Seiten des Gerichts ein schwerwiegender Verstoß gegen das Gemeinschaftsrecht vorliegt. Dadurch wird aber der Einwand entgegenstehender Rechtskraft nicht konkret widerlegt, sondern auf dogmatisch undurchsichtige Weise relativiert. Es wird nicht dargelegt, welche Gründe gerade für die Annahme der jeweiligen Verschuldensmaßstäbe sprechen. Denkbar wäre nur folgende Argumentation: Die Rücksicht auf die Gerichte und die Erhaltung ihres Ansehens verlangen, dass sie wegen eines unanfechtbar gewordenen Streits nicht von neuem angegangen werden und dass widerstreitende Entscheidungen vermieden werden. Dieser Zweck kann am vollkommensten durch das Verbot nochmaliger Verhandlung erreicht werden.[720] Einen derartigen Schutz verdienen die Gerichte, so könnte man meinen, aber gerade nicht, wenn sie einen vorsätzlichen oder anderweitig gravierenden Rechtsverstoß begangen haben. Freilich ließe diese Argumentation unberücksichtigt, dass der Grundsatz der Rechtskraft der Schaffung von Rechtsfrieden im Interesse der Allgemeinheit dient; es kommt nicht primär darauf an, ob ein Gericht seine Schutzwürdigkeit „verspielt" hat.

Eine Literaturansicht zieht eine Haftung trotz entgegenstehender Rechtskraft in Betracht, wenn das nationale Gericht eine gemeinschaftsrechtswidrige

---

715   *Berg* in: Schwarze, EU-Kommentar (1. Aufl.), Art. 288 EGV Rn. 86; *Deckert*, EuR 1997, 205, 226; *Nettesheim,* DÖV 1992, 999, 1003; *Ruffert* in: Calliess/Ruffert, EUV/EGV (2. Aufl.), Art. 288 EGV Rn. 35; *Zenner,* Haftung, S. 236

716   DÖV 1992, 999, 1003

717   in: Schwarze, EU-Kommentar (1. Aufl.), Art. 288 EGV Rn. 86

718   EuR 1997, 205, 226

719   in: Calliess/Ruffert, EUV/EGV (2. Aufl.), Art. 288 EGV Rn. 35

720   *Rosenberg/Schwab/Gottwald*, Zivilprozessrecht, § 151 Rn. 1 m.w.N.

Norm anwendet und deren Gemeinschaftsrechtswidrigkeit später von dem EuGH festgestellt wird.[721] Es widerspräche dem Grundsatz der Rechtsstaatlichkeit, in einem Fall klarer Rechtswidrigkeit an der Wahrheitsvermutung, die das Recht an rechtskräftige richterliche Entscheidungen knüpft, festzuhalten. Das Interesse des Geschädigten an der Wiedergutmachung überwiege dann das Interesse des Staates an der Wahrung der Rechtskraft; der Staat habe es versäumt, das nationale Recht den Vorgaben des Gemeinschaftsrechts anzupassen.[722] Dieser Ansicht ist zuzugeben, dass der Grundsatz der Rechtskraft nicht gegenüber anderen rechtsstaatlichen Prinzipien uneingeschränkten Vorrang genießt. Die Gesetzesbindung der Judikative nach Art. 20 Abs. 3 GG gehört ebenfalls zu dem Rechtsstaatsprinzip.[723] Diese Bindung beinhaltet auch die Pflicht der Gerichte, gemeinschaftsrechtswidriges nationales Recht unangewendet zu lassen.[724] Dennoch stellt diese Auffassung den Rechtsanwender vor einige Schwierigkeiten: Erstens gibt sie keine allgemeingültige Antwort auf die Frage, wann eine Durchbrechung der Rechtskraft hinzunehmen ist. Vielmehr erörtert sie nur einen Anwendungsfall in dem Bereich des judikativen Unrechts. Und zweitens vermag sie nicht zu erklären, aufgrund welches rechtlichen Mechanismus im Rahmen des Haftungsprozesses vor einem unteren Gericht die Gemeinschaftsrechtswidrigkeit der Norm durch den EuGH festgestellt werden kann. Die unteren Gerichte unterliegen nämlich gerade keiner Vorlagepflicht (vgl. Art. 267 Abs. 2 AEUV).[725]

3. Grenzen der Rechtskraft

Ob die Staatshaftung zu einer Durchbrechung der materiellen oder der formellen Rechtskraft eines Urteils führt, ist zweifelhaft.

a) Materielle Rechtskraft

Nach Auffassung des Generalanwaltes und des EuGH steht einer Staatshaftung wegen richterlichen Unrechts der Grundsatz der Rechtskraft nicht entgegen, da

---

721 *Zenner*, Haftung, S. 238; ihm folgend *Berg* in: Schwarze, EU-Kommentar (1. Aufl.), Art. 288 EGV Rn. 86; *Deckert*, EuR 1997, 205, 226
722 *Zenner*, Haftung, S. 239
723 *Grzeszick* in: Maunz/Dürig, GG, Art. 20 VI Rn. 71
724 *Wegener* in: Calliess/Ruffert, EUV/AEUV, Art. 19 EUV Rn. 28
725 Eine Vorlagepflicht nicht-letztinstanzlicher Gerichte besteht nur in Ausnahmefällen vgl. EuGH Rs. 314/85 (*Foto Frost*), Slg. 1987, I-4199, Rn. 11-18; ein solcher Ausnahmefall liegt in der von *Zenner* angesprochenen Konstellation aber nicht vor. *Seltenreich* (Francovich, S. 144) greift den Ansatz *Zenners* auf und spricht sich für eine Ausweitung der Vorlagepflicht letztinstanzlicher Gerichte aus.

in dem Verfahren des primären und des sekundären Rechtsschutzes weder der Gegenstand noch die Parteien deckungsgleich sind.[726] Der EuGH geht in ständiger Rechtsprechung davon aus, dass der Grundsatz der Rechtskraft nur bei einer (dreifachen) Identität von Partei, Ziel und Grund der beiden Klagen eingreift.[727] Dies entspricht weitgehend der Rechtslage in Deutschland und England: Dort wird der Umfang der materiellen Rechtskraft anhand des Streitgegenstandes bestimmt. In subjektiver Hinsicht beschränkt sich die materielle Rechtskraft auf die an dem Verfahren beteiligten Parteien.[728]

Eine Literaturansicht geht dennoch insbesondere mit Blick auf die Rechtssache *Köbler* von einer Identität der Streitgegenstände aus. Wenn durch ein rechtskräftiges Urteil festgestellt werde, dass ein Anspruch auf Gehaltserhöhung nicht bestehe, könne eine Schadensersatzklage nicht mit der Verweigerung der Auszahlung begründet werden; beide Verfahren beträfen identische Rechtsfragen und den Anspruch *Köblers* auf eine Gehaltserhöhung.[729] Dabei wird übersehen, dass Klageantrag und der zugrunde liegende Sachverhalt in beiden Verfahren divergieren. Die Klage in dem Ausgangsverfahren war auf Auszahlung der Dienstalterszulage aufgrund des österreichischen Gehaltsgesetzes gerichtet, während die Haftungsklage auf die Leistung von Schadensersatz wegen eines fehlerhaften Gerichtsurteils abzielte. Es ist im Übrigen auch nicht zwingend, dass in beiden Verfahren ein Zahlungsanspruch geltend gemacht wird. So kann dem Bürger beispielsweise auch ein Schaden durch eine gerichtliche Entscheidung entstehen, mit der eine Klage auf Erlass eines Verpflichtungsurteils auf Zulassung zu einer öffentlichen Einrichtung abgelehnt wird. Folglich unterscheiden sich Ziel und Grund der Haftungsklage von der des Ausgangsverfahrens. Außerdem sind anders als in dem Fall *Köbler*[730] an beiden Verfahren nicht zwangsläufig dieselben Parteien beteiligt.[731] Als Beispiel hierfür dient das Verfahren in der Rechtssache *Traghetti*.[732] Parteien des Ausgangsverfahrens waren zwei konkurrierende Schifffahrtsunternehmen, während sich die anschließende Schadenseratzklage gegen die Republik Italien richtete. Somit wird die materielle Rechtskraft der ursprünglichen Entscheidung nicht beeinträchtigt.

---

726 Schlussanträge Generalanwalt *Léger* Rs. C-224/01 (*Köbler*), Slg. 2003, I-10239, Rn. 39; zustimmend *Bertelmann*, Europäisierung, S. 98; *Cabral/Chaves*, MJ 13 (2006) 109, 117; *Kluth*, DVBl. 2004, 393, 398; *Scott/Barber*, LQR 120 (2004), 403, 405; *Wegener*, EuR 2004, 84, 88; *Wollbrandt*, Gemeinschaftshaftung, S. 105

727 Vgl. *Reiling*, EuZW 2002, 136, 139 m.w.N. zur Rechtsprechung des EuGH

728 Für das deutsche Recht vgl.: *Rosenberg/Schwab/Gottwald*, Zivilprozessrecht, § 153 Rn. 2 und § 155 Rn.1; für das englische Recht vgl. *Andrews*, English Civil Procedure, S. 944

729 *Classen*, CMLRev 41 (2004) 813, 818; *Zuckerman*, CJQ 23 (2004), 8, 11

730 Kritisch insoweit *Zuckerman*, CJQ 23 (2004), 8, 11

731 EuGH, Rs. C-224/01 (*Köbler*), Slg. 2003, I-10239, Rn. 39

732 EuGH Rs. C-173/03 (*Traghetti del Mediterraneo SpA/Italien*), Slg. 2006, I-5177

b) Formelle Rechtskraft

Außerdem wird die formelle Rechtskraft einer Entscheidung durch die Anerkennung der Staatshaftung nicht berührt. Auf diesen Gesichtpunkt stellen andere Autoren ab, um zu begründen, dass die Rechtskraft der Ausgangsentscheidung erhalten bleibt.[733] Durch das Urteil in einem Haftungsprozess wird die Ausgangsentscheidung nicht aufgehoben. Der Grundsatz der Staatshaftung verlangt eine Entschädigung, nicht aber eine Abänderung der schadensbegründenden Entscheidung.[734] Diese Differenzierung zwischen primärem und sekundärem Rechtsschutz hat der EuGH in der Entscheidung *Kapferer/Schlank & Schick* bestätigt.[735]

c) Einwände gegen die formale Betrachtung des EuGH

Die Argumentation des EuGH vermag allerdings nur bei formaler Betrachtung zu überzeugen. Wie oben dargelegt, besteht der wesentliche Zweck der Rechtskraft darin, Rechtsfrieden zwischen den Parteien herzustellen und Rechtssicherheit zu schaffen. Zur Rechtssicherheit gehört mit Blick auf das Gerichtsverfahren insbesondere, dass Gerichte das maßgebliche Recht und die Rechtsfolgen verbindlich aussprechen und dass Verfahren vor Gericht nicht *ad infinitum* geführt werden.[736] In einem Staatshaftungsprozess wird das Ergebnis des Vorprozesses auf seine Richtigkeit überprüft, so dass in der Sache eine Fortsetzung des Ausgangsverfahrens vorliegt.[737] Somit wird der Grundsatz der Rechtskraft tangiert, da dessen Befriedungsfunktion nicht eintritt.[738]

Allerdings darf auch die Schaffung von Rechtssicherheit nicht um jeden Preis erfolgen, da aus dem Rechtsstaatsprinzip auch gegenläufige Prinzipien abgeleitet werden. So steht dem Grundsatz der Rechtssicherheit das Interesse an der Schaffung von Einzelfallgerechtigkeit gleichrangig gegenüber.[739] Dieses Interesse erfährt seine verfassungsrechtliche Absicherung durch das Gebot des effektiven Rechtsschutzes.[740] Der EuGH hat für das Gemeinschaftsrecht klargestellt, dass der Einzelne die Möglichkeit haben muss, seine Rechte im Wege des

---

733 *von Danwitz*, JZ 2004, 301, 302; *Henrichs*, Haftung, S. 119; *Wegener*, EuR 2002, 785, 794; wohl auch *Storr*, DÖV 2004, 545, 552
734 EuGH Rs. C-224/01 (*Köbler*), Slg. 2003, I-10239, Rn. 39
735 Vgl. oben Zweiter Teil § 4 A.
736 Vgl. *Grüneberg* in: Tilch/Arloth, Deutsches Rechts-Lexikon, Band 3, Stichwort Rechtssicherheit, S. 3496
737 Vgl. *Gundel*, EWS 2004, 8, 12; *Schöndorf-Haubold*, JuS 2006, 113, 115
738 Vgl. *Grune*, BayVBl. 2004, 673, 676; *Radermacher*, NVwZ 2004, 1415, 1418; *Mance* in: Canivet/Andenas/Fairgrieve, Independence, S. 267, 272; *Scott/Barber*, LQR 120 (2004) 403, 405
739 *Herzog* in: Maunz/Dürig, GG, Art. 20 VII Rn. 61
740 Vgl. *Sommermann* in: von Mangoldt/Klein/Starck, GG, Band II, Art. 20 III, Rn. 321

primären oder sekundären Rechtsschutzes durchzusetzen.[741] Folglich sind die Grundsätze der Rechtssicherheit und des Individualrechtsschutzes in praktische Konkordanz zu bringen.[742] Bei der gemeinschaftsrechtlichen Staatshaftung kann eine Abwägung zwischen der Verwirklichung des Individualrechtsschutzes und dem Prinzip der Rechtssicherheit auf der Ebene des hinreichend qualifizierten Verstoßes erfolgen.[743] Der EuGH nimmt bei der Prüfung dieser Haftungsvoraussetzung eine Gesamtbetrachtung vor, in die alle maßgeblichen Gesichtspunkte zur Bewertung des hoheitlichen Verhaltens eingestellt werden. Dabei kann eine Differenzierung nach Gegenstand und Umständen der staatlichen Entscheidung erfolgen.[744] Der EuGH trägt dem Grundsatz der Rechtssicherheit dadurch Rechnung, dass er eine Haftung wegen richterlichen Unrechts nur in dem „Ausnahmefall" zu lassen will, dass ein „offenkundiger" Verstoß gegen das Gemeinschaftsrecht vorliegt.[745] Diese Vorgehensweise entspricht dem Ansatz des EuGH in seiner Rechtsprechung zur Durchbrechung der Bestandskraft gemeinschaftsrechtswidriger Verwaltungsentscheidungen in *Kühne & Heitz* sowie in *i-21 Germany & Arcor*. Im Grundsatz hält der EuGH zum Schutz der Rechtssicherheit an dem Institut der Bestandskraft fest. Der gemeinschaftsrechtliche Effektivitätsgrundsatz führt nicht in jedem Fall zu einer Reduzierung des Rücknahmeermessens.[746] Nur in dem Ausnahmefall eines qualifizierten Verstoßes besteht mit Hinblick auf die Gewährleistung des Vorrangs des Gemeinschaftsrechts eine Pflicht zur Überprüfung der Verwaltungsentscheidung.

D. Schutz der richterlichen Unabhängigkeit

In ihren Stellungnahmen zur *Köbler*-Entscheidung hatten die Regierungen Österreichs und des Vereinigten Königreichs erklärt, dass der Schutz der richterlichen Unabhängigkeit durch die Anerkennung einer Staatshaftung für Akte der Rechtsprechung in Frage gestellt würde.[747]

---

741   Vgl. EuGH Rs. 106/77 (*Simmenthal II*), Slg. 1978, 629, Rn. 14/16 (Primärrechtsschutz); EuGH verb. Rs. C-6/90 und 9/90 (*Andrea Francovich u.a. / Italien*), Slg. 1991, I-5357, Rn. 32 (Sekundärrechtsschutz)

742   *Anagnostaras,* EPL 7 (2001) 281, 290; *Radermacher*, NVwZ 2004, 1415, 1419; in diese Richtung auch *Groussot/Minssen*, ECLR 3 (2007) 385, 415

743   *Radermacher*, NVwZ 2004, 1415, 1419

744   *von Bogdandy* in: Grabitz/Hilf, Recht der EU, Art. 288 EGV Rn. 140f.

745   EuGH Rs. C-224/01 (*Köbler*), Slg. 2003, I-10239, Rn. 53

746   *Rennert*, DVBl. 2007, 400, 409

747   EuGH Rs. C-224/01 (*Köbler*), Slg. 2003, I-10239, Rn. 20 und 26

I. Begriff der richterlichen Unabhängigkeit

Im deutschen Verfassungsrecht wird die sachliche Unabhängigkeit des Richters in Art. 97 Abs. 1 GG und die persönliche Unabhängigkeit in Art. 97 Abs. 2 GG garantiert. Die Garantie der sachlichen Unabhängigkeit bedeutet die Unabhängigkeit des Richters von Weisungen anderer staatlicher Stellen. Danach sind die Richter ausschließlich dem Gesetz unterworfen.[748] Die persönliche Unabhängigkeit sichert die sachliche Unabhängigkeit durch ein Verbot der Amtsenthebung und der Versetzung.[749] In England sind die Richter ebenfalls persönlich und sachlich unabhängig; eine Differenzierung zwischen den Richtern unterer und oberer Gerichte wurde aufgegeben.[750] Der EuGH hat wiederholt betont, dass jedes Rechtsprechungsorgan dem Erfordernis richterlicher Unabhängigkeit entsprechen muss.[751]

II. Sicherstellung der richterlichen Unabhängigkeit durch Ausschluss oder Beschränkung der Staatshaftung

Einige Stimmen - insbesondere in der englischen Literatur - führen den Grundsatz der richterlichen Unabhängigkeit als Hauptargument gegen eine gemeinschaftsrechtliche Haftung an.[752] Dahinter stehen im Wesentlichen folgende Erwägungen: Der Richter soll eine Entscheidung fällen könne, ohne einen anschließenden Ersatzanspruch fürchten zu müssen und deswegen in seiner Entscheidungsbereitschaft beeinträchtigt zu sein.[753] Eine derartige Beeinträchtigung ist denkbar, wenn der Richter auf direktem oder indirektem Wege zum Ausgleich des Schadens herangezogen werden kann. Im englischen Recht haften Amtsträger, die richterliche Tätigkeiten ausüben, für ihr Fehlverhalten persönlich.[754] Demgegenüber haftet in Deutschland der Staat für das Fehlverhalten seiner Organe. Art. 34 S. 2 GG eröffnet der haftenden Körperschaft aber die

---

748   BVerfGE 3, 214, 224
749   Vgl. BVerfGE 12, 81, 88
750   *Sirros* v. *Moore* (1975) QB 118, 136; *Schmidt-Räntsch*, DRiG, Einleitung Rn. 72; zur alten Rechtslage *Ohlenburg*, Haftung, S. 30 und zur Rechtslage in den anderen EG-Mitgliedstaaten vgl. *Schulze-Fielitz* in: Dreier, GG, Art. 97 Rn. 12 m.w.N.
751   Vgl. EuGH Rs. C-393/93 (*Almelo*), Slg. 1995, I-1477, Rn. 21 und *Hackspiel* in: von der Groeben/Schwarze, EUV/EGV, Art. 223 EGV Rn. 16f. m.w.N.
752   Vgl. *Steiner*, ELRev 18 (1993) 3, 11 Fn. 48; *Szyszczak*, MLR 55 (1992), 690, 696; aus dem deutschen Schrifttum vgl. *Berg* in: *Schwarze*, EU-Kommentar (1. Aufl.), Art. 288 EGV Rn. 86; *Nettesheim*, DÖV 1992, 999, 1003; *Ruffert*, CMLRev 44 (2007) 479, 485
753   Vgl. *Sirros* v. *Moore* (1975) QB 118, 136 per Lord *Denning*: "Each (judge) should be able to do his work in complete independence and free from fear. He should not have to turn the pages of his books with trembling fingers, asking himself: If I do this, shall I be liable in damages ?"
754   Vgl. *Ohlenburg*, RabelsZ 67 (2003) 683, 695

Möglichkeit, bei einer vorsätzlichen oder grob fahrlässigen Amtspflichtverletzung Regress bei dem Richter zu nehmen; vergleichbare Regelungen existieren im österreichischen und französischen Haftungsrecht.[755]

III. Diskussion im Schrifttum

Dem Einwand, einer Haftung wegen richterlichen Unrechts stehe die richterliche Unabhängigkeit entgegen, wird auf verschiedene Weise begegnet.

1. Verantwortlichkeit des Gesetzgebers

Eine Literaturmeinung weist darauf hin, dass der nationale Gesetzgeber den Grundstein für die Fehlentscheidung des Richters gelegt habe, indem er das nationale Recht nicht dem Gemeinschaftsrecht angepasst habe. Knüpft man folgerichtig die Haftung an das gemeinschaftsrechtswidrige Handeln der Legislative, greift der Aspekt richterlicher Unabhängigkeit nicht ein.[756] Allerdings wird dadurch der Einwand der richterlichen Unabhängigkeit nicht in der Sache widerlegt, sondern nur in einer speziellen Konstellation, der Anwendung einer primärrechtswidrigen Norm durch ein Gericht, ausgeblendet.

2. Unbeachtlichkeit nationaler verfassungsrechtlicher Bestimmungen

Der Generalanwalt hält dem Hinweis auf den Grundsatz richterlicher Unabhängigkeit entgegen, dass sich ein Staat im Gemeinschaftsrecht ebenso wie im Völkerrecht nicht auf die „Besonderheiten seiner verfassungsmäßigen Struktur" stützen könne. Er verweist auf die Rechtsprechung des EuGH, wonach ein Mitgliedstaat die Nichtbeachtung von Verpflichtungen und Fristen nicht durch die Berufung auf Bestimmungen des innerstaatlichen Rechts rechtfertigen kann.[757]

Der Generalanwalt trägt der Bedeutung der richterlichen Unabhängigkeit nicht in angemessener Weise Rechnung, wenn er sie als „Besonderheit" einstuft. Die richterliche Unabhängigkeit wird in den Verfassungen der Mitgliedstaaten und auf der Ebene des Gemeinschaftsrechts garantiert. Es handelt sich um ein

---

755 Vgl. *Ohlenburg*, RabelsZ 67 (2003) 683, 697 m.w.N.
756 Vgl. *Zenner*, Haftung, S. 240
757 Schlussanträge Generalanwalt *Léger* Rs. C-224/01 (*Köbler*), Slg. 2003, I-10239, Rn. 89 m.w.N. zur Rechtsprechung des EuGH; so auch *Bertelmann*, Europäisierung, S. 95

wesentliches Verfassungsprinzip und kann nicht mit den Eigentümlichkeiten des nationalen Verfahrensrechts gleichgestellt werden, die Gegenstand der von dem Generalanwalt zitierten Entscheidungen waren. Außerdem betrafen diese Entscheidungen ausschließlich Sachverhalte, in denen ein Mitgliedstaat der Pflicht zur Umsetzung einer Richtlinie mit Verweis auf Modalitäten in dem Gesetzgebungsverfahren nicht rechtzeitig nachkam.[758] Der Rechtsprechung des EuGH kann nicht ein allgemeiner Grundsatz entnommen werden, dass spezielle Bestimmungen des nationalen Verfassungsrechts in dem Bereich des Gemeinschaftsrechts von vornherein nahezu bedeutungslos sind. Das Gegenteil ist der Fall:[759] der Gerichtshof verlangt, wie oben dargelegt, sogar die Anerkennung des Grundsatzes richterlicher Unabhängigkeit. Zu Recht hat der EuGH daher diese Argumentation des Generalanwaltes nicht aufgegriffen.

3. Reichweite der Garantie der richterlichen Unabhängigkeit

Die richterliche Unabhängigkeit soll in sachlicher Hinsicht den Schutz des Richters vor Einmischungen und Eingriffen durch Legislative und Exekutive sicherstellen.[760] Eine sachliche Unabhängigkeit des Richters besteht auch gegenüber der rechtsprechenden Gewalt selbst.[761] Allerdings schützt die richterliche Unabhängigkeit den Richter nicht davor, dass seine Amtstätigkeit durch ein anderes Gericht in einem gesetzlich vorgesehenen Verfahren überprüft wird.[762] Wenn die Kontrolle eine Entscheidung in dem gerichtlichen Instanzenzug nach allgemeiner Auffassung keine Verletzung der richterlichen Unabhängigkeit darstellt, ist nicht ersichtlich, warum etwas anderes gelten soll, wenn der Richterspruch in einem Amtshaftungsprozess überprüft wird.[763] Es kommt hinzu, dass der fehlerhafte Richterspruch in einem Amtshaftungsprozess anders als in einem instanzgerichtlichen Verfahren sogar unangetastet bleibt.[764] Die Möglichkeit der Überprüfung richterlicher Entscheidungen ist eine notwendige Folge der Gesetzesunterworfenheit des Richters gemäß Art. 97 Abs. 1 GG und steht damit nicht im Widerspruch zur Garantie der richterlichen Unabhängigkeit.

---

758   Als Beispiel für eine solche Besonderheit kann die Umsetzung einer Richtlinie im Wege eines königlichen Dekretes angeführt werden. Dabei handelt es sich um ein zeitaufwendiges Verfahren, das zahlreiche Berichte und Konsultationen erforderlich macht, vgl. EuGH Rs. C-352/01 (*Kommission/Spanien*), Slg. 2002, I-10263, Rn. 5

759   *Classen*, CMLRev 41 (2004) 813, 819

760   Vgl. *Bettermann* in: ders., Grundrechte III/2, S. 542

761   *Schulze-Fielitz* in: Dreier, GG, Art. 97 Rn. 41

762   Vgl. *Merten* in: FS Wengler, S. 519, 522

763   Vgl. *Papier* in: MünchKomm BGB § 839 Rn. 322

764   Vgl. *Merten* in: FS Wengler, S. 519, 523

4. Ausschluss der persönlichen Haftung des Richters

Der EuGH hält dem Argument der richterlichen Unabhängigkeit zutreffend entgegen, dass es bei dem gemeinschaftsrechtlichen Haftungsgrundsatz nicht um eine persönliche Haftung des Richters, sondern um eine Ersatzpflicht des Staates geht.[765] Dabei überlässt der EuGH den nationalen Rechtsordnungen die Bestimmung des Haftungsschuldners und verlangt lediglich, dass eine öffentlich-rechtliche Körperschaft die finanzielle Verantwortung trägt.[766] Für das englische Recht bedeutet dies, dass in dem Bereich der gemeinschaftsrechtlichen Staatshaftung keine primäre und unmittelbare Verantwortlichkeit des handelnden Richters bestehen kann. Folglich kann der Haftungsgrundsatz nicht mit Hinweis auf eine drohende persönliche Haftung des Richters abgelehnt werden. Der Auffassung *Grunskys*, dass schon die Möglichkeit einer Haftung des Staates die Entscheidungsfreude des Richters und damit die richterliche Unabhängigkeit beeinträchtigt, kann nicht gefolgt werden.[767] Die Garantie der richterlichen Unabhängigkeit bezweckt, dass der Richter keiner Einflussnahme auf seine Entscheidung unterliegt. Sie reicht aber nicht so weit, dass der Richter einen Anspruch auf eine unbekümmerte Entscheidungsfindung hat.[768] Außerdem kann allein die Furcht des Richters, den Staat mit einer hohen Ersatzpflicht zu belasten, das Interesse des Geschädigten an der Gewährung effektiven Rechtsschutzes nicht überwiegen; im Übrigen konnte dieser Zusammenhang bisher nicht nachgewiesen werden.[769]

Zu klären bleibt, ob die Möglichkeit eines Regresses des Staates gegen den Richter nach deutschem, französischem und österreichischem Recht die unabhängige Entscheidungsfindung des Richters tangiert.[770]

a) Rückgriff gegen den Richter

Die Möglichkeit eines Innenregresses der haftenden Körperschaft gegen den Beamten wird durch Art. 34 S. 2 GG auf vorsätzliche und grob fahrlässige Verstöße beschränkt. Diese Regelung wird einfachgesetzlich durch § 78 Abs. 1 BBG

---

765 EuGH, Rs. C-224/01 (*Köbler*), Slg. 2003, I-10239, Rn. 42 und Schlussanträge Generalanwalt Léger Rs. C-224/01, Slg. 2003, I-10239, Rn. 90; zustimmend *Bertelmann*, Europäisierung, S. 93f.; *von Danwitz*, JZ 2004, 301, 302; *Grune*, BayVBl. 2004, 673, 676; *Kluth*, DVBl. 2004, 393, 398; *Wegener*, EuR 2004, 84, 88; *Wollbrandt*, Gemeinschaftshaftung, S. 110

766 EuGH Rs. C-302/97 (*Konle*), Slg. 1999, I-3099, Rn. 62f.

767 Vgl. *Grunsky* in: FS Raiser, S. 141, 153; in diese Richtung auch *Tombrink*, DRiZ 2002, 296, 297

768 Vgl. *Bettermann*, Grundrechte III/2, S. 578

769 *Anagnostaras*, EPL 7 (2001) 281, 288; *Wegener*, EuR 2002, 785, 792 Fn. 46

770 Zur Rechtslage in Frankreich und Österreich vgl. *Ohlenburg*, Haftung, S. 152

für Bundesbeamte und § 46 Abs. 2 BRRG für Landesbeamte im staatsrechtlichen Sinn ausgefüllt, die eine Innenhaftung ebenfalls bei vorsätzlichen und grob fahrlässigen Pflichtverletzungen vorsehen. Diese Vorschriften sind auf Richter entsprechend anzuwenden (vgl. § 46 DRiG).[771] Zur Vermeidung von Wertungswidersprüchen wird erwogen, § 839 Abs. 2 S. 1 BGB auf den Rückgriffsanspruch gegen den Richter entsprechend anzuwenden.[772] Der Zweck der Beschränkung der Innenhaftung liegt darin, die Entschlussfreudigkeit und –fähigkeit des Amtsträgers zu stärken und entspricht zum anderen dem Gebot der Fürsorge gegenüber den öffentlichen Bediensteten.[773] Im Einzelfall kann der Staat mit Rücksicht auf diese Fürsorgepflicht auf einen Regress vollständig oder teilweise verzichten.[774] Zieht man im öffentlichen Dienstrecht analog die Grundsätze des innerbetrieblichen Schadensausgleichs heran,[775] bedeutet dies zudem, dass der Regress bei grober Fahrlässigkeit einzuschränken ist, soweit die finanzielle Belastung für den Amtsträger ansonsten unzumutbar ist.[776]

Das Gemeinschaftsrecht sieht nur eine Verpflichtung des Mitgliedstaates bzw. seiner Untergliederungen zur Leistung von Schadensersatz vor. Weder verlangt es die Eröffnung einer Regressmöglichkeit gegen den handelnden Amtsträger noch schließt es eine solche aus.

b) Rückgriff und richterliche Unabhängigkeit

Es besteht ein Spannungsverhältnis zwischen dem Rückgriffsinteresse des Staates einerseits und der Wahrung des Prinzips der richterlichen Unabhängigkeit andererseits. Eine Literaturansicht lehnt eine Privilegierung der Richter gegenüber Amtsträgern der Legislative oder Exekutive ab; letztere träfen ebenfalls wichtige Entscheidungen, die eine gemeinschaftsrechtliche Staatshaftung auslösen können.[777] Eine signifikante Einschränkung der richterlichen Unabhängigkeit

---

771 Vgl. *Wurm* in: Staudinger, BGB, § 839 Rn. 388; der Rückgriff kann im Wege der Aufrechnung oder der Zurückbehaltung realisiert werden. Außerdem kann der Rückgriffsanspruch im Wege der Klage vor den ordentlichen Gerichten geltend gemacht werden (vgl. Art. 34 S. 3 GG). Ein Regress im Wege der Verwaltungsvollstreckung scheidet aus, da der Beamte sonst schlechter stünde als bei einer unmittelbaren Außenhaftung gegenüber dem Geschädigten (vgl. *Ossenbühl*, Staatshaftungsrecht, S. 120f.).

772 *Ohlenburg*, Haftung, S. 153

773 BGH NJW 2005, 286, 288

774 Vgl. nur *Bryde* in: von Münch/Kunig, GG, Art. 34 Rn. 37; *Maurer*, Verwaltungsrecht, § 26 Rn. 10; *Wieland* in: Dreier, GG, Art. 34 Rn. 59

775 *Papier* in: Isensee/Kirchhof, Handbuch, Band VI, § 157 Rn. 53

776 Vgl. *Blomeyer* in: Münchener Handbuch Arbeitsrecht, Band I, § 59 Rn. 42 m.w.N.

777 *Grune*, BayVBl. 2004, 673, 676; *Wegener*, EuR 2002, 785, 793; vgl. für das nationale Recht *Ossenbühl*, Staatshaftungsrecht, S.101; dieses Argument kann mit Blick auf die Legislative nicht überzeugen, da beispielsweise Abgeordnete des Deutschen Bundestages wegen der in Art. 46 Abs. 1 S. 1 GG gewährleisteten Indemnität nicht regress-

wegen des Regressrisikos bestehe nicht.[778] Dieser Auffassung ist zuzugeben, dass die Aussicht eines Regresses nicht ausschließlich dazu führt den Richter befangen zu machen, sondern zugleich geeignet ist, die Sorgfalt und Gewissenhaftigkeit des Richters zu erhöhen;[779] damit wird die Qualität der richterlichen Entscheidung verbessert. Hinzu kommt, dass bei Erlass eines gemeinschaftsrechtswidrigen Urteils ein Rückgriff nur im Ausnahmefall einer vorsätzlichen oder grob fahrlässigen bzw. Pflichtverletzung des Richters erfolgen kann.[780]

Gerade in dem Fall richterlichen Unrechts ist es indes rechtspolitisch sinnvoll, den Regress auszuschließen. Die Stellung des Richters unterscheidet sich von der anderer Amtsträger dadurch, dass seine Tätigkeit aufgrund der verfassungsrechtlichen Gewährleistung in Art. 97 Abs. 1 GG einen besonderen Schutz genießt. Er muss bei seiner rechtsprechenden Tätigkeit frei von äußeren Einflüssen und Zwängen sein, um Recht und Gesetz Geltung zu verschaffen.[781] Wenn der Richter stets mit einer persönlichen Inanspruchnahme - und sei es auch nur bei grober Fahrlässigkeit - rechnen müsste, könnte dies seine unabhängige Urteilsfindung beeinträchtigen, indem er sich von sachfremden Erwägungen leiten lässt. So ist beispielsweise nicht völlig auszuschließen, dass ein Richter seine Entscheidung daran orientiert, welche Partei einen Schadensersatzprozess anstrengen könnte, so dass anschließend ein Regress droht.[782] Orientiert der Richter sich primär an diesem Gesichtspunkt, wird das oben genannte Argument, dass das Regressrisiko indirekt zu einer Steigerung der Qualität richterlicher Entscheidungen führt, in sein Gegenteil verkehrt. Die Funktionsfähigkeit der Justiz wäre gefährdet, wenn die Entscheidungsfreude des Richters durch das Regressrisiko derart beeinträchtigt würde und in einem Gerichtsverfahren die Durchsetzung materieller Rechtspositionen nicht im Vordergrund stünde. Bei Fällen mit Bezug zum Gemeinschaftsrecht kommt folgende Erwägung hinzu: Das nationale Gericht ist zur eigenverantwortlichen Auslegung und Anwendung des Gemeinschaftsrechts verpflichtet. Unterstellt man, dass vielen Richter dieses Rechtsordnung nicht so vertraut ist wie das nationale Recht und dass ihnen die Rechtsfindung im Spannungsfeld von nationalem Recht und Gemeinschaftsrecht Schwierigkeiten bereitet,[783] besteht ein erhöhtes Risiko einer richterlichen Fehlentschei-

---

pflichtig gemacht werden können (vgl. *von Danwitz* in: von Mangoldt/Klein/Starck, GG, Band II, Art. 34 Rn. 123).

778   Vgl. *Wegener*, EuR 2004, 84, 88

779   Vgl. *Blomeyer*, NJW 1977, § 557, 561

780   Hier wird unterstellt, dass § 839 Abs. 2 S. 1 BGB bei Verstößen gegen das Gemeinschaftsrecht in dem Bereich der Außenhaftung nicht herangezogen werden kann (vgl. Fünfter Teil § 1 B. III). Dann ist diese Bestimmung in dem Fall des Regresses ebenfalls nicht anzuwenden und es bleibt bei der Geltung des Art. 34 S. 2 GG.

781   Vgl. BVerwGE 78, 216, 219

782   Vgl. *Ohlenburg*, Haftung, S. 34 m.w.N.; so im Ergebnis auch Opinion No. 3 on the principles and rules governing judges'professional conduct, Consultative Council of European Judges, 19. November 2002, Rn. 55 und 67, abrufbar unter: http://www.coe.int

783   Ausdruck dieser Annahme ist gerade die Verankerung eines Vorabentscheidungsverfahrens in Art. 234 EGV.

dung. Dann sollte der Richter nicht noch zusätzlich durch die Perspektive einer Rückgriffshaftung verunsichert werden.

Es ist auch nicht erkennbar, welche Vorteile ein Rückgriff gegen den Richter bietet. Der Individualrechtsschutz wird bereits durch die Haftung des Staates gewährleistet, da dem Bürger ein potenter Schuldner zur Verfügung steht. Das BVerwG begründet die Verpflichtung des Staates zur Inanspruchnahme des Beamten mit den Gründen der sparsamen Verwaltungsführung und der „erzieherischen Einwirkung" auf die Beamtenschaft.[784] Eine Entlastung des Fiskus ist allerdings aufgrund der Fürsorgepflicht des Staates durch die finanzielle Leistungsfähigkeit des Richters begrenzt. Worin die bezweckte „erzieherische Einwirkung" bestehen soll, ist unklar. Außerdem kann sie einen Regress bei richterlichen Verstößen nicht rechtfertigen. Aufgrund der sachlichen Unabhängigkeit soll der Richter bei seiner Entscheidungsfindung frei sein, so dass Anregungen, die das freie, am Gesetz orientierte Urteil beeinflussen, ebenso wie Weisungen verboten sind.[785] Im Unterschied zu den Beamten stehen die Richter nicht in einem besonderen Gewaltverhältnis zur Anstellungskörperschaft. Aufgrund der sachlichen und persönlichen Unabhängigkeit sind sie in der Organisation ihrer Arbeit frei.[786] Erzieherische Maßnahmen sind nur in dem Umfang möglich, in dem der Richter der Dienstaufsicht unterliegt.[787] Im Übrigen enthält nicht einmal Art. 34 S. 2 GG eine verfassungsrechtliche Pflicht des Staates, einen Rückgriff anzuordnen, sondern limitiert dessen einfachgesetzliche Ausgestaltung.[788] In dem Bereich des Judikativunrechts ist also ein vollständiger Verzicht auf einen Rückgriff rechtspolitisch sinnvoll, um auf der einen Seite die richterliche Unabhängigkeit sicherzustellen und auf der anderen Seite Bedenken gegen eine Staatshaftung auszuräumen.

E.   Garantie der Unparteilichkeit des nationalen Gerichts

Die Regierung des Vereinigten Königreichs hält es im Hinblick auf das Erfordernis der Unparteilichkeit eines Gerichtes für bedenklich, die mitgliedstaatlichen Gerichte mit der Durchführung eines Haftungsverfahrens wegen richterlichen Unrechts zu betrauen, es sei denn, diese Gerichte würden den Gerichtshof insoweit um eine Vorabentscheidung ersuchen.[789] Insbesondere im englischen Schrifttum wird bemängelt, dass die Unparteilichkeit des Gerichts nicht gewährleistet werden kann, wenn das Gericht, dessen Entscheidung den Haftungspro-

---

784   Vgl. BVerwGE 44, 27, 31

785   Vgl. *Classen* in: von Mangoldt/Klein/Starck, GG, Band III, Art. 97 Rn. 18 m.w.N.

786   *Lecheler* in: Isensee/Kirchhof, Handbuch, Band III, § 72 Rn. 60

787   Vgl. dazu *Schmidt-Räntsch*, DRiG, § 26 Rn. 3 und 17-34

788   Vgl. *von Danwitz* in: von Mangoldt/Klein/Starck, GG, Band II, Art. 34 Rn. 123; *Ossenbühl*, Staatshaftungsrecht, S. 119

789   Vgl. Schlussanträge Generalanwalt *Léger* Rs. C-224/01 (*Köbler*), Slg. 2003, I-10239, Rn. 21

zess ausgelöst, in gleicher oder anderer Besetzung nun in letzter Instanz über das Vorliegen eines Verstoßes gegen Gemeinschaftsrecht befinden soll.[790]

I. Zur Unparteilichkeit des nationalen Gerichts

Der Generalanwalt greift den Begriff der Unparteilichkeit der Gerichte auf, den der EGMR in seiner Rechtsprechung zu Art. 6 Abs. 1 EMRK entwickelt hat; danach darf weder in subjektiver noch in objektiver Hinsicht eine Befangenheit des Richters vorliegen.[791] In subjektiver Hinsicht wird auf die persönliche Beziehung zwischen dem Richter und der Partei abgestellt. Die objektive Prüfung fragt danach, ob aufgrund der Organisations- und Verfahrensvorschriften, insbesondere nach der Natur und Reichweite der von einem Richter im Vorfeld des Verfahrens gesetzten Maßnahmen, der jeweilige Richter ausreichende Garantien für den Ausschluss jeglichen begründeten Zweifels an der Befangenheit bietet.[792]

Mit Blick auf die Eigenhaftung der Gemeinschaft wegen Judikativunrechts hat Generalanwalt *Léger* in seinen Schlussanträgen in der Rechtssache *Baustahlgewebe* angenommen, dass „ein Gericht, das im Rahmen der Entscheidung über einen Schadensersatzantrag über die Rechts- oder Pflichtwidrigkeit seines eigenen Funktionierens zu befinden hat, (…) ein Musterbeispiel für einen Verstoß gegen den Grundsatz der Unparteilichkeit" darstellt. Dies sei auch dann der Fall, wenn die „Zusammensetzung (des Gerichtes)[793] geändert wird, um zu verhindern, dass die Richter, die in der ursprünglichen Rechtssache geurteilt haben, die gleichen sind wie diejenigen, die die Haftung ihres Gerichts zu beurteilen haben".[794] Ein derart restriktives Verständnis des Begriffs der Unparteilichkeit ist geboten, um in dem sensiblen Bereich der Judikativhaftung jeden Eindruck der Voreingenommenheit des Gerichtes zu vermeiden; dadurch wird die Akzeptanz der in einem Haftungsprozess getroffenen Entscheidung gesteigert. Legt man die obigen Ausführungen zugrunde, bestehen in den hier zum Vergleich herangezogenen Rechtsordnungen Zweifel an der Unparteilichkeit der nationalen Gerichte in dem Verfahren wegen gemeinschaftsrechtlicher Staatshaftung: In Deutschland ist für Ansprüche aus Amtshaftung gemäß § 40 Abs. 2 S. 1

---

790 *Anagnostaras*, EPL 7 (2001) 281, 296; *Hoskins*, JudRev 9 (2004) 278, 282; *Toner*, YEL 17 (1997) 165, 187; ähnlich *Steiner/Woods/Twigg-Flesner,* EU Law, S. 159

791 Vgl. Schlussanträge Generalanwalt *Léger* Rs. C-224/01 (*Köbler*), Rn. 108; vgl. *Grabenwarter* in: Ehlers, Europäische Grundrechte und Grundfreiheiten, § 6 Rn. 40 m.w.N.

792 EGMR (*de Cubber/Belgien*) EuGRZ 1985, 407, Rn. 24-26; EGMR (*Hauschildt/Dänemark*), Serie A, Nr. 154, Rn. 46

793 Anmerkung des Verf.

794 Schlussanträge Generalanwalt *Léger*, Rs. C-185/95P, Slg. 98, I-8417, Rn. 64 Fn. 34; auf Gemeinschaftsebene kommt hinzu, dass die Gemeinschaft durch das Organ vertreten wird, das nach Auffassung des Klägers den Schaden verursacht hat; in einigen Fällen werden die Klagen auch direkt gegen das betreffende Organ gerichtet, vgl. *Middeke* in: Rengeling/Middeke/Gellermann, Handbuch Rechtsschutz, § 9 Rn. 11 m.w.N.

VwGO der ordentliche Rechtsweg gegeben. Es ist also denkbar, dass eine Entscheidung des BGH, die den Haftungsprozess ausgelöst hat, in letzter Instanz erneut vor dem BGH verhandelt wird.[795] In England liegt aufgrund des einheitlichen Gerichtsaufbaus die letztinstanzliche Zuständigkeit für eine Schadensersatzklage aufgrund einer Entscheidung des *House of Lords* ebendort.[796]

II. Lösungsvorschlag des Generalanwaltes

Der Generalanwalt räumt ein, dass es sich bei dem Problem der Unparteilichkeit des Gerichts um eine „heikle Frage" handelt und schlägt vor, Zweifel an der Unparteilichkeit des nationalen Gerichts dadurch zu zerstreuen, dass der EuGH über das Vorliegen und den Umfang des Verstoßes gegen das Gemeinschaftsrecht im Wege der Vorabentscheidung befindet. Diese Argumentation ist im Schrifttum auf breite Zustimmung gestoßen.[797]

III. Stellungnahme

Die Durchführung eines Vorabentscheidungsverfahrens zur Feststellung eines Verstoßes gegen Gemeinschaftsrecht vermag Zweifel an der Parteilichkeit des nationalen Gerichtes zu beseitigen. Sie ist aber weder mit der Funktion und den Voraussetzungen des Verfahrens zu vereinbaren noch ist sie rechtpolitisch wünschenswert.

Das Kooperationsverhältnis zwischen EuGH und nationalen Gerichten ist derart ausgestaltet, dass der EuGH nach Art. 267 AEUV über die Auslegung des Gemeinschaftsrechts entscheidet, während die Anwendung des ausgelegten Rechts im Einzelfall Aufgabe des nationalen Gerichtes ist.[798] Im Unterschied zum EGMR in dem Verfahren der Individualbeschwerde ist der EuGH nicht befugt, über die Rechtmäßigkeit nationaler Maßnahmen zu urteilen.[799] Ein Verstoß eines nationalen Gerichtes gegen Gemeinschaftsrecht kann daher in diesem Verfahren nicht festgestellt werden. Eine großzügige Handhabung der Ausle-

---

795   Der III. Zivilsenat an dem BGH ist nach dem Geschäftsverteilungsplan 2009 zuständig
       für Schadensersatzansprüche gegen den Staat, vgl. http://www.bundesgerichtshof.de
796   Vgl. *Scott/Barber*, LQR 120 (2004) 403, 405
797   Schlussanträge Generalanwalt *Léger* Rs. C-224/01 (*Köbler*), Slg. 2003, I-10239, Rn.
       109-111; ebenso *Bertelmann*, Europäisierung, S. 118f.; *Öhlinger/Potacs*, Gemein-
       schaftsrecht und staatliches Recht, S. 172; *Mankowski* in: Renge-
       ling/Middeke/Gellermann, Handbuch Rechtsschutz, § 37 Rn. 128; *Rebhahn*, JBl. 96,
       749, 760; *Schwarzenegger* in: FS Funk, S. 501, 518; *Wissink/Stürner/Cairns*, ERPL 3
       (2005) 419, 425; *Wollbrandt*, Gemeinschaftshaftung, S. 111
798   Vgl. *Wegener* in: Calliess/Ruffert, EUV/AEUV, Art. 267 AEUV Rn. 3f.
799   Vgl. EuGH Rs. 38/77, Slg. 1977, I-2203, Rn. 20/22

gungskompetenz des EuGH nach Art. 267 AEUV widerspräche auch der Aufgabenzuweisung in Art. 19 EUV: Danach darf der Gerichtshof wie jedes andere Organ nur nach Maßgabe der ihm im Vertrag zugewiesenen Befugnisse handeln (Prinzip der begrenzten Einzelermächtigung).[800] Den Ausführungen des Generalanwaltes ist auch nicht zu entnehmen, auf welche Weise ein unterinstanzliches Gericht in einem Haftungsprozess angehalten werden kann, eine Vorabentscheidung herbeizuführen.[801] Aus rechtspolitischer Sicht spricht gegen diesen Vorschlag, dass der EuGH die Stellung einer Superrevisionsinstanz einnimmt, wenn er abschließend über das Vorliegen eines Gemeinschaftsrechtsverstoßes urteilt.[802] Im Ergebnis entscheidet nämlich dann der EuGH anstelle des nationalen Gerichtes über die Begründetheit der Amtshaftungsklage. Dann wäre es nur konsequent, den gesamten Staatshaftungsprozess vor dem EuGH durchzuführen; zur Einführung eines solchen Verfahrens bedürfte es einer Änderung des AEUV. In dem speziellen Fall der Haftung letztinstanzlicher Gerichte kommt hinzu, dass eine hierarchische Beziehung zwischen dem EuGH und dem nationalem Höchstgericht entsteht, wenn der EuGH eine Entscheidung des Gerichtes als Verstoß gegen Gemeinschaftsrecht qualifiziert.[803] Das Verfahren nach Art. 267 AEUV ist aber gerade Ausdruck eines kooperativen Zusammenwirkens der beiden Gerichtsbarkeiten.[804]

Dem Einwand der Parteilichkeit kann nur sehr schwer begegnet werden: Wenn ein Gericht die Rechtmäßigkeit seines eigenen Handelns beurteilen soll (und sei es auch in anderer Besetzung), liegt der Verdacht nahe, dass es nicht unbedingt geneigt ist, sich die Amtpflichtwidrigkeit seines eigenen Handelns vorzuwerfen.[805] Für den Vorwurf der Unparteilichkeit ist auch irrelevant, dass nicht das Gericht, sondern der Mitgliedstaat Partei der Amtshaftungsklage ist. Voraussetzung einer rechtstaatlich ausgerichteten Rechtsprechung ist, dass nicht nur der amtierende Richter an seinem Fall unbeteiligt ist, sondern auch das Gericht als die staatliche Institution, die mit der Staatsaufgabe Rechtsprechung betraut ist.[806] Letztlich kann der Verdacht vollständig nur dadurch ausgeräumt werden, dass der Haftungsprozess wegen judikativen Unrechts vor einem unabhängigen nationalen Staatshaftungsgericht durchgeführt wird.[807] Dieser auf den

---

800   Vgl. *Gaitanides* in: von der Groeben/Schwarze, EUV/EGV, Art. 220 Rn. 3

801   *Haltern* (VerwArch 96 (2005) 311, 334) vermutet, dass der Generalanwalt *Léger* das Paradigma der freiwilligen Kooperation durch das der erzwungenen Kooperation ersetzen wollte.

802   Zu Recht zweifelt daher *Haltern* (Europarecht, S. 339) an den gegenteiligen Beteuerungen des Generalanwaltes *Léger* (Rs. C-224/01 (*Köbler*), Slg. 2003, I-10239, Rn. 112)

803   Die Auswirkungen des *Köbler*-Urteils auf das Kooperationsverhältnis des EuGH und der nationalen Gerichte werden noch an anderer Stelle (vgl. Dritter Teil § 3 H) vertieft behandelt. Die Ausführungen erfolgen hier nur mit Blick auf das durch den Generalanwalt aufgeworfene Problem der Unparteilichkeit.

804   Vgl. *Iglesias*, NJW 2000, 1889, 1890

805   So auch *Anagnostaras*, EPL 7 (2001) 281, 296, Fn. 49

806   Vgl. *Bettermann* in: Isensee/Kirchhof, Handbuch, Band III, § 73 Rn. 34

807   So indirekt auch *Toner*, YEL 17 (1997) 165, 187

ersten Blick dogmatisch sinnvollen Lösung stehen wiederum Bedenken entgegen. So würde ein eigenes Staatshaftungsgericht einen Fremdkörper im deutschen und englischen Gerichtsaufbau darstellen. Außerdem stellte sich das Problem der Unparteilichkeit erneut, wenn die Entscheidung dieses Gerichtes Gegenstand einer Staatshaftungsklage würde. Zudem würde ein solches Gericht anders als der BGH oder das *House of Lords* wohl nicht von der Vorlagepflicht erfasst, so dass das Risiko einer gemeinschaftsrechtswidrigen Entscheidung höher ist, als wenn der Haftungsprozess in letzter Instanz vor dem BGH geführt wird. Zweifelhaft ist außerdem, ob die Einrichtung eines Staatshaftungsgerichtes angesichts der angespannten Finanzlage des Bundeshaushaltes politisch durchsetzbar ist.[808] Angesichts dieser praktischen Schwierigkeiten ist es vorzugswürdig, an der gegenwärtigen Zuständigkeitsverteilung festzuhalten.

F. Parallele zur Eigenhaftung der Gemeinschaft nach Art. 340 Abs. 2 AEUV

In der Entscheidung *Brasserie du Pêcheur* hat der EuGH Art. 288 Abs. 2 EGV (jetzt Art. 340 Abs. 2 AEUV) herangezogen, um seiner Auffassung Nachdruck zu verleihen, dass die Verpflichtung zur Leistung von Schadensersatz bei rechtswidrigen Handlungen oder Unterlassungen einen Grundsatz des Gemeinschaftsrechts darstellt.[809] Außerdem hob der EuGH hervor, dass die Voraussetzungen einer Ersatzpflicht der Mitgliedstaaten an die der außervertraglichen Haftung der Gemeinschaft angepasst werden müssen.[810] Die Voraussetzungen, unter denen der Einzelne Schadensersatz verlangen kann, dürften nach Ansicht des Gerichtshofes nicht davon abhängen, ob zufälligerweise eine nationale oder eine europäische Stelle ein Recht aus dem EGV verletzt.[811] Nun stellt sich in der Diskussion um die Judikativhaftung die Frage, ob das Argument der Parallelität der Haftungsgrundsätze weiter aufrechterhalten werden kann.[812] Potentielle

---

808 Es ist anzunehmen, dass die von SPD und Bündnis 90/Die Grünen geführte Bundesregierung aus diesem Grund im Jahr 2004 eine Neuordnung des Staatshaftungsrechts nicht als vordringlich angesehen hat, vgl. die kleine Anfrage der FDP-Fraktion im deutschen Bundestag BT Drucksache 15/3952, S. 1f.

809 EuGH verb. Rs. C-46/93 und 48/93 (*Brasserie du Pêcheur* und *Factortame*), Slg. 1996, I-1029, Rn. 28-32

810 EuGH verb. Rs. C-46/93 und 48/93 (*Brasserie du Pêcheur* und *Factortame*), Slg. 1996, I-1029, Rn. 41

811 Vgl. EuGH verb. Rs. C-46/93 und 48/93 (*Brasserie du Pêcheur* und *Factortame*), Slg. 1996, I-1029, Rn. 42 und 45-47: Der EuGH übertrug das für die außervertragliche Haftung der Gemeinschaft entwickelte Tatbestandsmerkmal des „hinreichend qualifizierten Verstoßes" auf die Haftung der Mitgliedstaaten

812 Die Regierungen Österreichs, Frankreichs und des Vereinigten Königreichs stützen ihre Ablehnung einer mitgliedstaatlichen Ersatzpflicht auf einen Vergleich mit der Eigenhaftung der Gemeinschaft nach Art. 288 EGV Abs. 2 EGV (EuGH Rs. C-224/01 (*Köbler*), Slg. 2003, I-10239, Rn. 20). Der EuGH hatte in der *Köbler*-Entscheidung nicht auf Art. 288 EGV Abs. 2 EGV (jetzt Art. 340 Abs. 2 AEUV) Bezug genommen.

Rechtsverstöße der Gemeinschaftsgerichte sind vor allem solche gegen das Gemeinschaftsgrundrecht auf effektiven Rechtsschutz durch eine überlange Verfahrensdauer oder eine grundrechtswidrige Verfahrensgestaltung.[813]

I. Haftung der EG bei gemeinschaftsrechtswidrigen Entscheidungen des EuGH

Eine Haftung der EG wegen gemeinschaftsrechtswidriger Urteile des EuGH als letztinstanzliches europäisches Gericht wird in der Literatur im Ergebnis überwiegend abgelehnt. Einigkeit herrscht darüber, dass auch die Rechtsprechung des EuGH unter den Begriff der Amtstätigkeit in Art. 340 Abs. 2 AEUV fällt, so dass eine Eigenhaftung der Gemeinschaft theoretisch denkbar ist.[814] Praktisch bereitet eine solche Amtshaftungsklage aber erhebliche verfahrensrechtliche Schwierigkeiten, da in letzter Instanz der EuGH als Richter in eigener Sache über die Fehlerhaftigkeit seiner eigenen Rechtsprechung entscheiden müsste; nach Art. 18 Abs. 1 EuGH-Satzung kann ein Richter jedoch nicht an einer Entscheidung mitwirken, über die er als Mitglied eines Gerichtes zu entscheiden hatte.[815] Das Problem verschärft sich, wenn die haftungsauslösende Entscheidung nicht von einer Kammer des Gerichtshofes, sondern von dem Plenum stammt; dann wären sämtliche Richter von dem Verfahren ausgeschlossen.[816] Daher schließen einige Stimmen in der Literatur eine Haftung der EG aus prozessualen Gründen aus.[817] Andere Autoren beschränken in Anlehnung an nationale Haftungssysteme eine Haftung auf die Fälle, in denen Straftatbestände wie Rechtsbeugung oder Richterbestechung ursächlich für die Entscheidung des EuGH waren.[818] Generalanwalt *Léger* hat in seinen Schlussanträgen in der Rechtssache

---

Haltern (VerwArch 61 (2005) 311, 322) spricht mit Blick auf die frühere Argumentation des EuGH von einem „peinlichen Ergebnis".

813 Vgl. *Dörr* in: Grote/Marauhn , EMRK/GG, Kap. 33 Rn. 129 m.w.N.

814 Vgl. nur *von Bogdandy* in: Grabitz/Hilf, Recht der EU, Art. 288 EGV Rn. 65; *Czaja*, Haftung, S. 140; *Detterbeck*, AöR 125 (2000) 202, 212; *Gellermann* in: Streinz, EUV/EGV Art. 288 EGV Rn. 16; *Gilsdorf/Niejahr* in: von der Groeben/Schwarze, EUV/EGV, Art. 288 EGV Rn. 17; *Klein* in: Hailbronner/Klein/Magiera/Müller-Graff, Handkommentar EUV/EGV, Art. 215 Rn. 15

815 Derartige Schwierigkeiten bestehen nicht, wenn ein gemeinschaftsrechtswidriges Urteil des EuG den Gegenstand der Amthaftungsklage nach Art. 235 i.V.m. 288 Abs. 2 EGV (jetzt Art. 268 AEUV i.V.m. Art. 340 Abs. 2 AEUV) bildet (vgl. *Dörr* in: Grote/Marauhn, EMRK/GG, Kap. 33 Rn. 129; *Gellermann* in: Streinz, EUV/EGV Art. 288 EGV Rn. 16; *Toner*, YEL 17 (1997) 165, 187).

816 *Czaja*, Haftung, S. 160

817 *Czaja*, Haftung, S. 160; *Detterbeck*, AöR 125 (2000) 202, 212; *Ossenbühl* in: Rengeling, Handbuch Umweltrecht, Band I, § 42 Rn. 29; differenzierend *Toner*, YEL 17 (1997) 165, 187; a.A. *Anagnostaras,* EPL 7 (2001) 281, 299f.; *Wattel*, CMLRev 41 (2004) 177, 185

818 *Gellermann* in: Streinz, EUV/EGV Art. 288 EGV Rn. 16; *Gilsdorf/Niejahr* in: von der

Baustahlgewebe angedeutet, dass einer außervertraglichen Haftung der Gemeinschaft wegen einer Entscheidung des EuGH der Grundsatz der Unparteilichkeit der Gerichte entgegensteht.[819] Der EuGH hat sich zur Frage der Eigenhaftung bisher nicht geäußert. Zur Überwindung des beschriebenen prozessualen Hindernisses schlägt eine Ansicht vor, die Zuständigkeit für Schadensersatzklagen auf das EuG zu übertragen oder eine spezielle Kammer bei dem EuGH einzurichten.[820] Bei einer Zuständigkeit des EuG müsste dann konsequenterweise die Möglichkeit der Rechtsmitteleinlegung zum EuGH ausgeschlossen werden. Durch einen solchen Kompetenzzuwachs des EuG würde der Instanzenzug innerhalb der europäischen Gerichtsbarkeit faktisch aufgehoben, so dass dieser Lösungsweg keine Zustimmung verdient.

II. Auswirkungen auf die Ersatzpflicht der Mitgliedstaaten bei judikativem Unrecht

Die Ablehnung der Gemeinschaftshaftung bei judikativem Unrechts könnte aufgrund der Prämisse von der Parallelität der Haftungssysteme gegen eine mitgliedstaatliche Ersatzpflicht sprechen.[821] Die Haftungsregelungen der Mitgliedstaaten und der Gemeinschaft müssen allerdings nicht völlig miteinander übereinstimmen.[822] Dafür spricht, dass bereits bei dem Primärrechtsschutz erhebliche Unterschiede bestehen. Das System des Rechtsschutzes gegen Akte der Gemeinschaftsorgane zeichnet sich durch eine planmäßige Unvollständigkeit aus. Entsprechend dem Prinzip der begrenzten Einzelermächtigung wird der Gerichtshof nur nach Maßgabe der in Art. 13 Abs. 2 AEUV aufgeführten Einzelzuständigkeiten tätig. Eine dem § 40 Abs. 1 VwGO vergleichbare Generalklausel, die eine Allzuständigkeit des EuGH begründen würde, existiert im EGV (jetzt AEUV) nicht.[823] Natürlichen und juristischen Personen steht ein Rechtsbehelf vor dem EuGH nur bei Vorliegen der restriktiven Voraussetzungen des Art. 263 Abs. 4 bzw. 265 Abs. 3 AEUV zu. Entgegen der Auffassung des EuGH in *Les Verts*[824] enthält der EGV also kein umfassendes Rechtsschutzsystem.[825] Demgegenüber

---

Groeben/Schwarze, EUV/EGV, Art. 288 EGV Rn. 17; *Klein* in: Hailbronner/Klein/Magiera/Müller-Graff, Handkommentar EUV/EGV, Art. 215 Rn. 15; *Oppermann/Classen/Nettesheim*, Europarecht § 4 Rn. 15

819 Vgl. Schlussanträge Generalanwalt *Léger*, Rs. C-185/95P, Slg. 1998, I-8417, Rn. 65-70

820 *Czaja*, Haftung, S. 160

821 Dafür *Herdegen/Rensmann*, ZHR 161 (1997) 522, 555

822 Vgl. Schlussanträge Generalanwalt Léger Rs. C-224/01, Slg. 2003, I-10239, Rn. 94; zustimmend *Vajda*, EBLR 2006, 257, 268; vgl. zu den Grenzen der Parallelisierung auch *von Bogdandy* in: Grabitz/Hilf, Recht der EU, Art. 288 EGV Rn. 7

823 Vgl. *Middeke* in: Rengeling/Middeke/Gellermann, Handbuch Rechtsschutz, § 4 Rn. 2

824 EuGH Rs. C-294/83 (*Les Verts*), Slg. 1986, I-1339 Rn. 23

825 Vgl. zu den „Lücken" in dem Rechtsschutzsystem die Beispiele bei *Mayer* in:

ist es in Deutschland nicht mit Art. 19 Abs. 4 GG zu vereinbaren, wenn eine öffentlich-rechtliche Prozessordnung Rechtsschutz nach einem Enumerationsprinzip vorsieht.[826] Angesichts des unterschiedlich ausgeprägten Primärrechtsschutzes vor dem EuGH und den nationalen Gerichten ist es nicht überzeugend, die Ablehnung der mitgliedstaatlichen Haftung mit Hinweis auf die „klägerunfreundliche" Rechtslage auf Gemeinschaftsebene zu begründen. Vielmehr folgt umgekehrt aus der *Köbler*-Entscheidung zwingend die Anerkennung einer Eigenhaftung der Gemeinschaft.[827] Die Parallelität der Haftung von Gemeinschaft und Mitgliedstaaten ist im Sinne einer Angleichung an das jeweils höhere Rechtsschutzniveau zu verstehen.[828] Eine ungünstigere Ausgestaltung der Gemeinschaftshaftung ist aus der Perspektive des Rechtsschutz suchenden Gemeinschaftsbürgers sachlich nicht zu rechtfertigen. Zweifel an der Unparteilichkeit des EuGH in einem Haftungsverfahren müssen wie auf nationaler Ebene hingenommen werden. Im Übrigen wird durch die Einführung eines Rechtsbehelfes auf sekundärrechtlicher Ebene das Defizit im Primärrechtsschutz ausgeglichen.

G.   Beeinträchtigung der Autorität und des Ansehens der Justiz

Die Regierung des Vereinigten Königreichs hatte vorgetragen, dass die Autorität und das Ansehen der Justiz durch die Zuerkennung einer Ersatzpflicht wegen fehlerhafter Gerichtsurteile beeinträchtigt würden. Außerdem sei es für die Autorität des Richters in dem Verfahren und in der Öffentlichkeit abträglich, wenn das Ausgangsverfahren stets vor dem Hintergrund einer möglichen Schadensersatzklage gegen die Gerichtsentscheidung geführt werde.[829]
Der EuGH erwidert zu Recht, dass das Bestehen eines Rechtsweges zur Wiedergutmachung nachteiliger Auswirkungen einer fehlerhaften Gerichtsentscheidung

---

Grabitz/Hilf/Nettesheim, Recht der EU, Art. 19 EUV Rn. 9

826   Vgl. *Papier* in: Isensee/Kirchhof, Handbuch, Band VI, §154 Rn. 79 (für den einstweiligen Rechtsschutz)

827   So insbesondere *Wattel*, CMLRev 41 (2004) 177, 184; er merkt dazu süffisant an: „Those who live in glass houses should not throw stones." *Wattel* (CMLRev 41 (2004) 177, 184) spricht sich auch für eine Aktivlegitimation der Mitgliedstaaten im Rahmen der Klage nach Art. 235 EGV aus; vgl. zu dieser umstrittenen Frage *von Bogdandy* in: Grabitz/Hilf, Recht der EU, Art. 288 EGV Rn. 36 m.w.N; ebenso für eine Parallelisierung der Haftungsgrundsätze *Anagnostaras*, EPL 7 (2001) 281, 299; *Bertelmann*, Europäisierung, S. 102; *Cabral/Chaves*, MJ 13 (2006) 109, 119; *Hoskins*, JudRev 9 (2008) 278, 284; *Nassimpian*, ELR 32 (2007) 819, 836-838; *Ruffert* in: Calliess/Ruffert, EUV/AEUV, Art. 340 AEUV Rn. 23; offen *Gundel*, EWS 2004, 8, 13

828   Vgl. EuGH verb. Rs. C-46/93 und 48/93 (*Brasserie du Pêcheur* und *Factortame*), Slg. 1996, I-1029, Rn. 42

829   EuGH, Rs. C-224/01 (*Köbler*), Slg. 2003, I-10239, Rn. 26 und Sitzungsbericht EuGH Rs. C-224/01, Rn. 101 (abgedruckt bei *Wollbrandt*, Gemeinschaftshaftung, S. 199-250); zustimmend *Haltern*, VerwArch 61 (2005), 311, 327; *Hoskins*, JudRev 9 (2004) 278, 282; *Steiner/Woods/Twigg-Flesner*, EU Law, S. 159

als Bekräftigung der Qualität einer Rechtsordnung und damit auch der Judikative angesehen werden kann.[830] Die Staatshaftung ist Ausdruck der Vollkommenheit einer rechtsstaatlichen Ordnung. Sie steht in engem Zusammenhang mit der Gesetzesbindung der drei Gewalten. Die Verknüpfung erfolgt in der Weise, dass bei einem Verstoß gegen das Gesetzmäßigkeitsprinzip eine Verpflichtung besteht, den durch die rechtswidrige Ausübung öffentlicher Gewalt entstandenen Schaden im Wege der Wiedergutmachung auszugleichen, wenn die Möglichkeiten des Primärrechtsschutzes erschöpft sind.[831] Gerade die Staatshaftung wegen richterlichen Unrechts zeugt von dem hohen Entwicklungsstand eines Rechtsschutzsystems. Der Bürger soll nicht schutzlos gestellt werden, wenn eine Fehlentscheidung durch die Staatsgewalt getroffen wird, bei der die Zuständigkeit für eine letztverbindliche Streitentscheidung liegt. Zu Recht vermutet daher *Toner*, dass die offene Anerkennung richterlicher Fehlentscheidungen das Vertrauen der Bürger in das Justizsystem eher stärkt als ein vollständiger Ausschluss der Judikativhaftung.[832] Außerdem droht ein Autoritätsverlust nicht durch eine quasi routinemäßige Infragestellung letztinstanzlicher Urteile mittels einer Haftungsklage, da eine mitgliedstaatliche Ersatzpflicht an restriktive Haftungsvoraussetzungen geknüpft ist.[833] Hat eine Haftungsklage Erfolg, darf bezweifelt werden, ob die Justiz einen Schutz ihres Ansehens verdient.[834]

H. Konfrontation statt Kooperation?

Die *Köbler*-Entscheidung wirft die Frage auf, ob die Anerkennung einer Haftung wegen richterlichen Unrechts dazu führt, dass der EuGH die Rechtsprechungstätigkeit nationaler Gerichte kontrolliert und damit die Stellung einer Letztentscheidungsinstanz in dem europäischen Rechtsschutzsystem einnimmt.[835] Angesichts der daraus resultierenden Beeinträchtigung des Kooperationsverhältnisses zwischen nationaler und Gemeinschaftsgerichtsbarkeit wird erwogen, eine Judikativhaftung generell abzulehnen und das Risiko einzelner Fehlentscheidungen

---

830 EuGH, Rs. C-224/01 (*Köbler*), Slg. 2003, I-10239, Rn. 43; zustimmend *Bertelmann*, Europäisierung, S. 101; entgegen der Auffassung von *Bertelmann* (Europäisierung, S. 99f.) geht es in dem Fall der gemeinschaftsrechtlichen Staatshaftung aber nicht um eine Bekräftigung der Autorität des EuGH. Zum einen ist der EuGH nicht berufen, in dem Verfahren des sekundären Rechtsschutzes über die Fehlerhaftigkeit des Urteils zu entscheiden (in diese Richtung aber *Bertelmann,* Europäisierung, S. 99). Zum anderen beziehen sich die Äußerungen der Regierung des Vereinigten Königreich und des EuGH eindeutig auf die Autorität des nationalen letztinstanzlichen Gerichtes.

831 Dritter Teil § 2 B. V.

832 *Toner*, YEL 17 (1997) 165, 175

833 Vgl. *Bertelmann*, Europäisierung, S. 100

834 Vgl. *Fischer,* Die Richterhaftung, S. 77

835 Vgl. *von Danwitz*, JZ 2004, 301, 303; *Dörr*; DVBl. 2006, 1088, 1090; *Schöndorf-Haubold*, JuS 2006, 112, 115; *Scott/Barber*, LQR 120 (2004) 403, 405

nationaler Gerichte hinzunehmen.[836] Andere Autoren nehmen an, dass der EuGH ein Instrument schaffen wollte, um die Verhaltensweisen nationaler Gerichte zu sanktionieren, die seiner Zuständigkeit und Autorität nicht ausreichend Rechnung tragen; dazu sollen beispielsweise die Missachtung der Vorlagepflicht oder der einschlägigen EuGH-Rechtsprechung zählen.[837]

I. Das Kooperationsverhältnis zwischen dem EuGH und den mitgliedstaatlichen Gerichten

Die Kompetenzverteilung zwischen dem EuGH und den mitgliedstaatlichen Gerichten ist die Grundlage für eine gleichberechtigte Zusammenarbeit der Gerichte. Aufgabe des EuGH ist die Auslegung und die Überprüfung der Gültigkeit des Gemeinschaftsrechts (vgl. Art. 267 Abs. 1 AEUV), während die nationalen Gerichte diese Normen im Einzelfall anwenden.[838] Zweck des Vorabentscheidungsverfahrens ist es, die einheitliche Auslegung und Anwendung des Gemeinschaftsrechts durch die Gerichte der Mitgliedstaaten sicherzustellen.[839] Ein Vorabentscheidungsurteil des EuGH erwächst in Rechtskraft und ist für das vorlegende Gericht verbindlich.[840] Zusätzlich entfalten Auslegungsurteile des EuGH nach überwiegender Auffassung eine faktische Bindungswirkung für andere Verfahren. Diese Bindungswirkung ergibt sich daraus, dass ein letztinstanzliches nationales Gericht, das von einer Auslegung des EuGH abweichen will, erneut zur Vorlage verpflichtet ist.[841] Das Vorabentscheidungsverfahren institutionalisiert damit ein Kooperationsverhältnis zwischen dem EuGH und den nationalen Gerichten.[842] Es dient nicht der Überprüfung einer ergangenen Entscheidung, sondern bezweckt eine Entscheidungshilfe für den vor einem nationalen Gericht anhängigen Prozess.[843] Art. 267 AEUV begründet nicht eine hierarchische Be-

---

836 Vgl. die Stellungnahme der Regierung des Vereinigten Königreichs: EuGH Rs. C-224/01 (*Köbler*), Slg. 2003, I-10239, Rn. 27

837 Vgl. *Storr*, DÖV 2004, 545, 548; *Wegener*, EuR 2002, 785, 797

838 Vgl. *Rodríguez Iglesias*, NJW 2000, 1889, 1890; zu den auftretenden gemeinschaftsrechtlichen Fragestellungen in den verschiedenen nationalen Gerichtsbarkeiten vgl. *Müller-Graff*, DRiZ 1996, 259, 261 und zur judikativen Umsetzung von EG-Recht durch nationale Gerichte vgl. *Müller-Graff*, DRiZ 1996, 304

839 Vgl. *Everling*, Das Vorabentscheidungsverfahren, S. 16 mit Verweis auf EuGH Rs. C-166/73 (*Rheinmühlen*), Slg. 1974, I-33, Rn. 2

840 *Everling*, Das Vorabentscheidungsverfahren, S. 61

841 EuGH Rs. C- 26/96 (*Rotexchemie*), Slg. 1997, I-2817; *Ehricke* in: Streinz EUV/EGV Art. 234 Rn. 64; *Pechstein*, EU-/EG-Prozessrecht, Rn. 861; unumstritten ist die *erga omnes* Wirkung der Ungültigkeitserklärung einer Organhandlung, vgl. EuGH Rs. C-66/80 (*Internationale Chemical Corporation*), Slg. 1981, I-1191 (Rn. 13)

842 Vgl. *Arnull*, The European Union, S. 51; *Everling*, Das Vorabentscheidungsverfahren, S. 21 mit Verweis auf EuGH Rs. C-244/80 (*Foglia/Novello II*), Slg. 1981, I-3045, Rn. 14; *Huber* in: Streinz, EUV/EGV Art. 220 Rn. 23

843 Vgl. *Dauses* in: ders, Handbuch, Band II, P.II Rn. 25

ziehung im Sinne eines Instanzenzuges, an dessen Spitze der EuGH steht.[844] In einem Reflexionspapier hatte der EuGH erwogen, das Vorabentscheidungsverfahren in der Weise zu ergänzen, dass die Entscheidungen nichtvorlagepflichtiger Gerichte im nachhinein auf Antrag einer Partei hinsichtlich der korrekten Auslegung des Gemeinschaftsrechts überprüft werden könnten. Im Ergebnis lehnte er dies mit dem Argument ab, dass sich das Zusammenwirken zwischen den nationalen Gerichten und dem Gerichtshof zu einem hierarchischen System wandeln würde, wenn das nationale Gericht im Anschluss an eine Vorabentscheidung sein Urteil ändern oder aufheben müsste.[845]

II. Der EuGH als de facto Supreme Court der Europäischen Gemeinschaft

Im Schrifttum wird die Auffassung vertreten, dass der EuGH *de facto* die Rolle eines *Supreme Court* der Europäischen Gemeinschaft einnimmt.[846]

1. Meinungsstand

Die Ausweitung der mitgliedstaatlichen Haftung auf Verstöße nationaler Gerichte könnte weit reichende institutionelle Konsequenzen nach sich ziehen. In dem *Köbler*-Urteil hat der EuGH eine Entscheidung in der Sache getroffen, da er annahm, über alle Angaben zu verfügen, die zur Feststellung eines mitgliedstaatlichen Verstoßes erforderlich sind.[847] Damit entsprach der Gerichtshof einem Vorschlag des Generalanwaltes *Léger*, der es aber für übertrieben hielt, dem EuGH aufgrund dessen die Rolle einer Superrevisionsinstanz zuzuschreiben.[848] Eine Literaturansicht nimmt an, dass der Geschädigte aufgrund der *Köbler*-Rechtsprechung in die Lage versetzt werde, indirekt vor dem EuGH Berufung gegen ein gemeinschaftsrechtswidriges Urteil des nationalen Gerichtes einzulegen. Im Rahmen des Haftungsprozesses würde ein unterinstanzliches Gericht dem EuGH die Frage vorlegen, ob die Voraussetzungen einer gemeinschaftsrechtlichen Haftung vorliegen, um nicht selbst die Gemeinschaftsrechtskonfor-

---

844   *Rodríguez Iglesias*, NJW 2000, 1889, 1890
845   Reflexionspapier des EuGH zur „Zukunft des Gerichtssystems der Europäischen Union" vom 28. Mai 1999; abgedruckt in EuZW 99, 750, 755
846   So die Formulierung bei *Komárek*, CMLRev 42 (2005) 9, 10; vgl. auch *Pfander*, EBLR 17 (2006) 275, 296
847   Vgl. EuGH Rs. C-224/01 (*Köbler*), Slg. 2003, I-10239, Rn. 101-126; zustimmend *Drake*, IJEL 11 (2004) 34, 46
848   Schlussanträge Generalanwalt Léger Rs. C-224/01 (*Köbler*), Slg. 2003, I-10239, Rn. 112

mität des obergerichtlichen Urteils beurteilen zu müssen.[849] Damit nähme der EuGH in der EG *de facto* die Stellung eines *Supreme Court* ein.[850] Kritisiert wird weiterhin, dass ein Mechanismus geschaffen wurde, mit dessen Hilfe der Einzelne die Interpretation des Gemeinschaftsrechts durch ein letztinstanzliches Gericht gemäß der *acte claire*-Doktrin vor dem EuGH überprüfen lassen könnte. Infolgedessen würde der Beurteilungsspielraum des nationalen Gerichts weitgehend ausgehöhlt und es entstünde eine hierarchische Beziehung zwischen dem EuGH und den nationalen Gerichten.[851]

2. Stellungnahme

Die Vorgehensweise des EuGH in der *Köbler*-Entscheidung führt zu einer Verlagerung der Entscheidungszuständigkeit und läuft damit der gemeinschaftsrechtlich vorgesehenen Aufgabenverteilung zuwider.[852] Der EuGH ist nicht befugt, die Vorlagefrage so konkret zu beantworten, dass er faktisch die Anwendung des Gemeinschaftsrechts vorwegnimmt.[853] Er kann dem nationalen Gericht lediglich Kriterien an die Hand geben, um dessen Entscheidungsfindung zu erleichtern.[854] Es entspricht der gegenwärtigen Systematik des gemeinschaftsrechtlichen Rechtsschutzsystems, dass in letzter Instanz ein nationales Gericht entscheidet, obwohl es nicht der „authentische Interpret" des von ihm angewandten Gemeinschaftsrechts ist; ein denkbarer Ausweg ist die Erweiterung des Primärrechtsschutzes durch die Einführung einer Nichtvorlagebeschwerde zu dem EuGH.[855] Sollte der EuGH an seiner Vorgehensweise festhalten, bedeutet dies das Ende des Kooperationsverhältnisses und den Beginn eines hierarchisch strukturierten europäischen Rechtsschutzsystems. Damit begibt der EuGH sich auf direkten Konfrontationskurs gegenüber den nationalen Gerichten.[856] Es wird befürchtet, dass infolgedessen die Vorlagebereitschaft der nationalen Gerichte abnehmen könnte, was wiederum negative Auswirkungen auf die Fortentwicklung des Gemeinschaftsrechts hätte.[857]

---

849   *Komárek*, CMLRev 42 (2005) 9, 14f.; ähnlich *Pfander*, EBLR 2006, 275, 289; *Wenneras*, JEL 16 (2004) 329, 335; offen *Haltern*, VerwArch 61 (2005), 311, 339

850   *Komárek*, CMLRev 42 (2005) 9, 10; *Pfander*, EBLR 17 (2006) 275, 296

851   *Scott/Barber*, LQR 120 (2004) 403, 405f.

852   *von Danwitz*, JZ 2004, 301, 303; *Schöndorf-Haubold*, JuS 2006, 112, 115

853   *Middeke* in: Rengeling/Middeke/Gellermann, Handbuch Rechtsschutz, § 10 Rn. 38

854   Vgl. EuGH Rs. C-292/92 (*Hünermund*), Slg. 1993, I-6787, Rn. 8

855   So *Gundel*, EWS 2004, 8, 14f.; ähnlich *Wegener*, EuR 2004, 84, 91; vgl. dazu Beschlüsse zu dem 60. DJT, NJW 1994, 3075, 3081

856   Der Generalanwalt *Colomer* bezeichnet die Vorgehensweise des EuGH in *Köbler* daher zu Recht als „ernsten Verstoß gegen die souveräne Kompetenz des nationalen Gerichts zur Entscheidung des Ausgangsverfahrens" (Schlussanträge Generalanwalt *Ruiz-Jarabo Colomer*, Rs.C-30/02 (*Recheio/Cash & Carry*), Slg. 2004, I-6051, Rn. 35).

857   *Anagnostaras*, EPL 7 (2001) 281, 297; *Steiner*, EPL 4 (1998) 69, 92; *Toner*, YEL 17

In der *Hofstetter*-Entscheidung hat der EuGH dann klargestellt, dass er generell zur Entscheidung einzelner Fälle nicht befugt ist.[858] Bedenklich ist jedoch die aktuelle Entscheidung in dem Fall *Test Claimants*, die ebenfalls eine Schadensersatzklage betraf. Der *High Court* hatte dem EuGH unter anderem die Frage vorgelegt, welche „sachdienlichen Hinweise" er in dem betreffenden Fall für angebracht hält, die das Gericht bei der Feststellung eines hinreichend qualifizierten Verstoßes und eines unmittelbaren Kausalzusammenhanges berücksichtigen sollte.[859] Der EuGH wahrt formal die Grenzen der eigenen Zuständigkeit und verzichtet darauf, den konkreten Fall „durchzuentscheiden". Gleichwohl hält er sich für befugt, das nationale Gericht darauf hinzuweisen, welche Gesichtspunkte es bei der Prüfung der Haftungsvoraussetzungen berücksichtigen „muss", und detaillierte Angaben zu den einschlägigen Bestimmungen des EGV (jetzt AEUV) zu machen.[860] In der Sache entspricht das Vorgehen des EuGH einer Subsumtion des Falles. Der EuGH hätte die unzulässige Vorlagefrage unbeantwortet lassen müssen oder, was in diesem Fall kaum möglich ist, in eine zulässige Frage umdeuten müssen.[861]

Aus rechtstechnischer Perspektive kann der Ausweitung des gemeinschaftsrechtlichen Haftungsgrundsatzes auf Verstöße der Judikative gleichwohl nicht entgegengehalten werden, dass sie zu einer Hierarchisierung des Verhältnisses zwischen Gemeinschafts- und nationaler Gerichtsbarkeit führt und im somit Widerspruch zur Konzeption des EGV (jetzt AEUV) steht. Die faktische Verlagerung der Entscheidungszuständigkeit ist allein das Ergebnis unzulässiger Vorlagefragen nationaler Gerichte und/oder der Anmaßung einer Entscheidungsbefugnis durch den EuGH. Sie ist keine rechtlich zwingende Konsequenz der Anerkennung der Judikativhaftung, da weiterhin die Verantwortung für die Entscheidung des konkreten Sachverhaltes bei den nationalen Gerichten liegt. Dies schließt die Prüfung ein, ob das letztinstanzliche Gericht die Vorlagepflicht verletzt hat oder ob es im Lichte der *acte claire*-Doktrin von einer Vorlage absehen durfte. Ergeht im Rahmen des Haftungsverfahrens eine Vorabentscheidung, bindet sie das nationale Gericht ausschließlich hinsichtlich der Fragen der Auslegung oder Gültigkeit von Gemeinschaftsrecht.

Wie die Entscheidungen in *Köbler* und *Test Claimants* zeigen, ist jedoch die Befürchtung berechtigt, dass die nationalen Gerichte in einem Haftungsprozess den Versuch unternehmen werden, durch eine entsprechende Formulierung

---

(1997) 165, 181; der Rechtsprechungsstatistik des EuGH aus dem Jahr 2008 (S. 2, abrufbar unter: http://curia.eu.int/de.) kann für die Jahre 2004 bis 2008 eine abnehmende Vorlagebereitschaft der nationalen Gerichte nicht entnommen werden.

858   EuGH Rs.C-237/02 (*Hofstetter*), Slg. 2004, I-3403, Rn. 22 (Feststellung der Vereinbarkeit einer Vertragsklausel mit Art. 3 I der RL 93/13/EWG)

859   Vgl. EuGH Rs. C-446/04 (*Test Claimants in the FII Group Litigation* v. *Commissioners of Inland Revenue*), Slg. 2006, I-5177, Rn. 32

860   Vgl. EuGH Rs. C-446/04 (*Test Claimants in the FII Group Litigation* v. *Commissioners of Inland Revenue*), Slg. 2006, I-5177, Rn. 215f. (Gemeinschaftsrechtliche Staatshaftung wegen legislativen Unrechts)

861   Vgl. *Ehricke* in: Streinz, EUV/EGV, Art. 234 Rn. 13

der Vorlagefrage dem EuGH die Beurteilung der Gemeinschaftsrechtskonformität einer staatlichen Maßnahme zu überlassen. In dem Fall der Judikativhaftung bietet sich dem Gericht die Möglichkeit, sich einer eigenen Entscheidung in der Sache zu enthalten und damit einen Konflikt mit dem Gericht des Ausgangsverfahrens zu vermeiden. Der EuGH ergreift daraufhin die Gelegenheit und wendet das Gemeinschaftsrecht auf den konkreten Fall an. Es liegt bei den nationalen Gerichten, ihrem Bedeutungsverlust dadurch entgegenzuwirken, dass sie ihre originäre Aufgabe der Einzelfallentscheidung wahrnehmen und nicht dem EuGH überlassen. Eine kompetenzwidrig ergangene Vorabentscheidung entfaltet für das nationale Gericht in einem Haftungsverfahren keine Bindungswirkung und es sollte dem EuGH dann auch die Gefolgschaft verweigern.

III. Sanktionierung der Gemeinschaftsrechtsverstöße letztinstanzlicher nationaler Gerichte durch die Einführung einer gemeinschaftsrechtlichen Staatshaftung wegen judikativen Unrechts

Im Schrifttum wird kritisiert, dass der EuGH durch die Ausweitung der gemeinschaftsrechtlichen Staatshaftung auf Verstöße der Judikative ein Instrument zur Sanktionierung von Verstößen nationaler Gerichte gegen das Gemeinschaftsrecht oder gegen die Rechtsprechung des Gerichtshofes geschaffen habe;[862] dadurch sei - im Widerspruch zu den Vorgaben des EGV - ein Verhältnis der „dialogischen Kooperation" zwischen den beiden Gerichtsbarkeiten durch ein System von „Kontrolle und Druck" abgelöst worden.[863]

Einige Autoren nehmen an, dass die Schadensersatzverpflichtung ein Instrument zur Sanktionierung mitgliedstaatlicher Verstöße gegen die Vorlagepflicht darstellt.[864] Dies ist jedoch zweifelhaft, da ein Verstoß gegen die Vorlagepflicht weder eine ausreichende noch eine zwingende Haftungsvoraussetzung ist, sondern nur einen Gesichtspunkt bei der Beurteilung des Vorliegens eines hinreichend qualifizierten Verstoßes darstellt.[865] Der EuGH hat den Haftungstatbestand gerade nicht auf offenkundige Verstöße gegen die Vorlagepflicht beschränkt.[866] Die Haftungsklage ist damit kein Instrument zur Überprüfung der Nichtvorlageentscheidungen nationaler Gerichte.

Es wird auch erwogen, dass der EuGH in der *Köbler*-Entscheidung ein Instru-

---

862   Vgl. *von Danwitz*, JZ 2004, 301, 303; *Haltern*, VerwArch 61 (2005), 311, 328; *Schulze*, ZEuP 2004, 1049, 1067

863   So die Formulierung bei *Haltern*, VerwArch 61 (2005), 311

864   *Kenntner*, EuZW 2005, 235, 238; ebenso *Groussot/Minssen*, ECLR 3 (2007) 385 *Storr*, DÖV 2004, 545, 548 und 553; *Meltzer*, IJCL 4 (2006) 39, 80; *Pfander*, EBLR 2006, 275, 278

865   Vgl. EuGH Rs. C-224/01 (*Köbler*), Slg. 2003, I-10239, Rn. 55; so auch *Bertelmann*, Europäisierung, S. 107

866   So aber wohl *Kenntner*, EuZW 2005, 235, 237

ment schaffen wollte, um die Nichtbefolgung seiner Rechtsprechung zu sanktionieren.[867] Der EuGH bejaht das Vorliegen eines hinreichend qualifizierten Verstoßes „jedenfalls dann (...), wenn die fragliche Entscheidung die Rechtsprechung des EuGH offenkundig verkennt".[868] Daraus wird geschlossen, dass der EuGH die Rolle eines *Supreme Court* einnimmt, da er eine Außerachtlassung seiner Rechtsprechung mit einem haftungsauslösenden Verstoß gegen Gemeinschaftsrecht gleichsetzt.[869] Es wäre tatsächlich mit der horizontalen Kompetenzverteilung zwischen dem EuGH und den nationalen Gerichten nicht zu vereinbaren, wenn schon die Außerachtlassung der EuGH Rechtsprechung eine mitgliedstaatliche Haftung auslöste; eine dem englischen Recht vergleichbare Bindungswirkung von Präzedenzfällen (*stare decisis*-Rule) ist dem EGV (jetzt AEUV) fremd.

Derweil ist die Annahme unzutreffend, dass der EuGH eine Haftung an die Nichtbefolgung seiner Rechtsprechung knüpft. Vielmehr ist der Verstoß gegen eine individualschützende Norm des Gemeinschaftsrechts zwingend die erste Voraussetzung der gemeinschaftsrechtlichen Staatshaftung.[870] Die Verkennung der EuGH-Rechtsprechung ist lediglich geeignet, diesen Verstoß zu qualifizieren.[871] Letzteres ist nur eine Konsequenz der faktischen *erga omnes*-Wirkung von Auslegungsurteilen des EuGH. Die nationalen Gerichte sind verpflichtet, vor dem Abweichen von der EuGH-Rechtsprechung, eine Auslegungsfrage vorzulegen. Das Gericht trifft damit konkret nicht der Vorwurf, die Rechtsprechung nicht zu befolgen, sondern die Vorlagepflicht missachtet zu haben.

IV. Unvermeidbarkeit vereinzelter Fehlentscheidungen nationaler Gerichte

Einige Stimmen in der Literatur nehmen an, dass vereinzelte Fehlentscheidungen als Folge der Zuständigkeit der nationalen Gerichte bei der Anwendung des Gemeinschaftsrechts hingenommen werden müssten; sie sehen kein Bedürfnis für einen Ausgleich der erlittenen Schäden mittels der gemeinschaftsrechtlichen Staatshaftung.[872] Die geradezu natürliche Unvermeidbarkeit richterlicher Fehl-

---

867 *Komárek*, CMLRev 42 (2005) 9, 10 und 15f.; *Storr*, DÖV 2004, 545, 548 und 553; in diese Richtung auch *Haltern*, VerwArch 61 (2005), 311, 336

868 EuGH Rs. C-224/01 (*Köbler*), Slg. 2003, I-10239, Rn. 56 im Anschluss an EuGH verb. Rs. C-46/93 und 48/93 (*Brasserie du Pêcheur* und *Factortame*), Slg. 1996, I-1029, Rn. 57

869 *Komárek*, CMLRev 42 (2005) 9, 15

870 EuGH Rs. C-224/01 (*Köbler*), Slg. 2003, I-10239, Rn. 51

871 EuGH Rs. C-224/01 (*Köbler*), Slg. 2003, I-10239, Rn. 56

872 *Ossenbühl* (Staatshaftungsrecht, S. 514) hält eine Rüge des Verstoßes gegen Art. 234 Abs. 3 EGV im Rahmen eines Vertragsverletzungsverfahrens für ausreichend, a.A. *Mankowski* in: Rengeling/Middeke/Gellermann, Handbuch Rechtsschutz, § 37 Rn. 129; *Wattel* (CMLRev 41 (2004) 177, 190) argumentiert mit der Unvermeidbarkeit richterlicher Fehlentscheidungen: „Professional mistakes happen." Außerdem sei es wahrscheinlich, dass auch dem Gericht in einem Haftungsprozess einmal ein Fehler

entscheidungen ist aber kein plausibler Grund für eine generelle Ablehnung der gemeinschaftsrechtlichen Staatshaftung. Die nationalen Gerichte tragen eine besondere Verantwortung bei der Verwirklichung wirksamen Rechtsschutzes im Gemeinschaftsrecht.[873] Aufgrund dieser herausgehobenen Rolle der nationalen Gerichte ist es nicht hinnehmbar, den geschädigten Gemeinschaftsbürger auf das Risiko einer Fehlentscheidung zu verweisen und ihm eine Kompensation der erlittenen Schäden zu verwehren.[874] Im Gemeinschaftsrecht kommt die Besonderheit hinzu, dass das Risiko einer Fehlentscheidung durch das Vorabentscheidungsverfahrens gemindert werden kann und damit nicht als selbstverständlich hingenommen werden muss. Aufgrund der relativ komplexen Rechtslage bei Sachverhalten mit Bezug zum Gemeinschaftsrecht begründet das Durchlaufen des Vorabentscheidungsverfahrens zur Klärung von Auslegungsfragen (oder der bewusste Verzicht) eine Vermutung für die Richtigkeit der nationalen Entscheidung.[875] Folgerichtig zählt der EuGH eine Verletzung der Vorlagepflicht zu den Gesichtspunkten, auf die bei der Beurteilung der Offenkundigkeit eines Verstoßes abzustellen ist.[876] Missachtet ein nationales Gericht diese Pflicht, ist die Abweisung einer Schadensersatzklage unbillig, da das Gericht in der Lage war, durch die Einholung einer Vorabentscheidung eine rechtmäßige Entscheidung zu treffen. Erst wenn die fehlerhafte Gerichtsentscheidung die Schwelle eines qualifizierten Verstoßes nicht überschreitet, ist wie in den Fällen legislativen und administrativen Unrechts eine Fehlentscheidung entschädigungslos hinzunehmen.

I. Schwierigkeiten bei der Bestimmung eines für die Entscheidung über die Staatshaftung zuständigen Gerichts

Die Regierung des Vereinigten Königreichs kritisierte, dass aufgrund des innerstaatlichen Rechts Schwierigkeiten bestehen, ein Gericht zu bestimmen, das für die Entscheidung über Verstöße letztinstanzlicher nationaler Gerichte zuständig ist.[877] Der EuGH antwortete, dass es nicht seine Aufgabe sei, an der Lösung von Zuständigkeitsfragen mitzuwirken.[878] Nach seiner ständigen Rechtsprechung erfolge die Bestimmung des zuständigen Gerichtes ebenso wie die Ausgestaltung des Verfahrens nach nationalem Recht unter dem Vorbehalt der Effektivität und

---

unterlaufen werde. Man müsse aber akzeptieren, dass jeder Rechtsstreit einmal ein Ende finden muss (*Wattel* CMLRev 41 (2004) 177, 187), ähnlich die Regierung des Vereinigten Königreichs (vgl. EuGH Rs. C-224/01 (*Köbler*), Slg. 2003, I-10239, Rn. 27).

873   *von Bogdandy* in: Grabitz/Hilf, Recht der EU, Art. 288 EGV Rn. 153; EuGH Rs. C-224/01 (*Köbler*), Slg. 2003, I-10239, Rn. 33

874   Vgl. *Toner*, YEL 17 (1997) 165, 181

875   Vgl. zu dieser Richtigkeitsvermutung *Radermacher*, NVwZ 2004, 1415, 1417

876   Vgl. EuGH Rs. C-224/01 (*Köbler*), Slg. 2003, I-10239, Rn. 55

877   EuGH Rs. C-224/01 (*Köbler*), Slg. 2003, I-10239, Rn. 28

878   EuGH Rs. C-224/01 (*Köbler*), Slg. 2003, I-10239, Rn. 47

der Gleichwertigkeit.[879] Um dem gemeinschaftsrechtlichen Haftungsgrundsatz auch in dem Bereich des Judikativunrechts zu seiner Wirksamkeit zu verhelfen, seien daher die Mitgliedstaaten verpflichtet, einen geeigneten Rechtsweg für den Haftungsprozess zur Verfügung zu stellen.[880] Im Folgenden wird untersucht, inwieweit derartige Umsetzungsschwierigkeiten in Deutschland und England bestehen.[881]

I. Rechtslage in Deutschland

In Deutschland sind die Landgerichte in erster Instanz zuständig für Klagen wegen einer Verletzung des Gemeinschaftsrechts.[882] Es bestehen Bedenken gegen die Durchführung des Haftungsprozesses wegen judikativen Unrechts vor einem Zivilgericht, wenn das Ausgangsverfahren vor einem Verwaltungsgericht durchgeführt wurde. Die Zuständigkeit der Zivilgerichte für Ansprüche aus gemeinschaftsrechtlicher Staatshaftung führt dann zu einer Aufspaltung des primären und des sekundären Rechtsschutzes, die überwiegend historisch zu erklären ist.[883] Es wird kritisiert, dass die Zuordnung unterschiedlicher Rechtsfragen zu unterschiedlichen Teilgerichtsbarkeiten relativiert wird, wenn in letzter Instanz ein Zivilgericht im Rahmen des sekundären Rechtsschutzes über die Richtigkeit eines letztinstanzlichen verwaltungsgerichtlichen Urteils entscheidet.[884] Denkbar ist auch, dass erhebliche Spannungen zwischen letztinstanzlichen Gerichten unterschiedlicher Gerichtszweige entstehen, wenn die Rechtmäßigkeit der Ausgangsentscheidung oder die ordnungsgemäße Handhabung der Vorlagepflicht in dem Verfahren des primären Rechtsschutzes zum Gegenstand eines Haftungsprozesses wird.[885] Die Auseinandersetzung zwischen dem Bundesverfassungsgericht und dem Bundesgerichtshof hinsichtlich der Definitionshoheit über den Eigentumsbegriff hat gezeigt, dass Rechtswegfragen auch Machtfragen sind.[886]

Gleichwohl darf gegenwärtig nach nationalem Verfassungsrecht der ordentliche Rechtsweg für Ansprüche auf Schadensersatz nicht ausgeschlossen

---

879   EuGH Rs. C-224/01 (*Köbler*), Slg. 2003, I-10239, Rn. 46 m.w.N.
880   EuGH Rs. C-224/01 (*Köbler*), Slg. 2003, I-10239, Rn. 45; zustimmend *Bertelmann*, Europäisierung, S. 118; *Kluth*, DVBl. 2004, 393, 398; *Wegener*, EuR 2004, 84, 89 mit Blick auf die österreichische Rechtslage *Schwarzenegger*, ZfRV 2003, 236
881   Vgl. zum innerösterreichischen Meinungsstand *Bertelmann*, Europäisierung, S. 113-116; *Breuer*, BayVBl. 2003, 586, 587; *Schwarzenegger* in: FS Funk, S. 501, 509-514
882   Vgl. Erster Teil § 2 E. 2. b) (1)
883   Kritisch *Papier* in: MünchKommBGB § 839 Rn. 377 m.w.N.; *Redeker/von Oertzen*, Verwaltungsgerichtsordnung, § 40 Rn. 42
884   *Wegener*, EuR 2002, 785, 795; unklar ist, warum *Wegener* dann nicht konsequenterweise einen vollständigen Ausschluss, sondern lediglich eine Beschränkung der Haftung für richterliche Tätigkeit befürwortet
885   *Anagnostaras* (EPL 7 (2001) 281, 296) befürchtet einen „battle over jurisdiction".
886   *Höfling*, VVDStRL 61 (2002) 260, 285 m.w.N.

werden (vgl. Art. 34 S. 3 GG). Dabei ist die Entscheidung über verwaltungsrechtliche bzw. gemeinschaftsrechtliche Vorfragen durch den Zivilrichter eine zwangsläufige Folge dieser Zuständigkeitsverteilung. Das Bundesverwaltungsgericht hat klargestellt, dass kein „Anspruch auf den (angeblich) sachnäheren Richter" besteht.[887] Keine optimale Lösung bietet eine Bündelung der Entscheidungskompetenz bei dem für den primären Rechtsschutz zuständigen Gericht,[888] da dann wie bei zivilgerichtlichen Ausgangsverfahren Bedenken an der Unparteilichkeit des Gerichtes in einem Haftungsprozess bestehen.

II. Rechtslage in England

In England können sich Schwierigkeiten bei der Umsetzung des gemeinschaftsrechtlichen Haftungsgrundsatzes aufgrund des einheitlichen Gerichtssystems und der Geltung der *stare decisis*-Doktrin ergeben.

1. Einheitliches Gerichtssystem

Eine Besonderheit des englischen Gerichtssystems liegt darin, dass keine Trennung zwischen Zivil- und Verwaltungsgerichtsbarkeit existiert.

a) Bestimmung des zuständigen Gerichts in dem Bereich des primären und des sekundären Rechtsschutzes

Zuständig für die Überprüfung der Rechtmäßigkeit einer Verwaltungsmaßnahme im Wege des *judicial review* ist der *High Court*.[889] In dem Bereich des sekundären Rechtsschutzes werden die Verfahren ebenfalls vor den Zivilgerichten durchgeführt. Diese Zuweisung an die Zivilgerichte ist darauf zurückzuführen, dass ein eigenes Regime für das Staatshaftungsrecht nicht besteht, sondern dass Schadensersatzansprüche gegen die Krone auf einen Klagegrund des *tort law* gestützt werden müssen.[890] Zur Bestimmung des für einen Haftungsprozess zu-

---

887 BVerwGE 81, 226, 228 (Ablehnung eines schutzwürdigen Interesses an der Feststellung der Rechtswidrigkeit eines Verwaltungsaktes vor Erhebung einer Amtshaftungsklage)

888 Vgl. *Höfling*, VVDStRL 61 (2002) 260, 285 Fn. 168

889 Vgl. *Bradley/Ewing*, Constitutional and Administrative Law, S. 644

890 *Bradley/Ewing*, Constitutional and Administrative Law, S. 645; *Craig,* Administrative Law, S.881

ständigen Gerichtes folgt daher ein Überblick über den Aufbau der Zivilge-
richtsbarkeit in England.

b) Aufbau der Zivilgerichtsbarkeit in England

Das englische Gerichtsverfassungsrecht differenziert zwischen oberen und unte-
ren Zivilgerichten. Zu den unteren Gerichten (*inferior courts*) zählen die *County
Courts* und die in Ausnahmefällen zuständigen *Magistrates' Courts*. Unter den
Begriff der Obergerichte (*superior courts*) fallen der *High Court, der Court of
Appeal* und das *House of Lords*.[891] Die Zuständigkeitsverteilung bemisst sich
nach den *Civil Procedure Rules 1999* und den zu ihrer Ergänzung erlassenen
Practice Directions.[892] Im Grundsatz gilt, dass die *superior courts* im Gegensatz
zu den *inferior courts* unbeschränkt sachlich zuständig sind.[893] In der ersten Instanz besteht eine parallele Zuständigkeit eines *County Courts* und des *High
Courts*.[894] Schadensersatzklagen, deren Wert 15.000 Pfund nicht übersteigen,
sind vor einem *County Court* zu erheben.[895] Bei Klagen wegen eines Personen-
schadens ist der *High Court* erst ab einem Streitwert von 50.000 Pfund zuständig.[896] Ausnahmsweise kann auch unterhalb dieser Streitwertgrenzen eine Klage
bei dem *High Court* eingelegt werden, wenn dies aus Sicht des Klägers aufgrund
der Komplexität des Falles oder eines besonderen öffentlichen Interesses an dem
Urteil erforderlich erscheint.[897] Schadensersatzklagen gegen die Krone werden
regelmäßig vor dem *High Court* erhoben.[898]

Die Einlegung eines Rechtsmittels erfolgt prinzipiell bei dem im Instan-

---

891   *Bunge*, Zivilprozess und Zwangsvollstreckung, S. 30 und 61

       Durch den *Constitutional Reform Act 2005* soll ein *Supreme Court* für das Vereinigte
Königreich eingerichtet werden. Die Aufgaben des *House of Lords* als Revisionsgericht (*Appellate Committee*) und die Aufgaben des *Privy Council* im Rahmen seiner
devolution jurisdiction (Kontrolle der Tätigkeit von Legislative und Exekutive in
Schottland, Nord-Irland und Wales) werden auf den *Supreme Court* übertragen. Die
Ausgliederung der Rechtsprechungsfunktion des *House of Lords* wird unter anderem
mit den Anforderungen der EMRK begründet. Der *Supreme Court* wird wie das *House
of Lords* oberstes Gericht von England und Wales, oberstes Gericht von Nordirland
und, beschränkt auf Zivilsachen, oberstes schottisches Gericht sein. Er soll seine Arbeit
im Oktober 2009 aufnehmen (vgl. zum Ganzen *Sydow*, ZaöRV 64 (2004) 65).

892   Bei den *Practice Directions* handelt es sich um richterliche Verfahrensregeln, die zwar
keine Gesetzeskraft entfalten, denen aber innerhalb des Gerichts und seiner Gerichtsbarkeit Bindungswirkung zukommt, vgl. die Erläuterung bei *Dreymüller*, ZVglRWiss
101 (2002) 471 Fn. 2

893   *Bunge*, Zivilprozess und Zwangsvollstreckung, S. 61

894   PD 7A, 1

895   PD 7A, 2.1

896   PD 7A, 2.2

897   PD 7A, 2.4

898   Vgl. *Bradley/Ewing,* Constitutional and Administrative Law, S. 644

zenzug nächsthöheren Gericht.[899] Bei einer erstinstanzlichen Zuständigkeit des *High Court* entscheidet die zivilrechtliche Abteilung (*Civil Division*) des *Court of Appeal* über die Berufung.[900] Der *Court of Appeal* prüft das angefochtene Urteil umfassend. Gegen sein Urteil kann ein formelles Rechtsmittel (*appeal*) bei dem *House of Lords* eingelegt werden.[901] Es bedarf einer besonderen Zulassung des *Court of Appeal* oder des *House of Lords*. Sie wird nur für Rechtsfragen gewährt. Das *House of Lords* trifft keine Sachentscheidung, sondern weist den *appeal* entweder als unbegründet ab oder in dem Fall der Begründetheit an das für die Sachenetscheidung zuständiger erstinstanzliche Gericht zurück.[902]

2. Die Stare decisis-Doktrin

Das englische Recht basiert im Wesentlichen auf zwei Rechtsquellen: Die wichtigste Rechtsquelle ist neben dem durch die Legislative geschaffenen Recht (*statute law*) das *common law*, dem eine Rechtsfindung durch Gerichtsentscheidungen zugrunde liegt.[903] Das in dem Bereich der gemeinschaftsrechtlichen Staatshaftung relevante *tort law* ist zu einem großen Teil *common law*; daneben existieren in England eine Vielzahl haftungsrechtlicher Spezialgesetze.[904] Die *stare decisis*-Doktrin ist wesentlicher Bestandteil des *common law*-Systems.

a) Grundsatz der Doktrin

Die Doktrin besagt, dass jedes Gericht an jede einzelne Entscheidung (*precedent*) eines im Instanzenzug übergeordneten Gerichts gebunden ist, ohne Rücksicht darauf, ob sie in ständiger Rechtsprechung bestätigt wurde oder ob sie vereinzelt geblieben ist (vertikale *stare decisis*). In Einzelfällen kommt auch eine Bindungswirkung von Vorentscheidungen desselben Gerichtes in Betracht (horizontale *stare decisis*). Eine Bindung besteht aber nur, wenn der tragende Grund der ursprünglichen Entscheidung (*ratio decidendi*) den neu zu beurteilenden Streitfall erfasst.[905] Rechtliche Nebenbemerkungen, die für die Entscheidung nicht wesentlich sind (*obiter dicta*), entfalten keine Bindungswirkung und können lediglich von den unteren Gerichten als „überzeugende Rechtsquelle" (*per-*

---

899   Vgl. zu den Ausnahmen: *Zuckerman,* Civil Procedure, S. 724
900   Sec. 16(1) *Supreme Court Act 1981*
901   Sec. 1 *Administration of Justice Act 1934*
902   *Bunge,* Zivilprozess und Zwangsvollstreckung, S. 134
903   Vgl. *Bernstorff,* Einführung, S. 9f.
904   Vgl. *von Bar,* Deliktsrecht, Band I, Rn. 241 m.w.N.
905   Vgl. zum Ganzen *Mac Cormick/Summers,* Interpreting Precedents S. 315f.; *Zweigert/Kötz,* Einführung, S. 253f.

suasive authority) beachtet werden.[906] Voraussetzung für das Funktionieren eines solchen Präjudiziensystems ist die Existenz eines hierarchisch aufgebauten Gerichtssystems.[907] Ziele der Doktrin sind die Schaffung von Rechtsgleichheit, juristischer Effizienz, Rechtssicherheit und die Gewährleistung der Gewaltenteilung.[908]

b) Reichweite der Doktrin

Entscheidungen des *House of Lords* binden alle unteren Gerichte, einschließlich des *Court of Appeal*.[909] Ursprünglich war auch das *House of Lords* an seine eigenen Entscheidungen gebunden.[910] In dem *Practice Statement* aus dem Jahr 1966 hat Lord *Gardiner* klargestellt, dass das *House of Lords* zur Vermeidung ungerechter Entscheidungen und zur Fortentwicklung des Rechts von seiner eigenen Rechtsprechung abweichen kann.[911] Diese Praxis ermöglicht insbesondere eine Anpassung an die Rechtsprechung des EuGH und des EGMR.[912] Der *Court of Appeal* ist in zivilrechtlichen Streitigkeiten mit einigen Ausnahmen an seine eigenen Entscheidungen gebunden.[913] Es ist anzunehmen, dass der *Court of Appeal* sich an eine eigene Entscheidung nicht gebunden fühlen wird, wenn diese Entscheidung in Widerspruch zum Gemeinschaftsrecht oder zu einer Entscheidung des EuGH steht. Vielmehr würde der *Court of Appeal* seine Entscheidung im Lichte des Gemeinschaftsrechts treffen oder eine Vorabentscheidung des EuGH einholen (vgl. section 3 (1) *EC Act 1972*).[914] Der *High Court* ist nur an die Entscheidungen höherer Gerichte gebunden und bindet durch seine Entscheidungen die unteren Gerichte (*County Courts* und *Magistrates` Courts*).[915]

c) Faktische Bindungswirkung in kontinentaleuropäischen Rechtsordnungen

Ein der *stare decisis*-Doktrin vergleichbares Prinzip existiert außerhalb des *common law* nicht. Die Urteile nationaler Gerichte des kontinentaleuropäischen Rechtskreises und des EuGH zeichnen sich durch eine Deduktion des Ergebnis-

---

906 Vgl. *Slapper/Kelly*, English Legal System, S. 90
907 *Slapper/Kelly* English Legal System, S. 75
908 *Mac Cormick/Summers*, Interpreting Precedents, S. 379
909 Zu dem Verhältnis zwischen dem *House of Lords* und dem *Court of Appeal* vgl. *Davis v. Johnson* (1979) AC 264 per Lord *Diplock*
910 *London Street Tramways Co.* v. *London County Council* (1898) AC 375
911 (1966) 3 All ER 77
912 *Slapper/Kelly*, English Legal System, S. 81 m.w.N. zur Rechtsprechung
913 *Young* v. *Bristol Aeroplane Co. Ltd.* (1944) KB 718 per Lord *Greene* MR
914 Vgl. *Slapper/Kelly*, English Legal System, S. 87
915 *Slapper/Kelly*, English Legal System, S. 89

ses aus geschriebenen oder ungeschriebenen Rechtssätzen aus. Dabei werden Vorentscheidungen nur zur Unterstützung zitiert.[916] In der Praxis findet dabei ein Urteil des BGH oder eines OLG regelmäßig die Anerkennung eines unteren Gerichtes;[917] die Abweichung von der Rechtsauffassung eines Obergerichtes führt meist zu einer Aufhebung der Entscheidung in der nächsten Instanz. Dabei handelt es sich ausschließlich eine faktische Bindungswirkung der obergerichtlichen Entscheidung für das unterinstanzliche Gericht. Anders als im englischen Recht sind die kontinentaleuropäischen Richter nicht gezwungen, eine Entscheidung zu befolgen, die sie für falsch halten.[918] Dies folgt für das deutsche Recht bereits aus dem Grundsatz der richterlichen Unabhängigkeit in Art. 97 Abs. 1 GG.[919] Des Weiteren ist nach „kontinentaleuropäischer Auffassung" eine Bindungswirkung richterlicher Entscheidung mit dem Grundsatz der Gewaltenteilung nicht zu vereinbaren, da nur generell-abstrakte Normen für die Zukunft gelten.[920] Somit bereitet die Umsetzung des gemeinschaftsrechtlichen Haftungsgrundsatzes in Deutschland insoweit keine Schwierigkeiten.

3. Folgen für Umsetzung des gemeinschaftsrechtlichen Haftungsgrundsatzes in England

Eine Ansicht in der Literatur nimmt an, dass eine wirksame Umsetzung des gemeinschaftsrechtlichen Haftungsgrundsatzes in England weitgehend ausgeschlossen ist. Aufgrund der strengen *stare decisis*-Doktrin sei nicht zu erwarten, dass etwa der *High Court* in einem Haftungsprozess erst von der Entscheidung des *House of Lords* in dem Ausgangsverfahren abweichen und dann einen offenkundigen Verstoß desselben feststellen werde.[921] Daher würde der *High Court* die Klage regelmäßig abweisen oder dem EuGH eine Frage zur Vorabentscheidung vorlegen.[922] Bedenken werden auch generell gegen die Umsetzung des Haftungsgrundsatzes im Rahmen eines einheitlichen Gerichtssystems geäußert. Es liefe dem Konzept eines hierarchisch strukturierten Instanzenzuges zuwider,

---

916 Vgl. *Mac Cormick/Summers*, Interpreting Precedents, S. 24f.; *Schulze/Seif* in: dies., Richterrecht, S. 9 m.w.N.; der EuGH ist an seine eigenen Entscheidungen nicht gebunden. Allerdings weicht er selten von seinen früheren Entscheidungen ab. Die Akzeptanz des Gemeinschaftsrechts würde schnell unterminiert, wenn der EuGH es sich zur Gewohnheit machte, sich in seinen Entscheidungen zu widersprechen, vgl. *Ebke*, AJCL 48 (2000) 623, 640 m.w.N.

917 Vgl. *Zweigert/Kötz*, Einführung, S. 256f.; der EuGH lässt durch ein Anknüpfen an seine ständige Rechtsprechung ebenfalls eine faktische Bindungswirkung seiner Vorabentscheidungen erkennen, vgl. *Schulze/Seif* in: dies., Richterrecht, S. 11

918 Vgl. *Lundmark*, JuS 2000, 546, 547

919 Vgl. nur *Classen* in: von Mangoldt/Klein/Starck, GG, Band III, Art. 97 Rn. 11 m.w.N.

920 *Lundmark*, JuS 2000, 546 m.w.N.

921 *Garde*, CLJ 63 (2004) 564, 567; zweifelnd *Zuckerman*, CJQ 23 (2004) 8, 12

922 *Garde*, CLJ 63 (2004) 564, 567; *Zuckerman*, CJQ 23 (2004) 8, 12

wenn ein Urteil des *House of Lords* Gegenstand einer Entscheidung durch den *High Court* werde.[923] *Hoskins* wirft schließlich die Frage auf, ob ein Gericht in einem späteren Verfahren aufgrund der *stare decisis*-Doktrin nun an die gemeinschaftsrechtswidrige Entscheidung des letztinstanzlichen Gerichtes gebunden ist, obwohl dies erneut eine Staatshaftung auslösen könnte. Gleichzeitig deutet er an, dass die Doktrin auf den Kopf gestellt würde, wenn das Gericht nicht der letztinstanzlichen Entscheidung im Primärrechtsstreit, sondern der des (Unter-) Gerichtes folgt, das das Staatshaftungsverfahren entschieden hat.[924]

4. Stellungnahme

Weder die *stare decisis*-Doktrin noch der Aufbau des englischen Gerichtsystems können der Umsetzung des Haftungsgrundsatzes entgegengehalten werden.

a) Anwendung der Stare decisis-Doktrin

Die Anwendung der *stare decisis*-Doktrin hätte zur Folge, dass ein unterinstanzliches Gericht an das gemeinschaftsrechtswidrige Urteil eines letztinstanzlichen Gerichtes gebunden wäre. Eine Haftungsklage hätte von vornherein keine Aussicht auf Erfolg, da ein Gemeinschaftsrechtsverstoß nicht feststellbar wäre.[925] Der gemeinschaftsrechtliche Haftungsgrundsatz wäre damit seiner praktischen Wirksamkeit beraubt. Konsequenterweise kann die *stare decisis*-Doktrin augrund des Effektivitätsgebotes bei Sachverhalten mit Bezug zum Gemeinschaftsrecht keine Anwendung finden.[926] Dies widerspricht auch nicht den beiden wesentlichen Zielen der *stare decisis*-Doktrin: Der Grundsatz der Rechtsgleichheit ist nicht berührt, da die Partei des Ausgangsverfahrens und der Kläger in einem Haftungsprozess identisch sind. Dabei ist es für die geschädigte Partei auch regelmäßig günstiger, wenn das Gericht im Rahmen der Staatshaftungsklage eine andere (fehlerfreie) Bewertung vornimmt als das Gericht in dem Ausgangsverfahren. Dem Prinzip der Rechtsicherheit wird, wie oben dargelegt, durch restrik-

---

923   *Garde*, CLJ 63 (2004) 564, 567; *Scott/Barber*, LQR 120 (2004) 403, 405

924   in: JudRev 9 (2004) 278, 282

925   So wäre beispielsweise in dem Fall *Köbler* ein unteres Gericht an die Feststellung des letztinstanzlichen Gerichtes gebunden, dass die Versagung einer Dienstalterszulage keinen Verstoß gegen Art. 39 EGV (jetzt Art. 45 AEUV) darstellt, wenn die Möglichkeit des *distinguishing* (dazu sogleich) nicht besteht.

926   In die Richtung geht auch eine Stellungnahme Englands in Questionnaire for the 2004 Colloquim of the Association of the Council of State and Supreme Administrative Juristdictions of the European Union, S.17, abrufbar unter: http://www.juradmin.eu; offen *Bertelmann*, Europäisierung, S. 113

tive Haftungsvoraussetzungen Rechnung getragen. Im Übrigen haben auch die englischen Gerichte in der Vergangenheit Einschränkungen der *stares decisis*-Doktrin zugelassen. Zum einen fühlt sich das *House of Lords* nicht mehr an seine alten Entscheidungen gebunden, wenn dies zur Herbeiführung einer gerechten Entscheidung im Einzelfall notwendig ist; möglicherweise zeichnet sich eine ähnliche Rechtsprechungsentwicklung in Bezug auf den *Court of Appeal* ab, soweit das Gemeinschaftsrecht berührt ist.[927] Zum anderen gelingt es den Gerichten die Präjudizwirkung zu umgehen, indem sie die Einschlägigkeit der *ratio decidendi* der Vorentscheidung verneinen (so genanntes *distinguishing*).[928]

b)   Umsetzung des Haftungsgrundsatzes in einem einheitlichen Gerichtssystem

Es bestehen keine Bedenken dagegen, dass ein unterinstanzliches Gericht desselben Gerichtszweiges wie der *High Court* über eine Entscheidung des *House of Lords* urteilt. Es ist nämlich zu erwarten, dass bei einem Haftungsprozess regelmäßig der gesamte Instanzenzug durchlaufen wird, so dass auch in diesem Verfahren das *House of Lords* letztinstanzlich entscheidet; damit bleibt die hierarchische Struktur des Gerichtssystems gewahrt.[929] Wie oben ausgeführt, können in dieser Konstellation Bedenken an der Unparteilichkeit des letztinstanzlichen Gerichtes bei der Entscheidung über den Staatshaftungsanspruch nicht gänzlich ausgeräumt werden. Im Übrigen kann der *High Court* auch dann über die Gemeinschaftsrechtskonformität einer Entscheidung des *House of Lords* urteilen, wenn anschließend der Instanzenzug nicht vollständig durchlaufen wird: Es existiert im englischen Recht, abgesehen von der hier unanwendbaren *stare decisis*-Doktrin, kein Rechtssatz, der besagt, dass das Urteil eines höheren Gerichtes nicht Gegenstand der Entscheidung eines unteren Gerichtes sein kann. Außerdem besteht eine gemeinschaftsrechtliche Verpflichtung, einen Rechtsweg gegen letztinstanzliche Urteile zur Verfügung zu stellen, um die Durchführung eines Staatshaftungsverfahrens zu ermöglichen.[930]

J.   Flut von Haftungsprozessen bei Ausweitung des gemeinschaftsrechtlichen Haftungsgrundsatzes

Gegen die Ausweitung des Haftungsgrundsatzes wird auch vorgetragen, dass eine Vielzahl von Haftungsprozessen droht. Es sei zu erwarten, dass dann die

---

927   Vgl. Dritter Teil § 3 I II. 4. b)
928   Vgl. *Zweigert/Kötz*, Einführung, S. 254
929   *Anagnostaras*, EPL 7 (2001) 281, 291; *Garde*, CLJ 63 (2004) 564, 567
930   EuGH Rs. C-224/01 (*Köbler*), Slg. 2003, I-10239, Rn. 45

Gemeinschaftsbürger einen Ausgleich der erlittenen finanziellen Nachteile mittels einer Staatshaftungsklage anstrebten.[931] Letztlich müssten die Steuerzahler für die entstehenden Kosten aufkommen.[932]

Die Annahme, dass die Zahl der Haftungsprozesse erheblich zunimmt und damit eine spürbare finanzielle Belastung der Bürger einhergeht, entbehrt einer empirischen Grundlage: Der BGH hat bisher erst einen Fall zur gemeinschaftsrechtlichen Staatshaftung wegen judikativen Unrechts entschieden.[933] In England existiert eine Entscheidung des *High Court* aus dem Jahr 2008.[934] Die Entscheidung des EuGH in dem Fall *Brasserie du Pêcheur* und *Factortame* zur mitgliedstaatlichen Haftung wegen der Verstöße der Legislative gegen Gemeinschaftsrecht hat nach zehn Jahren weder in Deutschland noch in England zu einer signifikanten Steigerung der Haftungsverfahren geführt.[935] Die Zurückhaltung potentieller Kläger ist auf die restriktiven Voraussetzungen einer Haftung wegen eines Gemeinschaftsrechtsverstoßes zurückzuführen. In anderen Bereichen des Staatshaftungsrechts ist die Rechtsprechung wesentlich umfangreicher.[936] Im Übrigen ist es unter rechtsstaatlichen Gesichtspunkten bedenklich, eine Haftung angesichts einer wohl verhältnismäßig geringen fiskalischen Belastung völlig auszuschließen.

K. Haftungsfreistellung letztinstanzlicher nationaler Gerichte als Folge der C.I.L.F.I.T.-Rechtsprechung

In der *Köbler*-Entscheidung hat der EuGH einen Verstoß des *ÖstVerwGH* gegen die Vorlagepflicht aus Art. 234 Abs. 3 EGV (jetzt Art. 267 Abs. 3 AEUV) festgestellt. Nach Ansicht des EuGH konnte das österreichische Gericht nicht unter Verweis auf die *C.I.L.F.I.T.*-Formel von einer Vorlage absehen.[937]

Diese Aussage des EuGH hat zu einer Diskussion darüber geführt, ob die Ausweitung des Haftungsgrundsatzes in *Köbler* in Kombination mit der *C.I.L.F.I.T.*-Rechtsprechung nicht zu erheblichen verfahrensrechtlichen Schwie-

---

931   *Steiner/Woods/Twigg-Flesner,* EU Law, S. 159; *Wattel,* CMLRev 41 (2004) 177, 182; *Zuckerman,* CJQ 23 (2004), 8, 14

932   *Wattel,* CMLRev 41 (2004) 177, 186

933   BGH EuZW 2005, 30; das erstinstanzliche Urteil (LG Koblenz, Az: 1 O 690/00) erging bereits am 7. November 2002 und damit ein knappes Jahr vor der *Köbler*-Entscheidung des EuGH

934   *Cooper* v. *Attorney General* (2008) EWHC 2178

935   Vgl. aus der Rechtsprechung des BGH: BGHZ 134, 30, 36; BGHZ 146, 153, 158f.; BGHZ 162, 49; aus der Rechtsprechung des *House of Lords*: R. v. *Secretary of State for Transport*, ex parte Factortame (*Factortame No. 5*), (2000) 1 AC HL 524 ; *Three Rivers District Council* v. *Bank of England* (2000) 2 WLR 1220

936   Vgl. nur die Übersicht zur Rechtsprechung des BGH zu den öffentlich-rechtlichen Ersatzleistungen im Zeitraum vom 1.9.2003 bis zum 31.8.2005 bei *Rinne/Schlick,* NJW 2005, 3330 und 3541

937   EuGH Rs. C-224/01 (*Köbler*), Slg. 2003, I-10239, Rn.118

rigkeiten führt und deswegen eine mitgliedstaatliche Haftung wegen judikativen Unrechts abzulehnen ist.

I. Meinungsstand im Schrifttum

Einige Autoren erwarten, dass die nationalen Gerichte in zweifelhaften Fällen eine Auslegungsfrage eher dem EuGH vorlegen werden, als unter Berufung auf die *C.I.L.F.I.T.*-Formel eine Entscheidung ohne vorherige Durchführung eines Vorabentscheidungsverfahrens zu treffen. Auf diesem Wege könnten die Mitgliedstaaten einer Haftung wegen judikativen Unrechts entgehen.[938] Die daraus resultierende Zunahme der Vorabentscheidungsersuche sei angesichts der ohnehin bestehenden Überlastung des EuGH bedenklich.[939] Außerdem käme es zu erheblichen Verfahrensverzögerungen in dem Ausgangsverfahren, die wiederum Anlass zur Erhebung einer Individualbeschwerde zu dem EGMR mit der Behauptung eines Verstoßes gegen Art. 6 Abs. 1 EMRK geben könnten.[940]

Des weiteren wird der ohnehin geringe Spielraum der nationalen Gerichte bei der Beurteilung einer gemeinschaftsrechtlichen Frage faktisch weiter dadurch verkürzt, dass das Gericht stets befürchten muss, mit seiner Entscheidung eine Haftung des Staates auszulösen.[941] Aus diesem Grund hat die Generalanwältin *Stix-Hackl* in ihren Schlussanträgen in der Rechtssache *Intermodal Transports* einen Vorschlag gemacht, um das Spannungsverhältnis zwischen der Vorlagepflicht und der Möglichkeit, unter Verweis auf die *C.I.L.F.I.T.*-Formel von der Vorlage abzusehen, zu beseitigen. Man könnte entweder den Gerichten ihren Beurteilungsspielraum belassen und die nationalen letztinstanzlichen Gerichte haftungsfrei stellen oder zu einer unbedingten Vorlagepflicht für nationale letztinstanzliche Gerichte zurückkehren.[942] Während die erste Variante eine Abkehr von der *Köbler*-Entscheidung darstellt, bedeutet die zweite Variante eine Aufgabe der *C.I.L.F.I.T.*-Rechtsprechung.

938   *Anderson* in: Le Sueur, Building, S. 199, 202f.; *Meltzer*, IJCL 4 (2006) 39, 81; *Pfander*, EBLR 2006, 275, 283; *Wattel*, CMLRev 41 (2004) 177, 178f.; aus der Sicht der Praxis empfiehlt *Hakenberg* (DRiZ 2004, 113, 117) sogar ausdrücklich eine Vorlage an den EuGH aus „Sicherheitsgründen".
939   *Meltzer*, IJCL 4 (2006) 39, 81
940   *Wattel*, CMLRev 41 (2004) 177, 181
941   Vgl. *Komárek*, CMLRev 42 (2005) 9, 32; *Pfander*, EBLR 2006, 275, 283
942   Schlussanträge Rs. C-495/03, Rn. 106

II. Stellungnahme

Es ist nicht auszuschließen, dass ein nationales Gericht trotz Vorliegens der *C.I.L.F.I.T.*-Kriterien an den EuGH vorlegen wird, um das Risiko einer Fehlentscheidung zu minimieren. Daraus folgt jedoch nicht zwangsläufig, dass der EuGH aufgrund des *Köbler*-Urteils mit einer Flut von Vorabentscheidungsverfahren konfrontiert sein wird.

1. Überlastung des EuGH

Ein empirischer Nachweis dafür, dass die Zahl der Vorlageverfahren nach der *Köbler*-Entscheidung zugenommen hat, da die nationalen Gerichte die Auslösung einer Ersatzpflicht vermeiden wollten, kann bisher nicht erbracht werden. In den Jahren 2004 bis 2008 ist die Zahl der bei dem EuGH anhängigen Vorabentscheidungsersuche gegenüber den Vorjahren - trotz des Hinzukommens neuer Mitgliedstaaten - nicht signifikant gestiegen.[943]

Außerdem ist es unter dem Gesichtspunkt des Individualrechtsschutzes nicht hinnehmbar, eine mitgliedstaatliche Haftung mit dem Argument abzulehnen, dass andernfalls eine Überlastung des EuGH droht. Das Vorabentscheidungsverfahren sichert den individuellen Rechtsschutz, indem es dem Einzelnen die Möglichkeit gibt, inzident die Gültigkeit oder Auslegung eines Aktes der Gemeinschaft überprüfen zu lassen, soweit die Frage für sein Verfahren entscheidungserheblich ist.[944] Dann müssen aber auch die verfahrensmäßigen Voraussetzungen zur Gewährleistung eines wirksamen Rechtsschutzes geschaffen werden. Im nationalen Verfassungsrecht ist anerkannt, dass der Haushaltsgesetzgeber in den Grenzen seiner Leistungsfähigkeit die zuständigen Gerichte durch materielle und personelle Ausstattung in die Lage versetzen muss, ihrem verfassungsrechtlichen Auftrag nachzukommen; dies folgt für das deutsche Recht aus der institutionellen Garantie einer Gerichtsbarkeit in Art. 19 Abs. 4 GG.[945] Im Gemeinschaftsrecht ergibt sich eine solche Verpflichtung aus dem Recht auf einen wirksamen Rechtsbehelf (vgl. Art. 47 GR-Charta).[946]

Allerdings wäre die Grenze der Leistungsfähigkeit des EuGH wohl erreicht, wenn man in Abkehr von der *C.I.L.F.I.T.*-Entscheidung eine unbedingte Vorlagepflicht der letztinstanzlichen Gerichte bejahte, um eine mitgliedstaatliche Haftung weitgehend auszuschließen.[947] Außerdem ist der Beurteilungsspielraum

---

943 Vgl. die Rechtsprechungsstatistik des EuGH der Jahre 2004 bis 2008, S. 2 (abrufbar unter: http://www.curia.europa.eu/de/)
944 Vgl. *Ehricke* in: Streinz, EUV/EGV, Art. 234 Rn. 6 m.w.N.
945 *Schmidt-Aßmann* in: Maunz/Dürig, GG, Art. 19 Abs. 4 GG Rn. 14
946 Vgl. *Mayer* in: Grabitz/Hilf/Nettesheim, Recht der EU, nach Art. 6 EUV Rn. 361
947 Vgl. den Vorschlag der Generalanwältin *Stix-Hackl* in den Schlussanträge Rs. C-

des nationalen Gerichtes Ausdruck eines auf Vertrauen basierenden Kooperationsverhältnisses zwischen den beiden Gerichtsbarkeiten. Der EuGH ermöglicht es den nationalen Gerichten, das Gemeinschaftsrecht anzuwenden und sich zudem in den Interpretationsprozess aktiv einzubringen.[948] Somit sprechen gewichtige rechtspolitische Gründe gegen eine Aufgabe der *C.I.L.F.I.T.*-Rechtsprechung.

2. *Begrenzung der Vorlagepflicht auf auslegungsbezogene Fragen*

Radermacher stellt klar, dass die Qualifiziertheit eines Verstoßes im Sinne der *Köbler*-Entscheidung bejaht werden kann, wenn das nationale Gericht eine Auslegungsfrage pflichtwidrig nicht in dem Vorabentscheidungsverfahren klären lässt.[949] Dieser Klarstellung bedurfte es, nachdem der EuGH in der *C.I.L.F.I.T.*-Entscheidung missverständlich formuliert hatte, dass die Vorlagepflicht entfällt „wenn die richtige Anwendung des Gemeinschaftsrechts derart offenkundig ist, dass keinerlei Raum für einen vernünftigen Zweifel an der Entscheidung der gestellten Frage bleibt."[950] Es folgt aus der oben beschriebenen Arbeitsteilung zwischen dem EuGH und den nationalen Gerichten und dem klaren Wortlaut des Art. 267 AEUV, dass die Überprüfung einer anwendungsbezogenen Einzelfrage nicht Gegenstand einer Vorabentscheidung des EuGH sein kann.[951] Daher ist allein die Nichtvorlage einer anwendungsbezogenen Frage nicht geeignet, einen Verstoß gegen das Gemeinschaftsrecht zu qualifizieren. Durch die Begrenzung der Vorlagepflicht kann der EuGH von einer Flut von Einzelanfragen der nationalen Gerichte entlastet werden.[952] Für die gemeinschaftsrechtliche Staatshaftung folgt daraus, dass nicht jeder Fehler bei der Anwendung des Gemeinschaftsrechts eine Haftung auslöst, wenn zuvor eine Vorlage unterblieben ist.[953]

Freilich ist die Abgrenzung zwischen einer Anwendungsfrage und einer Auslegungsfrage in der Praxis nicht leicht zu handhaben und wird dadurch erschwert, dass nationale Gerichte (unzulässigerweise) dem EuGH gelegentlich Anfragen zum Einzelfall offen oder getarnt als Auslegungsfrage vorlegen.[954] Man

---

495/03 (*Intermodal Transports*), Rn. 106

948 Vgl. *Haltern*, Europarecht, S. 216

949 *Radermacher*, NVwZ 2004, 1415, 1420

950 EuGH Rs. 284/81 (*C.I.L.F.I.T.*), Slg. 1982, 3416, Rn. 16

951 Vgl. *Radermacher* NVwZ 1415, 1420; so auch der bereits der EuGH in EuGH Rs. 6/64 (*Costa/E.N.E.L*), Slg. 1964, 1251, 1268

952 Vgl. *Hess*, RabelsZ 66 (2002) 470, 495 m.w.N. zu unzulässigen Vorlagefragen nationaler Gerichte; *Radermacher*, NVwZ 2004, 1415, 1420

953 *Radermacher*, NVwZ 2004, 1415, 1420

954 So hat beispielsweise das Landesgericht für Zivilrechtssachen dem EuGH in dem Fall *Köbler* (EuGH Rs. C-224/01), Slg. 2003, I-10239) die Frage vorlegt, ob das Urteil des Verwaltungsgerichtshofes gegen Art. 48 EGV (Art. 45 AEUV) verstößt. Die so formulierte Frage betraf ausschließlich die Anwendung des Art. 48 EGV in dem konkreten Fall und nicht dessen Auslegung

kann aber von dem EuGH erwarten, dass er eine anwendungsbezogene Vorlage-frage identifiziert und dann das Vorabentscheidungsersuchen als unzulässig zurückweist; andernfalls überschritte er seine Kompetenzen.[955]

L. Vermeidung von Endlosprozessen

Wenn ein gemeinschaftsrechtswidriges Gerichtsurteil Gegenstand einer Staats-haftungsklage sein kann, stellt sich die Frage, ob nicht der in einem Haftungs-prozess unterlegene Kläger erneut eine Haftungsklage anstrengen wird mit der Behauptung, durch das Urteil in dem Amtshaftungsprozess in seinen Rechten verletzt zu sein. Einige Stimmen im Schrifttum befürchten, dass dann der Ab-schluss des Instanzenzuges nicht mehr gewährleistet sei und dass durch derartige Endlosprozesse das Funktionieren der Rechtspflege beeinträchtigt werde.[956] Die Regierung des Vereinigten Königreichs hält die Aussicht, dass eine Klage gegen das Staatshaftungsurteil zugelassen wird, für „absurd" und kritisiert eine unver-hältnismäßige Gewichtung zugunsten des effektiven Rechtsschutzes.[957] Außer-dem werden in dem Fall eines weiteren Haftungsprozesses die oben geäußerten Bedenken an der Unparteilichkeit des letztinstanzlichen nationalen Gerichtes weiter verstärkt. So müsste in Deutschland der für Staatshaftungssachen zustän-dige Senat bei dem BGH in dem zweiten Haftungsverfahren sein vorheriges Urteil überprüfen.

Zutreffend ist, dass durch eine endlose Aneinanderreihung von Haftungs-verfahren Rechtsfriede nicht hergestellt werden kann. Dabei muss berücksichtigt werden, dass weiteren Klagen die Rechtskraft vorheriger Haftungsurteile nicht entgegensteht, da aufgrund unterschiedlicher Lebenssachverhalte jeweils ein anderer Streitgegenstand vorliegt.[958] Jedoch ist in der Praxis nicht mit derartigen Endlosprozessen zu rechnen: Bei einer wiederholten Klage bestehen Zweifel an dem Rechtsschutzbedürfnis des Klägers, wenn er in der Sache keine neuen tat-sächlichen Gesichtspunkte vorträgt, sondern nur erneut verlangt, ein Gerichtsur-teil an dem Maßstab der *Köbler*-Kriterien zu prüfen; dann wird die Grenze zu einer querulatorischen Eingabe leicht überschritten.[959] Schließlich ist nicht zu erwarten, dass ein Kläger nach zweimaligem Durchlaufen sämtlicher Instanzen das Risiko eines weiteren Prozesses auf sich nimmt. Da ein „einfaches" Fehlur-teil eine mitgliedstaatliche Haftung nicht auslöst, müsste der Geschädigte nach-

---

955 Vgl. *Middeke* in: Rengeling/Middeke/Gellermann, Handbuch Rechtsschutz, § 10 Rn. 39

956 *Breuer*, EuZW 2004, 199, 201; *Grune*, BayVBl. 2004, 673, 677; *Komárek*, CMLRev 42 (2005) 9, 32; *Wattel*, CMLRev 41 (2004) 177, 180; *Wegener* (EuR 2002, 785, 794f.) spricht von einer „Irrationalisierung des Rechtsschutzes"; *Zuckerman*, CJQ 23 (2004), 8, 12

957 Sitzungsbericht EuGH Rs. C-224/01, Rn. 99

958 Dies verkennt *Bertelmann*, Europäisierung, S. 127

959 Vgl. *Rosenberg/Schwab/Gottwald*, Zivilprozessrecht, § 89 Rn. 35

weisen, dass dasselbe Gericht noch einmal einen hinreichend qualifizierten Verstoß begangen hat. Im Übrigen kann der Vermeidung von Endlosprozessen im Interesse der Schaffung von Rechtssicherheit durch restriktive Haftungsvoraussetzungen Rechnung getragen werden. Aus einer Zusammenschau dieser Argumente wird deutlich, dass die Gefahr eines Endlosprozesses nur theoretischer Natur ist und nicht von vornherein eine Ablehnung der mitgliedstaatlichen Haftung rechtfertigen kann.[960]

M. Parallele zu dem Vertragsverletzungsverfahren (Art. 258 AEUV)

Im Schrifttum wird vorgeschlagen, die Haftung für Handlungen der Gerichte mit einer Parallele zu dem Vertragsverletzungsverfahren zu begründen. Für die Ausweitung des Haftungsgrundsatzes spreche, dass im Gemeinschaftsrecht zwischen den unterschiedlichen Verfahrensarten Rechtsschutzformen eine Parallelität hergestellt werden muss.[961] Anlass für eine nähere Betrachtung dieser Frage gibt die Entscheidung *Kommission/Italien*, die in der Sache ein Vertragsverletzungsverfahren wegen einer gemeinschaftsrechtswidrigen Rechtsprechung betraf und kurz nach dem *Köbler*-Urteil erging.[962]

Im Einzelnen ist fraglich, ob die Zurechnung des Verstoßes eines nationalen Gerichtes an den Mitgliedstaat in einem Vertragsverletzungsverfahren geeignet ist, die mitgliedstaatliche Haftung wegen gemeinschaftsrechtswidriger Entscheidungen zu begründen. In dogmatischer Hinsicht erweist sich eine Parallele als problematisch, da das Vertragsverletzungsverfahren im Unterschied zur Staatshaftung ein stark völkerrechtlich geprägtes Instrument ist.[963] Passiv parteifähig ist ausschließlich der Mitgliedstaat, der für das Verhalten aller innerstaatlichen Organe oder Körperschaften einzustehen hat. Die Zurechnung an den Mitgliedstaat erfolgt, selbst wenn ein Organ gehandelt hat, auf dessen Verhalten die Zentralregierung keinen Einfluss nehmen kann.[964] Der Mitgliedstaat ist damit auch für Verstöße staatlicher Untergliederungen, insbesondere der Länder oder Gemeinden, verantwortlich. Hier zeigt sich die Nähe zum Völkerrecht, da dort ebenfalls der Gesamtstaat als zentrales Zurechnungssubjekt auftritt.[965] Demgegenüber hat der EuGH für die gemeinschaftsrechtliche Staatshaftung in der *Konle*-Entscheidung betont, dass die Ermittlung des Anspruchsgegners auf der Grundlage des nationalen Rechts erfolgt.[966] Daher kann die pauschale Zurechnung eines Rechtsverstoßes an den Gesamtstaat im Rahmen des Vertragsverlet-

---

960 So im Ergebnis auch *Bertelmann*, Europäisierung, S. 127
961 *Anagnostaras,* EPL 7 (2001) 281, 294; *Bertelmann*, Europäisierung, S. 128; *Szyszczak,* MLR 55 (1992), 690, 696
962 EuGH Rs. C-129/00 (*Kommission/Italien*), Slg. 2003, I-14637
963 *Gundel*, EWS 2004, 8, 12
964 *Pechstein*, EU-/EG-Prozessrecht, Rn. 256
965 Vgl. *Ipsen*, Völkerrecht, § 40 Rn. 2
966 EuGH Rs. C-302/97 (*Konle*), Slg. 1999, I-3099, Rn. 62-64

zungsverfahrens nicht herangezogen werden, um eine unterschiedslose Haftung des Mitgliedstaates für Handlungen der Gerichte zu begründen.[967]

Außerdem bereiten einige Gesichtspunkte, die gegen eine mitgliedstaatliche Haftung angeführt werden, bei der Durchführung eines Vertragsverletzungsverfahrens keine Schwierigkeiten. Erstens wird in dem Vertragsverletzungsverfahren der Grundsatz der richterlichen Unabhängigkeit von vornherein nicht berührt, da weder die Gefahr einer persönlichen Haftung des Richters noch die eines Regresses gegen denselben besteht. Zweitens wird der Rechtsfriede durch ein Feststellungsurteil des EuGH nicht beeinträchtigt, da ein solches Urteil nach überwiegender Auffassung nur Wirkung für die künftige Rechtsprechung der nationalen Gerichte hat.[968] Nach überwiegender Auffassung besteht keine Pflicht des Mitgliedstaates, das gemeinschaftsrechtswidrige Urteil aufzuheben.[969] Zudem stellt das Vertragsverletzungsverfahren anders als die Staatshaftung keine Fortsetzung des innerstaatlichen Ausgangsverfahrens dar. Ein weiterer Unterschied zwischen dem Vertragsverletzungsverfahren und der gemeinschaftsrechtlichen Staatshaftung wegen richterlichen Unrechts besteht auf der Ebene der Begründetheit. So kann auch der Verstoß eines Instanzgerichtes gegen Gemeinschaftsrecht die Einleitung eines Vertragsverletzungsverfahrens auslösen, da nach der Rechtsprechung des EuGH sämtliche Träger öffentlicher Gewalt, also auch alle nationalen Gerichte, zur Beachtung des Gemeinschaftsrechts verpflichtet sind.[970] Hingegen scheidet eine mitgliedstaatliche Haftung wegen des Verstoßes eines Instanzgerichtes schon aus, weil zunächst die innerstaatlichen Rechtsschutzmöglichkeiten auszuschöpfen sind.[971] Angesichts derart vielfältiger Unterschiede zwischen den beiden Verfahren können aus der Anwendbarkeit des Art. 258 AEUV auf gerichtliche Verstöße keine Rückschlüsse auf die mitgliedstaatliche Haftung gezogen werden.

N. Rechtsvergleichende Analyse

Generalanwalt *Léger* gelangt aufgrund einer rechtsvergleichenden Analyse zu dem Schluss, dass der Grundsatz der Haftung des Staates für Fehlentscheidungen der Höchstgerichte als allgemeiner Grundsatz des Gemeinschaftsrechts anerkannt werden kann.[972] Der EuGH formuliert zurückhaltend, dass eine Staatshaf-

---

967 Vgl. *Gundel*, EWS 2004, 8, 11
968 *Ehricke* in: Streinz, EUV/EGV, Art. 226 Rn. 9
969 *Breuer*, EuZW 2004, 199, 201
970 *Breuer*, EuZW 2004, 199, 201 m.w.N.
971 Vgl. EuGH verb. Rs. C-46/93 und 48/93 (*Brasserie du Pêcheur* und *Factortame*), Slg. 1996, I-1029, Rn. 84
972 Schlussanträge Generalanwalt Léger Rs. C-224/01 (*Köbler*), Slg. 2003, I-10239, Rn. 85. Im Rahmen dieser Arbeit kann eine umfassende Analyse der Judikativhaftung in sämtlichen 27 Mitgliedstaaten nicht geleistet werden. Im Folgenden wird daher nur überblicksartig dargestellt, welche Grundsätze die Judikativhaftung in einzelnen Mit-

tung für Gerichtsentscheidungen „in der einen oder anderen Form den meisten Mitgliedstaaten bekannt ist, wenn auch unter engen und verschiedenartigen Voraussetzungen."[973] Umgekehrt nehmen einige Stimmen im Schrifttum an, dass ein Rechtsvergleich zeige, dass gerade die Beschränkung der Haftung wegen richterlicher Entscheidungen einen allgemeinen Grundsatz des Gemeinschaftsrechts darstellt.[974]

I. Länderberichte

Klarheit schafft ein Überblick über die Rechtslage betreffend die Judikativhaftung in verschiedenen Mitgliedstaaten.

1. Belgien

In Belgien erkennt die Rechtsprechung trotz heftiger Kritik aus der Rechtswissenschaft im Grundsatz einen Ausschluss der Judikativhaftung an.[975] Ausnahmsweise kann der Geschädigte den Richter persönlich in Anspruch nehmen (*prise à partie*), wenn dieser sich der Arglist oder des Betruges schuldig gemacht hat oder ein Fall von Rechtsverweigerung vorliegt (vgl. Artikel 1140 *Code judiciaire de la procedure civile*).

2. Deutschland

In Deutschland schließt das Richterspruchprivileg in § 839 Abs. 2 S. 1 BGB Schadensersatzansprüche weitgehend aus.

---

gliedstaaten beherrschen (vgl. die ausführlichen Darstellungen bei: Bell/Bradley, Governmental Liability; Max Planck Institut für ausländisches öffentliches Recht und Völkerrecht, Haftung des Staates für rechtswidriges Handeln seiner Organe). Eine ausführliche Untersuchung der Judikativhaftung im deutschen und englischen Recht erfolgt an anderer Stelle (vgl. Vierter Teil §§ 1 und 2).

973 EuGH Rs. C-224/01 (*Köbler*), Slg. 2003, I-10239, Rn. 48
974 *von Danwitz*, JZ 2004, 301, 302; *Wegener*, EuR 2002, 785, 790
975 Vgl. *Suetens* in: Bell/Bradley, Governmental Liability, S. 184 m.w.N.

3. England

Im *common law* kann der Richter einem gegen ihn wegen seiner richterlichen Tätigkeit gerichteten Schadensersatzanspruch die Einwendung der *immunity from suit* entgegenhalten. Einen Ausschluss der Staatshaftung sieht sec. 2 (5) *CPA 1947* vor.

4. Frankreich

Das französische Recht enthält seit dem Jahr 1972 eine Regelung zur Staatshaftung wegen richterlicher Fehlentscheidungen.[976] Danach wird eine Haftung des Staates nur durch ein schweres Fehlverhalten des Richters (*faute lourde*) oder durch eine Rechtsverweigerung (*déni de justice*) ausgelöst. Der Ersatzanspruch ist nach Ansicht des *Conseil d'Etat* ausgeschlossen, wenn sich ein schweres Fehlverhalten aus einem rechtskräftigen Urteil ergibt.[977]

5. Griechenland

In Griechenland haftet der Staat verschuldensunabhänigig für die rechtswidrigen Handlungen seiner Organe auf Schadensersatz, es sei denn, dass eine Norm verletzt wurde, die zum Schutz des Allgemeininteresses besteht. Daneben haftet der handelnde Organwalter gesamtschuldnerisch, wenn ihm ein Verschulden zur Last fällt. Nach dem Wortlaut der Norm können auch richterliche Fehlentscheidungen eine Haftung begründen.[978]

6. Irland

In Irland sieht das *common law* eine vollständige Immunität der Richter in Haftungsfragen vor.[979] Diese Immunität steht im Widerspruch zu article 40 S. 3 der

---

976 Vgl. Art. 11 des Gesetzes Nr. 72-620 vom 5. Juli 1972
977 *Conseil d'Etat*, Urteil vom 12. 10. 1983, D. 1984, IR, 77; vgl. zum Ganzen *Ohlenburg*, RabelsZ 67 (2003) 683, 689
978 Art. 105.1 und 2 Einführungsgesetz zum Griechischen Zivilgesetzbuch vom 23. Februar 1946; vgl. *Vrellis* in: von Bar, Deliktsrecht in Europa, Landesbericht Griechenland, S. 20
979 *Macauley* v. *Wise-Power* (1943) 77 ILTR 61

irischen Verfassung, der einen vollständigen Haftungsausschluss verbietet.[980] Die irische Rechtsprechung hält aber mit Verweis auf die verfassungsrechtlich garantierte Unabhängigkeit der Richter an der Immunität fest.[981]

7. Italien

Das italienische Judikativhaftungsgesetz bejaht einen Anspruch gegen den Staat auf Ersatz aller Vermögensschäden, die jemand als Folge einer vorsätzlichen oder grob fahrlässigen unrechtmäßigen Handlung eines Richters oder einer Rechtsverweigerung erlitten hat.[982] Die Haftung wird dadurch erheblich eingeschränkt, dass Fehler bei der Auslegung von Rechtsnormen sowie der Beurteilung der Tat und der Beweiswürdigung keine Haftung begründen können.[983] Der Staat hat die Möglichkeit bei dem Richter Regress zu nehmen.[984] Ausnahmsweise haftet der Richter persönlich neben dem Staat, wenn die schädigende Handlung zugleich eine Straftat darstellt.[985]

8. Niederlande

Das niederländische Recht enthält keine Regelung zur Haftung des Staates für gerichtliche Entscheidungen. Ein Schadensersatzanspruch könnte aber auf die allgemeine Vorschrift für unerlaubte Handlungen in Art. 162 des Burgerlijk Wetboek gestützt werden. Allerdings hat der *Hoge Raad* eine Staatshaftung wegen richterlichen Unrechts grundsätzlich abgelehnt. Ausnahmsweise tritt eine Ersatzpflicht für den durch eine gerichtliche Entscheidung entstandenen Schaden ein, wenn bei der Vorbereitung dieser Entscheidung wesentliche Rechtsgrundsätze derart missachtet wurden, so dass ein faires und ordnungsgemäßes Gerichtsverfahren nicht vorlag; dabei sind insbesondere die Vorgaben des Art. 6 EMRK zu beachten.[986]

---

980   Vgl. *Hogan/Kerr* in: Bell/Bradley, Governmental Liability, S. 152 m.w.N:

981   *Pine Valley Develolpments Ltd.* v. *Minister for the Environment* (1987) IR 23; *Deighan* v. *Ireland* (1995) IR 56

982   Art. 2 Nr. 1 des Gesetzes Nr. 117 vom 13. April 1988 (italienisches Judikativhaftungsgesetz); vgl. *Busnelli* in: von Bar, Deliktsrecht in Europa, Landesbericht Italien, S. 27

983   Art. 2 Nr. 2 italienisches Judikativhaftungsgesetz

984   Art. 7 italienisches Judikativhaftungsgesetz

985   Art. 13 Nr. 1 italienisches Judikativhaftungsgesetz

986   Vgl. *Czaja*, Haftung, S. 152; *Wissink/Stürner/Cairns*, ERPL 3 (2005) 419, 422 m.w.N.

9. Österreich

Das österreichische Amtshaftungsgesetz privilegiert nur die richterliche Tätigkeit der Höchstgerichte. Nach § 2 Abs. 3 AHG kann aus Erkenntnissen des Verfassungsgerichtshofes, des Obersten Gerichtshofes und des Verwaltungsgerichtshofes ein Ersatzanspruch nicht abgeleitet werden. Daraus folgt im Umkehrschluss, dass Fehlentscheidungen aller anderen Gerichte gemäß § 1 Abs. 1 AHG eine Haftung des jeweiligen Rechtsträgers nach den Bestimmungen des bürgerlichen Rechts auslösen können.[987]

10. Polen

Seit dem 1. September 2004 regelt Art. 417 § 2 des polnischen Zivilgesetzbuches die Haftung des Staates für Schäden, die durch den Erlass rechtswidriger und rechtskräftiger Urteile entstanden sind.[988] Diese Haftung tritt nur ein, wenn die Schuld des handelnden „Staatsfunktionärs" in einem Strafurteil oder in einer Disziplinarentscheidung festgestellt wurde (Art 418 § 1 ZGB).[989]

11. Portugal

In Portugal genießen die Richter vollständige Immunität. Nach Art. 216 Abs. 2 der Verfassung vom 2. April 1976 können die Richter für ihre Entscheidungen nicht haftbar gemacht werden.

12. Schweden

Wie das österreichische Recht beschränkt das schwedische Gericht nur die Haftung des Staates für Fehlentscheidungen der Höchstgerichte. Eine Klage auf

---

987   Vgl. *Ohlenburg*, RabelsZ 67 (2003) 683, 688
988   Polen, die Tschechische Republik und Ungarn sowie sieben andere Staaten sind der EG/EU erst am 1.Mai 2004 und damit nach der *Köbler*-Entscheidung beigetreten. Der Generalanwalt hat auf die Rechtslage in diesen Ländern keinen Bezug genommen. Die Darstellung der Rechtslage in einigen osteuropäischen Ländern erfolgt der Vollständigkeit halber und mit Blick auf die künftige Entwicklung der Staatshaftung wegen judikativen Unrechts in den Mitgliedstaaten bei Sachverhalten mit und ohne Bezug zum Gemeinschaftsrecht.
989   Vgl. *Lewandowski*, WiRO 2005, 257, 260f.

Schadensersatz kann nicht wegen eines Beschlusses des Höchsten Gerichtshofes, des Obersten Verwaltungsgerichtes oder des Versicherungsgerichtshofes geführt werden, es sei denn der Beschluss wurde aufgehoben oder geändert.[990]

13. Spanien

Das spanische Recht ist weniger restriktiv: Die spanische Verfassung vom 29. Dezember 1978 bestimmt in Art. 121, dass Schäden, die durch einen Justizirrtum verursacht werden, zu einer Entschädigung zu Lasten des Staates gemäß dem Gesetz berechtigen. Diese Haftung ist verschuldensunabhängig. Daneben tritt eine persönliche Haftung des Richters für solche Schäden, die er vorsätzlich oder schuldhaft bei Ausübung seines Amtes verursacht hat.[991]

14. Tschechische Republik

Das tschechische „Gesetz über die Gerichte und Richter" ist ebenfalls recht großzügig und anerkennt eine Haftung des Staates für Schäden, die infolge einer ungesetzliche Entscheidung oder einer fehlerhaften Amtshandlung des Gerichtes entstanden sind; ein Verschulden des Richters wird nicht vorausgesetzt. Der Staat kann bei dem handelnden Richter Regress nehmen.[992]

15. Ungarn

In Ungarn ist die Staatshaftung als modifizierte Arbeitgeberhaftung ausgestaltet.[993] Es besteht eine verschuldensunabhängige Verantwortlichkeit des Staates für Schäden, die in dem richterlichen Wirkungsbereich zugefügt worden sind. Allerdings hat die Abwehr des Schadens mit ordentlichen Rechtsmitteln Vorrang.[994] Der Richter schuldet dem Staat Ersatz für die Schäden, die er durch eine vorsätzliche oder grob fahrlässige Verletzung seiner Dienstpflichten herbeigeführt hat.[995]

---

990   3. Kapitel § 7 schwedisches Schadensersatzgesetz vom 2. Juni 1972
991   Vgl. *Santdiumenge* in: von Bar, Deliktsrecht in Europa, Landesbericht Spanien, S. 48 m.w.N. zur Rechtslage
992   Vgl. Art. 57.1 und 2 des Gesetzes Nr.335/1991 vom 9. Juni 1991
993   *Küpper*, OsteurR 2003, 495, 535
994   § 349 I und III ungarisches ZGB aus dem Jahr 1959
995   § 85 I des Gesetzes Nr. LXVII/1997 über die Rechtsstellung und Vergütung der Richter vom 8. Juli 1997

II. Mitgliedstaatliche Haftung wegen gerichtlicher Fehlentscheidungen als allgemeiner Grundsatz des Gemeinschaftsrechts

Der EuGH entwickelt allgemeine Rechtsgrundsätze im Wege „wertender Rechtsvergleichung";[996] diese Methode kann auf die Ermittlung allgemeiner Grundsätze des Gemeinschaftsrechts übertragen werden.[997] Anknüpfungspunkt sind vor allem die Verfassungstraditionen der Mitgliedstaaten.[998] Es ist nicht erforderlich, dass eine Regel in sämtlichen Mitgliedstaaten besteht, sondern dass sie allgemein anerkannt ist.[999] Ausschlaggebend ist das „Allgemeinbild" insgesamt.[1000] In der Literatur hat die Methode „wertender Rechtsvergleichung" im Sinne des Auffindens der „besten Lösung" Anerkennung gefunden; die Festlegung auf einen Minimal- oder Maximalstandard wird abgelehnt.[1001]

Betrachtet man die Ausgestaltung der Staatshaftung für Akte der Rechtsprechung in verschiedenen Mitgliedstaaten so ergibt sich ein uneinheitliches Bild: In einigen Mitgliedstaaten wie England, Irland und den Niederlanden sind die Richter und der Staat von der Haftung fast völlig ausgenommen. Andere Mitgliedstaaten wie Deutschland, Frankreich oder Italien anerkennen eine Haftung des Staates unter sehr restriktiven Voraussetzungen, die in der Praxis nur selten vorliegen werden. In Österreich und Schweden ist die Ersatzpflicht bei Verstößen der Höchstgerichte, die für die vorliegende Untersuchung besonders interessant ist, ausgeschlossen. Besonders großzügig verfährt vor allem das griechische Recht, das eine gesamtschuldnerische Haftung des Staates und des Richters bejaht. Es ist auffällig, dass in einigen osteuropäischen Mitgliedstaaten geringe Anforderungen an eine Haftung des Staates gestellt werden. Insgesamt zeigt dieser Überblick, dass die Mehrzahl der mitgliedstaatlichen Rechtsordnungen eine Haftung wegen richterlichen Unrechts entweder vollständig ausschließt oder derart weit reichenden Beschränkungen unterwirft, dass der Schadenser-

---

996   *Gaitanides* in: von der Groeben/Schwarze, EUV/EGV, Art. 220 Rn. 22
997   *Ehricke* in: Streinz, Art. 220 Rn. 15 m.w.N.
       Der Generalanwalt gebraucht die Begriffe "allgemeiner Grundsatz des Gemeinschaftsrecht" und "allgemeiner Rechtsgrundsatz" synonym, vgl. Schlussanträge Generalanwalt *Léger* Rs. C-224/01, (*Köbler*), Slg. 2003, I-10239, Rn. 85. In der Rechtsprechung des EuGH und in der Literarur wird zwischen den beiden Begriffen differenziert, vgl. *Gaitanides* in: von der Groeben/Schwarze, EUV/EGV, Art. 220 Rn. 20f.; *Streinz*, Europarecht, Rn. 412 und 417. Für die vorliegende Untersuchung ist allein relevant, ob aus einer rechtsvergleichenden Analyse Rückschlüsse für die Staatshaftung gezogen werden können. Daher ist auf die Differenzierung in diesem Zusammenhang nicht näher einzugehen (vgl. im Übrigen zur dogmatischen Einordnung insoweit oben Dritter Teil § 2 C.).
998   Vgl. *Wegener* in: Calliess/Ruffert, EUV/AEUV, Art. 19 EUV Rn. 38
999   EuGH verb. Rs. C-54-60/75 (*Kampfmeyer u.a./Kommission*), Slg. 1976, I-711, Rn. 6; Schlussanträge Generalanwalt *Léger* Rs. C-224/01 (*Köbler*), Slg. 2003, I-10239, Rn. 85
1000   Schlussanträge Generalanwalt *Sir Gordon Slynn*, Rs. 155/79 (*AM & S/Kommission*), Slg. 1982, 1575, 1649f.
1001   Vgl. *Szczekalla* in: Rengeling, Handbuch Umweltrecht, Band I, § 11 Rn. 25 m.w.N.

satzanspruch des Gemeinschaftsbürgers nur selten begründet sein wird.[1002] Es ist nicht zu erwarten und ist überdies kaum nachweisbar, dass die Pflichtverletzung des Richters vorsätzlich erfolgte oder in der Begehung einer Straftat besteht.

Angesichts des Ausnahmecharakters der Judikativhaftung kann also nicht von einem allgemeinen Grundsatz des Gemeinschaftsrechts gesprochen werden. Die Ausweitung des Haftungsgrundsatzes kann daher nicht mit einem Verweis auf die Rechtslage in den Mitgliedstaaten begründet werden. Vielmehr macht eine rechtsvergleichende Analyse deutlich, dass die Judikativhaftung besonderen Beschränkungen unterliegt. Daher ist bei den Voraussetzungen der gemeinschaftsrechtlichen Staatshaftung zu untersuchen, ob diese Haftungsbeschränkungen auf Erwägungen beruhen, die auch eine Einschränkung der mitgliedstaatlichen Haftung rechtfertigen.[1003]

O. Vollständige Verwirklichung des Individualrechtsschutzes auf sekundärrechtlicher Ebene

Es wurde bereits oben dargelegt, dass die gemeinschaftsrechtliche Staatshaftung die Absicherung der gemeinschaftsrechtliche begründeten Rechtspositionen auf sekundärrechtlicher Ebene bezweckt.[1004] Im Interesse des Individualrechtsschutzes hat der EuGH eine Lücke in dem gemeinschaftsrechtlichen Rechtsschutzsystem geschlossen.[1005]

I. Entwicklung der Rechtsprechung von van Gend & Loos zu Köbler

Der EuGH hatte bereits in der *Francovich*-Entscheidung dargelegt, dass die Entwicklung der Rechtsprechung seit den Entscheidungen *van Gend & Loos* und *Simmenthal II* eine gewisse Zwangsläufigkeit aufweist: Wenn das Gemeinschaftsrecht dem Bürger individuelle Rechte verleiht, muss der Schutz dieser Rechte dadurch gewährleistet werden, dass in dem Fall ihrer Verletzung als *ultima ratio* die Möglichkeit besteht, eine Entschädigung zu erlangen.[1006] Die

---

1002   So die überwiegende Auffassung, vgl nur *Beyer* in: Max Planck Institut, Haftung, S. 773f.; *Czaja*, Haftung, S. 155; *Wegener*, EuR 2002, 785, 791f.; *Zenner*, Haftung, S. 234f.

1003   Vgl. *von Danwitz*, JZ 2004, 301, 302

1004   Vgl. Erster Teil § 2 B. V.

1005   *Mankowski* in: Rengeling/Middeke/Gellermann, Handbuch Rechtsschutz, § 37 Rn. 105

1006   EuGH verb. Rs. C-6/90 und 9/90 (*Andrea Francovich u.a. / Italien*), Slg. 1991, I-5357, Rn. 31-33; diese Rechtsprechung wurde fortgeführt in: EuGH verb. Rs. C-46/93 und 48/93 (*Brasserie du Pêcheur* und *Factortame*), Slg. 1996, I-1029, Rn. 20-22

Staatshaftungsrechtsprechung des EuGH zielt damit auf die Entwicklung eines leistungsfähigen Rechtsschutzsystems im Gemeinschaftsrecht ab.[1007] Der Generalanwalt führt daher aus, dass sich die mitgliedstaatliche Haftung für Entscheidungen der Höchstgerichte „harmonisch" in die Linie der bisherigen Rechtsprechung einfügt.[1008] Im Zusammenhang mit der *Köbler*-Entscheidung tritt allerdings die Frage in den Vordergrund, ob die an dem Individualrechtsschutz orientierte Argumentation geeignet ist, entgegen der Rechtstradition in den meisten Mitgliedstaaten eine mitgliedstaatliche Ersatzpflicht auch bei richterlichen Fehlentscheidungen zu begründen.

II. Der gemeinschaftsrechtliche Staatshaftungsanspruch wegen judikativen Unrechts als Teilgewährleistung des Gemeinschaftsgrundrechts auf effektiven Rechtsschutz

Möglicherweise gewährleistet das Gemeinschaftsgrundrechtrecht auf effektiven Rechtsschutz einen Staatshaftungsanspruch wegen judikativen Unrechts. Bisher anerkennt der EuGH dieses Gemeinschaftsgrundrecht als allgemeinen Rechtsgrundsatz des Gemeinschaftsrechts, wobei er 13 EMRK als Rechtserkenntnisquelle heranzieht.[1009] Inzwischen ist das Recht auf einen wirksamen Rechtsbehelf in Art. 47 Abs. 1 der noch Grundrechtcharta niedergelegt. Dessen Schutzumfang reicht weiter als der des Art. 13 EMRK, da er Rechtsschutz gegen alle drei Staatsgewalten gewährt und den Rechtsbehelf bei einem Gericht und nicht lediglich bei einer Verwaltungsbehörde garantiert.[1010] Grundrechtsverpflichtet sind neben den Organen und Einrichtungen der Union die Organe der Mitgliedstaaten, soweit sie Gemeinschaftsrecht durchführen (Art. 51 Abs. 1 S. 1 GR-Charta). In sachlicher Hinsicht werden sämtliche durch das primäre und sekundäre Unionsrecht garantierten Rechte von dem Schutzbereich dieses Grundrechts erfasst.[1011] Es bezieht sich auf den Primärrechtsschutz und ergänzend auf den Sekundärrechtsschutz.[1012] Folgerichtig stellt der EuGH fest, dass dem Einzelnen aufgrund dieses Grundrechts ein Schadensersatzanspruch zustehen muss, wenn

---

1007   Vgl. nur: *von Bogdandy* in: Grabitz/Hilf, Recht der EU, Art. 288 EGV Rn. 13; *Streinz*, VVDStRL 61 (2002) 300, 347f. jeweils m.w.N.

1008   Schlussanträge des Generalanwaltes *Léger* Rs. C-224/01 (*Köbler*), Slg. 2003, I-10239, Rn. 52

1009   EuGH Rs. C-222/84 (*Johnston*), Slg. 1986, I-1651, Rn. 17f.

1010   *Nowak* in: Heselhaus/Nowak, Handbuch Grundrechte, § 51 Rn. 29; *Blanke* in: Calliess/Ruffert, EUV/AEUV, Art. 47 GR-Charta Rn. 1

1011   *Jarass*, EU-Grundrechte, § 40 Rn. 6 m.w.N.

1012   *Nowak* in: Heselhaus/Nowak, Handbuch Grundrechte, § 51 Rn. 35; deutlich eingeschränkt ist demgegenüber der Gewährleistungsgehalt der Rechtsweggarantie in Art. 19 Abs. 4 GG. Zum einen fällt die Rechtsprechung nicht unter den Begriff der „öffentlichen Gewalt" und zum anderen sichert die Norm nur den primären Rechtsschutz (vgl. *Sachs* in: ders., GG, Art. 19 Rn. 120 und 136)

er infolge einer Gerichtsentscheidung in seinen Rechten verletzt wird und einen Schaden erleidet.[1013] Der Haftungsgrundsatz stellt die notwendige Weiterführung des Rechts auf effektiven Rechtsschutz dar.[1014] Hinsichtlich der Gewährung dieses Grundrechts stellt der EuGH klar, dass es Sache der Mitgliedstaaten ist, ein System von Rechtsbehelfen und Verfahren vorzusehen, mit dem die Einhaltung dieses Rechts gewährleistet werden kann.[1015]

Das Gemeinschaftsgrundrecht auf effektiven Rechtsschutz wird - wenn auch sehr eingeschränkt - prozessual abgesichert, so dass die nationalen Gerichte auch aus diesem Grund angehalten sind, sekundären Rechtsschutz wegen richterlichen Unrechts zu gewähren. Eine spezifische Grundrechtsbeschwerde wie im deutschen Recht existiert nicht. Der Einzelne könnte jedoch die Gemeinschaftsrechtswidrigkeit der Versagung sekundären Rechtsschutzes durch ein nationales Gericht im Wege der Feststellungsklage rügen und im Rahmen dieses Verfahrens auf eine Vorabentscheidung des EuGH hinwirken.[1016]

III. Entscheidende Rolle der letztinstanzlichen nationalen Gerichte bei der Durchführung des Gemeinschaftsrechts

Die entscheidende Rolle letztinstanzlicher nationaler Gerichte bei der Gewährleistung individueller Rechtspositionen des Gemeinschaftsrechts erfordert eine Ausweitung des Haftungsgrundsatzes.

1. Stellung der nationalen Gerichte in dem Rechtsschutzsystem des Gemeinschaftsrechts

Der Individualrechtsschutz im Gemeinschaftsrecht verläuft auf zwei Ebenen. Zum zentralen Individualrechtsschutz zählen die im AEUV aufgeführten Klagen natürlicher oder juristischer Personen gegen Handlungen oder bei Unterlassungen der Gemeinschaftsorgane.[1017] Der dezentrale Individualrechtsschutz umfasst

---

1013　EuGH Rs. C-224/01 (*Köbler*), Slg. 2003, I-10239, Rn. 36; EuGH Rs. C-173/03 (*Traghetti del Mediterraneo SpA/Italien*), Slg. 2006, I-5177, Rn. 33

1014　Schlussanträge des Generalanwaltes *Léger* Rs. C-224/01, (*Köbler*), Slg. 2003, I-10239, Rn. 35; zustimmend *Nowak* in: Heselhaus/Nowak, Handbuch Grundrechte, § 51 Rn. 15

1015　EuGH Rs. C-50/00 P (*Jégo Quero*), Slg. 2002, I-6677, Rn. 21

1016　Andeutungen dahingehend bei *Jarass*, EU-Grundrechte, § 7 Rn. 18; *Pache* in: Heselhaus/Nowak, Handbuch Grundrechte, § 8 Rn. 35

1017　Dazu zählen die Nichtigkeitsklage nach Art. 263 Abs. 4 AEUV die Untätigkeitsklage nach Art. 265 Abs. 3 AEUV, die Amtshaftungsklage nach Art. 268 AEUV und die Inzidentkontrolle nach Art. 277 AEUV; vgl. dazu ausführlich *Schulte*, Individualrechtsschutz, S. 25-34

die Klagemöglichkeiten des Einzelnen vor den innerstaatlichen Gerichten.[1018] Da das Gemeinschaftsrecht meist von den Mitgliedstaaten vollzogen wird, erlangt der dezentrale Rechtsschutz eine besondere Bedeutung.[1019] Die entscheidende Rolle der nationalen Gerichte basiert vor allem auf den von dem EuGH entwickelten Prinzipien der unmittelbaren Anwendbarkeit und des Vorrangs des Gemeinschaftsrechts.[1020] So obliegt es den nationalen Gerichte, die subjektiven Rechte zu gewährleisten, die dem Einzelnen aufgrund der unmittelbaren Anwendbarkeit einer Norm zustehen; der EuGH spielt also die Rolle des „natürlichen Bewahrers" der Rechte des Gemeinschaftsbürgers.[1021] Aufgrund des Prinzips vom Vorrang des Gemeinschaftsrechts besteht eine Pflicht der nationalen Gerichte, das innerstaatliche Recht gemeinschaftsrechtskonform anzuwenden und, soweit dies nicht möglich ist, die Bestimmung unangewendet zu lassen;[1022] insoweit nimmt das nationale Gericht die Rolle eines Schiedsrichters zwischen Gemeinschaftsrecht und innerstaatlichem Recht ein.[1023] Daher werden die nationalen Gerichte auch als „Gemeinschaftsgerichte" bezeichnet.[1024] Die Rolle der Gerichte geht über die der Verwaltungsbehörden hinaus, da erstere sprichwörtlich in letzter Instanz über die Durchführung des Gemeinschaftsrechts befinden.[1025]

Ausdruck der hervorgehobenen Stellung der nationalen Gerichte in dem Bereich des Individualrechtsschutzes sind auch ihre Befugnisse bei der Gewährung von vorläufigem Rechtsschutz zur Durchsetzung des Gemeinschaftsrechts. Die spezifische Funktion des vorläufigen Rechtsschutzes liegt in der Offenhaltung des Hauptsacheverfahrens. Es soll sichergestellt werden, dass die Durchsetzung materieller Rechtspositionen in einem Hauptsacheverfahren nicht infolge Zeitablaufs hinfällig wird.[1026] In der *Factortame I*-Entscheidung hat der EuGH herausgearbeitet, dass ein nationales Gericht nicht durch eine Vorschrift des nationalen Rechts gehindert werden kann, einstweilige Anordnungen zu erlassen, um die volle Wirksamkeit der späteren Gerichtsentscheidung über das Bestehen der aus dem Gemeinschaftsrecht hergeleiteten Rechte sicherzustellen. Im konkreten Fall eröffnete er damit dem *House of Lords* erstmals die Möglichkeit,

---

1018 Vgl. zur Terminologie *Nowak*, EuR 2000, 724f.

1019 *Gellermann* in: Rengeling/Middeke/Gellermann, Handbuch Rechtsschutz, § 36 Rn. 1; bei der mitgliedstaatlichen Vollziehung wird zwischen dem Vollzug von Gemeinschaftsrecht (unmittelbare mitgliedstaatliche Vollziehung) und dem Vollzug von deutschem Ausführungsrecht differenziert (mittelbare mitgliedstaatliche Vollziehung), vgl. *Schwarze*, Europäisches Verwaltungsrecht, S. 33

1020 *Rodríguez Iglesias*, NJW 2000, 1889, 1890

1021 So die Formulierung des Generalanwaltes *Léger* Rs. C-224/01 (*Köbler*), Slg. 2003, I-10239, Rn. 53

1022 *Rodríguez Iglesias*, NJW 2000, 1889, 1890

1023 Schlussanträge des Generalanwaltes *Léger* Rs. C-224/01, (*Köbler*), Slg. 2003, I-10239, Rn. 53-54

1024 *Hirsch*, NVwZ 1998, 907, 910, *Lang*, ELRev 23 (1998) 109f.

1025 Schlussanträge des Generalanwaltes *Léger* Rs. C-224/01, (*Köbler*), Slg. 2003, I-10239, Rn. 59

1026 Ausführlich *Schoch* in: ders./Schmidt-Aßmann/Pietzner, VwGO, vor § 80 Rn. 34-38

einstweilige Anordnungen gegen die Krone durchzusetzen.[1027]

Geht man von der bedeutenden Funktion der nationalen Gerichte bei der Verwirklichung des Individualrechtsschutzes auf Gemeinschaftsebene aus, so ist nicht verständlich, warum gerade sie von der gemeinschaftsrechtlichen Haftung ausgenommen sein sollten[1028] Die volle Wirksamkeit individualschützender Normen des Gemeinschaftsrechts kann nur gewährleistet werden, wenn der Einzelne auch bei der Rechtsverletzung durch ein Gericht eine Entschädigung erlangen kann.[1029] Die vielzitierte „Besonderheit der richterlichen Funktion" kann nicht einen pauschalen Haftungsausschluss rechtfertigen, sondern sie kann nur durch Einschränkungen auf der Ebene der Haftungsvoraussetzungen Berücksichtigung finden. Eine vollständige haftungsrechtliche Privilegierung der dritten Gewalt kann es nicht geben.[1030]

2. Rolle der letztinstanzlichen nationalen Gerichte

Der EuGH hebt zusätzlich die Rolle letztinstanzlicher nationaler Gerichte bei der Durchführung des Gemeinschaftsrechts hervor, um die Ausweitung des Haftungsgrundsatzes zu begründen. Da der Generalanwalt durchgängig von den „Höchstgerichten" spricht und mit deren Funktion in dem Instanzenzug argumentiert,[1031] muss an dieser Stelle der Begriff des letztinstanzlichen Gerichtes geklärt werden. Wie im Zusammenhang mit der Vorlagepflicht nach Art. 267 Abs. 3 AEUV ist hier eine konkrete Betrachtungsweise zugrunde zu legen. Maßgeblich ist demnach nicht, ob das Gericht das oberste Gericht des jeweiligen Mitgliedstaates ist, sondern ob seine Entscheidung noch mit Rechtsmitteln angegriffen werden kann (funktionell letztinstanzliches Gericht).[1032] Unter den Begriff des Rechtsmittels in Art. 267 Abs. 3 AEUV fallen alle ordentlichen Rechtsbehelfe. In Deutschland zählen dazu die Berufung, die Revision und die Beschwerde gegen die Nichtzulassung der Revision.[1033] Die Verfassungsbeschwerde nach Art. 93 Abs. 1 Nr. 4 a GG stellt kein Rechtsmittel im Sinne des Art. 267 Abs. 3 AEUV dar; andernfalls wäre regelmäßig nur das BVerfG zur Vorlage verpflich-

---

1027 EuGH Rs. C-213/89 (*Factortame I*), Slg. 1990, I-2433, Rn. 21; zu weiteren Fällen der Gewährung vorläufigen Rechtsschutz im Gemeinschaftsrecht vgl. *Jannasch*, VBlBW 1997, 361

1028 Vgl. Schlussanträge des Generalanwaltes *Léger* Rs. C-224/01 (*Köbler*), Slg. 2003, I-10239, Rn. 70

1029 EuGH Rs. C-224/01 (*Köbler*), Slg. 2003, I-10239, Rn. 33; zustimmend *Radermacher*, NVwZ 2004, 1415, 1416f.; *Storr*, DÖV 2004, 545, 548; *Wegener*, EuR 2004, 84, 87

1030 Vgl. *Schoch*, DV 34 (2001) 261, 267

1031 Schlussanträge des Generalanwaltes *Léger* Rs. C-224/01, (*Köbler*), Slg. 2003, I-10239, Rn. 71

1032 Vgl. EuGH Rs. C-99/00 (*Lykeskog*), Slg. 2002, I-4839, Rn. 15f; *Ehricke* in: Streinz, EUV/EGV, Art 234 Rn. 39f.

1033 *Gaitanides* in: von der Groeben/Schwarze, EUV/EGV, Art. 234 Rn. 64

tet.[1034] In England unterfallen dem Rechtsmittelbegriff des Art. 267 Abs. 3 AEUV die Berufung (*re-hearing*) und die Revision (*review*).[1035]

Im Rahmen des Art. 267 Abs. 3 AEUV spricht für die konkrete Betrachtungsweise, dass der durch das Vorabentscheidungsverfahren vermittelte Individualrechtsschutz nur umfassend sichergestellt werden kann, wenn auch Instanzgerichte von der Vorlagepflicht erfasst werden.[1036] Gleiches gilt in dem Bereich der gemeinschaftsrechtlichen Haftung: Ein lückenloser Rechtsschutz kann nur gewährleistet werden, wenn auch nicht rechtsmittelfähige Entscheidungen von Instanzgerichten der gemeinschaftsrechtlichen Haftung unterfallen. Aus Sicht des Geschädigten ist es irrelevant, ob der Rechtsstreit durch die Entscheidung eines Höchstgerichtes oder eines Instanzgerichtes rechtskräftig beendet wurde.[1037]

Die Schlüsselstellung der letztinstanzlichen Gerichte mit Blick auf den Individualrechtsschutz ergibt sich aus deren Vorlagepflicht. Durch eine Vorlage an den EuGH kann verhindert werden, dass eine gemeinschaftsrechtswidrige Gerichtsentscheidung ergeht und dadurch die dem Einzelnen durch das Gemeinschaftsrecht verliehenen Rechte verletzt werden. Darüber hinaus tragen die letztinstanzlichen Gerichte eine besondere Verantwortung, da sie verbindlich einen Rechtsstreit entscheiden und eine Korrektur ihrer Entscheidungen nicht möglich ist. Aufgrund dieser hervorgehobenen Stellung ist es gerechtfertigt, den gemeinschaftsrechtlichen Haftungsgrundsatz auf letztinstanzliche Gerichte auszuweiten, wenn ihnen ein Fehler bei der Rechtsanwendung unterläuft. Die Haftung ist das „zwangsläufige Gegenstück" der entscheidenden Rolle dieser Gerichte.[1038]

3. Grenzen des Individualrechtsschutzes

Die Auffassung des EuGH, dass der Haftungsgrundsatz im Sinne der Verwirklichung eines umfassenden Individualrechtsschutzes auch Verstöße letztinstanzlicher Gerichte erfasst, ist auf heftige Kritik gestoßen.[1039] Der EuGH habe sich in dem *Köbler*-Urteil wie in den Entscheidungen *Francovich* und *Brasserie* nur an dem Schutz subjektiver Rechte und der praktischen Wirksamkeit des Gemeinschaftsrechts orientiert, ohne dabei generell die Folgen für die Effektivität des Rechts zu bedenken.[1040] Entsprechend der Rechtstradition in den Mitgliedstaaten müsse jeder Rechtsstreit einmal beendet werden. Es sei nicht verständlich, warum der EuGH den subjektiven Rechten des Gemeinschaftsrechts eine derartige Bedeutung bemisst, dass ihre Durchsetzung auch um den Preis der Aufgabe

---

1034   *Middeke* in: Rengeling/Middeke/Gellermann, Handbuch Rechtsschutz, § 10 Rn. 58

1035   *Bunge,* Zivilprozess und Zwangsvollstreckung, S. 164

1036   *Ehricke* in: Streinz, EUV/EGV, Art 234 Rn. 39

1037   *Anagnostaras*, ELRev 31 (2006) 735, 743

1038   So zutreffend Schlussanträge des Generalanwaltes *Léger* Rs. C-224/01, (*Köbler*), Slg. 2003, I-10239, Rn. 76

1039   *Wattel,* CMLRev 41 (2004) 177, 186f.

1040   *Wattel,* CMLRev 41 (2004) 177, S. 187: „Jede Konsequenz führt zum Teufel."

traditioneller Prinzipien wie der Rechtssicherheit erfolgen kann und sie damit Menschenrechten gleichstellt.[1041] Diese Ansicht illustriert die Herangehensweise der nationalen Rechtsordnungen an das Staatshaftungsrecht und ist zu sehr in deren Konzeption verhaftet. Die Regelungen des nationalen Staatshaftungsrechts zielen darauf ab, den Staat von einer Haftung durch die Aufstellung restriktiver Haftungsvoraussetzungen freizuhalten. So stellt die Haftung des Staates bei richterlichen Fehlentscheidungen den Ausnahmefall dar. Ebenso ist beispielsweise im deutschen Recht nach der Rechtsprechung des BGH[1042] und im englischen Recht wegen des Grundsatzes der Parlamentssouveränität[1043] eine Haftung für legislatives Unrecht weitgehend ausgeschlossen.

Auf der Ebene des Gemeinschaftsrechts zeichnet sich nun eine Paradigmenwechsel ab: Der EuGH orientiert sich seit der *Francovich*-Entscheidung bei der Ausgestaltung der Haftungsinstitute vorrangig an dem effektiven Schutz individueller Rechte. Dies führt dazu, dass nicht von vornherein einzelne Bereiche staatlicher Tätigkeit von der Haftung faktisch weitgehend ausgenommen werden können. Wenn man die „Integrität des subjektiven Rechts" des Gemeinschaftsbürgers als Maßstab heranzieht, ist es im Grundsatz haftungsrechtlich irrelevant, welche staatliche Stelle einen Rechtsverstoß begangen hat.[1044] Dabei gibt der EuGH, wie oben dargelegt, Prinzipien wie die Wahrung der materiellen Rechtskraft einer Entscheidung nicht zugunsten des Individualrechtsschutzes auf. Der EuGH wählt allerdings einen eigenen dogmatischen Ansatz, um dem in dem Bereich der Judikativhaftung tangierten Belang der Rechtssicherheit angemessen Rechnung zu tragen. Dieser Belang soll bei der Prüfung eines „hinreichend qualifizierten Verstoßes" berücksichtigt werden.[1045] Eine gemeinschaftsrechtswidrige Entscheidung löst demnach nur dann eine Haftung des Staates aus, wenn eine Prüfung aller „Gesichtspunkte des Einzelfalls" ergibt, dass ein „offenkundiger" Verstoß gegen das Gemeinschaftsrecht vorliegt.[1046] Dahinter steht letztlich eine Abwägung zwischen dem Prinzip der Rechtssicherheit, das für einen Haftungsausschluss streitet, und der Verwirklichung eines umfassenden Indivdualrechtsschutzes. Die nationalen Regelungen zur Judikativhaftung eröffnen nicht die Möglichkeit zu einer solchen Abwägung, sondern gelangen bei Vorliegen bzw. Nichtvorliegen bestimmter Voraussetzungen kategorisch zu einem Haftungsausschluss.

Ausgangspunkt dieses Paradigmenwechsels auf europäischer Ebene war die Entscheidung des EGMR in der Rechtssache *Dangeville*.[1047] Der EGMR deutet an, dass ein angemessener Ausgleich zwischen dem Prinzip der Rechtssi-

---

1041 *Wattel*, CMLRev 41 (2004) 177, S. 187 und 190

1042 BGHZ 102, 350, 367f.

1043 Vgl. *Dicey*, Law of the Constitution, S. 39f.: "Parliament...has...the right to make or unmake any law whatever; and ...no person or body is recognised by the law of England as having a right to override or set aside the legislation of Parliament."

1044 Vgl. *Schoch*, DV 34 (2001) 261, 277

1045 EuGH Rs. C-224/01 (*Köbler*), Slg. 2003, I-10239, Rn. 53

1046 EuGH Rs. C-224/01 (*Köbler*), Slg. 2003, I-10239, Rn. 54f.

1047 EGMR (*S.A. Dangeville/Frankreich*), Az. 36677/97

cherheit und dem Erfordernis eines effektiven Rechtsschutzes hergestellt werden muss.[1048]

Die Entscheidung des EuGH in *Kühne & Heitz* bestätigt die hier vertretene Auffassung, dass Urteile nationaler Gerichte nicht von vornherein von der gemeinschaftsrechtlichen Haftung ausgenommen werden können, um dem Prinzip der Rechtssicherheit Rechnung zu tragen.[1049] Obwohl der Fall *Kühne* hinsichtlich der Rechtsfolge die Wiederaufnahme eines Verfahrens und nicht wie in *Köbler* eine Schadensersatzpflicht betraf, kann eine Parallele gezogen werden, da den Entscheidungen ähnliche Sachverhalte zugrunde lagen. In beiden Fällen hatte ein letztinstanzliches nationales Gericht seine Entscheidung auf eine unrichtige Auslegung des Gemeinschaftsrechts gestützt, ohne ein Vorabentscheidungsverfahren durchzuführen bzw. – wie in dem Fall *Köbler* – das Vorabentscheidungsersuchen aufrechtzuerhalten.[1050] Der EuGH hielt es für geboten, unter bestimmten Voraussetzungen, der effektiven Durchsetzung des Gemeinschaftsrechts durch die Ausweitung der Staatshaftung oder die Möglichkeit zur Wiederaufnahme des Verfahrens den Vorrang gegenüber dem Prinzip der Rechtssicherheit einzuräumen. Wenn der geschädigte Gemeinschaftsbürger wie in *Köbler* und *Kühne* sämtliche Möglichkeiten des primären Rechtsschutzes ausschöpft und eine Durchsetzung seiner Rechtspositionen aufgrund der mangelnden Vorlagebereitschaft der letztinstanzlichen Gerichte scheitert, müssen ihm weitere Formen des Rechtsschutzes offen stehen. Das Vorabentscheidungsverfahren stellt als Zwischenverfahren einen Teil des vor dem nationalen Gericht anhängigen Verfahrens dar und erfüllt eine wichtige Funktion bei dem Individualrechtsschutz.[1051] Solange das Vorabentscheidungsverfahren bei bestehender Vorlagepflicht nicht durchgeführt wird, ist der Individualrechtsschutz lückenhaft; seine Verwirklichung genießt Vorrang vor dem Prinzip der Rechtssicherheit.

§ 4: Materielle Voraussetzungen für eine mitgliedstaatliche Haftung wegen judikativen Unrechts

Der EuGH bejaht eine Ersatzpflicht des Mitgliedstaates, wenn drei Voraussetzungen erfüllt sind. Dies schließt nicht aus, dass der Staat nach nationalem Recht unter weniger strengen Voraussetzungen haftet.[1052]

1048 EGMR (*S.A. Dangeville/Frankreich*), Az. 36677/97, Rn. 61
1049 Vgl. EuGH Rs. C-453/00 (*Kühne & Heitz*), Slg. 2004, I- 837
1050 Vgl. *Skouris* in: FS Götz, S. 223, 237
1051 *Middeke* in: Rengeling/Middeke/Gellermann, Handbuch Rechtsschutz, § 10 Rn. 8 und 11
1052 EuGH Rs. C-224/01 (*Köbler*), Slg. 2003, I-10239, Rn. 57

A. Verstoß eines nationalen letztinstanzlichen Gerichtes gegen eine Norm des Gemeinschaftsrechts, die bezweckt, dem Einzelnen Rechte zu verleihen

Erste Voraussetzung für eine Staatshaftung ist der Verstoß eines nationalen letztinstanzlichen Gerichtes gegen eine Norm des Gemeinschaftsrechts, die bezweckt, dem Einzelnen Rechte zu verleihen.[1053] Neben der Frage, welche Gerichte durch ihre Entscheidungen eine mitgliedstaatliche Haftung auslösen können, werden mögliche Anwendungsfälle einer Haftung wegen judikativen Unrechts diskutiert.

I. Letztinstanzliche Gerichte

Der Begriff des letztinstanzlichen Gerichtes wurde bereits oben erläutert.[1054] In Deutschland können demnach Entscheidungen der fünf Bundesgerichte sowie aller Gerichte, deren Entscheidungen nicht mehr mit ordentlichen Rechtsmitteln angefochten werden können, eine Haftung auslösen. Im Sinne dieser Definition ist ein Amtsgericht letztinstanzliches Gericht, wenn die nach § 511 Abs. 2 Nr. 1 ZPO erforderliche Berufungssumme nicht erreicht wird.[1055] Letztinstanzliche Gerichte sind in England das *House of Lords* als oberstes Rechtsmittelgericht sowie der *High Court* und der *Court of Appeal*, wenn gegen ihre Entscheidungen keine Rechtsmittel zugelassen werden.[1056]

II. Ausweitung des Haftungsgrundsatzes auf nicht-letztinstanzliche Gerichte

Eine Ausweitung des Haftungsgrundsatzes auf Verstöße nicht-letztinstanzlicher Gerichte ist aus der Sicht des Gemeinschaftsrechts weder geboten noch zulässig.[1057] Zum einen ist eine Beschränkung auf letztinstanzlicher Gerichte mit dem Gebot eines effektiven Rechtsschutzes vereinbar, da das gemeinschaftsrechtswidrige Urteil in den übrigen Fällen noch im Instanzenzug korrigiert werden kann.[1058] Der finanzielle Ausgleich aufgrund einer Haftungsklage ist lediglich *ultima ratio*. Zum anderen widerspräche es dem Grundsatz vom Vorrang des Primärrechtsschutzes, eine Haftungsklage gegen Entscheidungen nicht-

---

1053   EuGH Rs. C-224/01 (*Köbler*), Slg. 2003, I-10239, Rn. 51f.

1054   Vgl. Dritter Teil § 3 O. III. 2.

1055   *Middeke* in: Rengeling/Middeke/Gellermann, Handbuch Rechtsschutz, § 10 Rn. 58

1056   Vgl. *Bunge,* Zivilprozess und Zwangsvollstreckung, S. 165-167

1057   Offen *Wyatt/Dashwood*, EU Law, S. 231

1058   *Anagnostaras*, ELRev 31 (2006) 735, 740f.; *Wegener*, EuR 2004, 84, 87; *Schöndorf-Haubold*, JuS 2006, 112, 114

letztinstanzlicher Gerichte zuzulassen. Es obliegt dem Geschädigten, eine Schadensbegrenzung zu erreichen, indem er die ihm zur Verfügung stehenden Rechtsschutzmöglichkeiten ausschöpft.[1059] Aus diesem Grund steht dem Geschädigten ein Ersatzanspruch wegen der Entscheidung eines Instanzgerichtes selbst dann nicht zu, wenn die Einlegung eines Rechtsmittels angesichts einer gefestigten obergerichtlichen Rechtsprechung von vornherein keine Aussicht auf Erfolg hat.[1060] Gleiches gilt für das Urteil eines nicht-letztinstanzlichen Gerichts, das ausnahmsweise aufgrund der Vorgaben der *Foto-Frost*-Entscheidung zur Vorlage verpflichtet ist.[1061]

III. Bundesverfassungsgericht als letztinstanzliches Gericht

Die Frage, ob und in welchen Konstellationen ein Verstoß des BVerfG gegen Gemeinschaftsrecht eine mitgliedstaatliche Haftung nach sich zieht, wird im Schrifttum kaum diskutiert. Auf den ersten Blick bestehen keine Bedenken gegen die Einbeziehung des BVerfG, da es sich um ein letztinstanzliches Gericht im Sinne der obigen Definition handelt und da es wie alle anderen nationalen Gerichte zur Einhaltung des Gemeinschaftsrechts verpflichtet ist.[1062] Im Folgenden werden mögliche Haftungskonstellationen untersucht.

1. Verstoß des BVerfG gegen die Vorlagepflicht nach Art. 267 Abs. 3 AEUV

Ein Verstoß des BVerfG gegen Gemeinschaftsrecht kann sich in Form einer Missachtung der Vorlagepflicht nach Art. 267 Abs. 3 AEUV ereignen.

a) Anerkennung einer Vorlagepflicht durch das BVerfG und Vorlagebereitschaft

Das BVerfG hat in mehreren Entscheidungen seine Bindung an die Vorlagepflicht anerkannt.[1063] Der durch das Vorabentscheidungsverfahren vermittelte Rechtsschutz des Bürgers kann nur sichergestellt werden, wenn alle mitglied-

---

1059   *Anagnostaras*, ELRev 31 (2006) 735, 741
1060   OLG Karlsruhe VersR 2006, 700
1061   Vgl. EuGH Rs. C-314/85 (*Foto Frost*), Slg. 1987, I-4199, Rn. 15-18
1062   Vgl. *Streinz* in: ders., EUV/EGV, Art. 10 EGV Rn. 31
1063   BVerfGE 37, 271, 282 (*Solange I*); BVerfGE 52, 187, 200 (*Vielleicht*); BVerfGE 104, 214, 218 (*NPD-Verbot*)

staatlichen Gerichte, die in dem Anwendungsbereich des AEUV tätig werden, der Vorlagepflicht unterliegen.[1064] Da das BVerfG Akte der öffentlichen Gewalt nur an dem Maßstab des Grundgesetzes überprüft, kann das Gemeinschaftsrecht nur als Vorfrage Bedeutung erlangen.[1065] Allerdings hat das BVerfG bisher mit argumentativem Geschick die Einholung einer Vorabentscheidung vermieden. In dem *Solange I*-Beschluss erklärt das Gericht, dass es „Inzidenzfragen aus dem Gemeinschaftsrecht selbst entscheiden (könne), sofern nicht die Voraussetzungen des Art. 177 des Vertrages (Art. 267 AEUV) vorliegen."[1066] Kurios war die Vorgehensweise des BVerfG in der *Maastricht*-Entscheidung: Dort zog das Gericht zur Klärung einer Auslegungsfrage eine Anhörung des Leiters des Juristischen Dienstes der Kommission der Vorlage an den EuGH vor.[1067] In der *Kampfhunde*-Entscheidung erklärte das BVerfG, dass die Überprüfung eines Gesetzes am Maßstab des Grundgesetzes Vorrang hat. Andernfalls sei der EuGH im Unklaren darüber, ob die Vorabentscheidung eine gültige und damit entscheidungserhebliche Norm betrifft.[1068]

b) *Beispielsfälle einer Vorlagepflicht des BVerfG*

Eine Befassung des EuGH durch das BVerfG ist trotz der unterschiedlichen Prüfungsmaßstäbe der beiden Gerichte in mehreren Fällen denkbar.[1069] In Verfahren wie der abstrakten Normenkontrolle oder dem Parteiverbotsverfahren, in denen das BVerfG als einzige Instanz entscheidet, bestehen keine Bedenken gegen die Vorlagepflicht.[1070] Im Rahmen einer abstrakten Normenkontrolle kann eine Vorlage an den EuGH erforderlich sein, wenn über ein Bundesgesetz entschieden wird, das zur Umsetzung einer Richtlinie erlassen wurde, deren Gültigkeit bezweifelt wird.[1071] Bei der Verfassungsbeschwerde wird eine Vorlagepflicht bisweilen abgelehnt, da es sich um einen außerordentlichen Rechtsbehelf und kein Rechtsmittel im Sinne des Art. 267 Abs. 3 AEUV handelt; daher sei das BVerfG in diesem Verfahren nicht die letzte Instanz.[1072] Es ist zutreffend, dass sich ein letztinstanzliches nationales Fachgericht der Vorlagepflicht nicht mit Verweis auf die Möglichkeit einer Verfassungsbeschwerde entziehen kann.[1073]

1064   Vgl. *Dauses*, Das Vorabentscheidungsverfahren, S. 90
1065   Vgl. *P.M. Huber*, Das Recht der Europäischen Integration, S. 339; zu dem Prüfungsmaßstab des BVerfG ausführlich *Gellermann* in: Rengeling/Middeke/Gellermann, Handbuch Rechtsschutz, § 35 Rn. 24-27
1066   BVerfGE 37, 271, 282
1067   BVerfGE 89, 155, 170f.
1068   BVerfGE 110, 141, 156
1069   A.A. *Jaeger/Broß*, EuGRZ 2004, 1, 15
1070   *Kokott/Henze/Sobotta*, JZ 2006, 633, 634
1071   Beispiel nach *Heintzen*, AöR 119 (1994) 564, 587
1072   Vgl. *Kokott/Henze/Sobotta*, JZ 2006, 633, 634
1073   Vgl. *Gaitanides* in: von der Groeben/Schwarze, EUV/EGV, Art. 234 Rn. 64

Davon zu trennen ist jedoch die Tatsache, dass das BVerfG das letztinstanzliche Gericht ist, wenn ein Rechtsstreit einmal dorthin gelangt ist. Dann sind Fragen zur Auslegung oder Gültigkeit des Gemeinschaftsrechts dem EuGH vorzulegen.[1074] Eine Vorlage an den EuGH ist etwa in folgender Situation denkbar: Bei einer Verfassungsbeschwerde gegen ein nationales Gesetz, das zur Umsetzung einer Richtlinie ergeht, prüft das BVerfG die Verfassungskonformität des Gesetzes, wenn dem nationalen Gesetzgeber ein Umsetzungsspielraum verbleibt.[1075] Die Reichweite des Umsetzungsspielraums kann dann Gegenstand einer Vorlagefrage an den EuGH sein.[1076] Im Rahmen einer konkreten Normenkontrolle dürfte es selten zur Einleitung eines Vorabentscheidungsverfahren kommen, da nach Ansicht des BVerfG das (an das BVerfG) vorlegende nationale Gericht zunächst selbst eine Entscheidung des EuGH einholen soll.[1077]

Ausnahmsweise soll eine Vorlagepflicht entfallen, wenn nach Auffassung des BVerfG ein „ausbrechender Hoheitsakt" der Gemeinschaft vorliegt.[1078] Dabei handelt es sich um solche Akte der Gemeinschaftsorgane, die den Ermächtigungsrahmen des deutschen Zustimmungsgesetzes zum AEUV überschreiten.[1079] Im *Maastricht*-Urteil hat das BVerfG klargestellt, dass es sich für befugt hält, zu prüfen, ob sich ein Rechtsakt innerhalb der Grenzen der der Gemeinschaft eingeräumten Hoheitsrechte hält; Hoheitsakte, die aus dem im AEUV angelegten Integrationsprogramm ausbrechen seinen innerstaatlich nicht verbindlich.[1080] Aus der Sicht des Gemeinschaftsrechts muss aber gerade in diesem Fall eine Vorlagepflicht des BVerfG bestehen. Die letztverbindliche Interpretation des Gemeinschaftsrechts obliegt dem EuGH und dies schließt die Entscheidung über die Wahrung der Gemeinschaftskompetenzen ein.[1081] Folglich ist das BVerfG zur Vorlage verpflichtet, da sonst die einheitliche Anwendung des Gemeinschaftsrechts gefährdet ist.

Es ist also festzuhalten, dass eine Vorlagepflicht des BVerfG besteht, wenn in einem Verfahren eine (Vor-) Frage gestellt wird, die die Auslegung oder Gültigkeit des Gemeinschaftsrechts betrifft.

1074   *Kokott/Henze/Sobotta*, JZ 2006, 633, 634; *Mayer,* EuR 2002, 239, 252
1075   BVerfG NJW 90, 974 (EG-Richtlinie über die Etikettierung von Tabakerzeugnissen)
1076   Beispiel nach *Kokott/Henze/Sobotta*, JZ 2006, 633, 634
1077   BVerfGE 37, 271, 281; vgl. *Dauses* in: ders., Handbuch, Band II, P.II Rn. 130
1078   *Storr*, DÖV 2004, 545, 552
1079   Vgl. *Gellermann* in: Rengeling/Middeke/Gellermann, Handbuch Rechtsschutz, § 35 Rn. 28f.
1080   BVerfGE 89, 155, 188
1081   Vgl. *Gellermann* in: Rengeling/Middeke/Gellermann, Handbuch Rechtsschutz, § 35 Rn. 30

2. Verstoß des BVerfG gegen eine Norm des materiellen Gemeinschaftsrechts

Die Diskussion in der Literatur beschränkt sich weitgehend auf den Problemkreis der Missachtung der Vorlagepflicht durch das BVerfG.[1082] Dieser Fall bereitet unter haftungsrechtlichen Gesichtspunkten Probleme, wenn man den individualschützenden Charakter des Art. 267 Abs. 3 AEUV ablehnt oder eine Haftung mangels unmittelbaren Kausalzusammenhanges zwischen der Verletzung dieser Pflicht und dem Schaden ablehnt.[1083] Es ist daher zu klären, ob eine mitgliedstaatliche Haftung durch einen Verstoß des BVerfG gegen eine Norm des materiellen Gemeinschaftsrechts ausgelöst werden kann.[1084] Die oben dargelegten Fälle einer Verletzung der Vorlagepflicht durch das BVerfG werden relevant bei der Prüfung des hinreichend qualifizierten Verstoßes.

Der Möglichkeit eines Verstoßes des BVerfG gegen materielles Gemeinschaftsrecht stehen keine grundsätzlichen Bedenken entgegen. Das BVerfG ist wie alle anderen Gerichte gemäß Art. 4 Abs. 3 EUV dazu verpflichtet, dem nationalen Recht Vorrang vor entgegenstehendem nationalen (Verfassungs-) Recht einzuräumen.[1085] Es ist dann denklogisch zwingend, dass das BVerfG gemeinschaftsrechtliche Aspekte als Vorfrage untersucht. Die Tatsache, dass das BVerfG nach dieser Vorüberlegung Akte der deutschen öffentlichen Gewalt nur an dem Maßstab des Grundgesetzes überprüft, schließt nicht aus, dass das BVerfG im Rahmen dieser Prüfung eine gemeinschaftsrechtswidrige Entscheidung erlässt. Ein Verstoß des BVerfG liegt insbesondere vor, wenn es gemeinschaftsrechtswidriges Verfassungsrecht anwendet.[1086] Gegen eine Ersatzpflicht wegen einer Fehlentscheidung des BVerfG könnten allerdings dessen besondere Funktion in dem Gefüge der nationalen Gerichtsbarkeit sowie verfahrensrechtliche Gründe sprechen.[1087]

a) Besondere Stellung des BVerfG

Die deutsche Regierung hat im Rahmen verschiedener Individualbeschwerdeverfahren vor dem EGMR wegen überlanger Verfahrensdauer eine Anwendbarkeit des Art. 6 Abs. 1 EMRK auf Verfahren vor dem BVerfG wegen der „besonderen

---

1082 Vgl. *Haltern*, VerwArch 96 (2005) 311, 338f.; *P. Karpenstein/U. Karpenstein* in: Grabitz/Hilf, Recht der EU, Art. 226 Rn. 24; *Storr*, DÖV 2004, 545, 552f.; *Wollbrandt*, Gemeinschaftshaftung, S. 148
1083 Vgl. Dritter Teil § 4 A. IV.
1084 Lediglich *Gundel* (EWS 2004, 8, 15 Fn. 83 und 16 Fn. 97) hält in diesem Fall eine Staatshaftung für „denkbar" und stuft gleichzeitig die Erfolgsaussichten einer solchen Argumentation als gering ein.
1085 Vgl. *Streinz* in: ders., EUV/EGV, Art. 10 EGV Rn. 31
1086 Vgl. *Dörr*, DVBl. 2006, 1088, 1095
1087 Zweifelnd *Lenski/Mayer*, EuZW 2005, 225

Rolle" und des „besonderen Status" des Gerichtes abgelehnt;[1088] der EGMR ist auf diesen Einwand nicht eingegangen. In der Tat nimmt das BVerfG eine besondere Stellung in dem Verfassungsgefüge ein, da es zugleich Gericht und oberstes Verfassungsorgan ist.[1089] Die Entscheidungen des BVerfG binden alle Behörden und Gerichte (§ 31 Abs. 1 BVerfGG) und sind unwiderruflich.[1090] Im Unterschied zu anderen Gerichten existiert keine Dienstaufsicht.[1091]

Dennoch muss eine Staatshaftung auch bei gemeinschaftsrechtswidrigen Entscheidungen des BVerfG möglich sein. Ein umfassender Rechtsschutz und die praktische Wirksamkeit des gemeinschaftsrechtlichen Haftungsgrundsatzes könnten nicht gewährleistet werden, wenn Entscheidungen eines Rechtsprechungsorgans, das zur Beachtung des Gemeinschaftsrechts verpflichtet ist, von einer Kontrolle im Wege des Sekundärrechtsschutzes ausgenommen sind. An der Vorlagepflicht des BVerfG wird deutlich, dass es wie jedes andere nationale Gericht in das System des europäischen Rechtsschutzes eingebunden ist und daher aus der Sicht des Gemeinschaftsrechts keine Sonderstellung einnimmt.[1092] Außerdem wäre eine Versagung der Haftung bei Verstößen des BVerfG gegen Gemeinschaftsrecht mit dem Gleichwertigkeitsgrundsatz nicht zu vereinbaren. So hat der BGH klargestellt, dass Entscheidungen des BVerfG „Urteile in einer Rechtssache" im Sinne des § 839 Abs. 2 BGB sein können, ohne näher auf die Stellung des BVerfG einzugehen.[1093] Folglich kann auch bei Staatshaftungsfällen mit Gemeinschaftsbezug eine Ersatzpflicht bei Fehlurteilen nicht von vornherein ausgeschlossen werden.

b)   *Letztentscheidungsrecht des BVerfG nach § 31 Abs. 1 BVerfGG*

Probleme bereitet die Tatsache, dass gemäß § 31 Abs. 1 BVerfGG alle Gerichte an den Tenor und die tragenden Gründe der Entscheidung des BVerfG gebunden sind.[1094] Daraus könnte man schließen, dass es dem Gericht in einem Haftungs-

---

1088   EGMR NJW 97, 2809, Rn. 41 (*Probstmeier/Deutschland*); EGMR NJW 2001, 211, Rn. 75 (*Generalanwalt und Popp/Deutschland*); EGMR NJW 2001, 213, Rn. 28 (*Klein/Deutschland*); für eine Amtshaftung nach § 839 Abs. 1 BGB i.V.m. Art. 34 S. 1 GG in diesem Fall *Lansnicker/ Schwirtzek*, NJW 2001, 1969, 1973f.

1089   Vgl. dazu ausführlich *Roellecke* in: Isensee/Kirchhof, Handbuch, Band III, § 67 Rn. 10-21

1090   Vgl. *Heusch* in: Clemens/Umbach/Dollinger, BVerfGG, § 31 Rn. 24

1091   *Umbach* in: ders./Umbach/Dollinger, BVerfGG, § 1 Rn. 14

1092   Vgl. *Dauses* in: ders., Handbuch, Band II, P.II Rn. 129

1093   BGH NJW 1966, 246, 248; im Ergebnis hatte der Schadensersatzanspruch wegen des Eingreifens des Richterspruchprivilegs nach § 839 Abs. 2 BGB keinen Erfolg.

1094   Vgl. *Heusch* in: Clemens/Umbach/Dollinger, BVerfGG, § 31 Rn. 58 m.w.N. zur Rechtsprechung; der BGH ist in der oben zitierten Entscheidung (NJW 1966, 246) auf dieses Problem nicht eingegangen. Dies mag darauf zurückzuführen sein, dass der Große Zivilsenat des BGH in einer früheren Entscheidung zu § 31 Abs. 1 BVerfGG (BGH NJW 1954, 1073, 1074f.) eine Bindungswirkung nur hinsichtlich des Tenors,

prozess verwehrt ist, eine andere Beurteilung gemeinschaftsrechtlicher Vorfragen oder der Vorlagepflicht vorzunehmen als das BVerfG. Dem nationalen Gericht bliebe nur die Möglichkeit, dem EuGH eine abstrakt formulierte Frage vorzulegen, um die Gemeinschaftsrechtskonformität der Entscheidung des BVerfG feststellen zu können.[1095] Ein vergleichbares Problem existiert im englischen Recht aufgrund der *stare decicis*-Regel. Es ist aber für das nationale Recht anerkannt, dass die Bindungswirkung nur die Auslegung des Grundgesetzes und nicht die einfachgesetzlicher Normen erfasst; Zweck des § 31 Abs. 1 BVerfGG ist gerade die Sicherung des Vorrangs der Verfassung durch das BVerfG.[1096] Dieser Gedanke gilt entsprechend für den Bereich des Gemeinschaftsrechts. Die Auslegung und Anwendung des Gemeinschaftsrechts ist aufgrund seines eingeschränkten Prüfungsmaßstabes nicht Aufgabe des BVerfG. Eine Bindungswirkung kann insoweit also nicht eintreten.

3. Mitgliedstaatliche Haftung wegen einer Fehlentscheidung des BVerfG als Ausnahmefall

Es ist unter Rechtsschutzgesichtspunkten zwingend, die Möglichkeit einer mitgliedstaatlichen Haftung wegen einer Fehlentscheidung des BVerfG offen zu halten. Dennoch wird diese Form der Haftung in der Praxis wohl den Ausnahmefall darstellen. Da die Verfassungsbeschwerde nach überwiegender Auffassung keinen vorrangig einzulegenden Rechtsbehelf im Sinne des § 839 Abs. 3 BGB darstellt,[1097] kann der Bürger, dem es primär auf die Erlangung von Schadensersatz ankommen dürfte, einen Staatshaftungsanspruch direkt auf die Fehlentscheidung des Fachgerichtes stützen. Es liegt die Vermutung nahe, dass er aus Respekt vor der Institution des Verfassungsgerichtes nicht gegen dessen Entscheidung vorgehen wird. Folglich werden die für Staatshaftungsansprüche erstinstanzlich zuständigen Landgerichte nur selten Urteile des BVerfG an dem Maßstab des Gemeinschaftsrechts prüfen müssen. Daher sind auch keine Verschiebungen in der Hierarchie des nationalen Gerichtsaufbaus infolge eines solchen Haftungsprozesses zu befürchten.[1098]

Wenn der Bürger jedoch eine Verfassungsbeschwerde eingelegt hat, ist zu klären, ob er sowohl wegen der potentiell gemeinschaftsrechtswidrigen Entscheidung des letztinstanzlichen Fachgerichtes als auch wegen der Entscheidung des BVerfG einen Staatshaftungsanspruch geltend machen kann. Obwohl unterschiedliche Streitgegenstände vorliegen, ist eine solche Verdoppelung der Kla-

---

nicht aber hinsichtlich der Entscheidungsgründe bejaht hatte.
1095 So etwa *Storr*, DÖV 1904, 545, 553
1096 *Heusch* in: Clemens/Umbach/Dollinger, BVerfGG, § 31 Rn. 60 und 71; *Bethge* in: Maunz/Schmidt-Bleibtreu/Klein/Bethge, BVerfGG, § 31 Rn. 2
1097 Vgl. Fünfter Teil § 2 B. IV.
1098 So im Ergebnis auch *Gundel*, EWS 2004, 8, 16 Fn. 97

gemöglichkeiten abzulehnen. Zum einen ist die Eröffnung einer zusätzlichen Klagemöglichkeit gemeinschaftsrechtlich nicht geboten: Die praktische Wirksamkeit der gemeinschaftsrechtlichen Staatshaftung ist gewährleistet, wenn auch nur eine der beiden Gerichtsentscheidungen einer sekundärrechtlichen Kontrolle unterzogen wird. In anderen Mitgliedstaaten existiert ein Rechtsbehelf wie die Verfassungsbeschwerde überhaupt nicht, so dass der Geschädigte in Deutschland doppelt begünstigt wäre, wenn er dann noch zwei Haftungsprozesse führen könnte. Es käme zu einer erheblichen Verzerrung des Rechtsschutzniveaus zwischen den Mitgliedstaaten. Zum anderen ist eine erneute Klage wegen eines fehlenden Rechtsschutzbedürfnisses als unzulässig abzuweisen. Macht der Kläger nach erfolgloser Schadensersatzklage gegen eine der beiden Entscheidungen erneut einen Staatshaftungsanspruch geltend, bei dem er das Schadensersatzverlangen in der Sache auf denselben Verstoß gegen Gemeinschaftsrecht stützt, liegt der Klage kein anderes Rechtsschutzziel zugrunde. Ein schutzwürdiges Interesse des Klägers ist dann zu verneinen.[1099] Dies wird an dem Beispiel der Entscheidungen zu dem staatlichen Sportwettenmonopol deutlich. Das BVerwG hatte einen Antrag auf Feststellung der Erlaubnisfreiheit der Annahme und Vermittlung von Sportwetten und den hilfsweise gestellten Antrag auf Neubescheidung als unbegründet abgelehnt und darin keinen Verstoß gegen Art. 56 AEUV gesehen.[1100] Eine Entscheidung des BVerfG, die aufgrund einer dagegen gerichteten Verfassungsbeschwerde erging,[1101] wäre nun in einem Haftungsprozess wie das Urteil des BVerwG an Art. 56 AEUV zu messen, ohne dass neue sachliche Gesichtspunkte hinzutreten.

IV. Fallkonstellationen

Der EuGH verzichtet in der *Köbler*-Entscheidung auf die Skizzierung möglicher Verstöße nationaler Gerichte gegen das Gemeinschaftsrecht. Im Folgenden werden nun denkbare Fallkonstellationen dargestellt.

1. Verstoß eines Gerichtes gegen die Vorlagepflicht gemäß Art. 267 Abs. 3 AEUV

Umstritten ist die Frage, ob bereits ein isolierter Verstoß gegen die Vorlagepflicht eine mitgliedstaatliche Haftung nach sich ziehen kann. Dies ist für den Kläger von erheblicher praktischer Bedeutung, da es regelmäßig einfacher sein

---

1099   Vgl. *Rosenberg/Schwab/Gottwald*, Zivilprozessrecht, § 89 Rn. 31
1100   BVerwGE 114, 92, 103
1101   Vgl. BVerfG NJW 2006, 1261

dürfte, eine Verletzung der Vorlagepflicht nachzuweisen als die fehlerhafte Anwendung einer Gemeinschaftsnorm oder das Unterlassen einer gemeinschaftsrechtskonformen Auslegung einer nationalen Regelung.[1102] Einige Autoren halten einen Haftungsanspruch in diesem Fall aufgrund des Effektivitätsgebotes für erforderlich, da das Gemeinschaftsrecht keine primäre Rechtsschutzmöglichkeit gegen die Nichtvorlageentscheidung vorsieht.[1103] Teilweise erfolgt in Anlehnung an die Rechtsprechung des BVerfG zu Art. 101 Abs. 1 S. 2 GG eine Beschränkung der Haftung auf Fälle der „willkürlichen Nichtvorlage".[1104] Der EuGH ist in der *Köbler*-Entscheidung auf diese Haftungskonstellation nicht eingegangen. In der Nachfolgeentscheidung *Traghetti del Mediterraneo* hat das letztinstanzliche nationale Gericht eine Vorlagefrage, die diese Haftungskonstellation betraf, nach Erlass der *Köbler*-Entscheidung zurückgenommen.[1105]

In der Rechtsprechung wird die Frage bislang kaum problematisiert. Das Bundesverfassungsgericht nimmt in einem *obiter dictum* ohne nähere Begründung an, dass der Amtshaftungsanspruch ein Instrument zur Durchsetzung der Vorlagepflicht darstellt.[1106] Der Bundesfinanzhof hält es - ebenfalls in einem *obiter dictum* und ohne Begründung - für möglich, dass die verspätete Vorlage einen haftungsrelevanten Verstoß darstellt.[1107] Offengelassen wurde die Frage in einem Urteil des OLG Frankfurt.[1108] Der Oberste Gerichtshof Österreichs geht

---

1102 So hatte sich der Kläger in dem ersten Fall einer Staatshaftung wegen judikativen Unrechts vor dem BGH primär auf die Nichteinholung einer Vorabentscheidung gestützt, vgl. BGH EuZW 2005, 30, 31

1103 Vgl. *Berg* in: Schwarze (Hrsg.), EU-Kommentar (1. Aufl.), Art. 288 EGV Rn. 86; *Ehricke* in: Streinz, EUV/EGV Art. 234 Rn. 46; *Gromitsaris*, SächsVBl. 2001, 157, 160; *Schima*, Das Vorabentscheidungsverfahren, S. 71; *Storr*, DÖV 2004, 545, 552; *Toner*, YEL 17 (1997) 165, 184f.; *Wehlau*, DZWir 1997, 100, 106; einschränkend *Dörr* in: Sodan/Ziekow, VwGO, Europäischer Verwaltungsrechtsschutz, Rn. 146: er verlangt zusätzlich die Nichtanwendung der einschlägigen Gemeinschaftsnorm, da dann ein Verstoß gegen das Verwerfungsmonopol des EuGH vorliegt. Kritisch zu dem Einsatz der Haftungsklage als Regelinstrument zur Überprüfung von Nichtvorlageentscheidungen nationaler Gerichte: *Wegener*, EuR 2008 (Beiheft 3), 45, 57.

1104 *Gaitanides* in: von der Groeben/Schwarze, EUV/EGV, Art. 234 Rn. 72; *Borchardt* in: Lenz/Borchardt, Art. 234 Rn. 48

1105 EuGH Rs. C-173/03 (*Traghetti del Mediterraneo SpA/Italien*), Slg. 2006, I-5177, Rn. 22

1106 BVerfG NVwZ-RR 2008, 658, 660

1107 BFH/NV 2008, 1889, 1892

1108 OLG Report Frankfurt/Koblenz/Zweibrücken/Saarbrücken 2008, 725, 726: Die Klägerin, eine Anbieterin von Kapitalanlagen, verlangte Ersatz der ihr in einem Eilverfahren entstandenen Gerichts- und Anwaltskosten. Sie hatte wegen einer Untersagungsverfügung der Bundesanstalt für Finanzdienstleistungsaufsicht bei dem VG einen Antrag nach § 80 Abs. 5 VwGO und gegen dessen ablehnenden Beschluss erfolglos Beschwerde bei dem VGH eingelegt. In dem Amtshaftungsprozess machte sie geltend, das VG und der VGH hätten § 80 Abs. 5 VwGO in gemeinschaftsrechtswidriger Weise angewendet. Das OLG lehnte einen Ersatzanspruch ab. Die Entscheidung des VG könne keinen Anspruch begründen, weil sie nicht letztinstanzlich ergangen sei (OLG Report Frankfurt/Koblenz/Zweibrücken/Saarbrücken 2008, 725). Mit Blick auf die Entscheidung des VGH verneinte das OLG einen offenkundigen Verstoß gegen die Richtlinie 93/22/EWG über Wertpapierdienstleistungen und gegen Art. 56 EGV (OLG Re-

davon aus, dass nicht nur die Unterlassung einer gebotenen Vorlage, sondern auch die zu Unrecht erfolgte Vorlage an den EuGH Amtshaftungsansprüche - im letzteren Fall insbesondere wegen der Verfahrenskosten vor dem EUGH - nach sich ziehen kann. Dabei sei in dem Amtshaftungsprozess nicht die Richtigkeit der Entscheidung über die Einholung oder Nichteinholung einer Vorabentscheidung, sondern nur deren Vertretbarkeit zu überprüfen.[1109]

a) Individualschützender Charakter des Art. 267 Abs. 3 AEUV

Aus systematischen Gründen ist zweifelhaft, ob Art. 267 AEUV zu den individualschützenden Normen des Gemeinschaftsrechts zählt, deren Verletzung eine mitgliedstaatliche Haftung auslösen kann. Nach dem gegenwärtigen Stand des Gemeinschaftsrechts steht dem Einzelnen kein Anspruch auf Einleitung eines Vorabentscheidungsverfahrens zu; vielmehr kann er dessen Durchführung nur vor dem nationalen Gericht anregen.[1110] Ebenso wenig existiert im Gemeinschaftsrecht eine Möglichkeit nachträglichen Rechtsschutzes bei Missachtung der Vorlagepflicht.[1111] Im Übrigen sind kaum Sachverhalte denkbar, in denen ein Verstoß gegen die Verfahrensnorm des Art. 267 Abs. 3 AEUV nicht mit der Verletzung einer individualschützenden Norm des materiellen Gemeinschaftsrechts einhergeht;[1112] haftungsrelevant ist dann der „Primärverstoß" gegen die umstrittene gemeinschaftsrechtliche Regelung, der durch die Nichtvorlage vertieft wird.[1113]

port Frankfurt / Koblenz / Zweibrücken / Saarbrücken 2008, 725 726f.).

1109 OGH JBl. 2008, 385: In dem Ausgangsverfahren begehrte eine in Österreich wohnhafte Klägerin von einem in Deutschland ansässigen Unternehmen die Auszahlung von 3.250 Euro aufgrund eines Gewinnversprechens. Der Kläger des Amtshaftungsverfahrens gegen die Republik Österreich, der Insolvenzverwalter des in dem Ausgangsverfahren verklagten Unternehmens, sah eine Verletzung gegen die Vorlagepflicht darin, dass ein Berufungsgericht in dem Ausgangsverfahren die internationale Zuständigkeit österreichischer Gerichte nach Art. 16 Abs. 1, 15 Abs. 1 lit. c EuGVVO bejahte, ohne eine Vorabentscheidung des EuGH zu dieser Frage einzuholen. Der OGH lehnte einen haftungsrelevanten Verstoß ab, da die Nichtvorlage nach dem Stand der Rechtsprechung des EuGH und der anderen Mitgliedstaaten vertretbar gewesen sei.

1110 Dauses, Das Vorabentscheidungsverfahren, S. 120 m.w.N. zur Rechtsprechung; Tonne, Effektiver Rechtsschutz, S. 267; Tsikrikas, ZZPInt 9 (2004) 123, 133; Wegener, EuR 2002, 785, 788f.; a.A. Allkemper, Rechtsschutz des Einzelnen, S. 171f.: nach seiner Auffassung besteht ein Individualanspruch auf Vorlage hinsichtlich der Gültigkeit des Gemeinschaftsrechts

1111 Vgl. Dauses in: ders., Handbuch, Band II, P.II Rn. 202

1112 Vgl. Gundel, EWS 2004, 8, 9; Obwexer, EuZW 2003, 726, 727; Schulze, ZEuP 2004, 1049, 1057 Fn. 41;

1113 Vgl. Beul, EuZW 1996, 748, 749; Bertolino, CJQ 27 (2008) 448, 453; U. Karpenstein, Praxis, Rn. 367; Kokott/Henze/Sobotta, JZ 2006, 633, 637; Meltzer, IJCL 4 (2006) 39, 81; Schweitzer/Hummer/Obwexer, Europarecht, Rn. 849

b) *Unmittelbarer Kausalzusammenhang zwischen einem Verstoß gegen die*
Vorlagepflicht und einem Schaden

Es ist vertretbar, in der Missachtung der Vorlagepflicht zugleich eine Verletzung des Gemeinschaftsgrundrechts auf Gerichtszugang zu sehen (vgl. Art. 47 Abs. 1 GR-Charta), so dass mit der Vorlagepflichtverletzung ein Verstoß gegen eine materielle Gemeinschaftsnorm einhergeht.[1114] Allerdings bereitet in diesem Fall der Nachweis eines unmittelbaren Kausalzusammenhangs zwischen der Vorlagepflichtverletzung (bzw. dem Verstoß gegen das Gemeinschaftsgrundrecht) und einem Schaden erhebliche Schwierigkeiten. Der Kläger müsste darlegen, dass die Entscheidung des Gerichtes in dem Ausgangsverfahren zu seinen Gunsten ausgefallen und damit ein Schaden vermieden worden wäre, wenn das letztinstanzliche Gericht eine Vorlagefrage an den EuGH gerichtet hätte;[1115] außerdem bedürfte es einer Hypothese über die Entscheidung des EuGH.[1116] Aufgrund dessen wird eine mitgliedstaatliche Haftung praktisch nie bejaht werden können, wenn der Primärverstoß in der Verletzung des Art. 267 Abs. 3 AEUV liegt.

2. *Unterlassen der gemeinschaftsrechtskonformen Auslegung einer nationalen*
Norm

Der Verstoß eines Gerichtes gegen Gemeinschaftsrecht kann darin liegen, dass es die gemeinschaftsrechtskonforme Auslegung einer nationalen Norm unterlässt.[1117]

1114 Vgl. Schlussanträge des Generalanwaltes *Léger* Rs. C-224/01 (*Köbler*), Slg. 2003, I-10239, Rn. 147; *Haratsch*, JZ 2006, 1176, 1178; *Schima*, Das Vorabentscheidungsverfahren, S. 70 m.w.N.; im Unterschied zu Art. 6 Abs. 1 EMRK ist der Anwendungsbereich des Art. 47 Abs. 1 Grundrechtscharta nicht auf zivilrechtliche Ansprüche beschränkt. Das „Recht auf Gerichtszugang" sichert lediglich die Einhaltung des Art. 267 Abs. 3 AEUV grundrechtlich ab und gewährt etwa im Unterschied zu Grundfreiheiten oder Richtlinienbestimmungen keine darüber hinausgehenden individuellen Rechtspositionen, um deretwillen der Grundsatz der Staatshaftung gerade entwickelt wurde

1115 Kritisch Schlussanträge des Generalanwaltes *Léger* Rs. C-224/01 (*Köbler*), Slg. 2003, I-10239, Rn. 151; *Anagnostaras*, ELRev 31 (2006) 735, 746; *Classen*, CMLRev 41 (2004) 813, 820; *Obwexer*, EuZW 2003, 726, 727; *Sellman/Augsberg*, DÖV 2006, 533, 541

1116 Vgl. *Hummert*, Neubestimmung, S. 52

1117 Vgl. *von Bogdandy* in: Grabitz/Hilf, Recht der EU, Art. 288 EGV Rn. 153

221

a) Allgemein

Ein Beispiel für diese Fallgruppe liefert der Sachverhalt, der der Entscheidung *Kommission/Italien* zugrunde lag.[1118] In diesem Fall hatte der *Corte Suprema di Cassazione* eine Norm des italienischen Abgabenrechts in der Weise gemeinschaftsrechtswidrig ausgelegt, dass die Beweislast zum Nachteil des Anspruchsstellers umgekehrt wurde. Daher war es dem Einzelnen praktisch unmöglich, den Nachweis für eine Erstattung gemeinschaftsrechtswidrig erhobener Abgaben zu erbringen.

Praktisch besonders relevant ist in diesem Zusammenhang die Pflicht der nationalen Gerichte zur richtlinienkonformen Auslegung des nationalen Rechts.[1119] In dem Fall der Nichtumsetzung einer Richtlinie plädieren einige Stimmen im Schrifttum für eine „diplomatische Vorgehensweise" und lehnen eine Haftung wegen des Unterlassens einer richtlinienkonformen Auslegung ab. Sie wollen die Haftung an einen Verstoß der Legislative (Nichtumsetzung der Richtlinie) oder der Exekutive (Verweigerung der Anwendung einer unmittelbar wirkenden Richtlinienbestimmung) anknüpfen.[1120] Diese Differenzierung zwischen einzelnen mitgliedstaatlichen Organen ist angesichts der Rolle der Gerichte bei der Verwirklichung der durch eine Richtlinie verliehenen Individualrechte abzulehnen.[1121]

b) Fallbeispiel: „Schrottimmobilien"

Ein aktuelles Beispiel für diese Fallgruppe liefert die „Schrottimmobilien"-Problematik.[1122] Der BGH hatte entschieden, dass ein Darlehensnehmer bei Widerruf eines Realkreditvertrages sofort die gesamte Valuta zurückzahlen und die marktüblichen Zinsen erstatten müsste (vgl. § 346 Abs. 1 S. 2 Nr. 1, Abs. 2, 357 Abs. 1 S. 1 BGB).[1123] Da der Widerruf oft erst Jahre nach Vertragsschluss erfolgte, war eine hohe Zinssumme fällig und der Widerruf damit *de facto* wertlos.[1124] Der Auffassung des BGH ist der EuGH in den Rechtssachen *Schulte*[1125] und

---

1118 EuGH Rs. C-129/00 (*Kommission/Italien*), Slg. 2003, I-14637
1119 Vgl. auch den Fall OLG Karlsruhe VersR 2006, 700
1120 Vgl. den Beispielsfall bei *Anagnostaras* (EPL 7 (2001) 281, 298, Fn. 55) zur Nichtumsetzung der Richtlinie 89/74/EWG zur Anerkennung von Hochschuldiplomen; ebenso *Szyszczak*, MLR 55 (1992), 690, 697; *Toner*, YEL 17 (1997) 165, 183
1121 Vgl. zur richtlinienkonformen Auslegung durch nationale Gerichte ausführlich EuGH Verb. Rs C-397/01-403/01 (*Pfeiffer u.a.*), Slg. 2004, I-8835, Rn. 110-116 m.w.N.
1122 Vgl. dazu ausführlich *Käseberg/Richter*, EuZW 2006, 46; *Paal*, JZ 2006, 802; zur Staatshaftung wegen legislativen Unrechts in diesem Zusammenhang vgl. *Sprau* in: Palandt, Bürgerliches Gesetzbuch, § 839 Rn. 9 m.w.N.
1123 BGH NJW 2003, 422, 423
1124 *Käseberg/Richter*, EuZW 2006, 46, 48
1125 EuGH Rs.C-350/03 (*Schulte*), Slg. 2005, I-9215

Crailsheimer Volksbank[1126] entgegengetreten. Danach seien die Mitgliedstaaten aus Art. 4 Abs. 3 der Haustürwiderrufsrichtlinie (RL 85/577 EWG) bei unterbliebener Belehrung über das Widerrufsrecht verpflichtet, Maßnahmen zu treffen, damit die Verbraucher nicht die Folgen der Verwirklichung der mit einer Kapitalanlage verbundenen Risiken tragen.[1127] Bei Kenntnis des Widerrufs hätte der Verbraucher das Risiko einer Zinsverpflichtung vermeiden können.[1128] Daher müsse eine richtlinienkonforme Auslegung der nationalen Normen mit dem Ergebnis erfolgen, das der Verbraucher für den Zeitraum zwischen Vertragsschluss und Widerruf keine Zinsen zahlen muss.[1129] Dennoch hat der BGH in einer späteren Entscheidung betont, dass es „dabei bleibt", dass der Darlehensgeber in dem Fall des wirksamen Widerrufs auch die marktübliche Verzinsung verlangen kann;[1130] folglich muss der Verbraucher die Zinslast für den Zeitraum vor dem Widerruf tragen. Diese Entscheidung verletzt den Einzelnen mithin in der ihm durch die Richtlinie verliehenen Rechtsposition. Angesichts der unübersichtlichen Rechtslage besteht in dieser Situation eine Vorlagepflicht, deren Missachtung zur Offenkundigkeit des richterlichen Verstoßes führt. Erleidet der Verbraucher einen Schaden, weil er aufgrund eines Urteils seiner vermeintlichen Zinsverpflichtung nachkommt, kann er Ersatz des zu Unrecht gezahlten Betrages im Wege der gemeinschaftsrechtlichen Staatshaftung verlangen.

3. Anwendung einer gemeinschaftsrechtswidrigen nationalen Norm

Eine gerichtliche Fehlentscheidung kann auch Folge der Anwendung einer nationalen Norm sein, die gegen primäres oder sekundäres Gemeinschaftsrecht verstößt.[1131]

a) Allgemein

Der Verstoß gegen Gemeinschaftsrecht ist beispielsweise darauf zurückzuführen, dass ein nationales Gericht irrtümlich annimmt, eine nationale Norm gemein-

---

1126   EuGH Rs. C-229/04 (*Crailsheimer Volksbank*), Slg. 2005, I-9273

1127   EuGH Rs.C-350/03 (*Schulte*), Slg. 2005, I-9215, Rn. 100f.; EuGH Rs. C-229/04 (*Crailsheimer Volksbank*), Slg. 2005, I-9273, Rn. 47

1128   EuGH Rs.C-350/03 (*Schulte*), Slg. 2005, I-9215, Rn. 94 und 99; EuGH Rs. C-229/04 (*Crailsheimer Volksbank*), Slg. 2005, I-9273, Rn. 47

1129   *Käseberg/Richter*, EuZW 2006, 46, 49

1130   BGH NJW 2006, 2099, 2100

1131   Vgl. *Gromitsaris*, SächsVBl. 2001, 157, 159; *Zenner,* Haftung, 216 (nach *Zenners* Ansicht muss die Primärrechtswidrigkeit der nationalen Norm in einem Urteil des EuGH festgestellt werden, Haftung, S. 242)

schaftsrechtskonform auslegen zu können.[1132] In diesen „Beruhensfällen" kommt neben einer mitgliedstaatliche Haftung wegen judikativen Unrechts eine solche wegen legislativen Unrechts in Betracht. Allein der zusätzliche Verstoß des Gerichtes kann den Gesetzgeber nicht entlasten. Eine hypothetische Betrachtung zeigt, dass der Gesetzgeber den Schaden mitverursacht hat, indem er die nationale Norm nicht an die Vorgaben des Gemeinschaftsrechts angepasst hat.[1133] Gleichzeitig behält die Haftung wegen richterlicher Fehlentscheidungen in derartigen Konstellationen eine eigenständige Bedeutung. Es sind nämlich Sachverhalte denkbar, in denen der Verstoß des Gesetzgebers nicht hinreichend qualifiziert ist, während ein offenkundiger Verstoß des Gerichtes aufgrund einer Missachtung der Vorlagepflicht bejaht werden kann. So lehnte der EuGH in der Entscheidung *Brasserie du Pecheur* das Vorliegen eines hinreichend qualifizierten Verstoßes hinsichtlich des nationalen Verbotes der Verwendung von Zusatzstoffen in Bier ab; nach Ansicht des Gerichtes war die Unvereinbarkeit einer solchen Regelung mit Art. 30 EWGV (Art. 34 AEUV) im Lichte der bisherigen Rechtsprechung nicht „offenkundig".[1134] Mit dem gleichen Argument hätte der EuGH einen hinreichend qualifizierten Verstoß seitens der Verwaltungsbehörden, die den Import und den Vertrieb des Biers beanstandeten, ablehnen können.[1135] Wenn in einem solchen Fall der Geschädigte nun einen Rechtsbehelf gegen die behördliche Maßnahme einlegt und ein letztinstanzliches Gericht diese Maßnahmen aufrecht hält, kommt ein Ersatzanspruch wegen judikativen Unrechts in Betracht. Aufgrund der Nichtvorlage an den EuGH liegt dann anders als bei Gesetzgebung und Verwaltung ein „offenkundiger Verstoß" vor.

b) OLG Karlsruhe VersR 2006, 700

Die Anwendung einer gemeinschaftsrechtswidrigen Norm war bereits Gegenstand einer Entscheidung des OLG Karlsruhe. Der Kläger verlangte Schadensersatz wegen eines nach seiner Ansicht gemeinschaftsrechtswidrigen Strafurteils eines Amtsgerichtes. Dem Kläger war in Deutschland die Fahrerlaubnis entzogen worden, woraufhin er in den Niederlanden eine Fahrschule besuchte und ihm dort eine Fahrerlaubnis erteilt wurde. In Deutschland wurde er anschließend dennoch wegen Fahrens ohne Fahrerlaubnis zu einer Geldstrafe verurteilt. Wegen der Geldstrafe und der Anwaltskosten machte der Kläger Amtshaftungsansprüche geltend. Der Kläger stützte sich auf ein Vorabentscheidungsurteil des

---

1132   Vgl. Schlussanträge des Generalanwaltes *Léger* Rs. C-173/03 (*Traghetti del Meditteraneo SpA/Italien*), Slg. 2003, I-14637, Rn. 62

1133   Vgl. die parallele Problematik bei der Anwendung einer gemeinschaftsrechtswidrigen Norm durch die Exekutive in dem Fall *Brasserie du Pêcheur: Baumeister*, BayVBl. 2000, 225, 228

1134   EuGH verb. Rs. C-46/93 und 48/93 (*Brasserie du Pêcheur* und *Factortame*), Slg. 1996, I-1029, Rn. 59

1135   Der EuGH ist auf das Problem des administrativen Unrechts nicht eingegangen.

EuGH, das nach Rechtskraft des Strafurteils ergangen war. Aus dieser Entscheidung geht hervor, dass eine Bestimmung wie § 28 Abs. 4 Nr. 3 FeV, die die Anerkennung der Gültigkeit der von einem anderen Mitgliedstaat ausgestellten Fahrerlaubnis ablehnt, gegen Art. 1 Abs. 2, 8 Abs. 2 und 4 der Richtlinie 91/439/EWG verstößt.[1136] Das OLG nimmt zutreffend an, dass der Verstoß gegen das Gemeinschaftsrecht durch Anwendung einer richtlinienwidrigen nationalen Norm in diesem Fall nicht offenkundig war. Zum einen fiel dem Amtsgericht nicht eine Verletzung der Vorlagepflicht zur Last und zum anderen war der Wortlaut der Richtlinie nicht so klar formuliert, dass die Gemeinschaftsrechtswidrigkeit der nationalen Bestimmung erkennbar war.

c) Fallbeispiel: Untersagung der Vermittlung von Sportwetten

Ein aktuelles Beispiel für diese Fallgruppe liefern die zahlreichen Entscheidungen deutscher Obergerichte, in denen privaten Anbietern die Vermittlung von Sportwetten untersagt wird;[1137] angesichts erheblicher finanzieller Einbußen der Anbieter ist in diesem Zusammenhang mit Haftungsklagen zu rechnen.[1138]

(1) Allgemein

Grundlage der Untersagung ist das staatliche Sportwettenmonopol, das privaten Veranstaltern die Veranstaltung und Vermittlung von Sportwetten verbietet.[1139] Die Behinderung des Zugangs ausländischer Wettanbieter zu dem deutschen Markt und die Untersagung der Vermittlung im EG-Ausland angebotener Wetten

---

1136 Vgl. EuGH Rs. C-476/01 (*Kapper*), Slg. 2004, I-5205, Rn. 78
1137 Vgl. nur BVerwGE 104, 92, 112; BVerwG NVwZ 2006, 1175; VGH Mannheim BeckRS 2006, 24983; VGH München BeckRS 2006, 24670; OVG Münster EuZW 2006, 603; die Möglichkeit eines Schadensersatzanspruches in diesem Zusammenhang sieht auch die Generalanwältin *Sharpston* in ihren Schlussätragen zur Rs. C-432/05 (*Unibet*), Rn. 49. Hingegen hält Generalanwalt *Colomer* in seinen Schlussanträgen zur Rs. C-358-360/04 (*Placancia u.a.*), Rn. 86 die Anwendung dieses Instruments angesichts der strengen Anforderungen für unbefriedigend. Freilich ändert dies nichts daran, dass die Geltendmachung eines Staatshaftungsanspruchs für den geschädigten Sportwettenanbieter die einzige Kompensationsmöglichkeit darstellt.
1138 In Deutschland erreicht der Sportwettenmarkt einen Umsatz von 3,6 Milliarden Euro. Nachdem beispielsweise das Regierungspräsidium Chemnitz dem privaten Sportwettenanbieter Bwin die Konzession für die Veranstaltung und Vermittlung von Sportwetten entzogen hatte, stellte Bwin Schadensersatzfordeungen gegen das Bundesland Sachsen in Höhe von 500 Millionen Euro in Aussicht, vgl. FAZ vom 10. August 2006, S. 11
1139 Zur Rechtslage in Deutschland vgl. *Hoeller/Bodemann*, NJW 2004, 122, 123

stellt je nach Durchführung eine Beschränkung der Dienstleistungs- oder Niederlassungsfreiheit dar.[1140] Eine solche Beschränkung kann aus Gründen der Suchtprävention, nicht aber aus rein fiskalpolitischen Erwägungen gerechtfertigt sein.[1141] Allerdings dürfen grenzüberschreitende private Glücksspielangebote unter dem Gesichtspunkt der Suchtprävention nicht behindert werden, wenn die Mitgliedstaaten die Verbraucher ermuntern, an staatlichen Wetten teilzunehmen.[1142] Das BVerfG hat nun indirekt festgestellt, dass die Ausgestaltung des Sportwettenmonopols den Anforderungen des Gemeinschaftsrechts nicht genügt, da das staatliche Glücksspielangebot „nicht auf eine Kanalisierung der Wettleidenschaft" angelegt ist.[1143] Folglich verletzt ein nationales Gericht durch die Untersagung der Veranstaltung oder Vermittlung von Sportwetten die Veranstalter von Sportwetten in ihrer Dienstleistungs- bzw. Niederlassungsfreiheit und begeht damit einen haftungsrelevanten Verstoß.[1144] Dessen Offenkundigkeit folgt aus der Nichteinholung einer Vorabentscheidung bei dem EuGH. Das BVerfG hat in einer früheren Entscheidung betont, dass in einem „verwaltungsgerichtlichen Hauptsacheverfahren die Konformität der deutschen Rechtslage mit Gemeinschaftsrecht kaum ohne eine Vorlage an den EuGH festgestellt werden".[1145] Ein ersatzfähiger Schaden entsteht den Anbietern in Form des entgangenen Gewinns.[1146]

1140   EuGH Rs. C-67/98 (*Zenatti*), Slg.1999, I-7289, Rn. 27; EuGH Rs. C-243/01 (*Gambelli*), Slg. 2003, I-13031, Rn.59; zur Gemeinschaftsrechtswidrigkeit der Bestrafung von Wettanbietern, die nicht über eine nach nationalem Recht erforderliche Konzession verfügen vgl. EuGH Rs. C-338/04, 359/04 und 360/04 (*Placancia u.a.*), Slg. 2007, I-1891; ausführlich zu den europarechtlichen Fragestellungen im Zusammenhang mit dem Sportwettenmonopol *Pischel*, GRUR 2006, 630, 633f.; *Vallone/Dubberke*, GewArch 2006, 240; zur Vereinbarkeit des am 01. Januar 2008 in Kraft getretenen Glücksspielstaatsvertrages mit den Grundfreiheiten: *Johnston*, Lauterkeitsrechtliche Unterlassungsansprüche im Glücksspielrecht, S. 87ff.

1141   EuGH Rs. C-243/01 (*Gambelli*), Slg. 2003, I-13031, Rn. 61 und 67

1142   EuGH Rs. C-243/01 (*Gambelli*), Slg. 2003, I-13031, Rn. 69

1143   BVerfG NJW 2006, 1261, Rn. 136; zustimmend u.a. *Pischel*, GRUR 2006, 630, 635; *Vallone/Dubberke*, GewArch 2006, 240, 241; eine indirekte Überprüfung des Sportwettenmonopol durch das BVerfG an dem Maßstab des Gemeinschaftsrechts folgt aus dem Hinweis des Gerichtes, dass „Anforderungen des deutschen Verfassungsrechts parallel zu den von dem EuGH zum Gemeinschaftsrecht formulierten Vorgaben" laufen (BVerfG NJW 2006, 1261, Rn. 144). Das BVerfG stellt fest, dass ein staatliches Monopol von Sportwetten mit dem Grundrecht der Berufsfreiheit nur vereinbar ist, wenn es konsequent an dem Ziel der Bekämpfung von Suchtgefahren ausgerichtet ist (BVerfG NJW 2006, 1261, Rn. 148). Wenige Tage nach dem Urteil hat die Kommission unter anderen gegen Deutschland ein Vertragsverletzungsverfahren wegen des Sportwettenmonopols eingeleitet, vgl. die Pressemitteilung der Kommission 06/463 vom 4. April 2006.

1144   Vgl. BVerwGE 114, 92: in dieser Entscheidung lehnte das BVerwG eine Genehmigung zur Veranstaltung von Sportwetten und deren Vermittlung in das EG-Ausland auf der Grundlage des bayerischen Sportwettenmonopols ab; nach Auffassung des Gerichtes führt das Gemeinschaftsrecht zu keiner anderen Beurteilung, vgl. BVerwGE 114, 92, 102f.

1145   BVerfG NVwZ 2005, 1303, 1304

1146   Vgl. zur Ersatzfähigkeit des entgangenen Gewinns: EuGH verb. Rs. C-46/93 und 48/93

Im Übrigen bestehen aus europarechtlicher Sicht Bedenken gegen das Urteil des BVerfG selbst, so dass daran theoretisch auch eine Ersatzpflicht geknüpft werden kann. Das BVerfG hat dem nationalen Gesetzgeber eine Übergangsfrist für eine verfassungskonforme Regelung des Sportwettenmonopols bis zum 31. Dezember 2007 eingeräumt.[1147] Das Gemeinschaftsrecht kennt im Rahmen des Anwendungsvorrangs keine derartigen Übergangsfristen.[1148] Sie werden dem Erfordernis des Gemeinschaftsrechts, den Grundfreiheiten der Wettanbieter zu ihrer größtmöglichen praktischen Wirksamkeit zu verhelfen, nicht gerecht.[1149] Somit hat das BVerfG selbst mit seiner Entscheidung in zweifacher Weise gegen Gemeinschaftsrecht verstoßen. Zum einen hat das Gericht für eine Übergangszeit die europarechtswidrigen Regelungen zu dem Sportwettenmonopol aufrechterhalten und damit die Rechtsgrundlage für weitere gemeinschaftsrechtswidrige Entscheidungen der letztinstanzlichen Gerichte beibehalten.[1150] So hat beispielsweise der VGH Mannheim unter Bezug auf die gegenwärtige Rechtslage ein Verbot der Vermittlung von Sportwetten an ein österreichisches Unternehmen bestätigt und damit gegen Gemeinschaftsrecht verstoßen.[1151] Das BVerfG hätte dem EuGH die Frage vorlegen müssen, ob eine Übergangsfrist gemeinschaftsrechtskonform ist. Daher ist der Verstoß des BVerfG auch „offenkundig". Zum anderen hat des BVerfG gegen die Dienstleistungsfreiheit des Wettanbieters im Ausgangsfall verstoßen, indem es eine Aufhebung der gemeinschaftsechtswidrigen Entscheidung des BVerwG ablehnte.[1152]

(2) OVG Münster EuZW 2006, 603

Exemplarisch für eine gemeinschaftsrechtswidrige Gerichtsentscheidung in diesem Kontext ist ein Beschluss des OVG Münster, in dem der Antrag eines Sportwettenanbieters auf Wiederherstellung der aufschiebenden Wirkung des Widerspruchs gegen eine Ordnungsverfügung ohne Erfolg blieb.[1153] Zunächst stellt das OVG fest, dass die Verfügung gegen die Niederlassungs- und Dienst-

---

      (*Brasserie du Pêcheur* und *Factortame*), Slg. 1996, I-1029, Rn. 87

1147   BVerfG NJW 2006, 1261, Rn. 159

1148   Vgl. das Vorabentscheidungsersuchen des VG Köln, becklink 196811

1149   Vgl. *Vallone/Dubberke*, GewArch 2006, 240, 241

1150   Die größtmögliche Wirksamkeit des Gemeinschaftsrechts wird nicht durch den Appell des BVerfG, während der Übergangszeit „ein Mindestmaß an Konsistenz zwischen dem Ziel der Bekämpfung der Wettleidenschaft (…) und der Ausübung des Monopols andererseits herzustellen", erzielt (vgl. BVerfG NJW 2006, 1261, Rn. 157). Aus der Sicht des Europarechts ist entweder eine sofortige Neuregelung oder eine Liberalisierung des Sportwettenmarktes geboten.

1151   VGH Mannheim BeckRS 2006, 24983; vgl. auch VGH München BeckRS 2006, 24670

1152   Vgl. BVerfG NJW 2006, 1261, Rn. 161

1153   OVG Münster EuZW 2006, 603; auf die Möglichkeit einer Staatshaftung weisen *U. Karpenstein/Kuhnert* (DVBl. 2006, 1466, 1467) und *Terhechte* (EuR 2006, 828, 844) hin.

leistungsfreiheit verstößt. Dann erklärt das Gericht, dass der Anwendungsvorrang des Gemeinschaftsrechts vorübergehend nicht greifen könne, wenn durch die Nichtanwendung einer nationalen Rechtsvorschrift eine „inakzeptable Gesetzeslücke" entstünde.[1154] Nach Auffassung des OVG ist eine temporäre Durchbrechung des Anwendungsvorrangs gerechtfertigt, wenn aus der Nichtanwendung des nationalen Rechts eine Gefährdung „wichtiger Allgemeininteressen" resultierte. Diese Voraussetzung läge in dem konkreten Fall vor.[1155] Die Einholung einer Vorabentscheidung lehnt das OVG wegen der Eilbedürftigkeit der Sache ab.[1156]

Zu Recht wird kritisiert, dass durch diesen Beschluss die Rechtsprechung des EuGH zum Vorrang des Gemeinschaftsrechts „schlicht auf den Kopf gestellt" wird[1157] und dass eine Suspendierung des Anwendungsvorrangs keine Grundlage im Gemeinschaftsrecht findet; sie gefährdet insbesondere die einheitliche Anwendung des EG-Rechts in den Mitgliedstaaten.[1158] In diesem Fall liegen die Voraussetzungen der *Köbler*-Entscheidung vor: Die Anwendung der Vorschriften über das staatliche Sportwettenmonopol seitens des OVG verstößt gegen die Grundfreiheiten des EGV. Dieser Verstoß ist auch hinreichend qualifiziert, da das OVG die Vorlagepflicht missachtet hat. Der EuGH bejaht bereits die Vorlagepflicht eines nicht-letztinstanzlichen Gerichtes, das die Gültigkeit einer Norm des sekundären Gemeinschaftsrechts in Frage stellt.[1159] Dann muss eine solche Pflicht erst recht bestehen, wenn ein letztinstanzliches Gericht eine Norm des Primärrechts unangewendet lassen will.[1160]

4. Fehlerhafte Anwendung oder Nichtanwendung einer unmittelbar anwendbaren Norm des primären oder sekundären Gemeinschaftsrechts

Ein nationales Gericht verstößt auch gegen Gemeinschaftsrecht, wenn es eine unmittelbar anwendbare Norm des primären oder sekundären Gemeinschaftsrechts fehlerhaft oder gar nicht anwendet.[1161] In dem Bereich des Primärrechts kommt insbesondere eine Verletzung der Grundfreiheiten in Betracht.[1162] Verstö-

---

1154   OVG Münster EuZW 2006, 603, 604f.
1155   OVG Münster EuZW 2006, 603, 605
1156   OVG Münster EuZW EuZW 2006, 603, 606; das BVerfG (BeckRS 2007, 20013) stimmte dieser Auffassung in einem ähnlichen Fall zu und verneinte eine Verletzung des Art. 101 Abs. 1 S. 2 GG.
1157   So *U. Karpenstein/Kuhnert*, DVBl. 2006, 1466
1158   Ausführlich dazu *Kruis*, EuZW 2006, 606, 607f.; *Terhechte*, EuR 2006, 828, 834-84ß
1159   EuGH Rs. C-314/85 (*Foto Frost*), Slg. 1987, 4199, Rn. 15-18
1160   Vgl. *Kruis*, EuZW 2006, 606, 608; zur Möglichkeit eines beschleunigten Vorlageverfahrens nach Art. 104 a EuGH VerfO vgl. *U. Karpenstein/Kuhnert*, DVBl. 2006, 1466, 1467
1161   Vgl. *Toner*, YEL 17 (1997) 165, 184; *Wurmnest*, Grundzüge, S. 57
1162   Vgl. beispielhaft zur gemeinschaftsrechtlichen Staatshaftung in dem Fall eines Verstö-

ße eines Gerichtes gegen Gemeinschaftsgrundrechte können ebenfalls eine Haftung auslösen.[1163] Praktisch besonders relevant dürften zudem Verstöße gegen Verordnungen oder gegen unmittelbar wirkende Richtlinien sein, da deren Anteil an den von den nationalen Gerichten anzuwenden Rechtsnormen kontinuierlich zunimmt.[1164] An dem Beispiel der Auseinandersetzung in der Rechtssache *Kloppenburg* wird deutlich, dass Fehlentscheidungen letztinstanzlicher Gerichte in diesem Bereich einen erheblichen Schaden des Gemeinschaftsbürgers verursachen können.[1165] In der *Kloppenburg II*-Entscheidung lehnte der BFH die unmittelbare Wirkung einer in der 6. Mehrwertsteuerrichtlinie enthaltenen Bestimmung über die Steuerbefreiung bei Umsätzen aus Kreditvermittlung ab.[1166] Der EuGH hatte in einem Parallelfall die unmittelbare Wirkung dieser Vorschrift bejaht.[1167] Angesichts der Verkennung der EuGH-Rechtsprechung lag in der Entscheidung des BFH nach den Kriterien der *Köbler*-Entscheidung ein „offenkundiger Verstoß" gegen das Gemeinschaftsrecht.

5. „Verstoß" gegen die bestehende Rechtsprechung des EuGH

Fraglich ist, ob bereits die Missachtung der Rechtsprechung des EuGH durch ein nationales Gericht einen haftungsrelevanten Verstoß darstellt.[1168] Die Urteile des EuGH zählen jedoch weder zum primären noch zum sekundären Gemeinschaftsrecht.[1169] Die Verkennung der Rechtsprechung des EuGH führt vielmehr dazu, dass ein Verstoß gegen eine Gemeinschaftsnorm als „hinreichend qualifiziert" einzustufen ist.[1170]

B. Hinreichend qualifizierter Verstoß

Die Haftung eines Mitgliedstaates wegen gemeinschaftsrechtswidriger Gerichtsentscheidungen wird erst durch einen hinreichend qualifizierten Verstoß ausge-

---

ßes gegen die Warenverkehrs- und Niederlassungsfreiheit *Müller-Graff* in: von der Groeben/Schwarze, EUV/EGV, Art. 28 Rn. 316 sowie *Müller-Graff* in: Streinz, EUV/EGV, Art. 43 Rn. 91

1163   Vgl. *Schaller*, EU-Mitgliedstaaten als Verpflichtungsadressaten, S. 146
1164   Vgl. zur Begründung der Staatshaftung durch die Verletzung verfahrensrechtlicher Normen des sekundären Gemeinschaftsrechts *Tsikrikas*, ZZPInt 9 (2004) 123, 131
1165   Vgl. zur Dokumentation des gesamten Rechtsstreits *Hummer/Vedder*, Europarecht in Fällen, S. 14-21
1166   BFH EuR 1985, 191
1167   EuGH Rs. 8/81 (*Becker/Finanzamt Münster*), Slg.1982, 53, Rn.25ff.
1168   In diese Richtung wohl *Bertelmann*, Europäisierung, S. 177
1169   Vgl. nur: *Bleckmann/Pieper* in: Dauses, Handbuch, Band I, B.I Rn.2-4
1170   Vgl. Dritter Teil § 4 B. VI. 4. c) (2)

löst.[1171] Die Feststellung eines hinreichend qualifizierten Verstoßes stellt die in der Praxis entscheidende und hinsichtlich ihrer Konkretisierung schwierigste Fragen in dem Bereich der Haftungsvoraussetzungen dar.[1172] Das Meinungsspektrum ist hinsichtlich der Frage, anhand welcher Kriterien das Vorliegen eines hinreichend qualifizierten Verstoßes zu ermitteln, breit gefächert.[1173] Teilweise wird gefordert, dass ein „offenkundiger und schwerer Verstoß" vorliegt.[1174]. Andere Stimmen im Schrifttum stufen den Verstoß spätestens dann als qualifiziert ein, wenn ein Gericht die Vorlagepflicht missachtet hat.[1175] Vereinzelt soll in Anlehnung an die Voraussetzungen einer Verletzung des Rechts auf den gesetzlichen Richter nach deutschem Recht eine Haftung nur in dem Fall „willkürlicher Nichtvorlage" greifen.[1176] Nach Ansicht der deutschen Regierung in ihrer Stellungnahme zur Rechtssache *Köbler* liegt ein hinreichend qualifizierter Verstoß erst vor, wenn entweder die Auslegung bzw. Nichtanwendung des Gemeinschaftsrechts objektiv unvertretbar ist und subjektiv ein vorsätzlicher Verstoß vorliegt oder wenn objektiv falsch und subjektiv in Folge einer passiven Richterbestechung entschieden worden ist.[1177] Nur vereinzelt wird angenommen, dass jede gemeinschaftsrechtswidrige Entscheidung eines Gerichtes eine Haftung auslöst.[1178]

I. Judikativhaftung als vertikale Kompetenzkontrolle

Eine Literaturansicht nimmt vor dem Hintergrund der einheitlichen Betrachtungsweise des Völkerrechts an, dass der Rechtsprechung des EuGH eine Haftungsdifferenzierung bei Judikativunrecht nicht entnommen werden kann.[1179] Die Hürde des qualifizierten Rechtsverstoßes werde überschritten, wenn erstens die Entscheidung des mitgliedstaatlichen Organs nicht mehr mit Wortlaut oder Zweck der gemeinschaftsrechtlichen Vorschrift gerechtfertigt werden kann und wenn zweitens ein vermeidbarer Rechtsirrtums dieses Organs vorliegt. Diese beiden Kriterien werden mit dem Begriff der „Kompetenzanmaßung" umschrieben, da das mitgliedstaatliche Organ die Grenzen seiner Befugnisse ignoriert und

---

1171   Vgl. EuGH Rs. C-224/01 (*Köbler*), Slg. 2003, I-10239, Rn. 55
1172   Vgl. *Kluth*, DVBl. 2004, 393, 397
1173   Weitere Nachweise bei *Wegener*, EuR 2002, 785, 795ff.
1174   *Toner*, YEL 17 (1997) 165, 185f.
1175   *Beul*, EuZW 1996, 748, 749; *Classen*, CMLRev 41 (2004) 813, 820ff.; differenzierend *Wehlau*, DZWir 1997, 100, 106: Er verlangt zusätzlich einen Antrag des Einzelnen auf Durchführung eines Vorabentscheidungsverfahrens
1176   *Ruffert* in: Calliess/Ruffert, EUV/EGV, 2. Aufl., Art. 288 EGV Rn. 35
1177   Vgl. Sitzungsbericht EuGH Rs. C-224/01, Rn. 37; so auch *Herdegen/Rensmann*, ZHR 161 (1997) 522, 555
1178   Vgl. *Seltenreich*, Francovich, S. 144
1179   So insbesondere *Schulze*, ZEuP 2004, 1049, 1058f.

damit die Kompetenz des Gemeinschaftsgesetzgebers verletzt[1180]

Es ist zweifelhaft, ob in dem Bereich des Judikativhaftung ein an dem Maßstab der Kompetenzanmaßung orientierter einheitlicher Haftungsmaßstab angewandt werden sollte. Das Merkmal des hineichend qualifizierten Verstoßes erlaubt eine Differenzierung nach Funktion und Gegenstand der staatlichen Entscheidung.[1181] Diese Differenzierung spiegelt sich in unterschiedlichen Haftungsvoraussetzungen wider. Der EuGH hat das Kriterium der Befugnisüberschreitung zu Recht auf die Haftung wegen legislativen Unrechts beschränkt und darauf in der *Köbler*-Entscheidung keinen Bezug genommen.[1182] Allein der nationale Gesetzgeber tritt durch seine Tätigkeit in Konkurrenz zu dem Gemeinschaftsgesetzgeber, so dass es nahe liegt, in diesem Fall die Haftung des Mitgliedstaates an eine Überschreitung seines Gestaltungsspielraumes zu knüpfen. Demgegenüber beschränkt sich der Aufgabenkreis eines nationalen Gerichtes auf die Anwendung und – in gewissen Grenzen – die Auslegung des Gemeinschaftsrechts, so dass keine vergleichbare Konkurrenz zur Rechtssetzungstätigkeit des Gemeinschaftsgesetzgebers besteht.[1183] Die Anforderungen an einen hinreichend qualifizierten Verstoß müssen bei der Judikativhaftung daher nicht vor dem Hintergrund der Befugnisüberschreitung entwickelt werden, sondern sie müssen vielmehr der „Besonderheit der richterlichen Funktion" und den „berechtigten Belangen der Rechtssicherheit" Rechnung tragen.[1184]

II. Die Besonderheit der richterlichen Funktion und die berechtigten Belange der Rechtssicherheit

Zunächst ist zu klären, worin die „Besonderheiten der richterlichen Funktion" und die „berechtigten Belange der Rechtssicherheit" liegen. Der EuGH geht auf diese Frage in der *Köbler*-Entscheidung nicht ein, obwohl er der Funktion des Richters bei der Ausgestaltung der Haftungsvoraussetzungen Rechnung tragen will.[1185] Im Anschluss wird ein Maßstab für die Judikativhaftung entwickelt, der

---

1180   *Schulze*, ZEuP 2004, 1049,1060f.
1181   *von Bogdandy* in: Grabitz/Hilf, Recht der EU, Art. 288 EGV Rn. 140
1182   *von Danwitz*, JZ 2004, 301, 302 m.w.N.
1183   Das BVerfG hat klargestellt, dass Art. 20 Abs. 3 GG verletzt ist, wenn sich der Richters aus der Rolle des Normanwenders in die einer normsetzenden Instanz begibt (vgl. BVerfGE 87, 273, 280).
1184   Vgl. EuGH Rs. C-224/01 (*Köbler*), Slg. 2003, I-10239, Rn. 53; für eine Berücksichtigung der Besonderheiten der richterlichen Funktion im Rahmen der hinreichenden Qualifiziertheit des Verstoßes auch *von Danwitz*, JZ 2004, 301, 302; *Kremer*, NJW 2004, 480, 481; *Radermacher*, NVwZ 2004, 1415, 1418; *Wegener*, EuR 2004, 84, 91
1185   Kritisch *Henning* in: Liber amicorum für Kigawa, S. 139, 151; er wirft die Frage auf, worin diese Besonderheiten liegen, wenn man der Ansicht des EuGH folgt, dass durch einen Staatshaftungsanspruch weder die Rechtskraft der angegriffenen Entscheidung noch die Autorität des letztinstanzlichen Gerichtes beeinträchtigt werden.

diese Besonderheiten berücksichtigt.

Die Besonderheit der richterlichen Funktion ergibt sich aus der Aufgabe der Rechtsprechung in Abgrenzung zu Gesetzgebung und Verwaltung. Rechtsprechung wird materiell definiert als die „ausschließlich nach Methoden und Maßstäben des geltenden Rechts in einem qualifizierten Verfahren durch ein unbeteiligtes Organ zu treffende verbindliche Entscheidung von Fällen".[1186] Durch das Kriterium der verbindlichen und überparteilichen Streitentscheidung ist die Rechtsprechung von der Gesetzgebung, die das Recht schafft, und von der Verwaltung, die ihre Entscheidungen wieder ändern kann und eigene Zwecke verfolgen darf, abzugrenzen.[1187] Die Rechtsprechung darf entsprechend der verfassungsrechtlichen Vorgaben in Art. 20 Abs. 2 S. 2 und 92 Hs. 1 GG nur durch Gerichte und innerhalb der Gerichte nur durch Richter ausgeübt werden.[1188] Voraussetzung einer an rechtsstaatlichen Prinzipien ausgerichteten Rechtsprechung ist die Neutralität der rechtsprechenden Gewalt und ihrer Inhaber.[1189] Dies bedeutet erstens, dass sowohl der Richter als auch das zuständige Gericht als staatliche Institution an dem Fall nicht beteiligt sein dürfen. Zweitens muss in dem Fall, in dem der Staat an dem zu richtenden Rechtsverhältnis beteiligt ist, gewährleistet sein, dass Richter und Gericht von dem Staat unabhängig sind.[1190] In dem zum Vergleich herangezogenen englischen Recht wird die Unparteilichkeit und Unabhängigkeit des Richters ebenfalls als Voraussetzung einer geordneten Rechtsprechungstätigkeit angesehen.[1191] Ebenso verlangt das Gemeinschaftsrecht die Existenz einer unabhängigen Gerichtsbarkeit.[1192] Diese Überlegungen lassen den Schluss zu, dass der EuGH sich mit dem Hinweis auf die Besonderheit der richterlichen Funktion auf die unparteiische und unabhängige Entscheidungsfindung durch den Richter bezieht, da hierin das Wesensmerkmal richterlicher Tätigkeit liegt.

Es überrascht dann umso mehr, dass nach Ansicht des EuGH die richterliche Unabhängigkeit durch eine Ersatzpflicht des Mitgliedstaates gerade nicht gefährdet wird und er dennoch bei der Aufstellung der Haftungsvoraussetzungen die Beachtung der „Besonderheit der richterlichen Funktion" einfordert.[1193] Offenbar war dem EuGH angesichts der Haftungsbeschränkungen in den nationalen Rechtsordnungen nicht wohl bei dem Gedanken, eine unterschiedslose Haftung

---

1186   Vgl. *Schmidt-Aßmann* in: Schoch/Schmidt-Aßmann/Pietzner, VwGO, Einleitung, Rn. 34
1187   Vgl. zur Abgrenzung *Classen* in: von Mangoldt/Klein/Starck, GG, Band III, Art. 92 Rn. 14f.
1188   *Bettermann* in: Isensee/Kirchhof, Handbuch, Band III, § 73 Rn. 4
1189   *Bettermann* in: Isensee/Kirchhof, Handbuch, Band III, § 73 Rn. 34
1190   *Bettermann* in: Isensee/Kirchhof, Handbuch, Band III, § 73 Rn 34
1191   *Sirros* v. *Moore* (1975) QB 118; vgl. auch *Ohlenburg*, RabelsZ 67 (2003) 683, 685 m.w.N. zu einer ähnlichen Struktur des Richteramtes in anderen Rechtsordnungen
1192   Vgl. *Gundel*, EWS 2004, 8, 12 mit Verweis auf: EuGH Rs.C-424/99 (*Kommission/Österreich*), Slg. 2001, I-9285, Rn. 43; der EuGH stellte klar, dass ein Rechtsbehelf vor einer Kontrollinstanz aus Fachleuten, der bei einer Verwaltungsbehörde besteht, kein Rechtsmittel vor einem „echten Rechtsprechungsorgan" darstellt.
1193   Vgl. EuGH Rs. C-224/01 (*Köbler*), Slg. 2003, I-10239, Rn. 42 und 53

aller mitgliedstaatlichen Organe anzuerkennen und daher bediente er sich dieses Hinweises, der im Lichte seiner vorherigen Argumentation allerdings unverständlich ist. Hier wird angenommen, dass in einem Haftungsprozess nicht die richterliche Unabhängigkeit, wohl aber die Unparteilichkeit des Gerichts tangiert sein kann.[1194]

Das Prinzip der Rechtssicherheit wird durch die Möglichkeit zur Erlangung von Sekundärrechtsschutz in mehrfacher Hinsicht berührt. Zum einen werden inhaltlich die durch das Gericht des Ausgangsverfahrens ausgesprochenen Rechtfolgen in dem Staatshaftungsprozess in Frage gestellt; daher wird kein wirklicher Rechtsfriede hergestellt. Zum anderen besteht theoretisch die Möglichkeit, dass aufgrund einer endlosen Aneinanderreihung von Haftungsprozessen eine endgültige Klärung der Rechtsbeziehungen zwischen den Parteien ausbleibt.

III. Lösungsvorschlag des EuGH in der Köbler-Entscheidung

Der EuGH entwickelt in der *Köbler*-Entscheidung einen besonderen Haftungsmaßstab für richterliche Verstöße gegen Gemeinschaftsrecht.

1. Besonderer Haftungsmaßstab bei Judikativunrecht

Der EuGH hebt hervor, dass der Staat wegen einer gemeinschaftsrechtswidrigen Entscheidung nicht „unbegrenzt" haftet, sondern nur in dem „Ausnahmefall", dass das Gericht „offenkundig" gegen das geltende Recht verstoßen hat.[1195] Bei der Beurteilung des Vorliegens eines „offenkundigen Verstoßes" müssen „alle Gesichtspunkte des Einzelfalls" berücksichtigt werden.[1196] Dazu zählt der EuGH beispielhaft einige Gesichtspunkte auf: das Maß an Klarheit und Präzision der verletzten Vorschrift, die Vorsätzlichkeit des Verstoßes, die Entschuldbarkeit des Rechtsirrtums, gegebenenfalls die Stellungnahme eines Gemeinschaftsorgans sowie die Verletzung der Vorlagepflicht nach Art. 267 Abs. 3 AEUV durch das in Rede stehende Gericht.[1197] Ein Verstoß sei jedenfalls hinreichend qualifiziert, wenn die fragliche Entscheidung die Rechtsprechung des EuGH offenkundig verkennt.[1198]

1194   Vgl. Dritter Teil § 3 E III.
1195   EuGH Rs. C-224/01 (*Köbler*), Slg. 2003, I-10239, Rn. 53; EuGH Rs. C-173/03 (*Traghetti del Mediterraneo SpA/Italien*), Slg. 2006, I-5177, Rn. 32
1196   EuGH Rs. C-224/01 (*Köbler*), Slg. 2003, I-10239, Rn. 54
1197   EuGH Rs. C-224/01 (*Köbler*), Slg. 2003, I-10239, Rn. 55
1198   EuGH Rs. C-224/01 (*Köbler*), Slg. 2003, I-10239, Rn. 56

2. Stellungnahme

Die Haftung wegen Judikativunrechts stellt angesichts der oben aufgezeigten Besonderheiten des Richteramtes einen Sonderfall dar. Diese Tatsache muss ihren Ausdruck auch in einem gegenüber den Vorgaben der *Brasserie*-Entscheidung modifizierten Haftungsmaßstab finden.[1199] Nicht überzeugen kann dagegen die Auffassung des EuGH, dass die Mitgliedstaaten nur „im Ausnahmefall" eines „offenkundigen" Verstoßes haften. Der Hinweis auf den Ausnahmecharakter der Haftung suggeriert den mit der Schadenserdsatzklage betrauten nationalen Gerichten, dass ein hinreichend qualifizierter Verstoß erst vorliegt, wenn neben den genannten Einzelfallgesichtpunkten (Verletzung der Vorlagepflicht usw.) ausreichend schwerwiegende Umstände vorliegen; der Verstoß gegen das Gemeinschaftsrecht müsste praktisch doppelt qualifiziert sein. Der EuGH führt selbst in der *Köbler*-Entscheidung vor, dass ein Verstoß allein wegen der Verletzung der Vorlagepflicht nicht als „offenkundig" eingestuft werden kann.[1200] Es ist jedoch nicht ersichtlich, warum eine Haftung bei richterlichem Unrecht generell restriktiveren Anforderungen unterliegen soll als bei Verstößen der Legislative oder Exekutive. Der Umfang des Rechtsschutzes des Bürgers kann nicht davon abhängen, ob er zufälligerweise eine Rechtsverletzung durch ein Gericht oder eine andere staatliche Stelle erlitten hat. Gerade die Gerichte haben die Aufgabe, die dem Einzelnen durch das Gemeinschaftsrecht verliehenen Rechte wirksam zu schützen.[1201]

Darüber hinaus lässt die Entscheidung des EuGH einige Fragen unbeantwortet. Erstens vermag der EuGH nicht zu erklären, welcher spezifische Zusammenhang zwischen den Besonderheiten der richterlichen Tätigkeit und den aufgestellten Haftungsvoraussetzungen besteht. Das Erfordernis eines offenkundigen Verstoßes scheint allein dem Bedürfnis zu entspringen, die Ersatzpflicht bei Judikativunrecht weitgehend einzuschränken. Dieses Kriterium lässt aber nicht erkennen, welche Wertungsgesichtspunkte hinter den Voraussetzungen der Judikativhaftung stehen.[1202] Nicht weiterführend ist insoweit auch die beispielhafte Aufzählung von Einzelfallgesichtspunkten, da sie weitgehend denen der *Brasserie*-Entscheidung entsprechen.[1203] Zweitens unternimmt der EuGH nicht den Versuch, den Begriff des „offenkundigen Verstoßes" zu definieren. Um eine gleichartige Rechtsanwendung durch die Gerichte aller Mitgliedstaaten sicherzu-

---

1199   So auch *Gundel*, EWS 2004, 8, 13

1200   EuGH Rs. C-224/01 (*Köbler*), Slg. 2003, I-10239, Rn. 121-124

1201   Vgl. *Drake*, IJEL 11 (2004) 34, 47; *Henning* in: Liber amicorum Kigawa, S. 139, 154; *Obwexer*, EuZW 2003, 726, 728

1202   *Ossenbühl* (FS Rengeling, S. 369, 376 und 381) nimmt an, dass durch die Qualifizierung des Verstoßes nur Verstöße gegen das Willkürverbot indiziert werden sollen.

1203   Vgl. EuGH verb. Rs. C-46/93 und 48/93 (*Brasserie du Pêcheur* und *Factortame*), Slg. 1996, I-1029, Rn. 56; zu Recht kritisiert daher *Schulze* (ZEuP 2004, 1049, 1058): „Die völlige Hinwendung zum Einzelfall offenbart dabei die begriffliche Schwäche und noch weitergehend fehlende dogmatische Ausformung der „hinreichenden Qualifikation".

stellen, ist es geboten, diesem Begriff Konturen zu verleihen.[1204] Allein der Verweis auf eine „Vielzahl heterogener Entscheidungskriterien",[1205] die aber nicht abschließend sind und deren Vorliegen die Offenkundigkeit lediglich indiziert, erleichtert die Entscheidungsfindung des Richters nicht. Offen ist auch, ob aus der Beschränkung auf offenkundige Verstöße abgeleitet werden kann, dass die Gesichtspunkte des Einzelfalls weniger streng zu prüfen sind, als bei Verstößen anderer staatlicher Organe.[1206] Gegen eine solche summarische Prüfung von Verstößen, die geradezu ins Auge springen, spricht aber wiederum, dass *alle* Gesichtspunkte des Einzelfalls zu berücksichtigen sind.[1207] Drittens ist nicht verständlich, warum der EuGH die Verletzung der Vorlagepflicht unterschiedslos als einen Einzelfallgesichtspunkt einstuft. Die Durchführung eines Vorabentscheidungsverfahrens ist eine spezifische Pflicht letztinstanzlicher Gerichte, die der einheitlichen Rechtsanwendung und dem Schutz individueller Rechtsposition dient. Es liegt daher nahe, der Verletzung der Vorlagepflicht ein besonderes Gewicht einzuräumen und in dem Fall ihres Vorliegens zwingend einen hinreichend qualifizierten Verstoß anzunehmen.

IV. Lösungsvorschlag des EuGH in der Traghetti-Entscheidung

In der Entscheidung *Traghetti del Mediterraneo*[1208] hat der EuGH sich erneut mit dem Haftungsmaßstab auseinandergesetzt.

1. Sachverhalt

Parteien des Ausgangsverfahrens waren die beiden Schifffahrtsunternehmen *Traghetti del Mediterraneo* und *Tirrenia di Navigazione*. *Traghetti* verklagte *Tirrenia* auf Ersatz des Schadens, den sie infolge der von *Tirrenia* angewandten Niedrigpreispolitik erlitten hatte und machte dabei einen Verstoß gegen die Wettbewerbsvorschriften des EGV geltend. In letzter Instanz lehnte es der *Corte suprema di cassazione* ab, die einschlägigen Fragen zur Auslegung des Gemeinschaftsrechts an den EuGH vorzulegen und wies die Klage ab. Der Insolvenz-

1204   Kritisch *Hakenberg*, DRiZ 2004, 113, 117; *Henning* in: Liber amicorum für Kigawa, S. 139, 152
1205   *Ossenbühl*, Staatshaftungsrecht, S. 507
1206   Vgl. *Obwexer*, EuZW 2003, 726, 727; kritisch *Hoskins* (JudRev 9 (2004) 278, 283), der fragt, ob an das Vorliegen eines „offenkundigen Verstoßes" eines Gerichtes strengere Anforderungen zu stellen sind als an einen „hinreichend qualifizierten Verstoß" eines anderen Staatsorgans.
1207   Vgl. *Henning* in: Liber amicorum für Kigawa, S. 139, 153
1208   EuGH Rs. C-173/03 (*Traghetti del Mediterraneo SpA/Italien*), Slg. 2006, I-5177

verwalter der *Traghetti*, die sich inzwischen in Liquidation befand, war der Ansicht, dass das Urteil der *Corte suprema di cassazione* auf einer falschen Auslegung der Wettebewerbsregeln des EGV und auf der unzutreffenden Prämisse beruhe, dass es eine einschlägige ständige Rechtsprechung des EuGH gebe. Daher verklagte er die Italienische Republik auf Ersatz des Schadens, der *Traghetti* angeblich aufgrund des Auslegungsfehlers der *Corte suprema di cassazione* und der Verletzung der Vorlagepflicht entstanden war. In einem Haftungsprozess legte das *Tribunale Genua* dem EuGH die Frage vor, ob einer Ersatzpflicht des Mitgliedstaates nationale Rechtsvorschriften entgegenstehen, die die Haftung für die in Ausübung der Rechtsprechungstätigkeit vorgenommene Auslegung von Rechtsvorschriften sowie Sachverhalts- und Beweiswürdigung ausschließen oder die die Haftung des Staates auf Fälle von Vorsatz und grob fehlerhaftem Verhalten des Richters begrenzen.

2. Präzisierung der Kriterien zur Feststellung eines offenkundigen Verstoßes

In der *Traghetti*-Entscheidung nennt der EuGH eine Reihe von Kriterien, nach denen sich „insbesondere" bemisst, ob ein offenkundiger Verstoß vorliegt. Diese Kriterien sind das Maß an Klarheit und Präzision der verletzten Vorschrift, die Entschuldbarkeit des unterlaufenen Rechtsirrtums oder die Verletzung der Vorlagepflicht durch das in Rede stehende Gericht.[1209] Damit bedient sich der EuGH einer dem deutschen Strafrecht vergleichbaren Regelbeispieltechnik.[1210] Das nationale Gericht muss nicht mehr unterschiedslos alle Gesichtspunkte des Einzelfalls bei seiner Entscheidung berücksichtigen. Vielmehr hat das Vorliegen der Voraussetzungen eines der genannten Kriterien Indizwirkung für die Annahme eines offenkundigen Verstoßes; für eine solche Indizwirkung sprechen der Wortlaut der deutschen und französischen Fassung der *Traghetti*-Entscheidung (deutsch: „insbesondere"; französisch: „notamment"). Der Vorzug dieses Ansatzes liegt darin, dass dem nationalen Gericht durch die Regelbeispieltechnik theoretisch die Entscheidungsfindung erleichtert wird. Allerdings verbleiben Unsicherheiten bei der Anwendung dieser Kriterien. Es fehlen Vorgaben des EuGH zu den Anforderungen an den Begründungsaufwand, wenn ein Gericht von der Regelwirkung abweichen und das Vorliegen eines offenkundigen Verstoßes ablehnen will. Derartige Unsicherheiten werden dadurch verstärkt, dass aufgrund unterschiedlicher Sprachfassungen zwischen den Gerichten der Mitgliedstaaten verschiedene Ansichten über die Reichweite der Indizwirkung entstehen könnten.[1211]

1209 EuGH Rs. C-173/03 (*Traghetti del Mediterraneo SpA/Italien*), Slg. 2006, I-5177, Rn. 43

1210 Vgl. zur Regelbeispieltechnik *Schmitz* in: MünchKomm StGB § 243 Rn. 5 m.w.N.

1211 So geht etwa aus der englischen Fassung der *Traghetti*-Entscheidung nicht hervor, dass die genannten Kriterien besonders berücksichtigt werden sollen. „Such manifest in-

3. Gemeinschaftsrechtliche Zulässigkeit nationaler Haftungsbeschränkungen

In der *Traghetti*-Entscheidung untersuchte der EuGH zudem die Vereinbarkeit nationaler Haftungsprivilegien mit dem Gemeinschaftsrecht und präzisiert die Mindestanforderungen für die Anwendung nationaler Verfahrensvorschriften.

a) Haftungsausschluss bei der Auslegung von Rechtsvorschriften und der Sachverhalts- und Beweiswürdigung

Der EuGH legt dar, dass das Gemeinschaftsrecht einer Vorschrift des nationalen Rechts entgegensteht, die allgemein die Haftung des Mitgliedstaats für Schäden ausschließen, die dem Einzelnen durch einen einem letztinstanzlichen Gericht zuzurechnenden Verstoß gegen das Gemeinschaftsrecht entstanden sind, wenn sich dieser Verstoß aus einer Auslegung von Rechtsvorschriften oder einer Sachverhalts- und Beweiswürdigung durch dieses Gericht ergibt.[1212] Ein Ausschluss der mitgliedstaatlichen Ersatzpflicht bei Verstößen, die sich aus der Auslegung von Rechtsvorschriften ergeben, würde den Haftungsgrundsatz weitgehend aushöhlen. Gemeinschaftsrechtswidrige Gerichtsentscheidungen seien gerade darauf zurückzuführen, dass Bestimmungen des Gemeinschaftsrechts eine falsche Bedeutung beigemessen werden oder dass eine gemeinschaftsrechtskonforme Auslegung des nationalen Rechts unterbleibe.[1213] Der EuGH erkennt, dass die Gefahr von Auslegungsfehlern in einer heterogenen Rechtsordnung wie dem Gemeinschaftsrecht besonders groß ist und dass es unter dem Gesichtspunkt des Individualrechtsschutzes nicht hinnehmbar wäre, eine Entschädigung in diesem Fall auszuschließen. Die Vertragsparteien des AEUV haben mit dem Vorabentscheidungsverfahren ein Instrument zur Vermeidung derartiger Auslegungsfehler geschaffen. Mit Blick auf den Haftungsausschluss bei der Sachverhalts- oder Beweiswürdigung weist der EuGH darauf hin, dass eine solche Würdigung einen wesentlichen Teil der Rechtsprechungsaktivität darstellt und insbesondere bei komplexen Prüfungen zu einem offenkundigen Verstoß führen kann.[1214]

---

fringement is to be assessed, *inter alia* (Hervorhebung des Verf.), in the light of a number of criteria (...)".

1212   Vgl. EuGH Rs. C-173/03 (*Traghetti del Mediterraneo SpA/Italien*), Slg. 2006, I-5177, Rn. 46

1213   Vgl. EuGH Rs. C-173/03 (*Traghetti del Mediterraneo SpA/Italien*), Slg. 2006, I-5177, Rn. 35

1214   Vgl. EuGH Rs. C-173/03 (*Traghetti del Mediterraneo SpA/Italien*), Slg. 2006, I-5177, Rn. 38f.

b) Beschränkung der Haftung auf vorsätzliches und grob fehlerhaftes Verhalten des Richters

Nach Ansicht des EuGH schließt das Gemeinschaftsrecht nicht aus, dass das nationale Recht Kriterien hinsichtlich der Natur oder des Grades des Verstoßes festlegt. Gestützt auf das Effektivitätsgebot zieht der EuGH aber gleichzeitig eine Grenze der mitgliedstaatlichen Verfahrensautonomie. Eine nationale Rechtsvorschrift sei unanwendbar, wenn sie zu einem Ausschluss der Haftung in den Fällen führt, in denen ein offenkundiger Verstoß gegen das Gemeinschaftsrecht vorliegt.[1215] Damit gibt der EuGH den nationalen Gerichten einen Mindeststandard bei der Auslegung nationaler Verschuldensnormen vor.[1216]

c) Stellungnahme

Bedauerlicherweise versäumt es der EuGH, die Rechtsanwendung zu vereinfachen, indem er Umstände benennt, in denen ein „offenkundiger Verstoß" zwingend vorliegt.[1217] Zudem dürften in der Rechtspraxis erhebliche Schwierigkeiten bei der Umsetzung der Vorgaben entstehen, die die Anwendung nationaler Verschuldensvorschriften betreffen. Der EuGH umreißt insoweit die gemeinschaftsrechtlichen Anforderungen an nationale Rechtsnormen. Er lässt offen, in welchen Fällen daraus resultierende Haftungsbeschränkungen mit dem vagen Kriterium der Offenkundigkeit in Einklang zu bringen sind. Angesichts der Vielzahl der Gesichtspunkte, die in die Prüfung dieser Haftungsvoraussetzung einfließen, ist kaum zu beurteilen, ob die nationalen Vorschriften zum Verschulden „strenger" sind. In der vorliegenden Rechtssache vermag der Gerichtshof dann auch nicht zu klären, ob eine Begrenzung der Haftung auf vorsätzliche oder grob fehlerhafte Verstöße gemeinschaftsrechtskonform ist. Solange der EuGH dem Merkmal der Offenkundigkeit keine näheren Konturen verleiht, ist eine gemeinschaftsrechtskonforme Anwendung nationaler Verschuldensvorschriften nicht möglich.

V. Eigener Ansatz

Ein Lösungsvorschlag muss sich daran orientieren, den Zielen der Rechtssicherheit und den Besonderheiten der richterlichen Funktion einerseits und der Ver-

---

1215 EuGH Rs. C-173/03 (*Traghetti del Mediterraneo SpA/Italien*), Slg. 2006, I-5177, Rn. 44

1216 Vgl. *Seegers*, EuZW 2006, 564, 566

1217 Kritisch *Anagnostaras*, ELRev 31 (2006) 735, 739

wirklichung effektiven Rechtsschutzes andererseits ausreichend Rechnung zu tragen. Gleichzeitig müssen die Kriterien so formuliert sein, dass sie in der Praxis handhabbar sind und dass eine gleichartige Anwendung durch die Gerichte aller Mitgliedstaaten gewährleistet wird.

1. Bildung von Fallgruppen anhand des Kriteriums der Vorwerfbarkeit des Verstoßes

Wie oben ausgeführt, handelt es sich bei der Haftungsvoraussetzung des „hinreichend qualifizierten Verstoßes" um einen objektivierten Verschuldensbegriff.[1218] Entscheidendes Kriterium bei der Beurteilung der Qualifiziertheit ist die Vorwerfbarkeit des dem Gericht unterlaufenen Verstoßes.[1219] Der Mitgliedstaat soll nicht bei jeder fehlerhaften Anwendung des Gemeinschaftsrechts durch ein Gericht mit einer Haftung belastet werden, sondern erst, wenn dieser Verstoß objektiv erkennbar und vermeidbar war.[1220] Gerade in dem Bereich des Judikativunrechts eignet sich der Aspekt der Vermeidbarkeit als maßgebliches Haftungskriterium. Mit dem Vorabentscheidungsverfahren steht den nationalen Gerichten ein Instrument zur Verfügung, um bei Zweifeln über die Auslegung des Gemeinschaftsrechts die Rechtsauffassung des EuGH einzuholen und damit gemeinschaftsrechtswidrige Urteile zu vermeiden.[1221] Hier wird vorgeschlagen, Fallgruppen aufzustellen, bei denen zwingend ein vorwerfbares Verhaltens des Gerichtes anzunehmen ist. Dadurch werden die Unsicherheiten, die aus den Ausführungen des EuGH zu dem Merkmal der „Offenkundigkeit" resultieren, beseitigt und dem Gericht wird in einem Haftungsprozess die Feststellung der Qualifiziertheit eines Verstoßes erleichtert. Der EuGH bedient sich selbst dieser Methodik. In den Urteilen *Brasserie* und *Köbler* benennt er Umstände, die einen Gemeinschaftsrechtsverstoß zwingend qualifizieren.[1222] In der Entscheidung

---

1218 Vgl. Erster Teil § 2 II 1. b) (3)

1219 Ähnlich Schlussanträge des Generalanwaltes *Léger* Rs. C-224/01 (*Köbler*), Slg. 2003, I-10239, Rn. 139; er hält die Entschuldbarkeit oder Unentschuldbarkeit des fraglichen Rechtsirrtums für den entscheidenden Gesichtspunkt; zustimmend *Cabral/Chaves*, MJ 13 (2006) 109, 120. *Lindner* (BayVBl. 2006, 696, 697) nimmt an, dass der EuGH das Erfordernis der Offenkundigkeit "entsubjektiviert" hat. Demnach komme es allein darauf an, ob objektiv (wohl anhand der Einzelfallgesichtspunte) ein offenkundiger Verstoß festgestellt werden kann. Einschränkend ist darauf hinzuweisen, dass der EuGH nicht vollständig von dem Verschuldensgedanken abgekehrt ist. Den aufgeführten Gesichtspunkten liegt jeweils der Gedanke zugrunde, dass der Gemeinschaftsrechtsverstoß vermeidbar war.

1220 Ein Fahrlässigkeitsvorwurf setzt stets voraus, dass die Pflichtwidrigkeit des Verhaltens erkennbar ist und dass dieses Verhalten auch vermeidbar ist (vgl. *Grundmann* in: MünchKomm BGB § 276 Rn. 68-76 und 77-82)

1221 Vgl. Schlussanträge des Generalanwaltes *Léger* Rs. C-173/03 (*Traghetti del Mediterraneo SpA/Italien*), Slg. 2006, I-5177, Rn. 71

1222 Vgl. EuGH verb. Rs. C-46/93 und 48/93 (*Brasserie du Pêcheur* und *Factortame*), Slg.

Kühne & Heitz stellt er Kriterien auf, bei deren Vorliegen eine Behörde stets verpflichtet ist, ihre vorherige Entscheidung zu überprüfen.[1223] Im Interesse der Rechtsklarheit verzichtet der EuGH darauf, die Voraussetzungen so zu formulieren, dass die Behörde im Einzelfall eine Abwägung der Bestandskraft mit dem Vorrang des Gemeinschaftsrechts vorzunehmen hat.

Der (mögliche) Einwand, dass dem Gericht in einem Haftungsprozess dadurch zugleich jeglicher Entscheidungsspielraum genommen wird, kann nicht überzeugen. Die Voraussetzungen der einzelnen Fallgruppen werden so formuliert, dass in dem Fall ihrer Einschlägigkeit keine Zweifel an der Vorwerfbarkeit des Verstoßes bestehen. Wenn auf diese Weise die Vermeidbarkeit des Verstoßes nachgewiesen wurde, bedarf es nicht noch einer zusätzlichen Prüfung sämtlicher Einzelfallgesichtspunkte. Außerdem kann durch die zwingende Wirkung der Fallgruppen die Gefahr verringert werden, dass ein Gericht aufgrund einer prinzipiellen Ablehnung der Judikativhaftung die Ersatzpflicht des Staates an dem Kriterium des hinreichend qualifizierten Verstoßes aufgrund angeblicher Besonderheiten des konkreten Falls scheitern lässt. Anlass für eine dahingehende Besorgnis gibt die *Köbler*-Entscheidung. Der EuGH bejaht bei der Prüfung der „Offenkundigkeit" des Verstoßes zunächst eine Missachtung der Vorlagepflicht durch das nationale Gericht und lehnt dann mit (zweifelhafter) Argumentation aufgrund der „Umstände des Falles" einen hinreichend qualifizierten Verstoß ab.[1224] Angesichts der traditionell restriktiven Ausgestaltung der Judikativhaftung in den meisten Mitgliedstaaten muss man befürchten, dass sich die nationalen Gerichte durch diese Argumentation des EuGH verleiten lassen, in ähnlicher Weise auf die besonderen Umstände des Einzelfalles zu rekurrieren, um eine Haftung des Staates zu vermeiden. Nur durch eine präzise Regel kann verhindert werden, dass die Gerichte das Kriterium des „hinreichend qualifizierten Verstoßes" nach Gutdünken auslegen und dass es zu einer uneinheitlichen Rechtsanwendung in den verschieden Mitgliedstaaten kommt. Im Folgenden werden die denkbaren Fallgruppen herausgearbeitet.

2. Stellungnahme eines Gemeinschaftsorgans

Es ginge zu weit, in der Außerachtlassung jeder Stellungnahme eines Gemeinschaftsorgans durch ein letztinstanzliches Gericht einen hinreichend qualifizierten zu Verstoß sehen. Wenn beispielsweise die Kommission ein Vertragsverletzungsverfahren einleitet, um die Gemeinschaftsrechtskonformität einer nationalen Bestimmung zu überprüfen, kann nicht ohne weiteres angenommen werden, dass dieser Vorgang zur Kenntnis des nationalen Gerichtes gelangt.[1225] Selbst

---

1996, I-1029, Rn. 57; EuGH Rs. C-224/01 (*Köbler*), Slg. 2003, I-10239, Rn. 56

1223   EuGH Rs. C-453/00 (*Kühne & Heitz*), Slg. 2004, I-837, Rn. 26
1224   Vgl. EuGH Rs. C-224/01 (*Köbler*), Slg. 2003, I-10239, Rn. 124
1225   So Schlussanträge des Generalanwaltes *Léger* Rs. C-224/01 (*Köbler*), Slg. 2003, I-

wenn eine Stellungnahme der Kommission oder des Parlamentes durch einen Prozessbeteiligten in das Verfahren eingeführt wurde, führt eine abweichende Beurteilung nicht zu einem hinreichend qualifizierten Verstoß. Mit der Auslegung des Gemeinschaftsrechts ist gemäß Art. 19 EUV der EuGH und nicht die Kommission oder das Parlament betraut. Es bestehen auch unter dem Gesichtspunkt der Gewaltenteilung Zweifel, ob ein nationales Gericht Stellungnahmen der Kommission berücksichtigen muss.[1226]

Anders verhält es sich, wenn aus einem Vorabentscheidungsurteil oder Feststellungsurteil des EuGH die Unvereinbarkeit einer nationalen Norm mit dem Gemeinschaftsrecht hervorgeht und ein Gericht diese Norm dennoch anwendet.[1227] In einer solchen Konstellation ist der Erlass einer gemeinschaftsrechtswidrigen Entscheidung objektiv erkennbar und vermeidbar, da eine Klärung der Rechtslage durch den EuGH erfolgte. Dem Grundsatz der Rechtssicherheit kann in diesem Fall kein Vorrang vor der Verwirklichung des Individualrechtsschutzes eingeräumt werden. Es besteht kein schützenswertes Interesse daran, die indirekte Korrektur einer Gerichtsentscheidung auf sekundärrechtlicher Ebene abzulehnen, wenn deren Gemeinschaftsrechtswidrigkeit von vornherein abzusehen war. Es ist dem nationalen Gericht zuzumuten, sich entsprechend über die Rechtsprechung des EuGH zu informieren. Erst recht ist dem nationalen Gericht ein Vorwurf bei der fehlerhaften Anwendung des Gemeinschaftsrechts zu machen, wenn der EuGH im Rahmen eines Vertragsverletzungsverfahrens bereits die Gemeinschaftsrechtswidrigkeit eines Urteils festgestellt hat, das eine identische Rechtsfrage betraf.[1228] Gelangt das nationale Gericht in dem Ausgangsverfahren zur Auffassung, dass das Feststellungsurteil nicht einschlägig ist, ist auf der Grundlage der Kriterien der *C.I.L.F.I.T.*-Entscheidung von dem Bestehen einer Vorlagepflicht auszugehen. Es ist kaum vorstellbar, dass das Gericht in einer solchen Situation davon überzeugt war, dass keinerlei Zweifel an der Entscheidung der betreffenden Rechtsfrage bestehen.[1229]

10239, Rn. 155

1226   Vgl. *Wenneras*, JEL 16 (2004) 329, 335

1227   So auch der EuGH in dem Fall legislativen Unrechts EuGH verb. Rs. C-46/93 und 48/93 (*Brasserie du Pêcheur* und *Factortame*), Slg. 1996, I-1029, Rn. 57

1228   Strikt davon zu trennen ist die Frage, welche Bedeutung die Feststellung der Gemeinschaftsrechtswidrigkeit einer nationalen Gerichtsentscheidung im Rahmen eines Vertragsverletzungsverfahrens für einen anschließenden Haftungsprozess hat, dessen Gegenstand dieselbe Entscheidung ist. Das Feststellungsurteil entfaltet eine Bindungswirkung gegenüber allen Organen des Mitgliedstaates (vgl. *Ehricke* in: Streinz, EUV/EGV, Art. 228 Rn. 5 EGV). Zu beachten ist allerdings, dass der EuGH im Rahmen des Art. 258 AEUV regelmäßig lediglich einen einfachen und nicht einen qualifizierten Verstoß gegen das Gemeinschaftsrecht prüfen wird, so dass seine Entscheidung keine Bindungswirkung in Bezug auf die Qualifiziertheit entfalten kann (vgl. *Tsikrikas*, ZZPInt 9 (2004) 123, 139).

1229   Vgl. EuGH Rs. 284/81 (*C.I.L.F.I.T.*), Slg. 1982, 3416, Rn. 16

3. Vorsätzlichkeit des Verstoßes

Der EuGH zählt die Vorsätzlichkeit des Verstoßes zu den zu berücksichtigenden Einzelfallgesichtspunkten.[1230] An der Geeignetheit dieses Kriteriums bestehen unter praktischen Gesichtspunkten Zweifel. Der Nachweis dieses subjektiven Merkmals ist insbesondere dann kaum möglich, wenn die Ausgangsentscheidung von einem Kollegialgericht stammt. Außerdem ist fraglich, ob das für den Haftungsprozess zuständige Gericht sich dazu durchringen wird, den Richtern des Ausgangsverfahrens eine vorsätzliche Rechtsverletzung anzulasten.[1231] Gelingt freilich der Nachweis der Vorsätzlichkeit eines Verstoßes, so ist auch dessen Qualifiziertheit zu bejahen. Die Vorhersehbarkeit und Vermeidbarkeit einer gemeinschaftsrechtswidrigen Entscheidung ist erst recht gegeben, wenn dass Gericht wissentlich und willentlich die Vorgaben des Gemeinschaftsrechts missachtet.

4. Verletzung der Vorlagepflicht

Die Verletzung der Vorlagepflicht führt stets zu einer Qualifikation des Verstoßes gegen das Gemeinschaftsrecht als offenkundig. Es ist unbedenklich, dass infolgedessen die Haftung für Entscheidungen letztinstanzlicher Gerichte weiter reicht als die für das Verhalten anderer Staatsorgane.[1232] Der Judikative ist im Gegensatz zu den anderen mitgliedstaatlichen Organen die fehlerhafte Anwendung einer ungenau formulierten Gemeinschaftsnorm stets vorzuwerfen, da der AEUV mit dem Vorabentscheidungsverfahren ein spezielles Instrument zu Klärung offener Auslegungsfragen bereithält.[1233]

a) Berücksichtigung der Belange der Rechtssicherheit

Diesem Ansatz liegt zugrunde, dass dem effektiven Rechtsschutz der Vorrang gegenüber dem Prinzip der Rechtssicherheit einzuräumen ist, wenn ein Vorabentscheidungsverfahren nicht durchlaufen wurde. Auf diese Weise wird der Bedeutung des Verfahrens nach Art. 267 AEUV bei der Sicherung individueller Rechtspositionen Rechnung getragen. Wenn der Verstoß infolge der Nichtanrufung des EuGH fortbesteht, muss zumindest auf sekundärrechtlicher Ebene der

---

1230 EuGH Rs. C-224/01 (Köbler), Slg. 2003, I-10239, Rn. 55
1231 Schlussanträge Generalanwalt Léger Rs. C-224/01 (Köbler), Slg. 2003, I-10239, Rn. 155
1232 Kritisch Kokott/Henze/Sobotta, JZ 2006, 633, 638
1233 Vgl. Radermacher, NVwZ 2004, 1415, 1417

Schutz der Rechte des Einzelnen durch Erlangung einer Entschädigung gewähr-leistet werden.[1234] Dadurch wird im Gemeinschaftsrecht eine Lücke in dem Indi-vidualrechtsschutz geschlossen, die aus dem Fehlen individueller Rechtsbehelfe gegen die Nichtvorlageentscheidung nationaler Gerichte resultiert. Dem Prinzip der Rechtssicherheit kommt bei einer unterbliebenen Vorlage nur eine unterge-ordnete Bedeutung zu. Soweit ein Vorabentscheidungsverfahren trotz Bestehen einer Vorlagepflicht nicht durchgeführt wird, bestehen mit Blick auf das Ge-meinschaftsrecht von vornherein Zweifel an der Richtigkeit der Entscheidung des nationalen Gerichtes.[1235] In dieser Situation kann der Durchführung eines Haftungsprozesses nicht das Argument entgegengehalten werden, dass dadurch die Richtigkeit der Ausgangsentscheidung in Frage gestellt und damit wirklicher Rechtsfriede nicht hergestellt werden kann. Der Eintritt der Rechtssicherheit kann gegenüber dem Streben nach materieller Gerechtigkeit keinen Vorrang beanspruchen, wenn das Vorabentscheidungsverfahren nicht durchgeführt und damit ein wichtiges Instrument zur Erreichung einer inhaltlich korrekten Ent-scheidung nicht ausgeschöpft wurde. Anders verhält es sich, wenn der Richter bei Sachverhalten ohne Gemeinschaftsbezug in einem „homogenen nationalen Rechtsraum"[1236] allein mit der Auslegung und Anwendung der einschlägigen Rechtsnormen betraut ist. Dann besteht eine Vermutung für die Richtigkeit der getroffenen Entscheidung, so dass es gerechtfertigt sein kann, von einer Scha-densersatzklage abzusehen.

Gleichzeitig kann der Gefahr von Endlosprozessen entgegengewirkt wer-den, wenn man in der Verletzung der Vorlagepflicht das maßgebliche haftungs-auslösende Kriterium erblickt. Man kann erwarten, dass zumindest das für den Haftungsprozess zuständige Gericht bei Unklarheiten über die Auslegung des Gemeinschaftsrechts eine Vorabentscheidung einholen wird, um seinerseits nicht durch eine gemeinschaftsrechtswidrige Entscheidung eine Ersatzpflicht des Staa-tes auszulösen. Nach Durchlaufen des Vorabentscheidungsverfahrens sind die Erfolgsaussichten einer Klage gegen die Staatshaftungsentscheidung wegen eines angeblichen Verstoßes gegen das Gemeinschaftsrecht als gering einzustu-fen. Eine erneute Missachtung der Vorlagepflicht durch ein letztinstanzliches Gericht würde die Auslegungskompetenz des EuGH in Frage stellen und hätte damit gravierende Folgen für das Kooperationsverhältnis zwischen der nationa-len und der Gemeinschaftsgerichtsbarkeit.

1234   Vgl. *Beul*, EuZW 1996, 748, 749; für eine Überwindung der „Rechtskraftbarrieren" nach nationalem Recht bei unterbliebener Vorlage auch *Ruffert*, JZ 2006, 905, 906
1235   Vgl. *Radermacher*, NVwZ 2004, 1415, 1417
1236   So die Formulierung bei *Radermacher* NVwZ 2004, 1415, 1417

b) Anforderungen an die Verletzung der Vorlagepflicht

Teilweise wird erwogen, in Anlehnung an die Rechtsprechung des BVerfG zu Art. 101 Abs. 1 S. 2 GG eine Haftung auf den Fall „willkürlicher Nichtvorlage" zu beschränken.[1237] Eine Übertragung der „Willkür"-Judikatur auf die gemeinschaftsrechtliche Haftung ist indes nicht angezeigt. Der restriktive Ansatz des BVerfG ist darauf zurückzuführen, dass mit der Verfassungsbeschwerde nur solche Gerichtsentscheidungen aufgehoben werden sollen, die auf einer offensichtlich unhaltbaren Handhabung einer Verfahrensvorschrift beruhen;[1238] der „außerplanmäßige Rechtsbehelf" der Verfassungsbeschwerde stellt daher kein Instrument zur effektiven Durchsetzung der Vorlagepflicht dar.[1239] Dieser Willkürmaßstab ist dem Gemeinschaftsrecht fremd.[1240] Durch jede schlichte Missachtung der Vorlagepflicht wird die Individualschutzfunktion des Vorabentscheidungsverfahrens beeinträchtigt. Mit Hilfe des Staatshaftungsanspruches soll die Rechtsposition des Einzelnen für den Fall wiederhergestellt werden, dass infolge der Nichtvorlage eine gemeinschaftsrechtswidrige Entscheidung erging. Mit dieser Zielsetzung ist es unvereinbar, eine Haftung erst bei einer willkürlichen Handhabung der Vorlagepflicht zu bejahen. Somit können mithilfe der gemeinschaftsrechtlichen Staatshaftung Rechtsschutzlücken geschlossen werden, die im nationalen Verfassungsrecht aufgrund des Willkür-Kriteriums bestehen.

Im Schrifttum wird auch vorgeschlagen, die Qualifiziertheit eines Verstoßes erst anzunehmen, wenn eine „schwerwiegende" Verletzung der Vorlagepflicht vorliegt.[1241] Dies soll unter anderem der Fall sein, wenn das nationale Gericht von ihm bekannten Urteilen aus anderen Mitgliedstaaten oder von Urteilen des EuG bzw. den Schlussanträgen eines Generalanwaltes, denen der EuGH nicht ausdrücklich widersprochen hat, abweicht.[1242] Gegen eine derartige Verschärfung der Haftungsvoraussetzungen spricht, dass dem Kläger bereits der Nachweis einer „einfachen" Vorlagepflichtverletzung schwer fallen dürfte, wenn beispielsweise das nationale Gericht durch einen allgemein gehaltenen Hinweis auf das *C.I.L.F.I.T.*-Urteil eine Vorlage ablehnt.[1243] Der Nachweis eines „schwerwiegenden" Verstoßes ist dem Geschädigten in den oben genannten Fällen praktisch unmöglich, da er darlegen müsste, dass eine Vorlagepflicht im Lichte der Urteile anderer mitgliedstaatlicher Gerichte oder der Urteile des EuG bzw. der Schlussanträge bestand. Des Weiteren soll es nach hier vertretener Auffassung möglichst vermieden werden, dem Gericht in einem Haftungsprozess durch Einführung eines unbestimmten Rechtsbegriffes einen Beurteilungsspielraum bei der Feststellung der Qualifiziertheit einzuräumen.

1237   *Ruffert* in: Calliess/Ruffert, EUV/EGV (2. Aufl.), Art. 288 EGV Rn. 35
1238   Vgl. *Classen* in: von Mangoldt/Klein/Starck, GG, Band III, Art. 101 Rn. 28
1239   *Wegener*, EuR 2002, 785, 786
1240   Vgl. *Radermacher*, NVwZ 2004, 1415, 1419
1241   *Anagnostaras*, ELRev 31 (2006) 735, 745; *Kokott/Henze/Sobotta*, JZ 2006, 633, 638
1242   *Kokott/Henze/Sobotta*, JZ 2006, 633, 639
1243   Beispielhaft BGHZ 109, 29, 35

c) *Beispiele für die Verletzung der Vorlagepflicht durch nationale Gerichte*

Eine Verletzung der Vorlagepflicht kann in verschiedenen Konstellationen auftreten.

(1) *Unklarheit der anzuwendenden Rechtsnorm*

Ein nationales Gericht muss den EuGH um Vorabentscheidung ersuchen, wenn die einschlägige Rechtsnorm des Gemeinschaftsrechts unklar und mehrdeutig formuliert ist. Dann konnte das Gericht nicht annehmen, dass im Sinne der *acte claire*-Doktrin keinerlei Zweifel an der Entscheidung der gestellten Rechtsfrage bleiben.[1244] In dem umgekehrten Fall, d.h., wenn die Bestimmung des Gemeinschaftsrechts so klar und eindeutig formuliert ist, dass dem Gericht kein Auslegungsspielraum verbleibt und es auf eine schlichte Anwendung des Gemeinschaftsrechts beschränkt ist, liegt schon aufgrund des Verstoßes ein vorwerfbares Verhalten des Gerichtes vor.[1245] Gelangt das Gericht trotz der klaren und eindeutigen Fassung der Norm zu dem Schluss, dass es von dieser abweichen sollte, da sie nach seiner Auffassung im Widerspruch zu anderen Normen steht, besteht ebenfalls eine Vorlagepflicht. Das Gericht konnte schon aufgrund seiner eigenen Erkenntnis nicht annehmen, dass kein Zweifel an der richtigen Beantwortung der Rechtsfrage besteht.[1246]

(2) *Verkennung der einschlägigen Rechtsprechung des EuGH*

Nach Ansicht des EuGH ist ein Verstoß hinreichend qualifiziert, wenn die fragliche Entscheidung die Rechtsprechung des EuGH „offenkundig verkennt".[1247] Dogmatisch betrachtet handelt es sich dabei um einen Fall der Vorlagepflichtverletzung. Urteile des EuGH, die in dem Vorabentscheidungsverfahren ergangen sind, binden hinsichtlich der Auslegung des Gemeinschaftsrechts das vorlegende

---

1244 Vgl. Schlussanträge des Generalanwaltes *Léger*, Rs. C-173/03 (*Traghetti del Mediterraneo SpA/Italien*), Slg. 2006, I-5177, Rn. 72

1245 Vgl. Schlussanträge des Generalanwaltes *Léger* Rs. C-224/01 (*Köbler*), Slg. 2003, I-10239, Rn. 140; eine fehlerfreie Rechtsanwendung ist dem Gericht dann ohne weiteres zuzumuten. Daher kann es nicht überzeugen, die "Klarheit und Präzision" der verletzten Norm nur als einen Einzelfallgesichtspunkt einzustufen (so aber EuGH Rs. C-224/01 (*Köbler*), Slg. 2003, I-10239, Rn. 55).

1246 Vgl. Schlussanträge des Generalanwaltes *Léger*, Rs. C-173/03 (*Traghetti del Mediterraneo SpA/Italien*), Slg. 2006, I-5177, Rn. 73

1247 EuGH Rs. C-224/01 (*Köbler*), Slg. 2003, I-10239, Rn. 56

Gericht und alle Gerichte, die in dem Rechtsstreit des Ausgangsverfahrens zu entscheiden haben.[1248] Durch die Vorabentscheidung wird dem Gericht verdeutlicht, in welcher Weise eine Vorschrift des Gemeinschaftsrechts im Kontext des vorliegenden Rechtsverhältnisses zu verstehen ist. Unterläuft einem Gericht dann trotz der Auslegungsentscheidung ein Fehler bei der Anwendung des Gemeinschaftsrechts, kann ihm dies in unterschiedlicher Weise zum Vorwurf gemacht werden. Entweder das Gericht hätte aufgrund fortbestehender Auslegungsschwierigkeiten den EuGH erneut anrufen müssen. Ein neues Vorabentscheidungsersuchen ist gerechtfertigt, „wenn das innerstaatliche Gericht beim Verständnis oder der Anwendung des Urteils Schwierigkeiten hat, wenn es dem Gerichtshof eine neue Rechtsfrage stellt oder wenn es ihm neue Gesichtspunkte unterbreitet, die den Gerichtshof dazu veranlassen könnten, eine Frage, über die er bereits entschieden hat, anders zu beantworten".[1249] Oder die korrekte Auslegung der betreffenden Norm ist infolge der Vorabentscheidung so eindeutig, dass dem Gericht ein Fehler bei der Anwendung nicht hätte unterlaufen dürfen; dies entspricht der Situation, dass eine Norm so klar und präzise formuliert ist, dass dem Gericht ein Fehler bei der Subsumtion stets vorgehalten werden muss (dazu sogleich).

Für letztinstanzliche Gerichte außerhalb des jeweiligen Rechtsstreites entfalten die EuGH-Urteile eine faktische Bindungswirkung. Generell gilt, dass durch die Rechtsprechung des EuGH die Auslegung einer Vorschrift des Gemeinschaftsrechts erläutert und erforderlichenfalls verdeutlicht wird, in welchem Sinn diese Vorschrift anzuwenden ist.[1250] Ein Auslegungsurteil entfaltet insofern eine gewisse Bindungswirkung für ein letztinstanzliches Gericht, als dass es von der Vorlagepflicht nur befreit ist, wenn es sich der Auslegung des EuGH anschließt.[1251] Weicht das Gericht von der Rechtsprechung des EuGH und missachtet dabei seine Vorlagepflicht, ist ihm der Verstoß gegen das Gemeinschaftsrecht vorzuwerfen.

Im Vereinigten Königreich schreibt sec. 3 (1) *EC Act 1972* vor, dass alle Gerichte an die vorherigen Entscheidungen des EuGH gebunden sind, soweit sie nicht selbst hinsichtlich einer Rechtsfrage den EuGH anrufen. Nach sec. 3 (2) *EC Act 1972* obliegt es den Gerichten, Notiz von den Entscheidungen des EuGH zu nehmen. In dieser Vorschrift kommt eine besondere Sorgfaltspflicht der Gerichte bei der Anwendung des Gemeinschaftsrechts zum Ausdruck. Diese Pflicht wird wiederum verletzt, wenn die einschlägige Rechtsprechung verkannt oder eine erforderliche Vorabentscheidung nicht eingeholt wird.

Ein vorwerfbarer Verstoß liegt freilich nicht vor, wenn nach Erlass der Entscheidung des nationalen Gerichtes eine Änderung der Rechtsprechung des EuGH eintritt. Daran ändert auch die Tatsache nichts, dass Vorabentscheidungsurteile den Inhalt der einschlägigen Norm des Gemeinschaftsrechts mit Wirkung

---

1248   *Gaitanides* in: von der Groeben/Schwarze, EUV/EGV, Art. 234 Rn. 89 m.w.N.
1249   EuGH Rs. C-69/85 (*Wünsche*), Slg. 1986, I-947, Rn. 15
1250   EuGH verb. Rs. C-10/97 bis 22/97 (*IN.CO.GE.*), Slg. 1998, I-6307, Rn. 23
1251   *Gaitanides* in: von der Groeben/Schwarze, EUV/EGV, Art. 234 Rn. 92

ab dem Zeitpunkt seines Inkrafttretens klären.[1252] Soweit nach Auffassung des Gerichtes eine Rechtsprechung des EuGH gesichert ist, kann das Gericht sich in seiner Entscheidung darauf stützen.[1253]

5. Klarheit und Präzision der verletzten Gemeinschaftsnorm

Oben wurde bereits ausgeführt, dass der Verstoß gegen eine Gemeinschaftsnorm hinreichend qualifiziert ist, wenn sie so klar und eindeutig formuliert ist, dass dem Gericht kein Auslegungsspielraum verbleibt und seine Tätigkeit auf eine schlichte Anwendung des Gemeinschaftsrechts beschränkt ist.[1254]

C. Unmittelbarer Kausalzusammenhang zwischen dem Verstoß und dem Schaden

Schließlich muss ein unmittelbarer Kausalzusammenhang zwischen dem Verstoß und dem der geschädigten Person entstandene Schaden vorliegen.[1255]

§ 5: Bewertung des Falles *Köbler* durch den EuGH

Abschließend folgt eine kurze Analyse der Bewertung des Falles *Köbler* durch den EuGH, soweit dies für das Verständnis der Judikativhaftung erforderlich ist.

A. Entscheidungsgründe

Nach Ansicht des EuGH geht mit einer Maßnahme wie der in § 50 a östGG vorgesehenen besonderen Dienstalterszulage, selbst wenn sie als Treueprämie qualifiziert werden kann, eine Beeinträchtigung der Freizügigkeit der Arbeitnehmer einher, die gegen Art. 48 EGV (jetzt Art. 45 AEUV) und gegen Art. 7 Abs. 1 der Verordnung Nr. 1612/68 über die Freizügigkeit der Arbeitnehmer innerhalb der Gemeinschaft verstößt. Daher hat der *ÖstVerwGH* mit seinem Urteil gegen das

---

1252   Vgl. *Dauses* in: ders., Handbuch, Band II, P.II Rn. 225

1253   Vgl. Schlussanträge des Generalanwaltes *Léger* Rs. C-224/01, (*Köbler*), Slg. 2003, I-10239, Rn. 142

1254   Vgl. Dritter Teil § 4 B. VI. 4. c) (1)

1255   EuGH Rs. C-224/01 (*Köbler*), Slg. 2003, I-10239, Rn. 51; vgl. zu diesem Tatbestandsmerkmal Erster Teil § 2 E. I. 3.

Gemeinschaftsrecht verstoßen.[1256] Bei der Prüfung der Offenkundigkeit des Verstoßes weist der EuGH darauf hin, dass das österreichische Gericht sein Vorabentscheidungsersuchen hätte aufrechterhalten müssen, da der EuGH sich noch nicht zur Frage geäußert hatte, ob eine mit einer Treueprämie einhergehenden Beschränkung der Arbeitnehmerfreizügigkeit gerechtfertigt sein kann.[1257] Der EuGH verneint letztlich die Offenkundigkeit mit dem Hinweis, dass die oben genannte Frage durch die Rechtsprechung des EuGH noch nicht beantwortet worden sei.[1258] Der Ablehnung eines offenkundigen Verstoßes stehe auch nicht entgegen, dass der *ÖstVerwGH* seine Vorlagefrage zurückgenommen hat. Aufgrund einer irrigen Auslegung des Urteils *Schöning-Kougebetopoulou* hielt es das Gericht nicht für erforderlich, diese Auslegungsfrage erneut vorzulegen.[1259]

B. Kritische Würdigung

Die Entscheidung des EuGH gibt in zwei Punkten Anlass zu Kritik. Erstens arbeitet der EuGH nicht genau heraus, in welcher Weise der *ÖstVerwGH* gegen das Gemeinschaftsrecht verstoßen hat. Zweitens überzeugt die Verneinung eines hinreichend qualifizierten Verstoßes nicht.

Der haftungsauslösende Verstoß liegt in der Abweisung des Begehrens auf Zuerkennung einer Dienstalterszulage durch den *ÖstVerwGH*. Konkret liegt ein Fall der Anwendung einer gemeinschaftsrechtswidrigen Norm vor. Der EuGH hat ausführlich dargelegt, dass Art. 48 EGV und Art. 7 Abs. 1 VO Nr. 1612/68 dahingehend auszulegen sind, dass sie es untersagen, eine besondere Dienstalterszulage nach Maßgabe einer Bestimmung wie § 50 a östGG zu gewähren; eine solche Regelung behindert die Freizügigkeit der Arbeitnehmer aus anderen Mitgliedstaaten und der österreichischen Arbeitnehmer und sie kann nicht durch einen zwingenden Grund des Allgemeininteresses gerechtfertigt werden. Eine gemeinschaftsrechtskonforme Auslegung der Regelung ist angesichts ihres eindeutigen Wortlautes nicht möglich.[1260] Es liegt nicht bereits ein Fall legislativen Unrechts vor, da ein unmittelbarer Kausalzusammenhang zwischen der österreichischen Norm und dem Vermögensschaden *Köblers* nicht nachgewiesen werden kann.[1261]

Keine Zustimmung verdient die Ablehnung eines hinreichend qualifizierten Verstoßes durch den EuGH. Der EuGH erkennt, dass das österreichische Gericht aufgrund der unklaren Rechtslage zur Aufrechterhaltung des Vorabent-

---

1256   EuGH Rs. C-224/01 (*Köbler*), Slg. 2003, I-10239, Rn. 119
1257   EuGH Rs. C-224/01 (*Köbler*), Slg. 2003, I-10239, Rn. 117
1258   EuGH Rs. C-224/01 (*Köbler*), Slg. 2003, I-10239, Rn. 122
1259   EuGH Rs. C-224/01 (*Köbler*), Slg. 2003, I-10239, Rn. 123
1260   A.A. *Schulze*, ZEuP 2004, 1049, 1057; vgl. zu den Grenzen der gemeinschaftsrechtskonformen Auslegung insoweit EuGH Rs C- 91/92 (*Faccini Dori*), Slg. 1994, I-3325, Rn. 27
1261   Vgl. *Schulze*, ZEuP 2004, 1049, 1057

scheidungsersuchens verpflichtet war. Nach der hier vertretenen Auffassung liegt bei einer Missachtung der Vorlagepflicht bezüglich einer auslegungsbezogenen Frage stets ein hinreichend qualifizierter Verstoß vor. Der *ÖstVerwGH* war auch nicht berechtigt, unter Hinweis auf die fehlende Erforderlichkeit das Vorabentscheidungsersuchen zurückzunehmen. Eine Vorlagepflicht entfällt mangels Erforderlichkeit nur, wenn die Frage nicht entscheidungserheblich ist, das heißt, wenn die Antwort auf diese Frage, wie auch immer sie ausfällt, keinerlei Einfluss auf die Entscheidung des Rechtsstreites haben kann.[1262] Die Vereinbarkeit der österreichischen Regelung mit der Arbeitnehmerfreizügigkeit war zwingend zu klären, da dies die Grundlage für die Abweisung der Zahlungsklage war. Ein Irrtum hinsichtlich der Erforderlichkeit kann das Gericht nicht entschuldigen. Wie oben dargelegt, ist allein die objektive Vorwerfbarkeit des Verstoßes ausschlaggebend. Der Verstoß des *ÖstVerwGH* gegen das Gemeinschaftsrecht war demnach hinreichend qualifiziert.[1263]

1262   EuGH Rs. 284/81 (*C.I.L.F.I.T.*), Slg. 1982, 3416, Rn. 10

1263   Im Ergebnis bejahen der Generalanwalt und die überwiegende Literaturmeinung einen hinreichend qualifizierten Verstoß vgl. Schlussanträge des Generalanwaltes *Léger* Rs. C-224/01, (*Köbler*), Slg. 2003, I-10239, Rn. 173; *von Danwitz*, JZ 2004, 301, 303; *Frenz*, DVBl. 2003, 1522, 1524; *Obwexer*, EuZW 2003, 726, 728; *Schwarzenegger*, ZfRV 2003, 236, 237; a.A. *Wegener*, EuR 2004, 84, 91

Vierter Teil: Haftung wegen judikativen Unrechts in Deutschland und dem Vereinigten Königreich

Im Folgenden wird die Rechtslage betreffend die Haftung wegen fehlerhafter gerichtlicher Entscheidungen in Deutschland und England bei Fällen ohne Bezug zum Gemeinschaftsrecht dargestellt.

§ 1: Rechtslage in Deutschland

In Deutschland unterfällt die Staatshaftung wegen richterlicher Tätigkeit der Amtshaftung gemäß § 839 BGB. Ersatzansprüche aus enteignungsgleichem Eingriff oder aus Aufopferung wegen Schädigungen durch fehlerhafte Gerichtsentscheidungen sind praktisch bedeutungslos und werden in der Literatur, soweit ersichtlich, nicht näher diskutiert.[1264]

A.   Haftung wegen richterlichen Unrechts als Fall der Amtshaftung nach § 839 BGB

Hinter dem Begriff der Amtshaftung verbirgt sich die Konstruktion, dass die nach § 839 BGB begründete persönliche Haftung des Beamten nach Art. 34 S. 1 GG auf den Staat übergeleitet wird.[1265] Dieses Prinzip der normativen schuldbefreienden Haftungsübernahme wurde in das deutsche Recht durch das Reichsbeamtenhaftungsgesetz vom 22. Mai 1910 (RGBl. S. 798) eingeführt und später durch Art. 131 WRV und Art. 34 GG übernommen.[1266] Im 19. Jahrhundert war noch die Vorstellung von einem privatrechtlichen „Mandatskontrakt" zwischen dem Beamten und dem Staats vorherrschend. Das Handeln des Beamten wurde dem Staat nur zugerechnet, sofern es rechtmäßig war. Demgegenüber traf eine Haftung für unerlaubte Handlungen ausschließlich den Beamten als Privatperson.[1267] Nun tritt aufgrund der haftungsverlagernden Norm des Art. 34 GG im

---

1264   Vgl. die Anwendungsfelder der beiden genannten Haftungsinstitute bei *Ossenbühl*, Staatshaftungsrecht, S. 131 und 237; allgemein zu dem System des deutschen Deliktsrechts vgl. *Müller-Graff* in: Moreira de Sousa/Heusel, Enforcing Community Law, S.153ff.

1265   Vgl. *Ossenbühl*, Staatshaftungsrecht, S. 7

1266   Vgl. *Papier* in: MünchKommBGB § 839 Rn. 7

1267   Vgl. *Papier* in: MünchKommBGB § 839 Rn. 3

Außenverhältnis eine Haftung des Staates ein. Rechtspolitische Gründe für diese Haftungsübernahme sind zum einen der Schutz des Geschädigten, dem mit dem Staat ein leistungsfähiger Schuldner gegenüberstehen soll, und zum anderen der Schutz des Beamten, dessen Entscheidungsbereitschaft nicht durch mögliche Haftungsrisiken beeinträchtigt werden soll.[1268]

Aufgrund der Verknüpfung des § 839 BGB als deliktischer Anspruchsnorm mit der haftungsverlagernden Norm des Art. 34 GG liegt keine originär öffentlich-rechtliche Haftung des Hoheitsträgers, sondern eine mittelbare Staatshaftung vor.[1269] In praktischer Hinsicht ergeben sich aus diesen privatrechtlichen Wurzeln der Amtshaftung zwei wichtige Konsequenzen. Erstens ist der Amtshaftungsanspruch regelmäßig auf Geldersatz und nicht auf Naturalrestitution gerichtet. Da der Beamte nach § 839 Abs. 1 BGB als Privatperson haftet, kann der Anspruch nur Forderungen erfassen, die der Beamte als Privatperson erfüllen kann und dazu zählen amtliche Handlungen gerade nicht. Zweitens haftet der Staat nur, wenn auch der Beamte haften würde. Somit ist hinsichtlich des Pflichtenstatus und des Verschuldens auf die Person des Beamten abzustellen.[1270]

B. Haftungsvoraussetzungen

Die Voraussetzungen der Amtshaftung bei Judikativunrecht ergeben sich aus einer Zusammenschau des § 839 Abs. 1 BGB und des Art. 34 S. 1 GG.

I. Beamtenbegriff

Aufgrund der unterschiedlichen Formulierungen des § 839 Abs. 1 BGB, der von dem Amtspflichtverstoß eines Beamten spricht, und des Art. 34 S. 1 GG, der an das „Handeln in Ausübung eines öffentlichen Amtes" anknüpft, existieren im Haftungsrecht unterschiedliche Beamtenbegriffe.[1271] Unter den engen staatsrechtlichen Beamtenbegriff des § 839 Abs. 1 BGB fällt nur derjenige, der in einem öffentlich-rechtlichen Dienst- und Treueverhältnis zum Staat oder zu einer anderen juristischen Person des öffentlichen Rechts steht, in das er unter Aushändigung der gesetzlich vorgeschriebenen Ernennungsurkunde berufen worden ist.[1272] Demgegenüber stellt der weite haftungsrechtliche Beamtenbegriff im Sinne des Art. 34 S. 1 GG auf die nach außen wahrgenommene Funktion und nicht auf das Rechtsverhältnis der handelnden Person zur öffentlich-rechtlichen Körperschaft

---

1268 Vgl. *Papier* in: MünchKommBGB § 839 Rn. 12
1269 Vgl. *Papier* in: MünchKommBGB § 839 Rn. 17
1270 Vgl. *Ossenbühl*, Staatshaftungsrecht, S. 11; *Papier* in: MünchKommBGB § 839 Rn. 8
1271 So die überwiegende Ansicht vgl. *Papier* in: MünchKommBGB § 839 Rn. 129 m.w.N.
1272 Vgl. § 2 I und 6 BBG sowie § 5 BRRG

ab.[1273] Danach sind Beamte im haftungsrechtlichen Sinn außer den Beamten im staatsrechtlichen Sinn alle diejenigen Personen, die hoheitliche Aufgaben ausüben, die ihnen von dem Staat oder einer sonst dazu befugten Körperschaft anvertraut worden sind.[1274] Bei der Ausübung öffentlicher Gewalt ist stets auf den haftungsrechtlichen Beamtenbegriff abzustellen, da sonst weite Bereiche des öffentlichen Dienstes von der Haftung ausgenommen wären; der staatsrechtliche Beamtenbegriff ist nur bei der Eigenhaftung des Beamten in dem Fall der Ausübung privatrechtlicher Funktionen maßgeblich.[1275]

Richter sind keine Beamten im staatsrechtlichen Sinn, da aufgrund des Verfassungsauftrages in Art. 97 GG ein Dienst- und Treueverhältnis nicht besteht.[1276] Vielmehr stehen sie in einem sonstigen öffentlich-rechtlichen Dienstverhältnis und sind daher Beamte im haftungsrechtlichen Sinn.[1277]

II.   Handeln in Ausübung eines öffentlichen Amtes

Die Amtshaftung setzt voraus, dass die Pflichtverletzung „in Ausübung" des öffentlichen Amtes und nicht nur „bei Gelegenheit" der Amtstätigkeit begangen wurde.[1278] Bei objektiver Betrachtung muss ein innerer Zusammenhang zwischen der dem Amtsträger übertragenen Aufgabe und der Schadenshandlung bestehen.[1279] Der Erlass eines Urteils oder einer sonstigen richterlichen Entscheidung fällt stets in den hoheitsrechtlichen Funktionskreis der Judikative.[1280]

1273   *Papier* in: MünchKommBGB § 839 Rn. 131; *Vinke* in: Soergel, BGB, § 839 Rn. 35
1274   BGHZ 121, 161, 163; *Wurm* in: Staudinger, BGB § 839 BGB Rn. 37
1275   Vgl. *Ossenbühl*, Staatshaftungsrecht, S. 14; *Papier* in: MünchKommBGB § 839 Rn. 130
1276   Vgl. *Battis*, BBG-Kommentar, § 1 Rn. 19; *Fischer*, Die Richterhaftung, S. 2
1277   BGHZ 109, 163, 166; *Papier* in: MünchKommBGB § 839 Rn. 131
1278   Vgl. *Papier* in: MünchKommBGB § 839 Rn. 188
1279   *Wurm* in: Staudinger, BGB § 839 BGB Rn. 93
1280   So auch *Ohlenburg*, Haftung, S. 92

III. Verletzung einer Amtspflicht

Der Richter muss des Weiteren eine ihm obliegende Amtspflicht verletzt haben.

1. Begründung der Amtspflicht

Anknüpfungspunkt der Amtshaftung sind die im Innenverhältnis zwischen Amtsträger und Dienstherrn bestehenden Dienstpflichten, die mit den im Außenverhältnis zwischen Hoheitsträger und Geschädigtem bestehenden Rechtspflichten weder identisch noch notwendigerweise inhaltsgleich sind.[1281] Die Rechtsprechung behilft sich, indem sie die Rechtspflichten, die den handlungsunfähigen Hoheitsträger treffen, auf den Amtswalter erstreckt, durch den die öffentlichen Aufgaben erfüllt werden. Dabei werden die internen Dienstpflichten durch die im Außenverhältnis geltenden Rechtspflichten ausgefüllt und werden dadurch zu externen Amtspflichten des Beamten gegenüber dem Bürger. Konstruktiv erfolgt dies durch die Annahme der Amtspflicht zu rechtmäßigem Verhalten.[1282]

Das deutsche Recht enthält keine Regelung, aus der sich explizit die richterlichen Amtspflichten ergeben. Eine Ausnahme stellt § 839 Abs. 2 S. 2 BGB dar, der die Verweigerung oder Verzögerung der Amtsausübung betrifft. Teilweise werden Inhalt und Umfang der Amtspflicht aus dem Richtereid abgeleitet (vgl. Art. 38 Abs. 1 DRiG). Danach trifft den Richter die Pflicht zur Wahrung des Grundgesetzes und der geltenden Gesetze kraft des ihm übertragenen Amtes.[1283] Allerdings umschreibt der Richtereid nur die Pflichten des Richters und hat keine konstitutive Wirkung für das Dienstverhältnis.[1284] Vielmehr ergeben sich die Amtspflichten aus den formellen und materiellen Vorschriften, die die konkrete Staatstätigkeit regeln.[1285] In Rechtsprechung und Literatur wurden eine Reihe allgemeiner Amtspflichten entwickelt, die jeden Amtsträger treffen.[1286] Daneben existieren einige richterspezifischer Amtspflichten; dazu zählen insbesondere die Pflicht zur Unparteilichkeit, die richterliche Hinweispflicht, die Pflicht zu Sachverhaltsaufklärung und zur Gewährung rechtlichen Gehörs.[1287]

1281 Vgl. *Vinke* in: Soergel, BGB, § 839 Rn. 108; *Ossenbühl*, Staatshaftung, S. 42; für eine Gleichsetzung der Amtspflichten des Amtsträgers mit den Rechtspflichten der Träger öffentlichen Gewalt *Papier* in: MünchKommBGB § 839 Rn. 192

1282 Vgl. BGHZ 69, 128, 138; *Ossenbühl*, Staatshaftungsrecht, S. 42; *Vinke* in: Soergel, BGB, § 839 Rn. 108 m.w.N.

1283 In diese Richtung *Wurm* in: Staudinger, BGB § 839 BGB Rn. 117

1284 Vgl. *Schmidt-Räntsch*, DRiG, § 38 Rn. 2 und 4

1285 Vgl. *Ohlenburg*, Haftung, S. 93 m.w.N.

1286 Vgl. *Papier* in: MünchKommBGB § 839 Rn. 191-222; *Wurm* in: Staudinger, BGB § 839 BGB Rn. 117-167

1287 Vgl. dazu *Fischer*, Die Judikativhaftung, S. 5f.; *Ohlenburg*, Haftung, S. 94-104

2. Amtspflicht zu rechtmäßigem Handeln

Die grundlegende Pflicht eines Amtsträgers ist es, die Aufgaben und Befugnisse der juristischen Person des öffentlichen Rechts, in deren Namen und Rechtskreis er tätig wird, in Einklang mit dem objektiven Recht wahrzunehmen (vgl. Art. 20 Abs. 3 GG). Damit bestimmen die Rechtspflichten, die den Staat gegenüber dem Bürger treffen, zugleich den Inhalt der Amtspflichten. Somit können sich Amtspflichten aus der Verfassung, förmlichen Gesetzen, Rechtsverordnungen, Satzungen, allgemeinen Rechtsgrundsätzen und dem Gemeinschaftsrecht ergeben.[1288]

IV. Drittbezogenheit der Amtspflicht

Ein Amtshaftungsanspruch wird durch das Erfordernis der Drittbezogenheit der verletzten Amtspflicht in § 839 Abs. 1 BGB und Art. 34 S. 1 GG begrenzt, um ein Ausufern der Einstandspflicht der haftenden Körperschaft zu verhindern.[1289] Der BGH nimmt in ständiger Rechtsprechung an, dass der Geschädigte „Dritter" im Sinne der genannten Vorschriften ist, wenn „die Amtspflicht – wenn auch nicht notwendig allein, so doch auch – den Zweck hat, das Interesse gerade dieses Geschädigten wahrzunehmen".[1290] Dient die Amtspflicht hingegen ausschließlich einem Interesse der Allgemeinheit, so kommt Dritten gegenüber eine Haftung selbst dann nicht in Betracht, wenn sie durch die amtliche Tätigkeit in ihren Interessen beeinträchtigt wurden.[1291]

Zu dem Kriterium der Drittbezogenheit hat sich in Rechtsprechung und Literatur eine umfangreiche Kasuistik herausgebildet.[1292] Die Ermittlung der Drittbezogenheit bereitet in zwei Fällen keine Probleme. Soweit der Verstoß gegen eine interne Amtspflicht zugleich eine Verletzung eines subjektiv-öffentlichen Rechts darstellt, ist das Kriterium der Drittbezogenheit erfüllt. Des Weiteren besteht gegenüber jedermann die Amtspflicht, unerlaubte Handlungen zu unterlassen, so dass „Dritter" im Sinne des § 839 Abs. 1 BGB der Inhaber der in § 823 Abs. 1 BGB genannten Rechte oder Rechtsgüter ist.[1293] In allen anderen

---

1288   *Papier* in: MünchKommBGB § 839 Rn. 193 m.w.N.
1289   Vgl. BGHZ 129, 17, 19; *Detterbeck/Windthorst/Sproll*, Staatshaftungsrecht, § 9 Rn. 96
1290   BGHZ 56, 40, 45
1291   BGHZ 35, 44, 49
        Heftig umstritten ist in diesem Zusammenhang die Ansicht des BGH, dass die für die Gesetzgebung verantwortlichen Amtsträger in der Regel nur Amtspflichten gegenüber der Allgemeinheit treffen, vgl. *Papier* in: MünchKommBGB § 839 Rn. 260 m.w.N. zu dem Meinungsstand
1292   Vgl. nur *Wurm* in: Staudinger, BGB § 839 BGB Rn. 171-179
1293   Vgl. *Papier* in: MünchKommBGB § 839 Rn. 228; *Vinke* in: Soergel, BGB, § 839 Rn. 129f.

Fällen muss festgestellt werden, ob eine Person aufgrund des Zwecks der Amtspflicht zu dem Kreis der „Dritten" gehört (personales Element der Drittbezogenheit) und mit welchen Interessen und Belangen diese Person geschützt sein soll (sachliches Element der Drittbezogenheit).[1294]

V. Verursachung des Schadens

Zwischen der Amtspflichtverletzung und dem bei dem Dritten entstandenen Vermögensschaden muss ein adäquater Kausalzusammenhang bestehen.[1295] Eine gesonderte Prüfung der haftungsbegründenden Kausalität zwischen Amtshandlung und Amtspflichtverletzung erfolgt nicht, da die relevanten Gesichtspunkte bei dem Tatbestandsmerkmal „in Ausübung eines öffentlichen Amtes" berücksichtigt werden.[1296] Zur Feststellung der Ursächlichkeit der Amtspflichtverletzung für den behaupteten Schaden ist zu prüfen, welchen Verlauf die Dinge bei pflichtgemäßem Handeln genommen hätten und wie sich in diesem Fall die Vermögenslage des Verletzten darstellen würde.[1297] Ein Ursachenzusammenhang besteht nicht, wenn der Schaden auch bei amtspflichtgemäßem Handeln eingetreten wäre.[1298]

Um festzustellen, wie die Entscheidung des Gerichts bei amtspflichtgemäßem Verhalten ausfallen wäre, ist darauf abzustellen, wie nach Auffassung des über den Ersatzanspruch entscheidenden Gerichts richtigerweise hätte entschieden werden müssen. Es ist unerheblich, wie das Gericht des Ausgangsverfahrens, etwa seiner Übung entsprechend, entschieden hätte.[1299] Zum einen lässt sich nachträglich kaum feststellen, welche Erwägungen von dem Erstrichter angestellt worden wären.[1300] Zum anderen soll dem Geschädigten nicht mehr zugesprochen werden als das, worauf er rechtmäßig einen Anspruch hat; dem Kläger hilft der Nachweis, dass er das Ausgangsverfahren gewonnen hätte nicht, falls er dabei nur unter Verletzung des Rechts hätte obsiegen können.[1301] Aus den gleichen Gründen ist in dem Fall der fehlerhaften Auslegung des Gesetzes durch den Richter nicht der hypothetische Standpunkt des Rechtsmittelgerichtes, sondern der des Haftungsgerichts maßgeblich.[1302]

1294 Vgl. *Papier* in: MünchKommBGB § 839 Rn. 234f.; ausführlich zu den Voraussetzungen des personalen und des sachlichen Elementes der Drittbezogenheit *Detterbeck/Windthorst/Sproll*, Staatshaftungsrecht, § 9 Rn. 97-141

1295 Vgl. nur *Vinke* in: Soergel, BGB § 839 Rn. 175 m.w.N.

1296 *Detterbeck/Windthorst/Sproll*, Staatshaftungsrecht, § 9 Rn. 164

1297 St. Rsp. BGHZ 129, 226, 232f.

1298 Vgl. BGH VersR 1966, 268, 289

1299 Vgl. BGHZ 72, 328, 330 m.w.N.

1300 Vgl. *Fischer*, Die Richterhaftung, S. 45

1301 Vgl. BGH ZIP 1985, 694, 694

1302 Vgl. *Wurm* in: Staudinger, BGB § 839 BGB Rn. 231 m.w.N

VI. Verschulden

Das Verschuldenserfordernis in § 839 Abs. 1 BGB gilt auch für die mittelbare Staatshaftung nach Art. 34 GG, die die Erfüllung des Tatbestandes der Beamtenhaftung voraussetzt.[1303]

1. Allgemein

In der Literatur wird bezweifelt, ob es rechtspolitisch sinnvoll ist, das Verschuldensprinzip bei der Staatshaftung anzuwenden.[1304] Der BGH hat das Verschuldenserfordernis dadurch aufgelockert, dass er den Begriff der Fahrlässigkeit objektiviert und damit die Sorgfaltsanforderungen an den einzelnen Amtsträger erhöht hat.[1305] Außerdem hat die Rechtsprechung eine Schuldvermutung eingeführt. Demnach soll von der Amtspflichtverletzung regelmäßig auf das Vorliegen des Verschuldens geschlossen werden können.[1306] Als Schuldformen kommen Vorsatz und Fahrlässigkeit in Betracht (vgl. § 839 Abs. 1 BGB). Das Verschulden muss sich nur auf die Amtspflichtverletzung und nicht auf den entstandenen Schaden beziehen.[1307] Ein vorsätzliches Handeln liegt vor, wenn der Beamte nicht nur die Tatsachen kennt, aus denen sich die Pflichtwidrigkeit ergibt, sondern auch weiß, dass er pflichtwidrig handelt, oder wenn er wenigstens mit der Möglichkeit eines Verstoßes gegen Amtspflichten rechnet und diese Pflichtverletzung in Kauf nimmt.[1308] Der Beamte handelt fahrlässig, wenn er bei Anwendung der für seinen Pflichtenkreis erforderlichen Sorgfalt in der Lage ist, sein Verhalten als einen Verstoß gegen die Amtspflicht zu erkennen und dieses zu vermeiden (vgl. § 276 Abs. 2 BGB).[1309] Der Sorgaltsmaßstab ist dabei objektiv-abstrakt zu bestimmen. Maßgeblich sind nicht die tatsächlichen individuellen Fähigkeiten und Kenntnisse des jeweiligen Amtsträgers, sondern die Anforderungen, die von einem „pflichtgetreuen Durchschnittsbeamten" in der jeweiligen Position erwartet werden können.[1310]

1303 *Ossenbühl*, Staatshaftungsrecht, S. 72
1304 Vgl. *Papier* in: MünchKommBGB § 839 Rn. 282 m.w.N.; Zweifel an der Geeignetheit einer verschuldensabhängigen Sanktion äußert: *Hößlein*, Judikatives Unrecht, S. 212
1305 Vgl. BGHZ 4, 302, 313; *Papier* in: MünchKommBGB § 839 Rn. 283
1306 Vgl. BGHZ 22, 258, 267; *Ossenbühl*, Staatshaftungsrecht, S. 276
1307 Vgl. BGHZ 135, 354, 362
1308 Vgl. BGHZ 34, 375, 381
1309 Vgl. *Grundmann* in: MünchKommBGB § 276 Rn. 53; *Kreft* in: RGRK § 839 Rn. 289 m.w.N.
1310 Vgl. BGH NJW 1986, 504, 505 m.w.N.; *Papier* in: MünchKommBGB § 839 Rn. 287

2. Verschulden bei unrichtiger Gesetzesauslegung oder Rechtsanwendung

Die unrichtige Gesetzesauslegung oder Rechtsanwendung stellt nur dann eine schuldhafte Amtspflichtverletzung dar, wenn sie gegen den klaren oder völlig eindeutigen Wortlaut des Gesetzes verstößt.[1311] Umgekehrt trifft den Beamten kein Verschulden, wenn bereits der Inhalt der Norm zweifelhaft ist.[1312] Verzichtet der Beamte allerdings bei zweifelhaften Rechtsfragen auf eine ausreichende Prüfung anhand der ihm zur Verfügung stehenden Hilfsmittel, ist ihm die Amtspflichtverletzung vorzuwerfen.[1313] Ein Schuldvorwurf ist zu verneinen, wenn die später als unzutreffend erkannte Rechtsmeinung objektiv vertretbar war und aufgrund einer sorgfältigen rechtlichen und tatsächlichen Prüfung des Amtsträgers gewonnen wurde.[1314]

3. Verschulden bei Abweichung von der höchstrichterlichen Rechtsprechung

Die Rechtsprechung bejaht die schuldhafte Verletzung einer Amtspflicht durch den Beamten einer Verwaltungsbehörde, wenn er sich mit seiner Gesetzesauslegung gegen die gefestigte höchstrichterliche Rechtsprechung stellt.[1315] Es ist indes vor dem Hintergrund der richterlichen Unabhängigkeit zweifelhaft, ob dem Richter ebenfalls ein Verschuldensvorwurf zu machen ist, wenn er von der höchstrichterlichen Rechtsprechung abweicht. Der BGH hat indirekt eine Bindung an die höchstrichterliche Rechtsprechung bejaht. Er nimmt an, dass ein Gericht zweifelhafte Rechtsfragen unter Beachtung der einschlägigen Gerichtsentscheidungen zu prüfen hat.[1316] In einer späteren Entscheidung erklärt der BGH die Entscheidung eines Beschwerdegerichtes mit dem Argument für vertretbar, dass zur einschlägigen zweifelhaften Rechtsfrage keine höchstrichterliche Rechtsprechung bestand.[1317] Aus diesen Ausführungen kann im Umkehrschluss gefolgert werden, dass nach Ansicht des BGH bei Abweichen von der höchstrichterlichen Rechtsprechung eine schuldhafte Amtspflichtverletzung vorliegt.[1318]

Dieser Auffassung des BGH kann nicht gefolgt werden. Eine Amtspflichtverletzung könnte dem Gericht nur vorgeworfen werden, wenn es an die höchstrichterliche Rechtsprechung gebunden wäre. Vereinzelt wird angenommen, dass eine solche Präjudizienbindung wie im angelsächsischen Recht besteht. Dieser Ansicht liegt zugrunde, dass „Richterrecht" als eigene Rechtsquelle

---

1311   Vgl. BGHZ 30, 19, 22
1312   Vgl. BGHZ 36, 144, 149
1313   Vgl. *Wurm* in: Staudinger, BGB § 839 BGB Rn. 209
1314   BGHZ 119, 265, 370; *Detterbeck/Windthorst/Sproll*, Staatshaftungsrecht, § 9 Rn. 181
1315   Vgl. BGHZ 30, 19, 22
1316   BGHZ 36, 144, 149
1317   BGH VersR 1964, 146; in diese Richtung auch BGH NJW-RR 1992, 920
1318   *Wurm* in: Staudinger, BGB § 839 BGB Rn. 210

anerkannt wird.[1319] Eine solche Bindungswirkung ist aber mit der in Art. 97 Abs. 1 GG garantierten richterlichen Unabhängigkeit nicht zu vereinbaren, wonach der Richter nur dem Gesetz unterworfen ist. Gesetz im Sinne dieser Vorschrift sind die Verfassung, förmliche Gesetze, Rechtsverordnungen, Satzungen und Gewohnheitsrecht.[1320] Ausnahmsweise kann eine Anzahl gleichlautender Entscheidungen zu Gewohnheitsrecht erstarken. Daneben existiert kein eigenes „Richterrecht", das als Gesetz im Sinne es Art. 97 Abs. 1 GG anerkannt ist.[1321] Vielmehr gelten höchstrichterliche Urteile nur für den Einzelfall und sind kein Gesetzesrecht oder erzeugen eine vergleichbare Bindungswirkung.[1322] Der Richter ist selbst dann nicht daran gehindert, eine eigene Rechtsauffassung zu vertreten, wenn alle anderen Gerichte den gegenteiligen Standpunkt vertreten.[1323] Den Urteilen der Obergerichte kommt damit nur eine „informelle Leitbildfunktion" vor.[1324] Eine schuldhafte Amtspflichtverletzung liegt nur vor, wenn dem Richter ein Fehler bei der Gesetzesauslegung unterläuft, weil er eine höchstrichterliche Rechtsprechung nicht kennt, die ihn von der Unrichtigkeit der eigenen Auffassung hätte überzeugen können; dann liegt eine „ordnungswidrige Art der Ausführung eines Amtsgeschäftes" im Sinne des Art. 26 Abs. 2 DRiG vor. Weicht der Richter allerdings aus eigener Überzeugung und nach sorgfältiger Abwägung von der Rechtsauffassung des Höchstgerichtes ab, ist ihm ein Pflichtverstoß nicht vorzuwerfen.[1325]

4. Restriktive Interpretation des Verschuldenserfordernisses außerhalb des § 839 Abs. 2 S. 1 BGB

In seiner neueren Rechtsprechung hat der BGH die Anforderungen an eine Amtshaftung wegen richterlichen Unrechts durch eine restriktive Interpretation des Verschuldenserfordernisses verschärft. Außerhalb des Anwendungsbereiches des § 839 Abs. 2 BGB soll eine schuldhaft amtspflichtwidrige Rechtsanwendung oder Gesetzesauslegung nur vorliegen, wenn ein „besonders grober Verstoß" des Richters vorliegt; dies laufe inhaltlich auf eine Haftung für Vorsatz und grobe Fahrlässigkeit hinaus. Durch diese Haftungsbeschränkung soll dem Verfassungsgrundsatz der richterlichen Unabhängigkeit Rechnung getragen werden.[1326]

1319   *Wassermann* in: AK-GG, Art. 97 Rn. 53f.

1320   BVerfGE 78, 214, 227

1321   Vgl. *Kissel/Mayer*, GVG § 1 Rn. 129 m.w.N.

1322   BVerfGE 84, 212, 227; *Classen* in: von Mangoldt/Klein/Starck, GG, Band III, Art. 97 Rn. 11 m.w.N.; eine Ausnahme stellt § 31 Abs. 1 BVerfGG dar, der die umfassende Bindungswirkung bundesverfassungsgerichtlicher Entscheidungen festlegt.

1323   BVerfGE 87, 273, 278

1324   So *Gottwald* in: MünchKomm ZPO § 322 Rn. 23

1325   *Wurm* in: Staudinger, BGB § 839 BGB Rn. 210; zustimmend *Ohlenburg*, Haftung, S. 143

1326   Zum Ganzen BGHZ 155, 306, 309f. m.w.N.; zustimmend *Tombrink*, DRiZ 2002, 296,

Dem BGH ist entgegenzuhalten, dass die richterliche Unabhängigkeit durch eine Amtshaftung bei judikativem Unrecht nicht tangiert wird,[1327] so dass kein Bedürfnis für ein solches Haftungsprivileg besteht. Darüber hinaus setzt der BGH sich über Wortlaut und Systematik des § 839 BGB hinweg: Das Gesetz sieht in § 839 Abs. 2 BGB eine weit reichende Privilegierung richterlicher Tätigkeit vor. Außerhalb des Anwendungsbereiches dieser Norm genügt einfache Fahrlässigkeit, um eine Haftung des Staates zu begründen. Die von dem BGH befürwortete Haftungsverkürzung beruht damit auf einer Rechtsfortbildung *praeter legem*. Einer solchen Rechtsfortbildung steht unter rechtsstaatlichen Gesichtspunkten entgegen, dass Art. 34 GG eine institutionelle Garantie der Staatshaftung enthält, deren Ausgestaltung bzw. Einschränkung unter einem Parlamentsvorbehalt steht.[1328] Daher ist das Parlament und nicht die Judikative für die Bestimmung des Haftungsrisikos der dritten Gewalt zuständig.[1329] Im Übrigen bereitet schon eine abstrakte Präzisierung des Begriffs der „besonders groben Fahrlässigkeit" im Unterschied zur „einfach groben Fahrlässigkeit" bzw. dem bedingten Vorsatz erhebliche Schwierigkeiten.[1330] Es ist auch unverständlich, warum der BGH diese Verschuldenskategorie einführt und gleichzeitig erklärt, dass es sich inhaltlich um eine Haftung wegen (einfacher) grober Fahrlässigkeit oder Vorsatz handelt.

C. Ausschluss der Amtshaftung

Zentrale Vorschrift im Kontext der Amtshaftung wegen richterlichen Unrechts ist das Richterspruchprivileg in § 839 Abs. 2 S. 1 BGB.

I. Richterspruchprivileg gemäß § 839 Abs. 2 S. 1 BGB

Für Amtspflichtverletzungen „bei dem Urteil in einer Rechtssache" ist der Beamte gemäß § 839 Abs. 2 S. 1 BGB nur verantwortlich, wenn die Pflichtverletzung in einer Straftat besteht. Dieser Haftungsausschluss gilt auch bei Entschädigungsansprüchen aus Aufopferung oder enteignungsgleichem Eingriff, da die

---

	300; *Wurm* in: Staudinger, BGB § 839 BGB Rn. 313
1327	Vgl. Dritter Teil § 3 D
1328	Vgl. *Papier* in: Maunz/Dürig, GG, Art. 34 Rn. 87;
	Detterbeck/Windthorst/Sproll (Staatshaftungsrecht, § 3 Rn. 8) ordnen Art. 34 S. 1 GG als grundrechtsähnliches Recht ein. Sie leiten daraus aber keine Gewährleistungen ab, die über die einer institutionellen Garantie hinausgehen
1329	Vgl. *Wollweber*, DVBl. 2004, 511 m.w.N; so im Ergebnis auch *Detterbeck/Windthorst/Sproll*, Staatshaftungsrecht, § 9 Rn. 180 Fn. 425
1330	*Schulze*, ZEuP 2004, 1049, 1064

„innere Rechtfertigung" für die Privilegierung der richterlichen Tätigkeit auch in diesen Fällen eingreift.[1331]

1. Funktion des § 839 Abs. 2 S. 1 BGB

Die Funktion des Richterspruchprivilegs ist umstritten.

a) Schutz der richterlichen Unabhängigkeit

Früher erblickte die überwiegende Literaturansicht in dem Schutz der richterlichen Unabhängigkeit die Funktion des § 839 Abs. 2 S. 1 BGB.[1332] Der BGH nimmt inzwischen an, dass der Haftungsausschluss neben anderen Zwecken auch dem Schutz der richterlichen Unabhängigkeit dient.[1333] Oben wurde bereits ausgeführt, dass der Grundsatz der richterlichen Unabhängigkeit der gemeinschaftsrechtlichen Staatshaftung wegen Judikativunrecht nicht entgegensteht.[1334] Folglich kann dieser Grundsatz auch nicht den Haftungsausschluss nach § 839 Abs. 2 S. 1 BGB legitimieren. Die Gegenauffassung berücksichtigt nicht, dass das Haftungsprivileg auf „Urteile in einer Rechtssache" beschränkt ist und damit anders als die verfassungsrechtliche Garantie der richterlichen Unabhängigkeit nicht den Schutz jeder richterlichen Maßnahme bezweckt. Diese Ansicht müsste konsequenterweise die gesetzlich vorgesehene Begrenzung auf spruchrichterliche Tätigkeiten ignorieren.[1335]

b) Wahrung des Rechtsfriedens und der Rechtssicherheit

Es ist nicht ausreichend, zur Begründung des Haftungsprivilegs auf den Schutz der Rechtskraft richterlicher Entscheidungen zu verweisen.[1336] Eines unmittelba-

---

1331 Vgl. BGHZ 50, 14, 20f.; Ossenbühl, Staatshaftungsrecht, S. 237; Wurm in: Staudinger, BGB § 839 BGB Rn. 315

1332 Vgl. Fischer, Die Richterhaftung, S. 73; Grunsky in: FS Raiser, S. 141, 151f.; Leipold, JZ 1967, 737, 739; Mugdan, Materialien zum BGB, Band II, S. 460, 1270, 1390; Greiff in: Planck, BGB, § 839 Nr.6

1333 BGHZ 50, 14, 19; einschränkend BGHZ 64, 347, 349; ähnlich Wurm in: Staudinger, BGB § 839 BGB Rn. 314; so wohl auch Tombrink, DRiZ 2002, 296, 297

1334 Vgl. Dritter Teil § 2 D.

1335 Vgl. Papier in: MünchKommBGB § 839 Rn. 322; Merten in: FS Wengler, S. 519, 524; Vinke in: Soergel, BGB, § 839 Rn. 208

1336 In diese Richtung aber Sprau in: Palandt, BGB, § 839 Rn. 63

ren Schutzes der Rechtskraft bedarf es gerade nicht, da durch ein Amtshaftungs-
urteil weder die formelle noch die materielle Rechtskraft des ursprünglichen
Urteils berührt werden.[1337] Vielmehr soll durch das Haftungsprivileg sicherge-
stellt werden, dass der eigentliche Zweck der Rechtskraft, also die Schaffung von
Rechtsfrieden und Rechtsicherheit, nicht gefährdet wird. Das Haftungsprivileg
soll verhindern, dass ein rechtskräftig abgeschlossenes Verfahren im Wege der
Amtshaftung wiederaufgerollt und die Richtigkeit der Ausgangsentscheidung in
Frage gestellt wird;[1338] konsequenterweise wird eine Pflichtverletzung, die in der
Verweigerung oder Verzögerung der Amtsausübung besteht, nicht von dem
Haftungsausschluss erfasst (vgl. 839 Abs. 2 S. 2 BGB), da der Richter in diesem
Fall noch gar nicht judiziert hat.[1339] Legt man zugrunde, dass § 839 Abs. 2 S. 1
BGB mittelbar dem Schutz der Rechtskraft eines Urteils und nicht der Person
des Richters dient, muss richtigerweise von dem „Richterspruchprivileg"[1340] und
nicht von dem „Richterprivileg"[1341] gesprochen werden.

Es ginge zu weit, den Schutzzweck des § 839 Abs. 2 S. 1 BGB dahingehend zu verstehen, dass instanz- und gerichtswegübergreifende Kontrollen durch
Zivilgerichte als Amtshaftungsgerichte schlechthin vermieden werden sollen
(Vermeidung „systemfremder Inzidenzkontrollen").[1342] Zweck des Richter-
spruchprivileges ist es nicht, die Überprüfung gerichtlicher Entscheidungen auf
den Instanzenzug zu beschränken. Aus Art. 34 S. 3 GG und § 40 Abs. 2 S. 1
VwGO folgt vielmehr, dass der Gesetzgeber für die Geltendmachung von Amts-
haftungsansprüchen den Zivilrechtsweg vorgesehen hat.

In einer neueren Entscheidung des BGH wird deutlich, dass die primäre
Funktion des § 839 Abs. 2 S. 1 BGB in der Sicherung der Rechtsfriedens und der
Rechtssicherheit besteht. Der BGH erstreckt darin das Haftungsprivileg auf
einstweilige Anordnungen nach § 123 VwGO.[1343] Derartige Entscheidungen
stehen unter dem Vorbehalt erleichterter Abänderbarkeit nach § 80 Abs. 7 S. 1
VwGO analog und sind damit nach Ansicht des BGH nur beschränkt rechtskraft-
fähig.[1344] Gleichzeitig zeichnet sich ein Beschluss im vorläufigen Rechtsschutz
dadurch aus, dass ein vorläufiger Zustand endgültig geregelt wird.[1345] Der BGH
nimmt an, dass dieser Zustand in vielen Fällen in einen endgültigen Rechtsfrieden übergeht, da die Parteien von der Durchführung des Hauptsacheverfahrens
absehen werden.[1346] Entscheidungen im vorläufigen Rechtsschutz werden daher
einem Urteil in dem Hauptsacherverfahren gleichgestellt und fallen in den An-

---

1337 Vgl. Dritter Teil § 3 C. II. 3.
1338 Vgl. *Ossenbühl*, Staatshaftungsrecht, S. 102; *Papier* in: MünchKommBGB § 839 Rn.
      323; *Vinke* in: Soergel, BGB, § 839 Rn. 208; in diese Richtung auch BGHZ 51, 326,
      327f.
1339 Vgl. *Merten* in: FS Wengler, S. 519, 524f.
1340 *Papier* in: MünchKommBGB § 839 Rn. 323
1341 So aber *Sprau* in: Palandt, BGB, § 839 Rn. 63
1342 So *Tombrink*, NJW 2002, 1324, 1325; zustimmend *Meyer*, NJW 2005, 864, 865
1343 BGHZ 161, 298, 303; vgl. dazu *Meyer*, NJW 2005, 864, 865
1344 BGH 161, 298, 303
1345 Vgl. *Clausing* in: Schoch/Schmidt-Aßmann/Pietzner, VwGO, § 121 Rn. 16
1346 BGHZ 161, 298, 303

wendungsbereich des § 839 Abs. 2 S. 1 BGB. Damit unterstreicht der BGH, dass alle gerichtlichen Entscheidungen, die darauf angelegt sind, einen Rechtsfrieden zwischen den Parteien herzustellen, dem Schutzzweck des § 839 Abs. 2 S. 1 BGB unterfallen.

Ein derart umfangreicher Haftungsausschluss beruht letztlich auf einer rechtspolitischen Wertung des deutschen Gesetzgebers, der der Wahrung des Rechtsfriedens und der Rechtssicherheit einen Vorrang gegenüber der Möglichkeit zur Erlangung sekundären Rechtsschutzes gegen gerichtliche Entscheidungen einräumt. Bei Sachverhalten ohne Bezug zum Gemeinschaftsrecht ist diese Wertung hinzunehmen, solange keine verfassungsrechtlichen Einwände bestehen. In den mitgliedstaatlichen Rechtsordnungen, die die Judikativhaftung großzügiger handhaben, sowie in der Rechtsprechung des EuGH besteht demgegenüber nur ein eingeschränkter Schutz der Rechtssicherheit. Freilich ist darauf hinzuweisen, dass dem deutschen Recht die Überprüfung der Richtigkeit gerichtlicher Entscheidungen nicht völlig fremd ist. So wird im Rahmen eines Regressprozesses des Mandanten gegen seinen Anwalt wegen einer vertraglichen Pflichtverletzung überprüft, ob der Erstprozess materiell-rechtlich richtig entschieden worden ist. Ist dies nicht der Fall, begründet der durch das Anwaltsverschulden verursachte Verlust einen „Schaden im Rechtssinne".[1347]

2. Voraussetzungen des § 839 Abs. 2 S. 1 BGB

Im Folgenden werden die einzelnen Voraussetzungen des § 839 Abs. 2 S. 1 BGB dargestellt.

a) Beamter im Sinne des § 839 Abs. 2 S. 1 BGB

Unter den Beamtenbegriff des § 839 Abs. 2 S. 1 BGB fallen nicht nur die Berufsrichter im Sinne des § 8 DRiG, sondern auch die ehrenamtlichen Richter der verschieden Gerichtszweige (Handelsrichter, Schöffen, ehrenamtliche Verwaltungsrichter), da sie in gleichem Maße rechtsprechende Gewalt ausüben.[1348] Rechtsprechende Gewalt wird auch von den „Dreierausschüssen" des BVerfG ausgeübt.[1349] Schiedsrichter sind hingegen weder Beamte im staatsrechtlichen noch im haftungsrechtlichen Sinn (vgl. § 1025 ZPO).[1350]

1347 Vgl. BGH NJW 1987, 3255, 3256
1348 Vgl. *Kreft* in: RGRK § 839 Rn. 516 m.w.N.
1349 Vgl. BGH NJW 66, 246, 247
1350 BGHZ 15, 12, 15

b)   Urteil in einer Rechtssache

Der Begriff „Urteil in einer Rechtssache" wird vor dem Hintergrund der *ratio* des § 839 Abs. 2 S. 1 BGB interpretiert. Unter den Urteilsbegriff fallen nicht nur solche Entscheidungen, die aufgrund ihrer äußeren Form in den Prozessordnungen als Urteil im prozesstechnischen Sinn bezeichnet werden.[1351] Urteile sind vielmehr auch alle diejenigen in Beschlussform ergehenden Entscheidungen, die „urteilsvertretende Erkenntnisse" darstellen. Dies sind Entscheidungen, die a) in einem Erkenntnisverfahren das Prozessverhältnis abschließen oder wenigstens die Instanz beenden, und zwar unter Selbstbindung des Gerichts, so dass sie also nicht nur formeller, sondern auch materieller Rechtskraft fähig sind, und die b) einem Urteil im prozesstechnischen Sinn in allen wesentlichen Voraussetzungen – Gewährung rechtlichen Gehörs, gegebenenfalls Erhebung von Beweisen, Begründung des Spruchs – gleichzusetzen sind.[1352] Angesichts des Schutzzwecks des § 839 Abs. 2 S. 1 BGB ist also maßgeblich, ob eine Entscheidung der Rechtskraft fähig ist; der tatsächliche Eintritt der Rechtskraft ist nicht erforderlich.[1353]

Neuerdings erstreckt der BGH das Haftungsprivileg auf Entscheidungen über den Antrag auf Erlass einer einstweiligen Anordnung nach § 123 VwGO sowie auf den Arrest und einstweilige Verfügungen im Zivilprozess.[1354] Angesichts der Bedeutung des vorläufigen verwaltungsgerichtlichen Rechtsschutzes bei der Durchsetzung des Gemeinschaftsrechts bedarf es einer Auseinandersetzung mit dieser Entscheidung.[1355] Ausgangspunkt des BGH-Urteils ist die Feststellung, dass einstweilige Verfügungen im Zivilprozess ungeachtet der Frage, ob sie in Form eines Beschlusses oder eines Urteils ergehen, in der Rechtswirklichkeit tatsächlich eine streitbeendigende Bedeutung haben und damit urteilsvertretende Erkenntnisse sind.[1356] Diese Erwägung überträgt der BGH auf den Erlass einer Anordnung nach § 123 VwGO. Eine solche Anordnung erfüllt nach seiner Ansicht eine „interimistische Befriedungsfunktion" und ist geeignet, endgültigen Rechtsfrieden zu schaffen. Somit sei die Anwendung des Richter-

---

1351   So noch RGZ 62, 367, 369
1352   BGHZ 161, 298, 301 m.w.N.; der BGH selbst hält nicht konsequent an diesen Kriterien fest, kritisch *Ohlenburg*, Haftung, S. 73f.
1353   *Papier* in: MünchKommBGB § 839 Rn. 325; vgl. die Beispiele für urteilsvertretende Erkenntnisse bei *Wurm* in: Staudinger, BGB § 839 BGB Rn. 325-327
1354   BGHZ 161, 298
1355   Vgl. zu dem vorläufigen Rechtsschutz nach nationalem Recht bei Fällen mit Bezug zum Gemeinschaftsrecht *Schoch* in: ders./Schmidt-Aßmann/Pietzner, VwGO, vor § 80 Rn. 18-32
1356   BGHZ 161, 298, 303; damit weicht der BGH von seiner Entscheidung in BGHZ 10, 55, 60 ab, in der er annahm, dass nur einstweilige Verfügungen, die in Form eines Urteils ergingen, dem Privileg des § 839 Abs. 2 S. 1 BGB unterfallen, (vgl. zur Kritik in der Literatur an der bisherigen Rechtsprechung *Vinke* in: Soergel, BGB, § 839 Rn. 205; *Wurm* in: Staudinger, BGB § 839 BGB Rn. 328).

spruchprivilegs mit dem Zweck des § 839 Abs. 2 S. 1 BGB vereinbar[1357]; dies gilt dann konsequenterweise auch für Beschlüsse nach § 80, 80a VwGO.[1358] Obwohl mit dieser Entscheidung des BGH eine weitere Verkürzung des sekundären Rechtsschutzes in dem Bereich der Judikativhaftung einhergeht, verdient sie im Ergebnis bei der gegenwärtigen Rechtslage aus systematischen Gründen Zustimmung. Die Geltung des Richterspruchprivilegs für Urteile in dem Hauptsachverfahren liefe leer, wenn vorhergehende Entscheidungen im vorläufigen Rechtsschutz eine Amtshaftung auslösen könnten.[1359]

c) Pflichtverletzung „bei" dem Urteil in einer Rechtssache

Der BGH hat klargestellt, dass die Pflichtverletzung nur „bei" dem Urteil und nicht „durch" das Urteil begangen worden sein muss.[1360] Angesichts der ratio des § 839 Abs. 2 S. 1 BGB fällt aber nicht jeder Amtspflichtverstoß, der dem Gericht während des Verfahrens unterläuft, in den Anwendungsbereich der Norm. § 839 Abs. 2 S. 1 BGB gilt nur für die Amtshaftungsansprüche, bei denen die Richtigkeit einer rechtskräftigen Entscheidung nachzuprüfen wäre. Deswegen erfasst das Richterspruchprivileg nur die Schäden, die auf die Unrichtigkeit des Urteils zurückzuführen sind.[1361]

d) Pflichtverletzung, die in einer Straftat besteht

Das Haftungsprivileg greift nicht ein, wenn die Pflichtverletzung in einer Straftat besteht. In Betracht kommen dabei praktisch nur die Straftaten nach § 331 Abs. 2 StGB (Vorteilsannahme), § 332 Abs. 2 StGB (Bestechlichkeit) und § 339 StGB (Rechtsbeugung). Aufgrund des Schutzzwecks des § 839 Abs. 2 S. 1 BGB fallen darunter nur solche Straftaten, die auf das Urteil einwirken oder einwirken können.[1362] Es genügt, dass der objektive und der subjektive Tatbestand erfüllt sind; zu einem Strafverfahren muss es nicht gekommen sein.[1363] Diese Ausnahme von dem Spruchrichterprivileg beruht wie der Restitutionsgrund gemäß § 580 Nr. 5 ZPO auf der Erwägung, dass bei Vorliegen einer solchen Straftat die Grundlage

---

1357 BGHZ 161, 298, 303f.
1358 Vgl. *Schenke*, JZ 2005, 680, 685
1359 So auch *Schenke*, JZ 2005, 680, 684
1360 BGHZ 50, 14, 16
1361 Vgl. *Merten* in: FS Wengler, S. 519, 536f.
1362 Vgl. *Wurm* in: Staudinger, BGB § 839 BGB Rn. 317; strafbare Beleidigungen des Richters gegenüber einer Prozesspartei fallen daher - entgegen BGHZ 50, 14, 17 - beispielsweise nicht unter § 839 Abs. 2 S. 1 BGB
1363 Vgl. *Wurm* in: Staudinger, BGB § 839 BGB Rn. 317

des Urteils in evidenter Weise erschüttert wurde, so dass sich eine Partei nicht mit einem unrichtigen Urteil abfinden muss.[1364]

Eine Rechtsbeugung liegt nicht bereits bei jeder unrichtigen Rechtsanwendung oder objektiv unvertretbaren Entscheidung vor. Der BGH bejaht den objektiven Tatbestand, wenn der Amtsträger sich bewusst in schwerwiegender Weise von dem Gesetz entfernt und sein Handeln statt an Recht und Gesetz an seinen eigenen Maßstäben ausrichtet;[1365] dann erst liegt ein elementarer Verstoß gegen die Rechtspflege vor.[1366] Diese Anforderungen gelten wegen des Verweises in § 839 Abs. 2 S. 1 BGB auch für die zivilrechtliche Haftung. Eine Ersatzpflicht ist daher auf extreme Ausnahmefälle begrenzt. Soweit ersichtlich, hat die Rechtsprechung bisher in keinem Fall angenommen, dass die Hürde des § 839 Abs. 2 S. 1 BGB überwunden werden kann.

II. Rechtsmittelversäumung gemäß § 839 Abs. 3 BGB

Der Amtshaftungsanspruch ist nach § 839 Abs. 3 BGB vollständig ausgeschlossen, wenn der Verletzte es vorsätzlich oder fahrlässig unterlassen hat, den Schaden durch Gebrauch eines Rechtsmittels abzuwenden. Die Funktion des Haftungsausschlusses liegt darin, den Vorrang des Primärrechtsschutzes gegenüber dem sekundärrechtlichen Schadensausgleich sicherzustellen.[1367] Rechtsmittel im Sinne dieser Vorschrift sind „alle Rechtsbehelfe, die sich gegen die eine Amtspflichtverletzung darstellende Handlung oder Unterlassung richten und sowohl deren Beseitigung oder Berichtigung als auch die Abwendung des Schadens zum Ziel haben und herbeizuführen geeignet sind";[1368] dazu zählen die gesetzlich vorgesehenen und formlosen Rechtsbehelfe wie die Gegenvorstellung oder die Dienstaufsichtsbeschwerde.[1369] Das nach § 839 Abs. 3 BGB einzulegende Rechtsmittel muss sich unmittelbar gegen die schädigende Amtshandlung oder Unterlassung selbst richten und ihre Beseitigung bezwecken und ermöglichen.[1370] In dem praktisch besonders relevanten Fall des verwaltungsgerichtlichen Rechtsschutzes fallen unter den Rechtsmittelbegriff insbesondere das Widerspruchsverfahren, die verwaltungsgerichtlichen Klageverfahren sowie die Anträge auf vorläufigen Rechtsschutz.[1371] Des Weiteren muss ein Ursachenzusammenhang zwischen der Nichteinlegung des Rechtsmittels und dem Schadenseintritt bestehen.[1372] Eine Ursächlichkeit besteht nicht, wenn der Rechtsbehelf tatsächlich

---

1364   Vgl. *Grunsky* in: Stein/Jonas, ZPO, § 580 Rn. 1
1365   Vgl. BGHSt 38, 381, 383 und BGHSt 41, 241, 251
1366   Vgl. BGHSt 47, 105, 108f.
1367   Vgl. *Papier* in: MünchKommBGB § 839 Rn. 330
1368   BGHZ 28, 104, 106
1369   Vgl. BGHZ 123, 1, 7
1370   BGH NJW 1960, 1718
1371   Vgl. *Wurm* in: Staudinger, BGB § 839 BGB Rn. 339
1372   RGZ 163, 121, 125

keine Aussicht auf Erfolg gehabt hätte.[1373] Außerdem muss den Verletzten wegen der Nichteinlegung des Rechtsmittels ein Verschulden treffen. Bei der Prüfung des Verschuldens ist unter Berücksichtigung der Einzelfallumstände auf die Verhältnisse des Verkehrskreises, dem der Verletzte angehört, abzustellen.[1374]

III. Haftungsverschiebung zu Lasten der Rechtsanwälte bei Eingreifen des Richterspruchprivilegs

Fraglich ist, ob ein Anwalt bei schuldhafter Verletzung seiner vertraglichen Pflichten in Anspruch genommen werden kann, wenn der entstandene Schaden auch auf den Fehler eines Gerichtes zurückzuführen ist. Dies liefe bei Eingreifen des Richterspruchprivilegs auf eine Haftungsverschiebung zu Lasten des Anwaltes hinaus. Begünstigt wäre demgegenüber der Mandant, der dann trotz Geltung des § 839 Abs. 2 S. 1 BGB Ersatz des erlittenen Schadens verlangen kann. In dem zugrunde liegenden Fall nahm der BGH an, dass die schuldhaften Pflichtverletzungen des Anwaltes für den Eintritt des Schadens ursächlich waren. Der BGH setzte sich nicht mit dem Problem einer möglichen Durchbrechung des Ursachenzusammenhanges aufgrund einer späteren fehlerhaften Gerichtsentscheidung auseinander.[1375] In der gegen diese Entscheidung eingelegten Verfassungsbeschwerde des Anwaltes äußert das BVerfG verfassungsrechtliche Bedenken an der Auffassung des BGH. Dem BGH hätte sich die Frage aufdrängen müssen, ob in die Berufsausübungsfreiheit eines Rechtsanwalts eingegriffen wird, wenn er für einen Fehler (missverständliche Formulierung eines Vergleichs) haftbar gemacht wird, obwohl dieser bei fehlerfreiem Verhalten des Gerichts nicht zu dem Schadenseintritt geführt hätte. Angesichts einer solchen Haftungsverschiebung zu Lasten des Anwaltes hätte der BGH dessen Grundrechte in Rechnung stellen müssen.[1376] Außerdem sei es bedenklich, den Anwälten die Verantwortung für die richtige Rechtsanwendung aufzubürden, obwohl nach der ZPO Parteien und Anwälte für die Unterbreitung des Sachverhaltes und die Stellung der Anträge zuständig sind; demgegenüber seien Rechtskenntnis und – anwendung Aufgabe des Gerichtes.[1377]

Trotz der unterschiedlichen Aufgabenkreise des Gerichtes und des Anwaltes ist es möglich, dass beide durch ihre Pflichtverletzungen zur Entstehung des Schadens beitragen. Daher muss sich eine Lösung an den Grundsätzen der

---

1373 Vgl. *Papier* in: MünchKommBGB § 839 Rn. 333

1374 BGHZ 113, 17, 25; vgl. dazu ausführlich *Wurm* in: Staudinger, BGB § 839 BGB Rn. 345-349

1375 BGH NJW 2002, 1048 (Die Pflichtverletzungen des Anwaltes bestanden in einer unklaren Formulierung des Vergleiches, dem Unterlassen eines Hinweises auf die höchstrichterliche Rechtsprechung und einer unterbliebenen Rechtsmittelbelehrung.)

1376 BVerfG NJW 2002, 2937, 2938

1377 BVerfG NJW 2002, 2937, 2938; für eine Unterbrechung des Zurechnungszusammenhanges aus diesem Grund *Fischer*, Die Haftung des Rechtsanwaltes, S. 151f.

Schadenszurechnung orientieren.[1378] Grundsätzlich darf der Geschädigte nicht um einen Schadensersatzanspruch gegen den Erstschädiger gebracht werden, weil noch ein weiterer Schädiger sein Vermögen beeinträchtigt hat. Lediglich in dem Ausnahmefall, dass das Verhalten des Erstschädigers bei wertender Betrachtung bedeutungslos ist, weil seitens eines Dritten eine völlig ungewöhnliche und schlechthin unvertretbare Pflichtverletzung vorliegt, die die ursprüngliche Pflichtverletzung bedeutungslos werden lässt und damit als einzige Schadensursache erscheint, erfolgt keine Zurechnung an den Erstschädiger.[1379] Dementsprechend besteht keine Ersatzpflicht des Anwaltes gegenüber dem Mandanten, wenn dem Gericht eine gravierende Fehlentscheidung unterläuft, mit der aufgrund der Anträge und des sonstigen Vorbringens der Parteien nicht zu rechnen war. Dann trägt der Mandant das Risiko, eine falsche Gerichtsentscheidung wegen des Richterspruchprivilegs entschädigungslos hinnehmen zu müssen. Damit steht er wie jeder andere, der einen Schaden aufgrund eines Gerichtsurteils erleidet und dem kein weiterer Schuldner zur Verfügung steht.[1380] Ansonsten kann der Geschädigte seinen Anwalt wegen dessen schuldhafter Pflichtverletzung in Anspruch nehmen, so dass der Ausschluss der Amtshaftung nach § 839 Abs. 2 S. 1 BGB aus vermögensrechtlicher Sicht für ihn ohne Nachteil ist.[1381]

§ 2: Rechtslage in England

Im englischen Recht existiert kein eigenes Staatshaftungsregime. Erleidet ein Bürger durch den Verstoß gegen ein subjektiv öffentliches Recht einen Schaden, muss er sein Schadensersatzbegehren auf einen Anspruch im *tort law* stützen.[1382] Eine Besonderheit des englischen Rechts liegt darin, dass die Staatsbediensteten für Amtspflichtverletzungen persönlich haften.[1383] Im Haftungsrecht galt lange Zeit der Grundsatz des *common law*: „the king can do no wrong", so dass eine Klage gegen die Krone ausgeschlossen war. Regelmäßig leistete allerdings die Krone an Stelle des handelnden Amtsträgers Schadensersatz.[1384]

1378 So *Zugehör*, NJW 2003, 3225, 3229
1379 Vgl. BGHZ 106, 313, 316
1380 *Zugehör*, NJW 2003, 3225, 3229
1381 Verfassungsrechtlich ist eine solche Haftung nicht zu beanstanden, da sie einen verhältnismäßigen Eingriff in die Berufsausübungsfreiheit darstellt. Sie ist die Kehrseite der freien Vertragstätigkeit im Rahmen des (inzwischen eingeschränkten) Monopols der Rechtsberatung, vgl. *Zugehör*, NJW 2003, 3225, 3231
1382 Vgl. *Arrowsmith*, Civil Liability, S. 137; *Bell* in: ders./Bradley, Governmental Liability, S. 17; *Fairgrieve*, State Liability, S. 16; *Mayo*, Haftung, S. 61f.; *Street* in: Haftung, S. 230, 232; vgl. auch die Übersicht in: Law Commission, Monetary Remedies in Public Law, S. 6-24 abrufbar unter http://www.lawcom.gov.uk
1383 Grundlegend *Dicey*, Law of the Constitution, S. 193
1384 Vgl. *Clerk/Lindsell,* Torts, S. 257f.; *Markesinis/Deakin*, Tort Law, S. 403

Der *CPA 1947* beseitigt die Immunität der Krone und stellt sie haftungsrechtlich einer volljährigen und voll geschäftsfähigen Privatperson gleich.[1385]

A. Allgemein

Eine Haftung des Staates kann nun auf zweifache Weise begründet werden. Zum einen haftet der Staat nach dem Prinzip der *vicarious liability*[1386] für die *tort*, die seine Bedienstete im „Zuge ihrer Beschäftigung" begangen haben;[1387] daneben haftet der Bedienstete persönlich.[1388] Zum anderen haftet der Staat unmittelbar, wenn ein Verstoß gegen solche Verpflichtungen vorliegt, die den Staat direkt gegenüber einem Dritten treffen. Derartige Verpflichtungen können sich aus einem Parlamentsgesetz ergeben, wenn das Gesetz diese Pflichten neben dem Staat auch anderen Personen auferlegt.[1389] Außerdem unterliegt der Staat den Pflichten, die das *common law* an besondere Umstände wie das Eigentum oder den Besitz von Grundstücken knüpft.[1390]

Deliktische Schadensersatzklagen gegen den Staat werden in der Regel auf den *tort of misfeasance in public office, breach of statutory duty* oder den *tort of negligence* gestützt.[1391] Im Folgenden werden überblicksartig die Voraussetzungen dieser *torts* dargestellt.

I. Misfeasance in public office

Misfeasance in public office ist der einzige *tort*, der speziell eine Haftung bei Amtspflichtverletzungen durch Bedienstete einer öffentlich-rechtlichen Körperschaft betrifft.[1392] Zweck dieses *tort* ist es, demjenigen einen finanziellen Ausgleich zu verschaffen, der infolge eines Missbrauchs von Amtsbefugnissen einen

---

1385   Sec. 2 (1) *CPA 1947*; vgl. *Winfield/Jolowicz*, Tort, S. 819

1386   Der Begriff *vicarious liability* bezeichnet die Ersatzpflicht des Arbeitgebers, die neben die Haftung des Arbeitnehmers für die durch ihn begangenen Delikte tritt, vgl. *von Bar*, Deliktsrecht, Band I, Rn. 337

1387   Sec. 2 (1) (a) *CPA 1947*: Subject to the provisions of this Act, the Crown shall be subject to all those liabilities in tort to which, if it were a private person of full age and capacity, it would be subject in respect of tort committed by its servants or agents. Vgl. zur *vicarious liability* im *common law Imperial Chemical Industries Ltd* v. *Shatwell* (1965) AC 656, 686 per Lord *Pearce*; *Clerk/Lindsell,*Torts, S. 258f.

1388   *Fairgrieve*, State Liability, S. 23

1389   Sec. 2 (2) *CPA 1947*; dazu zählen unter anderem sec. 6 *Occupiers'Liability Acts 1957*; sec. 9 (2) *Consumer Protection Act*; vgl. *Markesinis/Deakin*, Tort Law, S. 404 m.w.N.

1390   Sec. 2 (1) (c) *CPA 1947*; diese Pflichten wurden nun im Wesentlichen durch die Pflichten aufgrund des *Occupiers'Liability Acts 1957* ersetzt.

1391   *Bell* in: ders./Bradley, Governmental Liability, S. 25f.

1392   Vgl. *Craig*, Administrative Law, S. 909

Schaden erlitten hat.[1393] Das *House of Lords* hat in den *Three Rivers*-Entscheidungen den Anwendungsbereich dieses *tort* präzisiert und bejaht nun eine Haftung unter den folgenden Voraussetzungen. In objektiver Hinsicht muss ein Angestellter des öffentlichen Dienstes (*public officer*) im Rahmen seiner Amtstätigkeit eine rechtswidrige Maßnahme begangen haben. Der Begriff des *public officers* wird in der Rechtsprechung weit ausgelegt.[1394] Demnach kann auch die Tätigkeit eines Richters eine Haftung auslösen.[1395] Im subjektiven Tatbestand differenziert das *House of Lords* zwischen *targeted malice* oder *untargeted malice*. *Targeted malice* liegt vor, wenn der Amtsträger mit der Absicht handelt, einer anderen Person einen Schaden zuzufügen. *Untargeted malice* ist gegeben, wenn er weiß, dass er zu dem Erlass einer bestimmten Maßnahme nicht befugt ist und dass er damit einer Person wahrscheinlich einen Schaden zufügen wird.[1396] Inzwischen geht das *House of Lords* von dem Vorliegen des subjektiven Tatbestands bereits dann aus, wenn eine grobe Fahrlässigkeit (*reckless indifference*) hinsichtlich der Rechtswidrigkeit und der Gefahr eines Schadenseintritts nachgewiesen werden kann.[1397] Obwohl der Nachweis des subjektiven Elementes im Einzelfall Schwierigkeiten bereiten kann, weist dieser Klagegrund gegenüber dem *tort of negligence* einige Vorteile auf. Erstens bedarf es nicht der Begründung eines Näheverhältnisses (*proximity*) zwischen dem Kläger und dem Schädiger und zweitens bestehen keine Bedenken gegen die Ersatzfähigkeit von *pure economic loss*.[1398]

II. Negligence

Der Tatbestand dieses *tort* ist erfüllt, wenn den Beklagten gegenüber dem Kläger eine Sorgfaltspflicht traf (*duty of care*), wenn er diese Pflicht verletzt hat (*breach*) und dem Kläger infolge dieser Pflichtverletzung ein Schaden entstanden ist (*causation* and *damage*).[1399]

1393   Vgl. *Winfield/Jolowicz*, Tort, S. 280
1394   *Three Rivers District Council* v. *Bank of England (No.1)* (2000) WLR 1220, 1229 per Lord *Steyn*
1395   So der neuseeländische *Court of Appeal* (*Rawlinson* v. *Rice* (1998) 1 NZLR 454, 463) aufgrund einer Zusammenschau der höchstrichterlichen englischen Rechtsprechung
1396   *Three Rivers District Council* v. *Bank of England (No.1)* (2000) WLR 1220, 1230 per Lord *Steyn*
1397   Vgl. *Three Rivers District Council* v. *Bank of England (No.3)* (2003) 2 AC 1, Rn. 44 per Lord *Hope*
1398   Vgl. *Andenas/Fairgrieve*, ICLQ 51 (2002) 757, 776f.
1399   Vgl. *Lochgelly Iron and Coal Co.* v. *M'Mullan* (1934) 1 AC 1, 25 per Lord *Wright*

1. Allgemein

Bei Schadensersatzklagen gegen öffentlich-rechtliche Körperschaften untersucht das Gericht zunächst, ob der Gegenstand des Verfahrens einer gerichtlichen Prüfung zugänglich ist oder ob der Anspruch bereits aufgrund von Gemeinwohlüberlegungen (*policy considerations*)[1400] abzuweisen ist.[1401] Nach inzwischen gefestigter Rechtsprechung des *House of Lords* wird die Haftung nicht davon abhängig gemacht, dass die angegriffene Maßnahme unter öffentlich-rechtlichen Gesichtspunkten rechtswidrig ist.[1402]

2. Duty of care

Eine Sorgfaltspflicht besteht, wenn erstens der erlittene Schaden eine vorhersehbare Folge (*foreseeable consequence*) der angegriffenen Maßnahme darstellt, wenn zweitens ein hinreichendes Näheverhältnis zwischen den beiden Parteien besteht (*sufficient proximity*) und wenn es drittens angesichts der Umstände des Falles billig, gerecht und vernünftig (*fair, just* and *reasonable*) ist, eine Sorgfaltspflicht aufzuerlegen.[1403] In dem speziellen Fall einer Klage gegen Bedienstete öffentlich-rechtlicher Körperschaften haben sich die Gerichte wiederholt auf Gemeinwohlüberlegungen gestützt, um das Vorliegen einer Sorgfaltspflicht abzulehnen.[1404] Der EGMR erblickte in dieser Vorgehensweise der Gerichte einen Verstoß gegen Art. 6 EMRK, da sie zu einer Immunität gegenüber Schadensersatzklagen führt, ohne dass die Schwere des Verstoßes oder der Schaden des Klägers im Einzelfall berücksichtigt würden.[1405] Daraufhin entschied das *House of Lords*, dass eine Abwägung zwischen den Gemeinwohlüberlegungen

---

1400 Eine Eigenheit des englischen Haftungsrechts besteht darin, dass die Argumentation sich oft an *policy considerations* orientiert. Dabei handelt es sich um Gemeinwohlüberlegungen, mit deren Hilfe geprüft wird, ob das gefundene Ergebnis „billig, gerecht und vernünftig" und daher mit dem Gesamtsystem vereinbar ist. Ein fester Kanon methodisch zulässiger *policy considerations* existiert nicht, vgl. *von Bar*, Deliktsrecht, Band I, Rn. 291-293 mit Beispielen

1401 Vgl. *Barrett* v. *Enfield London Borough Council* (2001) 2 AC 550, 581 per Lord *Hutton; Fairgrieve*, State Liability, S. 59 m.w.N.

1402 Vgl. *Barrett* v. *Enfield London Borough Council* (2001) 2 AC 550, 586 per Lord *Hutton; Phelps* v. *Hillingdon Borough Council* (2001) 2 AC 619, 653 per Lord Slynn; vgl. *Craig*, Administrative Law, S. 906f.

1403 *Caparo Industries* v. *Dickmann* (1990) 2 AC 605, 617 per Lord *Bridge of Harwich*

1404 Die Rechtsprechung lehnt eine Sorgfaltspflicht insbesondere ab, wenn alternative Rechtsschutzmöglichkeiten existieren, wenn die Auferlegung einer Sorgfaltspflicht die Entscheidungsfreude des Bediensteten beeinträchtigen könnte oder wenn aufgrund einer Vielzahl von Haftungsprozessen erhebliche finanzielle Belastungen für die Allgemeinheit zu erwarten sind, vgl. *Fairgrieve*, State Liability, S. 64f.; *Markesinis/Auby/Coester-Waltjen/Deakin*, Tortious Liability, S. 46 m.w.N.

1405 EGMR (*Osman/United Kingdom*) (1999) 1 FLR

einerseits und den Nachteilen des Geschädigten infolge eines Haftungsausschlusses andererseits stattfinden muss.[1406]

3. Breach of duty

Ein *breach of duty* liegt vor, wenn der Beklagte nicht die verkehrserforderliche
Sorgfalt hat walten lassen.[1407] Die Feststellung des Sorgfaltsmaßstabes erfolgt für
Amtsträger wie für alle anderen Berufstätigen anhand des *Bolam*-Tests.[1408] Danach liegt keine Sorgfaltspflichtverletzung vor, wenn der Beklagte die Sorgfalt
eines sachkundigen Dritten angewandt hat und in Übereinstimmung mit allgemein anerkannten Praxisgrundsätzen gehandelt hat.[1409]

4. Damage

Die Prüfung des Zusammenhangs zwischen der Sorgfaltspflichtverletzung und
dem Schaden erfolgt in zwei Schritten durch Etablierung einer *causation in fact*
sowie einer *legal causation*.[1410] Zunächst muss der Kläger nachweisen, dass die
Handlung des Schädigers die wesentliche Ursache des Schadens darstellt (*but
for*-Test);[1411] dies entspricht der Anwendung der Äquivalenztheorie im deutschen
Recht. Dann ist zu untersuchen, ob die Art des erlittenen Schadens vernünftiger-
weise objektiv vorhersehbar und somit dem Schädiger zuzurechnen ist (*remoteness of damage*-Test).[1412]

III. Breach of statutory duty

Auf der Grundlage des *tort breach of statutory duty* kann der Kläger Ersatz des
Schadens verlangen, der ihm durch die Zuwiderhandlung des Beklagten gegen

---

1406   *Barrett* v. *Enfield London Borough Council* (2001) 2 AC 550, 558 per Lord *Wilkinson*;
        inzwischen hat der EGMR klargestellt, dass die Ablehnung einer Klage aus materiell-
        rechtlichen Gründen nicht gegen Art. 6 EMRK verstößt, wenn eine solche Abwägung
        erfolgt, vg. EGMR (*Z/UK*) (2001) 2 FLR 612, Rn. 96f.
1407   Vgl. *Bolton* v. *Stone* (1951) AC 850, 868 per Lord Radcliffe
1408   Klarstellend *A* v. *Essex County Council* (2004) 1 WLR 1881
1409   Vgl. *Bolam* v. *Friern Hospital Management Committee* (1957) 1 WLR 582
1410   Vgl. dazu ausführlich *Wurmnest*, Grundzüge, S. 164f.
1411   Vgl. *Cork* v. *Kirby Mac Lean* (1952) 2 All ER 402
1412   *Overseas Tankship Ltd* v. *Morts Dock & Engineering Co Ltd (Wagon Mound I)* (1961)
        AC 388

eine gesetzliche Verpflichtung entstanden ist.[1413] Betrachtet man die bisherige Rechtsprechung, so ist eine Zurückhaltung der Gerichte bei der Bejahung einer Haftung öffentlich-rechtlicher Körperschaften zu erkennen. Das Risiko einer übermäßigen finanziellen Belastung der öffentlichen Hand durch eine Flut von Haftungsprozessen soll gering gehalten werden.[1414]

1. Existenz eines Klagerechts

Zunächst muss der Kläger darlegen, dass das Parlament beabsichtigte, für den Fall der Zuwiderhandlung gegen das Gesetz einem von der Allgemeinheit abgrenzbaren Personenkreis ein Klagerecht einzuräumen.[1415] Dieser Punkt bereitet keine Schwierigkeiten, wenn das Gesetz eine Klage ausdrücklich zulässt oder sie ausschließt.[1416] In allen anderen Fällen geht man von der Überlegung aus, dass mit jeder gesetzlichen Verpflichtung zugunsten eines Einzelnen eine entsprechende Rechtsposition korrespondiert, die im Wege der Schadensersatzklage durchgesetzt werden können muss.[1417] Enthält das Gesetz keine Regelung hinsichtlich der Folgen einer Rechtsverletzung wird vermutet, dass ein zivilrechtlicher Anspruch besteht.[1418] Umgekehrt wird in dem Fall, dass das Parlamentsgesetz selbst andere Rechtsschutzmöglichkeiten zur Durchsetzung der durch das Gesetz begründeten Pflichten vorsieht, vermutet, dass zusätzlich nicht noch ein Anspruch wegen eines *breach of statutory duty* besteht.[1419] Verfügt der Amtswalter bei einer Verwaltungsentscheidung über einen weiten Ermessensspielraum, wird vermutet, dass eine Zuwiderhandlung keine Ersatzpflicht auslösen soll. In diesem Fall soll lediglich eine Kontrolle im Wege des *judicial review* eröffnet sein.[1420]

1413 *Markesinis/Deakin*, Tort Law, S. 358; zur Abgrenzung zu *negligence* vgl. *London Passenger Transport Board* v. *Upson* (1949) AC 155, 158 per Lord *Wright*

1414 Vgl. *Fairgrieve*, State Liability, S. 37f.; *Winfield/Jolowicz*, Tort, S. 540 m.w.N.

1415 *Lonrho Ltd.* v. *Shell Petroleum Co. Ltd. (No. 2)* (1982) AC 173, 185; *X (Minors)* v. *Bedfordshire County Council* (1995) 2 AC 633, 731

1416 Vgl. die Beispiele bei *Markesinis/Deakin*, Tort Law, S. 363f.

1417 *Butler* v. *Fife Coal Co. Lt.* (1912) AC 149, 165 per Lord *Kinnear*

1418 *X (Minors)* v. *Bedfordshire County Council* (1995) 2 AC 633, 731 per Lord *Browne-Wilkinson*

1419 Vgl. *Cutler* v. *Wandsworth Stadium Ltd* (1949) AC 398, 407 per Lord *Simonds*

1420 *O'Rourke* v. *Camden LBC* (1997) UKHL 24

2. Persönlicher und sachlicher Schutzbereich der verletzten Norm

Der Kläger muss nachweisen, dass er zu dem Kreis der Personen zählt, deren Schutz das Parlament bezweckt (persönlicher Schutzbereich).[1421] Wenn ein Gesetz ein subjektiv öffentliches Recht (*public right*) verleiht, wird eine Haftung nur ausgelöst, wenn der Kläger im Unterschied zu dem Rest der Bürger einen besonderen, unmittelbaren und erheblichen Schaden erlitten hat.[1422] Außerdem muss der erlittene Schaden von dem sachlichen Schutzbereich des betreffenden Gesetzes erfasst sein.[1423]

3. Verstoß gegen die gesetzliche Verpflichtung

Der Beklagte muss gegen die gesetzliche Verpflichtung verstoßen haben. Soweit die verletzte Rechtsnorm nicht einen besonderen Haftungsmaßstab festlegt, haftet der Schädiger verschuldensunabhängig (*strict liability*).[1424] Ergibt sich aus der Auslegung eines Parlamentsgesetzes, dass ein Anspruch aus *breach of statutory duty* nicht vorliegt, kann eine Haftung stattdessen nicht daraus abgeleitet werden, dass eine gesetzliche Amtspflicht fahrlässig ausgeübt wurde. Vielmehr ist dann zu prüfen, ob eine Schadensersatzklage auf den *tort of negligence* gestützt werden kann.[1425]

4. Kausalzusammenhang

Die Feststellung des Kausalzusammenhangs zwischen der Zuwiderhandlung gegen das Gesetz und dem Schaden erfolgt auf der Grundlage des *but for*-Tests.[1426] Die *legal causation* wird wie bei *negligence* anhand des *remoteness of damage*-Tests ermittelt.[1427] Handelte der Beklagte mit Schädigungsabsicht, ist ihm der Schaden stets zuzurechnen.[1428]

1421   X (Minors) v. Bedfordshire County Council (1995) 2 AC 633, 731 per Lord Browne-Wilkinson

1422   Lonrho Ltd. v. Shell Petroleum Co. Ltd. (No. 2) (1982) AC 173, 185

1423   Gorris v. Scott (1874) LR 9 Exch. 125, 129

1424   Vgl. Markesinis/Deakin, Tort Law, S. 360; in diese Richtung X (Minors) v. Bedfordshire County Council (1995) 2 AC 633, 747 per Lord Browne-Wilkinson

1425   Vgl. Mersey Docks and Harbour Board Trustees v. Gibbs (1866) LR 1 HL 93; Winfield/Jolowicz, Tort, S. 164

1426   Caswell v. Powell Duffryn Associated Collieries (1940) AC 152, 164 per Lord Atkin

1427   Fairgrieve, State Liability, S. 167; a.A. ohne Angabe von Gründen Smith/Woods, ICLQ 46 (1997) 925, 935

1428   Quinn v. Leathem (1901) AC 495, 537

B. Haftung des Staates wegen richterlichen Unrechts

Eine Ersatzpflicht des Staates wegen Judikativunrechts ist sowohl auf der Grundlage des Konzepts der *vicarious liability* als auch in Form einer unmittelbaren Haftung denkbar.

I. Persönliche Haftung des Richters

Die Grundsätze der Judikativhaftung wurden in den vergangen Jahrhunderten durch das *common law* und in jüngerer Zeit durch die Gesetzgebung entwickelt.

1. Allgemein

Das englische Recht weist insoweit einige Eigentümlichkeiten auf, die nur mit Blick auf den historischen Kontext verständlich sind. Dies dürfte auch ein Grund dafür sein, dass das englische Haftungsregime nicht völlig widerspruchsfrei ist. Die Diskussion der Judikativhaftung in der englischen Rechtsprechung und im Schrifttum konzentriert sich auf die Voraussetzungen und die *ratio* der Privilegierung richterlicher Tätigkeit. Angesichts des weit reichenden Haftungsausschlusses wird eine Auseinandersetzung mit möglichen Anspruchsgrundlagen offenbar als überflüssig angesehen. Ungeachtet dessen ist festzuhalten, dass sich die Haftung nach den oben genannten *torts* bestimmt, wenn die Voraussetzungen eines Haftungsprivilegs nicht vorliegen.[1429]

Das Eingreifen eines Haftungsprivilegs knüpft nicht an die Innehabung eines Richtertitels an, sondern setzt die Ausübung einer richterlichen Tätigkeit (*judicial act*) voraus.[1430] Davon abzugrenzen sind solche Handlungen, zu denen der Amtsträger verpflichtet ist und bei denen ihm kein Ermessensspielraum verbleibt (*ministerial act*). Eine präzise Abgrenzung dieser beiden Kategorien ist angesichts zahlreicher Überschneidungen und einer umfangreichen Rechtsprechung kaum möglich.

1429 Vgl. *Arrowsmith*, Civil Liability, S. 142; *Sirros* v. *Moore* (1975) QB 118, 139; sec. 44 *Justices of the Peace Act 1979*; eine Diskussion weiterer *tort*, die eine Judikativhaftung auslösen können (Bsp.: *false imprisonment, libel, slander, trespass*), ist hier nicht angezeigt, da sie für die anschließende Frage der Umsetzung der gemeinschaftsrechtlichen Vorgaben irrelevant ist.

1430 Vgl. *Garnett* v. *Ferrand* (1827) All ER 244; *Clerk/Lindsell,* Torts, S. 1476; sec 9(1) *HRA 1998*

Als Merkposten gilt, dass Handlungen des Richters in seiner Eigenschaft als Privatperson oder im Rahmen einer Verwaltungstätigkeit nicht privilegiert sind.[1431]

2. Differenzierung zwischen Richtern oberer und unterer Gerichte

Im englischen Recht wird traditionell zwischen den Richtern oberer und unterer Gerichte differenziert. Der wesentliche Unterschied liegt im Umfang ihrer Zuständigkeit. Im Grundsatz gilt, dass untere Gerichte nur über eine eingeschränkte sachliche und örtliche Zuständigkeit verfügen, während zugunsten der oberen Gerichte deren uneingeschränkte Zuständigkeit vermutet wird.[1432] Diese Differenzierung wird bedeutsam in dem Bereich der Judikativhaftung, da das Eingreifen eines Haftungsprivilegs an die Beachtung der Grenzen der eigenen Zuständigkeit (*jurisdiction*) geknüpft wird (dazu sogleich). Zu den Richtern der oberen Gerichte zählen die Richter an dem *High Court* (*High Court Judges*), dem *Court of Appeal* (*Lords Justices of Appeal*) und dem *House of Lords* (*Lords of Appeal in Ordinary*); sie stehen an der Spitze der Hierarchie der Berufsrichter und sind zugleich Richter im Sinne des englischen Staatsrechts.[1433] Untere Gerichte in Zivilsachen sind die *County Courts*, an denen die *Circuit Judges* und die *District Judges* tätig sind; bei ihnen handelt es sich ebenfalls um Berufsrichter.[1434] In Ausnahmefällen sind in Zivilsachen die *Magistrates' Courts* sachlich zuständig. Als Richter wirken dort nebenamtliche Laienrichter (*Justices of the Peace*).[1435]

1431 Vgl. zu dem Begriff des *judicial acts* und zu dem Versuch einer Kategorisierung der einzelnen Tätigkeitsbereiche: *Kniffka*, Privilegierung, S. 59-65; *Olowofoyeku* (Suing Judges, S. 90 will anhand der folgenden zehn Kriterien ermitteln, ob ein *judicial act* vorliegt: 1) judgement and discretion; 2) interpretation, application or declaration of law on evaluation of fact and/or law; 3) dispute resolution; 4) bindingness; 5) imposition of liability or effect on rights; 6) function normally performed by judges; 7) judge dealt with it in his judicial capacity; 8) correctibility on appeal; 9) events occuring in judge´s court or chambers; 10) presence of a case pending before the judge

1432 Vgl. *Anderson* v. *Gorrie* (1895) 1 QB 668, 671 per Lord *Esher* MR

1433 Vgl. *Bell*, Judiciaries within Europe, S. 299-312; *Bunge*, Zivilprozess und Zwangsvollstreckung, S. 74

1434 Sec. 5(1) *County Court Act 1984*; die *District Judges* leiten das Vorverfahren (*pre-trial proceedings*), das mit der Anordnung des Hauptverfahrens endet (vgl. *Bunge*, Zivilprozess und Zwangsvollstreckung, S. 80). Im Strafprozess wird zwischen den *Magistrates' Courts* als unteren Gerichten und dem *Crown Court* als oberem Gericht differenziert. Nähere Ausführungen sind im Rahmen dieser Untersuchung nicht angezeigt, da für die Frage der Haftung allein die Unterscheidung zwischen unteren und oberen Gerichten maßgeblich ist und da Verstöße der Strafgerichte gegen Gemeinschaftsrecht praktisch kaum Bedeutung erlangen dürften.

1435 Vgl. *Bunge*, Zivilprozess und Zwangsvollstreckung, S. 64f.

Grundsätzlich gilt im englischen Recht, dass Richter oberer Gerichte wegen Handlungen im Rahmen ihrer richterlichen Tätigkeit eine umfassende Immunität gegenüber Schadensersatzklagen genießen. Es ist kein Fall bekannt, in dem ein Richter eines oberen Gerichtes aufgrund seiner richterlichen Tätigkeit haftbar gemacht wurde.[1436] Maßgebliches Kriterium für das Eingreifen des Haftungsprivilegs ist zunächst die Wahrung der eigenen Zuständigkeit durch den Richter. Die Wahl dieses Abgrenzungskriteriums hat offenbar einen historischen Grund: Die Grundsätze der richterlichen Immunität stammen aus einer Zeit, in der Konflikte über die Zuständigkeitsverteilung zwischen dem *Kings's Court*, feudalherrschaftlichen und kirchlichen Gerichten die Entwicklung des Justizwesens prägten.[1437] Soweit die Richter im Rahmen ihrer Zuständigkeit handeln, greift zu ihren Gunsten stets eine Immunität gegenüber deliktischer Inanspruchnahme. Dies gilt sogar, wenn ihnen hinsichtlich der fehlerhaften Entscheidung ein böswilliges Verhalten vorzuwerfen ist; man spricht daher von *absolute immunity*.[1438] Des Weiteren löst eine Entscheidung, mit der der Richter seine Zuständigkeit überschreitet (*acting without or in excess of jurisdiction*), noch keine Schadensersatzpflicht desselben aus.[1439] Freilich ist der Haftungsausschluss entgegen einer früher vertretenen Auffassung in diesem Fall nicht darauf zurückzuführen, dass obere Gerichte ihre Zuständigkeit selbst bestimmen und diese folglich nicht überschreiten könnten.[1440] Es sind nämlich durchaus Fälle denkbar, in denen Richter obere Gerichte ohne das geringste Recht (*without colour of right*) entscheiden und damit außerhalb ihrer Zuständigkeit handeln.[1441] Die Immunität des Richters wird erst ausgeschlossen, wenn er wissentlich außerhalb seiner Zustän-

---

1436   Vgl. *Arrowsmith*, Civil Liability, S. 141
1437   Vgl. *Sirros* v. *Moore* (1975) QB 118
       Ein besonders eingängiges Beispiel für eine Zuständigkeitsüberschreitung liefert der berühmte *Marshalsea*-Fall (1612) 77 ER 1027. Die Zuständigkeit des Gerichts beschränkte sich auf Rechtssachen, die Mitglieder des königlichen Haushaltes betrafen. Ungeachtet dessen entschied das Gericht über den Zahlungsanspruch einer Person, die nicht dem königlichen Haushalt angehörte. Daraufhin wurde der Richter zur Leistung von Schadensersatz verurteilt.
1438   *Sirros* v. *Moore* (1975) QB 118, 146 per *Buckley* LJ: "A judge is immune from personal liability in respect of any act done in his judicial capacity and within his jurisdiction, even if he acts maliciously or in bad faith."
1439   *Sirros* v. *Moore* (1975) QB 118, 125 per Lord *Denning* MR; bei der Zuständigkeitsüberschreitung unterscheidet man drei Kategorien: Unzuständigkeit des Richters für die Beurteilung der Sache, prozedurale Zuständigkeitsüberschreitung nach Anhängigkeit des Verfahrens oder fehlende Rechtsgrundlage der getroffenen Entscheidung, vgl. dazu *Gromitsaris*, Rechtsgrund, S. 104 m.w.N.
1440   Diese Auffassung wird wiedergegeben bei *Sirros* v. *Moore* (1975) QB 118, 138
1441   Vgl. das Beispiel von Lord *Bridge* in *Re McC* (1985) AC 528, 540: Der Richter eines oberen Gerichtes lehnt den Freispruch eines Beschuldigten durch die Jury ab und verfügt dessen Inhaftierung. Dann besteht eine Schadensersatzpflicht aufgrund des *tort of false imprisonment*.

digkeit handelt und deswegen seine Schutzwürdigkeit verliert.[1442] Dann haftet der Richter nach dem *tort law* für den durch seine Entscheidung entstandenen Schaden. Allerdings dürfte diese Klagemöglichkeit für den Geschädigten eher eine theoretische Option darstellen. Da der Richter nicht dazu gezwungen werden kann, in Bezug auf seine richterliche Tätigkeit als Zeuge auszusagen,[1443] ist der Nachweis einer wissentlichen Zuständigkeitsüberschreitung praktisch kaum möglich.[1444]

Im Rahmen des *tort of negligence* wird wegen der Immunität des Richters das Vorliegen einer *duty of care* abgelehnt, während die Privilegierung bei allen anderen *tort* dogmatisch als Haftungsausschluss verstanden wird.[1445]

Rechtspolitische Legitimation der haftungsrechtlichen Privilegierung ist nach überwiegender Auffassung primär die Sicherung der richterlichen Unabhängigkeit. Dabei steht nicht der Schutz des einzelnen Richters vor möglichen Schadensersatzklagen, sondern die Wahrung der Unabhängigkeit des Richters bei seiner Entscheidungsfindung im Interesse der Allgemeinheit im Vordergrund. Die ordnungsgemäße Arbeit der Justiz könne nur gewährleistet werden, wenn die Richter unabhängig und unparteiisch handeln könnten und sich nicht stets der Gefahr eines Haftungsprozesses ausgesetzt sähen; das Risiko eines fehlerhaftes Urteils im Einzelfall wird dabei bewusst in Kauf genommen.[1446] Der Richter soll sich bei seiner Entscheidung ausschließlich am Gesetz und nicht daran orientieren, von welcher Partei ihm möglicherweise eine Haftungsklage droht.[1447] Die richterliche Unabhängigkeit stellt ein grundlegendes Prinzip des englischen Verfassungsrechts dar.[1448] Deswegen erscheint offenbar eine haftungsrechtliche Besserstellung der Richter gegenüber allen anderen Amtsträgern gerechtfertigt.[1449] Vereinzelt wird angenommen, dass die Garantie der richterlichen Unabhängigkeit nicht eine umfassende Immunität der Richter rechtfertigt, sondern dass sie auf nicht-vorsätzliche Verstöße zu beschränken ist (*qualified immunity*).[1450] Letztlich besteht trotz dieser Beschränkung die Gefahr, dass der Richter einem Haftungsprozess ausgesetzt wird, wenn der Kläger das Vorliegen eines vorsätzlichen Verstoßes behauptet. Vor dem Hintergrund der oben beschriebenen *ratio* der Haftungsprivilegierung im englischen Recht ist die An-

---

1442   *Re McC* (1985) AC 528, 540 per Lord *Bridge*

1443   Vgl. *Warren* v. *Warren* (1996) WLR 1129, 1137 per Lord *Woolf* MR

1444   Vgl. *Hogg/Monahan*, Liability of the Crown, S. 195

1445   Vgl. *Sirros* v. *Moore* (1975) QB 118; *Arrowsmith*, Civil Liability, S. 140; *Bell* in: ders./Bradley, Governmental Liability, S. 35; a.A.: *Hogg/Monahan*, Liability of the Crown, S. 198: nach ihrer Ansicht handelt es sich um eine Immunität, die das Parlament allen öffentlichen Bediensteten gewährt, die im Rahmen ihrer Zuständigkeit handeln

1446   Vgl. *Garnett* v. *Ferrand* (1827) All ER 244, 246 per Lord *Tenderden* CJ; *Arrowsmith*, Civil Liability, S. 140; *Bell*, Judiciaries within Europe, S. 323; *Clerk/Lindsell*, Torts, S. 1477; *Hartley/Griffith*, Government and Law, S. 184; *Winfield/Jolowicz*, Tort, S. 824

1447   Vgl. *Hogg/Monahan*, Liability of the Crown, S.193f.

1448   Vgl. *Olowofoyeku* in: Canivet/Andenas/Fairgrieve, Independence, S. 357, 361

1449   Kritisch dazu *Slapper/Kelly*, The Englisch Legal System, S. 257

1450   *Olowofoyeku*, Suing Judges, S. 194f.

nahme einer solch eingeschränkten Immunität nicht schlüssig. Zweck der richterlichen Immunität ist daneben der Schutz der Rechtssicherheit.[1451]

4. Haftung der Richter unterer Gerichte

Die Rechtslage hinsichtlich der Haftung der Richter unterer Gerichte ist recht unübersichtlich.[1452] Klar dürfte sein, dass eine haftungsrechtliche Verantwortlichkeit für Fehlurteile nicht besteht, wenn der Richter innerhalb seiner Zuständigkeit handelt.[1453] In der Entscheidung *Sirros* v. *Moore* schlug Lord *Denning* MR vor, unter Aufgabe einer früheren Regel des *common law* Richter unterer Gerichte wie die Richter der oberen Gerichte auch bei einer irrtümlichen Überschreitung ihrer Zuständigkeit von der Haftung freizustellen; angesichts der *ratio* des Haftungsprivilegs bestehe kein Anlass für eine Differenzierung.[1454] Diese Gleichstellung wurde in der Entscheidung *Re McC* verworfen. Danach trifft die Richter eine Ersatzpflicht für Schäden, die sie durch Handlungen außerhalb ihrer Zuständigkeit verursacht haben.[1455] Die Ausführungen der Gerichte bezogen sich jeweils nur auf die Haftung der *Justices of the Peace*. Inzwischen beschränkt sec. 32 (1) *Courts Act 2003* die Haftung der *Justices of the Peace* auf den Fall, dass die Richter ihre Zuständigkeit nicht in gutem Glauben überschritten haben. Weder dem *common law* noch der Gesetzgebung lassen sich eindeutige Aussagen zur Haftung der Richter an den *County Courts* entnehmen. Gegenwärtig hält die Rechtsprechung offenbar an der Regel des *common law* fest, dass diese Richter für Handlungen außerhalb ihrer Zuständigkeit keine Immunität genießen. In der Entscheidung *Re McC* weist Lord *Bridge* darauf hin, dass eine haftungsrechtliche Differenzierung zwischen unteren und oberen Gerichten derart im *common law* verwurzelt ist, dass eine Änderung der Rechtslage eines Parlamentsgesetzes bedürfe.[1456] Wenngleich eine solche Differenzierung zwischen den Richtern unterer Gerichte rechtspolitisch nicht zu überzeugen vermag,[1457] ist sie gleichwohl als geltendes Recht hinzunehmen.

1451   Vgl. *Bell* in: ders./Bradley, Governmental Liability, S. 35; *Hogg/Monahan*, Liability of the Crown, S. 194
1452   Angesichts des Untersuchungsgegenstandes wird die Haftung der Richter unterer Gerichte nur überblicksartig dargestellt. Nur im Ausnahmefall wird ein unteres Gericht zugleich letztinstanzliches Gericht im Sinne der *Köbler*-Rechtsprechung sein.
1453   *Craig*, Administrative Law, S. 921 m.w.N.
1454   (1975) QB 118, 136
1455   *Re McC* (1985) AC 528, 541 per Lord *Bridge*; vgl. die Beispiele für eine Zuständigkeitsüberschreitung durch Richter unterer Gerichte bei *Arrowsmith*, Civil Liability, S. 140
1456   (1985) AC 528, 551
1457   Kritisch *Hogg/Monahan*, Liability of the Crown, S. 198; *Winfield/Jolowicz*, Tort, S. 825

II. Haftung des Staates nach dem Prinzip der vicarious liability

Eine Haftung des Staates nach dem Prinzip der *vicarious liability* scheidet aus, soweit der handelnde Richter selbst nicht persönlich haftet; dies folgt aus sec. 2(1) *CPA 1947*.[1458] Darüber hinaus legt sec. 2 (5) *CPA 1947* fest, dass eine Haftung des Staates aufgrund richterlichen Fehlverhaltens nicht besteht.[1459] Die Haftungsfreistellung soll eine Folge der fehlenden Einflussmöglichkeit des Staates auf die Rechtsprechungstätigkeit der Richter sein.[1460] Angesichts der Funktionsweise der *vicarious liability* ist diese Vorschrift überflüssig, wenn den Richter keine persönliche Verantwortlichkeit wegen eines Fehlurteils trifft.[1461] Im Übrigen ist zweifelhaft, ob sec. 2(1) *CPA 1947* überhaupt auf Richter anwendbar ist, da sie nach dem Verständnis des *common law* nicht unter den Begriff der *servants of the Crown* fallen, sondern Mitglieder einer unabhängigen Gerichtsbarkeit sind.[1462] Letztlich stellt sec. 2 (5) *CPA 1947* lediglich klar, dass eine Haftung des Staates selbst dann nicht eingreift, wenn die Richter ausnahmsweise keine Immunität genießen.

III. Unmittelbare Staatshaftung wegen richterlichen Unrechts

Vereinzelt wird diskutiert, ob durch eine unmittelbare Haftung des Staates wegen Judikativunrechtes ein vernünftiger Ausgleich zwischen den konkurrierenden Prinzipien des Individualrechtsschutzes des Geschädigten und der richterlichen Unabhängigkeit geschaffen werden kann. Eine solche Haftung berühre die unabhängige und unparteiische Entscheidungsfindung des Richters nicht, da er nicht befürchten müsse, aufgrund seines Urteils einem Ersatzanspruch der unterlegenen Partei ausgesetzt zu sein. Eine Beeinträchtigung der Unabhängigkeit drohe auch nicht aufgrund der Möglichkeit eines Regresses des Staates gegen den Richter, wenn der Regress wie in anderen Staaten an restriktive Voraussetzungen geknüpft wird.[1463]

Anlass für diese Diskussion gibt die Entscheidung des *Privy Council* in

---

1458 Eine *vicarious liability* aufgrund des *common law* setzt ebenfalls eine primäre und unmittelbare Haftung des Bediensteten voraus, vgl. *Imperial Chemical Industries Ltd* v. *Shatwell* (1965) AC 656, 686 per Lord *Pearce*

1459 Sec. 2 (5) *CPA 1947*: No proceedings shall lie against the Crown by virtue of this section in respect of anything done or omitted to be done by any person while discharging or purporting to discharge any responsibilities of a judicial nature vested in him, or any responsibilities which he has in connection with the execution of judicial process.

1460 Vgl. *Wade/Forsyth*, Administrative Law, S. 830

1461 Vgl. *Street* in: Haftung, S. 230, 242

1462 Vgl. *Maharaj* v. *Attorney General of Trinidad and Tobago (No. 2)* (1979) AC 385, 409 per Lord *Hailsham of St Marylebone*

1463 Vgl. *Toner*, YEL 17 (1997) 165, 174; *Olowofoyeku*, PL 1998, 444, 454

Maharaj v. *Attorney General of Trinidad and Tobago (No. 2)*.[1464] Das *Privy Council* bejaht eine unmittelbare und primäre Haftung des Staates mit dem Argument, dass der (nicht persönlich haftende) Richter in Ausübung der rechtsprechenden Gewalt des Staates gehandelt hat und letzterer somit für dessen rechtwidriges Verhalten einzustehen hat. Dabei handelt es sich nicht um eine deliktische, sondern um eine öffentlich-rechtliche Haftung (*public law liability*) auf der Grundlage des Art. 6 (1) der Verfassung von Trinidad und Tobago. Allerdings beschränkt das *Privy Council* eine solche Haftung auf den Fall der rechtswidrigen Anordnung einer Freiheitsentziehung durch ein Gericht.[1465]

Auf den ersten Blick erscheint es denkbar, das Prinzip der unmittelbaren Staatshaftung auch in England heranzuziehen, um die oben beschriebenen Schwierigkeiten der persönlichen Judikativhaftung zu umgehen und eine Ersatzpflicht bei judikativem Unrecht zu konstruieren. Ein vergleichbares Haftungskonzept liegt auch der gemeinschaftsrechtlichen Staatshaftung und der Ersatzpflicht nach sec. 8, 9 *HRA 1998* zugrunde.[1466] Gegen die generelle Zulassung einer *public law liability* wegen judikativen Unrechts im englischen Recht sprechen jedoch zwei Gesichtspunkte. Zum einen existiert außerhalb des *HRA 1998* - anders als in Trinidad und Tobago - gerade keine explizite rechtliche Grundlage für eine solche Ersatzpflicht. Zum anderen stellt sec. 2(5) *CPA 1947* klar, dass eine Haftung des Staates wegen richterlichen Fehlverhaltens ausgeschlossen ist. Es ist anzunehmen, dass diese Privilegierung nicht nur für eine Haftung nach dem *tort law* gilt. Dafür spricht neben dem Wortlaut der Norm auch deren Zweck, den Staat in diesem Bereich von der Haftung völlig freizustellen.

IV. Haftung des Staates auf der Grundlage des HRA 1998

Eine Pflicht zur Leistung von Schadensersatz kann öffentlich-rechtliche Körperschaften auf der Grundlage des *HRA 1998* treffen.[1467] Die zentrale Norm des *HRA* ist sec. 6 (1), der jeder Behörde ein konventionswidriges Verhalten untersagt.[1468] Die Bindung an die EMRK erstreckt sich auf alle Gerichte einschließlich

---

1464   (1979) AC 385; Entscheidungen des *Privy Council* sind keine bindenden Präzedenzfälle für englische Gerichte, sie werden jedoch von ihnen berücksichtigt (*persuasive precedent*).

1465   Zum Ganzen *Maharaj* v. *Attorney General of Trinidad and Tobago (No. 2)* (1979) AC 385, 398 per Lord *Diplock*

1466   Dafür *Toner*, YEL 17 (1997) 165, 186; *Olowofoyeku*, PL 1998, 444, 458f.

1467   Der *HRA 1998* regelt, dass die in der EMRK niedergelegten Menschenrechte im Vereinigten Königreich gelten.

1468   Im Schrifttum wird vorgeschlagen, wie im Rahmen der gemeinschaftsrechtlichen Staatshaftung das Vorliegen eines hinreichend qualifizierten Verstoßes zu verlangen (vgl. *Craig*, Administrative Law, S. 887; *Winfield/Jolowicz*, Tort, S. 864; der *Court of Appeal* geht ebenfalls davon aus, dass es sich um eine verschuldensabhängige Haftung handelt, ohne allerdings den Verschludensmaßstab zu skizzieren, vgl. *Anufrijeva* v. *London Borough of Southwark* (2003) EWCA Civ 1406, Rn. 45).

des *House of Lords* (vgl. sec. 6 (3) und (4) *HRA 1998*). Liegt ein Verstoß gegen ein Konventionsrecht vor, so kann ein Gericht Schadensersatz zusprechen, wenn es dazu nach den Regeln des Zivilprozessrechts befugt ist.[1469] Die Zuerkennung von Schadensersatz unterliegt der Voraussetzung, dass unter Berücksichtigung aller Einzelfallumstände eine ausreichende Genugtuung des Verletzten nur auf diese Weise erreicht werden kann; dies ist insbesondere dann der Fall, wenn keine andere Rechtsschutzmöglichkeit existiert.[1470] Wegen einer konventionswidrigen Gerichtsentscheidung wird Schadensersatz jedoch nur gewährt, wenn eine Verletzung des Art. 5 Abs. 5 EMRK vorliegt und der Richter nicht in gutem Glauben handelte.[1471] Im Übrigen bleibt es bei dem Haftungsausschluss in sec. 2 (5) *CPA 1947*.[1472] Somit enthält der *HRA 1998* nur eine begrenzte Ausnahme von der Haftungsprivilegierung des Staates bei judikativem Unrecht, die nicht als Paradigma einer Staatshaftung wegen richterlichen Unrechts taugt. Gegen eine Vorbildfunktion des *HRA 1998* spricht auch, dass die Zuerkennung von Schadensersatz anders als im *tort law* nicht automatisch bei Vorliegen der Haftungsvoraussetzungen, sondern erst im Anschluss an eine umfassende Abwägung der Umstände des Einzelfalls durch das Gericht erfolgt. In der Regel besteht primär ein Interesse des Bürgers an der Beseitigung des Konventionsverstoßes, während eine Entschädigung nur die letzte Abhilfemöglichkeit darstellt („remedy of last resort").[1473]

1469 Vgl. Sec. 8 (2) *HRA 1998*; Uneinigkeit herrscht hinsichtlich der eher theoretischen Frage, ob dieses Haftungsinstitut dem *tort law* zuzurechnen ist. Zum Teil wird die Schadensersatzklage wegen eines Konventionsverstoßes als Unterfall des *tort of breach of statutory duty* (vgl. Law Commission, *Damages under the Human Rights Act 1998*, R. 4.20) oder als weiterer *public law tort* neben *misfeasance* eingestuft (vgl. *Pannick/Lester*, LQR 116 (2000) 380, 382). Dies wird von einigen Stimmen im Schrifttum bezweifelt, da dem Gericht nach sec. 8 (3) *HRA 1998* bei Vorliegen der Haftungsvoraussetzungen ein Ermessenspielraum bei der Zuerkennung von Schadensersatz verbleibt (vgl. *Craig*, Administrative Law, S. 887; *Fairgrieve*, State Liability, S. 54; *Markesinis/Deakin*, Tort Law, S. 408). Der *Court of Appeal* vertritt daher die Auffassung, dass es sich um ein *public law right* und nicht um eine *tort action* handelt (vgl. *Anufrijeva* v. *London Borough of Southwark* (2003) EWCA Civ 1406, Rn. 54).

1470 Vgl. Sec. 8 (3) *HRA 1998*

1471 Sec. 9 (3) *HRA 1998*: In proceedings under this Act in respect of a judicial act done in good faith, damages may not be awarded otherwise than to compensate a person to the extent required by Article 5(5) of the Convention.

1472 Vgl. *R* v. *Kansal* (2001) UKHL 62 Rn. 62 („Sec. 9 of the Human Rights Act 1998 preserves judicial immunity except to the extent required by Art 5(5)."); *Mahajan* v. *Department of Constitutional Affairs* (2004) EWCA Civ 946, Rn. 37; *Amos*, EHRLR 2 (1999) 178, 194; *Grote*, ZaöRV 58 (1998) 309, 343

1473 Vgl. *Anufrijeva* v. *London Borough of Southwark* (2003) EWCA Civ 1406, Rn. 56

§ 3: Zusammenfassung: Haftung wegen richterlichen Unrechts in Deutschland und England

Die Haftung wegen richterlichen Unrechts ist sowohl in Deutschland als auch in England restriktiv ausgestaltet, so dass nur in Ausnahmefällen eine Ersatzpflicht eintreten wird. Eine Abkehr von der besonderen Privilegierung richterlicher Tätigkeit ist nicht erkennbar. Im Gegenteil tendiert der BGH dazu, die Ersatzpflicht in diesem Bereich hoheitlichen Handelns weiter einzuschränken.[1474] So hat er den Anwendungsbereich des § 839 Abs. 2 S. 1 BGB auf Beschlüsse im vorläufigen Rechtsschutz ausgeweitet und die Anforderungen an die Bejahung einer schuldhaften Pflichtverletzung des Richters erhöht. Die englische Rechtsprechung hält an dem Prinzip der *absolute immunity from suit* fest und sieht sich keiner nennenswerten Kritik im Schrifttum ausgesetzt.

Unterschiede bestehen bei der rechtspolitischen Legitimation der Haftungsprivilegierungen. In beiden Rechtordnungen orientieren sich die Voraussetzungen für das Nichteingreifen des Haftungsprivilegs an dessen Schutzzweck. Während die deutsche Regelung nach überwiegender Auffassung dem Schutz des Rechtsfriedens dient, steht in England die Sicherstellung der richterlichen Unabhängigkeit im Vordergrund. Die herausragende Bedeutung der richterlichen Unabhängigkeit erklärt sich wiederum dadurch, dass im englischen Recht traditionell der Amtsträger persönlich haftet. Die freie und unabhängige Entscheidungsfindung soll nicht durch die Gefahr einer möglichen Inanspruchnahme auf Schadensersatz behindert werden. Ein solches Bedürfnis besteht in Deutschland angesichts der Haftungsverlagerung auf den Staat gemäß Art. 34 S. 1 GG nicht. Keine Übereinstimmung herrscht hinsichtlich der Frage, unter welchen Voraussetzungen ausnahmsweise eine Ersatzpflicht wegen richterlichen Unrechts besteht. Eine Besonderheit des englischen Rechts liegt in der Differenzierung zwischen den Richtern oberer und unterer Gerichte.

[1474]   In diesem Sinne auch der Richter am BGH *C. Dörr* (DVBl. 2006, 598, 601)

Fünfter Teil: Umsetzung des Grundsatzes der gemeinschaftsrechtlichen Staatshaftung wegen richterlichen Unrechts in Deutschland und England

Im folgenden Teil wird die Umsetzung des Grundsatzes der mitgliedstaatlichen Haftung wegen richterlichen Unrechts in Deutschland und England untersucht. Die Umsetzung erfolgt entsprechend des hier favorisierten Vorgabemodells auf der Grundlage der Anspruchsgrundlagen des nationalen Haftungsrechts.[1475] Eine Anpassung der Anspruchsgrundlagen erfolgt im Wege der gemeinschaftsrechtskonformen Auslegung unter Berücksichtigung des Gleichwertigkeits- und Effektivitätsgebotes. Nur soweit eine gemeinschaftsrechtskonforme Auslegung nicht möglich ist, sind die durch den EuGH festgelegten Mindestvoraussetzungen unmittelbar anwendbar.[1476] Möglicherweise muss eine Umsetzung durch die Legislative erfolgen, in dem die vorhandenen Haftungsinstitute des nationalen Rechts ergänzt oder neue geschaffen werden.[1477]

§ 1: Rezeption der *Köbler*-Entscheidung in Deutschland

Gegenwärtig liegt lediglich eine recht knappe Entscheidung des BGH zur mitgliedstaatlichen Haftung bei Verstößen der Judikative vor.[1478]

A. *Rechtsprechung des BGH zur gemeinschaftsrechtlichen Staatshaftung*

Aufschluss über die Vorgehensweise des BGH bei der Umsetzung könnten dessen bisherige Entscheidungen zur gemeinschaftsrechtlichen Staatshaftung geben. Die Kernaussagen dieser Entscheidungen werden im Folgenden kurz analysiert und einer Kritik unterzogen.[1479]

1475   Vgl. zu dem Vorgabemodell Erster Teil § 2 B IV.
1476   Vgl. *Hermes*, DV 31(1998) 371, 398
1477   Vgl. *von Bogdandy* in: Grabitz/Hilf, Recht der EU, Art. 288 EGV Rn. 169
1478   BGH EuZW 2005, 30
1479   Für eine ausführliche Darstellung vgl. *Säuberlich*, Legislatives Unrecht, S. 108-115

I.   BGHZ 134, 30

In dieser Entscheidung setzt der BGH die Entscheidung des EuGH in der Rechtssache *Brasserie du Pêcheur* um. Nach Auffassung des Senates bietet das deutsche Recht keine Anspruchsgrundlage für eine Klageforderung. Unter Verweis auf seine ständige Rechtsprechung legt der BGH dar, dass ein Amtshaftungsanspruch wegen legislativen Unrechts regelmäßig an dem fehlenden Drittbezug der Amtspflicht scheitert, da der Gesetzgeber nur Aufgaben gegenüber der Allgemeinheit wahrnimmt. Dann wendet der BGH sich dem gemeinschaftsrechtlichen Haftungsgrundsatz zu und anerkennt, dass sich ein Anspruch unmittelbar aus dem europäischen Gemeinschaftsrecht herleiten lässt. Lediglich hinsichtlich der Haftungsfolgen sei auf das nationale Recht zurückzugreifen.[1480] Der BGH hebt hervor, dass die Entscheidung keinen Anlass bietet, zu überprüfen, ob das haftungsbegrenzende Kriterium der Drittgerichtetheit der Amtspflicht in europarechtskonformer Weise auszulegen sei.[1481] Einen gemeinschaftsrechtlichen Schadensersatzanspruch lehnt der BGH ab. An die (gemeinschaftsrechtswidrige) Aufrechterhaltung der Bestimmungen des Biersteuergesetzes über die Reinheit von Bier könne ein Ersatzanspruch nicht geknüpft werden, da kein unmittelbarer Kausalzusammenhang zwischen Verstoß und Schaden vorliege. Hinsichtlich des Einfuhrverbotes für Bier mit Zusatzstoffen verneinte der BGH einen hinreichend qualifizierten Verstoß.[1482]

II.   BGHZ 146, 153

Dieser Entscheidung lag ein gemeinschaftsrechtswidriges Verhalten der Verwaltung zugrunde.

1.   Sachverhalt

Der Kläger, der auf dem Gebiet der beklagten Gemeinde eine Großschlachterei betrieb, begehrte Schadensersatz wegen der Erhebung von Fleischuntersuchungsgebühren, die über den in RL 87/37/EWG vorgesehenen Pauschalbeträgen lagen. In Deutschland wurde die Richtlinie durch das Fleischhygienegesetz umgesetzt. Danach war den Bundesländern die Entscheidung überlassen, ob von

---

1480   BGHZ 134, 30, 32f.
1481   BGHZ 134, 30, 36f.
1482   BGHZ 134, 30, 38-41; vgl. dazu ausführlich *Krohn*, EWiR 1996, 1123f.; *Müller-Graff* in: Moreira de Sousa/Heusel, Enforcing Community Law, S.153, 160

dem in Art. 2 Abs. 1 der Ratsentscheidung 88/408/EWG genannten durchschnittlichen Pauschalbeträgen abgewichen werden soll. An einer solchen landesrechtlichen Regelung fehlte es bei Erlass der Entscheidung. Das VG hatte die Bescheide aufgehoben und die Gemeinde verurteilt, einen überbezahlten Betrag an den Kläger zurückzuzahlen. Der Kläger vertrat die Auffassung, die Beklagte habe durch ihre Gebührenbescheide gegen EG-Recht und gegen nationales Recht, welches das EG-Recht nicht fehlerfrei umgesetzt habe, verstoßen. Dadurch, dass er aufgrund der Gebührensbescheide zuviel entrichten haben müsse, habe er wegen der Inanspruchnahme von Bankkredit einen Zinsschaden erlitten.

2. Entscheidung

In dieser Entscheidung hält der BGH an seiner Rechtsprechung fest und prüft einen eigenständigen gemeinschaftsrechtlichen Staatshaftungsanspruch neben dem Amtshaftungsanspruch gemäß § 839 Abs. 1 S. 1 BGB. In der Sache verneint der BGH die Voraussetzungen des gemeinschaftsrechtlichen Staatshaftungsanspruches mit dem Argument, dass die maßgebliche Norm des Gemeinschaftsrechts dem Kläger keine Rechte verleihe. Der Kläger habe kein Recht, von höheren Beiträgen verschont zu bleiben. Die wegen einer fehlenden landesrechtlichen Rechtsgrundlage rechtswidrigen Gebührenbescheide verstoßen nicht zugleich gegen das Gemeinschaftsrecht.[1483] Erstaunlicherweise bejaht der BGH dann bei seinen Ausführungen zu dem Amtshaftungsanspruch nach nationalem Recht eine Amtspflichtverletzung. Es sei „nicht weiter zweifelhaft", dass die Amtsträger durch ihre Gebührenerhebung gegenüber dem Kläger bestehende Amtspflichten verletzt haben. Der Schutzzweck der Amtspflicht verlange, einem Betroffenen erst dann auf Zahlung von Gebühren in Anspruch zu nehmen, wenn es hierfür eine fehlerfreie Rechtsgrundlage gebe.[1484] Im Ergebnis lehnt der BGH jedoch den Amtshaftungsanspruch ab, da ein Verschulden des Amtsträgers nicht nachzuweisen sei. Man könne insoweit nicht allein auf die Klarheit und Genauigkeit der verletzten Norm abstellen, sondern müsse prüfen, ob die Rechtsansicht des Amträgers als rechtlich vertretbar anzusehen ist.[1485]

1483   BGHZ 146, 153, 162
1484   BGHZ 146, 153, 163
1485   BGHZ 146, 153, 164f.

3. *Kritik*

Beide Entscheidungen bringen zum Ausdruck, dass der BGH sich einer Anpassung des § 839 Abs. 1 S. 1 BGB an die Vorgaben des Gemeinschaftsrechts verweigert und konsequent an der Trennung zwischen dem nationalen Haftungsrecht und dem gemeinschaftsrechtlichen Haftungsgrundsatz festhalten will. Der BGH versäumt es, auf eine Verzahnung der beiden Haftungsinstitute im Sinne des hier favorisierten Vorgabemodells hinzuarbeiten.[1486] In beiden Fällen betreibt der BGH einen hohen argumentativen Aufwand, um im Ergebnis einen Ersatzanspruch sowohl nach Gemeinschaftsrecht als auch nach nationalem Recht ablehnen zu können. Gleichzeitig verpasst der BGH in der *Brasserie*-Entscheidung die Gelegenheit, unter dem Einfluss des Europarechts seine ohnehin kritisierte Rechtsprechung zur Haftungsbeschränkung bei legislativem Unrecht zu korrigieren.[1487]

In der *Brasserie*-Entscheidung kommt die Verweigerungshaltung des BGH darin zum Ausdruck, dass er nach Verneinung der gemeinschaftsrechtlichen Tatbestandsvoraussetzungen keine Notwendigkeit sieht, (erneut) auf die innerstaatlichen Haftungsinstitute zurückzugreifen;[1488] insbesondere hält er eine europarechtskonforme Auslegung des Kriteriums der Drittbezogenheit der Amtspflicht nicht für erforderlich. Diese Vorgehensweise steht in klarem Widerspruch zu den Aussagen des EuGH hinsichtlich der Anwendung des nationalen Haftungsrechts, denen sich eine Pflicht des BGH zur gemeinschaftsrechtskonformen Interpretation des Amtshaftungstatbestandes entnehmen lässt.[1489] Erstens weist der EuGH darauf hin, dass es nicht ausgeschlossen ist, dass die Haftung des Staates auf der Grundlage des nationalen Rechts unter weniger einschränkenden Voraussetzungen ausgelöst werden kann.[1490] Und zweitens stellt der EuGH klar, dass die nach deutschem Recht geltende Haftungsbeschränkung bei legislativem Unrecht aufgrund des Effektivitätsgebotes bei Verstößen des Gesetzgebers gegen Gemeinschaftsrecht außer Betracht bleiben muss.[1491] Daraus

---

1486   Kritisch *Classen*, JZ 2001, 458, 459; *Lorz*, JR 2001, 413; *Schoch* in: FS Maurer, S. 759, 774; *Wehlau*, DZWir 1997, 100, 106; zustimmend *Hatje*, EuR 1997, 297, 304; *Krohn*, EWiR 1997, 1123f.

1487   Nach überwiegender Ansicht in der Literatur ist hinsichtlich des Drittbezuges der Amtspflicht nicht auf die Rechtsnatur des zu erlassenden Hoheitsaktes, sondern auf die Betroffenheit in subjektiv öffentlichen Rechten abzustellen, vgl. *Papier* in: Münch-KommBGB § 839 Rn. 261 m.w.N.

1488   Diese Aussage des BGH ist schon insoweit unverständlich, als dass er ja bereits in seinem ersten Prüfungspunkt auf einen Schadensersatzanspruch nach nationalem Recht eingegangen ist.

1489   Dies gilt im Übrigen unabhängig davon, ob man die Frage nach der Einordnung des Haftungsgrundsatzes in das nationale Recht im Sinne der dualistischen Konzeption oder des Vorgabemodells beantwortet.

1490   EuGH verb. Rs. C-46/93 und 48/93 (*Brasserie du Pêcheur* und *Factortame*), Slg. 1996, I-1029, Rn. 66

1491   EuGH verb. Rs. C-46/93 und 48/93 (*Brasserie du Pêcheur* und *Factortame*), Slg. 1996, I-1029, Rn. 71f.

folgt, dass, wenn ein Gericht auf die nationalen Anspruchsgrundlagen zurückgreift, eine Pflicht zur gemeinschaftsrechtskonformen Interpretation derselben besteht.

Die Entscheidung BGHZ 146, 153 ist widersprüchlich und ebenfalls von einer Abwehrhaltung des BGH gegenüber einer Ausrichtung des nationalen Haftungsrechts an den Vorgaben des EuGH gekennzeichnet. Der BGH vermag nicht zu erklären, warum der Bürger im Rahmen des nationalen Rechts anders als im Gemeinschaftsrecht einen Schutz gegenüber der Festsetzung einer überhöhten Gebühr genießt.[1492] Außerdem ist es gemeinschaftsrechtlich unzulässig, einen Ersatzanspruch davon abhängig zu machen, dass den Amtsträger ein Verschulden im Sinne des nationalen Rechts trifft, das über einen hinreichend qualifizierten Verstoß hinausgeht.[1493] Der BGH bejaht selbst implizit einen hinreichend qualifizierten Verstoß, in dem er auf die Klarheit und Genauigkeit der verletzten Gemeinschaftsnorm hinweist. Entgegen der Ansicht des BGH kann die Ablehnung der Ersatzpflicht dann aber nicht darauf gestützt werden, dass dem Amtsträger nicht noch zusätzlich ein Schuldvorwurf gemacht werden kann.[1494]

In zwei neueren Urteilen ist der BGH dazu übergegangen, ausschließlich den gemeinschaftsrechtlichen Staatshaftungsanspruch zu prüfen. In der ersten Entscheidung lehnte der BGH einen Staatshaftungsanspruch wegen einer gemeinschaftsrechtswidrigen Gerichtsentscheidung mangels eines hinreichend qualifizierten Verstoßes ab.[1495] Gegenstand der zweiten Entscheidung war eine Schadensersatzklage wegen einer fehlerhaften Richtlinienumsetzung, die aber ebenfalls keinen Erfolg hatte.[1496] Es ist bezeichnend, dass der BGH nicht auf den Amtshaftungsanspruch einging und damit Aussagen zu einer gemeinschaftsrechtskonformen Auslegung des § 839 Abs. 2 S. 1 BGB in dem ersten Fall bzw. zu dem Kriterium der Drittbezogenheit der Amtspflicht in dem zweiten Fall vermied. Damit ignoriert der BGH weiterhin bewusst die Vorgaben des EuGH.[1497]

1492 Vgl. *Lorz*, JR 2001, 413, 415; ausführlich *Säuberlich*, Legislatives Unrecht, S. 108-115
1493 EuGH verb. Rs. C-46/93 und 48/93 (*Brasserie du Pêcheur* und *Factortame*), Slg. 1996, I-1029, Rn. 80
1494 Vgl. *Schoch*, Jura 2002, 837, 841
1495 BGH EuZW 2005, 30
1496 BGH DStR 2006, 1424
1497 In dieses Bild passt die Entscheidung BGHZ 162, 49 zur Staatshaftung bei fehlerhafter Bankenaufsicht. Dort prüfte der BGH neben dem gemeinschaftsrechtsrechtlichen Staatshaftungsanspruch ausführlich den Amtshaftungsanspruch wegen administrativen Unrechts.

B. Europarechtskonforme Anwendung des Amtshaftungstatbestandes bei gemeinschaftsrechtswidrigen Gerichtsentscheidungen letztinstanzlicher Gerichte

Im deutschen Staatshaftungsrecht bietet sich als Anspruchsgrundlage § 839 Abs. 1 S. 1 BGB i.V.m. Art. 34 S. 1 GG an.

I. Geeignetheit des § 839 Abs. 1 S. 1 BGB i.V.m. Art. 34 S. 1 GG als Anspruchsgrundlage

In der Literatur wird, soweit ersichtlich, nur vereinzelt problematisiert, ob die Amtshaftung bei mitgliedstaatlichen Verstößen gegen Gemeinschaftsrecht überhaupt herangezogen werden kann.[1498] Zweifel an der Geeignetheit bestehen in dogmatischer Hinsicht insoweit, als dass das europäische Haftungsrecht sowohl in dem Bereich der Eigenhaftung der Gemeinschaft gemäß Art. 340 Abs. 2 AEUV als auch bei der mitgliedstaatlichen Haftung nur eine unmittelbare Haftung des Hoheitsträgers (Staatshaftung) kennt; eine übergeleitete Haftung (Amtshaftung) wie die nach § 839 Abs. 1 BGB i.V.m. Art 34 S. 1 GG existiert nicht.[1499] Allerdings ist der nationale Amtshaftungsanspruch trotz dieser unterschiedlichen Haftungsmodelle anwendbar. Folgt man der Auffassung, dass das Gemeinschaftsrecht lediglich die Mindestvoraussetzungen einer Haftung aufstellt und die Ausgestaltung dem nationalen Recht überlässt, sind gelegentliche dogmatische Unstimmigkeiten unvermeidlich und hinzunehmen. Dies gilt im Übrigen auch für die gemeinschaftsrechtskonforme Anpassung der einzelnen Tatbestandsmerkmale des § 839 Abs. 1 S. 1 BGB. Entscheidend ist, dass die praktische Wirksamkeit des gemeinschaftsrechtlichen Haftungsgrundsatzes bei der Anwendung des nationalen Haftungsrechts gewährleistet wird. Mit Blick auf die Anwendbarkeit des § 839 Abs. 1 S. 1 i.V.m. Art. 34 S. 1 GG gilt dann: Das Gemeinschaftsrecht verpflichtet die Mitgliedstaaten lediglich, einen wirksamen sekundärrechtlichen Schutz der Rechte des Einzelnen dadurch zu gewährleisten, dass er oder eine seiner Untergliederungen den Ersatz des entstandenen Schadens sicherstellt.[1500] Dem genügt auch die Konstruktion einer auf den Staat übergeleiteten Haftung wie sie § 839 Abs. 1 i.V.m. Art 34 S. 1 GG vorsieht. In beiden Konstellationen steht dem Geschädigten ein solventer Schuldner zur Verfügung.

1498 Vgl. *Pfab*, Staatshaftung, S. 131 Fn. 169; ohne nähere Begründung: *Ahrens* in: FS Deutsch, S. 701, 704
1499 Bedenken gegen eine Anwendbarkeit äußert daher *Kischel*, EuR 2005, 441, 458f.
1500 Vgl. EuGH Rs. C-302/97 (*Konle*), Slg. 1999, I-3099, Rn. 62f.

II. Haftungsvoraussetzungen

Eine gemeinschaftsrechtskonforme Anwendung der Voraussetzungen des § 839 Abs. 1 S. 1 BGB stellt sich wie folgt dar.

1. Beamtenbegriff und Handeln in Ausübung eines öffentlichen Amtes

Richter letztinstanzlicher Gerichte unterfallen dem haftungsrechtlichen Beamtenbegriff. Der Erlass eines Urteils stellt eine Tätigkeit „in Ausübung eines öffentlichen Amtes" dar.

2. Verletzung von Amtspflichten

Aus der Amtspflicht zu rechtmäßigem Verhalten folgt, dass jeder Verstoß gegen eine Rechtsnorm, die den Hoheitsträger im Außenverhältnis bindet, eine Amtspflichtverletzung im Innenverhältnis darstellt. Gerichte sind wie alle anderen staatlichen Stellen zur Beachtung des Gemeinschaftsrechts verpflichtet. Folglich kann die fehlerhafte Anwendung des Gemeinschaftsrechts durch einen Richter im Rahmen einer der oben beschrieben Fallkonstellationen den Tatbestand des § 839 Abs. 1 BGB i.V.m. 34 GG erfüllen.[1501] Wenn allerdings die Rechtswidrigkeit eines Urteils darauf beruht, dass die anzuwendende gemeinschaftsrechtliche Vorschrift gegen höherrangiges Gemeinschaftsrecht verstößt, ist die Rechtsfehlerhaftigkeit allein dem jeweiligen Gemeinschaftsorgan zuzurechnen. Diese Konstellation kann wertungsmäßig nicht anders behandelt werden, als der Fall, in dem ein nationaler Vollzugsakt nur deshalb rechtswidrig ist, weil er auf einem rechtswidrigen Gemeinschaftsakt beruht.[1502] Schäden, die sich aus der Anwen-

---

1501 *Detterbeck/Windthorst/Sproll*, Staatshaftungsrecht, § 9 Rn. 65 und 67; zu den Fallkonstellationen vgl. oben Dritter Teil § 4 A. IV.

1502 Vgl. BGHZ 125, 27: In diesem Fall entschied der BGH, dass eine Straf- und Bußgeldbewehrung, mit der der deutsche Verordnungsgeber in § 69a Abs. 1 Nr. 2 Außenwirtschaftsverordnung vom 9. 8. 1990 einen Verstoß gegen die VO/EWG Nr. 2340/90 belegt hatte, keine zusätzlichen Eingriff in die wirtschaftliche Handlungsfreiheit des Bürgers darstellt. Schäden, die sich aus der Durchführung durch deutsche Stellen ergeben können, seien daher allein dem Gemeinschaftsgesetzgeber zuzurechnen, wenn die VO rechtswidrig wäre (BGHZ 125, 27, 37f.). Eine Zurechnung von Schäden an deutsche Staatsorgane findet also nicht statt, wenn sie Akte ausführen, die auf Gemeinschaftsebene erlassen wurden. Eine nationale Haftung kommt nur in Betracht, wenn das Organ einen verbleibenden Gestaltungsspielraum in Anspruch nimmt und dabei gegen nationales Recht verstößt (so *von Bogdandy*, AöR 122 (1997) 268, 282f.).

dung rechtswidrigen Gemeinschaftsrechts durch nationale Stellen ergeben, können dann im Rahmen des Anspruchs nach Art. 340 Abs. 2 AEUV gegenüber der Gemeinschaft geltend gemacht werden.[1503] Eine Haftung nach Maßgabe des deutschen Staatshaftungsrechts ist nur möglich, wenn keine „Fehleridentität" zwischen dem Urteil des nationalen Gerichtes und dem Gemeinschaftsrecht besteht, d.h., wenn die Rechtswidrigkeit des Urteils nicht gerade auf der Rechtswidrigkeit des anzuwendenden Gemeinschaftsrechts beruht.[1504]

3. Drittbezogenheit der Amtspflicht

Im deutschen Recht wird einer uferlosen Haftung der öffentlichen Hand für Amtspflichtverletzungen durch das Merkmal der Drittbezogenheit der Amtspflicht entgegengewirkt. Das Gemeinschaftsrecht wählt einen anderen dogmatischen Ansatz zur Begrenzung der Haftung, indem es verlangt, dass zu dem Verstoß qualifizierende Umstände hinzutreten müssen.[1505] Das Erfordernis eines individuellen Schutzzwecks der verletzten Norm dient im Gemeinschaftsrecht dem Ausschluss von Popularklagen und stellt für den Kläger regelmäßig keine wesentliche Hürde bei der Begründung eines Ersatzanspruches dar.[1506]

Es ist umstritten, ob das Kriterium der Drittbezogenheit im deutschen Recht mit der individuellen Rechtsverleihung im Gemeinschaftsrecht gleichgesetzt werden kann. Beide Begriffe stellen auf die durch eine Rechtsnorm bezweckte Individualbegünstigung ab. Daher nehmen einige Stimmen im Schrifttum an, dass das Merkmal der Drittbezogenheit mit der Verleihung subjektiver Rechte durch das Gemeinschaftsrecht korrespondiert[1507] bzw. dass die Verletzung einer gemeinschaftsrechtlich verbürgten subjektiven Rechtsposition „in der Regel" mit dem Verstoß gegen eine drittbezogene Amtspflicht einhergehen wird.[1508] Gegen eine Gleichsetzung spricht, dass der amtshaftungsrechtliche Begriff der Drittbezogenheit und der des subjektiv-öffentlichen Rechts, der ihm zugrunde

---

1503   Vgl. EuGH Verb Rs. C-104/89 und 37/90 (*Mulder*), Slg. 1992, I-3061, Rn. 9; *von Bogdandy* in: Grabitz/Hilf, Recht der EU, Art. 288 EGV Rn. 53

1504   Vgl. *Detterbeck/Windthorst/Sproll*, Staatshaftungsrecht, § 7 Rn. 7; unklar ist, auf welche Weise eine Abwicklung erfolgt, wenn ein nationales Organ und ein Gemeinschaftsorgan rechtswidrig gehandelt haben. Nach einer Auffassung betrachtet der EuGH die vor ihm erhobene Klage nach Art. 288 EGV Abs. 2 EGV gegenüber dem einzelstaatlichen Rechtsweg als subsidiär (*Gilsdorf/Niejahr* in: von der Groeben/Schwarze, EUV/EGV, Art. 288 EGV Rn. 83). Nach anderer Ansicht soll eine gesamtschuldnerische Haftung greifen (*von Bogdandy* in: Grabitz/Hilf, Recht der EU, Art. 288 EGV Rn. 59).

1505   Vgl. *von Bogdandy* in: Grabitz/Hilf, Recht der EU, Art. 288 EGV Rn. 139

1506   Vgl. EuGH verb. Rs. C-46/93 und 48/93 (*Brasserie du Pêcheur* und *Factortame*), Slg. 1996, I-1029, Rn. 51; *Mankowski* in: Rengeling/Middeke/Gellermann, Handbuch Rechtsschutz, § 37 Rn. 108

1507   *Säuberlich*, Legislatives Unrecht, S. 169f.; *Schoch*, Jura 2002, 837, 840

1508   *Herdegen/Rensmann*, ZHR 161 (1997) 522, 552

liegt, deutlich enger gefasst sind als der des subjektiven Gemeinschaftsrechts.[1509] Sinnvoll ist daher eine vermittelnde Lösung. Soweit ein Verstoß gegen eine Gemeinschaftsnorm vorliegt, ohne dass zugleich ein Drittbezug bejaht werden kann, ist aufgrund des Effektivitätsgebotes eine gemeinschaftsrechtskonforme Anpassung dieses Kriteriums erforderlich. Es ist dann ausreichend für die Bejahung einer drittbezogenen Amtspflicht, dass die fehlerhaft angewandte Norm des Gemeinschaftsrechts die Verleihung individueller Rechte bezweckt.[1510] Allerdings dürfte eine solche Anpassung nur im Ausnahmefall geboten sein. Regelmäßig wird in dem Bereich der gemeinschaftsrechtlichen Staatshaftung der Verstoß gegen eine Norm geltend gemacht, die den Anforderungen an ein subjektiv-öffentliches Recht nach dem Maßstab des deutschen Verwaltungsrechts entspricht. Dann gilt wie bei rein nationalen Fällen, dass mit dem Amtspflichtverstoß zugleich die Drittbezogenheit gegeben ist.[1511] Zu den Regelungen des Gemeinschaftsrecht, aus denen sich ein subjektiv-öffentliches Recht im Sinne der Schutznormtheorie ergibt, zählen auf jeden Fall die EG-Grundfreiheiten und Grundrechte sowie die Normen des sekundären Gemeinschaftsrechts, die einen Individualrechtsschutz vor nationalen Gerichten vorsehen.[1512]

4. Verursachung des Schadens

Im nationalen Haftungsrecht erfolgt die Prüfung der haftungsausfüllenden Kausalität anhand des Kriteriums der Adäquanz. Der EuGH zieht bei der Beurteilung eines unmittelbaren Kausalzusammenhanges entsprechend den Anforderungen bei Art. 340 Abs. 2 AEUV ebenfalls den Adäquanzgedanken heran. Somit bestehen vor dem Hintergrund des Effektivitätsgebotes keine Bedenken gegen die Anwendung des nationalen Rechts.[1513]

1509 *Detterbeck/Windthorst/Sproll*, Staatshaftungsrecht, § 9 Rn. 144; vgl. zu dem Begriff des subjektiven Rechts im Gemeinschaftsrecht und im nationalen Recht Zweiter Teil § 2 E. I. 1. a)

1510 Vgl. ausführlich zur gemeinschaftsrechtskonformen Auslegung des Kriteriums der Drittbezogenheit bei legislativem Unrecht *Lembach*, Grundlagen, S. 212-218; *Säuberlich*, Legislatives Unrecht S. 170-173

1511 Vgl. *Papier* in: MünchKommBGB § 839 Rn. 228

1512 *Dörr* in: Sodan/Ziekow, VwGO, Europäischer Verwaltungsrechtsschutz, Rn. 235 m.w.N.; diese Aufzählung ist nicht abschließend. Nach Auffassung des BVerwG begründet beispielsweise auch das Recht auf Freizügigkeit in Art. 18 Abs. 1 EGV ein subjektiv-öffentliches Recht, vgl. BVerwGE 110, 40, 53

1513 Vgl. *Detterbeck/Windthorst/Sproll*, Staatshaftungsrecht, § 9 Rn. 165; *Herdegen/Rensmann*, ZHR 161 (1997) 522, 552

5. Verschulden

Das Verschuldenserfordernis des nationalen Rechts eignet sich zur Rezeption des Merkmals des hinreichend qualifizierten Verstoßes, dem ein objektivierter Verschuldensbegriff zugrunde liegt.[1514] Der Sorgfaltmaßstab des § 839 Abs. 1 S. 1 BGB ist seinerseits objektiv-abstrakt zu bestimmen.[1515]

a) Gemeinschaftsrechtskonforme Anwendung des Verschuldensmerkmals

Im Einzelnen bereitet die Umsetzung der gemeinschaftsrechtlichen Vorgaben Schwierigkeiten. Einerseits verlangt der EuGH mit Blick auf das Effektivitätsgebot, dass die Ersatzpflicht nicht von einer an den Verschuldensbegriff geknüpften Voraussetzung abhängig gemacht werden darf, die über einen hinreichend qualifizierten Verstoß hinausgeht.[1516] Demnach ist das Verschulden keine konstitutive Haftungsvoraussetzung. Gleichzeitig sollen die bei der Ermittlung eines Verschuldens relevanten Aspekte bei der Feststellung eines hinreichend qualifizierten Verstoßes herangezogen werden.[1517] Andererseits verpflichtet das Gleichwertigkeitsgebot die Mitgliedstaaten dazu, keinen strengeren Maßstab anzulegen als bei rein innerstaatlichen Sachverhalten. Nach deutschem Recht bestehen in dem Bereich der Amtshaftung keine über die Schuldformen von Vorsatz und Fahrlässigkeit hinausgehenden Anforderungen.[1518] Aus diesen beiden Erwägungen folgt zweierlei: Erstens darf bei Vorliegen eines hinreichend qualifizierten Verstoßes eine Ersatzpflicht nicht abgelehnt werden, weil dem Amtsträger ein vorsätzliches oder fahrlässiges Handeln nicht nachgewiesen werden kann. Zweitens stellt ein Verschulden nach nationalem Recht eine hinreichende Haftungsvoraussetzung dar, ohne dass die gemeinschaftsrechtlichen Anforderungen an einen hinreichend qualifizierten Verstoß gegeben sein müssen.

Eine Integration der gemeinschaftsrechtlichen Vorgaben in das deutsche Amtshaftungsrecht kann auf der Grundlage des Verschuldensmerkmals erfolgen.

1514 Vgl. Erster Teil § 2 E. I. 2. c); so auch: *Herdegen/Rensmann*, ZHR 161 (1997) 522, 552

1515 Vgl. *Papier* in: MünchKommBGB § 839 Rn. 288

1516 EuGH verb. Rs. C-46/93 und 48/93 (*Brasserie du Pêcheur* und *Factortame*), Slg. 1996, I-1029, Rn. 78

1517 EuGH verb. Rs. C-46/93 und 48/93 (*Brasserie du Pêcheur* und *Factortame*), Slg. 1996, I-1029, Rn. 79; zustimmend u.a. *von Bogdandy* in: Grabitz/Hilf, Recht der EU, Art. 288 EGV Rn. 159; *Detterbeck/Windthorst/Sproll*, Staatshaftungsrecht, § 9 Rn. 174; *Gellermann* in: Streinz EUV/EGV, Art. 288 EGV Rn. 52; *Lembach*, Grundlagen, S. 220; *Ruffert* in: Calliess/Ruffert, EUV/AEUV, Art. 340 AEUV Rn. 68; *Schoch* in: Feststschrift Maurer, S. 759, 770

1518 Vgl. *Beljin*, Staatshaftung, S. 62

Es ist nicht erforderlich, über den Grundsatz von dem Anwendungsvorrang des Gemeinschaftsrechts die Prüfung eines hinreichend qualifizierten Verstoßes an die Stelle des Verschuldens treten zu lassen.[1519] Vielmehr können die Kriterien zur Beurteilung der Qualifiziertheit des Verstoßes im Wege der europarechtskonformen Auslegung in das nationale Merkmal des Verschuldens hineingelesen werden.[1520] Kann ausnahmsweise ein Verschulden nach nationalem Recht nicht bejaht werden und sind gleichzeitig die Anforderungen an einen hinreichend qualifizierten Verstoß erfüllt, so ist dies ausreichend um einen Entschädigungsanspruch gegen den Mitgliedstaat zu begründen.[1521] Nur in diesem Fall ist das Merkmal des hinreichend qualifizierten Verstoßes unmittelbar anwendbar.

b)　Das Verschulden bei gemeinschaftsrechtswidrigen Gerichtsurteilen

Untersucht man das Verschulden im Rahmen eines Ersatzanspruches wegen eines gemeinschaftsrechtswidrigen Gerichtsurteils, so ist eine Haftung aufgrund des oben Gesagten theoretisch in drei Varianten denkbar. Entweder ein Verschulden im Sinne des nationalen Rechts und ein hinreichend qualifizierter Verstoß fallen zusammen (1) oder es liegt ausschließlich ein Verschulden vor (2). Kann eine schuldhafte Amtspflichtverletzung nicht nachgewiesen werden, ist es ausreichend, wenn die Anforderungen an einen hinreichend qualifizierten Verstoß erfüllt sind (3). Ausgangspunkt der Prüfung für den Richter in dem Amtshaftungsprozess ist bei konsequenter Befolgung des Vorgabemodells das nationale Verschuldenskriterium.

Zu der ersten Variante: Missachtet ein nationaler Richter vorsätzlich die Vorgaben des Gemeinschaftsrechts, so liegt darin sowohl ein hinreichend qualifizierter Gemeinschaftsrechtsverstoß als auch eine vorsätzliche Verletzung der Amtspflicht zu gesetzmäßigem Verhalten. Ob eine fahrlässige Amtspflichtverletzung vorliegt, kann anhand der oben gebildeten Fallgruppen zur Ermittlung eines hinreichend qualifizierten Verstoßes beurteilt werden. Diese Fallgruppen orientieren sich wie der Fahrlässigkeitsbegriff des nationalen Rechts an den Kriterien der Erkennbarkeit und der Vermeidbarkeit des rechtswidrigen Handelns. Im Folgenden wird der Versuch unternommen, die oben die entwickelten Fallgruppen für die Prüfung des Verschuldens fruchtbar zu machen.

Nach nationalem Recht ist eine objektiv unrichtige Rechtsanwendung schuldhaft, wenn der Richter bei zweifelhaften Rechtsfragen auf die Verschaffung der erforderlichen Rechtskenntnisse verzichtet.[1522] Das Gemeinschaftsrecht hält das Instrument des Vorabentscheidungsverfahrens zur Klärung offener Aus-

---

1519　A.A. *Papier* in: Rengeling, Handbuch Umweltrecht, Band I, § 43 Rn. 37

1520　Vgl. *Säuberlich*, Legislatives Unrecht, S. 181

1521　Vgl. EuGH verb. Rs. C-46/93 und 48/93 (*Brasserie du Pêcheur* und *Factortame*), Slg. 1996, I-1029, Rn. 66

1522　Vgl. *Papier* in: MünchKommBGB § 839 Rn. 289

legungsfragen bereit. Nach der hier vertretenen Auffassung ist ein Verstoß aus der Sicht des Gemeinschaftsrechts stets vorwerfbar, wenn die Vorlagepflicht verletzt wurde.[1523] Auf nationaler Ebene ist dem Richter die Amtspflichtverletzung dementsprechend als schuldhaft anzulasten, wenn er die erforderliche Vorabentscheidung nicht einholt. Nach nationalem Recht liegt ein Sorgfaltspflichtverstoß des Richters auch vor, wenn er sich nicht sorgsam über die Rechtslage unterrichtet.[1524] Das Gemeinschaftsrecht geht in diesem Zusammenhang von der Vorwerfbarkeit eines Verstoßes aus, wenn das nationale Gericht eine Vorabentscheidung oder ein Feststellungsurteil des EuGH, aus dem sich die Gemeinschaftsrechtswidrigkeit einer Norm ergibt, unberücksichtigt lässt. Gleiches gilt, wenn der nationale Richter ein EuGH-Urteil, in dem die Gemeinschaftsrechtswidrigkeit einer nationalen Gerichtsentscheidung in einem vergleichbaren Fall festgestellt wurde, außer Acht lässt.[1525] In diesen Konstellationen liegt ein Verschulden nach nationalen Kriterien vor, da der Richter bei sorgfältiger rechtlicher Prüfung zu einer aus der Sicht des Gemeinschaftsrechts zutreffenden Rechtsauffassung gelangt wäre. Der Richter kann sich dann nicht darauf berufen, dass seine als unzutreffend erkannte Rechtsansicht vertretbar ist. Schließlich ist dem Richter im nationalen Recht wie im Gemeinschaftsrecht eine fehlerhafte Rechtsanwendung vorzuwerfen, wenn sie gegen den klaren und eindeutigen Wortlaut einer Norm verstößt.[1526] Insgesamt wird deutlich, dass das nationale Recht und das Gemeinschaftsrecht in der Beurteilung der Vorwerfbarkeit einer gemeinschaftsrechtswidrigen Gerichtsentscheidung übereinstimmen. Somit erleichtern die oben entwickelten Fallgruppen dem Richter im Amtshaftungsprozess die Feststellung einer schuldhaften Amtspflichtverletzung.

Zur zweiten Variante: Angesichts der inhaltlichen Übereinstimmung gemeinschaftsrechtlicher und nationaler Kriterien stellt die zweite Variante eine rein theoretische Option zur Begründung einer Haftung dar. Es sind keine Sachverhaltskonstellationen vorstellbar, in denen ein Richter sorgfaltspflichtwidrig handelt, ohne dass zugleich eine der genannten Fallgruppen einschlägig ist. Entweder es bestehen keine Zweifel an der korrekten Anwendung des Gemeinschaftsrechts, weil die Gemeinschaftsnorm eindeutig formuliert ist oder weil eine diesbezügliche Auslegungsentscheidung des EuGH vorliegt, oder die Rechtslage ist unklar, so dass eine Vorlagepflicht besteht.

Zur dritten Variante: Selten dürfte ein Sachverhalt gegeben sein, bei dem ein hinreichend qualifizierter Verstoß vorliegt, ohne dass ein Verschulden nach nationalem Recht bejaht werden kann. Sieht man einmal von der Situation ab, in der der Richter gemäß § 827 BGB für den Schaden nicht verantwortlich ist, so verbleibt wohl nur der Fall, in dem das nationale Recht einen verschärften Verschuldensmaßstab vorsieht. Dieser besteht, wenn man der Auffassung des BGH

1523   Vgl. Dritter Teil § 4 B V. 4.
1524   Vgl. *Papier* in: MünchKommBGB § 839 Rn. 289
1525   Vgl Dritter Teil § 4 B V. 2.
1526   Für das nationale Recht vgl. *Papier* in: MünchKommBGB § 839 Rn. 289; für das Gemeinschaftsrecht vgl. Dritter Teil § 4 B V. 5.

folgt, darin dass dem Richter außerhalb des Anwendungsbereichs des § 839 Abs. 2 S. 1 BGB ein Schuldvorwurf nur bei vorsätzlichem oder grob fahrlässigem Verhalten gemacht werden kann.[1527] Das Gemeinschaftsrecht steht jedoch nationalen Rechtsvorschriften entgegen, die die Haftung auf Fälle von Vorsatz oder grob fehlerhaftem Verhalten des Richters begrenzen, sofern diese Begrenzung dazu führt, dass die Haftung des betreffenden Mitgliedstaats in Fällen ausgeschlossen ist, in denen ein hinreichend qualifizierter Verstoß gegen das anwendbare Recht begangen wurde.[1528] Die mitgliedstaatliche Ersatzpflicht darf demnach nicht an der haftungsrechtlichen Privilegierung des Richters durch einen verschärften Verschuldensmaßstab scheitern. Erwogen wird eine gemeinschaftsrechtskonforme Anwendung in der Weise, dass ein Verstoß im Zweifel als grob fahrlässig eingestuft wird, wenn er offenkundig ist.[1529] Dies läuft in den Fällen, in denen eindeutig einfache Fahrlässigkeit vorliegt (und daher eine Haftung bei Geltung des verschärften Verschuldensmaßstabes ausgeschlossen wäre) auf eine reine Fiktion heraus. Die Grenze einer zulässigen gemeinschaftsrechtskonformen Anwendung des Merkmals „grobe Fahrlässigkeit" ist überschritten, wenn eine Abgrenzung zur einfachen Fahrlässigkeit nicht mehr möglich ist. Vorzugswürdig ist es, das besondere Verschuldenserfordernis des nationalen Rechts unangewendet zu lassen.

III. Haftungsausschluss aufgrund des Richterspruchprivilegs (§ 839 Abs. 2 S. 1 BGB)

Im Mittelpunkt der Untersuchung steht die Anpassung des § 839 Abs. 2 S. 1 BGB an die Vorgaben des EuGH in *Köbler* und *Traghetti*. Seit der *Francovich*-Entscheidung herrschte im Schrifttum Uneinigkeit darüber, ob die erhöhten Anforderungen an eine Judikativhaftung im deutschen Recht zu einer Begrenzung der gemeinschaftsrechtlichen Staatshaftung führen. Einige Autoren stützten sich auf einen rechtsvergleichenden Befund, um zu begründen, dass der Haftungsausschluss wegen richterlichen Unrechts einen allgemeinen Grundsatz des Gemeinschaftsrechts darstellt und damit die Anwendung des § 839 Abs. 2 S. 1 BGB hinzunehmen sei.[1530] Außerdem wurde angeführt, dass § 839 Abs. 2 S. 1 BGB die Stabilisierung der im primären Rechtsschutzverfahren getroffenen Entscheidung bezweckt.[1531]

1527 BGHZ 155, 306, 309
1528 Vgl. EuGH Rs. C-173/03 (*Traghetti del Mediterraneo SpA/Italien*), Slg. 2006, I-5177, Rn. 46
1529 *Tietjen*, EWS 2007, 15, 19
1530 *Detterbeck/Windthorst/Sproll*, Staatshaftungsrecht, § 9 Rn. 67; *Gromitsaris*, SächsVBl. 2001, 157, 162; *Henrichs*, Haftung, S. 146; *Herdegen/Rensmann*, ZHR 161 (1997) 522, 555; *Wegener*, EuR 2002, 785, 799
1531 *Ossenbühl*, Staatshaftungsrecht, S. 514; in diese Richtung: *Hermes*, DV 31 (1998) 371, 399; für eine Unanwendbarkeit des § 839 Abs. 2 S. 1 BGB bei vorsätzlichen Verstö-

Gegen die gemeinschaftsrechtliche Zulässigkeit des Richterspruchprivilegs sollten der abschließende Charakter der gemeinschaftsrechtlichen Anspruchsvoraussetzungen[1532] sowie das Effektivitätsgebot sprechen.[1533]

1. Rezeption der Köbler-Entscheidung in der Rechtsprechung des BGH (BGH EuZW 2005, 30)

Der BGH hat in seiner bisher einzigen veröffentlichten Entscheidung zur gemeinschaftsrechtlichen Staatshaftung wegen eines gemeinschaftsrechtswidrigen Urteils auf eine Erörterung der Anwendbarkeit des § 839 Abs. 2 S. 1 BGB verzichtet.[1534] Der BGH nimmt an, dass dem betreffenden Gericht kein hinreichend qualifizierter Verstoß unterlaufen ist und bricht daraufhin die Prüfung ab.[1535] Damit setzt der BGH die *Köbler*-Entscheidung im Sinne der dualistischen Konzeption um.[1536] Es ist bedauerlich, dass der BGH sich nicht zur gemeinschaftsrechtlichen Zulässigkeit der Haftungsprivilegierung der Richter äußerte. Der vorliegende Fall bot erstmals einen Anlass, sich zu dieser im Schrifttum lange umstrittenen Frage zu äußern; das OLG hatte in der vorangegangenen Instanz in einem *obiter dictum* die Anwendbarkeit der Haftungsfreistellung für Richter im Rahmen der gemeinschaftsrechtlichen Staatshaftung bejaht.[1537] Das OLG Karls-

---

ßen: *Nettesheim*, DÖV 1992, 999, 1003 bzw. in dem Fall einer willkürlichen Missachtung der Vorlagepflicht *Ruffert* in: Calliess/Ruffert, EUV/EGV (2. Aufl.), Art. 288 EGV Rn. 35

1532   *Beljin*, Staatshaftung, S. 85; *von Bogdandy* in: Grabitz/Hilf, Recht der EU, Art. 288 EGV Rn. 153

1533   *Deckert*, EuR 1997, 205, 226; *Thalmair*, DStR 1996, 1975, 1979; in diese Richtung *Beul*, EuZW 1996, 748; *Wehlau*, DZWir 1997, 100, 106; offen *Müller-Graff* in: Moreira de Sousa/Heusel, Enforcing Community Law, S.153, 163; *Stettner* in: Dauses, Handbuch, Band I, A.IV Rn. 80, Fn. 184

1534   Zu dem Sachverhalt: Die beiden Kläger, zwei Deutsche, hatten in Deutschland die erste und zweite juristische Staatsprüfung abgelegt und waren als Steuerberater tätig. In Italien wurden sie als Revisori Contabili (Pflichtprüfer für Rechnungslegungsunterlagen) zugelassen. Nach erfolglosem Antrag in dem Verwaltungsverfahren erhoben sie vor dem Verwaltungsgericht Klage mit dem Ziel, ohne Ablegung jeglicher Eignungsprüfung in der Bundesrepublik Deutschland als Wirtschaftsprüfer zugelassen zu werden. In dem Verfahren vor der Verwaltungsbehörde waren ihnen die Prüfungsgebiete „wirtschaftliches Prüfungswesen" und „Berufsrecht der Wirtschaftsprüfer" sowie die mündliche Prüfung im Berufs- und Standesrecht nicht erlassen worden. Das Verwaltungsgericht wies die Klagen ab, das Oberverwaltungsgericht ließ die Berufungen gegen die angefochtenen Urteile nicht zu. Das BVerfG nahm die hiergegen eingelegten Verfassungsbeschwerden nicht zur Entscheidung an. In dem Amtshaftungsverfahren nehmen sie die Bundesrepublik Deutschland und ein Bundesland für den eingetretenen Honorarausfall wegen der Nichtzulassung als Wirtschaftsprüfer auf Schadensersatz und Feststellung der Ersatzpflicht in Anspruch.

1535   BGH EuZW 2005, 30, 31

1536   Ebenso OLG Karlsruhe VersR 2006, 700

1537   OLG-Report Koblenz 2004, 26: Das OLG nimmt an, dass eine Regel wie § 839 Abs. 2

ruhe lehnt in einem anderen Fall einen Schadensersatzanspruch nach nationalem Recht unter Hinweis auf § 839 Abs. 2 S. 1 BGB ab.[1538] Letztlich führt es nicht weiter, darüber zu spekulieren, ob der BGH von der Unanwendbarkeit des § 839 Abs. 2 S. 1 BGB ausgeht, da er andernfalls die haftungsbegründenden Voraussetzungen nicht hätte prüfen müssen,[1539] oder, ob er sich einer Klärung dieser Frage zumindest entziehen wollte, indem er einen Ersatzanspruch bereits auf der Ebene der Haftungsbegründung ablehnt. Festzuhalten ist, dass der BGH wie schon in seiner *Brasserie*-Entscheidung wenig Interesse an einer gemeinschaftsrechtskonformen Fortentwicklung nationaler Haftungsinstitute zeigt.

2. Innerstaatliche Durchführung der gemeinschaftsrechtlichen Vorgaben im Rahmen des § 839 Abs. 2 S. 1 BGB

Die Auswirkungen der EuGH-Rechtsprechung auf das deutsche Richterspruchprivileg sind unabhängig davon zu untersuchen, ob man von einem originär gemeinschaftsrechtlichen Anspruch oder von einem europarechtskonform modifizierten Anspruch nach nationalem Staatshaftungsrecht ausgeht. Hinsichtlich der Behebung der Haftungsfolgen und des Eingreifens von Haftungsbeschränkungen findet stets das nationale Recht Anwendung.[1540] Zu klären ist, inwiefern eine Kollision zwischen dem nationalen Richterspruchprivileg und dem Gemeinschaftsrecht besteht und ob eine Kollision eine Handlungspflicht der Judikative oder der Legislative auslöst.[1541]

S. 1 BGB in den meisten anderen Mitgliedsstaaten der EG gilt und dass sie im Hinblick auf Art. 3 des Protokolls über die EuGH-Satzung, in der das Anliegen der Gemeinschaft an der richterlichen Unabhängigkeit zum Ausdruck gebracht wird, zu Recht als allgemeiner Grundsatz des Gemeinschaftsrechts gesehen wird. Anzumerken ist, dass die Entscheidung des OLG am 8. Oktober 2003 und damit wenige Tage nach der *Köbler*-Entscheidung erging. Es ist anzunehmen, dass dem OLG diese Entscheidung noch nicht bekannt war.

1538   OLG Karlsruhe VersR 2006, 700
1539   So *Schöndorf-Haubold*, JuS 2006, 112, 114, Fn. 33
1540   Vgl. EuGH verb. Rs. C-46/93 und 48/93 (*Brasserie du Pêcheur* und *Factortame*), Slg. 1996, I-1029, Rn. 67f.
1541   Die von SPD und Bündnis 90/Die Grünen geführte Bundesregierung erklärte in einer Antwort auf eine kleine Anfrage der FDP-Fraktion im deutschen Bundestag, dass trotz der Rechtsprechung des EuGH kein gesetzgeberischer Handlungsbedarf bestehe; allerdings räumte sie ein, dass der gemeinschaftsrechtliche Staatshaftungsanspruch in einzelnen Bereichen über das nationale Recht hinausgehe (BT Drucksache 15/3952, S. 4) Es ist anzumerken, dass die Antwort am 20.10.2004 und damit gut ein Jahr nach der *Köbler*-Entscheidung veröffentlicht wurde. Eine gesonderte Auseinandersetzung mit dieser Entscheidung erfolgte nicht. Die Anfrage bezog sich allgemein auf eine Neuordnung des Staatshaftungsrechts.

a)   Kollision zwischen nationalem Richterspruchprivileg und Gemeinschafts-
recht

In der Literatur wird zwischen zwei Arten von Kollisionen differenziert. Eine direkte Kollision liegt bei einem unmittelbaren Widerspruch der Rechtsfolgen zweier gültiger Normen, die unterschiedlichen Quellen entspringen und dieselbe Rechtsfrage regeln, vor. Eine indirekte Kollision betrifft den Fall, dass zwischen den beiden Normebenen keine Kollision im Sinne eines unmittelbaren Widerspruchs vorliegt. Vielmehr führt das Aufeinandertreffen verschiedener Normen zu Ergebnissen, die sich im Lichte einer teleologischen Betrachtung widersprechen. Das Vorliegen einer Kollisionslage ist anhand des Gleichwertigkeits- und des Effektivitätsgebotes zu ermitteln.[1542]

Den Maßstab für die Anwendung nationaler Haftungsbegrenzungen in dem Fall richterlichen Fehlverhaltens hat der EuGH in der *Traghetti*-Entscheidung aufgestellt.[1543] § 839 Abs. 2 S. 1 BGB statuiert nicht einen kategorischen Haftungsausschluss bei richterlichem Unrecht, so dass kein unmittelbarer Widerspruch zwischen dem Rechtsfolgenprogramm des Gemeinschaftsrechts und dem des nationalen Rechts besteht. Fallen der qualifizierte Gemeinschaftsrechtsverstoß und eine Straftat im Sinne des § 839 Abs. 2 S. 1 BGB zusammen, so sind gemeinschaftsrechtliche und nationale Kriterien parallel anwendbar. Eine direkte Kollision liegt also nicht vor.

Eine Konfliktlage tritt erst auf, wenn ein hinreichend qualifizierter Verstoß vorliegt und zugleich das Richterspruchprivileg eingreift. Aus der Perspektive des nationalen Rechts scheidet eine Staatshaftung aus, wenn die Amtspflichtverletzung des Richters nicht zugleich eine Straftat darstellt. Als Straftat kommt neben der Bestechung insbesondere eine Rechtsbeugung (§ 339 StGB) in Betracht. In dem letztgenannten Fall tritt eine Ersatzpflicht erst ein, wenn die fehlerhafte Anwendung des Rechts durch den Richter als objektiv völlig unvertretbar und subjektiv vorsätzlich einzustufen ist. Demgegenüber lässt das Gemeinschaftsrecht das Vorliegen qualifizierender Umstände für die Begründung eines Entschädigungsanspruches ausreichen.[1544] In den Kategorien des nationalen Rechts bedeutet dies, dass schon ein einfach oder grob fahrlässiger Normverstoß eine Haftung auslösen kann. Da eine Straftat praktisch nie vorliegen dürfte, würde der gemeinschaftsrechtliche Haftungsgrundsatz seiner praktischen Wirkung beraubt, wenn man das deutsche Richterspruchprivileg uneingeschränkt anwendete. Ein weitgehend vollständiger Haftungsausschluss ist mit dem Effektivitätsgebot nicht in Einklang zu bringen.[1545] Gemeinschaftsrecht und nationales Recht gelangen dann zu einer unterschiedlichen Beurteilung der mitgliedstaatlichen

---

1542   Vgl. Erster Teil § 2 D. IV. 4.

1543   EuGH Rs. C-173/03 (*Traghetti del Mediterraneo SpA/Italien*), Slg. 2006, I-5177, Rn. 44; vgl. Dritter Teil § 4 B. IV. 3.

1544   EuGH Rs. C-224/01 (*Köbler*), Slg. 2003, I-10239, Rn. 57

1545   Vgl. *Gundel*, EWS 2004, 8, 16; *Haratsch*, JZ 2006, 1176, 1177; *Henning* in: Liber amicorum für Kigawa, S. 139, 160

Haftung, so dass eine indirekte Kollision vorliegt.

Allerdings folgt aus dem Effektivitätsgebot nicht zwangsläufig, dass nationale Bestimmungen zum Schutz der Rechtssicherheit gegenüber einer unmittelbaren Durchsetzung des Gemeinschaftsrechts zurückstehen müssen.[1546] In den Entscheidungen *Kühne & Heitz* und *i-21 Germany & Arcor* hat der EuGH dargelegt, dass keine grundsätzliche Verpflichtung besteht, bestandskräftige gemeinschaftsrechtswidrige Verwaltungsakte aufzuheben. Damit bejaht er implizit die Anwendbarkeit nationaler Vorschriften, die im Interesse der Rechtssicherheit die Bestandskraft sichern.[1547] Eine Übertragung dieses Gedankens auf die Judikativhaftung ist indes nicht angezeigt. Dem Belang der Rechtssicherheit trägt das Gemeinschaftsrechtsrecht in diesem Bereich durch das Erfordernis eines hinreichend qualifizierten Verstoßes ausreichend Rechnung.[1548] Eines zusätzlichen Mechanismus zur Wahrung der Rechtssicherheit auf nationaler Ebene bedarf es dann nicht.[1549]

b) Realisierung des Anwendungsvorrangs

Steht fest, dass eine nationale Bestimmung wie § 839 Abs. 2 S. 1 BGB gegen unmittelbar anwendbares Gemeinschaftsrecht verstößt, ist der Mitgliedstaat zur Anpassung der nationalen Rechtsvorschrift verpflichtet.[1550] Dieser Anpassungspflicht kann er durch eine gemeinschaftsrechtskonforme Auslegung der mitgliedstaatlichen Bestimmung, durch eine schlichte Nichtanwendung der Norm oder durch deren Änderung nachkommen. Adressat der gemeinschaftsrechtlichen Verpflichtung sind in den ersten beiden Fällen die nationalen Gerichte und in dem dritten Fall der Gesetzgeber.[1551] Aus der Rechtsprechung des EuGH geht

---

1546   Vgl. *Gundel*, EWS 2004, 8, 14 m.w.N.

1547   EuGH Rs. C-453/00 (*Kühne & Heitz*), Slg. 2004, I-837, Rn. 24; EuGH Rs. C-392/04 und 422/04 (*i- 21 Germany & Arcor/Deutschland*), Slg. 2006, I-8559; vgl. auch *Wyatt/Dashwood*, EU Law, S. 128

1548   EuGH Rs. C-224/01 (*Köbler*), Slg. 2003, I-10239, Rn. 53

1549   So bereits *Beljin*, Staatshaftung, S. 84f.

1550   Vgl. *Hatje* in: Rengeling, Handbuch Umweltrecht, Band I, § 33 Rn. 28

1551   Von der Anpassungspflicht sind die Pflicht zur Umsetzung (d.i. die umfassende Übernahme gemeinschaftsrechtlicher Vorgaben in das innerstaatliche Recht) und die Pflicht zur Ausführung (d.i. die punktuelle Schließung vorhandener Lücken im nationalen Recht) zu unterscheiden. Die Anpassungspflicht setzt die unmittelbare Anwendbarkeit einer Norm des Gemeinschaftsrechts voraus und bezweckt dessen Sicherung. Die Ausführungspflicht zielt auf die Herstellung der unmittelbaren Anwendbarkeit ab. So kann beispielsweise eine Verordnung die Verpflichtung zum Erlass von Ausführungsvorschriften enthalten. Die Umsetzungspflicht verlangt die Bereitstellung mitgliedstaatlicher Bestimmungen zur Verwirklichung des Regelungsauftrages des Gemeinschaftsrechts. Ausführungs- und Umsetzungspflichten ergeben sich in der Regel aus Richtlinien oder Verordnungen und richten sich an den nationalen Gesetzgeber (vgl. zum Ganzen *Beljin*, Staatshaftung, S. 186-189). Den Aussagen des EuGH zur gemeinschaftsrechtlichen Staatshaftung kann eine ausdrückliche Pflicht zur normativen Aus-

nicht eindeutig hervor, ob primär eine Handlungspflicht der Legislative oder der Judikative besteht. So stellt der EuGH einerseits fest, dass es allen Trägern öffentlicher Gewalt einschließlich der Gerichte obliegt, alle zur Erfüllung der gemeinschaftsrechtlichen Verpflichtungen geeigneten Maßnahmen zu treffen.[1552] Dies schließt die gemeinschaftsrechtskonforme Auslegung nationalen Rechts durch die Gerichte ein und deutet nicht auf eine Präferenz für eine normative Anpassung hin. Andererseits betont der EuGH in ständiger Rechtsprechung, dass bei unveränderter Fortgeltung einer gemeinschaftsrechtswidrigen nationalen Regelung Unklarheiten tatsächlicher Art bestehen, da der Normadressat in einem Zustand der Ungewissheit gelassen wird; dies gelte selbst, wenn der Mitgliedstaat im Einklang mit dem Gemeinschaftsrecht handelt,[1553] d.h., wenn er die nationale Norm gemeinschaftsrechtskonform auslegt oder unangewendet lässt. Die Mitgliedstaaten seien daher verpflichtet, eine transparente Rechtslage zu schaffen.[1554] Eine solche aus Art. 10 EGV (jetzt Art. 4 Abs. 3 EUV) abgeleitete „Bereinigungspflicht" soll jedenfalls in dem Fall einer direkten Kollision bestehen.[1555]

In dem Fall einer indirekten Kollision kommt zunächst eine gemeinschaftsrechtskonforme Auslegung der nationalen Norm in Betracht. Diese bietet sich geradezu an, wenn Gemeinschaftsrecht und nationales Recht insbesondere hinsichtlich ihrer textlichen Fassung nicht weit auseinander liegen.[1556] Gleiches gilt, wenn unbestimmte Begriffe des nationalen Rechts einen Auslegungsspielraum bereitstellen, der mit Inhalten des Gemeinschaftsrechts ausgefüllt werden

führung oder Umsetzung nicht entnommen werden. Für eine implizite Ausführungspflicht besteht keine Notwendigkeit, da die Haftungsvorgaben, wie oben dargelegt, bereits unmittelbar anwendbar sind. Es erscheint zunächst konsequent, von einer Umsetzungspflicht auszugehen, wenn man mit einigen Stimmen im Schrifttum den Haftungsgrundsatz als „richtlinienähnlich" einstuft (so u.a. *von Bogdandy* in: Grabitz/Hilf, Recht der EU, Art. 288 EGV Rn. 169; *Jarass*, NJW 1994, 881; *Ossenbühl*, DVBl. 1992, 993, 996; *Zenner*, Haftung, S. 45). Eine Parallele zur Richtlinie drängt sich auf, da der EuGH lediglich das Regelungsziel vorgibt und die Ausgestaltung des Haftungsinstitutes den Mitgliedstaaten überlässt (vgl. EuGH verb. Rs. C-6/90 und 9/90 (*Andrea Francovich u.a. / Italien*), Slg. 1991, I-5357, Rn. 43). Allerdings darf nicht übersehen werden, dass es sich bei dem Haftungsinstitut nicht um eine von dem Gemeinschaftsgesetzgeber erlassene Richtlinie im Sinne des Art. 288 Abs. 3 AEUV handelt. Vielmehr hat der EuGH im Rahmen seiner Auslegungskompetenz einen allgemeinen Grundsatz des Gemeinschaftsrechts herausgearbeitet. Ein solcher Grundsatz enthält jedoch anders als eine Richtlinie keinen umfassenden Umsetzungsbefehl (so im Ergebnis auch *Beljin*, Staatshaftung, S. 192f.; *von Bogdandy* in: Grabitz/Hilf, Recht der EU, Art. 288 EGV Rn. 169; *Pfab*, Staatshaftung, S. 116, Fn. 87)

1552 Vgl. EuGH Rs. C-15/04 (*Koppensteiner*), Slg. 2005, I-4855, Rn. 33

1553 Vgl. nur EuGH Rs. C-167/73 (*Kommission/Frankreich*), Sg. 1974, I-359, Rn. 41f.; EuGH Rs. C-74/86 (*Kommission/Deutschland*), Slg. 1988, I-2139, Rn. 10; EuGH Rs. C-307/98 (*Kommission/Frankreich*), Slg. 1991, I-2903, Rn. 13

1554 Vgl. EuGH Rs. C-162/99 (*Kommission/Italien*), Slg. 2001, I-541, Rn. 22

1555 Vgl. *von Bogdandy/Schill* in: Grabitz/Hilf/Nettesheim, Recht der EU, Art. 4 EUV Rn. 74; *Ehlers* in: Schulze/Zuleeg, Europarecht, § 11 Rn. 51

1556 Vgl. *Beljin*, Staatshaftung, S. 204

kann.[1557] Ist eine gemeinschaftsrechtskonforme Auslegung nicht möglich, muss die entgegenstehende nationale Bestimmung unangewendet bleiben.[1558] Die schlichte Nichtanwendung genügt den Anforderungen an eine effektive Anpassung ihrerseits nicht, wenn ein regelmäßiger und erheblicher Konflikt mit unmittelbar anwendbarem Gemeinschaftsrecht besteht.[1559] Soweit es zur Gewährleistung der Rechtssicherheit und des Rechtsschutzes erforderlich ist, muss der nationale Gesetzgeber dann eine ausdrückliche Regelung einfügen, der die betroffenen Parteien eindeutig ihre Rechte und Pflichten entnehmen können.[1560]

(1)   Gemeinschaftsrechtskonforme Auslegung oder Nichtanwendung des § 839 Abs. 2 S. 1 BGB

Fraglich ist, ob eine gemeinschaftsrechtskonforme Auslegung des § 839 Abs. 2 S. 1 BGB überhaupt in Frage kommt. Sie könnte erfolgen, indem anstelle des Kriteriums der Straftat auf das Vorliegen eines hinreichend qualifizierten Verstoßes abgestellt wird.[1561] Freilich darf eine gemeinschaftsrechtskonforme Auslegung einer nach Wortlaut und Sinn eindeutigen nationalen Vorschrift nicht einen entgegengesetzten Sinn verleihen oder deren normativen Gehalt grundlegend verändern;[1562] eine Auslegung *contra legem* untersagt der EuGH.[1563] Angesichts der klaren Formulierung in § 839 Abs. 2 S. 1 BGB besteht kein Spielraum für eine gemeinschaftsrechtskonforme Auslegung in der oben beschriebenen Weise.[1564] Die überwiegende Literaturansicht geht daher von der Unanwendbarkeit des nationalen Richterspruchprivilegs in dem Bereich der mitgliedstaatlichen Haftung aus.[1565] Dem ist entgegenzuhalten, dass der unveränderte Fortbestand

---

1557   Vgl. *Hatje* in: Rengeling, Handbuch Umweltrecht, Band I, § 33 Rn. 29 mit einem Beispiel aus der Rechtsprechung zu § 80 Abs. 2 Nr. 4 VwGO

1558   EuGH Rs. C-157/86 (*Murphy*), Slg. 1988, I-673, Rn.11

1559   Vgl. *von Bogdandy/Schill* in: Grabitz/Hilf/Nettesheim, Recht der EU, Art. 4 EUV Rn. 74; *Wyatt/Dashwood*, EU Law, S 145f.

1560   Vgl. Schlussanträge Generalanwalt *Lenz* Rs. C-375/92 (*Kommission/Spanien*), Slg. 1994, I-923, Rn. 26f.

1561   *Kluth* (DVBl. 2004, 393, 402); ihm folgend *Kremer*, EuR 2007, 470, 477; wohl auch *Gromitsaris*, Rechtsgrund, S. 58f.

1562   Vgl. *Jarass*, DVBl. 1995, 954, 958

1563   EuGH Rs. C-153/05 (*Pupino*), Slg, 2005, I-5285, Rn. 47 (Heranziehung des Inhaltes eines Rahmenbeschlusses bei der Auslegung nationalen Rechts); EuGH Rs.C-212/04 (*Konstantinos Adeneler*), Slg. 2006, I-6057, Rn. 110 (richtlinienkonfome Auslegung)

1564   So auch *Bertelmann*, Europäisierung, S. 214; *Gundel*, EWS 2004, 8, 16; *Tietjen*, EWS 2007, 15, 18

1565   *Bertelmann*, Europäisierung, S. 214; *von Danwitz*, Europäisches Verwaltungsrecht, S. 604; *Frenz*, DVBl. 2003, 1522, 1523; *Gundel*, EWS 2004, 8, 14; *Kremer*, NJW 2004, 480, 482; *Radermacher*, NVwZ 2004, 1415, 1418; *Schöndorf-Haubold*, JuS 2006, 112, 114; *Schulze*, ZEuP 2004, 1049, 1063; *Streinz*, JuS 2007, 68, 71; *Tietjen*, EWS 2007, 15, 18; *Wollbrandt*, Gemeinschaftshaftung, S. 130

des § 839 Abs. 2 S. 1 BGB in der Praxis zu erheblichen Unsicherheiten führen könnte. Es ist nicht auszuschließen, dass der durch ein gemeinschaftsrechtswidriges Urteil geschädigte Bürger angesichts des eindeutig formulierten Haftungsausschlusses von der Erhebung einer Schadensersatzklage absehen wird. Außerdem besteht die Gefahr, dass das nationale Gericht in einem Haftungsprozess den Versuch unternehmen wird, § 839 Abs. 2 S. 1 BGB im Rahmen einer Konformauslegung „gewaltsam" an die Vorgaben des Gemeinschaftsrechts anzupassen. Im Lichte der Vorgehensweise des BGH in der *Brasserie*- Entscheidung muss man befürchten, dass die Rechtsprechung die Vorgaben des EuGH nur zögerlich umsetzen wird oder sogar den Einfluss des Gemeinschaftsrechts verkennen und unverändert an dem Richterspruchprivileg festhalten wird.[1566] Somit droht aufgrund der unklaren Rechtslage faktisch eine Verkürzung des Sekundärrechtsschutzes bei richterlichem Unrecht. In diesem Fall muss die „Bereinigungspflicht" des Gesetzgebers eingreifen.

Im Übrigen dürfte eine gesetzliche Regelung zur Erhöhung der Akzeptanz der gemeinschaftsrechtlichen Staatshaftung seitens der nationalen Gerichte beitragen. Hinzu kommt, dass das Staatshaftungsrecht in Deutschland angesichts seiner starken richterrechtlichen Prägung bereits recht unübersichtlich ist,[1567] so dass zumindest in dem Bereich der mitgliedstaatlichen Haftung Schwierigkeiten bei der Rechtsanwendung vermieden werden könnten. Der BGH selbst hat in der *Brasserie*-Entscheidung angenommen, dass die Regelung der Staatshaftung wegen eines Verstoßes gegen europäisches Recht dem Gesetzgeber vorbehalten bleibt, wenn eine richterrechtliche Ausgestaltung des nationalen Haftungsinstitutes ausscheidet.[1568] Die Aussage des BGH bezog sich zwar auf die Ersatzpflicht wegen eines gemeinschaftsrechtswidrigen Gesetzes nach den Grundsätzen des enteignungsgleichen Eingriffs. Die zugrunde liegende Überlegung des BGH kann aber auf den vorliegenden Fall übertragen werden. Wenn die Grenzen der richterrechtlichen Ausgestaltung eines nationalen Haftungsinstitutes entsprechend den Vorgaben des Gemeinschaftsrechts erreicht sind, bedarf es einer Regelung durch den nationalen Gesetzgeber. Diese Erwägung gilt entsprechend in Bezug auf § 839 Abs. 2 S. 1 BGB, der in seiner gegenwärtigen Fassung keinen Spielraum für eine gemeinschaftsrechtskonforme Anwendung seitens der Gerichte bietet.

(2)   Anpassung durch den nationalen Gesetzgeber

Der Gesetzgeber kann dieser Rechtssetzungspflicht nachkommen, indem er einen weiteren Absatz in § 839 BGB einfügt, der die Staatshaftung wegen judikativen Unrechts bei Sachverhalten mit Bezug zum Gemeinschaftsrecht regelt und

---

1566   So wohl OLG Karlsruhe VersR 2006, 700
1567   Vgl. *Ossenbühl*, Staatshaftungsrecht, S. 3f.
1568   BGHZ 134, 30, 33

in diesem Fall an die Stelle des § 839 Abs. 2 S. 1 BGB tritt.[1569] Diese Regelung muss sich an den Vorgaben des Gemeinschaftsrechts orientieren, da eine gemeinschaftsrechtswidrige Regelung erneut eine Anpassungspflicht und unter Umständen sogar eine Staatshaftung wegen legislativen Unrechts auslösen würde. Legt man die oben entwickelten Fallgruppen zur Feststellung eines hinreichend qualifizierten Verstoßes zugrunde, könnte § 839 BGB in folgender Weise ergänzt werden:

„Verstößt die Entscheidung eines letztinstanzlichen Gerichtes gegen europäisches Gemeinschaftsrecht, so tritt die Ersatzpflicht nur ein, wenn
Nr. 1 dieser Verstoß vorsätzlich erfolgte,
Nr. 2 das Gericht die Vorlagepflicht gemäß Art. 267 Abs. 3 AEUV verletzt hat,
Nr. 3 die verletzte Gemeinschaftsnorm so klar und eindeutig formuliert ist, dass dem Gericht kein Auslegungsspielraum verbleibt,
Nr. 4 das Gericht eine nationale Rechtsvorschrift anwendet, deren Gemeinschaftsrechtswidrigkeit aus der Rechtsprechung des EuGH erkennbar,[1570] oder wenn
Nr. 5 der Europäische Gerichtshof zuvor die Gemeinschaftsrechtswidrigkeit einer nationalen Gerichtsentscheidung, die eine identische Rechtsfrage betraf, festgestellt hat."

Damit werden weiterhin hohe Anforderung an die Erlangung von Schadensersatz in dem Fall richterlichen Unrechts gestellt werden. Im Vergleich zu den Vorgaben des EuGH sind die Haftungsvoraussetzungen jedoch weniger streng, weil eine Ersatzpflicht stets eintritt, wenn eine der fünf Varianten (zusätzlich zu den sonstigen Voraussetzungen des Amtshaftungstatbestandes) einschlägig ist; dies ist aus der Sicht des Gemeinschaftsrechts jedoch unbedenklich.[1571]

Alternativ könnte § 839 Abs. 2 BGB dahingehend ergänzt werden, dass diese Norm bei Fällen mit Gemeinschaftsrechtsbezug unangewendet bleibt. Dafür scheint zu sprechen, dass die Kriterien zur Ermittlung eines hinreichend qualifizierten Verstoßes bereits bei der Prüfung des Verschuldens herangezogen wurden. Allerdings dienen diese Kriterien dort lediglich als Auslegungshilfe und der Kontrolle, ob nicht bereits die gemeinschaftsrechtlichen Mindestvorausset-

---

1569 Andeutungen dahingehend bei *Kluth*, DVBl. 2004, 393, 402 und *Vorwerk*, JZ 2004, 553, 559; *von Danwitz* (JZ 2004, 301, 302) formuliert vage, dass „legislativ die gebotenen Konsequenzen zu ziehen" seien. Die Staatshaftung ist Gegenstand der konkurrierenden Gesetzgebungskompetenz des Bundes (Art. 74 Nr. 25 GG). Mit dem Inkrafttreten einer Grundgesetzänderung am 1. September 2006 ist das Gesetzgebungsrecht des Bundes auf diesem Gebiet an der Erforderlichkeitsklausel des Art. 72 Abs. 2 GG zu messen. Alle Gesetze, die auf der Grundlage des Art. 74 Nr. 25 GG ergehen, bedürfen der Zustimmung des Bundesrates (Art. 74 Abs. 2 GG).

1570 Da der EuGH im Rahmen des Vorabentscheidungsverfahrens nicht zur Feststellung der Gültigkeit oder der Auslegung des nationalen Rechts befugt ist (vgl. *Wegener* in: Calliess/Ruffert, EUV/AEUV Art. 267 AEUV Rn. 5), kann die Gemeinschaftsrechtswidrigkeit einer nationalen Norm seiner Rechtsprechung nur indirekt entnommen werden.

1571 Vgl. EuGH Rs. C-224/01 (*Köbler*), Slg. 2003, I-10239, Rn. 57

zungen einer Haftung vorliegen. Gegenstand der Prüfung ist dogmatisch betrachtet ein Verschulden nach nationalem Recht. Außerdem würde bei einer solchen Ergänzung nicht hinreichend deutlich, dass eine Ersatzpflicht bei judikativem Unrecht zum Schutz des Belangs der Rechtssicherheit nur unter qualifizierten Umständen eingreift und dass das Vorliegen der Voraussetzungen des § 839 Abs. 1 BGB nicht ausreicht.

IV. Pflichtwidrige Verweigerung oder Verzögerung der Amtsausübung (§ 839 Abs. 2 S. 2 BGB)

Angesichts des Schutzzwecks des § 839 Abs. 2 S. 1 BGB werden nur solche Amtspflichtverstöße von dem Haftungsprivileg erfasst, deren Feststellung eine Nachprüfung der gerichtlichen Entscheidung erfordert. Verfahrensrechtliche Amtspflichtverstöße des Richters, die sich nicht auf die rechtskräftige Sachentscheidung auswirken können, fallen nicht unter das Haftungsprivileg.[1572] Gemäß § 839 Abs. 2 S. 2 BGB greift das Richterspruchprivileg nicht ein, wenn die Amtspflichtverletzung in einer Verweigerung oder Verzögerung der Amtsausübung und damit nicht in der fehlerhaften Tätigkeit „bei" einem Urteil liegt. Diese Amtspflicht ist auch drittgerichtet. Sie obliegt dem Richter gerade im Interesse des Bürgers, dessen Rechtspositionen durch die zügige Abwicklung des Rechtsstreits verwirklicht werden sollen.[1573]

In Bezug auf das Gemeinschaftsrecht dürfte der Hauptanwendungsfall einer pflichtwidrigen Verweigerung der Amtsausübung in der Missachtung der Vorlagepflicht liegen. Damit kann der Bürger Ersatz des Schadens verlangen, der ihm dadurch entstanden ist, dass das gerichtliche Verfahren durch die Nichteinholung einer Vorabentscheidung verzögert wurde. Konkret bedeutet dies, dass die Kosten des Regressprozesses Teil des zu ersetzenden Schadens sind, da dieser Prozess nicht erforderlich gewesen wäre, wenn das Ausgangsgericht korrekt eine Vorabentscheidung herbeigeführt hätte.[1574] Entgegen der Auffassung des BGH ist außerhalb des Anwendungsbereiches des § 839 Abs. 2 S. 1 BGB der Nachweis einfacher Fahrlässigkeit ausreichend.[1575]

1572 *Papier* in: MünchKommBGB § 839 Rn. 327; *Vinke* in: Soergel, BGB, § 839 Rn. 214
1573 Vgl. *Brüning*, NJW 2007, 1094, 1096
1574 Vgl. *Hirte*, RabelsZ 66 (2002) 553, 574
1575 Vgl. Vierter Teil § 1 B. VI. 4.

V. Vorrang des Primärrechtsschutzes (§ 839 Abs. 3 BGB)

Der gemeinschaftsrechtliche Haftungsgrundsatz ist auf Urteile letztinstanzlicher nationaler Gerichte begrenzt, so dass der Vorrang des Primärrechtsschutzes realisiert wird.[1576]

In dem Bereich der Judikativhaftung wird die Frage relevant, ob die Urteilsverfassungsbeschwerde nach § 90 Abs. 2 BVerfGG unter den Rechtsmittelbegriff des § 839 Abs. 3 BGB fällt. Bejaht man dies, müsste der Kläger regelmäßig zunächst eine auf Art. 101 Abs. 1 S. 2 GG gestützte Verfassungsbeschwerde erheben, wenn ein letztinstanzliches Gericht seine Vorlagepflicht missachtet hat. Wenn eine solche Obliegenheit besteht, könnte dies zu einem Bedeutungsverlust der gemeinschaftsrechtlichen Staatshaftung in Deutschland führen. Bei Nichtgebrauch des Rechtsmittels wäre die Ersatzpflicht nach § 839 Abs. 3 BGB ausgeschlossen. Hätte die Verfassungsbeschwerde Erfolg, würde der in dem Urteil liegende Gemeinschaftsrechtsverstoß durch Aufhebung des Urteils nach § 95 Abs. 2 BVerfGG beseitigt. In dem Fall der Abweisung der Verfassungsbeschwerde unter Verneinung einer willkürlichen Nichtvorlage bestehen Zweifel an der Qualifiziertheit des Verstoßes.[1577]

Aus der Perspektive des nationalen Rechts besteht ein Haftungsausschluss angesichts der *ratio* des § 839 Abs. 3 BGB nur, wenn es sich bei der Verfassungsbeschwerde um ein Instrument des Primärrechtsschutzes handelt.[1578] Die Verfassungsbeschwerde ist der spezifische Rechtsbehelf des Bürgers gegen den Staat, mit dem er die Durchsetzung seiner individuellen Grundrechtspositionen verfolgt.[1579] Im Rahmen der Urteilsverfassungsbeschwerde prüft das BVerfG nicht die richtige Anwendung des einfachen Rechts (oder des Gemeinschaftsrechts), sondern nur die Missachtung spezifischen Verfassungsrechts.[1580] Bei der Verletzung der Vorlagepflicht ist der Prüfungsmaßstab ausschließlich Art. 101 Abs. 1 S. 2 GG. Die Verfassungsbeschwerde ist damit nicht zur inhaltlichen Korrektur gerichtlicher Entscheidungen geeignet und kann überdies regelmäßig nicht den Eintritt der Rechtskraft der angegriffenen Entscheidung verhindern.[1581] Somit fügt sich die Verfassungsbeschwerde nicht in den Instanzenzug der ordentlichen Gerichte und Verwaltungsgerichte ein, sondern stellt einen außerordentlichen Rechtsbehelf dar.[1582] Angesichts dieser besonderen Funktion und der unterschiedlichen Verfahrensgegenstände in einem Haftungsprozess und der Verfassungsbeschwerde wird letztere nicht von § 839 Abs. 3 BGB erfasst.[1583]

1576 *Classen*, CMLRev 41 (2004) 813, 819; *Ruffert* in: Calliess/Ruffert, EUV/AEUV Art. 340 AEUV Rn. 52
1577 So *Gundel*, EWS 2004, 8, 15
1578 Dafür *Gundel*, EWS 2004, 8, 15
1579 *Bethge* in: Maunz/Schmidt-Bleibtreu/Klein/Bethge, BVerfGG, § 90 Rn. 8
1580 *Bethge* in: Maunz/Schmidt-Bleibtreu/Klein/Bethge, BVerfGG, § 90 Rn. 293 und 316
1581 Vgl. *Storr*, DÖV 2004, 545, 550
1582 *Stark* in: Clemens/Umbach/Dollinger , BVerfGG, § 90 Rn. 12 m.w.N.
1583 BGH 30, 19, 28; *Schöndorf-Haubold*, JuS 2006, 113, 115; im Ergebnis auch *Storr*,

Es ist denkbar, dass ungeachtet dessen aus der Perspektive des Gemeinschaftsrechts der Rechtsmittelcharakter der Verfassungsbeschwerde zu bejahen ist.[1584] Nach Ansicht des EuGH besteht ein allgemeiner Rechtsgrundsatz, wonach der Geschädigte sich in angemessener Form um die Begrenzung des Schadensumfangs bemühen muss; dabei kann das nationale Gericht prüfen, ob er von „allen ihm zur Verfügung stehenden Rechtsschutzmöglichkeiten Gebrauch gemacht hat."[1585] Dem Wortlaut der Entscheidung ist nicht eindeutig zu entnehmen, ob der EuGH wie der EGMR die Auffassung vertritt, dass die Verfassungsbeschwerde vor dem BVerfG als Teil des vorrangig zu beschreitenden innerstaatlichen Rechtsweges anzusehen ist.[1586] Allerdings erfolgt der Hinweis des EuGH im Zusammenhang mit der Frage der Anwendbarkeit eines Haftungsausschlusses nach nationalem Recht und ist daher lediglich dahingehend zu verstehen, dass § 839 Abs. 3 BGB nicht aufgrund des gemeinschaftsrechtlichen Effektivitätsgebotes unanwendbar ist. Die Anmerkung des EuGH kann nicht dahingehend verstanden werden, dass aus dem Gemeinschaftsrecht eine Verpflichtung zur Erschöpfung sämtlicher denkbarer Rechtsschutzmöglichkeiten einschließlich der Verfassungsbeschwerde folgt. Außerdem würde eine derartige Auslegung der EuGH-Rechtsprechung die Erlangung sekundären Rechtsschutzes wegen judikativen Unrechts in Deutschland im Vergleich zu den Mitgliedstaaten, die einen solchen Verfassungsrechtsbehelf nicht vorsehen, erheblich erschweren. So ist eine Urteilsverfassungsbeschwerde gemäß § 93 Abs. 1 S. 1, 2 BVerfGG schon binnen eines Monats nach Zustellung der Entscheidung zu erheben und zu begründen, während die Verjährung des Staatshaftungsanspruches in Deutschland erst nach drei Jahren (§ 195 BGB) und in England erst nach sechs Jahren eintritt (sec. 2 *Limitation Act 1980*); in Deutschland käme es damit faktisch zu einer erheblichen Verkürzung des Verjährungsfrist. Es verstieße also gegen das Effektivitätsgebot, wenn man die Verfassungsbeschwerde als vorrangig einzulegenden Primärrechtsbehelf einstufte.[1587]

VI. Rückgriff gegen den Richter

Oben wurde ausgeführt, dass es in dem Fall einer Staatshaftung wegen judikativen Unrechts rechtspolitisch sinnvoll ist, auf einen Rückgriff gegen den Richter zu verzichten.[1588]

DÖV 2004, 545, 550

1584 Dafür *Kiethe/Groeschke*, WRP 2006, 29, 30; *Wolf*, WM 2005, 1345, 1349
1585 EuGH verb. Rs. C-46/93 und 48/93 (*Brasserie du Pêcheur* und *Factortame*), Slg. 1996, I-1029, Rn. 84
1586 Vgl. EGMR (*Allaoui u.a./Deutschland*), EuGRZ 2002, 144
1587 So im Ergebnis auch *Gromitsaris*, Rechtsgrund, S. 57
1588 Vgl. Dritter Teil § 3 D. III. 4. b)

Fraglich ist, ob die *Köbler*-Entscheidung eine gemeinschaftsrechtskonforme Auslegung der Voraussetzungen einer Nichtzulassungsbeschwerde gemäß § 543 Abs. 2 ZPO bzw. § 132 Abs. 2 VwGO erfordert. Gegenwärtig anerkennen der BGH[1589] und das BVerwG[1590] einen Zulassungsgrund wegen einer „grundsätzlichen Bedeutung der Rechtssache", wenn eine entscheidungserhebliche Frage durch eine Vorlage nach Art. 267 AEUV zu klären ist. Eine bedenkliche Rechtsschutzlücke tritt auf, wenn das Revisionsgericht eine - objektiv bestehende - Vorlagepflicht verneint und deswegen die Revision nicht zulässt. In diesem Fall erfolgt keine Überprüfung auf revisionsrechtlicher Ebene. Der unterlegenen Partei bleibt dann nur die Möglichkeit, eine Verfassungsbeschwerde gegen den Beschluss der Nichtzulassung mit der Behauptung zu erheben, dass bereits die Verneinung einer Vorlagepflicht im Rahmen der Beschwerde eine Verletzung des Rechts aus Art. 101 Abs. 1 S. 2 GG darstellt.[1591]

Der oben genannte Zulassungsgrund liegt nicht vor, wenn die betreffende Auslegungsfrage bereits durch den EuGH geklärt wurde und damit keine Vorlagepflicht besteht. Möglicherweise stellt jedoch in dieser Situation ein Fehler des Berufungsgerichtes bei der Anwendung des Gemeinschaftsrechts einen Zulassungsgrund dar. In rein nationalen Fällen legt die Rechtsprechung die Voraussetzungen einer Zulassung eng aus. Der BGH lässt eine Revision zur Sicherung einer einheitlichen Rechtsprechung (§ 543 Abs. 2 S. 1 Nr. 2, Var. 2 ZPO), solange keine Wiederholungs- oder Nachahmungsgefahr besteht, selbst dann nicht zu, wenn der Rechtsfehler des Berufungsgerichtes „offensichtlich" oder „besonders schwerwiegend" ist.[1592] Ein Revisionsgrund nach § 543 Abs. 2 S. 1 Nr. 1 ZPO soll erst vorliegen, wenn sich die angefochtene Entscheidung als „objektiv willkürlich" darstellt.[1593] Ähnlich restriktiv sind die Voraussetzungen für eine Revision im Verwaltungsprozess. Allein die fehlerhafte Rechtsanwendung ist kein Revisionsgrund.[1594]

Diese Rechtsprechung kann nicht auf die fehlerhafte Anwendung des Gemeinschaftsrechts übertragen werden. Lehnt das Revisionsgericht in diesem Fall die Beschwerde ab und lässt die Entscheidung bestandskräftig werden, verstößt es gegen seine Verpflichtung aus Art. 4 Abs. 3 EUV, dem vorrangig anwendbaren Gemeinschaftsrecht zu seiner Durchsetzung zu verhelfen.[1595] Einer

---

1589   BGH, Aktenzeichen: ZR 130/02, Beschluss vom 16. Januar 2003, abrufbar unter: www.bundesgerichtshof.de; der BGH ist damit der überwiegenden Auffassung im Schrifttum gefolgt (vgl. *Ball* in: Musielak, ZPO, § 543 Rn. 7; *Heß*, ZZP 108 (1995), 59, 99).

1590   BVerwG NJW 1988, 664

1591   Kritisch *Clausnitzer*, NJW 1989, 641, 643

1592   BGHZ 152, 182, 188

1593   BGHZ 152, 182, 193f.

1594   *Pietzner/Buchheister* in: Schoch/Schmidt-Aßmann/Pietzner, VwGO, § 132 Rn. 13 m.w.N.

1595   Vgl. *Kiethe/Groeschke*, WRP 2006, 29, 31; *Vorwerk* in: FS Thode, S. 645, 656; *Wolf*,

gemeinschaftsrechtskonformen Auslegung des § 543 Abs. 2 ZPO bzw. des § 132 Abs. 2 VwGO bedarf es, wenn aus Sicht des Revisionsgerichtes der Verstoß des Berufungsgerichtes gegen das Gemeinschaftsrechts hinreichend qualifiziert ist. Erkennt das Revisionsgericht einen derartigen Verstoß, muss ihm die Möglichkeit eröffnet werden, diesen zu korrigieren, da es andernfalls Gefahr läuft, durch seinen Nichtzulassungsbeschluss eine Staatshaftung auszulösen.[1596] Für eine gemeinschaftsrechtskonforme Auslegung spricht auch die folgende Erwägung: Bisher ist ungeklärt, ob das Berufungsgericht als letztinstanzliches Gericht im Sinne der *Köbler*-Entscheidung zu qualifizieren ist. In Rechtsprechung[1597] und Literatur[1598] ist anerkannt, dass die Nichtzulassungsbeschwerde ein Rechtsmittel im Sinne des Art. 267 AEUV darstellt, so dass das Berufungsgericht nicht als letztinstanzliches Gericht eingestuft werden kann. Wenn die Beschwerde gegen die Nichtzulassung abgelehnt wird, steht der unterlegenen Partei dann weder auf primärrechtlicher noch auf sekundärrechtlicher Ebene eine Rechtsschutzmöglichkeit zur Verfügung. Eine Korrektur der gemeinschaftsrechtswidrigen Entscheidung auf primärrechtlicher Ebene durch das Revisionsgericht wäre ausgeschlossen und ein Schadensersatzanspruch ist mangels einer Entscheidung eines letztinstanzlichen Gerichtes nicht gegeben. Daher muss die Möglichkeit einer revisionsrechtlichen Klärung bestehen. Das Revisionsgericht unterliegt dann hinsichtlich offener Auslegungsfragen der Vorlagepflicht gemäß Art. 267 Abs. 3 AEUV, so dass die Rechtsschutzfunktion des Vorabentscheidungsverfahrens gewährleistet wird.[1599]

Zweifelhaft ist, ob dann in dem Fall der Nichteinlegung der Nichtzulassungsbeschwerde die Ersatzpflicht nach § 839 Abs. 3 BGB ausgeschlossen ist. Soweit ersichtlich, ist bisher nicht geklärt, ob die Beschwerde überhaupt ein Rechtsmittel im Sinne des § 839 Abs. 3 BGB darstellt. Dagegen spricht, dass es sich bei ihr nicht um ein Rechtsmittel in der Hauptsache handelt[1600] und dass sie sich bei genauer Betrachtung nicht unmittelbar gegen die schädigende Amtshandlung,[1601] also die Entscheidung des Gerichtes in der Sache, sondern lediglich gegen die Entscheidung der Nichtzulassung richtet. Selbst wenn man den Rechtsmittelcharakter bejaht, ist fraglich, ob die betroffene Partei in dem Fall der Nichteinlegung ein Verschulden trifft, da die Rechtsprechung bei rein nationalen Fällen die Voraussetzungen der Zulassung sehr restriktiv auslegt.[1602] Dies führt freilich zur paradoxen Situation, dass den Kläger keine Obliegenheit zur Erlan-

---

WM 2005, 1345, 1350

1596 Vgl. *Kiethe/Groeschke*, WRP 2006, 29, 31; *Vorwerk* in: FS Thode, S. 645, 658f.; *Wolf*, WM 2005, 1345, 1351

1597 BVerwG NVwZ 1993, 770; BFH NJW 1987, 3096

1598 *Borchardt* in: Lenz/Borchardt, EUV/EGV, Art. 234 Rn. 42; *Wegener* in: Calliess/Ruffert, EUV/AEUV Art. 234 AEUV Rn. 23

1599 In diese Richtung *Borchardt* in: Lenz/Borchardt, EUV/EGV, Art. 234 Rn. 42

1600 So die h.M.: BGH NJW-RR 2006, 1508; *Ball* in: Musielak, ZPO, § 544 Rn. 2; *Czybulka* in: Sodan/Ziekow, VwGO, § 133 Rn. 5

1601 Zu dieser Voraussetzung vgl. *Papier* in: MünchKommBGB § 839 Rn. 332 m.w.N.

1602 Vgl. *Vorwerk* in: FS Thode, S. 645, 659

gung von Primärrechtsschutz trifft und sein Ersatzanspruch dennoch keinen Erfolg haben wird, da es sich bei dem Berufungsgericht, wie oben ausgeführt, nicht um die letzte Instanz handelt. Zur Auflösung dieses Widerspruchs ist es erforderlich, eine rein gemeinschaftsrechtliche Perspektive einzunehmen. Der EuGH verlangt, dass der Geschädigte vor Erhebung der Haftungsklage von allen ihm zur Verfügung stehenden Rechtsschutzmöglichkeiten Gebrauch macht.[1603] Nimmt man eine gemeinschaftsrechtskonforme Auslegung des § 543 Abs. 2 ZPO vor, zählt dazu dann auch die Nichtzulassungsbeschwerde.

D. *Abhilfe bei Verletzung des Rechts auf den gesetzlichen Richter (§ 321 a ZPO analog)*

Eine Literaturansicht sieht eine Möglichkeit zur Verhinderung von Staatshaftungsklagen darin, in dem Fall einer willkürlichen Vorlagepflichtverletzung eine Rüge nach § 321 a ZPO analog zuzulassen. Der Norm liege der Gedanke zugrunde, dass Verstöße gegen Verfahrensgrundrechte innerhalb der Instanz korrigiert werden sollten und deswegen sei sie auch in dem Fall einer Verletzung des Art. 101 Abs. 1 S. 2 GG heranzuziehen.[1604] Zustimmung verdient diese Auffassung insofern, als dass sie ein Defizit des Rechtsschutzes im AEUV, nämlich das Fehlen einer Nichtvorlagebeschwerde, durch Schaffung einer Abhilfemöglichkeit im nationalen Recht abschwächen will. Es ist jedoch fraglich, ob sich dieses Rügeverfahren in der Praxis bewähren würde. Eine Rüge hat nur Erfolg, wenn feststeht, dass der Verstoß gegen das Verfahrensgrundrecht „entscheidungserheblich" war (vgl. § 321 Abs. 1 S. 1 Nr. 2 ZPO). Der Nachweis, dass die Vorlagepflichtverletzung ursächlich für die gemeinschaftsrechtswidrige Entscheidung des nationalen Gerichts war, dürfte Schwierigkeiten bereiten. Hinzu kommt, dass eine Verletzung des Art. 101 Abs. 1 S. 2 GG erst bejaht werden kann, wenn die Vorlagepflicht „offensichtlich unhaltbar" gehandhabt wurde.[1605] Offen ist außerdem, ob das Gericht im Rahmen des Rügeverfahrens eine Vorlagepflicht anerkennen wird, wenn es in dem bisherigen Verfahren entgegen der Anregung einer Partei die Durchführung eines Vorabentscheidungsverfahrens abgelehnt hat. In methodischer Hinsicht spricht gegen eine analoge Anwendung des § 321 a ZPO der Ausnahmecharakter dieser Vorschrift. Zweck der Regelung ist es, das BVerfG nicht mit jedem Verstoß gegen Art. 103 Abs. 1 GG zu befassen, der einem Gericht aus Gleichgültigkeit oder Gedankenlosigkeit unterlaufen ist.[1606] Offensichtlich hielt es der Gesetzgeber für ausreichend, trotz einer Vielzahl denkbarer Verfahrensverstöße die Rügemöglichkeit auf eine Verletzung des

---

1603 EuGH verb. Rs. C-46/93 und 48/93 (*Brasserie du Pêcheur* und *Factortame*), Slg. 1996, I-1029, Rn. 84

1604 *Wissink/Stürner/Cairns*, ERPL 3 (2005) 419, 433f.

1605 BVerfGE 82, 159, 195

1606 Vgl. BT.-Drucksache 14/3750, S. 59

Rechts auf rechtliches Gehör zu beschränken und keine allgemeine Rüge bei Verfahrensfehlern einzuführen. Aufgrund dieses bewussten Regelungsverzichtes scheidet eine Analogie mangels einer planwidrigen Regelungslücke aus.

§ 2: Rezeption der *Köbler*-Entscheidung in England

In der englischen Literatur werden die Auswirkungen der *Köbler*-Entscheidung auf das nationale Haftungsrecht, soweit ersichtlich, kaum diskutiert. Am 30. September 2008, also exakt 5 Jahre nach der *Köbler*-Entscheidung, entschied der High Court erstmals einen Fall zur mitgliedstaatlichen Haftung wegen richterlichen Unrechts.[1607] Den Kern der Auseinandersetzung bildet in England die Frage, welcher *tort* heranzuziehen ist, um einen Schadensersatzanspruch durchzusetzen. In Betracht kommen insoweit *negligence, misfeasance in public office, breach of statutory duty* und ein neuer *tort* des *common law*, der speziell bei Verstößen mitgliedstaatlicher Organe gegen das Gemeinschaftsrecht Anwendung findet (*eurotort*).[1608] Mit Blick auf die Judikativhaftung kommt nun die Frage hinzu, welche Folgen die EuGH-Rechtsprechung für das Prinzip der *immunity from suit* und den Haftungsausschluss gemäß sec. 2 (5) *CPA 1947* hat.

A.   Bestimmung des einschlägigen tort im Rahmen der mitgliedstaatlichen Haftung

Die Rechtsprechung englischer Gerichte zur Bestimmung des einschlägigen *tort* bei Verstößen gegen das Gemeinschaftsrecht vollzog sich in mehreren Etappen.

I.   Diskussion in der Rechtsprechung

Ausgangspunkt der Diskussion war eine Stellungnahme Lord *Dennings*, der die Ansicht vertrat, dass mit Hilfe des Gemeinschaftsrechts ein neuer *tort* im englischen Recht geschaffen worden sei.[1609] In dem Fall *Garden Cottage Foods* hielt das Gericht die Schaffung eines neuen *tort* demgegenüber für überflüssig, da ein Ersatzanspruch im Rahmen des *breach of statutory duty* geltend gemacht werden

---

1607   *Cooper* v. *Attorney General* (2008) EWHC 2178

1608   In der englischen Literatur und Rechtsprechung werden auch die Begriffe *innominate tort* oder *tort sui generis* verwandt.

1609   *Application des Gaz SA* v. *Falks Veritas Ltd.* (1974) CMLRev 75, 84f.

könne;[1610] beiden Fällen lag ein Verstoß gegen Art 85, 86 EWGV (Art. 101, 102 AEUV) zugrunde. Von dieser Entscheidung wich der *Court of Appeal* in *Bourgoin* ab und verwies darauf, dass eine Klage gegen eine öffentliche Körperschaft lediglich auf *misfeasance in public office* gestützt werden könne.[1611] Im Anschluss an die *Francovich*-Entscheidung wurde (ohne nähere Begründung) bezweifelt, ob der Fall *Bourgoin* richtig entschieden wurde.[1612] Die *Brasserie*- Entscheidung des EuGH führte zu einer erneuten Änderung der Rechtsprechung. Zunächst formulierte der *High Court* noch sybillinisch: „Whilst it can be said that the cause of action is sui generis, it is of the character of a breach of statutory duty."[1613] Der *Court of Appeal*[1614] und das *House of Lords*[1615] schafften Klarheit, indem sie anschließend ausschließlich die von dem EuGH aufgestellten Haftungsvoraussetzungen prüften. Somit zieht die Rechtsprechung zur Begründung einer mitgliedstaatlichen Ersatzpflicht einen *eurotort* heran, der sich an den Vorgaben des EuGH orientiert.[1616] Diesen Weg wählte auch der *High Court* in der ersten Entscheidung eines englischen Gerichtes zur Judikativhaftung.[1617]

II. Stellungnahme

Im folgenden Abschnitt wird der Standpunkt der Rechtsprechung kritisch bewertet und ein eigener Lösungsansatz vorgeschlagen.

1610   *Garden Cottage Food Ltd.* v. *Milk Marketing Board* (1984) AC 130

1611   *Bourgoin SA* v. *Ministry of Agriculture, Fisheries and Food* (1986) QB 716

1612   *Kirklees MBC* v. *Wickes Building Supplies Ltd* (1992) 2 CMLRev 765, 785f. per Lord
       Goff

1613   *R.* v. *Secretary of State for Transport*, ex parte *Factortame (No. 5)* (1997) ELRev 475,
       531 per *Hobouse* LJ

1614   *R.* v. *Secretary of State for Transport*, ex parte *Factortame (No. 5)* (1998) 3 CMLRev
       192, 204

1615   *R.* v. *Secretary of State for Transport*, ex parte *Factortame (No. 5)* (2000) 1 AC 524,
       541

1616   So ausdrücklich *R.* v. *Secretary of State for Transport*, ex parte *Factortame (No. 7)*
       (2001) 1 WLR 942, 966 per *Toulmin* J; ebenso *R* v. *Department of Social Security* ex
       parte *Scullion* (1999) 3 CMLRev 798; *Three Rivers District Council* v. *Bank of England* (2000) 2 WLR 1220

1617   Vgl. *Cooper* v. *Attorney General* (2008) EWHC 2178, Rn. 55

1. Negligence

Der Anwendung dieses *tort* wird in der Literatur wenig Beachtung geschenkt. Ein Grund hierfür liegt sicherlich darin, dass die Rechtsprechung den Ersatz von *pure economic loss* auf der Grundlage dieses *tort* ablehnt, um eine uferlose Ausweitung der Haftung zu vermeiden.[1618] Somit verbleibt in dem Bereich der Staatshaftung nur ein geringer Anwendungsbereich.[1619] Außerdem bestehen Schwierigkeiten bei einer gemeinschaftsechtskonformen Handhabung. Eine Ersatzpflicht kann nach der EuGH-Rechtsprechung nicht abgelehnt werden, weil ein Verschuldenskriterium nach nationalem Recht nicht vorliegt.[1620] Die charakteristische Voraussetzung des *tort of negligence* ist aber gerade der Verstoß gegen eine Sorgfaltspflicht. Dies setzt wiederum ein besonderes Näheverhältnis zwischen den Parteien voraus, dessen Nachweis im Verhältnis zu öffentlich-rechtlichen Körperschaften - insbesondere bei legislativem Handeln - Schwierigkeiten bereiten dürfte und das in der Rechtsprechung oft aufgrund von Gemeinwohlüberlegungen ausgeschlossen wird. Eine gemeinschaftsrechtskonforme Anpassung des *tort* in der Weise, dass der einfache Verstoß gegen das Gemeinschaftsrecht ausreicht, ist abzulehnen. Der *negligence*- Tatbestand liefe leer, wenn gerade seine wesentliche Voraussetzung unangewendet bliebe. Etwas anderes folgt auch nicht aus dem Effektivitätsgebot, da noch andere *torts* als Grundlage eines Ersatzanspruchs in Frage kommen.[1621]

2. Misfeasance in public office

Für die Heranziehung dieses *tort* spricht, dass es speziell auf Ansprüche gegen die öffentliche Hand zugeschnitten ist, dass es keines Näheverhältnisses bedarf und dass auch ein *pure economic loss* ersatzfähig ist. Gleichwohl ist der EuGH skeptisch und führt aus, dass nach englischem Recht seitens des Gesetzgebers ein Amtsmissbrauch nicht vorstellbar ist und somit die Anwendung dieses *tort* die Erlangung einer Entschädigung praktisch unmöglich machen würde.[1622] Es ist zweifelhaft, ob diese restriktive Sichtweise im Lichte der weiten Auslegung des Begriffs des *public officers* und der Ausdehnung des Begriffs der *untargeted*

1618   *Spartan Steel & Alloys Ltd* v. *Martin & Co (Contractors) Ltd* (1973) QB 27

1619   Vgl. Schlussanträge des Generalanwaltes *Tesauro* EuGH verb. Rs. C-46/93 und 48/93 (*Brasserie du Pêcheur* und *Factortame*), Rn. 7; *Hoskins* in: Beatson/Tridimas, New Directions, S. 91, 93

1620   EuGH verb. Rs. C-46/93 und 48/93 (*Brasserie du Pêcheur* und *Factortame*), Slg. 1996, I-1029, Rn. 80

1621   Vgl. *Kremer*, YEL 22 (2003) 203, 237

1622   EuGH verb. Rs. C-46/93 und 48/93 (*Brasserie du Pêcheur* und *Factortame*), Slg. 1996, I-1029, Rn. 73; zustimmend *Hoskins* in: Beatson/Tridimas, New Directions, S. 91, 94; kritisch *Convery,* CMLRev 34 (1997) 603, 622

malice auf grob fahrlässiges Verhalten aufrechterhalten werden kann. Im Übrigen bedarf es einer isolierten Beurteilung der Anwendbarkeit bei Rechtsverletzungen seitens der Judikative. Es ist durchaus denkbar, dass einem Richter der Vorwurf grob fahrlässigen Handelns gemacht werden kann; so etwa, wenn er eine Gemeinschaftsnorm unter Verkennung ihres eindeutigen Wortlauts fehlerhaft anwendet oder er trotz eines entsprechenden Parteivorbringens die Vorlagepflicht des Gerichts nicht beachtet. Probleme bereitet die Handhabung des subjektiven Elementes, wenn es nur unter Umständen bejaht werden kann, die über die Anforderungen an einen hinreichend qualifizierten Verstoß hinausgehen. In der Rechtsprechung deutet sich bei Fällen mit Gemeinschaftsrechtsbezug eine Annäherung der subjektiven Haftungsvoraussetzung von *misfeasance* an das Kriterium des hinreichend qualifizierten Verstoßes an. So stellt das *House of Lord* bei der Prüfung der groben Fahrlässigkeit unter anderem darauf ab, ob das Risiko eines Schadenseintritts als „sufficiently serious" eingestuft werden kann.[1623] Freilich sollte die Bedeutung dieser primär semantischen Parallele nicht überschätzt werden, so dass andere Lösungsansätze zu erwägen sind. Eine gemeinschaftsrechtskonforme Modifikation des Tatbestandes könnte in der Weise erfolgen, dass man von der Anwendung des subjektiven Teils absieht.[1624] Damit fiele jedoch die charakteristische Haftungsvoraussetzung dieses *tort* weg und eine Abgrenzung zu *breach of statutory duty* wäre obsolet. Das Effektivitätsgebot zwingt auch nicht zu einer solchen Verformung des *tort*, da andere Tatbestände zur Durchsetzung eines Schadensersatzanspruchs in Betracht kommen (dazu sogleich).[1625] Dies bedeutet allerdings nicht, dass eine Anwendung von *misfeasance* generell ausscheidet.

3. Breach of statutory duty oder eurotort?

Im Mittelpunkt der Diskussion steht die Frage, ob *breach of statutory duty* oder ein *eurotort* zur Durchsetzung eines Ersatzanspruches geeignet sind. Im ersten Fall wäre der Anknüpfungspunkt der Haftung sec. 2 (1) *EC Act 1972*, der alle auf der Grundlage des AEUV entwickelten Rechte und Pflichten in das nationale Recht inkorporiert.[1626] Der Tatbestand eines *eurotort* setzt sich aus den durch den EuGH vorgegebenen Haftungsvoraussetzungen zusammen. Dabei handelt sich aufgrund der Funktionsweise der sec. 2(1) *EC Act 1972* um einen *tort* des *common law* und nicht um einen originär gemeinschaftsrechtlichen Schadensersatz-

---

1623   Vgl. *Three Rivers District Council* v. *Bank of England (No.3)* (2003) 2 AC 1, 60 per Lord *Hope*; *Andenas/Fairgrieve*, ICLQ 51 (2002) 757, 774
1624   So *van Gerven,* ICLQ 45 (1996) 507, 534
1625   Vgl. *Convery,* CMLRev 34 (1997) 603, 625; *Kremer*, YEL 22 (2003) 203, 235
1626   Dahingehend *Phonographic Performance Limited* v. *Department of Trade and Industry and Another* (2004) 3 CMLR 31, Rn. 23

anspruch.[1627]

Wie in Deutschland werden für eine Heranziehung der gemeinschaftsrechtlichen Voraussetzungen primär pragmatische Erwägungen angeführt. So
bereitet eine gemeinschaftsrechtskonforme Anpassung nationaler Haftungsinstitute Schwierigkeiten, wenn man einerseits den durch den EuGH vorgegebenen Rechtsschutzstandart gewährleisten und andererseits eine übermäßige Verformung nationaler Normen vermeiden will.[1628] Speziell gegen den Rückgriff auf
sec. 2 (1) *EC Act 1972* und zugunsten eines *eurotort* wird eingewandt, dass diese
Norm zu allgemein formuliert sei, um eine Pflicht im Sinne des *breach of statutory duty* zu begründen[1629] und dass deren Anwendbarkeit zweifelhaft sei, wenn
die verletzte Gemeinschaftsnorm nicht unmittelbar anwendbar ist.[1630]

Letztlich greifen diese Bedenken nicht durch. Für eine vorrangige Anwendung vorhandener *torts* spricht, dass der EuGH lediglich die Mindestvoraussetzungen einer mitgliedstaatlichen Ersatzpflicht aufgestellt hat. Es existiert im
Gemeinschaftsrecht kein vollständiger Haftungstatbestand, der über sec. 2 (1)
EC Act 1972 in das nationale Recht implementiert und als Anspruchsnorm herangezogen werden kann. Der EuGH stellt klar, dass hinsichtlich der Haftungsfolgen und der verfahrensrechtlichen Durchsetzung auf das nationale Recht zurückgegriffen werden muss.[1631] Bezüglich der haftungsbegründenden Voraussetzungen ist es erforderlich und ausreichend, im Einzelfall eine gemeinschaftsrechtskonforme Auslegung nationaler Normen vorzunehmen oder sie durch
unmittelbar anwendbare Gemeinschaftsbestimmungen zu ergänzen bzw. zu ersetzen.[1632] Auf diese Weise können Schwierigkeiten bei der Anwendung von
breach of statutory duty und sec. 2 (1) *EC Act 1972* überwunden werden. Dann
besteht kein Bedürfnis zur Einführung eines neuen *tort*.[1633] Angesichts der durch
den EuGH vorgegebenen Mindestvoraussetzungen ist das Risiko unterschiedlicher Rechtsschutzstandards in den Mitgliedstaaten infolge der nationalen Verfahrensautonomie sehr gering.[1634]

1627   Sec. 2 (1) *EC Act*: "...and all such remedies...are to be given legal effect... in the
        United Kingdom."
1628   *Amos*, LS, 21 (2001) 1, 3; *Green/Barav*, YEL 6 (1986) 55, 92; einen "patchwork cause
        of action" lehnt *Hoskins* (in: Beatson/Tridimas, New Directions, S. 91, 100) ab.
1629   *Hoskins* in: Beatson/Tridimas, New Directions, S. 91, 96
1630   *Usher* in: UK Law for the Millennium, S. 76, 84
1631   EuGH verb. Rs. C-46/93 und 48/93 (*Brasserie du Pêcheur* und *Factortame*), Slg.
        1996, I-1029, Rn. 67
1632   Vgl. Erster Teil § 2 D. IV 4.
1633   *Convery*, CMLRev 34 (1997) 603, 625
1634   Bedenken insoweit bei *Steiner*, EPL 4 (1998) 69, 94

Nicht überzeugen kann ferner das Argument, dass *breach of statutory* nur auf Klagen gegen Privatpersonen zugeschnitten ist,[1635] da eine Anwendung dieses *tort* in dem Bereich der Staatshaftung inzwischen allgemein anerkannt ist.[1636]

B. Rechtsprechung englischer Obergerichte zur gemeinschaftsrechtlichen Staatshaftung

Ein Blick auf die bisherigen Entscheidungen englischer Obergerichte zur gemeinschaftsrechtlichen Staatshaftung gibt Aufschluss über deren Bereitschaft zur Umsetzung der Haftungsvorgaben und lässt damit Rückschlüsse auf den Umgang mit der *Köbler*-Entscheidung zu. Insbesondere drängt sich eine Parallele zur Entwicklung der Staatshaftung wegen legislativen Unrechts auf, da das englische Recht in diesem Bereich in rein nationalen Fällen wie bei Verstößen der Judikative eine Haftung von vornherein ausschließt. Grund hierfür ist die *doctrine of parliamentary sovereignty*, die besagt, dass das Parlament über eine uneingeschränkte Rechtssetzungsbefugnis verfügt und dass seine Gesetzgebung nicht der Kontrolle eines anderen Staatsorgans unterliegt.[1637] Da kein höherrangiges Recht existiert, das das Parlament bindet, ist ein Fall legislativen Unrechts denklogisch ausgeschlossen.

I. Bisherige Rechtsprechung

Wegweisend für die Umsetzung des Haftungsgrundsatzes im englischen Recht ist die Entscheidung des *Court of Appeal* in der Rechtssache *Factortame No. 5*. Sie erging im Anschluss an die *Brasserie*-Entscheidung des EuGH. Der *Court of Appeal* zögerte nicht, einen Schadensersatzanspruch wegen eines gemeinschaftsrechtswidrigen Parlamentsgesetzes anzuerkennen.[1638] Eine Auseinandersetzung mit dem Grundsatz der Parlamentssouveränität nahm das Gericht nicht vor. Ein Grund hierfür liegt wohl darin, dass das *House of Lords* in einer früheren Entscheidung aufgrund der Wirkungsweise des Vorrangs des Gemeinschaftsrechts

---

1635 So etwa Schlussanträge des Generalanwaltes *Tesauro* EuGH verb. Rs. C-46/93 und 48/93 (*Brasserie du Pêcheur* und *Factortame*), Rn.7; *Bourgoin SA* v. *Ministry of Agriculture, Fisheries and Food* (1986) QB 716; *Hoskins* in: Beatson/Tridimas, New Directions, S. 91, 96

1636 *Fairgrieve*, State Liability, S. 37f. m.w.N.

1637 Vgl. *Dicey*, Law of the Constitution, S. 39f.: "Parliament...has...the right to make or unmake any law whatever; and ...no person or body is recognised by the law of England as having a right to override or set aside the legislation of Parliament."

1638 *R.* v. *Secretary of State for Transport*, ex parte *Factortame (No. 5)* 3 CMLRev 192

im englischen Recht eine Einschränkung der Parlamentssouveränität angenommen hat.[1639] Räumt man dem Gemeinschaftsrecht den Vorrang auch gegenüber einem nach dem Inkrafttreten des *EC Act 1972* erlassenen Gesetz ein, so ist ein Verstoß des Gesetzgebers gegen das Gemeinschaftsrecht als Auslöser einer staatlichen Ersatzpflicht denkbar.[1640]

Wie oben ausgeführt, stützt die englische Rechtsprechung entgegen der hier favorisierten Vorgehensweise einen Ersatzanspruch auf einen neuen *tort* des *common law* und wendet die Haftungsvoraussetzungen der *Brasserie*-Entscheidung an. Im Unterschied zu dem BGH verfährt sie dabei inzwischen dogmatisch konsequent und schwankt nicht zwischen einer gemeinschaftsrechtskonformen Auslegung nationaler Haftungsinstitute und der Anwendung eines originär gemeinschaftsrechtlichen Ersatzanspruches. Sie setzt sich im Gegensatz zu dem BGH auch nicht dem Verdacht aus, eine Ersatzpflicht wegen legislativen Unrechts um jeden Preis ausschließen zu wollen, um einen *spill over* auf rein nationale Fälle zu vermeiden. Der *Court of Appeal* weist ausdrücklich darauf hin, dass zur Legislativhaftung im nationalen Recht noch keine Aussage getroffen wurde.[1641] Die wesentliche Erkenntnis der *Factortame*-Entscheidung liegt darin, dass der *Court of Appeal* und ihm folgend das *House of Lords* bereit waren, den traditionellen verfassungsrechtlichen Grundsatz der Parlamentssouveränität einzuschränken, um die aus der EuGH-Rechtsprechung folgenden Verpflichtungen des Vereinigten Königreichs auf dem Gebiet der Staatshaftung erfüllen zu können. Legt man diese integrationsfreundliche Sichtweise zugrunde, ist mit Blick auf die Judikativhaftung der Schluss zulässig, dass die englischen Gerichte sich ausschließlich an den Kriterien der *Köbler*-Entscheidung orientieren und die weitgehenden Haftungsbeschränkungen des nationalen Rechts nicht anwenden werden.

II. Das Urteil in Cooper v. Attorney General (2008) EWHC 2178

In *Cooper* v. *Attorney General* entschied der High Court erstmals einen Fall zur Staatshaftung wegen richterlichen Unrechts.

1639   Vgl. *R.* v. *Secretary of State for Transport*, ex parte *Factortame (No. 2)* (1991) 1 AC 603, 658f. per Lord *Bridge*; aus dem Schrifttum *Bradley/Ewing*, Constitutional and Administrative Law, S. 144-149

1640   Vgl. *Convery*, CMLRev 34 (1997) 603, 631f.

1641   *R.* v. *Secretary of State for Transport*, ex parte *Factortame (No. 5)* (1999) ELRev 456, 469 per Lord *Woolf* MR

1. Sachverhalt

Der Entscheidung lag folgender Sachverhalt zugrunde: Der Kläger verlangte Ersatz des Schadens, der ihm durch zwei nach seiner Ansicht gemeinschaftsrechtswidrige Urteile des jeweils letztinstanzlich handelnden *Court of Appeal* entstanden war. In dem Ausgangsverfahren hatte der Kläger in einem *judicial review*-Verfahren die Entscheidungen einer Behörde zur Erteilung eines Bauvorbescheides (Antrag zu 1) und einer endgültigen Baugenehmigung (Antrag zu 2) angefochten. Dabei machte er geltend, dass der handelnde Beamte, der die Notwendigkeit einer Umweltverträglichkeitsprüfung verneint hatte, zu dieser Entscheidung nicht befugt gewesen sei. Dabei habe ein Verstoß gegen die *Town and Country Planning (Assessment of Environmental Effects) Regulations 1988*, die die Richtlinie EG 85/337 umsetzen sollten, vorgelegen. Beide Anträge wurden wegen Verspätung zurückgewiesen. Außerdem griff der Kläger im *judicial review*-Verfahren die Entscheidung der Behörde, die Aufhebung des Vorbescheides abzulehnen, an (Antrag zu 3). Dieser Antrag blieb ebenfalls erfolglos, da das Gericht eine Pflicht zu Aufhebung verneinte. Mit Urteil vom 21. Dezember 1999 verwarf der *Court of Appeal* die Berufung gegen die Zurückweisung der Anträge zu 1 und zu 2. Mit Urteil vom 12. Juni 2000 verwarf der *Court of Appeal* die Berufung gegen die Zurückweisung des Antrages zu 3.

2. Entscheidungsgründe

Der *High Court* rekapituliert zunächst die Urteile des EuGH in *Köbler* und *Traghetti*. Aus diesen Urteilen leitet er ab, dass eine mitgliedstaatliche Haftung nur bejaht werden kann, wenn die in der *Köbler*-Entscheidung entwickelten Mindestvoraussetzungen vorliegen (Verstoß gegen eine individualschützende Norm durch ein letztinstanzliches Gericht, Offenkundigkeit des Verstoßes und Kausalzusammenhang zwischen Verstoß und Schaden).

In der Sache lehnt der *High Court* eine Ersatzpflicht des Vereinigten Königreichs ab. Den Antrag zu 1 hätte der *Court of Appeal* zu Recht als verspätet zurückgewiesen. Hinsichtlich der Anträge zu 2 und 3 führte das Gericht aus, der *Court of Appeal* hätte zu Unrecht angenommen, dass eine Umweltverträglichkeitsprüfung nur bei Erlass des Bauvorbescheides, nicht aber bei Erteilung der endgültigen Baugenehmigung vorgenommen werden könnte. Außerdem sei der *Court of Appeal* fälschlicherweise davon ausgegangen, dass die Richtlinie ordnungsgemäß in nationales Recht umgesetzt worden sei. Jedoch läge hinsichtlich dieser beiden Punkte kein offenkundiger Verstoß vor, da der *Court of Appeal* das Gemeinschaftsrecht so, wie es in dem Zeitpunkt der Entscheidung durch den EuGH ausgelegt wurde, korrekt interpretiert habe. Die Gemeinschaftsrechtswidrigkeit der Urteile habe sich erst *ex post* im Lichte einer Entscheidung

317

des EuGH[1642] aus dem Jahr 2006 ergeben.[1643] In einem *obiter dictum* weist der *High Court* darauf hin, dass seiner Auffassung eine isolierte Verletzung der Vorlagepflicht nach Art. 267 Abs. 3 AEUV keine Haftung auslöse, da die Norm nicht die Verleihung individueller Rechte bezweckt.[1644]

Abschließend merkt der *High Court* an, dass eine Schadensersatzklage wegen richterlichen Unrechts auf außergewöhnliche Fälle zu beschränken ist. Dies seien solche, in denen ein offenkundiger Verstoß vorliegt. Außerdem sei der Besonderheit der richterlichen Funktion Rechnung zu tragen.[1645]

3. Kritik

Das Urteil lässt zahlreiche zentrale Fragen unbeantwortet, die im Kontext der Judikativhaftung im Vereinigten Königreich auftreten. So fehlt eine Auseinandersetzung mit der *stare decisis*-Doktrin, mit dem Grundsatz der *immunity from suit* sowie mit dem Haftungsausschluss gemäß sec. 2 (5) *CPA 1947*. Dieser Umstand kann damit erklärt werden, dass der *High Court* schon das Vorliegen der Haftungsvoraussetzungen verneint und weitergehende Ausführungen deshalb offenbar nicht für erforderlich erachtet. Gleichwohl ist die Argumentation des *High Court* angesichts dieser Lücken unzureichend. Da das Gericht den Grundsatz der Judikativhaftung dem Grunde nach ausdrücklich anerkennt, bringt es zum Ausdruck, dass die drei soeben genannten Punkte einer Haftung nicht entgegenstehen;[1646] dabei darf angesichts der traditionell restriktiven Ausgestaltung der Richterhaftung in England davon ausgegangen werden, dass der *High Court* diese Aspekte nicht schlichtweg übersehen hat. Unklar ist, wie der *High Court* den Konflikt zwischen den Hürden, die nach englischem Recht einer Haftung entgegenstehen, einerseits und den gemeinschaftsrechtlichen Verpflichtungen aus den Entscheidungen in *Köbler* und *Traghetti* andererseits methodisch zu bewältigen gedenkt. Weiterhin bleibt abzuwarten, ob der *Court of Appeal* und das *House of Lords* einen vergleichbaren Fall ebenfalls auf der Grundlage eines *eurotort* entscheiden werden.

1642   Vgl. EuGH Rs. C-508/03 (*Kommission/Vereinigtes Königreich*), Slg. 2006, I-3969

1643   Zum Ganzen *Cooper* v. *Attorney General* (2008) EWHC 2178, Rn. 63-84

1644   *Cooper* v. *Attorney General* (2008) EWHC 2178, Rn. 87

1645   *Cooper* v. *Attorney General* (2008) EWHC 2178, Rn. 91

1646   Dieser Ansatz steht in deutlichem Gegensatz zu einer Aussage von *Hoskins* (9 JudRev (2004) 278, 284f.), der mit Blick auf die Staatshaftung von „potential constitutional, procedural and logistical nightmares" spricht.

C. Europarechtskonforme Anwendung des tort of breach of statutory duty bei gemeinschaftsrechtswidrigen Gerichtsentscheidungen letztinstanzlicher Gerichte

Nach hier vertretener Auffassung ist die europarechtskonforme Anwendung des *tort of breach of statutory duty* vorzugswürdig.

I. Existenz eines Klagerechts

Eine Literaturansicht stützt das Klagerecht auf eine aus sec. 2 (1) *EC Act 1972* folgende Verpflichtung des Vereinigten Königreichs, Verstöße gegen individual-schützende Normen des Gemeinschaftsrechts zu unterlassen.[1647] Zu bedenken ist, dass sec. 2 (1) *EC Act 1972* eine dem Art. 4 Abs. 3 EUV vergleichbare allgemeine Verpflichtung zur Vertragserfüllung enthält.[1648] Die Norm vermittelt nicht eine konkrete Rechtsposition zugunsten eines abgrenzbaren Personenkreises und kann daher auch nicht ein Klagerecht begründen. Grundlage eines Klagerechts können alle unmittelbar anwendbaren Bestimmungen des Gemeinschaftsrechts sein.[1649] Sie erlangen im englischen Recht unmittelbare Geltung über sec. 2 (1) *EC Act 1972*. Folge der unmittelbaren Anwendbarkeit ist das Recht des Einzelnen, sich vor den Gerichten auf diese Normen zu berufen.[1650] Besteht dieses Berufungs-recht auf der Ebene des Primärrechtsschutzes, ist es entsprechend der Vermutung im englischen Recht konsequent, anzunehmen, dass in dem Fall der Zuwider-handlung ein zivilrechtlicher Ersatzanspruch besteht. Es schadet nicht, dass der AEUV spezielle Instrumentarien zur Feststellung und Sanktionierung von Ver-tragsverstößen enthält.[1651] Wie der EuGH in *van Gend & Loos* klargestellt hat, schließt allein die Möglichkeit der Kommission oder eines andere Mitgliedstaa-tes, den EuGH im Rahmen eines Vertragsverletzungsverfahrens anzurufen, nicht aus, dass der Einzelne vor den nationalen Gerichten eine Rechtsverletzung gel-tend machen kann.[1652]

Zu klären ist noch, ob auch der Verstoß gegen nicht unmittelbar anwend-baren Normen eine Ersatzpflicht wegen *breach of statutory duty* auslösen kann. Dazu zählen beispielsweise Richtlinienbestimmungen, denen keine unmittelbare Wirkung zukommt.[1653] Sie verpflichten ausschließlich die Mitgliedstaaten und

---

1647   *Convery*, CMLRev 34 (1997) 603, 627
1648   *Kremer*, YEL 22 (2003) 203, 232
1649   *Brealey/Hoskins*, Remedies in EC Law, S. 122
1650   Zum Ganzen *Schroeder* in: Streinz, EUV/EGV Art. 249 EGV Rn. 48-51
1651   *Brealey/Hoskins*, Remedies in EC Law, S. 123
1652   EuGH Rs. 26/62 (*van Gend & Loos*) Slg. 1963, 3, 26
1653   Die unmittelbare Wirkung von Richtlinien ist ein Fall der unmittelbaren Anwendbar-keit des Gemeinschaftsrechts, vgl. *Schroeder* in: Streinz, EUV/EGV Art. 249 EGV Rn. 104 m.w.N.

enthalten nur reflexartig eine Begünstigung des Einzelnen.[1654] Es ist zweifelhaft, ob dann die Vermutung der Existenz eines Klagerechts eingreift, da die Norm nach der Intention des Gemeinschaftsgesetzgebers gerade keine individuelle Rechtsposition einräumt, auf die sich der Einzelne vor den Gerichten in dem Verfahren des primären Rechtsschutzes berufen könnte. Allerdings spielt die Intention des Gesetzgebers für die Frage der mitgliedstaatlichen Haftung eine untergeordnete Rolle.[1655] Das Gemeinschaftsrecht stellt für den Zweck der Staatshaftung geringere Anforderungen an die verletzte Norm stellt und lässt es ausreichen, dass sie „bezweckt dem Einzelnen Rechte zu verleihen."[1656] Der Verstoß gegen eine nicht unmittelbar wirkende Richtlinienbestimmung löst eine Ersatzpflicht bereits aus, wenn sie auf die Verleihung individueller Rechte „ausgerichtet" ist.[1657] Somit muss die englische Rechtsprechung dann von der Existenz eines Klagerechts ausgehen, wenn sie nicht hinter dem gemeinschaftsrechtlichen Schutzniveau zurückbleiben möchte.

II. Persönlicher und sachlicher Schutzbereich der verletzten Norm

Der Geschädigte muss zu dem Kreis derer zählen, denen durch die Gemeinschaftsnorm eine Rechtsposition verliehen werden soll.[1658] Bei der Bestimmung des Kreises der Begünstigten muss aufgrund des Effektivitätsgebotes großzügiger verfahren werden als bei rein nationalen Fällen.[1659] Sobald der Einzelne in den Anwendungsbereich der betreffenden Gemeinschaftsnorm fällt, muss ihm in dem Fall der Rechtsverletzung eine Klagemöglichkeit offen stehen. Das Erfordernis einer zusätzlichen Abgrenzung des Kreises der Anspruchsberechtigten von der Allgemeinheit, wie sie im nationalen Recht vorausgesetzt wird,[1660] ist gemeinschaftsrechtlich unzulässig, da es die Erlangung einer Entschädigung übermäßig erschweren würde. Ansonsten stimmen Gemeinschaftsrecht und nationales Recht darin überein, dass untersucht werden muss, ob der erlittene Nachteil von dem Schutzbereich der verletzten Norm erfasst wird.[1661]

1654 Beispielhaft EuGH verb. Rs. C-6/90 und 9/90 (*Andrea Francovich u.a. / Italien*), Slg. 1991, I-5357
1655 Vgl. *Caranta* in: Fairgrieve/Andenas/Bell, Tort Liability, S. 348
1656 EuGH verb. Rs. C-46/93 und 48/93 (*Brasserie du Pêcheur* und *Factortame*), Slg. 1996, I-1029, Rn. 51
1657 *von Bogdandy* in: Grabitz/Hilf, Recht der EU, Art. 288 EGV Rn. 132
1658 Beispielhaft *The Scotch Whisky Association* v. *JD Vintners Ltd.* (1997) ELRev 446, 448: Die Verordnung 823/87/EWG zur Festlegung besonderer Vorschriften für Qualitätsweine auferlegt den Weinproduzenten Pflichten zugunsten der Verbraucher, nicht aber zugunsten der Mitwettbewerber.
1659 Vgl. *Caranta* in: Fairgrieve/Andenas/Bell, Tort Liability, S. 348
1660 Vgl. *Lonrho Ltd.* v. *Shell Petroleum Co. Ltd. (No. 2)* (1982) AC 173, 185; *X (Minors)* v. *Bedfordshire County Council* (1995) 2 AC 633, 731: danach muss der Geschädigte im Vergleich zu den anderen Bürgern einen "besonderen" Schaden erlitten haben.
1661 Vgl. Erster Teil § 2 E. 1.C.

Offen ist, ob wegen einer gemeinschaftsrechtswidrigen Gerichtsentscheidung *exemplary damages* zugesprochen werden können. Relevanz könnte die erste in *Rookes* v. *Barnard* entwickelte Fallgruppe erlangen, die eine *oppressive, arbitrary or unconstitutional action* voraussetzt. Sie erfasst lediglich die Tätigkeit von Regierungsbeamten (*government servants*),[1662] wobei dieser Begriff in der Rechtsprechung inzwischen weit verstanden wird.[1663] Bisher wurde der Anwendungsbereich nicht auf Richter ausgeweitet. Dies ist darauf zurückzuführen, dass Schadensersatzklagen in diesem Bereich wegen der weit reichenden Haftungsprivilegierung zugunsten der Richter kaum vor den Gerichten verhandelt werden. Es widerspricht also nicht dem Gleichwertigkeitsgebot, in dem Fall der mitgliedstaatlichen Haftung eine Zuerkennung von *exemplary damages* abzulehnen. Das Gemeinschaftsrecht selbst verlangt weder generell noch speziell in dem Fall der Judikativhaftung die Anerkennung dieser besonderen Form des Schadensersatzes.[1664] Bei der Berechnung der Höhe des Ersatzanspruchs orientiert der EuGH sich an dem Ziel einer angemessenen Entschädigung und nicht an einer „Bestrafung" des Schädigers.[1665] Im Übrigen dürfte es praktisch kaum vorkommen, dass eine richterliche Entscheidung die oben genannten Kriterien erfüllt. Folglich besteht auch unter Effektivitätsgesichtspunkten kein Bedürfnis für eine Ausweitung der Regel aus *Rookes* v. *Barnard* auf richterliche Verstöße.

III. Verstoß gegen die gesetzliche Verpflichtung

Bei den Befürwortern der Anwendbarkeit von *breach of statutory duty* herrscht Einigkeit darüber, dass nicht bereits der Verstoß gegen eine Gemeinschaftsnorm eine Haftung des Staates auslöst, sondern dass zusätzlich die Voraussetzungen eines hinreichend qualifizierten Verstoßes vorliegen müssen.[1666] Als Argumente werden das Bedürfnis einer Angleichung an die Grundsätze der Gemeinschaftshaftung nach Art. 340 Abs. 2 AEUV[1667] sowie die Gefahr einer erheblichen Behinderung der Tätigkeit öffentlicher Stellen angesichts der Aussicht einer Vielzahl von Schadensersatzklagen[1668] angeführt. Aus Sicht des nationalen Rechts ist die Einführung dieses Verschuldenselementes auf Tatbestandsebene nicht zwingend und dogmatisch eher bedenklich, da weder die potentiell verletzten Normen des Gemeinschaftsrechts noch sec. 2 (1) *EC Act 1972* ein Verschulden bzw. einen qualifizierten Verstoß verlangen. Der Annahme einer *strict liability* steht

---

1662   *Rookes* v. *Barnard* (1964) AC 1129, 1226
1663   Vgl. *Clerk/Lindsell,*Torts, S. 375f.
1664   Vgl. *Wurmnest*, Grundzüge, S. 104f.
1665   EuGH verb. Rs. C-46/93 und 48/93 (*Brasserie du Pêcheur* und *Factortame*), Slg. 1996, I-1029, Rn. 82
1666   *Brealey/Hoskins*, Remedies in EC Law, S. 124; *Convery*, CMLRev 34 (1997) 603, 627; *Craig*, LQR 113 (1997) 67, 88f.
1667   *Craig*, LQR 113 (1997) 67, 88
1668   *Brealey/Hoskins*, Remedies in EC Law, S. 124

also nichts entgegen. Der EuGH hat eine Haftung des Staates wegen richterlichen Unrechts nach nationalem Recht unter weniger strengen Voraussetzungen ausdrücklich zugelassen.[1669] Freilich setzt der EuGH sich damit in Widerspruch zu seiner Aussage, dass die Haftung wegen gemeinschaftsrechtswidriger Gerichtsentscheidungen einen Ausnahmefall darstellt und daher an einen offenkundigen Verstoß geknüpft werden soll.[1670] Wie oben ausgeführt, kann ein Ausgleich zwischen dem Belang des Individualrechtsschutzes einerseits und dem Belang der Rechtssicherheit andererseits nur erzielt werden, wenn die Ersatzpflicht von einem hinreichend qualifizierten Verstoß abhängig gemacht wird. Fraglich ist allein, ob dieses Kriterium auf der Ebene der Haftungsvoraussetzungen durch eine gemeinschaftsrechtskonforme Modifikation des *tort* berücksichtigt werden muss oder ob nicht alternativ wie im deutschen Recht eine Lösung auf der Ebene der Haftungsfolgen gefunden werden kann. Die besseren Gründe sprechen für den zweiten Ansatz. Erstens ist es dogmatisch bedenklich, in den Tatbestand des *tort* ein Verschuldenskriterium einzufügen, weil eine dahingehende Intention weder auf Seiten des Gemeinschaftsgesetzgebers noch auf Seiten des nationalen Gesetzgebers vorliegt (siehe oben). Zweitens verlangt das Effektivitätsgebot ebenso wenig wie das Gleichwertigkeitsgebot eine entsprechende Auslegung bzw. Ergänzung von *breach of statutory duty*. Drittens wird die Frage, ob und unter welchen Voraussetzungen eine Judikativhaftung besteht, in England (vgl. sec. 2 (5) *CPA 1947*) und in den anderen mitgliedstaatlichen Rechtsordnungen nicht auf Tatbestandsebene, sondern bei den Haftungsfolgen diskutiert. Es ist daher dogmatisch folgerichtig, die Kriterien einer mitgliedstaatlichen Haftung ebenso im *CPA 1947* festzulegen. Hinzu kommt, dass wie im deutschen Recht von einer Anpassungspflicht des englischen Gesetzgebers bezüglich sec. 2 (5) *CPA 1947* auszugehen ist (dazu sogleich), so dass eine Klärung der Kriterien der Richterhaftung auf dieser Ebene unvermeidlich ist.

IV. Kausalzusammenhang

Gemeinschaftsrecht und englisches Recht stimmen bezüglich der Kriterien zur Feststellung eines Kausalzusammenhangs weitgehend überein. Erstens muss eine kausale Verknüpfung zwischen dem rechtswidrigen Verhalten und dem Schaden vorliegen und zweitens erfolgt eine Beschränkung der Haftung auf vorhersehbare Folgen.[1671] Aus Sicht des Effektivitätsgebotes ist es daher unbedenklich, den Kausalzusammenhang anhand des *but for*- und des *remoteness*-Tests zu ermitteln.

1669   EuGH Rs. C-224/01 (*Köbler*), Slg. 2003, I-10239, Rn. 57
1670   EuGH Rs. C-224/01 (*Köbler*), Slg. 2003, I-10239, Rn. 53
1671   Vgl. Erster Teil § 2 E. I. 3.

D. Ausschluss der Staatshaftung gemäß sec. 2 (5) CPA 1947

Schwierigkeiten bei der Umsetzung des Haftungsgrundsatzes bereitet der Ausschluss der Staatshaftung gemäß sec. 2 (5) *CPA 1947*.

I. Kollision zwischen sec. 2 (5) CPA 1947 und dem Gemeinschaftsrecht

Die fehlerhafte Anwendung des Gemeinschaftsrechts durch ein nationales Gericht stellt einen *judicial act* dar und fällt damit im Grunde unter den kategorischen Haftungsausschluss gemäß sec. 2 (5) *CPA 1947*. Folglich würde der Grundsatz der mitgliedstaatlichen Haftung wegen richterlichen Unrechts vollständig seiner praktischen Wirksamkeit beraubt.[1672] Die Entscheidungen des EuGH in *Köbler* und *Traghetti* bergen damit ein erhebliches Konfliktpotential für das Verhältnis zwischen englischem Recht und Gemeinschaftsrecht.[1673] In der Rechtsprechung der englischen Obergerichte liegt bisher, soweit ersichtlich, keine Stellungnahme zum Umgang mit sec. 2 (5) *CPA 1947* vor.

Eine gemeinschaftsrechtskonforme Auslegung der englischen Norm ist ausgeschlossen, da die Anordnung der Rechtsfolge eindeutig ist und da der Tatbestand keinen unbestimmten Rechtsbegriff enthält, der ein Einfallstor für eine Auslegung bilden könnte. Fraglich ist, wie in dem Fall einer solchen direkten Kollision zwischen Gemeinschaftsrecht und nationalem Recht der Anwendungsvorrang zu realisieren ist.

II. Realisierung des Anwendungsvorrangs

Dafür stehen theoretisch zwei Wege offen. Entweder die englischen Gerichte erklären sec. 2 (5) *CPA 1947* bei Fällen mit Gemeinschaftsrechtsbezug für unanwendbar oder der englische Gesetzgeber regelt die Ersatzpflicht bei gemeinschaftsrechtswidrigen Gerichtsurteilen. Die überwiegende Ansicht im Schrifttum bevorzugt die erste Variante.[1674] Dahinter steht offenbar die Erwägung, dass die Entscheidung eines englischen Obergerichtes über die Unanwendbarkeit einer

---

1672   Vgl. EuGH Rs. C-173/03 (*Traghetti del Mediterraneo SpA/Italien*), Slg. 2006, I-5177, Rn. 40

1673   Vgl. *Wissink/Stürner/Cairns*, ERPL 3 (2005) 419, 437: Aufgrund dieses Konfliktes muss nach ihrer Ansicht eine „fully blown constitutional crisis" im englischen Recht verhindert werden.

1674   *Olowofoyeku*, PL 1998, 444, 458; *Toner*, YEL 17 (1997) 165, 179; *Wissink/Stürner/Cairns*, ERPL 3 (2005) 419, 439; indirekt *Craig*, LQR 113 (1997) 67, 71f.; offen *Anagnostaras*, EPL 7 (2001) 281, 300f.

nationalen Norm aufgrund der *stare decisis*-Doktrin eine gesetzesähnliche Wirkung hat und damit ausreichend Rechtssicherheit schafft.[1675] Hinzu kommt die erkennbare Bereitschaft englischer Gerichte, selbst in dem Fall einer Kollision zwischen einem grundlegenden Prinzip des englischen Verfassungsrechts und dem Gemeinschaftsrecht letzterem den Vorrang einzuräumen.[1676] Beispielhaft hierfür sind das Verfahren in *Factortame No. 2*[1677] sowie die Anerkennung einer Staatshaftung wegen eines gemeinschaftsrechtswidrigen Parlamentsgesetzes in *Factortame No. 5*.[1678]

Ungeachtet dessen verdient eine Ergänzung des *CPA 1947* durch die Legislative den Vorzug. Bisher formuliert Sec. 2 (5) *CPA 1947* unmissverständlich einen Ausschluss der Staatshaftung wegen richterlichen Unrechts und steht damit in der Tradition des englischen Rechts, jedwede Form der Ersatzpflicht in diesem Bereich staatlichen Handelns auszuschließen. Angesichts dieses Widerspruches zu den Vorgaben des Gemeinschaftsrechts, besteht ein Zustand der Rechtsunsicherheit und der Einzelne verfügt nicht über eine genaue Kenntnis seiner Rechtsschutzmöglichkeiten auf sekundärrechtlicher Ebene. Im Zweifel wird er aufgrund der sec. 2 (5) *CPA 1947* auf weiteren Rechtsschutz verzichten. Daher muss Rechtsklarheit in der Weise geschaffen werden, dass die Voraussetzungen festgelegt werden, unter denen der kategorische Haftungsausschluss bei Verstößen der Judikative gegen das Gemeinschaftsrecht nicht eingreift. Erst wenn das nationale Recht diesen Anforderungen entspricht, kann der Bürger die ihm verliehenen Rechte praktisch durchsetzen. Ein nicht ohne weiteres erkennbares Haftungsrecht kann seinen rechtsstaatlichen Zweck nur teilweise erfüllen.[1679] Wie im deutschen Recht sollte daher in den *CPA 1947* eine Bestimmung eingefügt werden, die abschließend die Fallkonstellationen benennt, in denen eine Ersatzpflicht wegen gemeinschaftsrechtswidriger Gerichtsurteile eintritt. Dies entspricht der Regelung in sec. 9 (3) *HRA*, die die Voraussetzungen einer Entschädigung wegen einer richterlichen Maßnahme, die gegen die Gewährleistungen der EMRK verstößt, nennt. Die Erklärung der Unanwendbarkeit der sec. 2 (5) *CPA 1947* durch ein Obergericht schafft keine vergleichbare Rechtssicherheit, da sie die differenzierten Kriterien für eine mitgliedstaatliche Ersatzpflicht nicht erkennen lässt. Außerdem manifestiert sich erst in einer Gesetzesänderung, dass die englische Rechtsordnung mit der Anerkennung einer Judikativhaftung verfassungsrechtliches Neuland betritt.

1675 In diese Richtung *Wyatt/Dashwood*, EU Law, S. 146
1676 Vgl. *Wissink/Stürner/Cairns*, ERPL 3 (2005) 419, 439
1677 In diesem Verfahren stellte der EuGH klar, dass die praktische Wirksamkeit des Gemeinschaftsrechts abgeschwächt würde, wenn ein englisches Gericht aufgrund eines Grundsatzes des *common law* nicht befugt wäre, eine einstweilige Anordnung auf Nichtanwendung einer gemeinschaftsrechtswidrigen nationalen Norm gegen die Krone zu erlassen (EuGH Rs. C-213/89 (*Factortame*), Slg. 1990, I-2433, Rn. 21). Daraufhin erließ das House of Lords eine einstweilige Anordnung (vgl. *R. v. Secretary of State for Transport*, ex parte Factortame (*Factortame No. 2*) (1991) 1 AC 603, 645)
1678 Vgl. Fünfter Teil § 2 B. I.
1679 Vgl. *Kluth*, DVBl. 2004, 393, 402

Ungeklärt ist bisher, welche Folgen die *Köbler*-Entscheidung für das Prinzip der *immunity from suit* hat, d.h., ob der Richter eines letztinstanzliches Gerichtes künftig wegen eines gemeinschaftsrechtswidrigen Urteils nach außen gegenüber dem Geschädigten haftet. Da die Haftung des Staates im englischen Recht als *vicarious liability* ausgestaltet ist, ist es konstruktiv zwingend, dass eine deliktische Handlung eines Richters vorliegt. Der *immunity*-Einwand muss insoweit unangewendet bleiben, als dass er der Staatshaftung seine Grundlage entziehen würde. Diese Einschränkung des *immunity*-Prinzips ergibt sich implizit aus der oben vorgeschlagenen Regelung über die Ersatzpflicht wegen gemeinschaftsrechtswidriger Urteile. Fraglich ist, ob dies bedeutet, dass der Richter persönlich neben dem Staat haftet. Aus der Sicht des Gemeinschaftsrechts ist dies nicht erforderlich. Der Haftungsgrundsatz nimmt lediglich die Mitgliedstaaten und seine Untergliederungen in den Blick. Damit stehen dem Geschädigten potente Schuldner gegenüber, so dass aus Effektivitätsgesichtspunkten eine zusätzliche Haftung des Richters nicht angezeigt ist. Das Gleichwertigkeitsgebot verlangt ebenfalls keine persönliche Haftung, da Richter oberer Gerichte in England in nationalen Fällen völlige Immunität genießen. Im Übrigen ist es rechtspolitisch sinnvoll, zur Sicherstellung der richterlichen Unabhängigkeit jede Form der persönlichen Inanspruchnahme auszuschließen.[1680]
Damit bleibt es im Ergebnis bei der umfassenden Haftungsprivilegierung englischer Richter.

§ 3: Zusammenfassung: Umsetzung in Deutschland und England

Die Umsetzung der Entscheidungen *Köbler* und *Traghetti* veranschaulicht die Reichweite der mitgliedstaatlichen Verfahrensautonomie in dem Bereich der Staatshaftung. Sowohl das deutsche als auch das englische Recht halten Rechtsnormen parat, die als Grundlage für einen Staatshaftungsanspruch dienen können; einer direkten Anwendung der durch den Gerichtshof aufgestellten Mindestvoraussetzungen bedarf es nicht. Gegenwärtig sehen jedoch beide Rechtsordnungen für den Fall richterlichen Unrechts weit reichende Haftungsbeschränkungen vor, die den in den genannten Entscheidungen aufgestellten Anforderungen an eine mitgliedstaatliche Ersatzpflicht nicht gerecht werden und eine Realisierung des gemeinschaftsrechtlichen Haftungsgrundsatzes praktisch unmöglich machen. Eine gemeinschaftsrechtskonforme Rechtslage kann nicht schon durch eine Auslegung dieser Normen oder deren Nichtanwendung erreicht werden. Rechtsklarheit kann in beiden Mitgliedstaaten nur geschaffen werden, indem die

---

1680   Vgl. die Ausführungen zu Art. 34 S. 2 GG Dritter Teil § 3 D. III. 4. b)

Kriterien einer Haftung wegen gemeinschaftsrechtswidriger Urteile, die neben den sonstigen Voraussetzungen der jeweiligen Anspruchsgrundlage vorliegen müssen, gesetzlich geregelt werden. Diese Gesetzesänderung verkörpert in beiden Rechtsordnungen einen Paradigmenwechsel in Bezug auf Reichweite und Zielsetzung der Staatshaftung.

Bisher leiteten das deutsche und das englische Recht eine Privilegierung der richterlichen Tätigkeit aus den Verfassungsprinzipien der Rechtssicherheit und der richterlichen Unabhängigkeit ab. Die beiden Entscheidungen des EuGH verdeutlichen, dass dieses Argumentationsmuster zumindest bei Fällen mit Bezug zum Gemeinschaftsrecht nicht zwingend ist. Die Alternative ist nun ein Haftungsregime, das einer Verwirklichung des Individualrechtsschutzes auf sekundärere Ebene den Vorrang einräumt, wenn Umstände vorliegen, die eine gerichtliche Fehlentscheidung als vermeidbar erscheinen lassen. Zugleich ist es rechtspolitisch sinnvoll, eine persönliche Inanspruchnahme des Richters in Form einer Außenhaftung oder eines Regresses auszuschließen. Dadurch kann der in beiden Ländern gegen die Staatshaftung vorgebrachte Einwand der Gefährdung der richterlichen Unabhängigkeit ausgeräumt werden. Für das englische Recht folgt daraus zugleich, dass das Prinzip der *immunity from suit* faktisch fortbesteht; dies dürfte wesentlich zur Akzeptanz der mitgliedstaatlichen Haftung seitens der Rechtsprechung beitragen. Eine fundamentale Veränderung für das *common law* bedeutet die Annahme der Unanwendbarkeit der *stares decisis*-Doktrin bei Fällen mit Gemeinschaftsbezug. Ein vergleichbar tief greifender Eingriff muss im deutschen Rechtsschutzsystem nicht vorgenommen werden, um einen wirksamen Sekundärrechtsschutz bei judikativem Unrecht zu ermöglichen.

Sechster Teil: Staatshaftung wegen judikativen Unrechts bei Verstößen gegen nationales Recht

Im letzten Teil ist zu klären, ob und welche Impulse die Rechtsprechung des EuGH für die Fortentwicklung der Staatshaftung wegen richterlicher Tätigkeit bei Fällen ohne Bezug zum Gemeinschaftsrecht gibt. Denkbar ist, dass das Gemeinschaftsrecht in dem Bereich des Sekundärrechtsschutzes einen „*spill-over*"-Effekt erzeugt,[1681] der zu einer Annäherung der Haftungsstandards des nationalen Rechts an die des Gemeinschaftsrechts führt. Zunächst ist insoweit zu untersuchen, ob die Mitgliedstaaten rechtlich verpflichtet sind, eine Angleichung der Kriterien der Judikativhaftung bei rein innerstaatlichen Sachverhalten vorzunehmen. Damit könnten Widersprüche, die sich aus dem Nebeneinander unterschiedlicher Normkomplexe zur Beurteilung gleichartiger Sachverhalte ergeben, vermieden werden.[1682] Grundlage einer solchen Pflicht könnte die Notwendigkeit sein, eine Inländerdiskriminierung zu beseitigen, die aus der Geltung unterschiedlicher Haftungsmaßstäbe bei Fällen mit bzw. ohne Bezug zum Gemeinschaftsrecht folgt. Sollte eine Inländerdiskriminierung nicht vorliegen, könnten die Entwicklungen im Gemeinschaftsrecht lediglich faktisch einen Harmonisierungsdruck auf die nationalen Haftungsregimes erzeugen.[1683]

§ 1: Definition: Inländerdiskriminierung / *Reverse discrimination*

Der Begriff Inländerdiskriminierung oder *reverse discrimination* bezeichnet das Phänomen, dass bei rein innerstaatlichen Sachverhalten Inländer schlechter behandelt werden als EG-Ausländer, denen aufgrund gemeinschaftsrechtlicher Vorgaben in der gleichen Situation bestimmte nationale Rechtsvorschriften nicht

---

1681   Zur Terminologie vgl: *Barav* in: Curtin/Heukels, Institutional Dynamics, S. 265, 301

1682   *Kadelbach* in: von Danwitz/Heintzen/Jestaedt/Korioth/Reinhardt, Europäische Staatlichkeit, S. 131, 145; *Zuleeg*, VVDStRL 53 (1994) 154, 178. Kritisch in Bezug auf die unterschiedlichen Haftungsstandards bei Verstoß gegen gemeinschaftsrecht bzw. gegen nationales Recht unter dem Aspekt des Individualrechtschutzes *Bertolino*, CJQ 27 (2008) 448, 452

1683   *Bertelmann*, Europäisierung, S. 232-235; eine generelle Änderung des § 839 Abs. 2 BGB erwägen *Henning* in: Liber amicorum für Kigawa, S. 139, 167; *Kluth*, DVBl. 2004, 393, 402; *Streinz*, JuS 2007, 68, 71. Allgemein zu dem rechtspolitischen Rechtfertigungsdruck im Fall eine Inländerbenachteiligung *Müller-Graff*, Binnenmarktziel, S. 37-39

entgegengehalten werden können.[1684] Da eine Ungleichbehandlung auch EG-Ausländer treffen kann, wenn sie ausschließlich den Bestimmungen der nationalen Rechtsordnung eines Mitgliedstaates unterliegen, ist der Inländerbegriff von der Staatsangehörigkeit zu lösen.[1685] Die Inländerdiskriminierung ist eine Folge der Aufteilung der Zuständigkeiten zwischen der EG und den Mitgliedstaaten[1686] und damit verbunden des beschränkten Geltungsanspruches des Gemeinschaftsrechts.[1687] Den Maßstab für die Beurteilung der Zulässigkeit einer Inländerdiskriminierung könnten im Gemeinschaftsrecht insbesondere die Grundfreiheiten sowie subsidiär das allgemeine Diskriminierungsverbot (Art. 18 Abs. 1 AEUV) und im nationalen Recht die Freiheitsgrundrechts sowie der allgemeine Gleichheitssatz (Art. 3 Abs. 1 GG) bilden. Die Inländerdiskriminierung ist Folge eine Widerspruchs der Normen des Gemeinschaftsrechts und des nationalen Rechts und damit auf ein Tun oder Unterlassen der Legislative zurückzuführen. Fraglich ist, ob daneben eine Inländerdiskriminierung seitens der Judikative, etwa durch Anwendung des § 839 Abs. 2 BGB bzw. der sec. 2 (5) *CPA 1947*, denkbar ist. Angesichts der Gesetzesbindung der dritten Gewalt ist jedoch eine eigenständige Diskriminierung durch sie zu verneinen.[1688]

§ 2: Art. 18 Abs. 1 AEUV (Art. 12 Abs. 1 EGV a.F.)

Die Zulässigkeit der Fortgeltung restriktiver nationaler Haftungsbeschränkungen wie § 839 Abs. 2 S. 1 BGB und sec. 2 (5) *CPA 1947* fällt nicht in den Anwendungsbereich der Grundfreiheiten und könnte daher nur an Art. 18 Abs. 1 AEUV gemessen werden. Der sachliche Anwendungsbereich des Art. 18 Abs. 1 AEUV ist eröffnet, wenn eine „gemeinschaftsrechtlich geregelte Situation" vorliegt.[1689] Das Diskriminierungsverbot erfasst auch Materien, die nur indirekt eine wirtschaftliche Betätigung betreffen und an sich in der Kompetenz der Mitgliedstaaten verblieben sind;[1690] dazu zählt die Haftung der Mitgliedstaaten.[1691] Es ist allerdings umstritten, ob Art. 18 Abs. 1 AEUV (bzw. die Grundfreiheiten) ein Verbot der Inländerdiskriminierung enthält. Eine Literaturansicht bejaht dies mit dem Argument, dass die unterschiedliche Behandlung von Inländern und Aus-

---

1684 Vgl. *von Bogdandy* in: Grabitz/Hilf/Nettesheim, Recht der EU, Art. 18 AEUV Rn. 49; *Craig/de Búrca*, EU Law, S. 762; *Ritter*, ELRev 31 (2006) 690; *Streinz* in: ders., EUV/EGV Art. 12 EGV Rn. 5; Beispiele bei *D. König*, AöR 118 (1993) 591, 592

1685 *Streinz* in: ders., EUV/EGV Art. 12 EGV Rn. 58. Sofern eine Diskriminierung nicht an die Staatsangehörigkeit, sondern an die Herkunft der Waren oder Dienstleitungen geknüpft wird, verwendet eine Ansicht im Schrifttum den Begriff „umgekehrte Diskriminierung" (vgl. *Epiney*, Umgekehrte Diskriminierungen, S. 33f.).

1686 *Ritter*, ELRev 31 (2006) 690, 691

1687 *Graser*, DÖV 1998, 1004, 1005

1688 Vgl. *Hammerl*, Inländerdiskriminierung, S. 123

1689 EuGH Rs. C-186/87 (*Cowan/Trésor Public*), Slg. 1989, 195, Rn. 10

1690 *Streinz* in: ders., EUV/EGV, Art. 12 EGV Rn. 18f. m.w.N.

1691 Ausführlich *Kaiser*, NVwZ 97, 667, 668f.

ländern dem Vertragsziel eines einheitlichen Binnenmarktes entgegensteht. In einem solchen Markt könne das Kriterium der Grenzüberschreitung keine Voraussetzung für die Anwendbarkeit einzelner Vertragsbestimmungen sein.[1692] *Epiney* nimmt an, dass den fortbestehenden Kompetenzen des nationalen Gesetzgebers dadurch Rechnung getragen werden müsse, dass eine Ungleichbehandlung durch „berechtigte Interessen" des Mitgliedstaates gerechtfertig werden könne.[1693]

Zustimmung verdient die Gegenauffassung, die rein innerstaatliche Sachverhalte nicht unter die Diskriminierungsverbote des EGV (jetzt AEUV) subsumieren will. Für die Grundfreiheiten folgt dies bereits aus dem Wortlaut der jeweiligen Normen, die ein Element der Grenzüberschreitung voraussetzen.[1694] Dies gilt entsprechend für Art. 18 Abs. 1 AEUV, da in den Anwendungsbereich des AEUV ausschließlich grenzüberschreitende Sachverhalte fallen.[1695] Das allgemeine Diskriminierungsverbot verpflichtet die Mitgliedstaaten nicht, die eigenen Staatsangehörigen untereinander gleich zu behandeln.[1696] Solange die Mitgliedstaaten infolge des Prinzips der begrenzten Einzelermächtigung der EG in einzelnen Bereichen weiterhin über eine Regelungszuständigkeit verfügen, ist eine Ungleichbehandlung zwischen Inländern und EG-Ausländern im Gemeinschaftsrecht angelegt.[1697] Sie widerspricht möglicherweise dem Binnenmarktgedanken, nicht aber dem Binnenmarktrecht, und kann durch das Gemeinschaftsrecht nur im Wege der Rechtsangleichung beseitigt werden (vgl. Art. 114 AEUV).[1698] Eine Rechtsangleichung auf dem Gebiet des Staatshaftungsrechts wäre nur möglich, wenn sie zur Beseitigung tatsächlicher Hemmnisse für den freien Verkehr von Waren, Personen, Dienstleistungen und Kapital sowie spürbarer Wettbewerbsverzerrungen erforderlich wäre.[1699] Dies ist jedoch nicht erkennbar. Im Übrigen macht der EuGH selbst deutlich, dass eine Normierung der

---

1692 Ausführlich *Epiney*, Umgekehrte Diskriminierungen, S. 205-230 und 339 (Zusammenfassung); ebenso *Kewenig*, JZ 1990, 20, 23, 205; *Kon*, ELRev 6 (1981) 75, 100f.; *Reitmaier*, Inländerdiskriminierungen, S. 25; *Shuibhne*, CMLRev 39 (2002) 731, 769f.; *White*, ICLQ 54 (2005) 885, 901

1693 *Epiney*, Umgekehrte Diskriminierungen, S. 235f.; ähnlich *Kewenig*, JZ 1990, 20, 23

1694 Vgl. *Craig/de Búrca*, EU Law, S. 762; *Greenwood*, YEL 7 (1987) 185, 201; *D. König*, AöR 118 (1993) 591, 595f.; *Müller-Graff* in: von der Groeben/Schwarze, EUV/EGV, Art. 28 EGV Rn. 319; *ders.* in: Streinz, EUV/EGV, Art. 43 EGV Rn. 20; *Ritter*, ELRev 31 (2006) 690, 708f.

1695 EuGH Rs. C-355/85 (*Cognet*), Slg. 1986, 3231, Rn. 11; zustimmend *von Bogdandy* in: Grabitz/Hilf/Nettesheim, Recht der EU, Art. 18 AEUV Rn. 54; *Schilling*, JZ 1994, 8, 9; *Streinz* in: ders., EUV/EGV Art. 12 EGV Rn. 60; *Zuleeg* in: von der Groeben/Schwarze, EUV/EGV, Art. 12 EGV Rn. 14

1696 EuGH Rs. C-370/88 (*Marshall*), Slg. 1990, I-4071, Rn. 21

1697 Vgl. *D. König*, AöR 118 (1993) 591, 595

1698 *Streinz* in: ders., EUV/EGV Art. 12 EGV Rn. 58; für eine Rechtsangleichung insbesondere in dem Bereich des Gesellschaftsrechts mit Hilfe eines privaten *European Law Institute Ebke* in: FS Großfeld, S. 189, 212-216; *ders.*, JZ 2003, 927, 933

1699 Vgl. EuGH Rs. C-376/98 (*Tabakwerbeverbotsrichtlinie*), Slg. 2000, I-8419, Rn. 96 und 106

mitgliedstaatlichen Haftung im nationalen Recht ausreichend sein kann.[1700]

Ein rein innerstaatlicher Sachverhalt liegt vor, wenn er Betätigungen betrifft, „deren Elemente sämtlich nicht über die Grenzen eines Mitgliedstaates hinausweisen".[1701] Bezogen auf den Untersuchungsgegenstand bedeutet dies, dass nationale Bestimmungen wie § 839 Abs. 2 S. 1 BGB und sec. 2 (5) *CPA 1947*, die die Staatshaftung wegen richterlichen Unrechts regeln und nicht an einen Verstoß gegen das Gemeinschaftsrecht anknüpfen, nicht an Art. 18 Abs. 1 AEUV gemessen werden können. Insofern ist der Begriff „Inländerdiskriminierung" in diesem Kontext unpräzise, da auch eine Gerichtsentscheidung, die gegenüber einem EG-Ausländer auf der Grundlage des deutschen bzw. englischen Rechts ergeht, von den genannten Haftungsbeschränkungen erfasst wird.

§ 3: Nationales Verfassungsrecht

Die Zulässigkeit der Ungleichbehandlung bestimmt sich nach nationalem Verfassungsrecht.[1702]

A.   *Deutschland: Art. 3 Abs. 1 GG*

Maßstab für die Beurteilung der Zulässigkeit der Inländerdiskriminierung kann nur Art. 3 Abs. 1 GG sein; ein Freiheitsgrundrecht ist nicht einschlägig.[1703]

I.   *Anwendbarkeit des Art. 3 Abs. 1 GG*

Die Anwendbarkeit des Art. 3 Abs. 1 GG im Kontext der Inländerdiskriminierung ist umstritten. Dieses Problem bedarf der Klärung, selbst wenn die Ungleichbehandlung entsprechend der hier vorgeschlagenen Lösung auf einer (neu einzufügenden) nationalen Regelung beruht. Lediglich in den Fällen, in denen

---

1700   Vgl. EuGH Rs. C-224/01 (*Köbler*), Slg. 2003, I-10239, Rn. 57

1701   EuGH Rs. C-184/02 (*Fröschl*), unveröffentlicht, Rn. 23ff. (nachgewiesen bei *von Bogdandy* in: Grabitz/Hilf/Nettesheim, Recht der EU, Art. 18 AEUV Rn. 51)

1702   EuGH Rs. C-132/93 (*Steen II*), Slg. 1994, I-2715, Rn. 10; *von Bogdandy* in: Grabitz/Hilf/Nettesheim, Recht der EU, Art. 18 AEUV Rn. 54; *Schilling*, JZ 1994, 8, 10; *Ritter*, ELRev 31 (2006) 690, 710; *Streinz* in: ders., EUV/EGV Art. 12 EGV Rn. 63; vgl. auch *U. Karpenstein*, Praxis, Rn. 159 Fn. 399 m.w.N.

1703   Für eine Bewertung der Inländerdiskriminierung an dem Maßstab der Freiheitsgrundrechte im Lichte der neueren Rechtsprechung des BVerfG insbesondere *Gundel*, DVBl. 2007, 269, 274-278

der Gesetzgeber eine Differenzierung zwischen Inländern und EG-Ausländern bzw. zwischen Fällen mit und ohne Gemeinschaftsrechtsbezug aufgrund wirtschaftlicher, politischer oder kultureller Gründe vornimmt, ohne dass irgendeine gemeinschaftsrechtliche Vorgabe vorliegt, bereitet die Anwendbarkeit des Art. 3 Abs. 1 GG keine Probleme; in diesem Fall ist die Ungleichbehandlung keine Folge des Aufeinandertreffens von Gemeinschaftsrecht und nationalem Recht. In dem vorliegenden Fall besteht aber gerade eine Anpassungspflicht der Legislative infolge der Entscheidungen des EuGH in *Köbler* und *Traghetti*. Die nationale Regelung ist also wie etwa in dem Fall der Umsetzung einer Richtlinie gemeinschaftsrechtlich determiniert.[1704]

Im Schrifttum wird gegen die Anwendbarkeit vorgetragen, die Ungleichbehandlung beruhe auf einer Diskrepanz zwischen den Bestimmungen der EG-Rechtsordnung und denen des nationalen Rechts. Diese Diskrepanz sei wie in einem föderativen System auf die Ausübung von Staatsgewalt durch verschiedene Hoheitsträger zurückzuführen, die aber nur in ihrem eigenen Kompetenzbereich den Gleichheitssatz beachten müssten.[1705] Zutreffend ist an dieser Erwägung, dass die Ungleichbehandlung eine Folge der Einwirkung des Gemeinschaftsrechts auf das nationale Recht ist. Letztlich liegt allerdings die Verantwortung für die Entstehung einer Differenzierung bei dem deutschen Gesetzgeber, wenn er eine Vorschrift erlässt oder aufrechterhält, die Inländer oder inländische Sachverhalte schlechter stellt. Der Unterschied zu dem parallelen Problem auf Bund-Länder-Ebene liegt darin, dass bei der Inländerdiskriminierung eine Ungleichbehandlung in dem Geltungsbereich derselben Rechtsordnung stattfindet.[1706]

Gegen eine Anwendung des Art. 3 Abs. 1 GG wird außerdem angeführt, dass diese Norm keine Integrationsfunktion erfüllt und den Mitgliedstaat nicht indirekt zur Angleichung des innerstaatlichen Rechts an das Gemeinschaftsrecht verpflichten kann.[1707] Dies liefe auf eine mit Art. 23 Abs. 1 GG unvereinbare

---

1704   Zur Inländerdiskriminierung auf der Grundlage nationaler Vorschriften *Epiney*, Umgekehrte Diskriminierungen, S. 72f.

1705   *Fastenrath*, JZ 1987, 170, 177; *D. König*, AöR 118 (1993) 591, 599. Das BVerfG hat zu diesem Problem bisher nicht ausdrücklich Stellung genommen (vgl. *Rieger*, DÖV 06, 685, 686 m.w.N.). Das BVerwG bejaht die Anwendbarkeit des Art. 3 Abs. 1 GG (BVerwGE 98, 298, 307). Der BGH ließ die Beantwortung der Frage offen (BGH NJW 1990, 108, 109). Der österreichische VerfGH wendet den Gleichheitssatz an und erkennt keine Rechtsfertigung für eine Ungleichbehandlung (ÖstVerfGH EuZW 2001, 219, 221). Der italienische *Corte constitutionale* bejaht ebenfalls einen Verfassungsverstoß (vgl. *Gundel*, DVBl. 2007, 269, 273 m.w.N.).

1706   *Epiney*, Umgekehrte Diskriminierungen, S. 428-433; *Grabenwarter* in: von Bogdandy, Europäisches Verfassungsrecht, S. 283, 325; *Herdegen*, Europarecht, § 6 Rn. 20; vgl. auch *Hammerl* (Inländerdiskriminierung, S. 180), der die Verantwortung der nationalen Gesetzgebers für die Diskriminierung daran knüpft, dass er die den Unionsbürger begünstigenden Regeln durch das Zustimmungsgesetz zum EGV in die nationale Rechtsordnung aufgenommen hat (so wohl auch *Kokott*, FS 50 Jahre BVerfG, Band II, S. 127, 128). Dabei handelt es sich freilich um eine „indirektere Form der Urheberschaft" (vgl. *Graser*, DÖV 1998, 1004, 1007).

1707   *D. König*, AöR 118 (1993) 591, 600

Kompetenzausweitung der EG in Bereichen hinaus, in denen ihr nicht die Befugnis zur Rechtsangleichung zusteht.[1708] Deutlich wird dies an dem Beispiel der Staatshaftung: Die Gemeinschaft verfügt nicht einmal über eine ausdrückliche Befugnis zur Regelung der mitgliedstaatlichen Haftung, so dass es zweifelhaft ist, ob sie mittelbar sogar Einfluss auf die Ersatzpflicht in rein nationalen Fällen nehmen kann. Dennoch sind diese Erwägungen nicht geeignet, die Unanwendbarkeit des Art. 3 Abs. 1 GG zu begründen, da sie nur die Schwierigkeiten aufzeigen, die auftreten, wenn man die Anwendbarkeit des Gleichheitssatzes bejaht.[1709] Liegt eine Ungleichbehandlung durch denselben Hoheitsträger vor, ist auf der Ebene der Rechtfertigung zu untersuchen, ob ein sachlicher Grund vorliegt, der eine Differenzierung erlaubt oder ob der Mitgliedstaat verpflichtet ist, eine Übereinstimmung mit dem Gemeinschaftsrecht herzustellen. Die Grenze der Einwirkung des Gemeinschaftsrechts folgt dann aus der Reichweite des Gestaltungsspielraums des nationalen Gesetzgebers. Im Übrigen kann aufgrund der fortschreitenden Integration nicht von vornherein ausgeschlossen werden, dass sich Maßnahmen der Gemeinschaftsorgane in dem rein innerstaatlichen Bereich auswirken. Dies gilt insbesondere, wenn wie in dem vorliegenden Fall, das EG-Recht durch eine gesetzliche Regelung im nationalen Recht umgesetzt wird. Der Gesetzgeber ist dann wie bei jedem anderen Gesetz an die verfassungsrechtlichen Vorgaben, also auch an Art. 3 Abs. 1 GG, gebunden.[1710]

II. Vorliegen einer Inländerdiskriminierung

Im Folgenden wird untersucht, ob die Fortgeltung des strengen Haftungsmaßstabes in § 839 Abs. 2 S. 1 BGB bei innerstaatlichen Fällen in Ansehung der oben vorgeschlagenen staatshaftungsrechtlichen Behandlung gemeinschaftsrechtswidriger Urteile mit Art. 3 Abs. 1 GG in Einklang zu bringen ist. Wird eine Ungleichbehandlung festgestellt, ist auf der Ebene der verfassungsrechtlichen Rechtfertigung zu prüfen, ob Kriterium und Ziel der Differenzierung mit dem Grundgesetz zu vereinbaren sind und ob der Grundsatz der Verhältnismäßigkeit beachtet wurde.[1711]

1708   *Bertelmann*, Europäisierung, S. 231 im Anschluss an: VGH Mannheim NJW 1996, 72, 74

1709   Ähnlich *Epiney*, Umgekehrte Diskriminierungen, S. 429

1710   So zutreffend ÖstVerfGH EuZW 2001, 219, 222

1711   Das Prüfungsschema orientiert sich an dem Aufbau bei *Epiney* (Umgekehrte Diskriminierungen, S. 464-486) und *Hammerl* (Inländerdiskriminierung, S. 176-188).

1. Ungleichbehandlung

Der Anwendungsbereich des Art. 3 Abs. 1 GG ist eröffnet, wenn zwei vergleichbare Sachverhalte durch denselben Hoheitsträger unterschiedlich behandelt werden.[1712] In Deutschland unterscheiden sich die Voraussetzungen einer Staatshaftung wegen fehlerhafter Gerichtsurteile je nachdem, ob eine Verletzung des nationalen Rechts oder des Gemeinschaftsrechts vorliegt. Im erstgenannten Fall soll eine Ersatzpflicht nur in der praktisch kaum vorstellbaren Situation eintreten, dass mit der Pflichtverletzung des Richters die Begehung einer Straftat einhergeht. Demgegenüber ist der Prüfungsmaßstab in dem zweiten Fall deutlich großzügiger. Die Schwelle zur Haftung ist bereits überschritten, wenn eine Situation vorliegt, in der die Fehlentscheidung dem Gericht vorzuwerfen ist. Es wurde bereits ausgeführt, dass diese Ungleichbehandlung dem Bundesgesetzgeber zuzurechnen ist.

2. Differenzierungskriterium

Als Kriterium für eine Differenzierung wird in der Regel die Teilnahme an dem grenzüberschreitenden Verkehr[1713] bzw. die Inländereigenschaft der betroffenen Person, Ware oder Dienstleistung[1714] ausgewählt. Diese Kriterien passen in dem vorliegenden Fall nicht. Es kommt nicht darauf an, dass die Wahrnehmung einer Grundfreiheit oder einer sonstigen durch das Gemeinschaftsrecht vermittelten Rechtsposition grenzüberschreitend erfolgt. Ausschlaggebend für den Rückgriff auf einen der beiden Haftungsmaßstäbe ist allein, ob ein Verstoß gegen das Gemeinschaftsrecht gegeben ist. Rührt die Gemeinschaftsrechtswidrigkeit eines Urteils beispielsweise daher, dass die Bestimmung einer Verordnung oder einer unmittelbar wirkenden Richtlinie verletzt wurde, ist der an den Vorgaben des EG-Rechts orientierte Maßstab anzuwenden, ohne dass der Geschädigte an dem grenzüberschreitenden Verkehr teilgenommen haben muss. Ein Beispiel hierfür ist die *Kloppenburg II*-Entscheidung des BFH.[1715] Das Diskriminierungskriterium „gemeinschaftsrechtswidrige Gerichtsurteile" ist mit dem Grundgesetz, insbesondere mit Art. 3 Abs. 3 GG, zu vereinbaren.

1712   Vgl. nur *Jarass* in: ders./Pieroth, GG, Art. 3 Rn. 4f. m.w.N.

1713   *Epiney*, Umgekehrte Diskriminierungen, S. 467; zu dem Begriff des „grenzüberschreitenden Sachverhaltes" vgl. ausführlich *Epiney*, Umgekehrte Diskriminierungen, S. 272-279; *U. Karpenstein*, Praxis, Rn. 159

1714   *Hammerl*, Inländerdiskriminierung, S. 181f.; *Jarass* in: ders./Pieroth , GG, Art. 3 Rn. 74; *Schilling*, JZ 1994, 8, 13; *Starck* in: von Mangoldt/Klein/Starck , GG, Band I, Art. 3 Rn. 233

1715   Vgl. Dritter Teil § 4 IV. 4.

3. Differenzierungsziel

Das Differenzierungsziel ist aus dem Gesetz selbst, allgemein aus seinem Sinn, den Motiven des Gesetzgebers oder seinen wirtschaftspolitischen Vorstellungen zu entnehmen. Abzustellen ist auf das Ziel der Differenzierung und - anders als bei der Prüfung eines Freiheitsgrundrechts - nicht auf das Ziel der betreffenden Regelung.[1716] Dem Gesetzgeber ist bei der Definition des Ziels ein weiter Gestaltungsspielraum eingeräumt, um seine Wert- und Gerechtigkeitsvorstellungen zu verwirklichen. In der Regel verfolgt der Gesetzgeber mit einer benachteiligenden Behandlung von Inländern bzw. inländischen Sachverhalten den Zweck, auf nationaler Ebene schutzpolitische Ziele wie Gesundheits- oder Verbraucherschutz oder kulturpolitische Ziele wie die Berücksichtigung spezifischer Ernährungsgewohnheiten (z.B. Reinheitsgebot für Bier) zu verwirklichen.[1717] Zugleich handelt er mit dem Ziel, die gemeinschaftsrechtlichen Vorgaben umzusetzen. Letzteres kann isoliert betrachtet eine Ungleichbehandlung nicht rechtfertigen, da eine Umsetzung auch durch eine gleichmäßige Behandlung grenzüberschreitender und innerstaatlicher Sachverhalte erfolgen kann.

a) Wahrung nationaler Rechtstradition als Differenzierungsziel

Bereits die Ermittlung des Differenzierungsziels bereitet in dem vorliegenden Fall Schwierigkeiten. Das Nebeneinander unterschiedlicher Haftungsmaßstäbe dient keinem „typischen" schutz- oder kulturpolitischen Zweck der oben genannten Art. Fraglich ist, ob der Gesichtspunkt der Rechtssicherheit eine Differenzierung rechtfertigen kann. Das Rechtsstaatsprinzip enthält als wesentliche Gewährleistung die Rechtssicherheit, die wiederum den Bestand rechtskräftiger Entscheidungen erfordert.[1718] Das BVerfG hat bei einem Konflikt zwischen materieller Gerechtigkeit und Rechtssicherheit Entscheidungen des Gesetzgebers zugunsten der Rechtskraft von Urteilen oder der Bestandskraft von Verwaltungsakten für verfassungskonform gehalten. Gegen die Wahl des Gesetzgebers kann im Allgemeinen der Vorwurf der Willkür nicht erhoben werden.[1719] Es scheint somit dem Gesetzgeber überlassen, ob er an § 839 Abs. 2 S. 1 BGB festhalten will. Allerdings kann der Schutz der Rechtssicherheit in dem vorliegenden Fall nicht als Grund für eine Beschränkung der Anwendung des § 839 Abs. 2 S. 1 BGB auf Ersatzansprüche wegen nach nationalem Recht rechtswidriger Urteile herangezogen werden. In beiden Haftungskonstellationen (Verstoß gegen Gemein-

---

1716 Vgl. *Gubelt* in: von Münch/Kunig, GG, Art. 3 Rn. 18; *Hammerl*, Inländerdiskriminierung, S. 182

1717 *Epiney*, Umgekehrte Diskriminierungen, S. 468f.

1718 BVerfGE 2, 380, 403

1719 BVerfGE 15, 313, 319f.; *Jarass* in: ders./Pieroth, GG, Art. 20 Rn. 77; *Schulze-Fielitz* in: Dreier, GG, Art. 20 (Rechtsstaat) Rn. 150 m.w.N.

schaftsrecht bzw. nationales Recht) sind nämlich rechtskräftige Urteile betroffen, da jeweils zunächst die Rechtsbehelfe des Primärrechtsschutzes ausgeschöpft werden müssen, bevor eine Haftungsklage erhoben werden kann. Ebenso wenig kommt es darauf an, ob das Prinzip der Rechtssicherheit die Haftungsbeschränkung im deutschen Recht rechtfertigt. Bei der Prüfung des allgemeinen Gleichheitssatzes ist das Ziel der Differenzierung und nicht das Regelungsziel der betreffenden Norm zu untersuchen.

Unterstellt man, dass der deutsche Gesetzgeber in der oben beschriebenen Weise eine Anpassung des Richterspruchprivilegs bei Verstößen gegen das Gemeinschaftsrecht vornimmt, kommt lediglich folgender Differenzierungsgrund in Betracht: Der Gesetzgeber will - zumindest bei Urteilen, die gegen nationales Rechts verstoßen - die in der deutschen Rechtsordnung traditionell vorherrschende Auffassung berücksichtigen bzw. aufrechterhalten, dass rechtskräftige Gerichtsurteile nur in dem Ausnahmefall eine Ersatzpflicht des Staates auslösen können, dass eine strafbare Amtspflichtverletzung des Richters vorliegt. In Rechtsprechung und Literatur tauchen verschieden Fallkonstellationen auf, in denen eine Ungleichbehandlung inländischer und grenzüberschreitender Sachverhalte mit der Aufrechterhaltung der Tradition eines Mitgliedstaates begründet wird.[1720]

In Deutschland ist die weite Auslegung des Richterspruchprivilegs zum Schutz der Rechtskraft historisch gewachsen. Bereits aus den Beratungen des Reichstages geht hervor, dass eine Richterhaftung dem Prinzip der Rechtskraft widersprechen könnte.[1721] Während das RG den § 839 Abs. 2 S. 1 BGB noch restriktiv auslegte und die Anwendung auf Urteile im prozesstechnischen Sinn beschränkte,[1722] ist der BGH dazu übergegangen, auch „urteilsvertretende Erkenntnisse" darunter zu subsumieren.[1723] Der Gesetzgeber hat diese Entwicklung offensichtlich zum Anlass genommen, in § 5 Abs. 2 des (für nichtig erklärten) Staatshaftungsgesetzes die Privilegierung auf „gerichtliche Maßnahmen, durch die die Grundlagen der Entscheidung gewonnen werden sollen" auszudehnen.[1724]

1720 Vgl. *Epiney*, Umgekehrte Diskriminierungen, S. 333-338; so wird etwa die Anwendung des mit Art. 28 EGV (jetzt Art. 34 AEUV) unvereinbaren deutschen „Reinheitsgebotes" für Bier auf inländische Produkte mit der Förderung der deutschen Tradition der Bierbraukunst begründet. (vgl. BVerfG NJW 2005, 1736, 1737; *Hammerl*, Inländerdiskriminierung, S. 188; *Schmidt*, NJW 2005, 3617, 3619). Die Beibehaltung der Meisterprüfung als Zugangsvoraussetzung zum selbstständigen Handwerk berücksichtigt standesrechtliche Traditionen, die die Erhaltung und Förderung eines selbstständigen Handwerkstandes sicherstellen sollen (vgl. *D. König*, AöR 118 (1993) 591, 610; vgl. aber neuerdings: BVerfG NJOZ 2006, 446). In dem Fall *Steen II* (vgl. EuGH Rs. C-332/90, Slg. 1992, I-341) lag der Grund für die Benachteiligung eines Inländers in den hergebrachten Grundsätzen des Berufsbeamtentums (vgl. *Epiney*, Umgekehrte Diskriminierungen, S. 335).
1721 Vgl. *Mugdan*, Materialien zum BGB, Band II, S. 1155
1722 So unter Berufung auf die Entstehungsgeschichte: RGZ 62, 367, 369 (vgl. *Mugdan*, Materialien zum BGB, Band II, S. 1402, 1409); ebenso *Enneccerus/Lehmann*, Recht der Schuldverhältnisse, S. 945; *Greiff* in: Planck, BGB, § 839 Nr.6
1723 BGHZ 10, 55, 60f.
1724 Vgl. *Ossenbühl*, Staatshaftungsrecht, S. 450f.

Ein Referentenentwurf des Bundesministeriums der Justiz aus dem Jahre 1967 sah bereits eine Haftungseinschränkung für solche Entscheidungen vor, die einem Urteil „wesensgleich" sind.[1725] Neuerdings sollen nach Ansicht des BGH Entscheidungen über den Antrag auf Erlass einer einstweiligen Anordnung sowie über den Arrest und eine einstweilige Verfügung im Zivilprozess unabhängig von dem Vorliegen einer mündlichen Verhandlung dem § 839 Abs. 2 S. 1 BGB unterfallen.[1726] Bei der Einbeziehung von Amtspflichtverletzungen in das Richterspruchprivileg ist die Rechtsprechung ebenfalls großzügig.[1727] Ausdruck einer Präferenz zur eingeschränkten Überprüfung richterlicher Tätigkeit bei rechtskräftig abgeschlossenen Verfahren ist auch die restriktive Formulierung der Wiederaufnahmegründe in § 580 ZPO.

Fraglich ist allerdings, ob die Wahrung der deutschen Rechtstradition in Bezug auf die Judikativhaftung als Differenzierungsgrund taugt und somit eine Schlechterstellung des Geschädigten in einem innerstaatlichen Fall rechtfertigen kann. Es ist anerkannt, dass der Gesetzgeber im Rahmen von Art. 3 Abs. 1 GG über einen weiten Gestaltungsspielraum verfügt und nicht die „zweckmäßigste, vernünftigste oder gerechteste Lösung" zu wählen hat.[1728] Eine Literaturansicht trägt vor, dass es dem deutschen Gesetzgeber überlassen ist, an seiner rechtspolitischen Entscheidung zugunsten des Prinzips der Rechtssicherheit festzuhalten, solange keine zwingenden Vorgaben des Gemeinschaftsrechts vorliegen.[1729] Die Tragfähigkeit dieser Argumentation ist zweifelhaft. Voraussetzung für die Übereinstimmung einer Regelung mit dem Gleichheitssatz ist nach Ansicht des BVerfG, dass die gewählte Differenzierung auf „sachgerechten Erwägungen" beruht.[1730] Fraglich ist zum einen, ob das Argument der „Traditionswahrung" generell einen geeigneten Sachgrund darstellt, und zum anderen, ob die konkret angeführte Rechtstradition als Differenzierungsgrund einzuleuchten vermag.

Das BVerfG hat klargestellt, dass historisch gewachsene Unterscheidungen allein die Verfassungsmäßigkeit einer Norm nicht zu rechtfertigen vermögen.[1731] Dieser Rechtsprechung kann entnommen werden, dass das Ziel einer Differenzierung sich nicht darin erschöpfen darf, einer traditionell vorherrschenden Rechtsauffassung zur Durchsetzung zu verhelfen. Wenn man dem Gesetzgeber einen weiten Gestaltungsspielraum im Rahmen von Art. 3 Abs. 1 GG zubilligt, impliziert dies, dass er auch gestalterisch in einem bestimmten Bereich tätig wird. So kann er beispielsweise eine Differenzierung vornehmen, um eines der in Art. 20 GG genannten Prinzipien oder eine sonstige Wertentscheidung des Grundgesetzes (z.B. Art. 6 GG) zu verwirklichen.[1732] Es ist jedoch nicht erkennbar, welches verfassungslegitime Ziel der Gesetzgeber in der Sache verfolgt,

1725   Nachgewiesen bei *Leipold*, JZ 1967, 737, 741
1726   BGHZ 161, 298
1727   Vgl. *Vinke* in: Soergel, BGB § 839 Rn. 213f. m.w.N.
1728   Vgl. *Gubelt* in: von Münch/Kunig , GG, Art. 3 Rn. 23 m.w.N.
1729   So im Ergebnis *Bertelmann*, Europäisierung, S. 232
1730   BVerfGE 74, 182, 200
1731   Vgl. BVerfGE 62, 256, 279
1732   Vgl. *Gubelt* in: von Münch/Kunig , GG, Art. 3 Rn. 21

wenn er schlicht an dem *status quo* festhält. Art. 3 Abs. 1 GG enthält nicht ein „Optimierungsgebot", dass auf die Schaffung einer möglichst gerechten Rechtslage abzielt.[1733] Vielmehr will er die Gleichbehandlung von Personen in vergleichbaren Sachverhalten sicherstellen.[1734] Dieser Zielsetzung liefe es zuwider, wenn jede Ungleichbehandlung mit dem Hinweis gerechtfertigt werden könnte, sie diene der Aufrechterhaltung einer bestimmten Rechtstradition. Dies gilt insbesondere in dem Bereich der Inländerdiskriminierung. Dort tritt ein „Gleichheitsproblem" auf, weil zwei Rechtsordnungen aufeinander treffen.[1735] Typischerweise sind die Normen des nationalen Rechts historisch gewachsen, so dass eine Ungleichbehandlung stets mit Hilfe des „Traditionsargumentes" gerechtfertigt werden könnte. Eine Gleichbehandlung innerstaatlicher und grenzüberschreitender Sachverhalte wäre praktisch nie verfassungsrechtlich veranlasst, selbst wenn es dadurch beispielsweise zu erheblichen Wettbewerbsnachteilen oder Rechtsschutzdefiziten für Inländer käme.

b)   *Rechtspolitische Tragfähigkeit der konkreten Rechtstradition*

Die Wahrung der Rechtstradition taugt insbesondere dann nicht als Differenzierungsgrund, wenn die dahinter stehende Rechtsauffassung rechtspolitisch nicht mehr zu überzeugen vermag.[1736] Konkret geht es um die Frage, ob nicht die dem § 839 Abs. 2 S. 1 BGB zugrunde liegende *ratio*, also die Gewährleistung der Rechtskraft bzw. der Rechtssicherheit durch einen praktisch vollständigen Ausschluss der Staatshaftung wegen richterlichen Unrechts, im Lichte der Ausführungen zur mitgliedstaatlichen Haftung in Zweifel gezogen werden muss.[1737] Oben wurde ausgeführt, dass der Einwand der Sicherstellung der formellen und der materiellen Rechtskraft einer Judikativhaftung nicht entgegengehalten werden kann. Außerdem wurde dargelegt, dass das Prinzip der Rechtssicherheit keinen absoluten Schutz in der Weise verdient, dass Gerichtsurteile weitgehend, d.h. jenseits einer strafbaren Amtspflichtverletzung des Richters, von der Staatshaftung ausgenommen werden müssen. Vielmehr ist es in Ausgleich mit dem Erfordernis materieller Gerechtigkeit zu bringen. Im Einzelfall kann das Interesse des Geschädigten an der Erlangung effektiven Individualrechtsschutzes auf

1733   Vgl. *Osterloh* in: Sachs, GG, Art. 3 Rn 95
1734   Vgl. *Jarass* in: ders./Pieroth , GG, Art. 3 Rn. 1
1735   Vgl. *Isensee* in: ders./Kirchhof, Handbuch, Band V, § 111 Rn. 127
1736   In diese Richtung BVerfGE 62, 256, 279
1737   Zum Teil werden auch innerstaatliche Gründe für eine Reform des § 839 Abs. 2 S. 1 BGB angeführt. So nimmt *Eichele* (BRAK-Mitt. 04/2003, 159, 160f.) an, dass es im Rahmen der ZPO-Reform (Inkrafttreten am 1. Januar 2002) zu einer Verringerung des Rechtsschutzes im Rechtsmittelverfahren gekommen sei, so dass dem Geschädigten wegen der geringeren „internen Kontrolle" über die Staatshaftung geholfen werden müsse.

sekundärer Ebene überwiegen.[1738]

Angesichts dieser Erwägungen drängt sich die Frage auf, ob nicht die Legitimation für das deutsche Richterspruchprivileg in seiner gegenwärtigen Form entfallen ist. Möglicherweise besteht jedoch bei innerstaatlichen Sachverhalten weniger Anlass, die Richtigkeit einer letztinstanzlichen Entscheidung in Frage zustellen, so dass dem Belang der Rechtssicherheit ein höheres Gewicht als auf der Gemeinschaftsebene zukommt. Eine Literaturansicht begründet dies damit, dass die Gerichte bei der ausschließlichen Anwendung nationalen Rechts in einem verhältnismäßig homogenen Rechtsraum entscheiden, so dass eine „hohe Vermutung" für die Richtigkeit der Entscheidung spräche; wenden die Gerichte Gemeinschaftsrecht an, sei eine solche Richtigkeitsvermutung erst plausibel, wenn das Vorabentscheidungsverfahren durchlaufen wurde oder eine Vorlage entbehrlich war.[1739] Diese Argumentation impliziert, dass der Einzelne angesichts des erhöhten Risikos einer Fehlentscheidung bei Fällen mit Gemeinschaftsrechtsbezug zumindest im Haftungswege seine Rechtsposition durchsetzen können soll. Dies bedeutet jedoch nicht zwangsläufig, dass in allen anderen Fällen im Interesse der Rechtssicherheit und des Rechtsfriedens eine Schadensersatzklage weitgehend ausgeschlossen werden sollte. Die Behauptung, dass die letztinstanzlichen Gerichte nationale Sachverhalte in der Regel richtig entscheiden werden, ist nicht nachzuweisen. So besteht die Gefahr einer Fehlentscheidung nicht nur, wenn das Gericht Gemeinschaftsrecht anzuwenden hat, sondern auch, wenn der Fall aus sonstigen rechtlichen oder tatsächlichen Gründen Schwierigkeiten bereitet.

Daher besteht auf nationaler Ebene ebenso wenig wie auf Gemeinschaftsebene ein Grund, einseitig dem Prinzip der Rechtssicherheit gegenüber der Verwirklichung materieller Gerechtigkeit den Vorrang einzuräumen. Die Entscheidungen in *Köbler* und *Traghetti* verdeutlichen, dass die Funktion des Richterspruchprivilegs nicht mehr verständlich ist und dass die Dogmatik der Judikativhaftung überdacht werden muss. Letztlich gibt es keinen überzeugenden Grund, die richterliche Tätigkeit prinzipiell von der Haftung auszunehmen und damit gegenüber sonstiger hoheitlicher Aufgabenwahrnehmung zu privilegieren. Daher kann die Bewahrung des traditionell restriktiven Haftungsmaßstabes bei Verstößen eines Gerichtes gegen nationales Recht nicht als Differenzierungsziel herangezogen werden.

1738   Vgl. oben Dritter Teil § 3 C. II. 3.

1739   *Lenz*, Der gemeinschaftsrechtliche Staatshaftungsanspruch, Vortrag auf dem 12. Baden-Württembergischen Verwaltungstag am 29. Juni 2005 in Stuttgart, abrufbar unter: http://www.ivr.uni-stuttgart.de, S. 15; *Radermacher*, NVwZ 2004, 1415, 1417

III. Beseitigung des Verstoßes gegen Art. 3 Abs. 1 GG

Zu klären ist, wie die verfassungswidrige Ungleichbehandlung behoben werden kann. Die Überwachung des Art. 3 Abs. 1 GG erfolgt bei einem formellen Bundesgesetz meist in dem Verfahren der abstrakten oder konkreten Normenkontrolle oder der Verfassungsbeschwerde.

1. Allgemein

Bei einem Verstoß gegen den allgemeinen Gleichheitssatz spricht das BVerfG in der Regel nur die Unvereinbarkeit des betreffenden Gesetzes mit dem Grundgesetz aus und erklärt es anders als bei einem Verstoß gegen ein Freiheitsgrundrecht nicht für nichtig.[1740] Eine Ungleichbehandlung kann durch den Gesetzgeber behoben werden, indem er die eine Vergleichsgruppe wie die andere, die andere ebenso wie die eine oder beide auf eine neue dritte Weise behandelt.[1741] In dem Fall der Inländerdiskriminierung bleibt dem Gesetzgeber regelmäßig nur die Möglichkeit, für innerstaatliche Sachverhalte eine im Vergleich zu den gemeinschaftsrechtlichen Vorgaben inhaltlich parallele Regelung zu treffen. Die gemeinschaftsrechtliche Vorschrift ist seiner Dispositionsbefugnis entzogen ist.[1742] Wenn entsprechend der hier vorgeschlagenen Lösung eine „klägerfreundliche" Bestimmung über die Ersatzpflicht bei gemeinschaftsrechtswidrigen Urteilen in das nationale Recht eingefügt wird, muss sich der Gesetzgeber bei der Beseitigung der Inländerdiskriminierung an dieser Norm orientieren. Aufgrund der Vorgaben des Gemeinschaftsrechts kann eine Gleichstellung nicht in der Weise erfolgen, dass § 839 Abs. 2 S. 1 BGB in Bezug auf sämtliche fehlerhafte Urteile anzuwenden ist.

2. Verfassungskonforme Ausgestaltung der Judikativhaftung bei Verstößen gegen nationales Recht

Bei dem Erlass einer verfassungskonformen Regelung der Staatshaftung für Verstöße gegen nationales Recht verfügt der Gesetzgeber über Gestaltungsfreiheit. Es obliegt ihm, eine sachgerechte Abwägung zwischen Rechtssicherheit und Individualrechtsschutz vorzunehmen, wobei er vorliegend insbesondere die

---

1740   Vgl. *Gubelt* in: von Münch/Kunig , GG, Art. 3 Rn. 47
1741   *Pieroth/Schlink*, Staatsrecht II, Rn. 479
1742   Vgl. dazu *Epiney*, Umgekehrte Diskriminierungen, S. 492f.

Funktionsfähigkeit der Judikative berücksichtigen muss.[1743] Im Folgenden sollen einige Orientierungshilfen für eine Neuformulierung des § 839 Abs. 2 S. 1 BGB gegeben werden.

Der Gleichheitsverstoß kann theoretisch beseitigt werden, indem der oben entwickelte Haftungsmaßstab für europarechtswidrige Entscheidungen auf innerstaatliche Fälle ausgedehnt wird. Praktisch überzeugt eine solche Vorgehensweise nicht, da einzelne Voraussetzungen speziell auf die Konstellation des Verstoßes eines Gerichtes gegen Gemeinschaftsrecht abstellen,[1744] so dass dieser Maßstab nicht kompatibel ist. In Betracht kommt eine vollständige Streichung des § 839 Abs. 2 S. 1 BGB mit der Folge, dass eine Ersatzpflicht bei jeder vorsätzlichen oder fahrlässigen Amtspflichtverletzung eintritt. Dieser Maßstab müsste dann wegen des Gleichwertigkeitsgebotes auch bei Fällen mit Gemeinschaftsrechtsbezug angewendet werden. Es ist allerdings nicht realistisch, anzunehmen, dass der Gesetzgeber diesen Weg beschreiten wird und an die Stelle eines faktischen Haftungsausschlusses bei judikatives Unrecht ein derart klägerfreundliches Haftungsregime treten lassen wird. Im Übrigen wäre ein solches Vorgehen rechtspolitisch fragwürdig. Wenn bereits jede fahrlässige Amtspflichtverletzung eine Haftung auslösen könnte, bestünde tatsächlich die Gefahr, dass die Haftungsklage praktisch als Instrument zu Fortsetzung des Rechtsmittelverfahrens eingesetzt wird und dass das Urteil des Haftungsprozesses seinerseits zu dem Gegenstand einer Klage wird.

Als Mittelweg zwischen der Beibehaltung der jetzigen Fassung des § 839 Abs. 2 S. 1 BGB und seiner Streichung bietet sich eine Beschränkung der Staatshaftung auf vorsätzliche und grob fahrlässige Amtspflichtverletzungen des Richters bei dem Urteil in einer Rechtssache an. Dies dürfte wiederum nicht zu einer mit Art. 3 Abs. 1 GG unvereinbaren Unterscheidung zwischen rein nationalen Fällen und solchen mit Gemeinschaftsrechtsbezug führen. Oben wurde vorgeschlagen die Haftung wegen eines gemeinschaftsrechtswidrigen Urteils unter anderem zu bejahen, wenn der Verstoß vorsätzlich erfolgt oder die verletzte Gemeinschaftsnorm so klar und eindeutig formuliert ist, dass dem Gericht kein Auslegungsspielraum verbleibt. In der letztgenannten Variante liegt der Sache nach ein grob fahrlässiges Verhalten des Richters vor, so dass kein Unterschied zum nationalen Recht besteht. Die übrigen Varianten der vorgeschlagenen Norm knüpfen daran an, dass der Verstoß gegen das Gemeinschaftsrecht objektiv vermeidbar ist. Es ist durchaus möglich, dass dann eine mitgliedstaatliche Haftung angenommen werden kann, obwohl nur ein (einfach) fahrlässiges Handeln des Richters vorliegt. Dies bedeutet freilich nicht, dass eine nach Art. 3 Abs. 1 GG unzulässige Differenzierung gegenüber innerstaatlichen Fällen vorliegt. Da die betreffenden Varianten jeweils an Fallkonstellationen anknüpfen, die nur im Gemeinschaftsrecht auftreten können,[1745] fehlt es an der für Art. 3 Abs. 1 GG

1743 Vgl. *Schmidt-Aßmann* in: Maunz/Dürig, GG, Art. 19 Abs. 4 GG Rn. 27
1744 Die Varianten Nr. 2, 4 und 5 der oben vorgeschlagenen Norm ergeben in Bezug auf innerstaatliche Fälle keinen Sinn.
1745 Im Einzelnen sind dies die Verletzung der Vorlagepflicht, die Anwendung einer natio-

erforderlichen Vergleichbarkeit der Sachverhalte.

Angesichts der Beschränkung auf vorsätzliche und grob fahrlässige Amtspflichtverletzungen ist eine Flut von Haftungsprozessen und damit eine Beeinträchtigung der Funktionsfähigkeit der Judikative nicht zu erwarten. Somit ist es verfassungsrechtlich geboten und rechtspolitisch unbedenklich, das Richterspruchprivileg auf fahrlässige Amtspflichtverletzungen zu begrenzen.[1746] Bliebe es bei der Geltung unterschiedlich restriktiv ausgestalteter Haftungsregelungen bei Verstößen gegen Gemeinschaftsrecht bzw. gegen nationales Recht, bestünde eine für den Bürger kaum verständliche Rechtslage. Es ist für ihn regelmäßig nicht ohne weiteres feststellbar, ob eine Gerichtsentscheidung gegen eine Norm des sekundären Gemeinschaftsrechts, d.h. eine Verordnung bzw. Richtlinie, oder eine daraufhin erlassene Bestimmung des nationalen Rechts, d.h. eine Durchführungsmaßnahme bzw. den jeweiligen Umsetzungsakt, verstößt. Folglich kann er nicht absehen, ob seine Staatshaftungsklage bereits auf der Grundlage des § 839 Abs. 2 S. 1 BGB abgewiesen würde und eine Kostenentscheidung zu seinen Lasten erginge. Hinzu kommt, dass eine Differenzierung im Einzelfall zu geradezu paradoxen Ergebnissen führen kann. Verstößt ein Urteil in einem Punkt sowohl gegen Gemeinschaftsrecht als auch gegen nationales Recht, müsste es gedanklich aufgespalten werden in einen Teil, der die Haftung des Staates auslöst, und in einen Teil, der dem § 839 Abs. 2 S. 1 BGB unterfällt. Unterstellt man beispielsweise, dass die Versagung der Dienstalterszulage durch den Öst-VerwGH nicht nur gegen Art. 39 EGV, sondern auch gegen innerstaatliches Recht verstoßen hätte, wäre eine Staatshaftung nur möglich, soweit man an die Gemeinschaftsrechtswidrigkeit des Urteils anknüpft. Es vermag nicht einzuleuchten, warum bei der Überprüfung eines Urteils hinsichtlich desselben tatsächlichen Gesichtspunktes einmal dem effektiven Rechtsschutz und einmal der Gewährleistung von Rechtssicherheit und Rechtsfrieden der Vorrang eingeräumt werden soll.

B. England

Im englischen Schrifttum wird das Problem der Inländerdiskriminierung, soweit ersichtlich, nicht aus dem Blickwinkel des nationalen Verfassungsrechts behandelt.

---

nalen Rechtsvorschrift, deren Gemeinschaftsrechtswidrigkeit aus der Rechtsprechung des EuGH hervorgeht, und die vorherige Feststellung der Gemeinschaftsrechtswidrigkeit einer nationalen Gerichtsentscheidung, die eine identische Rechtsfrage betraf.

1746 Wie in dem Fall der mitgliedstaatlichen Haftung, ist es rechtspolitisch sinnvoll, den Regress gegen den Richter vollständig auszuschließen (vgl. Dritter Teil § 3 D. III. 4. b)

I. Behandlung der Inländerdiskriminierung

Die Zulässigkeit einer Ungleichbehandlung wird ausschließlich an dem Maßstab der Grundfreiheiten und des Art. 18 AEUV untersucht.[1747] Dies dürfte darauf zurückzuführen sein, dass der englische Gesetzgeber aufgrund des Grundsatzes der *parliamentary sovereignty* bei der Ausübung seiner Rechtssetzungsbefugnissen keinen verfassungsrechtlichen Beschränkungen unterliegt;[1748] im Unterschied zum deutschen Recht unterliegt das Parlament daher nicht der Bindung an einen allgemeinen Gleichheitssatz.[1749] Daran ändert auch die Inkorporierung des Diskriminierungsverbotes in Art. 14 EMRK in das englische Recht durch den *HRA 1998* nichts. Zum einen enthält Art. 14 EMRK nicht ein allgemeines Gleichbehandlungsgebot, sondern gilt nur in Bezug auf andere durch die Konvention garantierten Rechte.[1750] Zum anderen ist das Parlament nicht an die Konventionsrechte der EMRK gebunden.[1751] Gleichwohl ist eine Überarbeitung des englischen Haftungsrechts zu erwägen, da die unterschiedliche Behandlung von Urteilen mit bzw. ohne Gemeinschaftsrechtsbezug ein Gleichheitsproblem aufwirft;[1752] im englischen Recht ist die Unterscheidung angesichts des vollständigen Haftungsausschlusses in sec. 2 (5) *CPA 1947* besonders augenfällig. Eine Differenzierung ist nicht nur rechtspolitisch fragwürdig, sondern begegnet auch verfassungsrechtlichen Bedenken. Das Gebot der Gleichbehandlung (*equality*) von Personen bzw. vergleichbaren Sachverhalten stellt ein grundlegendes Prinzip des englischen Verfassungsrechts dar[1753] und ist eines der wesentlichen Elemente der *rule of law*.[1754] Obwohl das Parlament nicht an den Gleichheitssatz gebunden

---

1747 Vgl. nur *Craig/de Búrca*, EU Law, S. 762; *Greenwood*, YEL 7 (1987) 185; *Kon*, ELRev 6 (1981) 75; *Shuibhne*, CMLRev 39 (2002) 731; *White*, ICLQ 54 (2005) 885; *Wyatt/Dashwood*, EU Law, S. 708

1748 Vgl. *Dicey*, Law of the Constitution, S. 39f.; *Sydow*, Parlamentssuprematie und *Rule of Law*, S. 7f.; *Wade/Forsyth*, Administrative Law, S. 26f.

1749 *Gundel* (DVBl. 2007, 269, 271) nimmt daher an, dass eine Diskussion der Inländerdiskriminierung auf national-verfassungsrechtlicher Ebene nur in den Mitgliedstaaten möglich ist, die eine Kontrolle des nationalen Gesetzesrechts am Maßstab der Verfassung zulassen.

1750 Vgl. *Wadham/Mountfield/Edmunson*, Human Rights Act 1998, S. 124; *Frowein/Peukert*, EMRK, Art. 14 Rn. 1f.. Das Protokoll Nr. 12 zur EMRK, das ein allgemeines Diskriminierungsverbot enthält, wurde von dem Vereinigten Königreich weder unterzeichnet noch ratifiziert (Stand: Mai 2009).

1751 Vgl. sec. 6 (3) *HRA 1998*; es besteht lediglich die Möglichkeit, dass ein Gericht, sofern eine konventionskonforme Auslegung ausscheidet, die Unvereinbarkeit eines Gesetzes mit der EMRK feststellt (vgl. sec. 4 (1) *HRA 1998*). Dies beeinträchtigt jedoch nicht die Gültigkeit der konventionswidrigen Bestimmung (vgl. sec. 4 (6) *HRA 1998*).

1752 Vgl. *Anagnostaras*, EPL 7 (2001) 281, 302; *van Gerven*, ICLQ 45 (1996) 507, 538

1753 Vgl. *Arthur JS Hall* v. *Simons* (2003) 3 All ER 673; *Craig*, Administrative Law, S. 682; *Jowell*, CLP 47 (1994) 1,7

1754 Vgl. *A* v. *Secretary of State for the Home Department* (2003) 2 WLR 564, Rn. 7 per Lord *Woolf* CJ. *Rule of law* bedeutet nach *Dicey* die Bindung aller drei Staatsgewalten an die Geltung des Rechts und damit den Schutz des Einzelnen vor willkürlicher Machtausübung (vgl. *Dicey*, Law of the Constitution, S. 188 und 202).

ist, ist es daher in dem Fall einer nicht zu rechtfertigenden Unterscheidung aus rechtsstaatlichen Erwägungen angezeigt, eine Angleichung der Haftungsmaßstäbe vorzunehmen. Die englische Rechtsprechung hat bereits frühzeitig erkannt, dass die Geltung unterschiedlicher Rechtsschutzstandards bedenklich ist, und hat eine Abkehr von den restriktiven Bestimmungen des nationalen Rechts erwogen (dazu sogleich).

II. Rechtsprechung englischer Gerichte zu dem spill over-Effekt des Gemeinschaftsrechts in dem Bereich des innerstaatlichen Rechtsschutzes

Die englischen Gerichte haben in drei Entscheidungen, die den primären oder sekundären Rechtsschutz betrafen, einen *spill over*-Effekt des Gemeinschaftsrechts in Bezug auf rein nationale Sachverhalte angenommen bzw. In dem Fall *Woolwich* ging es um die Frage, ob ein Bürger einen Anspruch auf Rückerstattung rechtswidrig erhobener Steuern hat oder ob die Rückzahlung im Ermessen der Behörde steht. Unter Verweis auf die Entscheidung in *San Giorgio*,[1755] in der der EuGH eine Erstattungspflicht der Mitgliedstaaten annahm, führt das *House of Lords* aus, dass es seltsam wäre, wenn die Durchsetzung der Rechte in nationalen Fällen strengeren Voraussetzungen unterläge, und bejaht einen Anspruch.[1756] In *M* v. *Home Office* weicht das *House of Lords* von seiner bisherigen Rechtsprechung ab und spricht den Gerichten die Befugnis zu, eine Maßnahme des vorläufigen Rechtsschutzes gegen die Krone anzuordnen.[1757] Auslöser dieser Rechtsprechungsänderung war eine Entscheidung des EuGH, in der dieser feststellte, dass eine nationale Vorschrift unanwendbar ist, die den Erlass einstweiliger Anordnungen ausschließt.[1758] Das *House of Lords* empfindet es als eine „unhappy situation", dass die Rechtsschutzmöglichkeiten des Einzelnen bei innerstaatlichen Sachverhalten demgegenüber eingeschränkt sind[1759] und legt sec. 31 *SCA 1981* dahingehend aus, dass eine Anordnung gegen die Krone zulässig ist. Für den Gegenstand dieser Untersuchung ist eine Anmerkung von Lord *Woolf* MR in *Factortame No. 5* wegweisend. Sie betrifft die Staatshaftung wegen legislativen Unrechts. Angesichts der Anerkennung einer Ersatzpflicht wegen gemeinschaftsrechtswidriger Gesetze im englischen Recht, hält er es für richtig, künftig - entgegen der bisherigen Rechtstradition - eine Haftung bei Fällen ohne grenzüberschreitenden Bezug in Betracht zu ziehen.[1760]

1755 EuGH Rs. C-199/82 (*San Giorgio*), Slg. 1983, 3595
1756 *Woolwich Equitable Building Society* v. *Inland Revenue Commissioner* (1993) AC 70, 177 per Lord *Goff*
1757 *M* v. *Home Office* (1994) 1 AC 377
1758 EuGH Rs. C-213/89 (*Factortame I*), Slg. 1990, I-2433, Rn. 21
1759 *M* v. *Home Office* (1994) 1 AC 377, 407 per Lord *Woolf*
1760 *R.* v. *Secretary of State for Transport*, ex parte *Factortame (No. 5)* (1999) ELRev 456, 469 per Lord *Woolf* MR

III. Schlussfolgerungen hinsichtlich der Judikativhaftung in rein nationalen Fällen

Die vorstehenden Ausführungen der englischen Gerichte verdeutlichen, dass eine ausreichende verfahrensrechtliche Absicherung individueller Rechte durch die Instrumente des Primär- und Sekundärrechtsschutzes unabhängig davon gewährleistet werden soll, ob der zugrunde liegende Sachverhalt einen Bezug zum Gemeinschaftsrecht aufweist oder nicht.[1761] Deutlich zeigt sich eine Bereitschaft der Rechtsprechung, traditionelle Privilegien der Krone zugunsten einer Ausweitung des Individualrechtsschutzes aufzugeben. Dazu passt eine Aussage von Lord *Steyn*, der das Staatshaftungsrecht jüngst als „evolving area of law" bezeichnete und die Notwendigkeit eines Ausgleichs zwischen der Beschränkung von Haftungsverfahren einerseits und dem Erfordernis der Korrektur rechtswidriger hoheitlicher Maßnahmen andererseits betonte.[1762] Dementsprechend muss auch der Haftungsausschluss in sec. 2 (5) *CPA 1947* überdacht werden. Eine Angleichung an die gemeinschaftsrechtlichen Kriterien ist geboten, wenn nicht ein sachlicher Grund vorliegt, der eine unterschiedliche Behandlung zu rechtfertigen vermag. Denkbare Einwände gegen eine Staatshaftung sind wiederum eine mögliche Gefährdung der richterlichen Unabhängigkeit und der Rechtssicherheit. Die unabhängige Entscheidungsfindung des Richters wird jedoch nicht tangiert, wenn man die Judikativhaftung auch in rein nationalen Fällen als reine Staatshaftung konstruiert und eine Eigenhaftung des Richters oder einen Regress gegen denselben ausschließt. Damit entfällt das Hauptargument des englischen Verfassungsrechts für eine haftungsrechtliche Privilegierung der dritten Gewalt. Wie bereits verschiedentlich dargelegt, rechtfertigt der Schutz der Rechtssicherheit nicht einen kategorischen Haftungsausschluss. Das mit Blick auf die Rechtslage in Deutschland angeführte „Traditionsargument" spielt im englischen Recht offenbar keine Rolle, wenn man berücksichtigt, dass Rechtsprechung und Literatur einer Harmonisierung der Haftungsmaßstäbe offen gegenüberstehen.

Die Fortgeltung des starren Haftungsausschlusses in sec. 2 (5) *CPA 1947* bei rein innerstaatlichen Sachverhalten steht also in Widerspruch zu dem verfassungsrechtlichen Prinzip der *equality*; damit besteht auch im englischen Recht Reformbedarf. Fraglich ist nur, ob in Anlehnung an die Argumentation der englischen Gerichte in den soeben genannten Fällen eine Staatshaftung wegen richterlichen Unrechts im Wege richterlicher Rechtsfortbildung eingeführt werden kann. Dagegen spricht, dass der Wille des Gesetzgebers gegenwärtig in sec. 2 (5) *CPA 1947* unmissverständlich zum Ausdruck gebracht wird und nicht im Wege eines „subnormativen Anpassungsprozesses"[1763] übergangen werden darf. Anders

---

1761   Vgl. *Anagnostaras,* EPL 7 (2001) 281, 303; eine Anpassung des Haftungsrechts wird außerdem erwogen von *Amos,* LS 21 (2001) 1, 14; *Craufurd Smith* in: Craig/de Búrca, Evolution, S. 287, 297; *Markesinis/Deakin,* Tort Law, S. 406; *Toner,* YEL 17 (1997) 165, 189

1762   *Gorringe* v. *Calderdale Metropolitan Borough Council* (2004) UKHL 15, Rn. 2

1763   *Kadelbach* in: von Danwitz/Heintzen/Jestaedt/Korioth/Reinhardt, Europäische Staatals in dem Anwendungsbereich des Gemeinschaftsrechts, wo die Nichtanwendung nationaler Rechtssätze durch sec. 2 (1) *EC Act 1972* verfassungsrechtlich gedeckt ist, ist in rein nationalen Fällen eine solche „Entmachtung" des Parlamentes unzulässig. Daher bleibt nur die Möglichkeit einer Überarbeitung des Staatshaftungsrechtes durch die Gesetzgebung.[1764] Hier wird vorgeschlagen, den Haftungsausschluss in sec. 2 (5) *CPA 1947* auf fahrlässige Verstöße des Richters gegen nationales Recht zu begrenzen; zur Begründung der Heranziehung gerade dieses Haftungsmaßstabes kann auf die Ausführungen zum deutschen Recht verwiesen werden.[1765]

§ 4: Ergebnis

Angesichts der Entscheidungen des EuGH in *Köbler* und *Traghetti* bedürfen das deutsche und das englische Staatshaftungsrecht in dem Bereich des judikativen Unrechts der Überarbeitung. Der EuGH hat mit seinen Entscheidungen den Anstoß für einen Paradigmenwechsel im Haftungsrecht weg von einer historisch überkommenen Privilegierung richterlicher Tätigkeit hin zu einer stärkeren Orientierung an dem Prinzip des Individualrechtsschutzes gegeben.

---

lichkeit, S. 131, 146
1764 Vgl. *Craufurd Smith* in: Craig/de Búrca, Evolution, S. 287, 297
1765 Vgl. Sechster Teil § 3 A. III. 2.

Schlussbetrachtung

Mit seinen Urteilen in den Rechtssachen *Köbler* und *Traghetti* hat der EuGH einen entscheidenden Beitrag zur Verwirklichung des Binnenmarktes geleistet.[1766] Ein Ziel des AEUV ist die Beseitigung aller Hemmnisse für den innergemeinschaftlichen Handel und die Verschmelzung der Märkte zu einem einheitlichen Markt, dem Binnenmarkt (vgl. Art. 26 AEUV).[1767] Wichtigstes Element zur Verschmelzung der mitgliedstaatlichen Märkte ist die Ausübung der Grundfreiheiten, wobei der einzelne Bürger handelndes Subjekt der Marktverschmelzung wird.[1768] Da das Funktionieren des Gemeinsamens Marktes bzw. des Binnenmarktes die der Gemeinschaft angehörenden Einzelnen unmittelbar betrifft, sind sie neben den Mitgliedstaaten Rechtssubjekte der Gemeinschaftsrechtsordnung. Aus diesem Grund bejaht der EuGH die unmittelbare Anwendbarkeit gemeinschaftsrechtlicher Bestimmungen,[1769] einschließlich sämtlicher Grundfreiheiten.[1770] Wie oben ausgeführt, ist die Anerkennung eines Staatshaftungsanspruches wegen richterlichen Unrechts die konsequente Fortführung der Rechtsprechung zur unmittelbaren Anwendbarkeit. Der Bürger kann seine Rechte im innergemeinschaftlichen Wirtschaftsverkehr nur effektiv ausüben, wenn nicht nur die Möglichkeit des Primärrechtsschutzes existiert, sondern auch ein Sekundärrechtsschutz gewährleistet wird, der alle drei Staatsgewalten erfasst.[1771] Dabei sei noch einmal auf die besondere Stellung gerade der nationalen Gerichte bei der Durchführung des Gemeinschaftsrechtes hingewiesen.[1772]

Gleichzeitig macht der EuGH in seiner Rechtsprechung deutlich, dass die Verwirklichung des Binnenmarktes nicht um den Preis der Aushöhlung eines tragenden rechtsstaatlichen Grundsatzes wie der Rechtssicherheit erfolgen darf. Konsequenterweise knüpft er eine Haftung des Mitgliedstaates an restriktive

---

1766   Zum Verhältnis der Begriffe „Gemeinsamer Markt" und „Binnenmarkt" vgl. nur *Müller-Graff* in: Dauses, Handbuch, Band I A.I Rn. 140-142: Danach ist das Binnenmarktziel die Fortentwicklung des Gedankens des Gemeinsamen Marktes; ausführlich zum Meinungsstand *Kahl* in: Calliess/Ruffert, EUV/AEUV Art. 26 AEUV Rn. 7-11

1767   Vgl. EuGH Rs. C-15/81 (*Gaston Schul*), Slg. 1982, 1409, Rn. 33

1768   So *Schubert*, Der Gemeinsame Markt, S. 137; ähnlich *Müller-Graff* in: ders. (Hrsg.), Gemeinsames Privatrecht, S. 17, der von der Grundlage der Marktintegration durch die Grundfreiheiten im Sinne subjektiver, gerichtlich durchsetzbarer Rechte des Einzelnen spricht.

1769   EuGH Rs. 26/62 (*van Gend & Loos*), Slg. 1963, 1, 25

1770   Zur Warenverkehrsfreiheit vgl. EuGH Rs. 74/76 (*Ianelli & Volipi/Meroni*), Slg. 1977, 557, Rn. 13; zur Arbeitnehmerfreizügikeit vgl. EuGH Rs. 48/75 (*Royers*), Slg. 1976, 497, Rn. 19/23; zur Niederlassungsfreiheit vgl. EuGH Rs. 2/74 (*Reyners*), Slg. 1975, 631, Rn. 24/28; zur Dienstleistungsfreiheit vgl. EuGH Rs. 33/74 (*van Binsbergen*), Slg. 1974, 1299, Rn. 24/26

1771   Vgl. Dritter Teil § 3 O. I. und II.

1772   Vgl. Dritter Teil § 3 O. III.

Voraussetzungen.

Es ist nicht zu erwarten, dass der EuGH künftig von seinem Standpunkt, dass die Haftung wegen richterlichen Unrechts einen „Ausnahmefall" darstellt, abweichen und dementsprechend die Tatbestandsvoraussetzungen aufweichen wird.[1773] Dagegen spricht schon die Erfahrung mit der Rechtsprechung des Gerichtshofes zur Staatshaftung. In dem rechtspolitisch besonders sensiblen Bereich des Legislativunrechts hat der EuGH seit den Urteilen in *Francovich* und *Brasserie* die Haftungsschwelle nicht herabgesetzt.[1774] Dahinter dürfte neben rein rechtlichen Gesichtspunkten auch die Erwägung des EuGH stehen, einen Akzeptanzverlust seiner Rechtsprechung in den Mitgliedstaaten, der im Fall einer weitgehend unbeschränkten Ersatzpflicht droht, zu vermeiden. Dieser Aspekt gilt entsprechend bei der Judikativhaftung. So hat der EuGH im Urteil in der Rechtssache *Traghetti* dann auch zweimal auf den Ausnahmecharakter dieser Haftungskonstellation hingewiesen.[1775] Damit gibt der EuGH einerseits durch die Anerkennung des Haftungsgrundsatzes Impulse für die mitgliedstaatlichen Rechtsordnungen, in denen diese Form der Staatshaftung praktisch ausgeschlossen ist, ohne sich andererseits von ihnen durch einen kompromisslos extensiv formulierten Haftungstatbestand zu entfremden.

Außerdem dürfte dem EuGH klar sein, dass die Frage einer Haftung der Gemeinschaft wegen einer fehlerhaften Entscheidung des EuGH eher thematisiert werden wird, wenn er seinen restriktiven Standpunkt in Bezug auf die mitgliedstaatliche Haftung aufgibt.[1776] Anlass für eine dahingehende Annahme gab der EuGH selbst, indem er in der *Brasserie*-Entscheidung die Parallelität der Haftung der Mitgliedstaaten und der Gemeinschaft herausstellte.[1777] Gleichwohl ist gegenwärtig nicht zu erwarten, dass der EuGH eine Haftung für seine eigenen Fehler anerkennen will. So vermied er es in den Urteilen *Köbler* und *Traghetti*, seine Argumentation auf Art. 340 Abs. 2 AEUV zu stützen, obwohl sich eine Diskussion dieser Thematik nach den Ausführungen in *Brasserie* und einem entsprechenden Hinweis des Generalanwaltes[1778] geradezu aufdrängte. Da es auf Dauer nicht vermittelbar sein dürfte, die Haftung der EG völlig auszuschließen, während die Schwelle der mitgliedstaatlichen Haftung sukzessive abgesenkt wird, ist anzunehmen, dass der EuGH die Kriterien der mitgliedstaatlichen Haftung vorerst nicht aufweichen wird. Damit sichert der EuGH die Akzeptanz seiner Rechtsprechung.

1773   So aber die Vermutung von *Haltern*, Europarecht, S. 350

1774   Vgl. aus der neueren Rechtsprechung EuGH Rs. C-278/05 (*Robins*), Slg. 2007, I-1053, Rn. 69-75 und EuGH Rs. C-445/06 (*Danske Slagterier/Deutschland*), EWS 2009, 176, Rn. 19 zur Haftung wegen nicht ordnungsgemäßer Richtlinienumsetzung

1775   EuGH Rs. C-173/03 (*Traghetti del Mediterraneo SpA/Italien*), Slg. 2006, I-5177, Rn. 32 und 42

1776   Zum gegenwärtigen Diskussionsstand im Schrifttum und zu den Gründen, die für eine Haftung der Gemeinschaft sprechen vgl. Dritter Teil § 3 F. II.

1777   Vgl. verb. Rs. C-46/93 und 48/93 (*Brasserie du Pêcheur* und *Factortame*), Slg. 1996, I-1029, Rn. 42

1778   Vgl. Schlussanträge Generalanwalt *Léger* Rs. C-224/01 (*Köbler*), Slg. 2003, I-10239, Rn. 94

Trotz des hohen Haftungsstandards stellt die gemeinschaftsrechtliche Staatshaftung die wirksamste Rechtsschutzmöglichkeit für den Bürger, gegen den ein gemeinschaftsrechtswidriges Urteil ergeht, dar. Ein Vertragsverletzungsverfahren, die Durchbrechung der Bestandskraft eines Verwaltungsaktes, eine Restitutionsklage, eine Individualbeschwerde bei dem EGMR oder eine Verfassungsbeschwerde bei dem BVerfG sind nicht in gleicher Weise geeignet, die Folgen eines Fehlurteils zu beheben.[1779] Gegenwärtig hat es der Einzelne auch nicht in der Hand, im Verfahren des primären Rechtsschutzes durch die Erzwingung eines Vorabentscheidungsverfahrens das Risiko einer gemeinschaftsrechtswidrigen Entscheidung zu minimieren. Die Staatshaftung ist damit das schlagkräftigste Instrument, um dem Bürger im Fall richterlichen Unrechts zu seinem (Gemeinschafts-) Recht zu verhelfen.

1779   Vgl. Zweiter Teil

Literaturverzeichnis

Accetto, Mateij/Zleptnig, Stefan: The Principle of Effectiveness - Rethinking Its Role in Community Law, EPL 11 (2005) 375-403

Ahrens, Hans-Jürgen: Deliktische Haftung für Justizunrecht – Privilegien im gerichtlichen Verfahren in: ders./Christian von Bar/Gerfried Fischer/Andreas Spickhoff/Jürgen Taupitz (Hrsg.), Medizin und Haftung, Festschrift für Erwin Deutsch zum 80. Geburtstag, Berlin Heidelberg, 2009, S. 701-728

Albers, Carsten: Die Haftung der Bundesrepublik Deutschland für die Nichtumsetzung von EG-Richtlinien, Baden-Baden, Diss. Freiburg, 1995

Allkemper, Ludwig: Der Rechtsschutz des Einzelnen nach dem EG-Vertrag - Möglichkeiten seiner Verbesserung, Baden-Baden, Diss. Münster, 1995

Amos, Merris: Damages for Breach of the Human Rights Act 1998, EHRLR 2 (1999) 178-194

dies.: Extending the Liability of the State in Damages, LS 21 (2001) 1-14

Anagnostaras, Georgios: Erroneous Judgements and the Prospect of Damages - The scope of the Principle of Governmental Liability for Judicial Breaches, ELRev 31 (2006) 735-747

ders.: The Allocation of Responsibility in State liability Actions for Breach of Community law: A Modern Gordian Knot?, ELRev 26 (2001) 139-158

ders.: The Principle of State Liability for Judicial Breaches - The Impact of European Community Law, EPL 7 (2001) 281-305

Andenas, Mads/Fairgrieve, Duncan: Misfeasance in Public Office, Governmental Liability and European influences, ICLQ 51 (2002) 757-780

Andrews, Neil: English Civil Procedure - Fundamentals of the New Civil Justice System, Oxford, 2003

André, Wolfgang: Konkurrierende Ersatzansprüche vor deutschen Gerichten und dem Europäischen Gerichtshof, NJW 1968, 331-336

Arnull, Anthony: The European Union and Its Court of Justice, Oxford, 1999

Arrowsmith, Sue: Civil Liability and Public Authorities, Winteringham, 1992

Bahlmann, Kai: Haftung der Mitgliedstaaten bei fehlerhafter Umsetzung von EG-Richtlinien – Zum Urteil des EuGH vom 19.11.1991, DZWir 1992, 61-64

Bailey, Stephen H.: Cases, Materials and Commentary on Administrative Law, 4. Aufl., London, 2005

Baldus, Manfred/Grzeszick, Bernd/Wienhues, Sigrid: Staatshaftungsrecht – Das Recht der öffentlichen Ersatzleistungen, 3. Aufl., Heidelberg, 2009

349

Bamberger, Heinz Georg/Roth, Herbert (Hrsg.): Kommentar zum Bürgerlichen Gesetzbuch, Band 1, §§ 1-610, 2. Aufl., München, 2007

Bar, Christian von (Hrsg.): Deliktsrecht in Europa, Köln u.a., 1993-1994

ders.: Gemeineuropäisches Deliktsrecht, Band I, Die Kernereiche des Deliktsrechts, seine Angleichung in Europa und seine Einbettung in die Gesamtrechtsordnungen, München, 1996

ders.: Gemeineuropäisches Deliktsrecht, Band II, Schaden und Schadensersatz, Haftung für und ohne eigenes Fehlverhalten, Kausalität und Verteidigungsgründe, München, 1999

Barav, Ami: Omnipotent Courts, in: Deirdre Curtin/Tom Heukels (Hrsg.), Institutional Dynamics of European Integration, Essays in Honour of Henry G. Schermers, Vol. II, 1994, 265-302

ders.: State Liability in Damages for Breach of Community Law in the National Courts, YEL 16 (1996) 87-129

Battis, Ulrich: Bundesbeamtengesetz, 4. Aufl., München, 2009

Baumeister, Peter: Legislativ- und Exekutivunrecht in dem Fall Brasserie du Pêcheur, BayVBl. 1997, 225-231

Beatson, Jack/Tridimas, Takis (Hrsg.): New directions in European Public Law, Oxford, 1998

Beljin, Sasa: Staatshaftung im Europarecht - Konturen des Haftungsinstituts, mitgliedstaatliche Pflichten und subjektive Gemeinschaftsrechte, innerstaatliche Durchführung, Köln u.a., Diss. Münster, 2000

Bell, John/ Bradley, Anthony W. (Hrsg.): Governmental Liability - A Comparative Study, London, 1991

ders.: Judiciaries Within Europe - A Comparative Review, Cambridge u.a., 2006

Benda, Ernst/Klein, Eckard: Verfassungsprozessrecht, 2. Aufl., Heidelberg, 2001

Bergmann, Jan Michael/Kenntner, Markus (Hrsg.): Deutsches Verwaltungsrecht unter europäischem Einfluss - Handbuch für Justiz, Anwaltschaft und Verwaltung, Stuttgart München Hannover Berlin Weimar Dresden, 2002

Bernstorff, Christoph von: Einführung in das englische Recht, 4. Aufl., München, 2011

Bertelmann, Heiko: Die Europäisierung des Staatshaftungsrechts - eine Untersuchung zum Einfluss des Europäischen Gemeinschaftsrechts auf das deutsche Staatshaftungsrecht unter besonderer Berücksichtigung der Haftung für judikatives Unrecht, Frankfurt am Main Berlin Bern Wien u.a., Diss. Marburg, 2005

Bertolino, Giuila: The Traghetti Case: A New ECJ Decision on State Liability for Judicial Acts – National Legislations under Examination, CJQ 27 (2008), 448-453

Bettermann, Karl August (Hrsg.): Die Grundrechte, Band 3 Halbband 2, Rechtspflege und Grundrechtsschutz, Berlin, 1959 *ders.*: Die rechtsprechende Gewalt, in: Josef Isensee/Paul Kirchhof (Hrsg.), Handbuch des Staatsrechts der Bundesrepublik Deutschland, Band III, 2. Aufl., Heidelberg, 1996, § 73, S. 775-813

Beul, Carsten René: Kein Richterprivileg bei unterlassener Vorlage gem. Art. 177 EGV - Folgerungen aus der Entscheidung EuGH, EuZW 1996, 205 - Brasserie du Pêcheur, EuZW 1996, 748-750

Biondi, Andrea/Harmer, Katherine: Waiting for the Constitution: 2004 in Luxembourg, EPL 11 (2005) 345-362

Bleckmann, Albert: Europarecht, 6. Aufl., Köln u.a., 1997

Blomeyer, Jürgen: Die Haftung des Staates für die Verzögerung von Zivilprozessen, NJW 1977, 557-561

Bogdandy, Armin von: Das deutsche Staatshaftungsrecht vor der Herausforderung der Internationalisierung - zum Verhältnis von rechtlicher Gestaltungsmacht und Schadensverantwortung, AöR 122 (1997) 268-291

ders. (Hrsg.): Europäisches Verfassungsrecht – theoretische und dogmatische Grundzüge, Berlin u.a., 2003

Bradley, Anthony W./Ewing, Keith D.: Constitutional and Administrative Law, 14. Aufl., Harlow u.a., 2007

Brealey, Mark/Hoskins, Mark: Remedies in EC Law and Practice in the English and EC Courts, 2. Aufl., London, 1998

Breuer, Marten: Der Europäische Gerichtshof für Menschenrechte als Wächter des europäischen Gemeinschaftsrechts, JZ 2003, 433-443

ders.: Staatshaftung für judikatives Unrecht, BayVBl. 2003, 586-589

ders.: State Liability for Judicial Wrongs and Community Law: The Case of Gerhard Köbler v. Austria, ELRev 29 (2004) 243-254

ders.: Urteile mitgliedstaatlicher Gerichte als möglicher Gegenstand eines Vertragsverletzungsverfahrens gem. Art. 226 EGV, EuZW 2004, 199-201

Britz, Gabriele/Richter, Tobias: Die Aufhebung eines gemeinschaftsrechtswidrigen nicht begünstigenden Verwaltungsakts, JuS 2005, 198-202

Brocke, Holger: Die Europäisierung des Staatshaftungsrechts – eine rechtsvergleichende Betrachtung der Einwirkungen auf das deutsche und englische Rechtssystem, Berlin, Diss. Münster, 2002

Brüning, Christoph: Staatshaftung bei überlanger Dauer von Gerichtsverfahren, NJW 2007, 1094-1099

Bunge, Jürgen: Zivilprozess und Zwangsvollstreckung in England und Schottland - eine Gesamtdarstellung mit internationalem Zivilprozessrecht, einem Glossar und einer Bibliographie, 2. Aufl., Berlin, 2005

Büscher, Wolfgang: Interdependenzen zwischen der Rechtsprechung der Gerichte der Europäischen Gemeinschaft und der nationalen Gerichte, GPR 2008, 210-220

Cabral, Pedro/Chavez, Mariana C.: Member State Liability for Decisions of National Courts Adjudicating at Last Instance, MJ 13 (2006) 35-80

Calliess, Christian: Grundlagen, Grenzen und Perspektiven europäischen Richterrechts, NJW 2005, 929-933

ders./Ruffert, Matthias (Hrsg.): EUV/AEUV – Das Verfassungsrecht der Europäischen Union mit Europäischer Grundrechtscharta, 4. Aufl., München, 2011

dies.: Kommentar des Vertrages über die Europäische Union und des Vertrages zur Gründung der Europäischen Gemeinschaft, 2. Aufl., Neuwied Kriftel, 2002

dies. (Hrsg.): Verfassung der Europäischen Union – Kommentar der Grundlagenbestimmungen (Teil I), München, 2006

Canivet, Guy/Andenas, Mads/Fairgrieve, Duncan (Hrsg.): Independence, Accountability and the Judiciary, London, 2006

Caranta, Roberto: Judicial Protection against Member States - A New *Jus Commune* Takes Shape, CMLRev 32 (1995) 703-726

Classen, Claus-Dieter: Anmerkung (zu: BGH, Urteil vom. 14.12.2000 – III ZR 151/99), JZ 2001, 458-461

ders.: Case 224/01, Gerhard Köbler v. Republik Österreich, Judgement of 30 September, Full Court, CMLRev 41 (2004) 813-824

Clausnitzer, Martin: Die Vorlagepflicht an den EuGH - Zum (mangelnden) Rechtsschutz gegen Verstöße letztinstanzlicher Gerichte, NJW 1989, 641-643

Conery, Jane: State Liability in the United Kingdom after Brasserie du Pêcheur, CMLRev 34 (1997) 603-634

Consultative Council of European Judges: Opinion No. 3 on the principles and rules governing judges´professional conduct, 19. November 2002, abrufbar unter: https://www.coe.int

Cornils, Matthias: Der gemeinschaftsrechtliche Staatshaftungsanspruch, Baden-Baden, Diss. Bonn, 1995

Craig, Paul P.: Administrative Law, 6. Aufl., London, 2008

ders.: Once more unto the breach: The Community, the State and Damages Liability, LQR 113 (1997) 67-94

ders./de Búrca, Grainne: EU Law, Text, Cases and Materials, 4. Aufl., Oxford u.a., 2008

dies.: The Evolution of EU Law, Oxford, 1999

Czaja, Astrid: Die außervertragliche Haftung der EG für ihre Organe, Baden-Baden, Diss. München, 1996

Dahm, Georg/Delbrück, Jost/Wolfrum, Rüdiger: Völkerrecht, Band I/3, 2. Aufl., Berlin, 2002

Daintith, Terence (Hrsg.): Implementing EC Law in the United Kingdom – Structures for Indirect Rule, Chichester u.a., 1995

Dannemann, Gerhard: Schadensersatz bei Verletzung der Europäischen Menschenrechts-konvention, Köln u.a., Diss. Freiburg,1994

Danwitz, Thomas von: Anmerkung (zu EuGH Rs.C-224/01 (Gerhard Köbler/Republik Österreich), JZ 2004, 301-304

ders.: Die gemeinschaftsrechtliche Staatshaftung der Mitgliedstaaten, DVBl. 1997, 1-10

ders.: Europäisches Verwaltungsrecht, Berlin Heidelberg, 2008

ders.: Zur Entwicklung der gemeinschaftsrechtlichen Staatshaftung, JZ 1994, 335-342

ders.: Zur Grundlegung einer Theorie der subjektiv-öffentlichen Gemeinschaftsrechte, DÖV 1996, 481-490

Dänzer-Vanotti, Wolfgang: Unzulässige Rechtsfortbildung des Europäischen Gerichts-hofs, RIW 1992, 733-742

Das Bürgerliche Gesetzbuch mit besonderer Berücksichtigung der Rechtsprechung des Reichsgerichts und des Bundesgerichtshofes: Kommentar herausgegeben von den Mitgliedern des Bundesgerichtshofes, Band II, 6. Teil, §§ 832-853, 12. Aufl., Berlin New York, 1989

Däubler, Wolfgang: Die Klage der EWG-Kommission gegen einen Mitgliedstaat, NJW 1968, 325-331

Dauses, Manfred: Aufgabenteilung und judizieller Dialog zwischen einzelstaatlichen Gerichten und dem EuGH als Funktionselemente des Vorabentscheidungsverfah-rens, in: Ole Due/Marcus Lutter/Jürgen Schwarze (Hrsg.), Festschrift für Ulrich Everling Band I, Baden-Baden, 1995, S. 223-243

ders.: Das Vorabentscheidungsverfahren nach Art. 177 EG-Vertrag, 2. Aufl., München, 1995

ders. (Hrsg.): Handbuch des EU-Wirtschaftsrechts, Bände I und II, Loseblattsammlung, München, Stand: Oktober 2010

Deckert, Martina R.: Zur Haftung des Mitgliedstaates bei Verstößen seiner Organe gegen europäisches Gemeinschaftsrecht, EuR 1997, 203-236

Denninger, Erhard/Hoffmann-Riem, Wolfgang/Schneider, Hans-Peter/ Stein, Ekkehart (Hrsg.): Kommentar zum Grundgesetz für die Bundesrepublik Deutschland, 3. Aufl., Neuwied Kriftel, Loseblattsammlung, Stand: August 2002

Detterbeck, Steffen.: Haftung der Europäischen Gemeinschaft und gemeinschaftsrechtli-cher Staatshaftungsanspruch, AöR 125 (2000) 202-256

ders.: Staatshaftung für die Mißachtung von EG-Recht, VerwArch 85 (1994), 159-207

ders./Windthorst, Kay/Sproll, Hans Dieter: Staatshaftungsrecht, München, 2000

Dicey, Albert Venn: Introduction to the Study of the Law of the Constitution, 10. Aufl., London, 1959

Dörr, Claus: Der gemeinschaftsrechtliche Staatshaftungsanspruch in der Rechtsprechung des Bundesgerichtshofes, DVBl. 2006, 598-605

Dörr, Oliver: Der europäisierte Rechtsschutzauftrag deutscher Gerichte - Artikel 19 Absatz 4 GG unter dem Einfluß des europäischen Unionsrechts, Tübingen, Habil.-Schr. Berlin, 2003

ders.: Rechtsprechungskonkurrenz zwischen nationalen und europäischen Verfassungsgerichten, DVBl. 2006, 1088-1099

ders./Lenz, Christofer: Europäischer Verwaltungsrechtsschutz, Baden-Baden, 2006

Drake, Sara: State Liability under Community Law for Judicial Error - A False Dawn for the Effective Protection of the Individual's Community Rights, IJEL 11 (2004) 34-51

Dreier, Horst (Hrsg.): Grundgesetz, Band 2, Art. 20-82, 2. Aufl., Tübingen, 2006

- Band 3, 2. Aufl., Art. 83-146, Tübingen, 2008

Dreymüller, Dagmar: Die Reform des englischen Zivilprozessrechts – Eine Abkehr von fundamentalen Grundsätzen des englischen Zivilprozessrechts unter Annäherung an den deutschen Zivilprozess ?, ZVglRW 101 (2002) 471-481

Dugdale, Anthony M./Jones, Michael/Simpson, Mark: Clerk and Lindsell On Torts, 19. Aufl., London, 2006

Ebke, Werner F.: *Centros* – Some Realities and Some Mysteries, AJCL 48 (2004) 623-660

ders.: Enforcement Techniques within the European Communities: Flying Close to the Sun with Waxen Wings, in: Joseph J. Norton (Hrsg.), Public International Law and the Future World Order, Liber Amicorum in Honour of A.J. Thomas, Littleton, Colorado, 1987, 6-1 - 6-48

ders.: Überseering: "Die wahre Liberalität ist Anerkennung", JZ 2003, 927-933

ders.: Unternehmensrechtsangleichung in der Europäischen Union: Brauchen wir ein European Law Institute?, in: Werner F. Ebke/Ulrich Hübner (Hrsg.), Festschrift für Bernhard Großfeld, Heidelberg, 1999, 189-221

ders./Finkin, Matthew W.: Introduction to German Law, Den Haag, 1996

Ehlermann, Claus Dieter: Die Verfolgung von Vertragsverletzungen der Mitgliedstaaten durch die Kommission, in: Wilhelm G. Grewe/Hans Rupp/Hans Schneider (Hrsg.), Europäische Gerichtsbarkeit und nationale Verfassungsgerichtsbarkeit, Feststschrift zum 70. Geburtstag von Hans Kutscher, Baden-Baden, 1981, 135-154

Ehlers, Dirk: Die Weiterentwicklung des Staatshaftungsrechts durch das europäische Gemeinschaftsrecht, JZ 1996, 776-783

ders.. (Hrsg.): Europäische Grundrechte und Grundfreiheiten, 3. Aufl., Berlin, 2009

Ehricke, Ulrich: Die richtlinienkonforme und die gemeinschaftsrechtskonforme Auslegung nationalen Rechts, Ein Beispiel zu ihren Grundlagen und ihrer Bedeutung für die Verwirklichung eines „europäischen Privatrechts", RabelsZ 59 (1995) 598-644

Eichele, Karl: Staatshaftung für Richter, BRAK-Mitt. 04/2003, 159-161

Eilmansberger, Thomas: Rechtsfolgen und subjektives Recht im Gemeinschaftsrecht, Baden-Baden, Habil.-Schr. Salzburg,1997 *ders.*: The Relationship Between Rights and Remedies in EC Law – In Search of the Missing Link, CMLRev 41 (2004), 1199-1246

Enneccerus, Ludwig/Lehmann, Heinrich: Recht der Schuldverhältnisse, 15. Bearb., Tübingen, 1958

Epiney, Astrid: Neuere Rechtsprechung des EuGH in den Bereichen institutionelles Recht, allgemeines Verwaltungsrecht, Grundfreiheiten, Umwelt- und Gleichstellungsrecht, NVwZ 2006, 407-420

dies.: Umgekehrte Diskriminierungen - Zulässigkeit und Grenzen der discrimination à rebours nach europäischem Gemeinschaftsrecht und nationalem Verfassungsrecht, Köln u.a., Habil.-Schr. Mainz, 1995

Everling, Ulrich: Richterliche Rechtsfortbildung in der Europäischen Gemeinschaft, JZ 2000, 217-227

ders.: Sind die Mitgliedstaaten der Europäischen Gemeinschaft noch Herren der Verträge? – Zum Verhältnis von Europäischem Gemeinschaftsrecht zum Völkerrecht, in: Rudolf Bernhardt/Wilhelm Karl Geck/Günther Jaenicke/Helmut Steinberger (Hrsg.), Völkerrecht als Rechtsordnung, Internationale Gerichtsbarkeit, Menschenrechte, Festschrift für Herrmann Mosler, Berlin Heidelberg u.a., 1983, 173-191

Fairgrieve, Duncan: State Liability in Tort, Oxford u.a., 2003

ders./Andenas, Mads/Bell, John (Hrsg.): Tort Liability of Public Authorities in Comparative Perspective, London, 2002

Fastenrath, Ulrich: Inländerdiskriminierung – Zum Gleichbehandlungsgebot beim Zusammenwirken mehrerer (Teil)rechtsordnungen im vertikal gegliederten und international integrierten Staat, JZ 1987, 170-178

Fischer, Hans Georg: Europarecht, 3. Aufl., München, 2001

ders.: Staatshaftung nach Gemeinschaftsrecht, EuZW 1992, 41-44

Fischer, Klaus: Die Richterhaftung, Köln, Diss. Köln, 1973

Fischer, Thomas: Die Haftung des Rechtsanwaltes für Berufspflichtverletzungen im englischen und deutschen Recht, Diss. Marburg,1995

Fleury, Roland: Verfassungsprozessrecht, 8. Aufl., Köln München, 2009

Frenz, Walter: Anmerkung (zu EuGH Rs.C-224/01 (Gerhard Köbler/Republik Österreich), DVBl.. 2003, 1522-1524

ders.: Anmerkung (zu EuGH Rs. C-453/00 (Kühne & Heitz), DVBl. 2004, 375-376

ders.: Die Verfassungsbeschwerde als Verfahren zur Durchsetzung gemeinschaftsrechtlich verliehener Rechte, DÖV 1995, 414-419

Frowein, Jochen Abr.: Anmerkung zur Pakelli-Entscheidung des Bundesverfassungsgerichts, ZaöRV 46 (1986) 286-289 *ders.*: Randbemerkungen zu den Grenzen des Richterrechts in rechtsvergleichender Betrachtung, in: Richterliche Rechtsfortbildung, Festschrift der Juristischen Fakultät zur 600-Jahr-Feier der Ruprecht-Karls-Universität-Heidelberg, herausgegeben von den Hochschullehrern der Juristischen Fakultät der Universität Heidelberg, Heidelberg, 1986, 555-565

ders./Peukert, Wolfgang: Europäische Menschenrechtskonvention-Kommentar, 3. Aufl., Kehl. u.a., 2009

Garde, Amadine: Member States´ Liability for Judicial Acts or Omissions: Much Ado about Nothing?, CLJ 63 (2004) 564-567

Gärditz, Klaus-Ferdinand: Die Bestandskraft gemeinschaftsrechtswidriger Verwaltungsakte zwischen Kasuistik und Systembildung, NWVBl. 2006, 441-449

Gasparon, Philipp: The Transposition of the Principle of Member State Liability in the Context of External Relations, EJIL 10 (1993) 605-624

Geiger, Jutta: Die Entwicklung eines europäischen Staatshaftungsrechts, DVBl. 1993, 465-474

Geiger, Rudolf/Khan, Daniel-Erasmus/Kotzur, Markus: EUV/AEUV, Vertrag über die Europäische Union und Vertrag über die Arbeitsweise der Europäischen Union, 5. Aufl., München, 2010

Geimer, Reinhold/Schütze, Rolf A. (Hrsg.): Europäisches Zivilverfahrensrecht, 2. Aufl., München, 2004

Germelmann, Claas Friedrich: Neue Wege in der Rechtsprechung des EuGH zu nationalen Rechtskraftregeln ?, EWS 2007, 392-398

Gerven, Walter van: Bridging the Unbridgeable: Community and National Tort Law after Francovich and Brasserie, ICLQ 45 (1996), 507-544

Giegerich. Thomas: Die Verfassungsbeschwerde an der Schnittstelle von deutschem, internationalem und supranationalem Recht, in: Christoph Grabenwarter/Stefan Hammer/Alexander Pelzl (Hrsg.): Allgemeinheit der Grundrechte und Vielfalt der Gesellschaft, 34. Tagung der Wissenschaftlichen Mitarbeiterinnen und Mitarbeiter der Fachrichtung „Öffentliches Recht", Stuttgart u.a.,1994, S. 101-128

Grabenwarter, Christoph: Europäische Menschenrechtskonvention, 4. Aufl., München, 2009

Grabitz, Eberhard/Hilf, Meinhard: Das Recht der Europäischen Union, Kommentar, Bände I und III, München, Loseblattsammlung, Stand: Juli 2010

Grabitz, Eberhard/Hilf, Meinhard/Nettesheim, Martin: Das Recht der Europäischen Union, Kommentar, Bände I und III, München, Loseblattsammlung, Stand: März 2011

Graser, Alexander: Zum Stand der Diskussion zur Inländerdiskriminierung - einige kritische Anmerkungen und ein Vorschlag zur prozessualen Behandlung, DÖV 1998, 1004-1012

Green, Nicholas/Barav, Ami: Damages in the National Courts for Breach of Community Law, YEL 6 (1986) 55-117

Greenwood, Christopher: Nationality and the Limits of the Free Movement of Persons in Community Law, YEL 7 (1987) 185-210

Von der Groeben, Hans/Schwarze, Jürgen (Hrsg.), Kommentar zum Vertrag über die Europäische Union und zur Gründung der Europäischen Gemeinschaft, Band 1, Art. 1-53 EUV/Art. 1-80 EGV, 6. Aufl., Baden-Baden, 2003
- Band 4, Art. 189-314 EGV, 6. Aufl., Baden-Baden, 2004

Gromitsaris, Athanasios: Die methodologische Herausforderung des Europarechts - zum Verhältnis von Rechtsdogmatik, Rechtsgeschichte, Rechtsvergleichung und Rechtstheorie am Beispiel des Staatshaftungsrechts, in: Manuel Atienza (Hrsg.), Theorie des Rechts und der Gesellschaft, Festschrift für Werner Krawietz zum 70. Geburtstag, Berlin, 2003, 17-37

ders.: Europarechtliche Aspekte der Staatshaftung, SächsVBl. 2001, 157-164

ders.: Rechtsgrund und Haftungsauflösung im Staatshaftungsrecht – eine Untersuchung auf europarechtlicher und rechtsvergleichender Grundlage, Berlin, Habil.-Schr. Jena, 2006

Grote, Rainer: Die Inkorporierung der Europäischen Menschenrechtskonvention in das britische Recht durch den Human Rights Act 1998, ZaöRV 58 (1998), 309-352

ders./Marauhn, Thilo (Hrsg.): EMRK/GG – Konkordanzkommentar zum europäischen und deutschen Grundrechtsschutz, Tübingen, 2006

Groussot, Xavier/Minssen, Timo: Res Judicata in the Court of Justice Case-Law: Balancing Legal Certainty with Legality ?, ECLR 3 (2007), 385-417

Grune, Jeanette: Staatshaftung bei Verstößen nationaler Gerichte gegen Europäisches Gemeinschaftsrecht, BayVBl. 2004, 673-677

Grunsky, Wolfgang: Zur Haftung für richterliche Amtspflichtverletzungen, in: Fritz Baur (Hrsg.), Funktionswandel der Privatrechtsinstitutionen, Festschrift für Ludwig Raiser zum 70. Geburtstag, Tübingen, 1974, 141-158

Gundel, Jörg: Die Bestimmung des richtigen Anspruchgegners der Staatshaftung für Verstöße gegen Gemeinschaftsrecht, DVBl. 2001, 95-102

ders.: Die Erstattung gemeinschaftsrechtswidriger Gebühren nach nationalem Verfahrensrecht, in: Reinhard Hendler (Hrsg.), „Für Sicherheit, für Europa", Festschrift für Volkmar Götz zum 70. Geburtstag, 2005, Göttingen, 191-210

ders.: Die Inländerdiskriminierung zwischen Verfassungs- und Europarecht: Neue Ansätze in der deutschen Rechtsprechung, DVBl. 2007, 269-278

ders.: Gemeinschaftsrechtliche Haftungsvorgaben für judikatives Unrecht – Konsequenzen für die Rechtskraft und das deutsche "Richterprivileg", EWS 2004, 8-16

Hailbronner, Kay/Klein, Eckhart/Magiera, Siegfried/Müller-Graff, Peter-Christian: Handkommentar zum Vertrag über die Europäische Union (EUV/EGV), Köln Berlin Bonn München, Loseblattsammlung Stand: November 1998

Hakenberg, Waltraud: Zur Staatshaftung von Gerichten bei Verletzung von europäischem Gemeinschaftsrecht, DRiZ 2004, 113-117

Hallstein, Walter: Die Europäische Gemeinschaft, 2. Aufl., Düsseldorf Wien, 1974

Haltern, Ulrich: Europarecht - Dogmatik im Kontext, Tübingen, 2005

ders.: Verschiebungen im europäischen Rechtsschutzsystem, VerwArch 96 (2005) 311-347

Hammerl, Christoph: Inländerdiskriminierung, Berlin, Diss. Bayreuth, 1997

Haratsch, Andreas: Anmerkung (zu EuGH Rs. C-173/03 (Traghetti del Mediterraneo), JZ 2006, 1176-1178

ders./Hensel, Christian: Anmerkung (zu EuGH Rs- C-119/05 (Lucchini), JZ 2008, 144-147

ders./Koenig, Christian/Pechstein, Matthias, Europarecht, 7. Aufl., Tübingen, 2010

Harlow, Carol: Francovich and the Problem of the Disobedient State, ELJ 2 (1996) 199-225

Hartley, Trevor Clayton/Griffith, John A.G.: Government and Law - An Introduction to the Working of the Constitution in Britain, London, 1975

Hatje, Armin: Die Haftung der Mitgliedstaaten bei Verstößen gegen europäisches Gemeinschaftsrecht – Zum Urteil des Bundesgerichtshofes vom 24. 10. 1996 (Brasserie du Pêcheur), EuR 1997, 297-310

ders.: Gemeinschaftsrechtliche Grenzen der Rechtskraft gerichtlicher Entscheidungen – zur Entscheidung des EuGH in der Rs. C-119/05 (Lucchini) vom 18. Juli 2007, EuR 2007, 654-659

Hauschka, Christoph E.: Der Ausschluß der Staatshaftung nach § 839 BGB gegenüber Staatsangehörigen aus Ländern der Europäischen Gemeinschaft, NVwZ 1990, 1155-1156

Heintzen, Markus: Die „Herrschaft" über die Europäischen Gemeinschaftsverträge – Bundesverfassungsgericht und Europäischer Gerichtshof auf Konfliktskurs, AöR 119 (1994) 564-589

Henning, Rüdiger: Staatshaftung der Mitgliedstaaten der Europäischen Gemeinschaft für offensichtlich gegen Gemeinschaftsrecht verstoßende nationale Gerichtsentscheidungen, in: Jörg Westhoff (Hrsg.), Liber amicorum Prof. Dr. Toichiro Kigawa zum 80. Geburtstag, 2005, Hamburg, 139-169

Henrichs, Christoph: Haftung der EG-Mitgliedstaaten für Verletzung von Gemeinschaftsrecht, Baden-Baden, Diss. Bonn,1995

Herdegen, Matthias/Rensmann, Thilo: Europarecht, 13. Aufl., München, 2011

ders.: Völkerrecht, 10. Aufl., München, 2011

ders./Rensmann, Thilo: Die neuen Konturen der gemeinschaftsrechtlichen Staatshaftung, ZHR 161 (1997) 522-555

Hermann, Christoph: Die Reichweite der gemeinschaftsrechtlichen Vorlagepflicht in der neueren Rechtsprechung des EuGH, EuZW 2006, 231-235

ders.: Richtlinienumsetzung durch die Rechtsprechung, Berlin, Diss. Bayreuth, 2003

Hermes, Georg: Der Grundsatz der Staatshaftung für Gemeinschaftsrechtsverletzungen, DV 31 (1998), 371-400

Heß, Burkhard: Amtshaftung als „Zivilsache" im Sinne von Art. 1 EuGVÜ, IPRax 1994, 10-17

ders.: Die Einwirkungen des Vorabentscheidungsverfahrens nach Art. 177 EGV auf das deutsche Zivilprozessrecht, ZZP 108 (1995) 59-107

ders.: Rechtsfragen des Vorabentscheidungsverfahrens, RabelsZ 66 (2002), 470-502

Heselhaus, Sebastian M./Nowak, Carsten (Hrsg.): Handbuch der Europäischen Grundrechte, München, 2006

Hidien, Jürgen W.: Die gemeinschaftsrechtliche Staatshaftung der EU-Mitgliedstaaten, Baden-Baden, 1998

Hillgruber, Christian/Goos, Christoph: Verfassungsprozessrecht, 2. Aufl., Heidelberg, 2006

Hirsch, Günther: Kompetenzverteilung zwischen EuGH und nationaler Gerichtsbarkeit, NVwZ 1998, 907-910

Hirte, Heribert: Die Vorlagepflicht auf teilharmonisierten Rechtsgebieten am Beispiel der Richtlinien zum Gesellschafts- und Bilanzrecht, RabelsZ 66 (2002) 553-579

Hoeller, Boris/Bodemann, Rüdiger: Das „Gambelli"-Urteil des EuGH und seine Auswirkungen auf Deutschland, NJW 2004, 122-125

Höfling, Wolfram: Primär- und Sekundärrechtsschutz im Öffentlichen Recht, 2. Bericht, VVDStRL 61 (2002) 260-299

Hogg, Peter W./Monahan, Patrick, J.: Liability of the Crown, 3. Aufl., Scarborough Ontario, 2000

Hoskins, Mark: Suing the HL in Damages: Career Suicide or Community Law Right ?, JudRev 9 (2004), 278-285

Hößlein, Marco: Judikatives Unrecht – Subjektives Recht, Beseitigungsanspruch und Rechtsschutz gegen den Richter, Diss Mannheim, 2007

Huber, Peter M.: Bundesverfassungsgericht und Europäischer Gerichtshof als Hüter der gemeinschaftsrechtlichen Kompetenzordnung, AöR 116 (1991), 210-251

Hummer, Waldemar/Vedder, Christoph: Europarecht in Fällen - die Rechtsprechung des EuGH, des EuG und deutscher und österreichischer Gerichte, 4. Aufl., Baden-Baden, 2005

Hummert, Katharina: Neubestimmung der acte-clair-Doktrin im Kooperationsverhältnis zwischen EG und Mitgliedstaat, Berlin, Diss. Bochum, 2006

Ipsen, Hans Peter: Europäisches Gemeinschaftsrecht, Tübingen, 1972

Ipsen, Knut: Völkerrecht, 5. Aufl., München, 2004

Isensee, Josef: Das Grundrecht als Abwehrrecht und als staatliche Schutzpflicht, in: ders./Paul Kirchhof (Hrsg.), Handbuch des Staatsrechts der Bundesrepublik Deutschland, Band V, 2. Aufl., Heidelberg, 2000, § 111, 143-241

Jaeger, Renate/Broß, Siegfried: Die Beziehungen zwischen dem Bundesverfassungsgericht und den übrigen einzelstaatlichen Rechtsprechungsorganen - einschließlich der diesbezüglichen Interferenz des Handelns der europäischen Rechtsprechungsorgane, EuGRZ 2004, 1-15

Jannasch, Alexander: Vorläufiger Rechtsschutz und Europarecht, VBlBW 1997, 361-365

Jarass, Hans D.: EU-Grundrechte, München, 2005

ders.: Grundfragen der innerstaatlichen Bedeutung des EG-Rechts - die Vorgaben des Rechts der Europäischen Gemeinschaft für die nationale Rechtsanwendung und die nationale Rechtsetzung nach Maastricht, Köln Berlin Bonn München, 1994

ders.: Haftung für die Verletzung von EU-Recht durch nationale Organe, in: NJW 1994, S. 881-886

ders.: Konflikte zwischen EG-Recht und nationalem Recht vor den Gerichten der Mitgliedstaaten, in: DVBl. 1995, S. 954-962

ders./Beljin, Sasa: Die Bedeutung von Vorrang und Durchführung des EG-Rechts für die nationale Rechtsetzung und Rechtsanwendung, in: NVwZ 2004, S. 1-11

ders./Pieroth, Bodo: Grundgesetz für die Bundesrepublik Deutschland – Kommentar, 11. Aufl., München, 2011

Jellinek, Walter: Verwaltungsrecht, 3. Aufl., Berlin, 1931

Johnston, Nantje: Lauterkeitsrechtliche Unterlassungsansprüche im Glücksspielrecht – Eine Analyse des deutschen Glücksspielrechts unter Berücksichtigung verfassungs- und gemeinschaftsrechtlicher Aspekte, Diss. Heidelberg, 2009

Jowell, Jeffrey: Is Equality a Constitutional Principle?, CLP 47 (1994) 1-18

Kadelbach, Stefan: Allgemeines Verwaltungsrecht unter europäischem Einfluß, Tübingen, Habil.-Schr. Frankfurt, 1999

ders.: Der Einfluß des EG-Rechts auf das nationale Allgemeine Verwaltungsrecht, in: Thomas von Danwitz/Markus Heintzen/Mathias Jestaedt/Stephan Korioth/Michael Reinhardt (Hrsg.), Auf dem Wege zu einer Europäischen Staatlichkeit - 33. Tagung der Wissenschaftlichen Mitarbeiterinnen und Mitarbeiter der Fachrichtung "Öffentliches Recht", Bonn 1993, Stuttgart u.a., 1993, 131-147

Kaiser, Stefan: Die fremdenrechtlichen Staatshaftungsausschlüsse im Lichte der Rechtsprechung des EuGH, NvWZ 1997, 667-670

Karl, Joachim: Die Schadensersatzpflicht der Mitgliedstaaten bei Verletzungen von Gemeinschaftsrecht, RIW 1991, 745-753

Karpenstein, Ulrich: Praxis des EG-Rechts - Anwendung und Durchsetzung des Gemeinschaftsrechts in der Bundesrepublik Deutschland, München, 2006

ders./ Kuhnert, Kathrin: Anmerkung (zu OVG NRW, Beschluss vom 28.6.2006 - 4 B 961/06), DVBl. 2006, 1466-1467

Käseberg, Thorsten/Richter, Klaus: Haustürwiderrufsrichtlinie und „Schrottimmobilien" - Die Urteile in Sachen Schulte und Crailsheimer Volksbank, EuZW 2006, 46-49

Kegel, Gerhard/Schurig, Klaus: Internationales Privatrecht, 9. Aufl., München, 2004

Kenntner, Markus: Ein Dreizack für die offene Flanke: Die neue EuGH-Rechtsprechung zur judikativen Gemeinschaftsrechtsverletzung, NVwZ 2005, 235-238

Kewenig, Wilhelm A.: Niederlassungsfreiheit, Freiheit des Dienstleistungsverkehrs und Inländerdiskriminierung, JZ 1990, 20-24

Kiethe, Kurt M./Groeschke, Peer: Die Stärkung der Rechte des Klägers im Berufungs- und Revisionsrecht durch die Köbler – Entscheidung des EuGH, WRP 2006, 29-33

Kischel, Uwe: Gemeinschaftsrechtliche Staatshaftung zwischen Europarecht und nationaler Rechtsordnung, EuR 2005, 441-465

Kissel, Otto Rudolf/Mayer, Herbert: Gerichtsverfassungsgesetz, 6. Aufl., München, 2010

Kluth, Winfried: Die Haftung der Mitgliedstaaten für gemeinschaftswidrige höchstrichterliche Entscheidungen – Schlussstein in dem System der gemeinschaftsrechtlichen Staatshaftung, DVBl. 2004, 393-403

Kniffka, Rolf: Die haftungsrechtliche Privilegierung der Richter in Deutschland und England, Diss. Bonn, 1983

Köbler, Gerhard: Juristisches Wörterbuch, 14. Aufl., München, 2007

König, Doris: Das Problem der Inländerdiskriminierung – Abschied von Reinheitsgebot, Nachtbackverbot und Meisterprüfung, AöR 118 (1993), 591-616

Kokott, Juliane: Gleichheitssatz und Diskriminierungsverbote in der Rechtsprechung des Bundesverfassungsgerichts, in: Peter Badura/Horst Dreier (Hrsg.), Festschrift 50 Jahre Bundesverfassungsgericht, Band II, Klärung und Fortbildung des Verfassungsrechts, München, 2001, 127-162

dies./Henze, Thomas/Sobotta, Christoph: Die Pflicht zur Vorlage an den Europäischen Gerichtshof und die Folgen ihrer Verletzung, JZ 2006, 633-641

Komárek, Jan: Federal Elements in the Community Legal System – Building Coherence in the Community Legal Order, CMLRev 42 (2005) 9-34

Kon, Stephen D.: Aspects of Reverse Discrimination in Community Law, ELRev 6 (1981) 75-101

Kopp, Ferdinand/Schenke, Wolf-Rüdiger, Verwaltungsgerichtsordnung, 17. Aufl., München, 2011

Kremer, Carsten: Effektuierung des europäischen Beihilfenrechts durch die Begrenzung der Rechtskraft, EuZW 2007, 726-729

ders.: Gemeinschaftsrechtliche Grenzen der Rechtskraft, EuR 2007, 470-493

ders.: Liability for Breach of European Community Law: An Analysis of the New Remedy in the Light of English and German Law, YEL 22 (2003) 203-247

ders.: Staatshaftung für Verstöße gegen Gemeinschaftsrecht durch letztinstanzliche Gerichte, NJW 2004, 480-482

Krieger, Heike: Haftung des nationalen Richters für Verletzung des Gemeinschaftsrechts, JuS 2004, 855-858

Krohn, Günther: Anmerkung (zu BGH Urteil v. 24.10. 1996 – III ZR 127/91), EWiR 1996, 1123-1124

Kropholler, Jan: Internationales Privatrecht, 6. Aufl., Tübingen, 2006

Kruis, Tobias: Anmerkung (zu: OVG Münster, Beschluss vom 28. 6. 2006 - 4 B 961/06), EuZW 2006, 606-608

Küpper, Herbert: Deliktsrecht in Osteuropa – Herausforderungen und Antworten, OsteurR 2003, 495-541

Lang, John Temple: The Duties of National Authorities under Community Constitutional Law, ELRev 23 (1998) 109-131

Lansnicker, Frank/Schwirtzek, Thomas: Rechtsverhinderung durch überlange Verfahrensdauer - Verletzung des Beschleunigungsgebots nach Art. 6 I 1 EMRK, NJW 2001, 1969-1974

Larenz, Karl: Lehrbuch des Schuldrechts, Erster Band, Allgemeiner Teil, 14. Aufl., München, 1987

ders.: Methodenlehre der Rechtswissenschaft, 6. Aufl., München, 1991

ders./Canaris, Claus-Wilhelm, Methodenlehre der Rechtswissenschaft, 3. Aufl., München, 1995

Law Commission: Monetary Remedies in Public Law, Discussion paper, 11. Oktober 2004, abrufbar unter: http://www.lawcom.gov.uk

Lecheler, Helmut: Der öffentliche Dienst, in: Josef Isensee/Paul Kirchhof (Hrsg.), Handbuch des Staatsrechts der Bundesrepublik Deutschland, Band III, 2. Aufl., Heidelberg, 1996, § 72, 717-774

Leipold, Dieter: Das Haftungsprivileg des Spruchrichters, in: JZ 1967, S. 737-741

Lembach, Katja: Grundlagen und Ausgestaltung gemeinschaftsrechtlicher Staatshaftung, Lohmar u.a., Diss. Mannheim, 2003

Lenski, Edgar/Mayer, Franz C.: Vertragsverletzung wegen Nichtvorlage durch oberste Gerichte, EuZW 2005, 225

Lenz, Carl Otto: Rechtsschutz im Binnenmarkt, NJW 1994, 2063-2067

ders./Borchardt, Klaus-Dieter (Hrsg.): EU- und EG-Vertrag, Kommentar zu dem Vertrag über die Europäische Union und zu dem Vertrag zur Gründung der Europäischen Gemeinschaft, 4. Aufl., Köln, 2006

Lenz, Christofer: Der gemeinschaftsrechtliche Staatshaftungsanspruch, Vortrag auf dem 12. Baden-Württembergischen Verwaltungstag am 29. Juni 2005 in Stuttgart, abrufbar unter: http://www.ivr.uni-stuttgart.de/

Lenze, Anne: Die Bestandskraft von Verwaltungsakten nach der Rechtsprechung des EuGH, VerwArch 97 (2006) 49-61

LeSueur, Andrew P.: Building the UK's New Supreme Court: National and Comparative Perspectives, Oxford u.a., 2004

Lewandowski, Robert: Neue Staatshaftungsregeln in Polen, WiRO 2005, 257-261

Lindner, Fanz Josef: Anmerkung (zu: EuGH Rs. C-173/03 (Traghetti del Mediterraneo), BayVBl. 2006, 696-697

Lorz, Alexander: Zum Verhältnis von gemeinschaftsrechtlichem Staatshaftungsanspruch und nationalem Recht (BGH III ZR 151/99 - 14.12.2000), JR 2001, 413-415

Lundmark, Thomas: Umgang mit dem Präjudizienrecht, JuS 2000, 545-549

Lutz, Carsten: Kompetenzkonflikte und Aufgabenverteilung zwischen nationalen und internationalen Gerichten, Berlin, Diss. Freiburg, 2003

Mac Cormick, Neil D./Summers, Robert S.: Interpreting Precedents – A Comparative Study, Aldershot u.a., 2003

Mac Gregor, Harvey: On Damages, 17. Aufl., London, 2003

Mangoldt, Hermann von (Begr.)/*Klein, Friedrich/Starck, Christian* (Hrsg.): Kommentar zum Grundgesetz, Band 1 (Präambel, Art. 1-19), 6. Aufl., München, 2010

- Band 2 (Art.20-82), 5. Aufl., München, 2005

- Band 3, (Art. 83-146), 5. Aufl., München, 2005

Markesinis, Basil S./Auby, Jean-Bernard/Coester-Waltjen, Dagmar/Deakin, Simon F. (Hrsg.): Tortious Liability of Statutory Bodies: A Comparative and Economic Analysis of Five English Cases, Oxford u.a., 1999

ders./Deakin, Simon F.: Tort Law, 5. Aufl., Oxford, 2003

Martin-Ehlers, Andrés: Grundlagen einer gemeinschaftsrechtlich entwickelten Staatshaftung, EuR 1996, 376-398

Maunz, Theodor/Dürig, Günther (Begr.) Grundgesetz, Kommentar, Band III, Art. 16-22, München, Loseblattsammlung Stand: Januar 2011

dies.: Grundgesetz, Kommentar, Band IV, Art. 23-53a, München, Loseblattsammlung, Stand: Januar 2011

ders.(Begr.)/*Schmidt-Bleibtreu, Bruno/Klein, Franz/Bethge, Herbert* (Hrsg.): Bundesverfassungsgerichtsgesetz, Kommentar, Bände 1 und 2, München, Loseblattsammlung, Stand: Januar 2011

Maurer, Hartmut: Allgemeines Verwaltungsrecht, 18. Aufl., München, 2011

ders.: Staatshaftung im europäischen Kontext, in: Carsten Thomas Ebenroth (Hrsg.), Verantwortung und Gestaltung, Festschrift für Karlheinz Boujong zum 65. Geburtstag, München, 1996, 591-612

Max Planck Institut für ausländisches öffentliches Recht und Völkerrecht: Haftung des Staates für rechtswidriges Verhaltens seiner Organe, Länderberichte und Rechtsvergleichung, Internationales Kolloquium veranstaltet vom Max-Planck-Institut für ausländisches öffentliches Recht und Völkerrecht Heidelberg 1964, Köln u.a.,1967

Mayer, Franz C.: Das Bundesverfassungsgericht und die Verpflichtung zur Vorlage an den Europäischen Gerichtshof – zugleich eine Anmerkung zum Beschluss vom 22. November 2001 – 2 BvB 1-3/01 (NPD-Verbot) - , EuR 2002, 239-257

ders.: Kompetenzüberschreitung und Letztentscheidung - das Maastricht-Urteil des Bundesverfassungsgerichts und die Letztentscheidung über Ultra-vires-Akte in Mehrebenensystemen; eine rechtsvergleichende Betrachtung von Konflikten zwischen Gerichten am Beispiel der EU und der USA, München, Diss. München, 2000

Mayo, Ursula: Die Haftung des Staates im englischen Recht - unter vergleichender Berücksichtigung des deutschen Rechts, Diss. Münster, 1999

Meier, Gert: Anmerkung (zu: OLG Köln EuZW 1991, 574), EuZW 1991, 576

ders.: Rechtsfolgen eines Verstoßes gegen Gemeinschaftsrecht durch nationale Gerichte, EuZW 2004, 335

ders.: Zur Einwirkung des Gemeinschaftsrechts auf nationales Verfahrensrecht in dem Falle richterlicher Vertragsverletzungen, EuZW 1991, 11-15

Meillicke, Wienand: Hindernislauf zum gesetzlichen Richter, BB 2000, 17-24

Meltzer, Daniel J.: Member State Liability in Europe and the United States, IJCL 4 (2006) 39-83

Merten, Detlef: Zum Spruchrichterprivileg des § 839 Abs. 2 BGB, in: Josef Tittel (Hrsg.), Multitudo legum ius unum, Festschrift für Wilhelm Wengler zu seinem 65. Geburtstag, Berlin, 1973, Band 2, 519-540

Meyer, Susanne: Richterspruchprivileg auch für Arrestbeschlüsse und einstweilige Verfügungen im Beschlusswege, NJW 2005, 864-865

Meyer-Ladewig, Jens: Europäische Menschenrechtskonvention – Handkommentar, 3. Aufl., München, 2011

Morris, John H.C.: The Conflict of Laws, 4. Aufl., London, 1993

Much, Walter: Die Amtshaftung im Recht der Europäischen Gemeinschaft für Kohle und Stahl, Frankfurt a.M.,1952

Mugdan, Benno (Hrsg.): Die gesammelten Materialien zum Bürgerlichen Gesetzbuch für das Deutsche Reich, II. Band, Recht der Schuldverhältnisse, Berlin, 1899

Müller-Graff, Peter-Christian: Binnenmarktauftrag und Subsidiaritätsprinzip?, ZHR 159 (1995) 34-77

ders.: Binnenmarktziel und Rechtsordnung, Bergisch Gladbach u.a., 1989

ders.: Die Auswirkungen der Francovich-Doktrin auf das deutsche Deliktsrecht, in: Moreira de Sousa, Sofia/Heusel, Wolfgang (Hrsg.), Enforcing Community Law from Francovich to Köbler – Twelve Years of the State Liability Principle, Köln, 2004, 153-164

ders.: Die Einwirkung nationalen Rechts auf das Europäische Gemeinschaftsrecht, in: Barbara Dauner-Lieb/Peter Hommelhoff/Matthias Jacobs/Dagmar Kaiser/Christoph Weber (Hrsg.), Festschrift für Horst Konzen zum siebzigsten Geburtstag, Tübingen, 2006, 583-602

ders.: Europäische Normgebung und ihre judikative Umsetzung in nationales Recht - Teil 1 -, DRiZ 1996, 259-266

ders.: Europäische Normgebung und ihre judikative Umsetzung in nationales Recht - Teil 2 -, DRiZ 1996, 305-315

ders.: Gemeinsames Privatrecht in der Europäischen Gemeinschaft – Ansatzpunkte, Ausgangsfragen, Ausfaltungen -, in: ders. (Hrsg.), Gemeinsames Privatrecht in der Europäischen Gemeinschaft, 2. Aufl., Baden-Baden, 1999, 9-100

Münch, Ingo von (Begr.)/*Kunig, Philip* (Hrsg.): Grundgesetz – Kommentar, Band 1 (Präambel bis Art. 19), 5. Aufl., München, 2000

- Band 2 (Art. 20-69), 5. Aufl., München, 2001

Münchener Kommentar zum Bürgerlichen Gesetzbuch: Band 2, Schuldrecht Allgemeiner Teil, §§ 241-432, 5. Aufl., München, 2007

- Band 5, Schuldrecht, Besonderer Teil III, §§ 705-853, 5. Aufl., München, 2009

- Band 10, Einführungsgesetz zum Bürgerlichen Gesetzbuch (Art.1-46), Internationales Privatrecht, 5. Aufl., München, 2010

Münchener Kommentar zum Strafgesetzbuch: Band 3, §§ 185-262 StGB, München, 2003

Münchener Kommentar zur Zivilprozessordnung: Band 1, §§ 1-510c, 3. Aufl., München, 2008

- Band 2, §§ 511-945, 3. Aufl. 2007

Musielak, Hans-Joachim (Hrsg.): Kommentar zur Zivilprozessordnung, 8. Aufl., München, 2011

Nacimiento, Patricia: Gemeinschaftsrechtliche und nationale Staatshaftung in Deutschland, Italien und Frankreich, Baden-Baden, Diss. Saarbrücken, 2006

Nassimpian, Dimitra: ...And We Keep on Meeting: (De) Fragmenting State Liability, ELR 32 (2007), 819-838

Nettesheim, Martin: Art. 23 GG, nationale Grundrechte und Unionsrecht, NJW 1995, 2083-2085

ders.: Gemeinschaftsrechtliche Vorgaben für das deutsche Staatshaftungsrecht, DÖV 1992, 999-1005

Nicolaysen, Gert: Vertragsverletzung durch mitgliedstaatliche Gerichte, EuR 1985, 368-374

Niedobitek, Matthias: Kollision zwischen EG-Recht und nationalem Recht, VerwArch 92 (2001) 58-80

Nolte, Norbert: Anmerkung (zu: EuGH Rs. C-392/04 und 422/04 (*i- 21 Germany & Arcor/Deutschland*), MMR 2007, 30-31

Nowak, Carsten: Das Verhältnis zwischen zentralem und dezentralem Individualrechtsschutz im Europäischen Gemeinschaftsrecht, EuR 2000, 724-742

Obwexer, Walter: Anmerkung zum Urteil des EuGH Rs.C-224/01 (Gerhard Köbler/Republik Österreich), EuZW 2003, 726-728

Ohlenburg, Anna: Die Haftung für Fehlverhalten von Richtern und Staatsanwälten im deutschen, englischen und französischen Recht, Osnabrück, Diss. Osnabrück, 2000

dies.: Haftungsfragen bei richterlicher und staatsanwaltlicher Tätigkeit in Deutschland, England, Frankreich und Österreich, RabelsZ 67 (2003) 683-698

Öhlinger, Theo/Potacs, Michael: Gemeinschaftsrecht und staatliches Recht – die Anwendung des Europarechts im innerstaatlichen Bereich, 3. Aufl., Wien, 2006

Olowofoyeku, Abimbola A.: State Liability for the Exercise of Judicial Power, PL 1998, 444-462

ders.: Suing Judges – A Study of Judicial Immunity, Oxford, 1993

Oppermann, Thomas/Classen, Claus-Dieter/Nettesheim, Martin: Europarecht, 4. Aufl., München, 2009

Ortlepp, Beate Christina: Das Vertragsverletzungsverfahren als Instrument zur Sicherung der Legalität im Gemeinschaftsrecht, Baden-Baden, Diss. Hamburg, 1987

Ossenbühl, Fritz: Anmerkungen zur Hoheitshaftung im Europarecht, in: Jörn Ipsen/Werner Stüer (Hrsg.), Europa im Wandel – Festschrift für Hans-Werner Rengeling zum 70. Geburtstag am 25. Februar 2008, München, 2008, 369-382

ders.: Der gemeinschaftsrechtliche Staatshaftungsanspruch, DVBl. 1992, 993-998

ders.: Staatshaftungsrecht, 5. Aufl., München, 1998

ders.: Verfassungsgerichtsbarkeit und Fachgerichtsbarkeit, in: Rolf Stödter/Werner Thieme (Hrsg.), Hamburg, Deutschland, Europa, Festschrift für Hans Peter Ipsen zum 70. Geburtstag, Tübingen, 1977, 129-141

Paal, Boris P.: Rechtscheinvollmacht und „Schrottimmobilien - Anmerkung (zu: BGH, 25.4.2006 - XI ZR 29/05), JZ 2006, 798-804

Pache, Eckhard/Bielitz, Joachim: Verwaltungsprozessuale Wiederaufnahmepflicht kraft Völker- oder Gemeinschaftsrecht, DVBl. 2006, 325-332

Palandt, Otto (Begr.): Bürgerliches Gesetzbuch, 70. Aufl., München, 2011

Pannick, David/Lester, Anthony: The Impact of the Human Rights Act on Private Law: The Knight's Move, LQR 116 (2000) 380-385

Papier, Hans-Jürgen: Rechtsschutzgarantie gegen die öffentliche Gewalt, in: Josef Isensee/Paul Kirchhof (Hrsg.), Handbuch des Staatsrechts der Bundesrepublik Deutschland, Band VI, 2. Aufl., Heidelberg, 2001, § 154, 1233-1270

ders.: Staatshaftung, in: Josef Isensee/Paul Kirchhof (Hrsg.), Handbuch des Staatsrechts der Bundesrepublik Deutschland, Band VI, 2. Aufl., Heidelberg, 2001, § 157, 1353-1391

Pechstein, Matthias: EU-/EG-Prozessrecht, 3. Aufl., Tübingen, 2007

Pfab, Susanne: Staatshaftung in Deutschland: die Reformaufgabe und ihre Voraussetzungen in der rechtsstaatlichen Garantie des Art. 34 Grundgesetz und durch Erfordernisse des Gemeinschaftsrechts, München, Diss. München, 1997

Pfander, James E.: Köbler v. Austria: Expositional Supremacy and Member State Liability, EBLR 17 (2006) 275-297

ders.: Member State Liability and Constitutional Change in the United States and Europe, AJCL 51 (2003) 237-247

Pieper, Stefan Ulrich: Mitgliedstaatliche Haftung für die Nichtbeachtung von Gemeinschaftsrecht, NJW 1992, 2454-2459

Pieroth, Bodo/Schlink, Bernhard: Staatsrecht II – Grundrechte, 26. Aufl., Heidelberg, 2010

366

Pischel, Gerhard: Verfassungsrechtliche und europarechtliche Vorgaben für ein staatliches Glücksspielmonopol, GRUR 2006, 630-636

Planck, Gottlieb: Recht der Schuldverhältnisse (Besonderer Teil), Band 2, Hälfte 2, 4. Aufl., Berlin, 1928

Poelzig, Dörte: Die Aufhebung rechtskräftiger zivilgerichtlicher Urteile unter dem Einfluss des Europäischen Gemeinschaftsrechts, JZ 2007, 858-868

Potacs, Michael: Bestandskraft staatlicher Verwaltungsakte oder Effektivität des Gemeinschaftsrechts ? - Anmerkung zum Urteil vom 13. Januar, Kühne & Heitz NV/Productschap voor Pluimvee en Eieren, Rs. C-453/00, EuR 2004, 595-602

Preuschen, Anabel von: Die Modernisierung der Justiz, ein Dauerthema - Die Rechtsänderungen durch das 2. Justizmodernisierungsgesetz, NJW 2007, 321-327

Prieß, Hans-Joachim: Die Haftung der EG-Mitgliedstaaten bei Verstößen gegen das Gemeinschaftsrecht, NVwZ 1993, 118-125

Puttler, Adelheid: Binnendifferenzierung der Gemeinschaftsgerichtsbarkeit und das Recht auf den gesetzlichen Richter, EuR 2008 (Beiheft 3) 133-161

Rabe, Hans-Jürgen: Vorlagepflicht und gesetzlicher Richter in: Bernd Bender (Hrsg.), Rechtsstaat zwischen Sozialgestaltung und Rechtsschutz, Festschrift für Konrad Redeker zum 70. Geburtstag, München, 1993, 201-212

Radermacher, Ludger: Gemeinschaftsrechtliche Staatshaftung für höchstrichterliche Entscheidungen, NVwZ 2004, 1415-1421

Rauscher, Thomas (Hrsg.): Europäisches Zivilprozess- und Kollisionsrecht, Brüssel I-VO LugÜbk 2007, München, Bearbeitung 2011

Rawlings, Richard: Engaged Elites Citizen Action and Institutional Attitudes in Commission Enforcement, ELJ 6 (2000) 4-28

Rebhahn, Robert: Staatshaftung nach dem Recht der Europäischen Gemeinschaft, JBl. 1996, 749-763

Redeker, Konrad/von Oertzen, Hans Joachim (Begr.): Verwaltungsgerichtsordnung – Kommentar, 15. Aufl., Stuttgart, 2010

Reiling, Michael: Streitgegenstand und Einrede der „res iudicata" in Direktklageverfahren vor den Gemeinschaftsgerichten, EuZW 2002, 136-141

Reitmaier, Marion Angela: Inländerdiskriminierungen nach dem EWG-Vertrag - zugleich ein Beitrag zur Auslegung von Art. 7 EWGV, Kehl am Rhein u.a., Diss. Berlin Freie Universität, 1984

Rengeling, Hans-Werner (Hrsg.): Handbuch zum europäischen und deutschen Umweltrecht, Band I: Allgemeines Umweltrecht, 2. Aufl., München, 2003

ders./Middeke, Andreas/Gellermann, Martin (Hrsg.): Handbuch des Rechtsschutzes in der Europäischen Union, 2. Aufl., München, 2003

Rennert, Klaus: Bestandskraft rechtswidriger Verwaltungsakte und Gemeinschaftsrecht, DVBl. 2007, 400-408

Richardi, Reinhard/Wlotzke, Otfried (Hrsg.): Münchener Handbuch zum Arbeitsrecht, Band 1, Individualarbeitsrecht, 2. Aufl., München, 2000

Rieger, Frank: Ist die Inländerdiskriminierung noch mit dem Grundgesetz vereinbar - Besprechung des Kammerbeschlusses zur Verfassungsmäßigkeit des Meisterzwangs, DÖV 2006, 685-690

Riesenhuber, Karl (Hrsg.): Europäische Methodenlehre, Berlin, 2. Aufl. 2010

Rinne, Eberhard/Schlick, Wolfgang: Die Rechtsprechung des BGH zu den öffentlich-rechtlichen Ersatzleistungen, NJW 2005, 3330-3336 und 3541-3550

Ritter, Cyril: Purely Internal Situations, Reverse Discrimination, Guimot, Dzodi and Article 234, ELRev 31 (2006) 690-710

Rodríguez Iglesias, Gil Carlos: Der EuGH und die "Gerichte der Mitgliedstaaten - Komponenten der richterlichen Gewalt in der "Europäischen Union, NJW 2000, 1889-1896

ders.: Der Gerichtshof der Europäischen Gemeinschaften als Verfassungsgericht, EuR 1992, 225-245

Roellecke, Gert: Aufgaben und Stellung des Bundesverfassungsgerichts im Verfassungsgefüge, in: Josef Isensee/Paul Kirchhof (Hrsg.), Handbuch des Staatsrechts der Bundesrepublik Deutschland, Band III, 3. Aufl., Heidelberg, 2005, § 67, 1201-1220

Rogers, William V.H.: Winfield and Jolowicz on Tort, 16. Aufl., London, 2002

Rosenberg, Leo/Schwab, Karl Heinz/Gottwald, Peter: Zivilprozessrecht, 17. Aufl., München, 2010

Ross, Malcolm: Beyond Francovich, MLR 56 (1993) 55-73

Ruffert, Matthias: Anmerkung (zu EuGH Rs.C-173/03 (Traghetti del Mediterraneo), CMLR 44 (2007) 479-486

ders.: Anmerkung (zu EuGH Rs. C-234/04 (Kapferer/Schlank & Schick), JZ 2006, 905-906

ders.: Anmerkung (zu EuGH Rs. C-453/00 (Kühne & Heitz NV/Productschap), JZ 2004, 620-622

Rüsken, Reinhart: Rechtsschutzstandards im Finanzprozessrecht aus deutscher und europäischer Sicht, in: Dieter Carlé (Hrsg.), Gestaltung und Abwehr im Steuerrecht, Festschrift für Klaus Korn zum 65. Geburtstag, Bonn Berlin, 2005, 639-655

Sachs, Michael (Hrsg.): Grundgesetz - Kommentar, 5. Aufl., München, 2009

Säuberlich, Björn Peter: Legislatives Unrecht und EU-Amtshaftungsanspruch, Frankfurt a.M. Berlin Bern Wien, Diss. Speyer, 2005

ders.: Staatliche Haftung unter europäischem Einfluss - Die Pflicht zur gemeinschaftsrechtskonformen Auslegung des Amtshaftungsanspruchs bei legislativem Unrecht, EuR 2004, 954-971

Schack, Haimo: Internationales Zivilverfahrensrecht, 4. Aufl., München, 2006

Schaller, Werner: Die EU-Mitgliedstaaten als Verpflichtungsadressaten der Gemeinschaftsgrundrechte, Baden-Baden, Diss. Würzburg, 2003

Schenke, Wolf Rüdiger: Anmerkung (zum Urteil des BGH v. 9.12.2004, III ZR 200/04 (Reichweite des Spruchrichterprivilegs), JZ 2005, 680-685

Schilling, Theodor: Anmerkung (zu EuGH Rs. C-224/97 (Ciola), EuZW 1999, 407-408

ders.: Gleichheitssatz und Inländerdiskriminierung, JZ 1994, 8-17

Schima, Bernhard: Das Vorabentscheidungsverfahren vor dem EuGH unter besonderer Berücksichtigung der Rechtslage in Österreich und Deutschland, 2. Aufl., Wien, 2004

Schlaich, Klaus/Korioth, Stefan: Das Bundesverfassungsgericht – Stellung, Verfahren, Entscheidungen, 8. Aufl., München, 2010

Schlemmer-Schulte, Sabine/Ukrow, Jörg: Haftung des Staates gegenüber dem Marktbürger für gemeinschaftsrechtswidriges Verhalten, EuR 1992, 82-95

Schmidt, Julia: Ist das Reinheitsgebot für Bier noch zu retten?, NJW 2005, 3617-3619

Schmidt-Räntsch, Günther/Schmidt-Räntsch, Jürgen: Deutsches Richtergesetz – Kommentar, 6. Aufl., München, 2009

Schmidt-Steinhauser, Burkhard: Geltung und Anwendung von Europäischem Gemeinschaftsrecht im Vereinigten Königreich, Baden-Baden, Diss. Marburg, 1994

Schmidt-Westphal, Oliver/Sander, Dirk: Anmerkung (zu EuGH Rs. C-234/04 (Kapferer/Schlank & Schick), EuZW 2006, 242-244

Schoch, Friedrich: Die Europäisierung des Staatshaftungsrechts, in: Max-Emanuel Geis/Dieter Lorenz (Hrsg.), Staat, Kirche, Verwaltung, Festschrift für Hartmut Maurer zum 70. Geburtstag, München, 2001, 759-775

ders.: Effektuierung des Sekundärrechtsschutzes – Zur Überwindung des Entwicklungsrückstands des deutschen Staatshaftungsrechts, DV 34 (2001) 261-290

ders.: Europäisierung der Verwaltungsrechtsordnung, VBlBW 1999, 241-250

ders.: Folgenbeseitigung und Wiedergutmachung im Öffentlichen Recht, VerwArch (79) 1988, 1-67

ders.: Individualrechtsschutz im deutschen Umweltrecht unter dem Einfluss des Gemeinschaftsrechts, NVwZ 1999, 457-467

ders.: Staatshaftung wegen Verstoßes gegen Europäisches Gemeinschaftsrecht, Jura 2002, 837-841

ders./Schmidt-Aßmann, Eberhard/Pietzner, Rainer (Hrsg.): Verwaltungsgerichtsordnung – Kommentar, Band I, Loseblattsammlung, München, Stand: Mai 2010

Schockweiler, Ferdinand: Die Haftung der EG-Mitgliedstaaten gegenüber dem einzelnen bei Verletzung des Gemeinschaftsrechts, EuR 1993, 107-133

Scholl, Kirsten: Haftung zwischen den EG-Mitgliedstaaten bei Verletzung von Gemeinschaftsrecht, München, Diss. München, 2005

Scholz, Rupert: Zum Verhältnis von europäischem Gemeinschaftsrecht und nationalem Verwaltungsverfahrensrecht, DÖV 1998, 261-268

Schöndorf-Haubold, Bettina: Die Haftung der Mitgliedstaaten für die Verletzung von EG-Recht durch nationale Gerichte, JuS 2006, 112-115

Schroeder, Werner: Die Auslegung des EU-Rechts, JuS 2004, 180-186

Schubert, Thure: Der Gemeinsame Markt als Rechtsbegriff – Die allgemeine Wirtschaftsfreiheit des EG-Vertrages, Diss. München, 1999

Schulte, Ellen: Individualrechtsschutz gegen Normen im Gemeinschaftsrecht, Berlin, Diss. Kiel, 2005

Schulze, Götz: Gemeinschaftsrechtliche Staatshaftung: Das judikative Unrecht, ZEuP 2004, 1049-1067

Schulze, Reiner/Seif, Ulrike (Hrsg.): Richterrecht und Rechtsfortbildung in der Europäischen Rechtsgemeinschaft, Tübingen, 2003

ders./Zuleeg, Manfred (Hrsg.): Europarecht - Handbuch für die deutsche Rechtspraxis, Baden-Baden, 2. Aufl. 2010

Schwarze, Jürgen: Das allgemeine Völkerrecht in den innergemeinschaftlichen Beziehungen, EuR 1983, 1-39

ders. (Hrsg.): EU-Kommentar, Baden-Baden, 2000

ders. (Hrsg.): EU-Kommentar, 2. Aufl., Baden-Baden, 2009

ders.: Europäisches Verwaltungsrecht – Entwicklung und Entstehung im Rahmen der Europäischen Gemeinschaft, 2. Aufl., Baden-Baden, 2005

Schwarzenegger, Peter: Anmerkung (zu: EuGH Rs.C-224/01 (Gerhard Köbler/Republik Österreich), ZfRV 2003, 236-238

ders.: Neue Herausforderungen im Staatshaftungsrecht, in: Iris Eisenberger/Iris Golden/Konrad Lachmayer/Gerda Marx/Daniela Tomasovsky (Hrsg), Norm und Normvorstellung – Festschrift für Bernd-Christian Funk zum 60. Geburtstag, Wien u.a., 2003, 501-518

ders.: Staatshaftung – gemeinschaftsrechtliche Vorgaben und ihre Auswirkungen auf das nationale Recht, Baden-Baden, Diss. Graz, 2001

Schweitzer, Michael/Hummer, Waldemar/Obwexer, Walter: Europarecht – Das Recht der Europäischen Union, Wien, 2007

Scott, Helen/Barber, N.W.: State Liability under Francovich for Decisions of National Courts, LQR 120 (2004) 403-406

Seegers, Martin: Anmerkung (zu: EuGH Rs. C-173/03 (Traghetti del Mediterraneo), EuZW 2006, 564-566

Sellmann, Christian/Augsberg, Steffen: Entwicklungstendenzen des Vorlageverfahrens nach Art. 234 EGV, DÖV 2006, 533-541

Seidl-Hohenveldern, Ignaz/Loibl, Gerhard: Das Recht der Internationalen Organisationen einschließlich der Supranationalen Gemeinschaften, 6. Aufl., Köln Berlin Bonn München, 1996

Seltenreich, Stephan: Die Francovich-Rechtsprechung des EuGH und ihre Auswirkungen auf das deutsche Staatshaftungsrecht: ein Rückblick fünf Jahre nach Ergehen des Francovich-Urteils, Konstanz, Diss. Konstanz, 1997

Shuibhne, Niamh Nic: Free Movement of Persons and the Wholly Internal Rule: Time to Move On?, CMLRev 39 (2002) 731-771

Skouris, Wassilios: Rechtsfolgen der Verletzung des Europäischen Gemeinschaftsrechts durch oberste Gerichte der Mitgliedstaaten, in: Reinhard Hendler (Hrsg.), „Für Sicherheit, für Europa", Festschrift für Volkmar Götz zum 70. Geburtstag, Göttingen, 2005, 223-238

Slapper, Gary/Kelly, David: The English Legal System, 7. Aufl., London u.a., 2004

Smith, Fiona/Woods, Lorna: Causation in Francovich: The Neglected Problem, ICLQ 46 (1997), 925-941

Snyder, Francis: The Effectiveness of European Community Law: Institutions, Processes, Tools and Techniques, MLR 56 (1993) 19-54

Sodan, Helge/Ziekow, Jan (Hrsg.):Verwaltungsgerichtsordnung – Großkommentar, 3. Aufl, Baden-Baden, 2010

Soergel, Theodor (Begr.): Bürgerliches Gesetzbuch, Band 12 (Schuldrecht 10, §§ 823-853, ProdHG, UmwHG), 13. Aufl., Stuttgart, 2005

Soltész, Ulrich: Der Rechtsschutz des Konkurrenten gegen gemeinschaftswidrige Beihilfen vor nationalen Gerichten, EuZW 2001, 202-207

Starck, Christian/Weber, Alfred (Hrsg.): Verfassungsgerichtsbarkeit in Westeuropa, Teilband I: Berichte, Baden-Baden, 2. Aufl., 2007

Staudinger, Julius von (Begr.): Kommentar zum Bürgerlichen Gesetzbuch mit Einführungsgesetz und Nebengesetzen, Recht der Schuldverhältnisse, Buch 2, §§ 839, 839 a, Neubearbeitung, Berlin, 2007

- EGBGB/IPR, Art. 38-42 EGBGB, 13. Bearb., Berlin, 2001

Stein, Friedrich/Jonas, Martin (Begr.): Kommentar zur Zivilprozessordnung, Band 5/1, §§ 511-591, 21. Aufl., Tübingen, 1994

Stein, Thorsten: Richterrecht wie anderswo auch ? – der Gerichtshof der Europäischen Gemeinschaften als „Integrationsmotor", in: Richterliche Rechtsfortbildung, Festschrift der Juristischen Fakultät zur 600-Jahr-Feier der Ruprecht-Karls-Universität-Heidelberg, herausgegeben von den Hochschullehrern der Juristischen Fakultät der Universität Heidelberg, Heidelberg, 1986, 619-641

Steiner, Josephine: Enforcing EC Law, London, 1995

dies.: From Direct Effects to Francovich: Shifting Means of Enforcement of Community Law, ELRev 18 (1993) 3-22

dies..: The limits of State Liability for Breach of European Community Law, EPL 4 (1998) 69-109

dies./Woods, Lorna/Twigg-Flesner, Christian: EU Law, 9. Aufl., Oxford u.a., 2006

371

Steinhauer, Bettina M.: Die Auslegung, Kontrolle und Durchsetzung mitgliedstaatlicher Pflichten im Recht des Internationalen Währungsfonds und der Europäischen Gemeinschaft, Berlin, Diss. Konstanz, 1996

Stelkens, Paul/Bonk, Heinz Joachim/Sachs, Michael (Hrsg.), VwVfG-Kommentar, 7. Aufl., München, 2008

Storr, Stefan: Abschied vom Spruchrichterprivileg, DÖV 2004, 545-553

Streinz, Rudolf: Anmerkung zu den EuGH-Urteilen in den Rechtsachen Brasserie du Pêcheur und Factortame, EuZW 1996, 201-204

ders.: Anmerkung (zu: EuGH Rs. C-173/03 (Traghetti del Mediterraneo), JuS 2007, 68-71

ders.: Anmerkung (zu: EuGH Rs. C-224/01 (Köbler), JuS 2004, 425-429

ders.: Auswirkungen des von dem EuGH „ausgelegten" Gemeinschaftsrechts auf das deutsche Recht, Jura 1995, 6-14

ders.: Der Vollzug des Europäischen Gemeinschaftsrechts durch deutsche Staatsorgane, in: Josef Isensee/Paul Kirchhof (Hrsg.), Handbuch des Staatsrechts der Bundesrepublik Deutschland, Band VII, Heidelberg, 1992, § 182, 817-854

ders.: Europarecht, 8. Aufl., Heidelberg, 2008

ders. (Hrsg.): EUV/EGV, Vertrag über die Europäische Union und Vertrag zur Gründung der Europäischen Gemeinschaften, München, 2003

ders.: Primär- und Sekundärrechtsschutz im Öffentlichen Recht, 3. Bericht, VVDStRL 61 (2002) 300-361

ders.: Staatshaftung für die Verletzung primären Gemeinschaftsrechts durch die Bundesrepublik Deutschland, EuZW 1993, 599-605

Sydow, Gernot: Der geplante *Supreme Court* für das Vereinigte Königreich im Spiegel der Verfassungsreformen, ZaöRV 64 (2004) 65-94

ders.: Parlamentssuprematie und *Rule of Law* - britische Verfassungsreformen im Spannungsfeld von Westminster Parliament, Common-Law-Gerichten und europäischen Einflüssen, Tübingen, 2005

Szyszczak, Erika: European Community Law: New Remedies, New Directions ?, MLR 55 (1992) 690-697

Terhechte, Jörg Philipp: Temporäre Durchbrechung des Vorrangs des Gemeinschaftsrechts beim Vorliegen „inakzeptabler" Regelungslücken, EuR 2006, 828-847

Thalmair, Roland: Staatshaftung aufgrund nicht oder fehlerhaft umgesetzten bzw. angewandten EG-Rechts, DStR 1996, 1975-1979

Thiede, Thomas/ Ludwichowska, Katarzyna: Die Haftung bei grenzüberschreitenden unerlaubten Handlungen – ist die gesonderte Anknüpfung von Personenschäden sinnvoll ?, ZVglRWiss 106 (2007), 92-103

Tietjen, Daniel: Die Bedeutung der deutschen Richterprivilegien in dem System des gemeinschaftsrechtlichen Staatshaftungsrechts – das Urteil „Traghetti del Mediterraneo", EWS 2007, 15-19

Tilch, Horst/Arloth, Frank (Hrsg.): Deutsches Rechts-Lexikon, Band 3, 3. Aufl., München, 2001

Tomuschat, Christian: Das Francovich-Urteil des EuGH – Ein Lehrstück zum Europarecht, in: Ole Due/Marcus Lutter/Jürgen Schwarze (Hrsg.), Festschrift für Ulrich Everling Band II, Baden-Baden, 1995, S. 1585-1609

Tombrink, Christian: Der irrende OLG-Senat - Zur Amtshaftung für fehlerhafte Gerichtsentscheidungen, NJW 2002, 1324-1326

ders.: „Der Richter und sein Richter" . Fragen der Amtshaftung für richterliche Entscheidungen, DRiZ 2002, 296-300

Toner, Helen: Thinking the Unthinkable? State Liability for Judicial Acts after Factortame III, YEL 17 (1997) 165-190

Tonne, Michael: Effektiver Rechtsschutz durch staatliche Gerichte als Forderung des europäischen Gemeinschaftsrechts, Köln u.a., Diss. Göttingen,1997

Triantafyllou, Dimitris: Haftung der Mitgliedstaaten für Nichtumsetzung von EG-Recht, DÖV 1992, 564-571

Tridimas, Takis: Liability for Breach of Community Law: Up and Mellowing Down ?, CMLRev 38 (2001) 301-332

Tsikrikas, Dimitrios: Verfahrensrechtliche Fragen der Staatshaftung wegen gemeinschaftsrechtswidriger Gerichtsentscheidungen, ZZPInt 9 (2004) 123-140

Ukrow, Jörg: Richterliche Rechtsfortbildung durch den EuGH, Baden-Baden, Diss. Saarbrücken, 1995

Umbach, Dieter/Clemens, Thomas/Dollinger, Franz-Wilhelm: Bundesverfassungsgerichtsgesetz, Mitarbeiterkommentar und Handbuch, 2. Aufl., Heidelberg, 2005

Usher, John A.: State Liability for Legislative Acts, in: John W. Bridge (Hrsg.), UK Law for the Millennium - A Collection of Reports Delivered at - The XVth International Congress of Comparative Law held in Bristol, United Kingdom, July 1998, London, 1998, 76-93

Vajda, Christopher: Liability for Breach of Community Law: A Survey of the ECJ Cases post *Factortame*, EBLR 16 (2006) 257-268

Vallone, Angelo/Dubberke, Andreas: Karlsruhe locuta – causa non finita, Anmerkung zur Sportwettenentscheidung des Bundesverfassungsgerichts, GewArch 2006, 240-242

Vedder, Christoph: Ein neuer gesetzlicher Richter? - Zum Beschluß des BVerfG vom 22. 10. 1986, NJW 1987, 526-531

Verdross, Alfred/Simma, Bruno: Universelles Völkerrecht - Theorie und Praxis, 3. Aufl., Berlin, 1984

Vogenauer, Stefan: Eine gemeineuropäische Methodenlehre des Rechts – Plädoyer und Programm, ZEuP 2005, 234-263

Vorwerk, Volker: Die Nichtzulassungsbeschwerde im Licht des Gemeinschaftsrechts, in: Rolf Kniffka (Hrsg.), Festschrift für Reinhold Thode zum 65. Geburtstag, München, 2005, 645-659 *ders.*: Kudla gegen Polen - was kommt danach ?, JZ 2004, 553-559

Wade, William/Forsyth, Chrisopher F.: Administrative Law, 9. Aufl., Oxford u.a., 2004

Wadham, John/Mountfield, Helen/Edmunson, Anna: Blackstone's guide to the Human Rights Act 1998, 4. Aufl. 2006

Wagner, Gerhard: Die neue Rom II-Verordnung, IPRax 2008, 1-17

Walker, David: The Oxford Companion to Law, Oxford, 1980

Ward, Angela: Effective sanctions in EC law, ELJ 1 (1995) 205-217

Wattel, Peter J.: Köbler, CILFIT and Welthgrove: We can't go on meeting like this, CMLRev 41 (2004) 177-190

Weatherill, Stephen: Cases and Materials on EU Law, 8. Aufl., Oxford u.a., 2007

Weber, Claus: Neue Konturen des gemeinschaftsrechtlichen Staatshaftungsanspruchs nach der Entscheidung des EuGH in der Rechtssache Konle, NVwZ 2001, 287-289

Wegener, Bernhard W.: (Fehl-) Urteilsverantwortung und Richterspruchprivileg in der Haftung der Mitgliedstaaten für die Verletzung von Gemeinschaftsrecht, EuR 2004, 84-91

ders.: Rechte des Einzelnen – die Interessenklage im europäischen Umweltrecht, Baden-Baden, Diss. Konstanz, 1998

ders.: Rechtsstaatliche Vorzüge und Mängel der Verfahren vor den Gemeinschaftsgerichten, EuR 2008 (Beiheft 3), 45-68

ders.: Staatshaftung für Verletzung von Gemeinschaftsrecht durch nationale Gerichte, EuR 2002, 785-800

Wehlau, Andreas: Die Ausgestaltung des gemeinschaftsrechtlichen Staatshaftungsanspruches, DZWir 1997, 100-106

Weiler, Joseph H.H.: The Transformation of Europe, YLJ 100 (1991) 2403-2483

Wenneras, Pal: State Liability for Decisions of Courts of Last Instance in Environmental Cases, JEL 16 (2004) 329-340

White, Robin C.A.: Free Movement, Equal Treatment and Citizenship of the Union, ICLQ 54 (2005), 885-906

Winfield, Percy Henry: The Province of the Law of Tort, Cambridge, 1931

Wissink, Mark H./Stürner, Michael/Cairns, Walter: Anmerkung (zu: EuGH Rs.C-224/01 (Gerhard Köbler/Republik Österreich), ERPL 3 (2005) 419-442

Wolf, Christian: Die (un-)dramatischen Auswirkungen der Köbler-Entscheidung des EuGH auf das gemeinschaftsrechtliche Staatshaftungsrecht und das deutsche Revisionsrecht, WM 2005, 1345-1351

Wolf, Christoph: Die Staatshaftung der Bundesrepublik Deutschland und der Französischen Republik für Verstöße gegen das Europäische Gemeinschaftsrecht, Berlin, Diss. Humboldt Universität Berlin, 1999

Wolfram, Karl (Hrsg.): Internationaler Kommentar zur Europäischen Menschenrechtskonvention, Loseblattsammlung, Köln. u.a., Stand: Dezember 2007

Wollbrandt, Julia: Gemeinschaftshaftung für judikatives Unrecht, Berlin, Diss. Osnabrück, 2005

Wollweber, Harald: Anmerkung (zu: BGH, Urteil vom 3.7.2003-III ZR 326/02), DVBl. 2004, 511-512

Wurmnest, Wolfgang: Außervertragliche Haftung der Gemeinschaft wegen Einführung vorläufiger Antidumping- und Ausgleichszölle, Kommentar zu EuGH Rs. C-472/00 P (Kommission/Fresh Marine), EWS 2003, 373-374

ders.: Grundzüge eines europäischen Haftungsrechts – eine rechtsvergleichende Untersuchung des Gemeinschaftsrechts, Tübingen, Diss. Hamburg, 2003

Wyatt, Derrick/Dashwood, Alan: European Union Law, 5. Aufl. 2006

Zenner, Martin Die Haftung der EG-Mitgliedstaaten für die Anwendung europarechtswidriger Rechtsnormen, München, Diss. Konstanz, 1995

Zuck, Rüdiger: Das Recht der Verfassungsbeschwerde, 3. Aufl., München, 2006

Zuckerman, Adrian A.S.: 'Appeal' to the High Court against House of Lords' Decisions on the Interpretation of Community Law - Damages for Judicial Error, CJQ 23 (2004) 8-14

ders.: Civil Procedure, London, 2003

Zugehör, Horst: Anwaltsverschulden, Gerichtsfehler und Anwaltshaftung, NJW 2003, 3225-3232

Zuleeg, Manfred: Deutsches und europäisches Verwaltungsrecht - Wechselseitige Einwirkungen, 2. Bericht, VVDStRL 53 (1993) 154-201

ders.: Die europäische Gemeinschaft als Rechtsgemeinschaft, NJW 1994, 545-549

Zweigert, Konrad/Kötz, Hein: Einführung in die Rechtsvergleichung auf dem Gebiet des Privatrechts, 3. Aufl., Tübingen, 1996